IPO财务核查解决之道

2

内部控制与案例指引

IPO Financial Verification Solution 2:

Internal Control and Case Guidance

投行小兵 著

法律出版社 LAW PRESS·CHINA

IPO财务核查解决之道

2

内部控制与案例指引

1. 汪玉英，中国注册会计师，准保荐代表人。毕业后十多年一直致力于资本市场、投行类业务的审计、质量控制以及内核工作。在IPO、再融资、上市公司并购重组、新三板和公司债券等领域积累了较丰富的工作经验。

2. 邵文宗，现任百姓网股份有限公司高级财务经理，中国注册会计师、国际注册投资分析师、一级建造师。擅长国内A股IPO、并购重组业务，对美股、港股的财务核查具有丰富的经验。目前专注于企业上市、互联网行业的投资与并购业务等。

3. 谢玲新，中国注册会计师，现就职于中汇会计师事务所，担任项目经理，曾任职于瑞华会计师事务所。擅长于大中型企业、上市公司年报审计、IPO申报，对财务核查具有丰富的经验。

4. 黄珂，中国注册会计师，现就职于中审众环会计师事务所（特殊普通合伙），拥有多年IPO、上市公司审计及新三板挂牌财务规范的工作经验。

5. 谢桃方，准保荐代表人，现供职于华创证券投资银行总部，专注上市公司以及城投等国企投融资业务。

序

今年春早。

经历了记忆犹新的金融去杠杆、收紧流动性，经历了“2018 年可能是未来十年最好的一年”的冰凉预期，2019 年的春天，在纠结、困顿、挣扎中，悄然无声却又真真切切地到来了。从证券行业的触底着陆，到二级市场的春意萌动，伴随着证券业的市场化改革，伴随着科创板和注册制渐行渐近的鼓点，投行人又一次体会到春江水暖，开始摩拳擦掌，跃跃欲试了。

在这样充满希望的春天里，小兵的书，也应景再次出新了。

本次出版的《IPO 财务核查解决之道 2：内部控制与案例指引》延续了《IPO 财务核查解决之道：案例剖析与操作指引》的案例分析与核查方法指引等内容，主要不是从会计的角度，而是从投行实操的角度，去关注财务问题对 IPO 审核的影响。这两本书加上《企业上市解决之道》一、二、三册，全面而细致地研究了近年来的 IPO 典型案例，对企业上市中重点关注问题以及内在反映的企业情况做了很好的分析提炼，是投行从业人员从制度体系学习过渡到业务实践的有效参考，也是系统了解 IPO 业务重点问题和关键环节的实务指导手册。

像无数辛勤耕耘在投行一线的员工一样，小兵是无比热爱这份职业、热衷钻研业务的一个典型代表。数十年如一日地追踪案例、研习制度准则，挖掘那些看似枯燥的文字与数据背后的真相，找寻思考问题的内在逻辑以及解决问题的关键路径。这样的学习习惯，已经贯穿了他的工作和生活，成为他生命中不可分割的一部分。难能可贵的是，这种坚持还被有意识地记载下来，提供给更多的人参考与研讨。

投行，本身就是一个集智力与体力考验于大成的职业，经济政策的周期性挑战、实体细分行业的推陈出新，客户需求的不断升级和多元、同业无所不在的实力比拼，让每个投身其中的人历经心路辗转却又欲罢不能。多少次痛定思痛后又披挂上阵，多少回跌入谷底后又走上巅峰，这就是这份职业的魅力，引无数青年才俊竞折腰。然而，要长期坚守下去，并且按最初的职业理想和人生规划，最终向自己交一份满意的答卷，却并不似表面那么光鲜和容易。

所谓知易行难，从初出茅庐，到行业专家，面对的是日复一日的尽职调查、底稿搜集、报表分析、文字整理，面对的是没完没了的出差推介、客户开发、项目寻找、投标竞标，脑海中萦绕不去的是负重前行时同学的攀比、朋友的关切和家人的期待。在漫长的从业历程中，我送别和祝福过许多中途折返、告别这份荣光和辛劳的优秀青年，也见证过许多历经十余年奋斗后苦尽甘来功成身退的资深投行专家。而更多的人，和我们一样依然在路上，体会着五味杂陈的艰辛与甘苦，不放弃、不松懈，追逐着梦想。

如何在漫长的投行生涯和奔跑的路上，保持定力戒除浮躁，满怀对职业敬畏之心，不断学习监管新规，不断学习同业经验和案例，用专业的利器一点一滴打磨自己，是每个渴望立足于行业不败之地的投行人面临的考验。唯有不浪费每一寸光阴、不辜负每一次学习与实践、不放弃每一次思考与探寻真理的机会，才有可能知微见著，集腋成裘，成为解决问题的高手，成为满足客户需要的行业专家。我们笑称投行从业人员是“民工”，其实投行工作也并非那么简单，但投行需要的是工匠精神，以慧眼、巧思和匠心，琢磨各种要素的因果联系，领悟所有问题的内在逻辑，方能拨云见日，找到解决问题的钥匙，真正实现以客户为中心、最大化地服务于多层次资本市场日益丰富多元的融资需求。

科创板和注册制的到来，对每个投行从业人员提出了更高更新的专业要求，对新兴行业的把握，对企业估值的研判，是新业务机遇下新的挑战。不积跬步无以至千里，唯有坚持不懈地学习和研究，才能兢兢业业地做好项目，实实在在地获得成长。

愿小兵的研究持续下去，启发更多的人学习与思考。愿所有选择投行的有志青年都能在职业生涯中收获进步与喜悦，实现丰满的理想！

信达证券投行委员会主任、保荐业务负责人

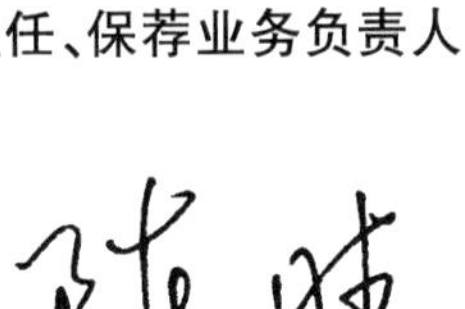

任何事情,坚持就好

这一段时间有些忙,不过断断续续的,书稿的每个字我还是认真看了,等交稿的那一刻,心里真的有点如释重负的感觉。

这种感觉,比以前任何一次都要来得强烈,还夹杂着一些忐忑。一来这可能是IPO解决之道系列的最后一本,二来曾经无意间立下的flag总算是跌跌撞撞地完成了。

其实,很多时候不是你把一件事情做得有多风光或多出色,而是你是否能够一直坚持做一件事情。

2008年,机缘巧合之下,我开始做案例分析,然后尝试整理出一些分析性的文章在博客上分享,到现在真的有十多年的时间了。这十几年,不论是从前台到后台的工作变化,还是虎子哥、虎子二哥出生的家庭变化,也不论是北京天气越来越冷、下雪却越来越少,还是实体经济一路下滑、证券市场也是一阵风雨一阵晴,我的案例分析从来没有断过。

很多人问我,你写这么多案例分析的目的到底是什么?这都十多年了,你还没有看出来吗?我真的是没有什么目的,就是为了提高自己不被这个社会淘汰,积极更新自己的知识储备从而更好地为客户服务,当然也是为了给大家一些帮助,创造与大家交流的机会。不然呢?十多年,我的微博粉丝不过十几万,很多微博和微信公众号文章都是零回复的"惨案",说我是"网红",我知道不过是善良的你们在安慰我、哄我而已。

还有,我的坚持不是表面形式的,不是说我想起来随便写一篇文章刷一下存在感就是在坚持了。我的小伙伴帮我做了统计,我2018年发布的文章一共有256篇,这个数字我自己都吓了一跳。我觉得这才是坚持,坚持就是一直勇敢地做一件事情,不考虑其他因素,更不考虑结果。

2010年,那时候我发布的案例分析文章的编号已经排到100开外了,有个网友说认识法律出版社的朋友说可以结集出版。说实话,我从小就爱写东西,出书一直都是我的梦想，有人主动说可以帮我实现梦想，我自然是非常开心的，当然也怕自己还没有这个资格。

现在仍然非常感谢法律出版社当年的信任，他们没有太多的纠结和犹豫，也没有提出什么苛刻的条件，书就“迷迷糊糊”出版了。很开心也很感谢大家的是，这本书的销量还是很不错的，也算是没有辜负出版社当时的错爱。

这本书就是《企业上市解决之道》（第一册），后来我们还有了第二册和第三册。虽然有些人觉得续集会诚意不足甚至“注水”，但是小兵觉得，我们的这三本书不敢说一本比一本好，但是肯定一本比一本用心。

也有很多人质疑，说这几本书看起来字数很多、书也很厚，不过“水”得很，无非就是随便找几份招股书全文摘抄案例然后再加几句不咸不淡的评论而已。我尊重这样的意见和批评，但是我是万万不会同意这种观点的。

我们书中的案例不是随随便便找的，你在书中可能只看到了三个案例，但是这三个案例可能是小兵从三十个甚至一百个案例里面精挑细选出来的。我要保证案例最具典型性，如果是多个案例，那么最好是每个案例都代表了完全不同的一种类型。至于为什么要保持案例原本的描述思路，我的想法是给大家最原始的资料，这样大家看起来会更有感触。我做了一个包子给你吃，你觉得味道还不错，可是也会说做个包子有什么难的，殊不知我可能不知道尝试了多少次，放多少油、多少盐、多少葱花，要买怎样的面粉，要怎么去和面，这些大家是看不到的。

还有关于每个问题的观点。小兵一直觉得投行工作不是一份很复杂的工作，顶多算是一份技术工种，跟水电工、泥瓦匠没有太大区别。我要做的就是告诉大家，面对一个问题该怎么去核查，怎么去思考，怎么去解决。而告诉你这些非要写上几千字，你可能看花眼都还不知道说的是什么，用三段话、三百字就差不多了对不对？那样才是最有效的对不对？可这是不一定的啊。

《企业上市解决之道》还有一个问题，就是基本上都是法律问题，偶尔有一些财务问题也不太系统。当时，我对这个作出过解释，一个原因是我本身就是学法律的，自然是分析法律问题相对心里有底；更重要的一个原因是，法律问题相对比较明确，思路和结论也比较清楚，而财务问题很多是有独特的个性的，每个企业有每个企业的情况，很多问题只能个案分析，无法形成一个可以统一适用的结论。

尽管如此，小兵总觉得做案例分析只关注法律问题是有失偏颇的，是不完整的，加上这几年 IPO 审核重点关注的是财务问题，因而在《企业上市解决之道》第三册的结尾小兵也给自己立了一个 flag，就是下一站要总结 IPO 的财务问题。

2017 年 5 月，《IPO 财务核查解决之道：案例剖析与操作指引》出版了。说实话，尽管内容都是跟财务问题有关的，不过小兵还是从投行的角度去看这些问题的，因而我们没有关注会计处理、准则演变、具体账套等财务的细节，更多关注的是这些财务问题对IPO审核的影响以及影响的程度。因而，从某种意义上来说，这不算是真正的跟财务审计相关的书籍，也不能跟专业的审计机构出版的相关著作相比，小兵没那么专业，思路也不是一个思路。

IPO财务核查解决之道系列图书在编写的过程中还是得到了很多注册会计师的帮助，并且发表了很多观点，也做了很多支持，我们在书中也是以联合作者的方式做了感谢，真的很感谢他们对这个系列图书的支持。小兵毕竟不是会计专业出身，对一些细节的财务问题的把握还是不那么准确，因为他们的帮助才使我们这个系列图书没有出现大的原则性错误，也没有让别人笑话。

又过了差不多两年的时间，《IPO财务核查解决之道2：内部控制与案例指引》就要跟大家见面了，本来内容很多，想跟"企业上市解决之道"系列一样做成三本，后来还是做了大量的删减，决定只做两本，尽量挤水分，保留干货。小兵觉得，从中医的角度来看，财务核查解决之道两本书再加上原来的企业上市解决之道系列三本书，这五本书可以看作是IPO业务的一个"疗程"吧。如果大家能够认真把这五本书看完，应该会对IPO有一个相对完整、深刻的理解。小兵要做的就是，不要把大家带到沟里去，不把大家带跑偏了。

2019年注定会寒冷，会艰难，我们改变不了环境，只能努力做好自己。我们都很渺小，还能怎么办？只能是吃饱穿暖多读书，用我们的努力和坚持武装自己，等待春暖花开的那一天。

感谢各位小兵的粉丝一直对我们的关注和支持；

感谢虎子哥和虎子二哥，因为你们的到来让我还要继续加油努力，一刻不敢懈怠；

感谢您把我的话看到了最后；

感谢您购买了这本书。

投行小兵于大成大厦

2019年1月18日

前言

无论IPO审核的政策或者标准如何变化，内部控制一直都是审核过程中备受关注的一个问题，也是直接涉及发行条件的一个规则。主板IPO发行条件中，明确规定“发行人的内部控制制度健全且被有效执行，能够合理保证财务报告的可靠性、生产经营的合法性、营运的效率与效果”，“发行人的内部控制在所有重大方面是有效的，并由注册会计师出具了无保留结论的内部控制鉴证报告”，创业板IPO发行条件中尽管没有如此明确的要求，不过目前创业板和主板执行一致的审核标准。

对大多数人来说，内部控制一直是一个非常宽泛的概念，无法在脑海中形成具体的框架以及明确的思路。很多文件中对于内部控制规范更多的也只是一种原则性的规定，如《企业内部控制基本规范》中定义其是由企业董事会、监事会、经理层和全体员工实施的、旨在实现控制目标的过程；《上海证券交易所上市公司内部控制指引》关于该概念的定义与之相仿。当然，在一些具体的内部控制指引中，也会对其作出更加具体的细化和要求。根据2010年4月15日财政部、证监会、审计署、银监会、保监会联合下发的《关于印发企业内部控制配套指引的通知》（财会〔2010〕11号）文件规定的架构，内部控制研究体系可细化为：内部控制制度的制定和执行方面、组织架构、发展战略、人力资源、社会责任、企业文化、资金活动、采购业务、销售业务、研究与开发、工程项目、担保业务、业务外包、财务报告、全面预算、合同管理、内部信息传递、资产管理、关联关系及关联交易等十九个方面。

在IPO审核实践中，有时候我们会觉得内部控制就是一个筐，什么问题都可以往里装，企业只要有什么不方便论述的理由都可以被定性为发行人内部控制存在问题。但是，从另外一个角度来说，内部控制规范对企业而言就好像基本行为准则规范对于人一样，尽管有时候看起来不那么具体明晰，但是对于企业的生产经营却是一个非常重要的根基和保障。这就像我们要求每一个人要做好人一样，做人不能撒谎、不能偷东西，内部控制也要求企业合法合规经营，规范财务核算，不能存在业绩造假等情形。

内部控制问题尽管宽泛，但是在某些会计核算环节还是非常重要的一个保障，尤其是对于一些交易对象广泛、交易数据庞杂的特殊行业。对于企业的生产经营来说，内部控制的核心重点是要关注资产和资金的管理、采购的内部控制、生产的内部控制以及销售的内部控制。任何一个企业的经营活动，都是由最基本的产供销组成的，如果能够将这些环节的内部控制做得很完备，内部控制措施可以保证生产经营活动正常有序，关键是能够真实还原到财务报表中，那么企业的内部控制就是有效的，也能够最大限度地保证发行人的财务数据被认可和信任。

目录

第一章 内部控制

■第一节 资金管理

【商业逻辑与背景分析】

资金是企业经营的血液，在企业生产经营及财务运转过程中充当着核心角色。在财务报告中，以现金流概念向管理者、投资者以及社会公众传达企业经营的行为信息。尤其是资金密集型企业，比如环保、园林类等项目周期长、回款慢、资金量需求巨大的行业公司，资金链或者现金流问题更值得关注。

在IPO审核的监管中，除了通过核查资金以判断企业经营的具体状况以及是否存在潜在的风险和隐忧之外，是否构成利益输送是核查的另一关键点，关注股东及关联方与发行人的资金往来问题，尤其是大股东资金占用问题。资金活动管理内部控制是极为重要的环节，涉及面也相当广泛，包含日常经营、投资及筹资三个方面。从岗位设置、信息管理系统搭建开始，贯穿使用计划、审核监督、回流结算等闭环流程。

中国证监会2012年10月16日发布的《会计监管风险提示第4号——首次公开发行股票公司审计》（证监办发〔2012〕89号）文件指出："应充分关注发行人现金收支管理制度是否完善、有效，以及大额现金收支交易的真实性；同时，关注银行存款余额及其发生额，尤其是大额异常资金转账的合理性。"从实践中看，我们通常关注以下资金活动风险点：（1）岗位职责相容性；（2）银行资金流水管理（包含非公司账户的使用等情形）；（3）资金使用审批；（4）现金管理；（5）票据的管理（包含核查有无真实交易背景等情形）；（6）内外部资金借款；（7）募集资金的使用与管理；

(8)账务处理(包含账外资金使用等情形)。

【核查方法指引】

一、关键岗位的不相容核查,是否影响独立性

岗位设置的核心在于“内部牵制”,各单项业务不能由单人经办,做到“钱、账、物”不同负责人分管,建立完善的凭证底稿制度。从实践中看至少应该关注:(1)货币资金支付的审批与执行岗位相容性;(2)货币资金的保管与盘点清查岗位相容性;(3)货币资金的会计记录与审计监督岗位相容性;(4)出纳人员不得兼任稽核岗位相容性;(5)财务部门人员是否与控股股东、实际控制人、董事、监事、高级管理人员和核心技术人员以及相关关联方构成亲属或其他亲近关系,是否影响独立性。

二、核实企业开立的所有银行账户是否均已在账面反映,所有收支均已在银行日记账中反映,实际收付信息与账面记录是否符合,账面记录与报表相关信息是否匹配等

1. 核查银行账户的完整性。企业账户一般包括基本存款账户、一般存款账户、专用存款账户和临时存款账户,基本存款账户和临时存款账户需要人民银行核准后由开户行核发开户许可证,其中基本存款账户开户许可证是其他三类账户开立、变更、撤销的基础。

持发行人(母公司)及各子公司基本存款账户开户许可证凭查询密码到当地人民银行分支机构或基本存款账户开户行查询打印银行结算账户开立和注销情况,同时持发行人贷款卡到当地人民银行分支机构查询打印贷款卡信息,并与账面记录核对,以核实所有银行账户是否均已在账面得到反映。

2. 核查新增开户账户及注销账户。了解其原因及合理性,经分析后发现异常的,应对其资金流水进行详细核查。

3. 核查异地银行结算账户。关注在异地开立的银行账户,了解其开立原因,分析其是否与实际经营需求匹配。若存在异常,则对资金流水进行详细核查。

4. 核查定期存款账户(定期存单)。取得定期存单及单位定期存款开户证实书的原件,并结合贷款卡查询信息等核查定期存单是否存在质押等情况。

5. 核查外汇账户。核查是否需要经外汇管理部门批准,且需要对大额资金流水的发生背景、原始凭证以及是否符合国家相关规定进行核查。

6. 进行银行函证。注重独立性尽调，并特别关注资金的受限性。

7. 核查银行对账单的借贷累计发生额。一般可通过网银、函证余额的同时函证发生额、通过开户银行查询或者手工加计等方式获得上述数据资料。

8. 核对银行对账单与日记账。分账户逐年（或逐月）核对对账单的借贷累计发生额是否与日记账相符，核实所有的银行流水已入账户，若有差异则编辑对账差异调节表，分析原因并关注后续入账或收付情况。

9. 核查大额资金流水。编制大额资金流水核对表，区分货款项与非货款项，关注客户、供应商、个人、关联方或潜在关联方，根据款项内容核查其是否符合资金管理制度，是否需要扩大抽查尽调范围。

10. 核查其他货币资金，包含信用卡存款、票据保证金存款、银行汇（本）票存款、信用保证金存款、投资款和外埠存款等。针对各形式货币资金，稽核其完整性、发生真实性、相关票据或协议的一致性及其会计处理的准确性等。

11. 核查第三方平台支付，主要包含支付宝、微信、财付通等第三方支付中介。充分考虑企业的经营模式，了解第三方支付账户的管理制度及具体模式，以核查银行账户的方式对其进行充分稽核，尤其关注账户的完整性、入账的准确性及发生的背景、大额资金等信息。

12. 其他特殊情形。比如，包含客户委托第三方付款的情形等，通过扩大测试范围，核查其发生金额、占比、贸易背景、合同签订、收付审批、关联关系等，项目组以函证、走访或网络辅助等尽调手段进行充分稽核。

三、重点关注现金交易的核查

1. 内部控制制度健全是前提。现金结算的内部控制通常应涵盖：(1) 业务部门报送收款通知，辖管部门及审核部门审批后汇报出纳部门；(2) 出纳部门登记现金日记账，开具一式三联收据（客户、留存、会计部门现金收讫凭证）；(3) 会计部门开具一式三联发票（客户、留存、登记入账）；(4) 三大部门定期对账；(5) 出纳部门当日将现金存储到银行账户，获取银行对账单；(6) 测试与之相关的信息系统建设，包含企业资源计划（Enterprise Resource Planning，ERP）、电子收音机等系统；(7) 注重出纳与登记的职务分离、明细账与总账的职务分离等。

2. 检查内部控制制度是否有效执行。对全流程随机抽取几笔凭证进行相关的穿行测试和控制测试，执行测试时注意：(1) 检查原始凭据的数据一致性；(2) 现金库房管理员与收款员的签字或签章确认事项；(3) 检查复核人在现金收付与销售汇总及现金存款的签章确认。

3. 实质性程序。常用的核查程序包括：(1) 主营业务收入明细表与总账的核对；(2)检查主营业务收入的确认是否符合《企业会计准则》；(3)核查各月收入的实际数与计划数的比较分析；(4)按月分析收入及毛利的波动情况；(5)比较分析行业平均水平、定价水平等；(6)复核资产负债表日前后的销售、发货、回款水平，确定业务活动是否异常；(7)取得销售退回记录，核查是否提前确认收入。

四、重点关注承兑汇票对现金流的影响

1. 内部控制核查要点。项目组应完整取得票据相关内部控制制度、应付票据台账、应收票据台账、票据复印件、发行人定期盘点表、银行承兑汇票合同及对应采购合同与发票、贴现原始凭证等。具体核查内容包括：(1)核查票据台账的建立，具体到销售或采购合同关键要素、发票及其他票据核心条目，项目组应抽查以验证准确性；(2)检查原始凭证的保存，企业所取得或开出的票据均应复印正反面及粘贴单，以台账形式装订成册；(3)检查定期盘点记录。

2. 核查应付票据。(1)通过征信系统查询详细版企业征信报告，对企业内部台账与报告记录的一致性逐笔进行检查，包含发生额、余额、保证金等明细，若有差异则逐笔核查差异项，分析是否存在调节采购成本的情形。(2)检查是否存在真实贸易背景，执行程序包括：①收票人是否为企业供应商；②票据金额是否大于采购合同或发票金额，并对应各期间采购额，结合核查应付账款、存货等科目；③检查对手科目是否存在其他应收款、其他应付款等情形；④若属于无真实交易背景情况，则对票据金额及所造成影响进行核查，并取得中国人民银行、银保监局的专项无违规证明。(3)检查利息的完整性，综合分析采购合同的具体结算条款，比较不同结算方式下是否存在价格差异，是否约定利息承担方式，检查账面交易记录是否与合同约定或商业管理一致；若存在异常情形，项目组可通过走访、函证等方式进行核查，关注是否存在关联关系、利益关系及资金往来等情形。

3. 核查应收票据。(1)是否存在真实交易背景，从应收票据台账登记情况检查其前手单位是否为公司客户，汇总各客户、各会计期间的票据总额，并与含税销售总额进行对比，同时与销售合同是否约定票据结算进行统计比对。若属于无真实交易背景情况，解决思路与应付票据一致。(2)通过盘点与函证的方式核查应收票据的真实性与存在性。(3)关注应收票据的后续流转情况，包括贴现或背书，若背书则继续核查是否具备真实交易背景和利息支出是否完整，若贴现则检查台账中的贴现日期、到期日、利息测算与财务费用科目等事项。

4. 关注异常情形。(1)关联交易非关联化情形，从票据流转的各利益方核查未披露的关联方及关联交易；(2)检查合并范围内相互开票的情形，核查其是否存在真实贸易背景，相关会计处理是否恰当；(3)承兑银行(具体到支行)是否异常集

中,开票人与银行地点是否不相符,票据流转各主体是否异常集中等情形。

【具体案例分析】

一、东方材料(603110):票据融资及资金占用

(一)发行人报告期内开具无真实交易背景承兑汇票的情况

发行人2014年度存在向子公司桐乡油墨以及关联方台州汇聚投资有限公司开具7000.00万元无真实交易背景的银行承兑汇票,再由票据收款人贴现获取现金后汇给发行人的情形。除上述情况以外,报告期内发行人不存在开具其他无真实交易背景的承兑汇票的情况。

发行人开具无真实交易背景的承兑汇票是出于节约融资费用的目的,所融通的资金均用于企业的正常生产经营,公司采取上述融资行为均在银行授予公司的授信额度范围内。根据发行人《应收应付票据管理制度》规定,发行人上述票据由财务经办人员开具,财务总监进行审批,未履行董事会和股东大会审议程序。

发行人发生开具上述不规范票据行为的原因是相关经办人员对法律法规理解不足,发行人财务主管人员也未按相关制度进行严格审批。公司已对相关经办人员及财务总监作出扣发奖金的处理,并责成所有相关人员深入学习《票据法》等相关法律法规,提高认识。

中介机构进场后,对发行人实际控制人、董事、监事、高级管理人员、财务人员进行了相关培训,要求公司强化内部控制,相关人员必须按照公司内部控制制度相关规定严格履行票据的审批程序,同时加大惩罚力度,彻底杜绝该类行为。

自2015年起,发行人已严格依据票据管理相关法律法规开具所有票据,不存在违反票据管理相关法律法规的行为。

发行人承诺将严格遵守《票据法》等法律法规规定,不再发生开具无真实交易背景的银行承兑汇票等违反法律规定的票据融资行为。

发行人实际控制人已出具承诺:如发行人及其子公司因上述票据融资行为而被有关部门处罚或者遭受任何损失,由实际控制人承担全部责任。

发行人保荐机构、律师、会计师认为:发行人已对过往的不规范使用票据行为采取了积极的补救措施和整改措施,确保该等情况不再发生,因此,公司上述行为虽然违规,但情节较轻,且已得到纠正,不会对本次发行上市构成实质性障碍。

（二）发行人报告期内资金占用的情况

2013 年，发行人向汇聚投资拆出资金 3450.00 万元，于当年收回，向汇聚工贸拆出资金 800.00 万元，于 2014 年收回；2014 年，发行人向汇聚投资拆出资金 5350.00万元，于当年收回。汇聚投资、汇聚工贸为发行人实际控制人控制的企业，向发行人拆借资金主要用于投资、临时资金周转等目的。

发行人上述关联方资金拆借行为当时未履行董事会、股东大会审议程序，存在不规范情形。发行人 2015 年 4 月 11 日召开的第二届董事会第二次会议以及 2015 年 5 月 1 日召开的 2014 年年度股东大会审议通过了《对 2012 年 1 月 1 日至 2014 年 12 月 31 日的关联交易确认》的议案，对公司与汇聚投资、汇聚工贸之间的资金拆借等关联交易进行了确认，认为关联交易遵循了平等、自愿、等价、有偿的原则，有关协议所确定的条款是公允的、合理的，关联交易的价格未偏离市场独立第三方的价格，不存在损害公司及其他股东利益的情况。

中介机构进场后，对发行人实际控制人、董事、监事、高级管理人员、财务人员进行了相关培训，要求公司强化内部控制，相关人员必须严格遵守公司资金使用管理制度，同时加大惩罚力度，彻底杜绝发行人资金被控股股东、实际控制人及其控制的其他企业占用。

为进一步规范公司关联资金拆借行为，发行人于 2015 年 5 月 1 日召开 2014 年年度股东大会审议通过《股东大会议事规则》《董事会议事规则》《监事会议事规则》《关联交易管理制度》《对外担保制度》《对外投资管理制度》《控股子公司管理制度》等一系列公司治理制度。上述制度涵盖公司有关资金使用管理制度、财务管理、对外投资、关联交易和对外担保等方面的各项规定，其中规定了防范公司资金被控股股东、实际控制人及其控制的其他企业以各种方式占用的情形，能够有效防范控股股东、实际控制人及其控制的企业占用公司的资金。

发行人实际控制人樊某某、朱某某已出具《承诺函》，承诺“不再通过任何直接、间接的方式从新东方新材料及其下属公司处拆借资金”。

随着发行人各项内部控制制度的建立和完善，自 2015 年开始，发行人已严格按照公司章程及其他内部规章制度，杜绝关联方向其拆借资金，发行人对向关联方实施资金拆借等非经营性资金使用行为的内部控制措施得以有效实施。

发行人保荐机构、律师、会计师认为：发行人历史上被关联方资金占用的不规范情形已通过整改进行了规范，发行人已制定严格的资金管理制度并有效执行，符合《首次公开发行股票并上市管理办法》第 20 条的规定。

二、洛凯股份(603829):存在票据互换行为

(一)应收票据

报告期各期末,公司应收票据情况如表1-1-1:

表1-1-1　公司应收票据

单位:万元

项目	2017年6月30日	2016年12月31日	2015年12月31日	2014年12月31日
银行承兑汇票	6,230.38	8,405.95	7,627.05	7,505.51
商业承兑汇票	—	247.18	853.27	59.23
合计	6,230.38	8,653.13	8,480.32	7,564.73

2014年年末、2015年年末和2016年年末,公司应收票据金额逐年增长,除因营业收入增长外,部分客户以银行承兑汇票向公司支付的货款增多,导致公司应收票据金额逐年提高。2017年6月末,公司应收票据余额减少,主要系本期以银行承兑汇票背书转让支付公司货款较多以及承兑汇票到期承兑所致。

报告期内,公司应收票据中商业承兑汇票金额为59.23万元、853.27万元、247.18万元和0元,金额占比相对较小。报告期内,公司商业承兑汇票未发生过延迟、拒绝、无力支付等情形,违约风险低。

2014年和2015年,公司曾存在与洛锐电器票据互换的情形。2014年、2015年,公司分别收到洛锐电器背书的票据2,023,258.65元、5,881,315.00元,合计7,904,573.65元;同期,公司将金额较小的票据累计7,850,000.00元背书给洛锐电器、以银行转账方式向洛锐电器支付24,776.25元、冲往来款抵消债权29,797.40元,合计7,904,573.65元。该等票据互换的情形不符合《票据法》及相关法律规定。上述票据互换产生的债权债务均已履行完毕,未产生任何经济纠纷,也未因上述行为给银行及其他权利人造成任何实际损失。自2015年7月以来,发行人未再发生上述票据互换的情形。

中国人民银行武进支行于2016年6月14日出具《关于证明江苏洛凯机电股份有限公司无行政处罚记录的函》(武银函〔2016〕1号):自2013年1月1日至今,无受到中国人民银行武进支行行政处罚的记录。

2017年8月25日,中国人民银行武进支行出具了《关于江苏洛凯机电股份有限公司贷款事宜和票据相关问题的函》:洛凯股份为中国人民银行武进支行辖区内

企业，已按贷款合同的约定及时履行了还款和票据付款等各项义务，并采取相应措施主动纠正了上述情况，没有发生欺诈、不能按期还款或支付票据金额的情形，未对金融机构的权益造成实质性影响，也未对金融安全和稳定造成重大不利影响，中国人民银行武进支行未对江苏洛凯机电股份有限公司进行处罚，今后亦不会予以追究。

公司股东洛辉投资、洛腾投资和洛盛投资，实际控制人谈某、臧某明、汤某敏、谈某平、陈某，分别作出承诺：若发行人由于不规范的票据行为受到有关主管部门处罚，本公司（本人）将全额承担该处罚款项，保证发行人不会因此遭受任何损失。同时，发行人承诺将严格遵守《票据法》等法律法规规定，不再发生无真实交易背景的票据互换行为。

（二）应付票据

公司的应付票据主要为采购原材料向供应商开具的银行承兑汇票。最近三年及一期，公司应付票据金额分别为 3110.00 万元、4300.00 万元、2100.00 万元和 3220.00 万元。报告期内，2015 年年末及 2017 年 6 月末分别较上期末增加 38.26% 及增加 53.33%，主要原因是公司根据生产经营状况，合理加大了以票据结算供应商货款的比例。2016 年年末较 2015 年年末下降 51.16%，主要原因是 2016 年采购金额下降，导致开具的银行承兑汇票减少；同时，2016 年上半年开具的银行承兑汇票在 2016 年年末到期，票据持有人向银行托收承兑所致。

报告期内，公司为了简化向银行申请开具银行承兑票据的步骤和节省时间，及时向供应商履行付款义务，向主要供应商苏州凯丰铜业有限公司、常州福惠电器配件有限公司开具银行承兑汇票，最终用于支付给具有真实交易背景的其他中小供应商。经统计，2014 年、2015 年和 2016 年 1～5 月，公司开具此类票据分别为5235.00万元、9445.00 万元和 3464.11 万元，自 2016 年 6 月至本招股说明书出具之日，公司未再发生上述行为。该等不合规开具票据的情形不符合《票据法》第 10 条第 1 款“票据的签发、取得和转让，应当遵循诚实信用的原则，具有真实的交易关系和债权债务关系”的规定。上述票据开具后最终用于支付给具有真实交易背景的其他中小供应商，且不存在将上述票据贴现等违规票据融资行为。截至 2016 年 12 月 31 日，已开出的不合规票据全部到期，不存在逾期未承兑的情形。

2016 年 6 月，中国人民银行武进支行出具了《关于证明江苏洛凯机电股份有限公司无行政处罚记录的函》，证明发行人“自 2013 年 1 月 1 日至今，无受到中国人民银行武进支行行政处罚的记录”。2017 年 8 月 25 日，中国人民银行武进支行出具了《关于江苏洛凯机电股份有限公司贷款事宜和票据相关问题的函》：洛凯股份为中国人民银行武进支行辖区内企业，已按贷款合同的约定及时履行了还款和票据付款等各项义务，并采取相应措施主动纠正了上述情况，没有发生欺诈、不能按期还款或支付票据金额的情形，未对金融机构的权益造成实质性影响，也未对金融安全和稳定造成重大不利影响，中国人民银行武进支行未对江苏洛凯机电股份有限公司进行处罚，今后亦不会予以追究。

公司股东洛辉投资、洛腾投资和洛盛投资，实际控制人谈某、臧某明、汤某敏、谈某平、陈某，分别作出承诺：若发行人由于不规范的票据行为受到有关主管部门处罚，本公司（本人）将全额承担该处罚款项，保证发行人不会因此遭受任何损失。同时，发行人承诺将严格遵守《票据法》等法律法规规定，不再发生开具无真实交易背景的银行承兑汇票等违反法律规定的票据行为。

第二节　资产管理

【商业逻辑与背景分析】

资产是企业经营的核心竞争力，是企业生产经营成果的重要体现，在资产负债表中比重最大。资产管理内部控制贯穿公司运营的方方面面，主要涉及存货及生产成本管理、在建工程管理、固定资产管理、无形资产管理、资产减值管理、资产异地存储管理等。

关于资产内部控制，重点需要关注以下方面：(1)存货管理不恰当造成积压或短缺，出现资金占用超额、存货损毁或贬值及生产中断等情形；(2)固定资产更新升级难以为继、日常保养维护不力、效率低下或产能过剩，致使企业生产低效、产品质量及品种缺乏竞争力、资源浪费或不安全生产等；(3)无形资产核心竞争力不足及升级改造性不强、技术隐患或权属不清晰，企业可能缺乏可持续经营能力甚至引发法律纠纷。

【核查方法指引】

一、存货盘点制度的建立和报告期内的执行情况，包括对期末存货是否履行了必要的监盘或核查程序，如何保证发出商品盘点的完整性以及如何识别确认发出商品的权属情况，存货各项目是否计提了充足的跌价准备

对于存货内部控制制度的核查，首先应该取得存货管理岗位设置及审批制度、存货保管制度、存货盘点清算制度，并且通过访谈各经办部门相关人员了解存货的实际运行流程，进行相关内部控制测试。更重要的是，要对企业存货盘点进行观察，同时对已盘点的存货进行适当地检查程序，也就是存货的监盘程序。

1. 制订有效的监盘计划。获取存货分布表分析各类存货的重要程度，制订计划主要考虑的因素包括：(1)总量；(2)与其他资产、盈利指标等的比重及内在联系；(3)原材料、在产品和产成品等各类别占总数的比重以及变动；(4)各存放地的存量，尤其关注异地存放及账外库房的问题；(5)配置日常无须对存货负责任的人员陪同监盘。此外，可通过访谈、函证或查阅以前年度材料等方式充分了解存放制度、环节、地点等信息。监盘日期一般在资产负债表日，如因特殊原因选择"前推"或"后推"，则应补充盘点日与资产负债日之间的实质性检查程序。

2. 监盘执行。主要关注的事情包括：(1)暂停收发存货，避免移动；(2)观察盘点现场，重点把控盘点标识等细节以防盘点错漏，留意区分残次品等减值存货、不属于企业或未纳入盘点的存货；(3)做到存货盘点表与实物正反追查对应，测试其真实性与完整性，同时进行截止性测试；(4)对盘点中所出现的盘盈、盘亏或如毁损、白条等特殊情况，应进行原因确认，必要时进行复盘或抽取其他样本监盘；(5)盘点所涉及的所有单据均要求连号，详细比对存货盘点记录。

3. 特殊事项盘点。对于存放于公共仓库的存货、委托代销存货、发出商品、置放于寄售仓、质押并存放于第三方仓库等各种形式存放于异地的存货，项目组应获取相应的存货权属文件，并通过现场走访、寄发异地存货函证的方式确认存货的数量、金额、权属及状态等信息。对于存货价值较高或者数量难以估计的存货，应考虑利用专家的工作，重点关注存货减值情况的分析，并充分考虑存货价值的状态，如黄金珠宝、煤炭、粮食仓库、水产等。此外，还需要重点分析在产品的完工程度的确定，考虑利用专家的支持进行深度分析。

二、固定资产减值测试的过程、结论和依据，相关的内部控制制度是否健全且被有效执行

固定资产减值，应综合考虑内部和外部两方面的信息。如果企业认为有一种或多种内部信息或外部信息表明资产存在减值迹象，应当遵循谨慎性、实质重于形式等会计原则的要求，计提相应的减值准备。资产负债表日，如果有迹象表明资产已发生减值，应估计资产的可收回金额，并与资产账面价值比较，如果可收回金额低于账面价值，则应计提减值准备。

在减值准备测试中，实质性程序通常按如下思路展开：(1)取得固定资产减值准备明细表，综合总账和明细账进行复核；(2)检查资产组的认定是否恰当；(3)检查计提减值的证据是否充分、合理；(4)计算资产减值准备额占期末资产原值的比率，并与往年同期相比较，分析其是否合理；(5)注意资产处置时的资产准备是否结转，是否存在减值准备转回的处理情形。

三、无形资产的确认情况、摊销情况、减值处理情况、研究情况以及内部控制措施是否有效执行

1. 内部控制制度建设。相关制度一般包括职责分工设置、资产购置或转让等计划审批制度、价值评估制度、产权保护制度等。科研类项目是企业内部形成无形资产的核心，因此需重点关注科研类项目的进展状况、资金流水等；此外，涉及相关员工调动是否造成无形资产流失也是着重考察的事项。

2. 确认情况。无形资产没有实物状态，故不能通过盘点的方式确认。在确认时需注意资产的增减是否符合内部控制管理制度，不同来源的无形资产所计入相应科目的正确性，以及发生出租、转让、投资、出售、报废时，其会计处理是否正确。

3. 摊销及减值情况。一方面，判断无形资产的使用年限是否确定，如若不确定无须进行摊销，在每个会计期间进行减值测试；另一方面，关注无形资产的归类及后续变更情况，核查是否存在调节利润表相关科目的嫌疑。

4. 研究情况。重点在于“研发阶段”与“开发阶段”的判定，两个阶段的会计处理围绕“费用化”和“资本化”展开，研发阶段的支出全部以费用处理，开发阶段中符合资本化条件的支出计入资产，否则计入当期损益。此外，厘清无形资产的来源，重视职务开发的问题。

【具体案例分析】

迪生力(603335):存货管理的典型案例

(一)披露风险

2016 年年末、2015 年年末、2014 年年末,公司存货账面值分别为 38,180.58 万元、29,981.20万元、30,991.54 万元,占流动资产的比例分别为 83.84%、77.59%、65.09%。公司产品主要面向国际 AM 市场销售,大部分客户来自于美国市场。由于 AM 市场销售具有客户分散、客户要求多样及购货需求不定期的特点,公司在美国的销售子公司需要储备一定的存货,因此公司存货账面价值较高符合公司的业务实际。但未来仍存在库存商品销售不畅、公司需增加计提存货跌价损失的风险,从而对利润水平造成一定的影响。

(二)公司生产的主要产品及特点、用途

表 1-2-1　公司生产的主要产品及特点、用途

产品类别	性能特点	用途
汽车铝合金涂装轮	1. 款式花哨,样式多变,生产周期短; 2. 成本相对低,适合不同市场不同客户要求; 3. 抗腐蚀性能较好; 4. 易清洗; 5. 接触面较多,安全性能强,高速转弯稳定,轻量化减少阻力	主要用于一般轿车、商务车
汽车铝合金电镀轮	1. 色泽光亮,金属感较强; 2. 防腐蚀效果好; 3. 制作成本较高、生产周期长	一般用于高档轿跑车、四轮驱动运动型多用途汽车

(三)结合公司生产销售模式、生产流程和生产周期,并对比同行业上市公司存货情况,说明并披露存货构成及金额合理性

1. 公司生产模式、生产流程和生产周期

公司生产模式属于订单生产,即由美国子公司根据市场需求情况向国内工厂下达生产订单,国内工厂根据订单制订生产计划,组织生产。公司对采购的铝锭进行熔解、铝水成分分析,利用模具铸造或低压成型,再经过切冒口或预钻孔、热处

理、抛丸、机加工、动平衡、试漏、打磨等程序,进行表面处理、质量检测、性能测试。各项指标都合格的产品进行成批包装,进入仓库,等待发售。一般生产周期为15～30天,其中涂装轮约15天,电镀轮约30天。

公司生产周期与同行业上市公司相比差异不大,但完工后实现对外销售环节,公司与同行业上市公司存在一定差异,主要是公司拥有自己独立的销售渠道,完成生产后将产品发往美国和加拿大的销售子公司,再由其完成销售,因此完成销售时间要长于同行业上市公司,也导致了公司库存商品余额较大。

2.与同行业上市公司存货对比情况

(1)2014年公司与同行业上市公司存货对比表(表1-2-2)

表1-2-2 2014年公司与同行业上市公司存货对比

单位:万元

项目	公司		万丰奥威		跃岭股份		今飞凯达	
	金额	占比	金额	占比	金额	占比	金额	占比
原材料	2,596.68	8.32%	35,169.97	42.57%	3,671.85	30.57%	3,428.11	8.15%
在产品	1,087.01	3.48%	10,815.04	13.09%	2,444.38	20.35%	15,189.21	36.11%
库存商品[注1]	27,512.01	88.19%	36,630.62	44.34%	5,896.09	49.08%	23,437.54	55.72%
其中:轮毂	21,418.33	68.66%	—	—	—	—	—	—
轮胎	5,878.71	18.84%	—	—	—	—	—	—
委托加工物资	—	—	—	—	—	—	5.52	0.01%
合计	31,195.69	100.00%	82,615.63	100.00%	12,012.31	100.00%	42,060.38	100.00%

(2)2015年公司与同行业上市公司存货对比表(表1-2-3)

表1-2-3 2015年公司与同行业上市公司存货对比

单位:万元

项目	公司		万丰奥威		跃岭股份		今飞凯达	
	金额	占比	金额	占比	金额	占比	金额	占比
原材料	1,047.03	3.45%	45,315.70	48.75%	1,283.55	11.49%	4,416.49	11.91%
在产品	1,380.72	4.55%	8,684.84	9.34%	2,210.31	19.78%	11,770.84	31.73%
库存商品[注1]	27,936.24	92.00%	38,956.35	41.91%	6,520.92	58.35%	20,906.17	56.36%
其中:轮毂	19,136.98	63.03%	—	—	—	—	—	—
轮胎	8,464.50	27.88%	—	—	—	—	—	—

续表

项目	公司		万丰奥威		跃岭股份		今飞凯达	
	金额	占比	金额	占比	金额	占比	金额	占比
委托加工物资	—	—	—	—	19.65	0.00%	0.24	0.00%
包装物	—	—	—	—	203.15	1.82%	—	—
低值易耗品	—	—	—	—	937.98	8.39%	—	—
合计	30,364.00	100.00%	92,956.89	100.00%	11,175.57	100.00%	37,093.74	100.00%

（3）2016 年公司与同行业上市公司存货对比表（表 1－2－4）

表 1－2－4　2016 年公司与同行业上市公司存货对比

单位：万元

项目	公司		万丰奥威		跃岭股份		今飞凯达	
	金额	占比	金额	占比	金额	占比	金额	占比
原材料	998.67	2.57%	36,823.62	34.08%	2,196.65	17.91%	6,003.58	13.73%
在产品	3,301.34	8.50%	13,953.52	12.92%	2,962.19	24.16%	13,456.49	30.77%
库存商品［注 1］	34,524.24	88.92%	57,258.87	53.00%	6,616.89	53.96%	24,258.26	55.48%
其中：轮毂	24,623.55	63.42%	—	—	—	—	—	—
轮胎	9,541.03	24.57%	—	—	—	—	—	—
委托加工物资	—	—	—	—	108.75	0.89%	9.72	0.02%
包装物	—	—	—	—	263.60	2.15%	—	—
低值易耗品	—	—	—	—	114.46	0.93%	—	—
合计	38,824.25	100.00%	108,036.01	100.00%	12,262.54	100.00%	43,728.05	100.00%

注 1：公司发出商品为出口子公司华鸿集团尚未办理完海关手续的存货，为了便于与同行业比较，将发出商品并入库存商品。

报告期内，公司存货余额相对较高，其中原材料和在产品金额相对较小，主要是由于公司铝合金车轮产量较小所致，公司每年铝合金车轮实际产量约 70 万件，而万丰奥威每年产量约 3500 万件，跃岭股份产量约 500 万件，因此公司原材料和在产品金额小于同行业上市公司，符合公司实际生产经营情况。

(四)各存货类别的账龄情况,在产品、库存商品的在手订单情况,报告期末公司库存商品余额较大的原因

1. 报告期内公司的存货情况,包括存货类型、金额、库龄等(表1-2-5)

表1-2-5 2016年报告期内公司存货情况

单位:万元

报告期	2016年度									
	1年以内		1-2年		2-3年		3年以上		合计	
	金额	占比	金额	占比	金额	占比	金额	占比	金额	占比
原材料	832.91	2.19%	69.68	16.09%	54.68	28.95%	41.40	29.59%	998.67	2.57%
在产品	3,301.34	8.67%	—	—	—	—	—	—	3,301.34	8.50%
库存商品	33,317.98	87.53%	363.27	83.91%	134.24	71.05%	98.50	70.41%	33,913.98	87.35%
发出商品	610.26	1.60%	—	—	—	—	—	—	610.26	1.57%
合计	38,062.49	100.00%	432.94	100.00%	188.92	100.00%	139.90	100.00%	38,824.25	100.00%

报告期	2015年度									
	1年以内		1-2年		2-3年		3年以上		合计	
	金额	占比	金额	占比	金额	占比	金额	占比	金额	占比
原材料	891.31	3.00%	88.26	27.13%	63.07	29.54%	4.39	5.81%	1,047.03	3.45%
在产品	1,380.72	4.64%	—	—	—	—	—	—	1,380.72	4.55%
库存商品	27,337.16	91.89%	237.04	72.87%	150.41	70.46%	71.19	94.19%	27,795.81	91.54%
发出商品	140.44	0.47%	—	—	—	—	—	—	140.44	0.46%
合计	29,749.62	100.00%	325.30	100.00%	213.48	100.00%	75.59	100.00%	30,364.00	100.00%

报告期	2014年度									
	1年以内		1-2年		2-3年		3年以上		合计	
	金额	占比	金额	占比	金额	占比	金额	占比	金额	占比
原材料	2,441.22	8.00%	128.47	33.38%	—	—	26.99	15.27%	2,596.68	8.32%
在产品	1,087.01	3.56%	—	—	—	—	—	—	1,087.01	3.48%
库存商品	26,330.07	86.25%	256.42	66.62%	107.31	100.00%	149.76	84.73%	26,843.57	86.05%
发出商品	668.44	2.19%	—	—	—	—	—	—	668.44	2.14%
合计	30,526.75	100.00%	384.89	100.00%	107.31	100.00%	176.74	100.00%	31,195.69	100.00%

2. 在产品、库存商品的在手订单情况

公司在产品和库存商品没有对应的在手订单,是由于公司经营模式所决定,具体原因如下:

公司生产的铝合金车轮主要针对的是美国 AM 市场,国内完成铝合金车轮生产后报关出口到美国和加拿大各销售子公司,通过美国和加拿大子公司销售给下游客户,由下游客户销售给终端消费者(汽车拥有者)。公司的下游客户一般为汽车修理厂、改装厂等,一般来说,这些客户的资金实力和规模较小,汽车消费者到汽车修理厂和改装厂等选购汽车车轮后直接更换车轮。客户需要产品时,客户会直接与公司联系,向公司下订单确定采购数量、款式等。由于公司的库存商品种类丰富,送货及时,能满足不同消费者的个性化需求,因此下游客户不需要提前向公司下订单。

3. 报告期末公司库存商品余额较大的原因(略)

(五)存货监盘情况

1. 会计师境内外存货盘点情况

报告期内,公司国内部分的存货由申报会计师参与监盘,海外子公司由申报会计师和美国会计师共同盘点,美国会计师盘点的样本、要求和方法由申报会计师确定。海外子公司的盘点情况具体如下:

2. 各年度监盘情况

(1)2014 年年末存货监盘情况(表 1-2-6)

表 1-2-6　公司 2014 年年末存货监盘情况

单位:美元

公司名称	期末库存	盘点日期	实际盘点比例	申报会计师监盘情况	美国会计师监盘情况
迪生力轮胎	1,861,283.11	2014 年 12 月 27 日	78.87%	2 人	—
华鸿集团	17,860,672.93	2014 年 12 月 27 日—28 日	72.71%	4 人	—
萨克拉门托公司	5,148,682.35	2014 年 12 月 27 日—28 日	80.54%	—	2 人
ECLIPSE 公司	1,510,347.10	—	—	—	—
佛罗里达公司	2,998,530.40	—	—	—	—
丹佛公司	1,839,437.66	—	—	—	—
西雅图公司	1,880,263.17	—	—	—	—

续表

公司名称	期末库存	盘点日期	实际盘点比例	申报会计师监盘情况	美国会计师监盘情况
直销公司	3,540,811.39	2014 年 12 月 27 日	79.26%	2 人	—
休斯敦公司	2,735,221.78	2014 年 12 月 27 日—28 日	86.39%	—	2 人
纽约公司	5,194,114.32	2014 年 12 月 27 日—28 日	78.32%	—	2 人
得克萨斯公司	5,716,367.40	2014 年 12 月 27 日—28 日	76.68%	—	2 人
田纳西公司	862,638.32	—	—	—	—
Wheel Mart Group Inc.	—	—	—	—	—
Gima Wheel Inc.	—	—	—	—	—
加拿大公司	—	—	—	—	—

2014 年年末申报会计师负责盘点的存货占总额的 45.48%，美国会计师负责盘点的存货占总额的 36.74%，合计为 82.23%。

(2)2015 年年末存货监盘情况(表 1－2－7)

表 1－2－7　公司 2015 年年末存货监盘情况

单位:美元

公司名称	期末库存	盘点日期	实际盘点比例	申报会计师监盘情况	美国会计师监盘情况
迪生力轮胎	1,707,740.00	2016 年 1 月 2 日	92.63%	2 人	—
华鸿集团	14,357,786.40	2016 年 1 月 2 日－3 日	68.78%	4 人	—
萨克拉门托公司	6,637,692.99	2016 年 1 月 2 日－3 日	73.36%	—	2 人
ECLIPSE 公司	2,777,666.97	2016 年 1 月 2 日－3 日	61.33%	—	1 人
佛罗里达公司	3,384,988.98	—	—	—	—

续表

公司名称	期末库存	盘点日期	实际盘点比例	申报会计师监盘情况	美国会计师监盘情况
丹佛公司	1,980,872.36	—	—	—	—
西雅图公司	2,349,675.65	—	—	—	—
直销公司	3,933,038.39	2016 年 1 月 2 日	72.52%	2 人	—
休斯敦公司	3,124,404.56	—	—	—	—
纽约公司	4,277,374.74	2016 年 1 月 2 日 –3 日	68.71%	—	1 人
得克萨斯公司	4,677,921.75	2016 年 1 月 2 日 –3 日	63.25%	—	1 人
田纳西公司	2,835,190.74	2016 年 1 月 2 日 –3 日	65.34%	—	1 人
Wheel Mart Group Inc.	—	—	—	—	—
Gima Wheel Inc.	—	—	—	—	—
加拿大公司	—	—	—	—	—

2015 年年末申报会计师负责盘点的存货占总额的 38.43%，美国会计师负责盘点的存货占总额的 40.75%，合计为 79.17%。

(3)2016 年年末存货监盘情况(表 1 –2 –8)

表 1 –2 –8　公司 2016 年年末存货监盘情况

单位:美元

公司名称	期末库存	盘点日期	实际盘点比例	申报会计师监盘情况	美国会计师监盘情况
迪生力轮胎	2,604,052.10	2016 年 12 月 30 日	71.21%	2 人	—
华鸿集团	14,353,249.86	2016 年 12 月 31 日	72.92%	4 人 + 券商 1 人	—
萨克拉门托公司	6,655,725.17	2016 年 12 月 30 日 –31 日	70.94%	—	1 人 + 券商 1 人

续表

公司名称	期末库存	盘点日期	实际盘点比例	申报会计师监盘情况	美国会计师监盘情况
ECLIPSE 公司	4,247,558.48	2016 年 12 月 30 日 -31 日	63.26%	—	1 人
佛罗里达公司	3,079,996.27	2016 年 12 月 30 日 -31 日	65.77%	—	1 人
丹佛公司	1,885,022.34	—	—	—	—
西雅图公司	3,664,182.61	2016 年 12 月 30 日 -31 日	66.08%	—	1 人
直销公司	3,823,196.37	2016 年 12 月 30 日	80.91%	2 人 + 券商 1 人	—
休斯敦公司	2,889,616.89	—	—	—	—
纽约公司	4,056,620.66	2016 年 12 月 30 日 -31 日	71.04%	1 人 + 券商 1 人	1 人
得克萨斯公司	4,580,213.60	2016 年 12 月 30 日 -31 日	70.04%	—	1 人
田纳西公司	2,565,991.82	—	—	—	—
Wheel Mart Group Inc.	—	—	—	—	—
Gima Wheel Inc.	3,352,998.98	2016 年 12 月 30 日	71.29%	1 人 + 券商 1 人	—
加拿大公司	1,678,422.50	—	—	—	—

2016 年年末申报会计师负责盘点的存货占总额的 47.43%，美国会计师负责盘点的存货占总额的 37.40%，合计为 84.83%。

存货监盘情况：①除华鸿集团在洛杉矶地区存放 13875#、798#、800#、810#和 850#仓库等仓库和迪生力轮胎存放 13875#和 850#号仓库外，其他公司均只有 1 个仓库，华鸿集团和迪生力轮胎在 13875#和 850#仓库均存放了存货；②盘点采用从账到实物和从实物到账相结合方法进行；③盘点时各公司同一时间开始，以防止公司货物在不同仓库之间的流动；④盘点时间一般从上午的 8:30 到下午的5:30，个别大的仓库盘点到晚上 8:30；⑤因 2014 年是第一次盘点，所以洛杉矶地区之外的公司盘点人数较多。

对存货监盘采用以账到实物和以实物到账的方法，确定公司存货数量是否账实相符。存货监盘具体如下：①截至 2016 年 12 月 31 日，国内存货占存货总额的

21.18%，国内存货全部由发行人国内会计师负责。原材料抽查样本约为52%、在产品约为55%、产成品100%，抽查样本量约为国内存货总额的76.35%。②美国14家子公司有13家已经开始经营期末有存货，美国公司期末存货合计占公司存货总额的77.07%，由发行人国内会计师、发行人美国会计师（美国会计师需对华鸿集团和迪生力轮胎独立出具审计报告）共同负责。其中，发行人国内会计师和保荐机构负责华鸿集团、迪生力轮胎等5个公司的存货监盘，占美国存货总额的48.81%，发行人美国会计师负责另外5家公司的存货盘点（其中4家公司由发行人国内会计师指定，另外一家由发行人美国会计师按照每次轮换监盘的原则选取），发行人美国会计师负责的5家公司存货余额占美国公司存货总额的38.48%，未纳入存货监盘范围的3家子公司期末存货余额占美国公司存货总额的12.71%。其中，保荐机构参与了2016年年末部分存货监盘工作，包括国内母公司、华鸿集团、直销公司、Gima Wheel Inc.、萨克拉门托公司和纽约公司。对于纳入存货监盘范围的公司，每个公司存货监盘样本不低于70%，因此，美国公司存货监盘的总样本量不低于60%。③子公司加拿大公司为2016年新成立公司，其存货期末余额占公司存货总额的比例约为1.75%，未实施监盘程序，因其存货均为公司销售所形成，主要执行核对公司出口报关单及公司存货盘点表等替代程序。

经核查，保荐机构和会计师认为公司期末存货真实完整，账实相符。

（六）日常管理

公司制定了完善的存货日常管理制度，包括《成品仓产品入库规范细则》《成品仓日常管理细则》《存货盘点与报废制度》《仓库管理制度及流程》《生产物流控制程序》等制度。

1.《存货盘点与报废制度》中关于存货盘点要求

存货的盘点，国外为定期盘点（季度盘点和年终盘点）和不定期盘点；国内为每个月全部盘点。

（1）季度盘点：由财务部门、仓库部门、车间等一起进行，确保所有物料在一个会计年度内都经过盘点。

（2）年终盘点：由采购物流管理部、财务管理部会同外部审计部门在年末进行，采用全部盘点方式进行。

（3）不定期盘点：由财务管理部门照会其仓库主管后，做存货随机抽样（20%以上）盘点。

2. 存货盘点流程

（1）与生产计划部沟通，根据公司生产情况，确定盘点日期，一般是每月最后一天。

(2)盘点前(二或三天)召开盘点会议,商定盘点人员安排及盘点注意事项,发放盘点卡。

(3)盘点前一天下午4时,仓库停止所有物料收发业务;财务关账,从系统导出各仓库物料在库明细表,以备盘点使用。

(4)各车间、仓库按计划进行初盘、复盘工作并签名确认,财务部负责监盘并签名确认。

(5)各车间、仓库收集盘点资料,录入电子档,交财务部存档。

(6)财务部根据盘点情况与账务进行核对,以确定是否存在差异,财务部编写盘点报告。

(七)境外销售子公司的存货情况

1.境外销售子公司的存货情况,包括存货类型、金额、库龄等(表1-2-9)

表1-2-9　2014~2016年境外销售子公司存货情况

单位:万元

报告期	2016年度									
	1年以内		1-2年		2-3年		3年以上		合计	
	金额	占比	金额	占比	金额	占比	金额	占比	金额	占比
车轮	21,574.34	70.01%	157.15	43.26%	79.45	59.19%	62.25	63.20%	21,873.18	69.63%
轮胎	9,243.88	29.99%	206.12	56.74%	54.79	40.81%	36.25	36.80%	9,541.03	30.37%
合计	30,818.22	100.00%	363.27	100.00%	134.24	100.00%	98.50	100.00%	31,414.22	100.00%

报告期	2015年度									
	1年以内		1-2年		2-3年		3年以上		合计	
	金额	占比	金额	占比	金额	占比	金额	占比	金额	占比
车轮	17,138.04	67.55%	121.82	51.39%	91.48	60.82%	13.31	18.70%	17,364.65	67.23%
轮胎	8,232.46	32.45%	115.23	48.61%	58.93	39.18%	57.88	81.30%	8,464.50	32.77%
合计	25,370.50	100.00%	237.04	100.00%	150.41	100.00%	71.19	100.00%	25,829.15	100.00%

报告期	2014年度									
	1年以内		1-2年		2-3年		3年以上		合计	
	金额	占比	金额	占比	金额	占比	金额	占比	金额	占比
车轮	19,165.81	77.21%	148.68	57.98%	62.26	58.02%	79.73	53.24%	19,456.49	76.80%
轮胎	5,655.88	22.79%	107.74	42.02%	45.05	41.98%	70.03	46.76%	5,878.71	23.20%
合计	24,821.70	100.00%	256.42	100.00%	107.31	100.00%	149.76	100.00%	25,335.19	100.00%

2. 境外销售子公司的存货情况，包括在手订单情况

公司境外子公司期末存货没有对应的在手订单。

3. 境外销售子公司存货形成的原因

公司境外子公司存货由公司销售模式决定。境外子公司存货主要为汽车车轮和汽车轮胎，其中汽车车轮由母公司广东迪生力生产，汽车轮胎由子公司向非关联方采购。公司产品是通过 AM 市场销售渠道对外销售，与 OEM 市场对应整车厂不一样，AM 市场主要面向批发商、专业零售店、修理厂、连锁店、专卖店以及改装厂等经销商，再由上述经销商将产品销售给最终消费者。AM 市场具有小批量、款式多、尺寸全、更新快的特点，因此公司需要在每个销售子公司备全不同款式、尺寸、规格以及品牌的车轮，以在客户有需求时能及时供货。

（八）销售子公司的各期库存情况；结合各期销售情况，分析库存合理性及所需的消化时间

1. 14 家销售子公司的各期库存情况

（1）2014 年度各子公司库存及周转率情况（表 1 -2 -10）

表 1 -2 -10　2014 年度各子公司库存及周转率情况

单位：美元

序号	公司名称	本期主营业务成本	期末库存	周转率	周转天数	库存是否合理
1	迪生力轮胎	17,419,910.88	1,861,283.11	9.36	38.46	合理
2	华鸿集团	55,294,363.05	17,860,672.93	3.10	116.13	合理
3	萨克拉门托公司	22,826,579.67	5,148,682.35	4.43	81.26	合理
4	ECLIPSE 公司	3,071,555.00	1,510,347.10	2.03	177.34	合理
5	佛罗里达公司	4,286,918.25	2,998,530.40	1.43	251.75	合理
6	丹佛公司	3,491,870.02	1,839,437.66	1.90	189.47	合理
7	西雅图公司	2,951,320.87	1,880,263.17	1.57	229.30	合理
8	直销公司	8,948,981.01	3,540,811.39	2.53	142.29	合理
9	休斯敦公司	6,857,895.50	2,735,221.78	2.51	143.43	合理
10	纽约公司	8,414,930.03	5,194,114.32	1.62	222.22	合理
11	得克萨斯公司	7,606,116.24	5,716,367.40	1.33	270.68	合理
12	田纳西公司	—	862,638.32	—	—	合理

续表

序号	公司名称	本期主营业务成本	期末库存	周转率	周转天数	库存是否合理
13	Wheel Mart Group Inc.	—	—	—	—	—
14	Gima Wheel Inc.	—	—	—	—	—
15	加拿大公司	—	—	—	—	—
合计		141,170,440.52	51,148,369.93		—	—

（2）2015 年度各子公司库存及周转率情况（表 1-2-11）

表 1-2-11　2015 年度各子公司库存及周转率情况

单位：美元

序号	公司名称	本期主营业务成本	期末库存	周转率	周转天数	库存是否合理
1	迪生力轮胎	13,392,099.85	1,707,740.00	7.84	45.92	合理
2	华鸿集团	55,753,174.20	14,357,786.40	3.88	92.78	合理
3	萨克拉门托公司	22,247,252.70	6,637,692.99	3.35	107.46	合理
4	ECLIPSE 公司	6,702,446.27	2,777,666.97	2.41	149.38	合理
5	佛罗里达公司	3,861,427.86	3,384,988.98	1.14	315.79	合理
6	丹佛公司	2,428,721.07	1,980,872.36	1.23	292.68	合理
7	西雅图公司	3,319,841.50	2,349,675.65	1.41	255.32	合理
8	直销公司	9,077,876.44	3,933,038.39	2.31	155.84	合理
9	休斯敦公司	6,426,834.31	3,124,404.56	2.06	174.76	合理
10	纽约公司	7,918,971.92	4,277,374.74	1.85	194.59	合理
11	得克萨斯公司	6,839,290.01	4,677,921.75	1.46	246.58	合理
12	田纳西公司	3,256,546.32	2,835,190.74	1.15	313.04	合理
13	Wheel Mart Group Inc.	—	—	—	—	—
14	Gima Wheel Inc.	—	—	—	—	—
15	加拿大公司	—	—	—	—	—
合计		141,224,482.45	52,044,353.53		—	—

(3)2016 年度各子公司库存及周转率情况(表 1－2－12)

表 1－2－12　2016 年度各子公司库存及周转率情况

单位:美元

序号	公司名称	本期主营业务成本	期末库存	周转率	周转天数	库存是否合理
1	迪生力轮胎	12,851,361.90	2,604,052.10	4.94	72.87	合理
2	华鸿集团	49,061,250.62	14,353,249.86	3.42	105.26	合理
3	萨克拉门托公司	23,295,109.89	6,655,725.17	3.50	102.86	合理
4	ECLIPSE 公司	7,667,635.32	4,247,558.48	1.81	198.90	合理
5	佛罗里达公司	3,463,732.92	3,079,996.27	1.12	321.43	合理
6	丹佛公司	2,077,242.10	1,885,022.34	1.10	327.27	合理
7	西雅图公司	3,820,551.97	3,664,182.61	1.04	346.15	合理
8	直销公司	6,073,450.14	3,823,196.37	1.59	226.42	合理
9	休斯敦公司	5,417,672.75	2,889,616.89	1.87	192.51	合理
10	纽约公司	7,885,408.53	4,056,620.66	1.94	185.57	合理
11	得克萨斯公司	6,067,747.84	4,580,213.60	1.32	272.73	合理
12	田纳西公司	3,013,647.91	2,565,991.82	1.17	307.69	合理
13	Wheel Mart Group Inc.	—	—	—	—	—
14	Gima Wheel Inc.	1,098,543.46	3,352,998.98	0.33	1,090.91	—
15	加拿大公司	22,763.33	1,678,422.50	0.01	36,000.00	—
合计		131,816,118.68	59,436,847.65		—	—

注 1:Wheel Mart Group Inc. 尚未开始运营。

注 2:上述存货周转率的计算中包括了各子公司之间的内部交易部分。

2. 结合各期销售情况,分析并披露库存合理性及所需的消化时间

(1)报告期内各子公司销售和存货周转率情况(表 1－2－13)

表1-2-13　报告期内各子公司销售和存货周转率情况

单位：万美元

公司名称	2014 年度		2015 年度		2016 年度	
	销售收入	存货周转率	销售收入	存货周转率	销售收入	存货周转率
迪生力轮胎	6,137.46	3.10	6,388.01	3.88	5,569.19	3.42
华鸿集团	1,882.91	9.36	1,491.72	7.84	1,437.20	4.94
萨克拉门托公司	2,612.29	4.43	2,662.82	3.35	2,760.96	3.5
ECLIPSE 公司	419.26	2.03	888.65	2.41	1,014.48	1.81
佛罗里达公司	517.60	1.43	453.67	1.14	416.37	1.12
丹佛公司	428.07	1.9	302.78	1.23	252.63	1.1
西雅图公司	375.23	1.57	414.81	1.41	488.90	1.04
直销公司	1,091.61	2.53	1,156.16	2.31	780.31	1.59
休斯敦公司	822.64	2.51	777.30	2.06	647.81	1.87
纽约公司	979.75	1.62	955.35	1.85	952.68	1.94
得克萨斯公司	907.17	1.33	826.86	1.46	734.68	1.32
田纳西公司	—	—	395.35	1.15	366.04	1.17
Wheel Mart Group Inc.	—	—	—	—	—	—
Gima Wheel Inc.	—	—	—	—	130.05	0.33
加拿大公司	—	—	—	—	3.09	0.01

注：上述销售收入包括了内部交易部分。

（2）存货消化时间

结合公司报告期内各子公司销售和存货周转率情况分析，可以看出公司大部分销售子公司的库存消化时间为6~9个月。报告期内，除华鸿集团、迪生力轮胎和萨克拉门托公司存货周转率较高外，其余公司存货周转率处于合理范围内。其中，华鸿集团、迪生力轮胎存货周转率较高的原因是这两家公司内部交易金额较大导致存货周转率较高；萨克拉门托公司存货周转率较高的原因是该公司以轮胎销售为主，其他销售子公司以车轮销售为主，由于轮胎是消耗品，因此轮胎销售周期较短；Gima Wheel Inc. 和加拿大公司存货周转率相对较低，主要是由于这两家公司分别于2016年2月和8月成立，成立时间较短。

（九）存货跌价准备计提政策，跌价准备计提情况

公司存货跌价准备的计提方法为：资产负债表日，公司存货按照成本与可变现净值孰低计量。当其可变现净值低于成本时，提取存货跌价准备。计提存货跌价准备时通常按照单个存货项目计提存货跌价准备；对于数量繁多、单价较低的存货，按照存货类别计提存货跌价准备；与在同一地区生产和销售的产品系列相关、具有相同或类似最终用途或目的，且难以与其他项目分开计量的存货，则合并计提存货跌价准备。存货可变现净值的确定：产成品、商品和用于出售的材料等直接用于出售的商品存货，以该存货的估计售价减去估计的销售费用和相关税费后的金额，确定其可变现净值；需要经过加工的材料存货，以所生产的产品的估计售价减去至完工时估计将要发生的成本、估计的销售费用和相关税费后的金额，确定其可变现净值。

公司的车轮和汽车轮胎的使用寿命以及来源不一样，车轮为自产且无寿命周期，轮胎为外购且有寿命周期；车轮为国内生产主要通过美国子市场进行销售，轮胎为子公司直接对外采购并且销售。根据公司的经营特点和产品特点，公司存货减值准备的计提政策具体为：

首先，各公司按照存货减值准备政策分别进行单家公司的存货减值准备测试。其次，在编制合并财务报表时，如果母公司保留的毛利能覆盖子公司计提的存货减值准备，需将子公司计提的存货减值准备予以冲回；如果不能覆盖，那么不能覆盖部分继续计提。

具体到各种产品存货减值准备的计提方法，主要内容如下：

1. 原材料存货减值准备的计提方法

原材料全部在国内母公司，是母公司为生产出口到境外子公司销售的车轮储备的原料，公司按照材料类别以及型号等设置了材料明细账。测算原材料的减值准备时，假设工艺未发生改变的情况下，以每个单项原材料成本为基础，加上原材料投产后到完工时所需要增加的成本作为工厂完工产品的预计成本，工厂完工产品的预计成本再加上出口到美国、加拿大的海运费和美国、加拿大的进口海关税费，为公司产品出售前产品成本，以终端对外销售价格作为预计售价减去出售前的成本再减去境外子公司应承担的销售费用，如果出现负数，按照负数金额计提原材料的减值准备；如有已经被闲置预计不再使用的原材料，直接根据其预计售价减去其成本和对应的税费计提原材料的减值准备。

2. 在产品存货减值准备的计提方法

在产品全部在母公司，为公司已经投产在生产线尚未完工的半成品，公司半成品也是为销售到美国子公司准备的。在测算半成品的减值准备时，根据半成品的成本加上到完工为止预计需要增加的成本作为产品工厂的完工产品成本，工厂的完工产品成本加上出口到美国的海运费和美国地区的进口海关税费，为公司产品出售前产品成本，以终端对外销售价格作为预计售价减去出售前的成本再减去美国公司应承担的销售费用，如果出现负数，按照负数金额计提在产品的减值准备。

3. 库存商品存货减值准备的计提方法

库存商品（包含发出商品）是公司完成所有工艺不需要再进行加工的产品，因存放地点不同分为国内母公司账面的库存商品和存放在境外子公司的库存商品，其减值准备测试方法也有所不同：(1)国内母公司账面库存商品最终需要通过境外子公司实现销售，在进行减值测试时，国内母公司库存商品的成本加上出口到美国、加拿大的海运费和美国、加拿大的进口关税，为库存商品出售前产品成本，以境外子公司对外销售价格作为预计售价减去出售前的产品成本再减去境外子公司应承担的销售费用；如果出现负数，按照负数金额计提这部分产成品的减值准备。(2)对于境外子公司库存商品的减值测试，该部分产品成本为国内母公司的销售价格加上海运费和美国、加拿大进口关税，在进行减值测试时，只需要将预计售价减去产品成本和应承担的销售费用；如果出现负数，按照负数金额计提这部分产成品的减值准备。

因车轮没有使用寿命，对于境外子公司库龄较长的车轮，需要进行分析。如果库龄较长的车轮为公司正常生产销售的车轮，按照最近的销售价格进行测算；如果库龄较长的车轮已经不再计划生产且近期无正常销售记录的，考虑到个别客户存在临时性的需求以及公司通过打折方式能实现对外销售的记录，按照工厂成本的50%计提存货减值准备。

4. 汽车轮胎存货减值准备的计提方法

公司汽车轮胎均为境外子公司外购产品，其购置成本即为产品出售前的成本。此外，轮胎有使用寿命，因此对于购置时间较长的轮胎需要考虑库龄因素。在对轮胎进行减值测试时，按照轮胎的预计售价减去其成本和应承担的销售费用；如果为负数，按照负数计提轮胎的存货减值准备。对于预计售价的选择，账龄在1年以内的，按照正常的销售价格作为预计售价；对于账龄超过1年的，按照正常的销售价格进行一定的折扣，其中1~2年预计售价为销售价格的8折、2~3年为5折、3年以上预计售价为0。

5. 截至 2016 年 12 月 31 日,公司存货库龄及存货跌价准备计提情况(表 1-2-14)

表 1-2-14 公司存货库龄及存货跌价准备计提情况

单位:万元

项目	库龄				存货跌价准备	存货净值
	1 年以内	1-2 年	2-3 年	3 年以上		
原材料	832.91	69.68	54.68	41.40	41.43	957.23
在产品	3,301.34	—	—	—	—	3,301.34
库存商品	33,317.98	363.27	134.24	98.50	602.23	33,311.75
发出商品	610.26	—	—	—	—	610.26
合计	38,062.49	432.94	188.92	139.90	643.66	38,180.58

截至 2016 年 12 月 31 日,公司库龄超过 1 年的原材料余额为 165.76 万元,占原材料的 16.60%,主要为五金和周转材料等,单位价值较低、使用量较大但无保质期,因此采购量较大;库龄超过 1 年的库存商品余额为 596.00 万元,占库存商品的 1.79%,为美国子公司库存的车轮和轮胎。公司主要经营美国的 AM 市场,因此产品的款式较多,部分款式会出现不能在正常销售期间实现销售的情况。美国子公司每年对下游客户举行 1~2 次促销活动,对部分销售库龄较长的产品进行一定的打折处理,因此公司账龄超过 1 年的库存商品余额较小。

公司期末对单项存货进行减值测试,并按照测试结果计提存货跌价准备。截至 2016 年 12 月 31 日,公司原材料跌价准备占库龄超过 1 年的原材料的 24.99%,库存商品跌价准备占库龄超过 1 年的库存商品余额的 101.05%,公司存货跌价准备计提充分。

第三节 采购管理

【商业逻辑与背景分析】

采购是商业运行的两大主线之一,涵盖购买物资、服务及其他支付款项的活动。采购的目的在于满足企业正常生产经营的需要,以采购业务管理制度作为基础,涉及计划、购买申请、审批、购买、验收入库、付款、购后评测等环节。

在各环节中,计划是第一步,同时也是决策的核心。如果对于市场状况的判断有失偏颇,采购安排不够合理,易造成库存过剩积压或不足,影响生产经营效率。具体购买时,供应商的选择尤为重要,重点关注是否需要招投标且是否符合招投标相关法律法规,定价是否科学,内部授权审批是否规范等。在验收环节,涉及确认付款事项,如若出现内控不严情形,则可能损害资金、物资或信用。

【核查方法指引】

一、采购与付款内部控制的测试

1. 通过查阅相关管理制度与文件、访谈或现场核查等程序,了解整个流程的内控体系,运用编写说明、调查表格设计或流程图等方式,确定控制目标与关键控制点,对控制风险进行初评。

2. 符合性测试。主要包括这些方面:(1)业务分工的合理性与现场执行效果;(2)抽取订货单或购货合同,核查是否留存相应的请购及审核文件;(3)检查大宗商品的供应商选择方式,是否需通过招投标;(4)核对采购价格、付款日期与批准的支付条件是否一一对应;(5)检查采购合同是否通过内部审批,将合同与所取得卖方发票进行细节核对;(6)抽取付款凭证,核验与之对应的请购单、订购单、验收单、入库单、发票等系列凭据,以及是否连续编号;(7)检查月末对账制度的执行以及异常情形的处理;(8)关注内部审计的执行与结果。根据所取得的核查依据,重新评估控制风险水平,调整审计程序。

3. 重点关注的审查内容。审核内容主要包括:(1)采购计划是否合理与必需,核查对应的资金来源与到位情况;(2)审查采购方式的规范性,是否涉及招投标或其他采购方式,核查供应商的资质;(3)审查采购合同的合规性,是否需要立项审批,所采购物资是否符合国家或行业规定,采购交接等责任划分及处理是否明晰;(4)物资入库验收时的谨慎性,货物交割是否严格依照合同约定;(5)货款结算是否合规、正确,结算条件是否符合合同约定;(6)所采购物资的生产使用效率是否达到计划设定目标,是否有细致的物资使用记录,以评估其使用效益。

二、核查采购价格是否异常于市场价、分析合理性与可持续性,核查供应商与企业的关联性

通过访谈或现场调查的方式,对前五大供应商或形成重大依赖以及交易频繁

的供应商进行专项核查。访谈或调查内容包括：(1)股权结构，现任董事、监事、高级管理人员(以下简称董监高)组成，是否与企业有关联关系；(2)主营业务、经营规模、人数、生产资质等；(3)确认(或函证)企业与其发生的采购金额、采购物品、采购价格等；(4)企业所采购物品的质量、品质、生产稳定性、定价模式、与市场水平比较、未来价格变化趋势等；(5)订货模式、下订单方式、结算方式、信用期等；(6)退换货纠纷处理；(7)与企业的合作历史与未来展望。

【具体案例分析】

广州酒家(603043)：采购内部控制的典型案例

(一)制度建设情况

公司餐饮业务关于采购、付款的制度包括：《采购管理制度总则》、《原辅料采购管理制度》、《原辅料采购管理制度(餐饮)》及其细则《餐饮店采购细则》、《原辅料招投标管理办法》、《食品包装材料采购管理制度》、《采购合同管理制度》、《采购与付款管理制度》、《货币资金管理制度》等。

(二)公司餐饮业务原辅材料的采购与付款情况

公司对从事采购业务的相关岗位均制定了岗位责任制，并在请购与审批、询价与确定供应商、采购合同的谈判与核准、采购、验收及相关会计记录，付款申请、审批与执行等环节明确了各自的权责及相互制约要求与措施。

原辅材料采购要求供应商提供发票、产品合格证明、检验检疫合格证等资料。

公司直营店供应部负责验收原辅材料入库，编制入库记录。公司直营店供应部应及时将发票和验收情况交公司直营店采购部、业务经理、财务部、总经理审核，公司直营店财务部对采购相关的单据审核无误后，按采购合同的约定按时办理货款结算流程，并汇总至《材料付款计划》，公司直营店的《材料付款计划》待相关人员按流程审批确认后，上报至公司财务部下设的资金结算中心审核，资金结算中心按资金管理程序将相关款项下拨至公司直营店支出账户，公司直营店财务部进行结算支付。

自2014年1月1日开始，公司对供应商采购分为统一采购和自主采购。

统一采购，由公司采购中心归集原辅材料价格，直营店根据各自经营需要向采购中心申报采购明细，采购中心统一对外采购，供应商分别与直营店结算。参股经营店、加盟店可参照公司与供应商达成的采购价格，向供应商采购原辅材料。

自主采购，烟类及个别原辅材料由直营店根据各自的经营需要采购。参股经营店、加盟店除参照公司与供应商达成的采购价格，向供应商统一采购的原辅材料外，均视为自主采购。

报告期内，公司各餐饮门店自主采购占该门店采购总额的比例较低，且呈现逐年下降的趋势，具体情况如表 1 -3 -1：

表 1 -3 -1　2014 ~2016 年公司各餐饮门店自主采购情况

单位：万元

项目	2016 年	2015 年	2014 年
餐饮直营店自主采购金额	31.02	101.00	168.01
餐饮加盟店自主采购金额	279.04	371.43	569.12
自主采购金额合计	310.05	472.42	737.13
占采购金额比例	1.72%	2.92%	4.81%

报告期内，公司餐饮直营店统一采购比例较高。除个别零星材料、香烟及部分酒类仍由直营店自主采购外，所有餐饮直营店的主要原材料均由公司实施统一采购。

报告期内，公司餐饮直营店自主采购品类及金额如表 1 -3 -2：

表 1 -3 -2　2014 ~2016 年公司餐饮直营店自主采购情况

单位：万元

采购项目	2016 年	2015 年	2014 年
鲜活农产品	190.89	242.74	331.76
其他用具	0.23	43.14	65.36
粮油类	34.70	51.44	88.80
副食品	35.64	10.79	17.33
烟酒类	16.63	7.75	3.83
海味干货	0.96	12.66	19.97
干货	-	2.91	9.16
茶叶	-	-	32.91
总计	279.04	371.43	569.12

公司对于餐饮业务采购制定了较为严格的内部控制制度，具体包括：《采购管理制度总则》、《原辅料采购管理制度》、《原辅料采购管理制度（餐饮）》及其细则

《餐饮店采购细则》和《采购物资质量标准》、《原辅料招投标管理办法》、《食品包装材料采购管理制度》、《采购合同管理制度》、《采购与付款管理制度》等。

报告期内，公司对于原辅材料的采购均要求供应商提供合法发票、产品合格证明、检验检疫合格证等资料，公司无须缴纳税款。由于自主采购的原辅材料品种较多、金额较小、采购价格随行就市，由自主采购所在门店运营部门将所需自主采购的原辅材料的采购单价、数量等信息上报公司采购部门，核准后方可进行自主采购。

公司餐饮直营店供应部负责验收原辅材料入库，编制入库记录，并及时将发票和验收情况提交直营店采购部、业务经理、财务部、总经理审核。餐饮直营店财务部对相关的单据审核无误后，按采购合同的约定办理货款结算流程，并汇总至《材料付款计划》，直营店的《材料付款计划》待相关人员按流程审批确认后，上报至公司财务部下设的资金结算中心审核，资金结算中心按资金管理程序将相关款项下拨至直营店支出账户，直营店财务部进行结算支付。

公司食品制造业务中不存在现金采购情况，公司餐饮业务中存在极少量现金采购的情况。

餐饮业务采购模式包括统一采购和自主采购，公司只在自主采购中存在现金采购的情况，相关情况如表1－3－3：

表1－3－3　2014～2016年公司自主采购现金支付情况

单位：万元

项目	2016年	2015年	2014年
餐饮直营店自主采购金额	31.02	101.00	168.01
其中现金支付金额	0.11	0.15	0.83
占比	0.35%	0.15%	0.49%

■第四节　销售管理

【商业逻辑与背景分析】

销售环节是企业经营活动中最主要的环节，是经营现金流的源头，也是企业能够持续经营并且保持盈利能力的基础。企业在该环节应制定完备的制度体系和完善的业务流程，确定销售策略与对应政策，明晰推广、接单、发货、货款结算、售后管理及其他事项的职责分配与权限审批，定期分析销售业务各环节的薄弱处与风险点，关注内部控制的有效性和执行情况。

在具体业务实践中，通常至少应关注以下风险：(1)对市场的调研分析与预测不够准确，致使销售策略制定不当，销售渠道开拓管理混乱，导致库存压力增加，经营不可持续；(2)客户信用政策制定与执行低效，账款回收不力，结算问题突出，以致销售与现金流难以呼应；(3)销售过程中出现职权贪污、不当优惠等舞弊行为，严重损害企业利益。

【核查方法指引】

1. 核查确认的销售交易是否确系真实。其中的关键内部控制点在于：(1)交易入账凭据为经审核的发运单据与经核准的客户订单；(2)发货前的信用政策已经审批；(3)每月向客户寄送对账单据，核查异常。对于上述控制点，常用的控制测试是符合性测试，进一步做实质性测试时，则对应分析：(1)复核主营业务收入总账、明细账以及应收账款明细账中的大额或异常项目；(2)追查主营业务收入明细账中的分录至销售单、销售发票副联及发运凭证；(3)将发运凭证与存货永续记录中的发运分录进行核对。

2. 核查所有的销售交易是否全部入账。检查发运凭证、发票连续编号，进一步将发运凭证与相关的销售发票和主营业务收入明细账及应收账款明细账中的分录进行核对。

3. 核查销售交易货物量与发出存货是否对应。检查装运凭证和订单，验证其装运数量与订单数量是否一致，并结合销售发票对应支持单据，核验价格清单的准确性；同时，需要将主营业务收入明细账与销售发票进行核对，销售发票再与发运凭证、订单及价目表等对应核对。

4. 检查销售交易的会计科目分类是否恰当。结合会计科目表与原始凭据，核查其分类是否正确。

5. 检查销售交易是否记录及入账及时(截止性测试)。(1)注重交易发生时的收款单与登记入账是否一致，核查尚未收款的和尚未登记入账的；(2)检查企业月末对销售部门的销售记录、发运部门的发运记录与财务部门的登记入账记录的内部稽核标记；(3)比对销售交易登记入账与发运凭证的日期。

6. 检查销售交易记录在明细账与汇总账上的反映是否完整、准确。(1)企业应每月给客户发送对账单，检查对账单是否寄出及客户的确认。(2)由独立人员对应收账款明细账进行核对，同时将明细账加总数与总账数额进行比对，检查其核对标记。(3)进一步分析主营业务收入明细账的加总数，追查其至总账的过账数。

【具体案例分析】

金溢科技(002869)

(一)销售模式概况

报告期内,不停车收费系统(Electronic Toll Collection,ETC)产品的客户主要分为两类:一类是ETC系统集成商,ETC系统集成商中标ETC车道建设系统项目后直接向公司采购产品;另一类是各地高速公路管理局成立的高速公路联网中心或公司,由其进行招标采购,公司产品中标后直接向其销售。此外,银行也逐渐成为发行人的新增重要客户。

发行人的销售模式可分为直接销售和通过招投标方式销售。直接销售一般面向系统集成商,发行人的产品作为高速公路运营方推荐产品品牌之一,发行人出具授权书给系统集成商,作为系统集成商投标时某类细分产品应用的设备供应商。此外,发行人也向银行进行直接销售,银行购买车载电子标签(On Board Unit,OBU)后再销售或赠送给银行的客户。

随着银行业务创新,公司的部分产品尤其是OBU成为银行业务附加值中的一部分,银行的各地网点也逐渐成为公司的销售渠道之一,与公司之间的合作逐步深化。公司与银行的产品销售通常分为两种:一种是由公司直接销售或招投标方式销售给银行,由银行自行销售并承担相应产品销售风险;另一种是由公司与银行签订代理销售协议,银行自身不承担公司产品销售的风险,而是向公司收取代销手续费(部分银行网点初期会采取免费的形式,具体由双方协商),银行在向终端车主销售完成后,按月/周向公司提供代销清单并按照代销协议收费并结算,未销售完的产品将退回公司,银行自身不承担产品销售的风险。

报告期内,公司与银行之间的合作主要采用直接销售或通过招投标方式销售的形式,极少采用代销的模式。

发行人制定了《市场策划管理程序》《投标管理程序》《销售合同管理程序》《销售收款管理程序》《客户服务管理程序》《客户档案及信用管理程序》等销售内控制度并有效执行,对销售工作进行统一规范和管理。

（二）发行人按照招投标相关法律法规合规经营，不存在重大违法违规行为

1. 发行人依照招标投标法及实施细则开展投标工作

报告期内，按照招投标方式采购发行人产品的客户主要为高速公路运营商，以及部分银行。发行人依照《招标投标法》《招标投标法实施条例》等法律、法规要求开展工作。

一般而言，招标方会委托第三方专业机构作为招标代理开展招标工作。

发行人通过市场销售人员参与市场活动、登录主要客户官方网站、客户直接电话通知等公开、合理的方式获取客户招标信息。

2. 发行人制定并有效执行了内部投标管理制度，保证经营业务的合规性

发行人制定了《投标管理程序》并有效执行，对投标工作进行统一规范和管理。法务部门在投标过程中，负责关注招标文件中的法律风险点、接受市场投标人员的法律咨询、审核中标合同，协同业务部门处理投标过程中可能出现的法律争议，为投标提供法律支持，控制投标的法律风险。内审部门则参与制定投标程序内部控制风险评估，并对其审批权限进行控制；监督投标过程，防止投标过程中出现商业贿赂的情况；每年对投标过程进行评价，主要评价投标过程的合法合规情况，促进各相关部门协调分工。

保荐机构和发行人律师访谈了发行人的高级管理人员，统计了各类销售方式的金额和重要客户信息，抽样核查了招投标客户的招标信息、招投标文件、中标通知书、销售合同及授权文件等招投标文件，获取并查阅了发行人内部关于招投标的内部控制制度等文件，对发行人招投标制度、经营业务的合规性以及是否存在重大违法违规行为进行了核查。

发行人直接销售对应的客户主要为系统集成商及银行。依据《招标投标法》《招标投标法实施条例》等有关法律、法规，以上客户相关采购不涉及必须采取招投标模式之强制性要求。发行人招投标模式对应的客户主要为各地高速公路管理局成立的高速公路联网中心或公司客户，上述客户均已依据《招标投标法》《招标投标法实施条例》等有关法律法规制定了相关内部招投标管理办法，对项目的招标范围与权限、招标评审、招标实施等作了详细的规定。

经核查，保荐机构及发行人律师认为，发行人已严格按照《招标投标法》及其他相关法律、法规及规范性文件制定并有效执行内部招投标管理制度，参与招投标活动，不存在因违反招投标法律、法规而被处以行政处罚或承担其他法律责任的情形，不存在因项目未履行招投标程序导致项目合同被终止、解除、确认无效或发生争议纠纷等情形，发行人招投标项目的取得不存在商业贿赂和其他不正当竞争等

违反法律、法规规定的情形。

(三)销售费用

表 1-4-1 2014~2016 年销售费用明细

单位:万元

项目	2016 年度	2015 年度	2014 年度
人工费用	2,499.69	2,032.22	1,540.14
售后服务费	1,377.60	1,951.04	788.67
业务宣传费	525.94	1,081.88	658.49
技术服务费	372.01	822.83	502.25
展览费	167.74	508.55	352.33
办公费	361.83	348.51	290.46
业务招待费	311.81	274.44	286.15
差旅费	459.17	430.36	284.81
市场调研费	186.39	358.82	258.63
物流费	223.89	249.04	110.38
招标服务费	90.26	95.66	76.14
其他	139.44	239.79	97.70
合计	6,715.77	8,393.14	5,246.14

报告期各期末,销售费用占营业收入比例分别为12.27%、11.16%及10.04%,比重保持稳定,但总体金额上升较快,尤其是2015年度销售费用增长迅猛,主要是当年营业收入迅速激增所致。其中:

1. 销售费用的增长主要来自于人工费用的增加,为进一步拓宽市场并提高员工的积极性,公司提高了销售人员的薪酬以及奖励机制,导致人工费用的增加较快。

2. 快速的反应机制为公司业务赢得了良好的口碑。2013年度及2014年度,京津冀地区及长三角地区先后启动了区域化联网建设,公司原有的网点服务能力难以跟上业务的扩张速度。尤其是在2015年度,业务集中爆发使得自身的服务能力捉襟见肘。为保持公司的快速反应机制,继续提供便捷、有效的本地化、专业化客户服务,公司在部分区域的售后服务业务采用外包给第三方的形式作为补充,导致售后服务费增长较快。2016年业务回稳,外包的业务减少,导致售后服务费有所降低。

3. 随着智能交通行业的发展，下游客户需求逐渐多样化、复杂化。在加大自身研发力度的同时，公司聘请了外部第三方咨询机构对公司的业务进行指导，使得技术服务费迅速增长。

4. 与推广新产品、促进全国化营销网络的发展战略相适应，公司积极参加国内各地的 ETC 产品展览展销会，宣传地域由华南、华东推广至整个大陆地区。公司不断推出新产品，尤其在 2014 年度交通部提出全国联网时间表的契机下，加强各类产品推介及宣传，扩大产品宣传，有利于提高公司的市场竞争力，这导致公司业务宣传费、展览费也不断增加。而随着营业收入规模的扩大，计提给销售人员的绩效奖金也增长较多，这一点在 2015 年尤为明显。

2016 年度，销售费用中除人工费用外的其他费用均由于业务回稳的原因有所下降。人工费用增加，一方面，经过 2014 年年中至 2016 年年中的快速发展，为了对销售人员进行一定的激励，公司于 2016 年 7 月开始对销售人员进行了一次整体薪酬调高；另一方面，销售及售后服务人员从 2015 年年末的 97 人增加至 2016 年年末的 123 人，人员的增加是销售人工费用增加的主要原因。

同行业销售费用占营业收入的比例比较分析如表 1 -4 -2：

表 1 -4 -2　2014 ~ 2015 年同行业销售费用占营业收入的比例

序号	可比公司	2015 年度	2014 年度
1	万集科技	13.80%	16.50%
2	聚利科技	9.91%	9.48%
3	新大陆	4.87%	5.57%
4	捷顺科技	15.56%	16.05%
5	中海科技	1.08%	1.01%
6	银江股份	3.01%	2.79%
平均值		8.04%	8.57%
发行人		11.16%	12.27%

与其他同行业可比上市公司相比，公司销售费用比重偏高，且投入不断加大。公司销售费用比重偏高，主要是由于公司的产品售后服务及业务宣传费用支出增长较快。

2015 年度公司的销售费用比重增长较快，主要是公司销售扩张所致。行业内部分厂家在业内客户关系得到一定巩固和深化后，选择了维护现有成熟客户，通过减少客户开拓活动、减少维护人员以降低成本，提升利润空间。与其他同业竞争者发展战略不同，公司选择积极开拓新的销售区域，不仅在原有的优势区域如华东、华南地区继续深化合作，开创新的业务机会，而且不断挖掘华北、东北、西南地区乃至于海外地区等新市场，继续实施本地化服务的策略，以更好的产品和更强的服务能力不断开发新的客户资源，销售上的扩张战略推高了公司的销售费用。

第五节　会计政策变更

【商业逻辑与背景分析】

根据《企业会计准则第 28 号——会计政策、会计估计变更和差错更正》的规定，会计政策变更有两种情况：(1)法律、行政法规或者国家统一的会计制度等要求变更；(2)会计政策变更能够提供更可靠、更相关的会计信息。

会计政策变更的会计处理有两种：追溯调整法和未来适用法。会计政策变更能够提供更可靠、更相关的会计信息的，应当采用追溯调整法处理，将会计政策变更累积影响数调整列报前期最早期初留存收益，其他相关项目的期初余额和列报前期披露的其他比较数据也应当一并调整。确定会计政策变更对列报前期影响数不切实可行的，应当从可追溯调整的最早期间期初开始应用变更后的会计政策。在当期期初确定会计政策变更对以前各期累积影响数不切实可行的，应当采用未来适用法处理。

针对会计政策变更的第一种情况，一般采用追溯调整法进行处理，除非相关文件有明确说明可以不采用，例如：财政部针对《增值税会计处理规定》的相关解读中，对是否追溯调整的问题予以进一步明确："对于 2016 年 5 月 1 日至本规定施行之间发生的交易由于本规定而影响资产、负债和损益等财务报表列报项目金额的，应按本规定调整；对于 2016 年 1 月 1 日至 4 月 30 日期间发生的交易，不予追溯调整；对于 2016 年财务报表中可比期间的财务报表也不予追溯调整；财务报表各列报项目因《规定》发生重大调整的，应在 2016 年财务报表附注中予以披露。"

针对会计政策变更的第二种情况，能追溯调整的采用追溯调整的方法处理，不能追溯调整的采用未来适用法，但是一定要说明追溯调整不可行的原因，并考虑原因的合理性。

【核查方法指引】

一、核查会计政策变更的原因以及选择方法的合理性

会计政策变更只有两种情况：第一种情况因为法律、行政法规或者国家统一的会计准则等要求变更不需要作出过多解释，选择的方法与政策规定一致即可。第二种情况的会计政策变更在实践中主要有以下几种情形：(1)发出存货成本的计量方法的变更；(2)收入确认政策的变更；(3)投资性房地产的后续计量方式的变更；(4)无形资产的确认政策；(5)合并政策。这种情况的政策变更重点在于判断变更原因的合理性，变更后是否能够提供更可靠、更相关的会计信息。

二、分析变更对财务报表科目及业绩的具体影响

采用追溯调整法进行会计处理的会计政策，需要分析对具体科目的影响。第一种情况的会计政策变更，只需要列示影响的金额即可；第二种情况的会计政策变更，不仅需要列示影响的金额，还需要结合影响数进一步判断变更后的政策是否合理。

三、关注因政策变更是否引起对企业内部控制不规范产生质疑

核查第二种情况的会计政策变更是否由内部控制不规范导致，尤其要关注政策变更是否存在蓄意调节利润美化报表的嫌疑，如果不能够合理解释变更后的政策能够提供更可靠的会计信息，报告期内需要谨慎变更会计政策。

【具体案例分析】

一、安正时尚(603839)

(一)报告期内，公司重要会计政策变更的内容

1. 2014 年 1 ~7 月，财政部发布了《企业会计准则第 39 号——公允价值计量》等 3 项准则，修订了《企业会计准则第 2 号——长期股权投资》等 4 项准则，除《企

业会计准则第37号——金融工具列报》在2014年年度及以后期间的财务报告中使用外,上述其他准则于2014年7月1日起施行。该等政策的变更对本公司影响包括:对被投资单位海宁市嘉宝小额贷款股份有限公司的权益性工具投资为不具有控制、共同控制或重大影响,并且在活跃市场中没有报价、公允价值不能可靠计量的权益性投资,按《企业会计准则第22号——金融工具确认和计量》进行处理,报告期各年末可供出售金融资产增加16,000,000.00元,长期股权投资相应减少;原在其他非流动负债列报的递延收益单独列报,递延收益2013年年末增加39,504,095.66元,其他非流动负债相应减少。

2. 为进一步提升公司成本核算的准确性,全面提升公司成本管理水平,从2014年11月1日起,将存货的成本核算方法由现行的实际成本法变更为标准成本法进行日常核算,月末对标准成本差异进行分配,将标准成本调整为实际成本。由于过去各期期初的存货价值难以再按标准成本重新计算,故无法确定该项会计政策变更对以前年度各列报期间净利润的累计影响数。因此,本公司对该项会计政策变更采用未来适用法。

(二)公司会计政策变更的原因

为提高公司"产、供、销"一体化管理水平,实现"财务业务一体化",合理有效分配企业资源,提高公司生产经营水平、资产管理效率,公司于2014年11月起启用企业管理解决方案(Systems Applications and Products in Data Processing,SAP)软件。根据SAP系统核算要求,由于业务发生时系统自动生成会计凭证并计算、结转产品成本,非SAP系统上线前待月末加权计算产品成本后再结转产品成本,为保障SAP系统的有效运行,准确、及时记录业务发生情况,产品成本需采用标准成本法核算,故公司自2014年11月1日起,成本核算方法由实际成本法变更为标准成本法。

(三)公司会计政策变更影响数分析

1. 标准成本的制定方法

公司于2014年11月1日起采用标准成本法进行核算,其中,原材料、库存商品的标准成本初始化数据设定方法如下:

(1)原材料:根据公司原材料使用情况,对于首次购入的原材料,采用首次采购订单的不含税价作为标准成本初始化金额;对于以前月份已采购入库产品,采用初始化时原材料的平均成本作为初始化金额。

(2)库存商品:基于物料清单(Bill of Materials,BOM)、标准人工成本、标准制造费用、工艺路线及标准工时等进行确定，具体如下：

BOM：取首次下单生产 BOM 数据；

标准人工成本：技术部根据产品款号制定各工序标准工时金额，并维护 SAP 系统；

标准制造费用：技术部根据产品款号制定各工序标准制造费用金额，并维护至 SAP 系统；

工艺路线及标准工时：技术部根据产品款号制定工艺路线，并制定每个工序对应的标准工时，并维护至 SAP 系统。

2. 公司采用实际成本法测算影响数的可行性

自 2014 年 11 月 1 日起，公司采用标准成本法对生产成本进行核算。在变更成本核算方法之前，均采用实际成本法核算。因以前期间未设定标准成本值，过去各期期初的存货价值很难再按标准成本重新计算，公司按照变更后的标准成本对可比期间留存收益累积影响数进行测算不切实可行。公司对 2014 年 11 月至 2015 年 6 月各月份结转的标准成本差异与营业成本金额进行对比分析，关注会计政策变更对营业成本的影响数。

3. 公司会计政策变更对营业成本影响数分析

自 2014 年 11 月开始，公司标准成本差异与营业成本占比情况分析如表 1－5－1：

表 1－5－1　2014 年 11 月～2016 年 6 月公司标准成本差异与营业成本占比情况

时间	结转的标准成本差异（元）	营业成本（元）	占比
2014 年 11～12 月	－861，424.28	69，182，026.18	－1.25%
2015 年度	9，583，162.5	384，478，547.63	2.49%
2016 年 1～6 月	6，394，064.74	130，097，902.35	4.91%

注：因 2014 年 11～12 月未单独编制合并报表，营业成本金额为估算得出，公式为：预估营业成本＝11～12 月预估收入/全年营业收入×全年营业成本。

从表 1－5－1 可以看出，公司会计政策变更后，因采用标准成本法核算而产生的标准成本差异对当期营业成本影响很小，公司标准成本数据准确性较高，不会对公司营业成本核算产生较大影响。

二、智业软件股份有限公司（未通过）

根据公司第一届董事会第二次会议审议，自 2014 年 1 月 1 日起，公司医疗卫生信息化软件销售收入按照完工百分比法进行确认，公司确认销售收入的时点由

“项目实施进程中的关键时点”变更为“项目初验（试运行）和项目终验”；公司确认销售收入的完工进度标准由“已完工作的测量确定”变更为“已经发生的成本占估计总成本的比例确定”。

上述会计政策变更对公司的财务报表影响情况如表1－5－2：

表1－5－2　2014年会计政策变更对公司的财务报表影响情况

单位：万元

会计政策变更的内容	受影响的报表项目名称	影响2012年年末（度）报表	影响2013年年末（度）报表
收入确认标准的变更及相关差错的更正	应收账款	－719.10	495.64
	存货	642.50	－60.30
	商誉	—	－15.96
	递延所得税资产	－5.68	5.60
	预收款项	2,325.92	1,926.42
	应交税费	－706.03	－355.72
	年初未分配利润	－625.46	－1,531.96
	利润分配—提取盈余公积	－100.72	50.10
	盈余公积	－170.22	－120.12
	营业收入	－1,916.63	1,150.58
	营业成本	－677.58	434.26
	营业税金及附加	－44.55	18.16
	资产减值损失	－9.53	34.80
	所得税费用	－177.75	106.90

三、赣州腾远钴业新材料股份有限公司（未通过）

2016年以前，发行人以客户签收后异议期满为收入确认时点；2016年后，以收到开票申请单回复时点作为收入确认时点。发行人代表曾说明：（1）该项变更是否属于会计政策变更，是否需要追溯调整；是否会对发行人财务信息产生重大影响。（2）该事项是否在招股说明书相关信息中充分披露。保荐代表人曾说明核查方法、依据，并发表明确核查意见。

(一)收入确认时点

货物已经发出,对方客户已经收到货物,并取得客户签收单据以及验收单据,且产品销售收入金额已确定,已经收到货款或取得了收款凭证且相关的经济利益很可能流入,产品相关的成本能够可靠地计量。具体时点包括:

1. 已获取客户盖章确认的验收单据:公司已将产品交付给客户,并取得客户签收单据及验收单据时即可确认收入,客户在验收单据上对品类、品质、数量签章确认。

2. 未获取客户签章的验收单据:公司已将产品交付给客户,并取得客户签收单据,待合同约定的对货物品质验收期限届满即可确认收入。

以上两种情况均符合收入确认条件。

(二)收入确认凭据

1. 验收单据,包括但不限于验收单、开票申请单(记载信息包括交易品类、品质、数量等)。

2. 签收单据,包括但不限于经客户签字确认的发货单、送货及客户意见反馈单等。

3. 销售合同。

2016 年以前,发行人取得的客户签章的验收单据较少,因此按照上述第一种情况以签收后异议期满作为收入确认时点。2016 年以后,为提高谨慎性,发行人要求客户提供签章的验收单据,以收到开票申请单回复时点作为收入确认时点。如果部分客户不能提供签章的验收单据,则以签收后异议期满作为收入确认时点。

第六节　会计估计变更

【商业逻辑与背景分析】

根据《企业会计准则第 28 号——会计政策、会计估计变更和差错更改》第 9 条的规定,企业对会计估计变更应当采用未来适用法处理。会计估计变更仅影响变更当期的损益,其影响数应当在变更当期予以确认;既影响变更当期又影响未来期间的,其影响数应当在变更当期和未来期间予以确认。

关于税务处理的总体原则:一般不允许变更。《企业所得税法实施条例》明确规定:固定资产、生产性生物资产的预计净残值,油气资产折耗、摊销、折旧方法、年限不得变更。如果企业在会计上对有关估计进行了变更,税法有时会不予以认可。

实践中,对于会计估计的变更,原则上都是尽量减少因会计估计的变化对申报期各期损益的影响,除非经营业务事项在申报期间发生了明显的、本质的变化。在IPO 审核实践中,很多公司会计估计的变更更多的是出于短时间调节利润考虑,不是为了更加准确的反映资产与负债的计量问题,因此当 IPO 企业出现会计估计变更时,需要引起注意,并进行详细的核查。

【核查方法指引】

一、核查会计估计变更的原因、必要性及合理性

会计估计的变更原因需要重点核查是否符合准则的规定,是否存在没有客观原因的随意变更或频繁变更的情形。例如:(1)企业在经营环境没有重大变化也没有新的信息、证据证明的情况下,将坏账准备的会计估计比例或方法予以变更,从而增加当期利润;(2)在没有技术改造等客观变化的情形时,将重要设备等固定资产可使用年限进行重新鉴定以延长使用年限;(3)在没有充分基础信息和依据的情况下,将重要生产设备由加速折旧法改为直线法,从而通过减少折旧计提而增加收益。上述情形均不符合准则的一贯性及稳健性原则要求,会产生利润操纵的嫌疑。

目前申报 IPO 的企业涉及的会计估计变更主要以应收款项计提坏账准备政策的变更为主,从合理性角度,只要变更后与同行业可比上市公司不存在较大差异,一般是可以接受的,否则就需要进行详细的核查和说明。

二、关注会计估计变更对利润的影响

一般会计估计的变更对利润影响较大,会产生涉嫌操纵盈利的嫌疑,所以变更原因合理性的解释也要结合对利润的影响进行阐述。

三、关注内部控制制度是否健全有效

健全有效的内部控制制度,是保证财务信息真实准确的基础。IPO 核查的过程中,了解和测试内部控制的有效性是必须的,在审批及执行程序上,需要核查合规性。

【具体案例分析】

一、中孚信息(300659)

报告期内,公司会计估计变更的具体情况如表1－6－1:

表1－6－1　报告期内公司会计估计变更情况

会计估计变更的内容和原因	审批程序	受影响的报表项目名称	影响金额
应收款项坏账准备的确认标准、计提方法(2013年1月1日起变更)	本公司第二届董事会第五次会议	坏账准备、资产减值损失、净利润等	2013年度坏账准备增加1,003,350.06元;净利润减少852,348.88元

由表1－6－1可以看出,公司会计估计变更的内容为应收款项坏账准备的确认标准、计提方法,应收账款是应收款项的主要构成,所以我们有必要分析公司应收账款的质量。

分析应收账款质量主要从账龄分析、应收账款计提坏账准备分析、应收账款集中度及客户分析、实际核销的应收账款情况四个方面进行分析,具体分析如下:

(一)应收账款账龄分析(表1－6－2)

表1－6－2　2012～2014年公司应收账款账龄分析

账龄	2014－12－31		2013－12－31		2012－12－31	
账龄	账面余额(万元)	占比(%)	账面余额(万元)	占比(%)	账面余额(万元)	占比(%)
1年以内	2,156.01	74.88	3,558.27	88.13	1,687.96	86.73
1－2年	582.25	20.22	301.83	7.47	191.26	9.83
2－3年	78.51	2.73	121.03	3.00	52.76	2.71
3－4年	45.98	1.60	46.09	1.14	10.64	0.55
4－5年	5.57	0.19	10.64	0.26	3.55	0.18
5年以上	10.82	0.38	0.18	0.00	—	—
合计	2,879.14	100.00	4,038.04	100.00	1,946.17	100.00

公司在销售产品时相应会产生一定的应收账款，随着收入规模的扩大，相应的应收账款也会增加。公司有着严格的应收账款回收政策，应收账款的坏账风险较小。

公司针对产品销售和集成服务采用不同的信用政策。公司产品销售方式分为直销和买断式经销两种。直销模式的客户大都是信誉较好、实力较强的党政机关、军队、中央企业、科研院所等企事业单位客户，在合同签署和发货后，根据合同约定收取部分货款，在验收合格后，收取其余的货款；其中部分客户会要求将合同价款总额的5%~10%作为产品质保金，在质保期满后支付。对于买断式经销，公司采取了较为严格的信用政策，通常要求收到货款后再发货，如果要给对方提供信用期，则需要由销售总监以上级别的管理人员按权限逐笔审批。对于集成服务，通常按照完工进度分阶段收取货款，在完工并验收合格后，收取其余的货款；通常情况下客户会要求将合同价款总额的5%~10%作为产品质保金，在质保期满后支付。

（二）应收账款计提坏账准备分析

公司目前应收账款坏账准备计提比例如表1-6-3：

表1-6-3　公司应收账款坏账准备计提比例分析

账龄	坏账计提比例
1年以内(含1年)	5.00%
1-2年	10.00%
2-3年	30.00%
3-4年	50.00%
4-5年	80.00%
5年以上	100.00%

报告期内公司计提的坏账准备情况如表1-6-4：

表1-6-4　报告期内公司计提坏账准备情况

单位：万元

项目	2014-12-31	2013-12-31	2012-12-31
应收账款余额	2,879.14	4,038.04	1,946.17
减：坏账准备	227.85	276.14	80.83
应收账款净额	2,651.29	3,761.90	1,865.34
坏账准备占应收账款余额比例(%)	7.91	6.84	4.15

公司与同行业可比上市公司坏账准备计提政策对比如表1－6－5：

表1－6－5 公司与同行业可比上市公司坏账准备计提政策对比

公司名称	1年以内	1年至2年	2年至3年	3年至4年	4年至5年	5年以上
绿盟科技	5%	10%	30%	100%	100%	100%
飞天诚信	5%	10%	30%	100%	100%	100%
蓝盾股份	5%	10%	30%	50%	80%	100%
北信源	5%	10%	30%	50%	80%	100%
中孚信息	5%	10%	30%	50%	80%	100%

报告期内，公司应收账款坏账准备计提充分，坏账准备计提政策与同行业可比上市公司蓝盾股份、北信源相同。

（三）应收账款集中度及客户分析

报告期各期末，公司应收账款前五名客户具体情况如表1－6－6：

表1－6－6 2012～2014年公司应收账款前五名客户情况

	序号	客户名称	金额（万元）	占应收账款余额比例（%）
2014－12－31	1	网讯信息技术（福建）有限公司	254.22	8.83
2014－12－31	2	北京数字认证股份有限公司	220.40	7.66
2014－12－31	3	邹平县人民检察院	95.00	3.30
2014－12－31	4	沾化县人民检察院	84.37	2.93
2014－12－31	5	阳信县人民检察院	79.39	2.76
2014－12－31	合计		733.38	25.47
2013－12－31	1	山东省枣庄市人民检察院	419.49	10.39
2013－12－31	2	北京数字认证股份有限公司	248.40	6.15
2013－12－31	3	重庆市人民检察院	195.65	4.85
2013－12－31	4	淄博市淄川区人民检察院	149.33	3.70
2013－12－31	5	郓城县人民检察院	132.53	3.28
2013－12－31	合计		1,145.40	28.37
2012－12－31	1	济南市电化教育馆	144.32	7.72
2012－12－31	2	新疆维吾尔自治区国家保密局	137.20	7.05

续表

	序号	客户名称	金额（万元）	占应收账款余额比例(%)
2012-12-31	3	北京中琪瑞宸科技有限公司	120.00	6.17
2012-12-31	4	陕西省国家保密局*	112.53	5.78
2012-12-31	5	苏州市国家保密工作局	83.61	4.30
2012-12-31	合计		597.67	30.71

注*:对陕西省国家保密局的应收账款包含对其下辖陕西省内各地市保密局的应收账款。

最近一期末,公司应收账款中前五名客户的欠款金额合计为733.38万元,占应收账款余额的比例为25.47%。公司主要客户是党政机关、军队、中央企业、科研院所等,信用良好,公司应收账款的质量较好,形成坏账的风险小。

(四)报告期内,公司实际核销的应收账款情况如表1-6-7:

表1-6-7 报告期内公司实际核销的应收账款情况

内容	性质	金额(万元)	核销原因	是否因关联交易产生
其他(核销金额在5万元以下的客户)	货款	20.16	账龄长,无法收回	否
合计		20.16		

报告期内,公司严格执行应收账款的坏账准备计提政策,密切关注应收账款的可回收性,对于账龄确实较长、难以收回的应收账款,履行内部审批程序后在账面上予以核销。报告期内,公司无大额应收账款核销的情况。报告期内不存在应收账款已全额计提坏账准备但又转回或收回的情况。报告期内应收账款中不存在应收持有本公司5%(含5%)以上表决权股份的股东单位账款以及其他关联方账款。

二、至正股份(603991)

公司发生的会计估计变更为应收账款坏账准备计提政策的变更,该会计估计变更对公司2014年净利润的影响为1,172,980.39元,对2015年净利润的影响为-288,253.94元,对2016年净利润的影响为-109,589.53元。下面就应收账款的回收风险和坏账准备计提政策的变更以及与可比公司计提政策的比较进行具体分析:

(一)应收账款回收风险

2016年年末、2015年年末、2014年年末,公司应收账款净额分别为15,550.10万元、13,314.64万元、10,457.84万元,占各期末流动资产比例分别为58.75%、50.72%、50.31%。从总体上看,应收账款金额较大且呈现持续增长的趋势,占流动资产的比重较高。

公司给予客户的信用期通常为3~6个月,报告期末应收账款余额呈现增长趋势的主要原因是公司营业规模持续增长。公司2016年、2015年、2014年营业收入分别为35,111.29万元、30,089.30万元、27,244.00万元,2014年、2015年、2016年分别较上年同期增长24.47%、10.44%、16.69%,而同期应收账款增长率依次为18.19%、27.32%、16.79%。公司的主要客户为上市公司、大型电缆生产企业,信用状况良好,发生坏账的风险较小。

(二)坏账准备计提政策的变更

公司为了更加公允、恰当地反映财务状况和应收账款回款账期,结合公司实际业务发展、应收款项管理及核算工作的实际需要,从2014年1月1日起调整应收账款坏账准备计提政策。

具体变更如下:

1. 2013年应收账款坏账准备提取比例(表1-6-8)

表1-6-8　2013年公司应收账款坏账准备提取比例

账龄	提取比例
3个月以内	0%
3-6个月	5%
7-12个月	10%
1-2年	20%
2年以上	100%

2. 2014年、2015年、2016年应收账款坏账准备提取比例(表1-6-9)

表1-6-9　2014~2016年公司应收账款坏账准备提取比例

账龄	提取比例
6个月以内	0%

续表

账龄	提取比例
7－12 个月	5%
1－2 年	10%
2－3 年	20%
3 年以上	100%

注：因公司应收账款坏账准备计提政策从 2014 年起发生变化，本次变更采用未来适用法。

该会计估计变更对公司 2014 年净利润的影响为 1,172,980.39 元，对 2015 年净利润的影响为－288,253.94 元，对 2016 年净利润的影响为－109,589.53 元。

（三）与同行业可比上市公司计提政策的比较

报告期内公司与同行业可比上市公司应收账款周转率情况见表 1－6－10：

表 1－6－10　公司与同行业可比上市公司应收账款周转率情况比较

同行业可比上市公司	2016 年 1－6 月	2015 年度	2014 年度	2013 年度
德威新材	1.31	3.20	3.34	3.87
金发科技	2.51	5.16	5.73	5.54
银禧科技	1.52	2.95	3.24	3.36
杭州高新	1.59	3.58	4.22	4.14
平均值	1.73	3.72	4.13	4.23
至正道化	1.19	2.53	2.82	2.93

随着公司规模的进一步扩大，如果未来不能有效地控制应收账款增长的幅度，或者由于客户商业信誉恶化导致大额应收账款不能及时收回，将会对公司的财务状况和盈利水平带来不利影响。而如果未来公司重新调整应收账款坏账准备计提政策，或出现其他重要会计估计变更，将对公司利润及相关财务指标产生影响。

公司目前的坏账计提比例与同行业可比上市公司的比较见表 1－6－11：

表 1－6－11　公司目前坏账计提比例与同行业可比上市公司的比较

上市公司	3 个月以内	3－6 个月	7－12 个月	1－2 年	2－3 年	3 年以上
德威新材	0%	0%	5%	50%	80%	100%
金发科技	1%	1%	5%	20%	50%	75%

续表

上市公司	3个月以内	3-6个月	7-12个月	1-2年	2-3年	3年以上
银禧科技(已投保)	1%	1%	1%	100%	100%	100%
银禧科技(未投保)	5%	5%	5%	25%	50%	100%
杭州高新	5%	5%	5%	10%	30%	100%
至正道化	0%	0%	5%	10%	20%	100%

从表1-6-11可以看出,公司3个月以内、3~6个月、7~12个月的坏账计提政策与同行业可比上市公司德威新材完全一致,与金发科技较为接近,略低于银禧科技(未投保)及杭州高新;1~2年、2~3年的坏账计提政策与同行业可比上市公司杭州高新较为接近,略低于其他同行业可比上市公司;3年以上的坏账计提政策略高于同行业可比上市公司金发科技,与其他同行业可比上市公司完全一致。

至正道化给予客户的信用期为3~6个月,较行业平均水平略长,主要因其产品综合毛利率近30%,高于行业平均水平,且公司主要客户都为实力雄厚并有较高市场地位及声誉的上市公司,从而使其资金回款压力相对较小,因此至正道化的收款期比同行业公司略长。根据既往经验,公司的应收账款发生坏账的可能性极小。2013~2016年,公司超过93%的应收账款账期在6个月以内,超过97%的应收账款账期在一年以内。因此至正道化对于6个月以内的应收账款不予计提坏账准备,与同行业可比上市公司德威新材一致。

经查阅银禧科技2014年年报、2015年年报和2016年半年报,该公司一般给予客户30~90天的信用期。银禧科技于2014年2月19日起变更应收账款坏账准备的会计估计,即根据是否投保而采用不同的坏账计提政策,具体参见表1-6-11。且经查阅银禧科技年报,该公司下游客户隶属于电线电缆、节能灯具、电子电气、家用电器、玩具、道路材料、LED套件等行业,与至正道化单一的客户类型有较大不同。

经查阅杭州高新招股说明书、2015年年报、2016年半年报,该公司一般给予客户3个月左右的信用期,信用期内回款金额占比基本为70%以上,而至正道化的信用期相对较长,两家公司对其超过信用期但在2年以内的应收账款的坏账计提比例完全一致,对其2~3年的坏账计提政策略有差异,对其3年以上的坏账计提政策完全一致。

综上,发行人与同行业可比上市公司的坏账计提政策不存在重大差异。公司根据业务实际情况对坏账计提政策进行变更能更加公允地反映应收账款的真实状况,有其必要性及合理性。

■第七节　会计差错更正

【商业逻辑与背景分析】

企业一般应采用追溯重述法更正重要的前期差错，对于“重要”的界定没有量化标准，若前期差错足以影响财务报表使用者对企业财务状况、经营成果和现金流量做出正确判断，则一般认定其为重要的前期差错。对非重要的前期差错，一般采用未来适用法即可。确定前期差错累计影响数不切实可行的情况下，可以从可追溯重述的最早期间开始调整留存收益的期初余额，也可以采用未来适用法。

会计差错在大部分情况下会对税收造成影响，按照《国家税务总局关于企业所得税应纳税所得额若干税务处理问题的公告》（国家税务总局公告 2012 年第 15 号）第 6 条第 1 款的规定，根据《税收征收管理法》的有关规定，对企业发现以前年度实际发生的、按照税收规定应在企业所得税前扣除而未扣除或者少扣除的支出，企业做出专项申报及说明后，准予追补至该项目发生年度计算扣除，但追补确认期限不得超过 5 年。即 5 年内可以追补确认并在追补确认年度企业所得税应纳税款中抵扣，因会计差错造成的少交税款，必须予以补缴。

对于未公开披露过财务数据的企业来说，出现会计差错的可能性较小。原始财务报表一般以 IPO 申报的审计数据为准，大部分情况下与预披露招股说明书的财务数据一致，因此很少出现差错。但近期随着越来越多的新三板挂牌企业申报 IPO，导致企业为上市进行二次审计，不管是否为同一家会计师事务所审计，都会因为审计环境和监管尺度的变化导致财务数据可能出现差错，如收入截止性的问题、坏账准备的计提、费用所属期间的认定、折旧的计提等，都有可能导致差错更正出现。

【核查方法指引】

一、会计差错的性质及影响金额

会计差错首先需要对企业的财务状况、经营成果和现金流量影响程度作出正确判断。比如，收入截止性问题，属于对企业经营成果影响重大的项目，均需要做追溯调整,但对坏账准备、费用折旧等会计差错问题,需要结合金额的绝对大小和相对经营成果大小两个维度判断是否属于重大项目。

在税务处理方面,不管是否属于重大,只要存在需要调整的情形,都需要根据实际情况和最终结果进行调整。

二、会计差错对企业内控规范性的影响

企业发生差错更正,正常情况下都会与内控规范性联系起来。会计差错和内部控制之间的逻辑也很清楚,对于内控规范的企业,不管是内部财务还是外部审计,都具有良好的规范性,所以不管是否属于二次审计,多数情况下不会出现重大的差错更正。尤其是收入确认方面,若 IPO 申报前期出现差错更正则会有重大影响,这也是近期很多企业申报 IPO 被否的重要因素,也是我们在研究 IPO 相关问题时需要格外关注的。

【具体案例分析】

一、东莞市凯金新能源科技股份有限公司(未通过)

(一)对于相关信息披露差异履行的相关程序

1. 信息披露差异已按照股转公司的监管要求进行了更正且更正程序合规

发行人 2016 年 3 月在新三板挂牌,本次申报文件与挂牌期间信息披露存在差异,发行人已根据股转公司的监管要求进行了更正并履行了以下程序:

2017 年 5 月 25 日,发行人召开第一届董事会第十六次会议,审议通过了《关于公司前期会计差错更正及追溯调整的议案》,并于同日在股转公司信息披露平台披露《东莞市凯金新能源科技股份有限公司第一届董事会第十六次会议决议公告》(公告编号:2017 - 023)。

同日,发行人召开第一届监事会第八次会议,审议通过了《关于公司前期会计差错更正及追溯调整的议案》,并于同日在股转公司信息披露平台披露《东莞市凯金新能源科技股份有限公司第一届监事会第八次会议决议公告》(公告编号:2017 - 024)。

同日,发行人在股转公司信息披露平台披露《东莞市凯金新能源科技股份有限公司关于前期会计差错更正及追溯调整的公告》(公告编号:2017 - 027),对相关的会计差错更正及追溯调整进行了披露。独立董事发表意见:“本次前期会计差错

的调整更正，客观公允地反映了公司实际经营情况和财务状况，对会计差错的会计处理也符合《企业会计准则第28号——会计政策、会计估计变更和差错更正》及相关规定。”

2017年6月14日，发行人召开2016年年度股东大会，审议通过了《关于公司前期会计差错更正及追溯调整的议案》，并于同日在股转公司信息披露平台披露《东莞市凯金新能源科技股份有限公司二〇一六年年度股东大会公告》（公告编号：2017－040）。

2. 信息披露差异更正材料齐备，更正信息充分

发行人2016年3月在新三板挂牌，本次申报文件与挂牌期间信息披露存在差异，招股说明书已对相关信息进行披露，发行人的主办券商、会计师严格按照《挂牌公司信息披露及会计业务问答（三）》的指引准备相关的披露文件，包括《东莞市凯金新能源科技股份有限公司关于前期会计差错更正及追溯调整的公告》（公告编号：2017－027）、更正后的定期报告（公告编号：2016－033）、会计师事务所出具的《东莞市凯金新能源科技股份有限公司前期会计差错更正的专项说明》（大华特字〔2017〕002879号）以及光大证券出具的《光大证券股份有限公司关于东莞市凯金新能源科技股份有限公司前期会计差错更正事项的专项说明》，更正材料齐备且按照股转公司的要求履行了更正程序，更正信息充分。

（二）信息披露差异的性质、内容、金额，不构成重大的会计差错，不存在重大内部控制缺陷

1. 信息披露差异的性质、内容、金额

2015年合并财务报表差异说明如表1－7－1：

表1－7－1　公司2015年合并财务报表差异说明

单位：元；占比：%

项目	调整前数据	调整后数据	差异	占比（差异/调整前数据）	差异内容
应收账款	37,414,751.42	37,386,810.42	－27,941.00	－0.07	主要系收入跨期调整导致应收账款余额、账龄及坏账准备的变化；核销无法收回的应收账款的调整等

续表

项目	调整前数据	调整后数据	差异	占比(差异/调整前数据)	差异内容
预付款项	524,631.43	543,991.96	19,360.53	3.69	主要系将预付账款中经济利益实现时间超过一个正常营业周期的款项重分类至其他非流动资产及与应付账款重分类调整所致
存货	23,939,938.42	24,120,885.77	180,947.35	0.76	主要系成本、采购跨期调整;运费的重分类调整
其他流动资产	—	107,278.82	107,278.82	N/A	主要系应交税费—待认证进项税额重分类至其他流动资产
流动资产合计	98,647,299.86	98,926,945.56	279,645.70	0.28	
固定资产	9,480,077.03	7,416,349.72	-2,063,727.31	-21.77	主要系固定资产入账时点调整所致
长期待摊费用	779,401.05	1,018,534.38	239,133.33	30.68	主要将已完工项目确认长期待摊费用所致
递延所得税资产	307,452.16	353,436.32	45,984.16	14.96	根据计提资产减值准备及递延收益相应确认递延所得税资产所致
其他非流动资产	244,881.49	2,247,987.74	2,003,106.25	817.99	将预付账款中经济利益实现时间超过一个正常营业周期的款项重分类至该科目所致
非流动资产合计	10,811,811.73	11,036,308.16	224,496.43	2.08	
资产总计	109,459,111.59	109,963,253.72	504,142.13	0.46	

续表

项目	调整前数据	调整后数据	差异	占比(差异/调整前数据)	差异内容
应付账款	36,501,824.63	36,780,796.98	278,972.35	0.76	采购跨期调整、修改固定资产入账时点、未及时确认长期待摊费用、重分类等所致
应付职工薪酬	1,188,211.12	1,101,256.23	-86,954.89	-7.32	调整多计提工资所致
应交税费	7,313,553.56	7,354,829.62	41,276.06	0.56	应交税费—待认证进项税额重分类至其他流动资产及应交税费—待认证进项税额跨期调整所致
流动负债合计	54,487,616.67	54,720,910.19	233,293.52	0.43	
递延收益	—	280,000.00	280,000.00	N/A	补贴项目暂未验收将其相关的补助从营业外收入调整至递延收益
非流动负债合计	—	280,000.00	280,000.00		
负债合计	54,487,616.67	55,000,910.19	513,293.52	0.94	
资本公积	22,190,327.91	22,809,599.91	619,272.00	2.79	按照租赁市场价格将股东无偿提供的租赁场所计入资本公积所致
盈余公积	1,172,936.70	1,023,028.14	-149,908.56	-12.78	根据调整后的净利润重新计提相应的盈余公积
未分配利润	10,556,430.31	10,077,915.48	-478,514.83	-4.53	利润表相关科目调整导致本年净利润变化所致
归属于母公司股东权益合计	54,971,494.92	54,962,343.53	-9,151.39	-0.02	主要系各权益科目调整所致

续表

项目	调整前数据	调整后数据	差异	占比(差异/调整前数据)	差异内容
股东权益合计	54,971,494.92	54,962,343.53	-9,151.39	-0.02	
负债和股东权益总计	109,459,111.59	109,963,253.72	504,142.13	0.46	
营业总收入	137,867,679.45	121,996,359.26	-15,871,320.19	-11.51	收入跨期调整所致
营业总成本	112,925,974.87	102,670,675.71	-10,255,299.16	-9.08	成本跨期调整导致
营业成本	98,230,408.08	86,617,753.77	-11,612,654.31	-11.82	成本跨期调整导致
营业税金及附加	330,879.62	385,919.47	55,039.85	16.63	堤围费的重分类调整
销售费用	1,607,704.32	1,747,012.85	139,308.53	8.67	将计入主营业务成本的运费重分类至销售费用
管理费用	11,008,504.19	11,913,507.00	905,002.81	8.22	研发费用、堤围费的重分类调整
资产减值损失	1,405,660.82	1,663,664.78	258,003.96	18.35	根据调整后的应收账款余额重新计提减值
投资收益	-75,606.97	53,906.06	129,513.03	-171.30	调整处置子公司的投资收益
营业利润	24,866,097.61	19,379,589.61	-5,486,508.00	-22.06	利润表相关科目调整所致
营业外收入	406,683.94	79,747.60	-326,936.34	-80.39	补贴项目暂未验收将其相关的补助从营业外收入调整至递延收益
营业外支出	516,317.31	204,153.97	-312,163.34	-60.46	将核销的应收账款从营业外支出调整至冲减资产减值准备

续表

项目	调整前数据	调整后数据	差异	占比(差异/调整前数据)	差异内容
利润总额	24,756,464.24	19,255,183.24	-5,501,281.00	-22.22	利润表相关科目调整
所得税费用	3,882,634.28	2,638,624.11	-1,244,010.17	-32.04	根据调整后的利润总额重新计提所得税费用
净利润	20,873,829.96	16,616,559.13	-4,257,270.83	-20.40	利润表相关科目调整
归属于母公司所有者的净利润	20,873,829.96	16,616,559.13	-4,257,270.83	-20.40	利润表相关科目调整

2017 年 5 月 25 日，公司在股转系统披露的《东莞市凯金新能源科技股份有限公司关于前期会计差错更正及追溯调整的公告》（公告编号：2017 -027）已对上述差异及其影响的其他信息披露中的财务报告进行了更正公告。

2. 信息披露差异对公司财务报表主要财务指标影响

本次会计差错更正对公司财务报表主要财务指标影响如表 1 -7 -2：

表 1 -7 -2　会计差错更正对公司主要财务指标的影响

单位：元

项目	2015 年度/2015 年 12 月 31 日		
	调整前	调整金额/比率	调整后
营业收入	137,867,679.45	-15,871,320.19	121,996,359.26
毛利率%	28.75	0.25	29.00
归属于母公司所有者的净利润	20,873,829.96	-4,257,270.83	16,616,559.13
归属于母公司所有者的扣除非经常性损益后的净利润	20,967,018.32	-4,221,503.33	16,745,514.99
加权平均净资产收益率%（依据归属于母公司所有者的净利润计算）	60.01	-19.20	40.81
加权平均净资产收益率%（依据归属于母公司所有者的扣除非经常性损益后的净利润计算）	60.28	-19.16	41.12
基本每股收益	0.99	-0.20	0.79

由表 1 –7 –2 可见,上述跨期调整对累计收入、利润并未产生影响,除跨期调整外的其他会计差错调整金额均较小。

3. 信息披露差异的原因,不构成重大的会计差错,公司不存在重大内部控制缺陷

(1)发行人主要会计调整由收入跨期所致

公司于 2012 年 3 月设立,早期客户以锂电池行业的中小型客户为主,此类客户经营规模、资金实力相对较小,公司给客户发货后是否能够及时足额的收回货款存在不确定性,且在合作中出现部分客户拖欠货款情形,公司对多家中小型客户提出了偿还货款的诉讼请求。

基于上述情况,在公司设立早期,公司对照《企业会计准则第 14 号——收入》(财会〔2006〕3 号)的相关规定,出于谨慎性考虑,认为在发货、对账完毕之后,且客户明确可以付款时开票确认收入更能符合“相关的经济利益很可能流入企业”收入确认条件。

2015 年以来,随着公司市场开拓、技术研发、生产经营规模等能力的快速发展,公司的主要客户转为以宁德时代、远东福斯特、天津力神等行业内知名企业为主,此类客户规模大,资金实力雄厚。故此,自 2015 年下半年起,公司开始按照销售合同约定的风险报酬转移点,即在给客户发货、客户签收后确认相关收入。

可见,公司在 2015 年以前按照开票确认收入,与其当时的客户结构状况及发展阶段有关,具有一定历史原因及其合理性。

公司已经按照《企业会计准则第 28 号——会计政策、会计估计变更和差错更正》及相关规定对上述会计差错进行了更正。在会计调整过程中,发行人各中介机构本着“高标准、严要求”的原则,进行了全面、细致的核查,对于其他实际影响不大的事项也进行了调整。

总体而言,本次更正主要是历史形成的收入跨期原因,对累计的营业收入、利润总额等财务指标影响相对较小。

(2)公司并不存在会计基础薄弱及重大内部控制缺陷的情况

公司自成立以来,一直高度重视会计基础和内部控制的建立健全,并致力于各项会计基础工作和内部控制制度、规定、要求的有效实施。

公司虽然存在上述会计调整事项,但是,收入跨期调整确实具有一定的历史原因和合理性。以与收入调整相关的销售与收款循环为例,历年来公司在与客户的发货、对账、开票、收款等环节上均保持着连续、细致、真实、准确、完整的会计基础资料及内部控制单据,这些资料和单据也是本次调整的重要依据,并得到了保荐机构、申报会计师对公司客户的函证、访谈的确认。

综上,公司对会计差错的会计处理符合企业会计准则的相关规定,履行了董事

会、监事会关于该差错更正事项的审议和表决程序,符合法律、法规等相关制度的要求。本次差错更正主要是为了提高公司财务信息质量,对公司的财务状况、经营成果没有导致重大不利影响,未损害公司和全体股东的合法权益,公司主要会计调整由跨期收入所致,具有一定历史原因及合理性,不存在会计基础薄弱及重大内部控制缺陷的情况。

二、新兴装备(002933)

报告期内,发行人以商业承兑汇票方式与客户进行货款结算所占比重较高,该类客户主要为中航工业下属大型国有军工企业,鉴于该类客户均具有较高的信用水平及较强的偿债能力,前期未对商业承兑汇票计提坏账准备。

虽然公司收到的商业承兑汇票到期无法兑付风险较小,但基于谨慎性原则,公司按照期末商业承兑汇票对应的应收账款账龄,采用和应收账款一致的坏账计提比例对商业承兑汇票计提坏账准备,并作为会计差错更正处理。

本次会计差错更正,对财务报表主要项目的影响如下:

(一)对资产负债表的影响(表1-7-3)

表1-7-3　2015~2017年会计差错更正对资产负债表的影响

单位:万元

2017年12月31日				
报表项目	更正前	更正后	变动金额	变动比例
应收票据	9,909.29	9,517.45	-391.84	-3.95%
递延所得税资产	746.37	805.15	58.78	7.87%
未分配利润	51,432.69	51,099.63	-333.07	-0.65%
2016年12月31日				
报表项目	更正前	更正后	变动金额	变动比例
应收票据	8,139.52	6,786.06	-1,353.46	-16.63%
递延所得税资产	498.55	701.57	203.02	40.72%
未分配利润	44,114.28	42,963.84	-1,150.44	-2.61%

续表

2015 年 12 月 31 日				
报表项目	更正前	更正后	变动金额	变动比例
应收票据	6,542.17	5,788.30	-753.87	-11.52%
递延所得税资产	431.09	544.17	113.08	26.23%
未分配利润	35,596.90	34,956.11	-640.79	-1.80%

本次会计差错更正使得 2015 年 12 月 31 日、2016 年 12 月 31 日、2017 年 12 月 31 日未分配利润分别减少 640.79 万元、1150.44 万元、333.07 万元，对各期末未分配利润的影响比例分别为 -1.80%、-2.61%、-0.65%，会计差错更正对资产负债表影响较小。

（二）对利润表的影响（表 1-7-4）

表 1-7-4　2015～2017 年会计差错更正对利润表的影响

单位：万元

2017 年度				
报表项目	更正前	更正后	变动金额	变动比例
资产减值损失	1,789.15	827.53	-961.62	-53.75%
所得税费用	1,799.13	1,943.38	144.24	8.02%
净利润	10,838.41	11,655.79	817.38	7.54%
扣除非经常性损益后的归属于公司普通股股东的净利润	10,639.72	11,457.10	817.38	7.68%
2016 年度				
报表项目	更正前	更正后	变动金额	变动比例
资产减值损失	497.50	1,097.09	599.59	120.52%
所得税费用	2,008.80	1,918.86	-89.94	-4.48%
净利润	11,597.38	11,087.73	-509.65	-4.39%
扣除非经常性损益后的归属于公司普通股股东的净利润	11,457.47	10,947.81	-509.65	-4.45%

续表

2015 年度				
报表项目	更正前	更正后	变动金额	变动比例
资产减值损失	2,677.71	1,856.45	-821.25	-30.67%
所得税费用	1,768.97	1,892.15	123.19	6.96%
净利润	9,880.65	10,578.72	698.07	7.06%
扣除非经常性损益后的归属于公司普通股股东的净利润	9,657.51	10,355.57	698.07	7.23%

第二章 典型会计处理

第一节 赠与产品

【商业逻辑与背景分析】

按照客户购买数量划分的等级高低分别赠送一定比例或相应数量的产品，本质上属于为促销产品采取的商业折扣行为，不属于赠送行为，在这里我们不做讨论。

实务中，赠与产品主要出现在以下两种情况中：(1)新产品处于推广阶段，需要获得客户认可，前期赠与部分产品使用；(2)赠品服务于主要销售的产品，属于零配件类型，单价低、数量多等。

【核查方法指引】

一、关注赠与产品合理性

既然企业涉及赠与产品，自然会重点关注这种行为是否具备商业合理性。具体可以从以下几个方面考虑：(1)赠与产品与业务发展的相关性，即赠与产品是否与业务的发展直接相关；(2)赠与产品是否属于行业惯例，如果行业内其他企业均不存在赠与产品，那么就需要关注是否涉及不正当竞争；(3)赠与产品对销售的提升是否有直接的影响，如果赠与产品的增长幅度超过了销售的增长幅度，就需要谨慎考虑赠送行为的商业合理性。

二、关注赠与产品的会计处理

赠与产品的会计处理需要根据货物的成本计入销售费用，同时需要在计算增值税与企业所得税时视同销售处理，因此关键点在于单价的确定。如果赠与的产品本身就是企业正常销售的产品，则直接根据销售单价确定收入，缴纳增值税与所得税，成本计入费用就可。如果赠与的产品不是企业正常销售的产品，则账面价值可直接计入费用，不涉及增值税视同销售处理问题。

如果公司实行赠与产品的数量与主产品的销售数量挂钩的销售政策，即使当期末赠与客户赠品，报告期末也需要合理预计负债并计提销售费用。

三、关注赠与产品的涉税风险

《增值税暂行条例实施细则》（财政部令2011年第65号）第4条第8项“将自产、委托加工或者购进的货物无偿赠送其他单位或者个人”需视同销售的规定，赠与产品需缴纳增值税。

根据《企业所得税法实施条例》（国务院令第512号）第25条“企业发生非货币性资产交换，以及将货物、财产、劳务用于捐赠、偿债、赞助、集资、广告、样品、职工福利或者利润分配等用途的，应当视同销售货物、转让财产或者提供劳务”的规定，赠与产品同时也需要缴纳企业所得税。

【具体案例分析】

一、优博讯（300531）

（一）会计处理

报告期内，公司为拓展业务和满足客户的需求（如购买前试用、测试、演示等），会出借部分库存商品（以下简称“借货”）给客户临时使用，借货的所有权归公司所有。考虑到借货在使用过程中可能发生的损耗，基于谨慎性原则，发行人结合借货的损耗及出借时间、可使用周期，制定了针对借货的跌价政策。每个会计期末，根据账面借货余额进行检查，视不同情况作出相应的会计处理：

1. 期末确认未来可收回的借货：比照固定资产折旧平均年限法，按照借货实际借出月份数，计提相应的减值。考虑到相对其他电子类固定资产而言，借货设备的技术更新换代较快,故按3年计提减值准备。

2. 期末确认未来无法收回的借货:以其账面价值按视同销售的方式计入当期损益。

(二)库存商品

2013年年末、2014年年末、2015年年末及2016年3月末,库存商品净额分别为1858.32万元、2210.72万元、2677.36万元和3545.12万元,保持较高余额且增长较快,这与公司的业务特点相关。

公司库存商品分为两类:一类是正常备货的库存商品,另一类是借货,即发行人应直接客户或经销商的实际业务需求,为发展良好的客户关系和经销商合作关系、促进销售,在综合评估其实力、潜在需求量、合作密切度及资信能力等因素后,出借库存商品给直接客户或经销商并签订借货协议,协议约定了借货内容、用途、期限、权属、保管责任等相关条款,借货的所有权归发行人所有。报告期内,以上两类库存商品期末金额及占比情况如表2-1-1:

表2-1-1　2013~2016年两类库存商品期末金额及占比情况

单位:万元

项目	2016-3-31		2015-12-31		2014-12-31		2013-12-31	
	金额	比例(%)	金额	比例(%)	金额	比例(%)	金额	比例(%)
备货库存商品	3,038.42	85.71	2,103.53	78.57	1,855.17	83.92	887.55	47.76
借货	506.70	14.29	573.83	21.43	355.55	16.08	970.77	52.24
总计	3,545.12	100.00	2,677.36	100.00	2,210.72	100.00	1,858.32	100.00

(三)借货

2013年年末、2014年年末、2015年年末及2016年3月末,借货净额分别为970.77万元、355.55万元、573.83万元和506.70万元。2014年下降了63.37%,2015年年末增加了61.39%,2016年3月末下降了11.70%。

1. 发行人存在设备出借情形是由行业智能移动终端产品的客户需求、应用特性和发行人销售策略决定

第一,企业移动信息化管理系统是由计算机网络和智能通讯设备、计算机软件、信息资源、信息用户和业务流程组成的以处理业务信息流为目的的人机一体化系统,具有网络化的系统结构。智能移动终端作为信息实时识别、采集、传输及管

理的终端载体，是企业移动信息化管理系统的核心基础设施，因部署网络广、网点多，单个企业客户往往需采取大批量采购的模式部署建设在客户系统正式上线运行前，公司需根据其业务定制化需求进行软件匹配性对接或开发以及软硬件一体化的系统联调测试，在该过程中，客户需要批量设备用作系统演示和测试。

第二，发行人直接销售的下游客户主要为物流、零售、食品医药、金融等行业的大型企业客户，移动信息化管理系统的开发及部署周期长、投资大，为确保系统建设的及时性和成功率，其投资决策较为谨慎，正式采购前一般会要求发行人提供批量拟购设备用作演示、测试或试用，在演示、测试或试用后归还给发行人。

第三，为支持部分实力雄厚、合作关系密切的经销商在特定行业或特定项目拓展市场、发展客户，发行人应其业务或项目的实际需求，向其提供一定数量借货用作项目演示、测试或试用，在演示、测试或试用后归还给发行人。

2. 期末借货的总体情况

2013 年年末、2014 年年末、2015 年年末及 2016 年 3 月末，公司借货总金额（未减跌价准备，下同）分别为 1265.71 万元、556.43 万元、786.76 万元和 730.34 万元，分别占库存商品总额的 58.55%、22.99%、27.14% 和 19.33%；分别占存货总额的 17.31%、6.86%、6.34% 和 5.29%。报告期内，伴随着业务规模的增长，公司逐步加强了对借货的严格规范管理，一方面有效降低了库存，另一方面有利于业务的拓展，提高成单率。公司借货的构成情况如表 2－1－2：

表 2－1－2　2013～2016 年 3 月公司借货构成情况

单位：万元

项目	2016－3－31	2015－12－31	2014－12－31	2013－12－31
借货总额	730.34	786.76	556.43	1,265.71
库存商品总额	3,777.75	2,899.28	2,420.16	2,161.83
存货总额	13,794.15	12,418.27	8,102.82	7,313.74
借货占库存商品比例（%）	19.33	27.14	22.99	58.55
借货占存货比例（%）	5.29	6.34	6.86	17.31

3. 借货减值情况

考虑到借货在使用过程中可能发生的损耗，基于谨慎性原则，发行人结合借货的损耗及出借时间、可使用周期，制定了针对借货的跌价政策。每个会计期末，根据账面借货余额进行检查，视不同情况做出相应的会计处理：

第一，期末确认未来可收回的借货：比照固定资产折旧平均年限法，按照借货实际借出月份数，计提相应的减值。考虑到相对其他电子类固定资产而言，借货设备的技术更新换代较快，故按3年计提减值准备。

第二，期末确认未来无法收回的借货：以其账面价值按视同销售的方式计入当期损益。2013年公司对库存商品计提减值准备437.86万元，2014年计提减值准备542.77万元，2015年计提减值准备107.95万元。2013年转销库存商品减值准备193.37万元，2014年转销库存商品减值准备636.83万元，2015年转销库存商品减值准备95.46万元，2016年1~3月转销库存商品减值准备24.97万元。

二、国科微(300672)

(一)会计处理

公司根据与终端客户确认的赠送方案，在每期末预提相应的赠送费用，并于赠送发生时，做视同销售申报增值税和所得税。该成本按期末最后一个月的售价乘以尚需赠送的数量并且考虑视同销售的销项税计入预提销售赠送成本。

(二)涉及具体科目

1.其他流动负债

各报告期期末，存在如表2-1-3所示金额的预提销售赠送：

表2-1-3 2014~2016年公司预提销售赠送

单位：万元

项目	2016-12-31	2015-12-31	2014-12-31
预提销售赠送	1,398.35	1,277.74	897.34
预提技术使用费	210.78	112.20	
预提福利费用	29.15		
其他	3.00		
合计	1,641.28	1,389.94	897.34

2.销售费用

报告期内，各销售费用具体项目的金额及变动情况如表2-1-4：

表 2-1-4 2014~2016 年各销售费用具体项目金额及变动情况

单位:万元,%

项目	2016 年		2015 年		2014 年	
	金额	变动	金额	变动	金额	变动
销售赠送	4,929.62	84.11	2,677.53	155.96	1,046.09	174.18
职工薪酬	326.47	0.04	326.35	218.04	102.61	98.29
IP 核提成费	190.21					
招待费	74.12	31.55	56.34	6.12	53.09	121.61
宣传费	113.71	101.13	56.54	20.23	47.02	538.08
差旅费	53.37	48.81	35.86	-14.16	41.78	12.64
其他	102.57	90.80	53.76	344.93	12.08	-42.40
合计	5,790.07	80.58	3,206.38	146.14	1,302.68	149.23

销售费用中主要系销售赠送与职工薪酬,总体而言,销售费用各项目的变动趋势与公司经营规模的不断扩大情况相符。

因此,公司通过赠送产品的方式承担上述费用。

销售赠送的主要目的在于:(1)防止经销商串货,维持市场价格体系。(2)作为公司一项重要的营销策略,公司对主要终端客户以赠送产品的形式给予一定的优惠。公司与各位客户根据双方合作紧密程度以及前期的采购数量及价格,确定销售赠送数量。(3)在新产品导入市场的过程中,由于公司产品应用于终端市场需要通过相关第三方测试与认证,如某一公司生产的户户通机顶盒使用公司的芯片,必须做入网认定测试、NDS 测试等,取得生产许可证、广播电视设备器材入网认定证书等。根据行业惯例,上述认定测试费用需由芯片生产厂家承担。因此,公司通过赠送产品的方式承担上述费用。

报告期内,销售赠送费用快速增长的原因为:(1)报告期内,公司主营业务收入快速增长,从 2014 年 18,083.26 万元增长至 2016 年的 48,902.67 万元。由于销售规模扩大,公司销售赠送金额随之增长。(2)2015 年及 2016 年,公司销售赠送金额增长幅度超过主营业务收入的增长幅度,这主要是由于 2016 年公司的新产品如 GK7101、GK7102、GK7102S、GK6105SU、GK2101 系列产品陆续导入市场,客户要求用于承担相关认证测试的销售赠送数量及金额增多。同时,广播电视系列芯片、智能视频监控系列芯片的市场竞争加剧,为稳固并扩大市场占有率,公司加大了销售赠送力度。

第二节 退 换 货

【商业逻辑与背景分析】

退换货包含两种模式,即退货和换货。在目前 IPO 申报过的项目中均比较常见,其本质是一种比较常见的商业模式。但从财务角度看,不同处理方式确实是能让企业穿上新衣的"魔法棒"。自大智慧通过承诺"可全额退款"的销售方式,在不确定退款可能性的情况下按照常规方式确认收入,导致提前确认收入近 9000.00 万元的事件曝光以来,证监会对退换货相关的财务核查要求变得更加精细和严苛。

根据《企业会计准则第 14 号——收入》第 32 条规定,附有销售退回条款的销售,企业应当在客户取得相关商品控制权时,按照因向客户转让商品而预期有权收取的对价金额(不包含预期因销售退回将退还的金额)确认收入,按照预期因销售退回将退还的金额确认负债;同时,按照预期将退回商品转让时的账面价值,扣除收回该商品预计发生的成本(包括退回商品的价值减损)后的余额,确认为一项资产,按照所转让商品转让时的账面价值,扣除上述资产成本的净额结转成本。由以上规定可以看出,这里会计处理的关键是对预期销售退回金额的估计,而估计的合理性需要结合各家的营销及退换货制度,这也是财务核查的一个重点和难点。

退换货可能带来的问题:(1)退换货比例预计得不合理可能导致收入的虚增;(2)退换货比例的增加可能预示产品存在质量问题,使经营难以为继;(3)政策的不合理预示内控制度缺失以及内部管理的混乱。

【核查方法指引】

一、关注退换货流程设计的合理性、执行的有效性

财务数据是对企业经营情况的一种反映,若要财务数据没问题,首先要保证基础的业务本身没问题,如果退换货流程的设计不合理或者执行无效,财务数据必然是混乱的。我们在了解企业的退换货流程时,需要找出关键控制点,梳理流程的合理性,在制度上减少后期人为操纵数据的可能性;同时,合理的制度是基础,制度的有效执行才是关键,通过对合理制度的测试,验证执行的有效性。

二、关注会计处理的关键数据的来源是否合理

退换货的会计处理并不复杂,复杂的是对预计退换货的估计。实务中,我们需要结合企业的实际经营情况,了解预计退换货金额估计的形成,并判断是否合理。同时,我们可以通过期后实际退换货情况,对比核查报告期内预估的退换货金额的合理性加以验证。

三、关注是否存在报告期内人为调节利润的情形

通过退换货政策及会计核算人为调节利润的情况主要有以下几种:(1)改变企业的营销模式,采取激进营销政策(大智慧采用的全额退款);(2)突击改变一贯采用的用于计算预计退货率的会计估计模型;(3)报告期资产负债表日前销售规模远大于其他月份,且不是季节性原因所导致;(4)利用分析性程序,与同行业对比、与自身前期对比等,发现异常数据又无合理解释。

四、换回和退回的存货,存货跌价准备计提的合理性

有关换回和退回的存货,存货跌价准备计提的合理性,我们需要把握两点:(1)退换货的原因;(2)可变现净值的确定,退换货的原因又影响着可变现净值的确定。例如,服装行业,由于服装的季节性、款式的时尚性等,退换的基本都是过季和过时的销售不畅的产品,这些产品本身质量不存在问题,后期如果无其他销售渠道进行二次销售,或者二次销售的价格非常低,那么其可变现净值将会非常低。

五、通过每年的退换货情况,核查收入确认时点的合适性

存在大量退换货时,需要考虑退换货条款来判断收入确认时点,如淘宝的“七天无理由退货”,大智慧“不满意全额退款”的问题,都需要在考虑收入确认的时点时加以考量,不能只按照一般条款来看收入确认时点,同时要兼顾公司的运营特点。

【具体案例分析】

一、安正时尚(603839)

(一)加盟退换货政策

在2013年实行的换货政策下,公司给予加盟商的换货比例限定为不超过15%,对于个别长期合作加盟商客户,由加盟商提出申请,公司给予不超过35%换货比例。在2014年之后实行的退货政策下,公司核算加盟商客户销售指标达成情况,制定退货比例。其中,若加盟商达到销售指标要求,则给予不超过10%的退货比例;若未能达到销售指标要求,则不给予办理退货;对于个别长期合作加盟商,为支持、鼓励其业务发展,经加盟商申请,公司给予不超过15%、35%退货比例。

2016年,受宏观经济增速下滑影响,为支持加盟商发展,加盟商在完成公司进货指标的前提下,允许其提高退货比率,每增加1%的退货率,原销售货品销售折扣提高0.015折,但退货率上限最高只能提高10%,相应的销售折扣最高提高0.15折。

公司对加盟商采取附有退货/换货条件的买断式销售政策。公司在2013年度主要采取等额货品、限定比例的换货政策,即在产品季销售结束后,由加盟商申请,经公司书面同意后,加盟商可在进货商品总金额的一定比例内,等金额调换公司库存货品,换货比例通常不超过15%。随着五季销售渠道的发展,公司在2014年起对加盟商实行限定比例的退货政策,即在产品季销售结束后,由加盟商申请经公司书面同意后,加盟商可在进货商品总金额的一定比例内进行退货。借助于五季销售渠道的线上与线下销售,并结合限定比例的退换货政策,公司可统一消化过时、滞销产品,有效避免折扣促销对零售终端及品牌形象的影响。

1. 公司退换货政策变化的商业逻辑

为促进公司库存商品中过季产品的销售,避免该类产品的折扣促销对公司终端零售门店与品牌形象的影响,公司利用现有以奥特莱斯(Outlets)为代表的名品折扣零售业态,设立五季产品销售部门,负责建立与运营以奥特莱斯门店为主要形式的过季、折扣产品销售渠道(又称“五季门店”);同时,在电子商务网上购物快速发展的时代背景下,公司积极开拓电商业务,并已在天猫商城与唯品会建立了品牌旗舰店,逐步形成“线上、线下”互补的过季产品销售渠道,与以销售当季正价产品为主的零售门店形成差异化定位与功能补充。

2014年之前,公司为提高加盟客户当季商品销售比例,减少加盟客户货品的库存，公司对加盟商客户制定了"换货政策"，以鼓励加盟商通过调换货品等方式，提高加盟客户当季货品销售比例。随着五季销售渠道的不断拓展与完善，公司提升了过季产品库存消化能力，于 2014 年开始，公司将加盟商"换货政策"调整为"退货政策"，充分利用公司五季销售渠道对外销售过季产品，加快过季产品及时消化，减轻加盟商商品库存压力，提升正价实体店的终端表现力，促使品牌商品的有效流动和加盟商的良性发展，提高公司盈利能力。

2. 公司对加盟商退换货比例确定的依据

公司结合服装行业销售的一般商业逻辑、以往年度销售经验、对加盟商产品销售能力等的综合判断，制定退换货比例。通常情况下，加盟商购入货品后，于当年销售比例约 65%～70%，次年销售比例约为 15%，预留 5% 作为加盟商参加商场各种促销活动需求使用，剩余的 10%～15% 货品可能形成加盟商库存。

因此，2013 年在换货政策下，公司给予一般加盟商不超过 15% 的换货比例，同时，对于一些时尚度高、流行趋势变化快、竞争激烈，且公司拟大力开拓的区域内的加盟商，公司给予其不超过 35% 的换货比例。2014 年，公司由换货政策调整为退货政策，公司给予一般加盟商不超过 10% 退货比例，对于个别规模较大的加盟商给予不超过 15% 退货比例，同时，对于一些时尚度高、流行趋势变化快、竞争激烈，且公司拟大力开拓的区域内的加盟商，公司给予其不超过 35% 退货比例。具体如表 2－2－1 所示：

表 2－2－1　公司对加盟商的退换货政策的规定

年份	政策	比例
2013 年	换货	一般加盟商：不超过 15% 一些时尚度高、流行趋势变化快、竞争激烈，且公司拟大力开拓的区域：不超过 35%
2014 年及以后	退货	一般加盟商：不超过 10%； 个别规模较大的加盟商：不超过 15%； 一些时尚度高、流行趋势变化快、竞争激烈，且公司拟大力开拓的区域：不超过 35%

3. 退换货相关内控制度及其执行情况

(1)报告期公司退换货实际申请与审核情况

报告期内，公司根据加盟商退换货实际申请情况，及时办理审批及退换货，申请数量与实际审核数量相同，具体情况见表 2－2－2：

表2-2-2 报告期内公司退换货申请与审批数量

项目	2016年1-6月	2015年	2014年	2013年	合计
申请与审核批次	342	391	184	155	1070

报告期各期，加盟商申请退换货批次不同主要系加盟商单批次申请退货数量、金额不同所致。公司及时处理加盟退换货申请，并办理退换货，单批次审核周期约为1周左右，不存在人为跨期调节情况。

(2)公司对附有退换货政策条件的收入确认原则

根据公司换货/退货的会计处理，在资产负债表日，公司实际收到加盟商换货/退货部分已冲减对应的营业收入和成本，对于应退未退部分，公司已冲减其营业收入、营业成本，差额确认为预计负债。通过上述会计处理，公司报告期加盟模式下收入系扣除了换货/退货(含实际已退与预计应退部分)的净额。

报表日，对于春夏秋冬四季(以下简称产品季)结束进入实际退货期的产品，由于公司已核算出实际退换货额，并与加盟商确认，对于加盟商提报申请尚未审批完成的产品，公司会计处理已将加盟商应退未退的部分冲减了营业收入、营业成本，并将差额计入了预计负债，因此，退换货申请的审批进度不影响报表日的财务报表。

4. 公司不存在随意变更退换货比例的情况

报告期内，公司制定了严格的与退换货相关的内控制度，包括但不限于退换货政策的制定、可退换货额审批以及具体退换货的后续执行，公司严格按照退换货相关制度处理退换货业务，执行情况良好。

报告期内，发行人对加盟商实行的退换货政策如下：

2013年实行换货政策，即在产品季销售结束后，换货比例为不超过15%；对于个别客户，为不超过35%。2014年后实行退货政策，加盟商的退货比例不超过10%；对于个别客户，退货比例为不超过15%、35%。2016年，受宏观经济影响，允许加盟商提高退货比例，但同时提高销售折扣。

(1)退换货政策的变化履行了公司内控要求的相应程序

报告期内，发行人退换货政策的变化以及2016年实行附条件的退货率，均根据公司内控制度的相关要求，由加盟管理部门申请、财务部门测算，经相应副总经理审核后，提交总经理办公会议集体讨论，最终由总经理审批后下达执行。上述政策的变化依照公司内控制度要求履行了相应程序，不存在随意变更的情形。

(2)退换货政策变化是从公司实际经营业务角度考虑，符合正常的商业逻辑

2014年之前，公司为提高加盟客户当季商品的销售比例，鼓励加盟商通过调

换货品等方式，减少加盟客户的货品的库存，公司对加盟商客户制定了“换货政策”。随着五季产品销售渠道的不断拓展，公司提升了过季产品库存消化能力，从2014年开始，公司将加盟商“换货政策”调整为“退货政策”，充分利用公司五季渠道对外销售过季产品，加快过季产品及时消化，减轻加盟商商品库存压力，提升正价实体店的终端表现力，促使品牌商品的有效流动和加盟商的良性发展，提高公司盈利能力。

此外，公司结合服装行业销售的一般商业逻辑、以往年度销售经验、对加盟商产品销售能力等综合判断，制定退换货比例。通常情况下，加盟商当年货品销售比例约为65%~70%，次年销售比例约为15%，预留5%作为加盟商参加商场各种促销活动需求使用，剩余的10%~15%货品可能形成加盟商库存。同时，根据不同加盟商的规模、所在区域市场的重要性和不同特征，制定不同的退换货比例。公司退换货政策的变化是从其实际经营角度出发，符合正常的商业逻辑。

（3）公司退换货政策变化不存在人为调节收入的动机

公司对附有退换货政策条件的收入确认原则：根据公司换货/退货的会计处理，在资产负债表日，公司实际收到加盟商换货/退货部分已冲减对应的营业收入和成本，对于应退未退（或应换未换）部分，公司已冲减其营业收入、营业成本，差额确认为预计负债。通过上述会计处理，公司报告期加盟模式下收入系扣除了换货/退货（含实际已退与预计应退部分）的净额。

因此，公司退换货政策下会计处理基本一致，报告期加盟收入系扣除了换货/退货（含实际已退与预计应退部分）的净额，公司不存在因退换货政策的调整而调节报表的动机。

（4）公司报告期内退换货政策得到了有效执行

①公司报告期内实际发生的退换货率符合退换货政策规定。按照公司退换货政策对“退换货率”的定义为：加盟商退换货率 = 可退换货金额/当期发货总额，由于会计确认的加盟收入是反映加盟模式收入 = 当期发货总额 - 退换货金额。因此，报告期公司实际退换货比率 = 实际退换货金额/（加盟收入 + 实际退换货金额），而非实际退换货金额除以加盟收入。

根据报告期内实际退换货金额与加盟收入情况，计算报告期内按照退换货政策中对加盟商规定要求的实际退换货率见表2-2-3：

表 2-2-3　报告期内实际退换货率

单位:万元

项目	2013 年度	2014 年度	2015 年度	2016 年 1-6 月
实际退换货金额	5,115.77	11,218.90	11,723.25	1,052.45
加盟收入金额	75,138.65	73,772.31	67,478.94	21,141.92
退货换政策中定义的实际退换货率	6.37%	13.20%	14.80%	4.74%

②公司严格按照制定的退换货政策执行退换货情况。报告期内,公司按照退换货政策的要求,严格审核每个产品季的退换货情况,加盟商发生的退换货不存在违反相关政策的情形。

综上,报告期内,公司制定了与退换货相关的内控制度,并有效执行,不存在随意变更加盟商退换货比例情况。

5. 公司实际退换货率变动情况说明

报告期内,公司退换货政策定义的退换货率有所增加,具体分析如下:

(1)2014 年退货率较 2013 年换货率增幅较大。在 2013 年换货政策下,加盟商需根据退回货品金额等额换入货品,加盟商根据其自身经营需求、产品畅销情况进行换货处理,但受限于发行人可换货品库存情况,加盟商实际执行换货比例较低。在 2014 年调整为退货政策后,加盟商可根据其产品市场销售情况,退回其销售区域内销售比例较低的产品;加盟商可利用退货政策减少滞销产品的积压,促进其自身货品流转良性循环,故 2014 年开始,加盟商在经审批的退货比例范围内实际退货率出现较大增加。

(2)2014 年、2015 年退货率变动情况分析

在退货政策下,2014 年、2015 年实际退货率维持在 15% 以内。根据公司退货政策,一般加盟商退货率限定在 10%,特殊加盟商给予其 15%、35% 退货率,报告期内,根据公司与加盟商约定的最大退货率,按照年度不同退货率加盟收入比重测算公司加权平均退货率,详见表 2-2-4。

表 2 -2 -4 2014 年、2015 年不同加盟商的不同退货率及加权平均退货率

加盟商类别	最大退货率	2014 年		2015 年	
		收入占比	加权平均退货率	收入占比	加权平均退货率
	A	B	C = A * B	D	E = A * D
执行 10% 退货率的加盟商	10%	57.67%	5.77%	60.55%	6.05%
执行 15% 退货率的加盟商	15%	30.39%	4.56%	22.73%	3.41%
执行 35% 退货率的加盟商	35%	11.94%	4.18%	16.72%	5.85%
加权平均最大退货率		100.00%	14.50%	100.00%	15.32%
实际退货率		100.00%	13.20%	100.00%	14.80%

从表 2 -2 -4 中可以看出,公司 2014 年、2015 年综合实际退货率略有增加,主要系不同加盟商类别收入占比变动所致。公司 2014 年、2015 年实际退货比例,均处于公司加权平均最大退货率范围内,且差异较小。

(3)2016 年实际退货率较 2015 年有所下降,主要受数据统计周期影响。根据公司退货政策,2016 年 1 ~6 月销售货物退货期尚未结束,2016 年 1 ~6 月实际退货金额统计至 2016 年 6 月 30 日。

6. 退换货收回商品的消化处理情况

报告期内,公司在退换货政策下收回的货物,主要通过以下渠道进行处理:

(1)五季渠道。随着公司加大对五季销售渠道的拓展力度,五季渠道处理过季产品的能力逐年提升,其销售收入占比不断提高。

(2)在不同市场区域进行调换。因不同市场对产品款号需求偏好不同,对于收回的货物,公司可根据其他区域加盟商对款号的需求,及时调配发货。

(3)直营门店销售。对于库龄较短的产品,公司根据各直营门店销售需求,及时发送至直营终端。

(二)公司退换货的会计处理

公司于 2013 年执行换货政策。在换货政策下,加盟商购买的货品,可在合同约定的换货金额、换货比例之内向公司申请调换等额货品。

公司于每个资产负债表日,根据合同约定的换货政策,以报表期间内可换货的销售金额为基础,乘以预计可换货比例,调减营业收入;同时根据报表期间内当期平均销售毛利率,调减营业成本,差额确认为预计负债(预计换货毛利金额)。对于换出货物,在实际销售出库时,根据公司销售收入确认政策确认销售收入及销售成

本。预计换货金额与实际换货金额间的差额,计入换货期满当期损益,即换货期满预计换货金额与实际换货金额的差额,分别对应调整当期的营业收入及营业成本。

公司自2014年开始执行退货政策。产品季结束之后,加盟商根据销售金额、退货比例,向公司申请退货。公司于每个资产负债表日,根据销售合同约定,核对加盟商是否满足销售退货指标要求,对于满足退货指标要求的加盟商,根据其销售金额及退货比例,预估退货金额,冲减营业收入,并根据当期平均销售毛利率,冲减营业成本,差额确认为预计负债。预计退货金额与实际退货金额间的差额,计入退货期满当期损益,即退货期满预计退货金额与实际退货金额的差额,分别对应调整当期的营业收入及营业成本。

(三)预计负债分析

公司2013年对加盟商执行换货政策,2014~2016年6月执行退货政策。加盟商在公司规定的退换货期内陆续办理实际退换货,截至报表日,对于按照退换货政策加盟商应退未退(或应换未换)的部分,公司冲减预计退换货部分的营业收入、营业成本,差额部分形成报表日的预计负债。

1. 预计负债余额变动情况分析

报告期各期末,公司预计负债余额变动情况如表2-2-5所示:

表2-2-5 2013~2016年公司预计负债余额变动情况

单位:万元

项目	2016-6-30	2015-12-31	2014-12-31	2013-12-31
预计负债	4,772.12	3,281.75	5,886.00	1,737.48
加盟收入	21,141.92	67,478.94	73,772.31	75,138.65

2. 预计退换货比例和金额的确认依据

公司产品分为春夏秋冬四季,公司根据各产品季分别组织订货、发货等流程。在换货政策下,公司根据销售合同约定,核算加盟商是否满足换货指标要求,对于满足换货指标要求的加盟商,根据其发货金额及销售合同约定的换货比例核算可换货金额,并在可换货金额内,在产品季办理加盟商换货;在退货政策下,公司每个产品季结束日后,根据销售合同约定,核对加盟商是否满足销售退货指标要求,对于满足退货指标要求的加盟商,根据其发货金额及合同约定的退货比例,分别于各产品季结束之后核算加盟商客户可退货金额,并于产品季结束之后办理退货。

假设某加盟商于资产负债表日发货金额为A万元,其发货指标要求为B万元,退换货比例为C,则于资产负债表日,预计退换货金额计算过程如表2-2-6:

表 2－2－6　预计退换货金额计算过程

项目	实际发货金额	发货指标	是否满足退换货指标	退换货率	预计退换货金额
情形一	A	B	A＞＝B，满足指标	C	A＊C
情形二	A	B	A＜B，加盟商不满足退换货指标要求	—	—

3. 预计退换货金额和实际退换货金额差异较小

比较分析报告期内公司预计退换货金额与实际退换货金额间差异情况如表2－2－7：

表 2－2－7　2013～2016 年公司预计退换货金额与实际退换货金额差异情况

单位：万元

项目	2016－6－30	2015－12－31	2014－12－31	2013－12－31
预计负债（预计毛利）	4,472.94	3,281.75	5,886.00	1,737.48
实际退换货毛利	4,375.77	3,185.72	5,299.37	1,669.32
差异	97.17	96.03	586.63	68.16
利润总额	13,387.03	28,323.64	26,070.33	28,739.54
差异占利润总额比例	0.73%	0.34%	2.25%	0.24%

4. 预计负债计提充分

公司于资产负债表日，对加盟商是否满足退换货指标进行分析判断，对于满足退换货指标要求的加盟商，按照合同约定退换货比例计提预计退换货金额、确认预计负债，且预计退换货金额与实际退换货金额差异较小，公司已根据预计的加盟商可退换货金额确认预计负债，预计负债计提充分。

二、来伊份（603777）

（一）发行人与供应商关于商品退货的约定

1. 发行人与供应商关于产品质量责任的分担原则

根据发行人《质量管理制度》规定，发行人制定了关于存在食品安全隐患的商品报废制度，并与供应商划分责任承担。由发行人承担责任和损失的情形包括：（1）顾客退货（除质量问题外的顾客退货）；（2）鼠咬商品；（3）过期商品；（4）其他无法再发放，且与供应商协商不成，供应商不接收的商品。由供应商承担责任和损失的情形包括:(1)添加剂不合格(非法添加、过量添加);(2)理化不合格(SO_2、酸价、过氧化值);(3)致病微生物;(4)重金属污染;(5)门店挑选退回不合格品(涨包、变质、发耗、发霉、返潮、日期模糊等);(6)溶剂超标(包材);(7)农药、兽药残留等存在食品安全隐患的商品。该等商品由发行人统一进行销毁处理。

2. 关于产品质量问题商品退货制度

根据发行人《质量管理制度》规定,商品在销售过程中发现有批量性的质量问题或是相关国家职能部门在抽检中发现不合格需召回产品,由质量技术中心发布统退通知,通知各子公司、商品开发中心、物流中心需退回商品的批次及需完成的时间节点。质量技术中心确定退货的处理方式,报相关部门批准后通知物流按要求处理。退货的处理一般情况下要求在退货通知上写明,最迟在退货完成时确定并通知物流。退货完成后,由感官检验员跟踪退货数量及处理方式以及未按时退货的门店,报品质控制部经理。

3. 发行人《商品供应商管理制度》的相关规定

根据发行人《商品供应商管理制度》规定,发行人在选择供应商及供应商管理方面制定了明确的内控制度,涉及商品供应商的标准制定、商品供应商预引进审核、商品供应商监督审核、供应商原料质量管控、商品供应商培训、商品供应商第三方审核、商品供应商质量星级评估、商品供应商奖励、商品供应商惩罚等具体内容,明确了对商品供应商的管理要求。

(二)报告期各期末退货仓存货金额(表2-2-8)

表2-2-8　2013~2016年6月各期末退货仓存货金额

单位:万元

报损期间	退货仓及退厂仓合计	其中:退供应商金额	存货报损金额	期末存货合计	退货及退厂仓存货占比	存货报损金额期末占比
2016-06-30	169.08	50.72	119.36	13,414.41	1.26%	0.88%
2015-12-31	105.99	31.8	74.2	26,736.96	0.40%	0.28%
2014-12-31	123.64	37.3	86.33	22,458.4	0.55%	0.38%
2013-12-31	83.88	34.1	49.77	27,207.61	0.31%	0.18%

从表2-2-8可以看出,报告期各期期末,退货仓存货金额较少,其中由于供应商的原因退货的,需要退回供应商,由供应商承担相应的费用,公司应报损存货金额较小。

公司在2013年、2014年、2015年和2016年1~6月,各报告期末分别估计了退货仓的报废情况，金额分别为 30 万元、86 万元、74 万元和 117.08 万元，上述金额直接计入了“当期损益”。

■第三节　现金流量表核查

【商业逻辑与背景分析】

现金流量表是财务报表中三个基本报表之一，代表的是在某一固定期间（通常是每年或每月）内，一家企业的现金（包含银行存款）的增减变动情形。现金流量表主要是要反映出资产负债表中各个项目对现金流量的影响，并根据其用途划分为经营、投资及筹资三个活动分类。现金流量表可用于分析一家企业在短期内有没有足够现金去应付开销，以及开销了哪些项目。

经营活动可以反映企业的销售及采购等活动的资金流向，查看公司的盈利质量；投资活动产生的现金流量，反映企业的投资性支出；固定资产和无形资产投资规模，可以与公司的产能和技术储备相映衬，对这些资产未来产生的收益予以预测。筹资活动产生的现金流量，可以分析企业融资能力、偿债能力和分红能力等信息。

如果一个公司的财务造假，则最大概率就是出现现金流的异常，比如通过信用期的延长增加收入会导致销售的现金流入减少，再如通过虚增固定资产投资达到资金体外循环从而导致投资支付的现金增加过多而产能和产量增加与固定资产投资增加不符等。总之，资产负债表与利润表较易造假，而由于现金流量表是与银行发生的业务造假难度较大，因此通过异常现金流的分析可以发现很多问题，这也是很有效的财务核查手段。

【核查方法指引】

现金流异常的核查，主要思路为判断现金流是否存在明显异常以及与资产负债表、利润表的勾稽关系是否正确，后者因有会计师事务所把关，故一般逻辑关系出错的可能性较小。因此，现金流核查的重中之重是看是否存在异常的现金流，异常现金流暴露的财务造假还可能是公司持续盈利能力出现问题。

一、经营现金流量中的异常特征

1. 营业收入增幅低于应收账款增幅，且营业收入和净利润与经营性现金流量相背离。了解公司的信用政策关注是否存在超过信用期未回款的情形，关注是否存在延长信用期销售的情形。同时核查期后回款情况，对账龄较长的客户核查工商信息，关注是否存在关联方或者关系密切的可能性，有必要的话实施现场核查。

2. 拥有与经营业绩不相匹配的现金余额，且现金占资产总额比例过高，多年来变化很小。一般而言，公司为了避免负担额外不必要的机会成本，其货币资金余额都会与自身的经营情况相匹配。如公司的货币资金余额明显超出经营规模的需要，且多年来变化较小或者与借款金额等存在一定比例关系，则可能是由以下几方面原因造成：(1)现金用途受到限制，如进行质押、设立担保等，需要关注公司是否有将相关情况进行披露；(2)现金资产被控股股东等关联方占用，特别关注银行存款的函证与现金流的核查。

3. 异常增加的应付账款，因为应付账款的大量增加可能意味着企业拖欠支付供应商货款，这是企业资金链断裂前的一种突出表现。关注异常增加应付账款的供应商是老供应商还是新增供应商，行业内的付款是否存在惯例，一般的信用期是多长时间，期后的付款情况，发票获取情况，关注公司是否存在资金断裂风险或者虚增业绩的可能。

4. 资产减值准备的大额计提，往往意味着以前年度的投资决策失误(固定资产减值)或经营决策失误(存货跌价准备)。核查资产减值计提的原因，是市场发生较大变化如产品降价，还是资产发生较大问题如产品出现瑕疵造成减值，关注是否影响公司的持续盈利能力。重点关注计提减值的金额是否合理，程序是否合规，是否存在跨期间调节利润的嫌疑。

5. 企业的净利润与经营活动净流量存在较大差异，甚至持续为负数，需要引起高度的关注，甚至不排除财务造假。核查现金流为负数的原因是延长信用期应收账款无法收回，还是采购支付的现金过多，本质的原因是行业地位较差对客户和供应商的议价能力和获得账期能力较差，还是部分客户和合同异常销售导致的，是否存在财务造假的情况。

二、投资现金流量中的异常特征

1. 购买固定资产、无形资产等资本性支出持续维持在高水平，且超过企业经营现金净流量，这意味着企业的自由现金流持续为负值，或者说如果没有外部融资，企业的现金资源将面临持续减少的局面。核查资产投资的逻辑是否符合行业的发展与公司的实际情况；核查资产增加与产能情况；核查产能利用率与产销率关注投资的必要性；关注资产的使用情况，是否存在闲置资产；核查资产的造价与市场价格是否接近；关注虚增资产的可能性。

2. 固定资产或其他长期资产的出售收回大量现金，这往往是企业经营能力弱化的标志，是为了短期业绩而可能采用的财务手段。核查资产处置的原因，是资产对应生产的产品不满足市场需求，还是资产已经报废；核查资产处置后的产能情况，是否出现产能不足，是否有资产采购计划。

三、筹资现金流量的异常特征

1. 取得借款收到的现金远小于归还借款支付的现金，这意味着银行收回了对企业的部分贷款，企业从银行获得融资更为困难。核查公司的货币资金余额，是否足够维持经营，是否出现支付困难；归还借款是由于资金太多还是被银行催还，如果是银行催还，考虑是否可能存在信用问题或者经营风险。

2. 企业借款数量远远超过还款金额，采取比较激进的融资政策，这往往与企业的激进的投资政策相匹配。核查借款的抵押、担保措施，信息披露是否存在问题；核查资金用途是用于经营还是用于资产投资，是否存在经营占用过多资金而融资困难的情形，是否影响持续经营。

3. 高额现金伴随着高额短期负债和逾期欠款等。如果公司拥有高额货币资金的同时还伴有高额的短期银行借款等短期负债或逾期借款，且高额货币资金基本上能够涵盖短期借款或逾期借款，那么可能存在资金受限或者被挪用的情形。

如果出现上述异常现金流，需要特别关注是否存在较大的财务问题，并针对具体问题详细核查。

【具体案例分析】

一、珠海元盛电子科技股份有限公司（未通过）

公司主要从事挠性印制电路板（FPC）及其组件（FPCA）的研发、生产和销售。A 股已经有多家印制电路板生产商上市，对这种产品大家并不陌生，珠海元盛生产的是可弯曲的电路板。

该公司 2010 年 9 月创业板首发申请被否，在 2017 年 8 月二次闯关再次被否。

发审委问到的主要问题包括：富元电子系发行人实际控制人之一张宣东曾控

制的企业，股权结构为张宣东持60%、艾赋醍持25%、杨梅持15%，主营业务属于PCB贴装以及组装等代加工业务。2017年7月，张宣东将所持富元电子60%股权转让予第三方，并辞去富元电子职务。发行人代表需说明：(1)富元电子与发行人的采购客户和销售客户是否存在重叠，报告期内在人、财、物方面是否存在共同使用的情形；(2)报告期富元电子与发行人发生资金往来的原因和相应的内控制度；(3)富元电子与发行人董事控制的企业能动科技资金往来的情形及其合理性；(4)富元电子与发行人存在哪些现实和潜在的利益冲突，是否构建了相应的内控制度，如有，请说明关键控制点的设计及执行情况，并说明这些关键控制点防范了哪些风险。保荐代表人需说明张宣东将所持富元电子60%股权于近期转让予第三方真实性的核查过程，并说明该股权转让对张宣东本人和发行人的影响。

发审委对于发行人与富元电子的关联关系颇为关注，对是否存在同业竞争，与关联公司资金往来合理性，是否有潜在利益冲突都予以关注。

首次公开反馈意见对于“现金流量表—收回投资收到的现金”有问询。我们从投资现金流量视角切入，看一下二次IPO申请被否发审委问到的问题与投资现金流有怎样的关系。

报告期内，公司投资产生的现金流量情况如表2-3-1：

表2-3-1 2014~2017年3月公司投资产生的现金流量情况

单位：万元

项目	2017年1-3月	2016年度	2015年度	2014年度
收回投资所收到的现金		168.74		
取得投资收益收到的现金		2.96		0.92
处置固定资产、无形资产和其他长期资产收回的现金净额		13.00	10.70	11.53
处置子公司及其他营业单位收到的现金净额				
收到其他与投资活动有关的现金		3,000.00		1,661.00
投资活动现金流入小计		3,184.70	10.70	1,673.45
构建固定资产、无形资产和其他长期资产支付的现金	1,450.11	3,777.19	1,412.76	3,020.55
投资支付的现金			137.41	200.00
取得子公司及其他营业单位支付的现金净额				

续表

项目	2017 年 1－3 月	2016 年度	2015 年度	2014 年度
支付其他与投资活动有关的现金		1,300.00	1,700.00	1,050.00
投资活动现金流出小计	1,450.11	5,077.19	3,250.17	4,270.55
投资活动产生的现金流量净额	－1,450.11	－1,892.49	－3,239.47	－2,597.10

2014 年至 2017 年第一季度,公司投资活动产生的现金流量净额均为负数,主要系公司购建固定资产而产生的现金支出较大。报告期内,支付、收到其他与投资活动有关的现金主要系公司购买、处置理财产品产生的现金。2014 年度,投资支付的现金系公司对富元电子追加投资;2015 年度,投资支付的现金系公司对元盛电子(新加坡)有限公司出资;2016 年度,收回投资所收到的现金系出售富元电子股权收回款项。支付其他与投资活动有关的现金、收到其他与投资活动有关的现金分别为购买、赎回理财产品相关现金流。

从表 2－3－1 可以看出 2014 年元盛电子对外投资富元电子 200 万元,2016 年将这部分股权出售收回 168.74 万元,这笔投资是亏损的。

对此发行人的解释是:2014 年投资富元电子与 2016 年出售富元电子股权。珠海富元电子科技有限公司系由张宣东、杨梅、艾赋醍(上海)商贸有限公司、元盛电子于 2014 年 4 月 8 日共同出资 1000 万元设立的有限责任公司。其中张宣东出资 450 万元,杨梅出资 150 万元,艾赋醍出资 200 万元,元盛电子出资 200 万元。

富元电子主要从事广告 LED 模组的生产、销售,与元盛电子主营业务无关联。元盛电子参股富元电子主要目的系拓展公司盈利点。经过一年多的运营,富元电子经营业绩低于预期,且规模较小;另外,富元电子实际控制人张宣东系元盛电子董事和实际控制人之一,为避免利益冲突,元盛电子决定退出,并将其股权出售。

2016 年 3 月 25 日,元盛电子分别与张宣东、艾赋醍签订《关于珠海富元电子科技有限公司股权转让协议》,张宣东、艾赋醍分别以 126.55 万元、42.18 万元受让元盛电子持有的富元电子 15%、5% 的股权。同日,富元电子召开股东会,一致同意元盛电子将上述股权分别转让给张宣东、艾赋醍。

2016 年 5 月 19 日,富元电子在珠海市横琴新区工商行政管理局办理了股权变更工商登记。本次转让完成后,元盛电子不再持有富元电子股权。综上,发行人转让富元电子股权定价公允,不存在损害发行人利益的情形。

招股说明书披露的富元电子主要财务指标见表 2－3－2:

表 2-3-2 2016~2017 年 3 月招股说明书主要财务指标

单位:万元

项目	2017 年 3 月末/2017 年 1-3 月	2016 年末/2016 年度
总资产	981.58	947.88
净资产	876.32	877.62
营业收入	136.39	458.68
净利润	-1.29	33.11

招股书仅公布了富元电子两年的主要财务指标。2016 年富元电子虽然盈利，但是净资产已经低于2014 年设立时的1000 万元，推测2014 年以及2015 年富元电子出现过亏损或两年均呈现亏损，仅从这部分数据判断，20% 富元电子股权作价168.73万元并无不妥之处，但是不知道出于何种考虑，并未披露富元电子三年一期财务数据，总是令人对这笔交易有所疑虑。

但是发审委提到一个关键信息，“2017 年 7 月，张宣东将所持富元电子 60% 股权转让予第三方”。

关于富元电子的后续股权事宜以及财务指标，招股说明书(2017 年 7 月 7 日申报稿)并未详述，但是发审委掌握的信息超过了公开披露的内容，即实际控制人在发行人上会前夕将富元电子 60% 股权转让了。

2016 年 3 月张宣东刚从元盛电子手中接过富元电子 20% 股份，不到一年半的时间，将此部分股权易手，如果买入和卖出存在较大溢价，难以撇清大股东侵占元盛电子利益的嫌疑，这部分元盛电子股权作价在招股书(申报稿)中未有披露，令人生疑。

从实际控制人动作来看，8 月进行上会，赶在 7 月将富元电子股权全部卖出，可能是担心关联往来，以及是否构成同业竞争问题，发审委确实也重点关注这个问题。如果企业不担心与富元电子的往来，认为其合理，且不存在同业竞争，不存在利益冲突，实在没有必要在上会前不到一个月内由公司实际控制人清理富元电子的股权，仓促清理反而授人以柄，这也可能是企业和主办券商通过反馈发现证保监会里对这个问题异常关注，而被迫清理。

二、中公高科(603860)

首次公开发行反馈意见关注，“报告期内购建固定资产、无形资产等长期资产现金流量形成具体资产的情况，以及与相关科目的勾稽情况”。

公司是公路养护技术与服务提供商,主要面向各级政府公路管理机构、收费公路经营管理企(事)业单位以及从事公路养护检测、养护设计、养护咨询和养护施工的企业,提供与公路养护科学决策相关的检测设备、信息系统和技术咨询服务。公司主营业务包括路况快速检测设备生产与销售、公路养护信息系统开发与销售、公路养护决策咨询服务。

报告期内,公司现金流量如表2-3-3:

表2-3-3 2014~2016年公司现金流量

单位:万元

项目	2016年度	2015年度	2014年度
经营活动产生的现金流量净额	5,496.51	5,640.76	5,024.41
投资活动产生的现金流量净额	-6,107.63	-907.61	-2,878.41
筹资活动产生的现金流量净额	-2,630.97	-1,553.58	-5,460.25
现金及现金等价物净增加额	-3,242.09	3,179.57	-3,314.25

公司投资活动现金流量如表2-3-4:

表2-3-4 2014~2016年公司投资活动现金流量

单位:万元

项目	2016年度	2015年度	2014年度
处置固定资产、无形资产和其他长期资产收回的现金净额	0.06	0.03	
收到其他与投资活动有关的现金			400.00
投资活动现金流入小计	0.06	0.03	400.00
购建固定资产、无形资产和其他长期资产支付的现金	5,207.69	907.64	3,278.41
投资支付的现金	900.00		
投资活动现金流出小计	6,107.69	907.64	3,278.41
投资活动产生的现金流量净额	-6,107.63	-907.61	-2,878.41

报告期内,2014年、2015年公司购建固定资产、无形资产和其他长期资产支付的现金主要为建设"公路养护技术国家工程研究中心"而购买的实验设备款、装修工程款等;2016年公司购建固定资产、无形资产和其他长期资产支付的现金主要系公司为实施本次募集资金投资项目"公路智能养护技术应用开发中心项目"支出

3655.26 万元购置了位于霸州市开发区的 87,565.00 平方米土地使用权,同时支付了包括土地平整、土地相关的其他费用;公司投资所支付的现金为本期收购同一控制下企业路兴公司支付了 900.00 万元股权转让款。

第四节　应收账款

【商业逻辑与背景分析】

存货和应收账款一直是 IPO 审核中非常重要的两个财务指标,只要是存在一些波动或者占比较高的情况,在审核过程中必然受到重点关注。因为不同的行业、不同的商业模式,甚至是不同的商业习惯都可能导致不同的发行人在存货和应收账款指标上存在比较大的差异,甚至同一个行业的两家企业也可能存在很大的差异,只要有合理的商业逻辑是可以接受的,不一定构成实质性的障碍。

应收账款变动趋势从另外一个方面也可能反映出下游客户的发展状况,从而也直接引导出发行人所处行业的未来发展趋势。这个方面,不只是应收账款的金额和占比变动趋势,同时也包括支付方式的变化,比如应收票据余额的大幅增加。从某种意义上来说,通过应收账款判断行业趋势以及判断企业未来的持续盈利能力也非常有实践意义。

对于应收账款的分析,不仅要分析应收账款的绝对金额,而且更要关注应收账款的账龄分布以及对应的坏账准备的计提是否谨慎合理。

【核查方法指引】

1. 应收账款金额持续增加,占营业收入的比例也大幅增加。如果应收账款金额增加但是能够与营业收入增长幅度保持一致的话,也是可以理解的。反之,如果是在营业收入增加不大但是应收账款大幅增加的情况下,就需要关注发行人的经营环境、业务模式以及盈利质量是否都发生了重大不利变化。

2. 应收账款账龄也发生重大变化。由于应收账款具有期间数和期末数的双重特征,那么应收账款在每一年都是滚动发生的,应收账款既会因为回款而减少也会因为收入确认而增加。一般情况下,发行人的应收账款账龄在 1 年以内是相对安全的,也基本符合发行人的信用政策。如果发行人 1 年以上甚至 3 年以上的应收账款大幅增加，基本上就说明发行人的应收账款已经出现了问题，因为这些应收账款基本上都超过了信用政策规定的期限。

3. 发行人将销售信用政策大幅放宽，从而导致应收账款大幅增加。如果发行人报告期内应收账款大幅增加，背后的原因可能就是发行人为了促进销售改变了信用政策，这也就是我们所说的典型的“粉饰业绩”的情形。

4. 应收账款的客户性质、信用情况、以前的回款情况、是否存在恶意拖欠的情况。主要是通过核查这些信息，来判断发行人后续应收账款回收的可能性，如果通过历史经验验证应收账款回收存在重大不确定性，那么发行人的持续盈利能力也就存在重大不确定性。

5. 坏账准备计提比例与可比公司是否保持一致，是否审慎。这应该是比较常规的一个关注问题，在 IPO 审核案例中一般也比较常见。在某些案例中，可能会存在关联方不计提坏账准备、账龄在 6 个月以内不计提坏账准备、坏账计提比例低于可比公司等情形，这会导致财务数据不具有可比性。

6. 是否存在需要单独进行减值测试并进行坏账准备计提的情形。如果发行人的某个客户经营状况已经极度恶化，甚至有的已经全部停止经营或者宣告破产，在这种情况下尽管应收账款账龄不长但是账款回收的可能性也非常小。这个时候，就应该对这类客户的应收账款单独测试并计提坏账准备，如果这类客户仍按照统一的标准计提坏账准备，那么是不审慎的。

7. 发行人是否通过诉讼或仲裁的方式开始大规模催收账款。如果发行人的客户长时间拖欠发行人的账款，那么发行人会选择诉讼或仲裁的司法程序来催收账款。这种情况下，发行人通过诉讼催收账款不仅可能不能收回全部账款还需要付出一定的诉讼成本。更重要的是，这种方式给了监管机构一个预期判断，那就是发行人的账款回收存在重大的不确定性。

8. 发行人是否存在通过债务重组的方式来加快应收账款的回收。除了通过司法途径催收账款之外，发行人还存在通过债务重组的方式来收回账款。既然是大规模的债务重组，就说明发行人下游客户也存在大规模的经营不善的情形，发行人的持续盈利能力存在重大不确定性。

9. 发行人是否存在通过自有资金、借贷资金先收回应收账款然后期后再冲回的情形。发行人可能为了降低应收账款期末余额，会通过这样的方式进行账务处理，这应该也属于典型的粉饰财务报表的情形。

10. 发行人与账款严重逾期的客户后续是否还会发生合作。如果不发生合作，是否会导致发行人流失大量客户，从而对发行人经营业绩造成重大不利影响。这个判断应该是监管机构通过应收账款的各种情形和因素做出的一个综合判断，判断的最终落脚点还是发行人是否具备持续盈利能力。

【具体案例分析】

一、禾望电气(603063):应收账款超过营业收入

(一)应收账款持续增长及无法收回的风险

2014年年末、2015年年末和2016年年末,公司应收账款账面价值分别为47,993.20万元、73,202.54万元和74,843.96万元。受风力发电行业项目建设进度和付款节奏的影响,报告期内各期末公司应收账款账面价值较大,且各期周转速度较慢。2014年年末、2015年年末和2016年年末,应收账款占总资产的比例分别为38.29%、44.34%和41.35%,应收账款周转率分别为1.41、1.31和0.91,存在应收账款增长较快引致的坏账损失风险和应收账款周转率下降的风险。

(二)应收账款分析

报告期内,公司应收账款的情况如表2-4-1:

表2-4-1　2014~2016年公司应收账款情况

单位:万元

项目	2016.12.31	2015.12.31	2014.12.31
应收账款余额	90,212.76	86,678.39	58,995.24
应收账款坏账准备	15,369.79	13,475.84	11,002.04
应收账款净额	74,842.97	73,202.55	47,993.20

截至2016年12月31日,公司应收账款前五名情况如表2-4-2:

表2-4-2　2016年年末公司应收账款前五名情况

单位:万元

单位名称	与本公司关系	应收账款余额	占应收账款余额的比例
湘潭电机股份有限公司及其下属子公司	客户	16,797.17	18.62%
沈阳华创风能有限公司及其下属子公司	客户	15,258.91	16.91%
东方电气股份有限公司及其下属子公司	客户	12,477.45	13.83%
北京万源工业有限公司及其下属子公司	客户	7,475.90	8.29%
太原重工股份有限公司	客户	5,412.67	6.00%
合计		57,422.10	63.65%

1. 应收账款余额变化情况

报告期内各期末,公司各产品的应收账款的账面余额及构成情况如表2-4-3:

表2-4-3　2014~2016年公司各产品应收账款账面余额及构成

单位:万元

项目	2016年		2015年		2014年	
	金额	比例	金额	比例	金额	比例
风电变流器	74,483.97	82.56%	70,854.78	81.74%	46,081.92	78.11%
光伏逆变器	8,225.53	9.12%	7,525.14	8.68%	4,222.89	7.16%
模块及配件业务	6,802.80	7.54%	7,867.80	9.08%	8,168.40	13.85%
其他	700.47	0.78%	430.66	0.50%	522.02	0.88%
合计	90,212.77	100.00%	86,678.38	100.00%	58,995.23	100.00%

报告期内各期末公司风电变流器和光伏逆变器销售对应的应收账款账面余额及其占当年营业收入的比例情况如表2-4-4:

表2-4-4　各期末公司风电变流器和光伏逆变器对应的应收账款账面余额及占比情况

风电变流器:			
应收账款余额	74,483.97	70,854.78	46,081.92
营业收入	66,248.48	83,291.45	52,112.58
应收账款占营业收入比例	112.43%	85.07%	88.43%
光伏逆变器:			
应收账款余额	8,225.53	7,525.14	4,222.89
营业收入	8,764.88	5,009.61	4,471.40
应收账款占营业收入比例	93.85%	150.21%	94.44%

2. 应收账款的类别明细及减值准备计提情况(表2-4-5)

表2-4-5　2014~2016年公司应收账款类别明细及减值准备计提情况

单位:万元

种类	2016.12.31				
	账面余额		坏账准备		账面价值
	金额	比例(%)	金额	比例(%)	
单项金额重大并单项计提坏账准备	10,141.27	11.24	7,702.60	50.12	2,438.67
按信用风险特征组合计提坏账准备	80,071.49	88.76	7,666.19	49.88	72,405.30
单项金额虽不重大但单项计提坏账准备		—		—	—
合计	90,212.76	100.00	15,368.79	100.00	74,843.97
种类	2015.12.31				
	账面余额		坏账准备		账面价值
	金额	比例(%)	金额	比例(%)	
单项金额重大并单项计提坏账准备	6,757.46	7.80	6,757.46	50.15	—
按信用风险特征组合计提坏账准备	79,920.92	92.20	6,718.38	49.85	73,202.54
单项金额虽不重大但单项计提坏账准备		—		—	—
合计	86,678.38	100.00	13,475.84	100.00	73,202.54
种类	2014.12.31				
	账面余额		坏账准备		账面价值
	金额	比例(%)	金额	比例(%)	
单项金额重大并单项计提坏账准备	6,042.32	10.24	6,042.32	54.92	—
按信用风险特征组合计提坏账准备	52,952.92	89.76	4,959.72	45.08	47,993.20
单项金额虽不重大但单项计提坏账准备		—		—	—
合计	58,995.24	100.00	11,002.04	100.00	47,993.20

报告期内,公司单项金额重大并计提坏账准备的情况如下:

(1)对大连国通电气有限公司(以下简称大连国通)应收账款计提坏账准备情况(表2-4-6)

表 2-4-6　2014~2016 年对大连国通应收账款计提坏账准备

单位:万元

项目	2016.12.31	2015.12.31	2014.12.31
大连国通电气有限公司	4,304.10	4,304.10	4,796.51

公司向大连国通销售风电变流器的预装组件、核心模块和配件等产品,大连国通自行生产风电变流器,并向其客户进行销售。大连国通的主要客户为华锐风电科技(集团)股份有限公司(以下简称"华锐风电"),2012 年度华锐风电出现大额亏损,2013~2014 年度其经营情况未出现明显好转,对大连国通经营情况产生了不利影响。

截至 2014 年年末,由于大连国通的生产经营情况未明显好转,出现部分货款较长时间拖欠的情况,公司预计在短时间内大连国通的经营业绩难以得到改善,并预计对大连国通的应收货款已基本无法收回,因此将大连国通尚未收回的应收账款全额计提了坏账准备。2014 年年末,公司对大连国通应收账款的坏账准备为 4796.51万元。

经过催收,公司于 2015 年和 2016 年分别收回了应收账款 392.41 万元和 100.00 万元,相应调整计提坏账的金额。

(2)对成都德能科技有限公司(以下简称德能科技)应收账款计提坏账准备情况(表 2-4-7)

表 2-4-7　2014~2016 年对成都德能科技应收账款计提坏账准备情况

单位:万元

项目	2016.12.31	2015.12.31	2014.12.31
成都德能科技有限公司	1,111.36	1,111.36	1,245.81

公司向成都德能科技销售的主要产品为风电变流器的核心部件、低电压穿越改造模块和其他组件。截至 2014 年年末,德能科技生产经营不善,基本处于停产状态,难以对发行人按合同约定支付货款,且公司预计在短时间内德能科技经营业绩难以得到改善,相关应收账款基本难以收回,因此公司将对德能科技的 1245.81 万元应收账款全额计提了坏账准备。

2015 年,根据公司与德能科技签订的《账务冲抵协议》,公司将其与德能科技的应收账款和应付账款 134.45 万元进行了抵账处理,因此相关坏账准备合计转回 134.45 万元,截至 2016 年 12 月 31 日,公司对德能科技应收账款的坏账准备为 1111.36万元。

(3)对保定天威风电科技有限公司(以下简称保定天威风电)应收账款计提坏

账准备情况(表2-4-8)

表2-4-8 2014~2016年对保定天威风电应收账款计提坏账准备情况

单位:万元

项目	2016.12.31	2015.12.31	2014.12.31
保定天威风电科技有限公司	1,242.00	1,242.00	—

公司向保定天威风电销售的主要产品为风电变流器。保定天威风电业务开拓不顺利,目前已经停产,其于2015年已被列入全国失信被执行人名单,预计难以对发行人按合同约定支付货款,相关应收账款基本难以收回,因此公司将对保定天威风电的1242.00万元应收账款全额计提了坏账准备。

(4)对东方电气新能源设备(杭州)有限公司(以下简称东电杭州)应收账款计提坏账准备情况(表2-4-9)

表2-4-9 2014~2016年对东电杭州应收账款计提坏账准备情况

单位:万元

项目	2016.12.31	2015.12.31	2014.12.31
东方电气新能源设备(杭州)有限公司	1,045.14	—	—

公司向东电杭州销售的主要产品为风电变流器。2016年,公司对东电杭州的应收账款出现了无法按期支付货款的情况。2016年7月5日,东方电气股份有限公司(以下简称东方电气)(间接持有东电杭州100%股权)公告了《关于媒体报道相关情况的澄清公告》(公告编号:2016-017),根据公告内容,东电杭州面临经营困难,对于其债权债务,东方电气的子公司东方电气集团东方电机有限公司(东电杭州控股股东)将责成东电杭州积极与相关各方沟通协商,并将按照相关政策妥善处理。

东电杭州主要负责直驱式风力发电机组生产,因其经营困难,股东方正在对其进行业务整合,对于主要供应商的还款计划需待业务整合完成后统一安排。公司作为东方电气风电业务之变流器部件的主要供应商之一,就相关应收账款的回款事宜与东电杭州积极进行了沟通。东方电气公告发布后,东电杭州仍然对公司给付了部分货款。公司根据预计可收回情况,已按货款价值30%计提坏账准备,坏账准备的金额为1045.14万元。

3.同行业可比上市公司应收账款坏账计提情况

由可比公司的坏账准备计提政策可见,发行人的坏账准备计提比例与阳光电源、英威腾的政策较为接近,与其他公司相比各有高低。公司的下游整机厂商中,湘电股份、金风科技与华仪电气根据风电行业整体资金周转周期较长的实际情况，以逾期账龄作为计提坏账准备的账龄依据。综合比较各可比公司的坏账准备计提政策，发行人居于行业中等水平，与同行业公司相比不存在有较大差异的情况。

对于未严格按照合同条款付款的客户，公司按照坏账政策的规定，先对单项金额重大的应收账款进行单独减值测试，如果发现未严格按照合同条款付款且财务状况出现恶化的情况，公司会按照预计无法收回的金额进行单独计提坏账准备；对未严格按照合同条款付款但信用状况未恶化的客户，结合公司的账期，对账龄超过一年以上的应收账款进行单独减值测试，如果未发现其未来现金流量现值低于其账面价值的情况以及账龄在 1 年以内的应收账款，则将其按照账龄组合计提坏账准备。公司对未严格按照合同付款客户的坏账准备计提政策在报告期内保持了一贯性原则。

4. 应收账款账龄情况

报告期内各期末，公司按组合计提坏账准备的应收账款（以下简称账龄组合）的账龄分布情况如表 2－4－10：

表 2－4－10　2014～2016 年年末公司账龄组合的账龄分布情况

单位：万元

账龄结构	2016.12.31			2015.12.31			2014.12.31		
	账面余额	比例（%）	坏账准备	账面余额	比例（%）	坏账准备	账面余额	比例（%）	坏账准备
1 年以内	57,540.67	71.86	2,877.03	62,712.93	78.47	3,135.65	40,793.03	77.04	2,039.60
1－2 年	14,960.82	18.68	1,496.08	12,617.89	15.79	1,261.79	8,447.96	15.95	844.80
2－3 年	5,332.59	6.66	1,599.78	2,630.55	3.29	789.17	1,054.30	1.99	316.29
3－4 年	982.25	1.23	491.12	689.75	0.86	344.88	1,715.84	3.24	857.92
4－5 年	264.93	0.33	211.95	414.44	0.52	331.55	203.41	0.38	162.73
5 年以上	990.23	1.24	990.12	855.35	1.07	855.35	738.38	1.39	738.38
合计	80,071.49	100.00	7,666.08	79,920.91	100.00	6,718.39	52,952.92	100.00	4,959.72

5. 应收账款的期后回款情况

报告期内，各年末应收账款余额及期后回款情况如表 2－4－11：

表 2-4-11 2014 年年初~2015 年年末应收账款余额及期后回款情况

单位:万元

时间	应收账款余额	2014 年回款		2015 年回款		2016 年回款		合计	
		金额	比例(%)	金额	比例(%)	金额	比例(%)	金额	比例(%)
2014 年年初	44,470.45	35,540.50	79.92	3,071.60	6.91	2,130.76	4.79	40,742.86	91.62
2014 年年末	58,995.24		—	40,038.58	67.87	9,733.29	16.50	49,771.87	84.37
2015 年年末	86,678.38		—		—	56,884.14	65.63	56,884.14	65.63

6. 报告期内的应收账款账期情况

根据合同约定,公司对风电变流器和光伏逆变器客户的应收账款根据收款的主要时间节点可以分为收货款、试运行验收款(风力发电场/光伏电站)和质保金三个组成部分,根据客户回款和公司对应收账款管理的实际情况,公司在合同约定付款时点的基础上一般会给予客户 6 个月左右的账期。

7. 新增应收账款的逾期情况

报告期内公司各年新增应收账款(即按照当期营业收入含税金额折算的应收账款金额,不含单项计提减值的应收账款)在当年及其后各年末的逾期金额和比例,能够较好地体现出公司当期收入对应的应收账款回款质量,各年新增应收账款在各年年末的逾期金额和比例情况分析如下:

(1)风电变流器各年新增应收账款逾期的整体情况(表 2-4-12)

表 2-4-12 2014~2016 年年末风电变流器新增应收账款逾期情况

单位:万元

时间	当年应收账款增加额	2014 年年末逾期		2015 年年末逾期		2016 年年末逾期	
		金额	比例(%)	金额	比例(%)	金额	比例(%)
2014 年年初	60,971.72	6,000.15	9.84	4,195.05	6.88	1,600.99	2.63
2014 年年末	97,451.00		—	5,449.97	5.59	4,357.84	4.47
2015 年年末	75,442.72		—		—	8,175.14	10.84

(2)风电变流器前五名客户各年新增应收账款的逾期情况

风电变流器前五名客户报告期内应收账款逾期金额占全部逾期金额的比例较大,符合其收入占比较高的特点。报告期内,公司风电变流器累计前五名客户各年度新增应收账款在当年及其后各年末的逾期合计金额及占比情况如下:

①湘潭电机股份有限公司及其下属子公司：

公司的光伏逆变器产品仍处于市场开拓阶段，与客户尚未形成稳定的合作关系，部分中小规模客户的回款周期较长导致光伏逆变器的各年度新增应收账款逾期比例高于风电变流器业务，但是逾期应收账款的金额相对较小。

由于试运行验收款的账期较长，所以可能存在当期试运行验收款在期后逾期，导致以后年度逾期账款金额和比例上升的情况。2014 年新增应收账款的逾期账款金额在 2015 年年末持平和 2016 年年末提高主要因为：公司对国电太阳能系统科技（上海）有限公司在 2014 年形成的应收款中的试运行验收款在 2015 年年末逾期；公司对青海火电工程公司在 2014 年形成的应收款中的试运行验收款 1436.90 万元在 2016 年年末逾期。其中对国电太阳能系统科技（上海）有限公司的应收账款已经于 2016 年收回，对青海火电工程公司的应收账款回款事宜公司已经对其提起诉讼并胜诉，公司争取按照判决结果尽快执行。

（3）光伏逆变器主要客户各年新增应收账款的逾期情况

报告期内，公司的光伏逆变器产品仍处于市场开拓阶段，公司主要客户各年度应收账款规模及占比不完全稳定。截至本招股说明书出具之日，公司光伏逆变器业务的逾期应收账款尚未收回金额较小。从逾期账款的期后收回情况来看，除青海火电工程公司的部分款项在胜诉后尚未完全收回之外，主要客户 2014 年当年公司光伏逆变器收入对应的应收款项均已在 2016 年年末收回，不存在大额的长期未收回逾期款项的情况。

光伏逆变器前五名客户报告期内应收账款逾期金额占对应业务全部逾期金额的比例较高，与相关客户收入占比基本匹配。

8. 对待逾期应收账款的应对措施及处理方法

发行人已经制定了切实可行的《逾期应收账款管理制度》，对于逾期应收账款的管理分为监控管理、催收管理、诉讼事务管理、坏账处理管理等四个部分。

二、森特股份（603098）：逾期应收账款的回款情况

发行人存在应收账款逾期不能收回的情形，这种情况下基本上都通过诉讼的方式寻求解决，截至本招股说明书签署日，发行人正在进行的标的金额在 500 万元以上的重大诉讼和仲裁事项如表 2－4－13：

表2-4-13 发行人进行的标的金额在500万元以上的重大诉讼和仲裁事项

序号	原告/申请人	被告/被申请人	办理法院/仲裁委	案件说明	案件状态
1	森特士兴	新疆新安特钢有限公司	北京市大兴区人民法院	2014年3月,发行人依据与新疆新安特钢有限公司签订的施工合同与具体的项目情况向人民法院递交《民事起诉状》,要求被告支付拖欠的工程款10,407,722.83元,并按照合同约定支付延期付款违约金1,521,630元,两项共计11,929,352.83元,且由被告承担诉讼费用	一审审理阶段,已开庭。鉴定结果已出,等候开庭
2	森特士兴	中色十二冶金建设有限公司、中铝沈阳有色金属加工有限公司	辽宁省沈阳市苏家屯区人民法院	2015年4月,发行人依据与中色十二冶金建设有限公司东北分公司签订的工程施工合同与具体的项目情况向人民法院递交《民事起诉状》,要求被告支付拖欠的工程款11,296,141.02元,并从2013年6月1日起按中国人民银行同期贷款利率支付至还清款止的逾期付款利息1,138,835元(暂计算至2015年4月14日),两项共计12,434,976.02元,且由被告承担诉讼费用	2016年5月31日,沈阳市苏家屯区人民法院出具(2015)苏民二初字第294号《民事判决书》判决中色十二冶金建设有限公司支付工程款10,521,563元及利息、判决发行人赔偿中色十二冶金建设有限公司工程质量维修损失及违约金合计230,530元。双方不服,均已上诉
3	森特士兴	山东一箭建设有限公司湖北分公司、山东一箭建设有限公司、航天电工集团有限公司	湖北省武汉经济技术开发区人民法院	2015年6月,发行人依据与山东一箭建设有限公司湖北分公司签订的工程施工合同与具体的项目情况向人民法院递交《民事起诉状》,要求被告支付拖欠的工程款3,606,843.45元,并从2012年11月1日起按中国人民银行同期贷款利率支付至还清款止的逾期付款利息1,880,228元(暂计算至2015年6月17日),两项共计5,487,071.45元,且由被告承担诉讼费用	2016年5月16日,湖北省武汉经济技术开发区人民法院出具(2015)鄂武经开民初字第01844号,判决山东一箭建设有限公司湖北分公司支付工程款3,209,491.20元及截至2016年5月16日已产生违约金1,839,756.80元,自2016年5月17日起继续以3,209,491.20元为本金按年利率23.4%计算至本判决生效之日止的违约金。对方不服,已提起上诉

续表

序号	原告/申请人	被告/被申请人	办理法院/仲裁委	案件说明	案件状态
4	森特士兴	陕西建设钢构有限公司、陕西天工建设有限公司、西安重装渭南橡胶制品有限公司	渭南市新渭区人民法院	2015 年 8 月，发行人依据与陕西建设钢构有限公司签订的工程施工合同与具体的项目情况向人民法院递交《民事起诉状》，要求三被告连带给付原告拖欠的工程款 6,461,385 元，并从 2013 年 7 月 1 日起按中国人民银行同期贷款利率支付至还清款止的逾期付款利息 762,430 元(暂计算至 2015 年 8 月 11 日)，两项共计 7,223,815 元	已在渭南市新渭区人民法立案，已开庭，等候鉴定结果
5	森特士兴	沈阳桃仙机场三期建设工程指挥部、辽宁省机场管理集团有限公司	辽宁省沈阳市中级人民法院	2015 年 11 月，发行人依据与沈阳桃仙机场三期建设工程指挥部签订的工程施工合同与具体的项目情况向人民法院递交《民事起诉状》，要求判令二被告给付原告拖欠的工程款 29,323,146.47 元，并从 2013 年 8 月 17 日起按中国人民银行同期贷款利率支付至还清款止的逾期付款利息 3,508,213.58 元(暂计算至 2015 年 11 月 16 日)，两项共计 32,831,360.05 元	2016 年 5 月 13 日，辽宁省沈阳市中级人民法院出具(2015)沈中民六初字第 39 号《民事判决书》，判决辽宁省机场管理集团有限公司支付工程款 21,243,169.635 元以及逾期利息。双方不服，均已上诉
6	华北制药股份有限公司	森特士兴	石家庄仲裁委员会	2014 年 1 月华北制药股份有限公司依据与发行人签订的合同及具体的项目情况向石家庄仲裁委递交仲裁申请书，请求仲裁委裁决发行人履行维修义务并赔偿其墙板维修费及停产损失 4,767,500 元、扣除发行人质保金 1,281,317.68 元、支付电费 422,834 元并承担仲裁费、鉴定费及其他与仲裁有关费用	2016 年 2 月 19 日，石家庄仲裁委员会出具石裁决字［2014］第 032-2 号《决定书》，同意对方撤回仲裁。对方已重新提出仲裁申请

上述重大诉讼和仲裁主要系公司在工程执行过程中所涉及的合同纠纷，公司正在收集有力证据，以争取对自己有利的诉讼结果，上述诉讼事项不会对公司的正常持续经营造成实质性的损害或重大不利影响，不会对公司及其中小股东造成损害事实，对公司本次发行上市不构成实质性障碍。

三、科蓝软件（300663）：因为应收账款的原因经营现金流持续为负

2014～2016年，发行人应收账款余额分别为24,516.72万元、39,791.29万元、47,097.81万元，余额占营业收入的比例分别为75.55%、78.33%和71.94%。发行人经营活动产生的现金流量净额分别为－2081.19万元、－10,125.22万元和－858.33万元，均为负数。

（一）发行人的主营业务就是银行IT解决方案供应商

公司是一家国内领先的银行IT解决方案供应商，主营业务是向以银行为主的金融机构提供软件产品应用开发和技术服务，可为银行等金融行业企业提供IT咨询、规划、建设、营运、产品创新以及市场营销等“一揽子”解决方案。公司产品涵盖银行渠道类、业务类和管理类领域，主要产品包括电子银行系统、互联网金融类系统、网银安全系统以及银行核心业务系统等银行IT解决方案。

报告期内，发行人实现的主要财务数据情况如表2－4－14：

表2－4－14　2014～2016年公司主要财务数据情况

单位：元

项　　目	2016年度	2015年度	2014年度
营业收入	654,656,888.29	507,969,505.99	324,502,408.28
营业利润	43,912,297.84	38,394,737.86	37,879,272.47
利润总额	45,334,591.98	39,100,206.99	39,357,802.43
净利润	42,773,543.31	35,278,933.20	34,453,465.61
归属于母公司所有者净利润	42,773,543.31	35,278,933.20	34,453,465.61
归属于母公司所有者非经常性损益净额	1,208,949.99	2,244,719.69	1,432,743.05
归属于母公司所有者的扣除非经常性损益后的净利润	41,564,593.32	33,034,213.51	33,020,722.56
经营活动产生的现金流量净额	－8,583,279.27	－101,252,166.45	－20,811,947.56
投资活动产生的现金流量净额	－3,741,388.74	170,275,378.63	－174,836,848.93
筹资活动产生的现金流量净额	26,793,341.94	45,151,622.96	139,621,000.30
汇率变动对现金的影响	207,438.32	484.42	－4.03
现金及现金等价物净增加额	14,676,112.25	114,175,319.56	－56,027,800.22

（二）发行人的经营现金流净额持续为负值

主要原因就是应收账款占比太高，采用间接法将净利润调节为经营活动现金流量情况如表2－4－15：

表2－4－15　2014～2016年公司经营活动现金流量情况

单位：万元

项　　目	2016年度	2015年度	2014年度
净利润	4,277.35	3,527.89	3,445.35
加：资产减值准备	1,783.99	1,385.68	655.89
固定资产折旧、油气资产折耗、生产性生物资产折旧	112.00	89.22	61.05
无形资产摊销	84.87	80.16	79.15
长期待摊费用摊销	142.86	—	—
处置固定资产、无形资产和其他长期资产的损失（收益以"－"号填列）	—	0.13	0.43
财务费用（收益以"－"号填列）	1,634.14	1,227.94	940.91
投资损失（收益以"－"号填列）	179.17	－108.12	－17.71
递延所得税资产减少（增加以"－"号填列）	－276.66	－187.99	－67.22
存货的减少（增加以"－"号填列）	－2,081.00	－2,255.89	－2,334.99
经营性应收项目的减少（增加以"－"号填列）	－7,753.96	－16,112.12	－4,746.49
经营性应付项目的增加（减少以"－"号填列）	1,038.91	2,228.01	－97.56
经营活动产生的现金流量净额	－858.33	－10,125.09	－2,081.19

报告期各期公司经营活动产生的现金流量净额为负，主要系存货及应收款项的增加。2015年，公司经营活动现金流量净额下降较多，主要原因为：（1）2015年，公司应收账款占营业收入的比例为78.33%，较2014年的75.55%有小幅上升，收入增长的同时经营活动现金流入增幅较小；（2）公司经营活动现金流出主要系人工工资及项目实施费用等，随着公司员工增加及人均薪酬的上升，经营活动现金流出增长较快。随着公司业务的逐步开展，新兴业务已逐步得到客户认可，与客户关系趋于稳定，盈利质量逐步改善，同时，2016年，公司加强对应收账款的管理，当年销售商品、提供劳务收到的现金59,490.60万元，较前期增长63.01%，使得经营活动产生的现金流量净额显著上升。

(三)应收账款的分析

1. 应收账款前十名客户情况

2014 年年末、2015 年年末、2016 年年末,公司应收账款余额中前十名客户基本为银行机构,信用良好,应收账款发生无法收回的风险较小,各期末应收账款余额前十名客户情况如表 2-4-16(以 2016 年为例):

表 2-4-16 2016 年应收账款余额前十名客户情况

单位:万元

序号	客户名称	应收账款余额	占应收账款总额比例	账龄					
				1 年以内	1-2 年	2-3 年	3-4 年	4-5 年	5 年以上
1	渤海银行股份有限公司	2,076.84	4.41%	1,183.42	826.35				67.07
2	江苏江南农村商业银行股份有限公司	1,876.35	3.98%	1,253.00	425.75	197.60			
3	上海浦东发展银行股份有限公司	1,767.40	3.75%	1,733.80	33.60				
4	晋商银行股份有限公司	1,666.12	3.54%	786.71	451.23	72.82	155.70	25.90	173.76
5	中国邮政储蓄银行股份有限公司	1,637.02	3.48%	779.78	273.72	583.52			
6	中国光大银行股份有限公司	1,623.17	3.45%	1,620.34	2.83				
7	中国民生银行股份有限公司	1,371.27	2.91%	1,172.13	190.14	9.00			
8	华夏银行股份有限公司	1,263.68	2.68%	609.11	561.99	46.26	7.80		38.52
9	天津银行股份有限公司	1,214.35	2.58%	379.55	366.40	342.70		29.90	95.80

续表

序号	客户名称	应收账款余额	占应收账款总额比例	账龄					
				1 年以内	1－2 年	2－3 年	3－4 年	4－5 年	5 年以上
10	中原银行股份有限公司	1,214.04	2.58%	988.89	225.15				
	合计	15,710.24	33.36%	10,506.73	3,357.16	1,251.90	163.50	55.80	375.15

2014～2016 年，公司前十名应收账款合计金额分别为 10,468.92 万元、14,141.64万元和 15,710.23 万元，占应收账款余额的比重分别为 42.70%、35.54%和33.36%。报告期内，公司应收账款前十名客户主要为银行机构，伴随着公司销售规模扩大，客户数量逐步增加，业务领域逐步扩大，2013 年开始公司大力拓展新兴业务如直销银行、金融开放平台等互联网金融新产品，使得应收账款增长较快，前十名客户应收账款占比有所下降。

2. 应收账款按业务性质分类

发行人主要收入来源于技术开发与技术服务，报告期内，公司技术开发与技术服务形成的应收款项占应收账款的比重平均在 98% 以上，应收账款按业务性质及占相应营业收入比例情况如表 2－4－17：

表 2－4－17　2014～2016 年应收账款分类及占比情况

单位：万元

项目	2016.12.31/2016 年度	2015.12.31/2015 年度	2014.12.31/2014 年度
技术开发类应收账款	36,511.00	33,046.87	20,577.98
占应收账款总额比例	77.52%	83.05%	83.93%
占技术开发收入比例	69.93%	84.05%	81.59%
技术服务类应收账款	10,001.23	6,365.35	3,761.95
占应收账款总额比例	21.24%	16.00%	15.34%
占技术服务收入比例	81.19%	56.70%	57.02%
其他类应收账款	585.58	379.08	176.79
占应收账款总额比例	1.24%	0.95%	0.72%
应收账款合计	47,097.81	39,791.30	24,516.72

3. 与同行业上市公司的比较

公司应收账款余额占营业收入的比例与同行业上市公司的比较情况如表

2-4-18：

表 2-4-18　2014～2016 年公司应收账款占比与同行业上市公司比较情况

同行业上市公司名称	2016.12.31	2015.12.31	2014.12.31
信雅达(%)	21.02	20.48	19.40
高伟达(%)		31.74	27.92
长亮科技(%)	60.90	53.81	44.09
安硕信息(%)		32.90	39.62
行业平均值(%)	40.96	34.73	32.76
发行人(%)	71.94	78.33	75.55

报告期内，公司应收账款余额占营业收入的比重较同行业上市公司高，主要系公司业务差异与所处发展阶段所致。

4.应收账款账龄分析

报告期各期末，公司 1 年以内及 1～2 年的应收账款余额占应收账款余额比重分别为 91.21%、91.24% 和 90.13%，是公司应收账款的主要组成部分。具体情况如表 2-4-19 所示：

表 2-4-19　2014～2016 年公司应收账款余额占比情况

单位：万元

账龄	2016.12.31			2015.12.31			2014.12.31		
	账面金额	占比(%)	坏账准备	账面金额	占比(%)	坏账准备	账面金额	占比(%)	坏账准备
1 年以内	33,535.07	71.20	1,676.54	30,304.46	76.16	1,514.89	18,177.42	74.14	908.87
1-2 年	8,916.09	18.93	891.61	6,001.53	15.08	600.16	4,184.86	17.07	418.49
2-3 年	2,142.14	4.55	428.43	1,944.67	4.89	388.93	978.65	3.99	195.73
3-4 年	1,059.41	2.25	529.71	456.67	1.15	228.33	995.65	4.06	497.83
4-5 年	383.83	0.81	191.91	940.98	2.36	470.49	180.14	0.73	90.07
5 年以上	1,061.28	2.25	1,061.28	142.99	0.36	142.99		—	
合计	47,097.82	100.00	4,779.48	39,791.30	100.00	3,345.79	24,516.72	100.00	2,110.99

报告期各期末，按照业务分类，技术开发业务及技术服务业务形成的应收账款账龄分布情况如下：

（1）技术开发类应收款项（表2－4－20）

表2－4－20 2014～2016年技术开发类应收账款账龄分布情况

单位：万元

项目	2016.12.31		2015.12.31		2014.12.31	
	账面金额	占比	账面金额	占比	账面金额	占比
1年以内	25,085.64	68.71%	24,881.62	75.29%	14,902.40	72.42%
1－2年	7,622.67	20.88%	5,121.77	15.50%	3,623.00	17.61%
2－3年	1,726.48	4.73%	1,600.93	4.84%	928.55	4.51%
3－4年	725.59	1.99%	410.34	1.24%	943.90	4.59%
4－5年	341.10	0.93%	889.23	2.69%	180.14	0.88%
5年以上	1,009.52	2.76%	142.99	0.43%	—	0.00%
合计	36,511.00	100.00%	33,046.88	100.00%	20,577.99	100.00%

（2）技术服务类应收款项（表2－4－21）

表2－4－21 2014～2016年技术服务类应收账款账龄分布情况

单位：万元

项目	2016.12.31		2015.12.31		2014.12.31	
	账面金额	占比	账面金额	占比	账面金额	占比
1年以内	7,936.13	79.35%	5,093.94	80.03%	3,134.61	83.32%
1－2年	1,246.01	12.46%	845.46	13.28%	541.36	14.39%
2－3年	406.66	4.07%	343.74	5.40%	50.11	1.33%
3－4年	333.83	3.34%	46.33	0.73%	35.87	0.95%
4－5年	42.73	0.43%	35.87	0.56%	—	0.00%
5年以上	35.84	0.36%	—	0.00%	—	0.00%
合计	10,001.20	100.00%	6,365.34	100.00%	3,761.95	100.00%

公司应收款项坏账准备计提比例与同行业上市公司比较情况如表2－4－22：

表2－4－22 公司应收款项坏账计提与同行业上市公司比较情况

账龄	信雅达	高伟达	长亮科技	安硕信息	平均	发行人
1年以内（含1年，下同）	5%	3%	5%	5%	4.50%	5%

续表

账龄	信雅达	高伟达	长亮科技	安硕信息	平均	发行人
1－2年	10%	10%	10%	10%	10.00%	10%
2－3年	30%	30%	20%	30%	27.50%	20%
3－4年	70%	100%	50%	50%	67.50%	50%
4－5年	100%	100%	50%	80%	82.50%	50%
5年以上	100%	100%	50%	100%	87.50%	100%

由表2－4－22可见，公司应收款项坏账准备计提比例与同行业上市公司平均水平大体相当。

公司应收账款账龄分布比例与同行业上市公司比较情况如表2－4－23：

表2－4－23　公司应收账款账龄与同行业上市公司比较情况

公司名称	2016.12.31					
	1年以内	1－2年	2－3年	3－4年	4－5年	5年以上
安硕信息						
长亮科技	89.77%	10.20%	0.01%	0.01%		
高伟达						
信雅达	65.49%	17.37%	5.47%	3.15%	0.00%	8.52%
平均值	77.63%	13.79%	2.74%	1.58%	0.00%	8.52%
发行人	71.20%	18.93%	4.55%	2.25%	0.81%	2.25%
公司名称	2015.12.31					
	1年以内	1－2年	2－3年	3－4年	4－5年	5年以上
安硕信息	88.49%	7.46%	1.39%	1.44%	0.18%	1.04%
长亮科技	94.87%	3.22%	1.11%	0.80%	0.00%	0.00%
高伟达	76.78%	10.03%	12.8%	0.39%	0.00%	0.00%
信雅达	70.05%	12.83%	7.01%	1.37%	8.73%	0.00%
平均值	82.55%	8.39%	3.17%	1.00%	2.23%	0.26%
发行人	76.16%	15.08%	4.89%	1.15%	2.36%	0.36%

续表

公司名称	2014.12.31					
	1 年以内	1－2 年	2－3 年	3－4 年	4－5 年	5 年以上
安硕信息	84.62%	10.55%	3.12%	0.52%	0.91%	0.27%
长亮科技	92.73%	5.17%	2.10%	0.00%	0.00%	0.00%
高伟达	75.91%	23.37%	0.13%	0.59%	0.00%	0.00%
信雅达	67.91%	17.43%	2.70%	1.40%	10.57%	0.00%
平均值	80.29%	14.13%	2.01%	0.63%	2.87%	0.07%
发行人	74.14%	17.07%	3.99%	4.06%	0.73%	0.00%

数据来源：同行业上市公司年度报告。其中，信雅达 2016 年账龄分布系按照其分账龄计提坏账准备的应收款项数据核算。

5. 应收账款中质量保证金情况

公司技术开发中定制化开发按开发节点付款，一般会约定至少 1 年的质保期，10% 的尾款于维护服务期结束后支付，报告期内公司应收账款中质量保证金（以下简称质保金）的情况如表 2－4－24：

表 2－4－24　2014～2016 年公司应收账款中质保金情况

单位：万元

项目	2016.12.31	2015.12.31	2014.12.31
质量保证金余额	6,090.69	4,700.61	2,815.49
应收账款余额	47,097.81	39,791.29	24,516.72
质保金占应收账款比例	12.93%	11.81%	11.48%

质保金占定制化开发业务应收账款余额的比例分别为 16.74%、22.10% 和 27.01%，保持基本稳定。

质保金具体的账龄分布情况如表 2－4－25：

表 2－4－25　2014～2016 年质保金账龄分布情况

单位：万元

项目	2016.12.31		2015.12.31		2014.12.31	
	金额	占比	金额	占比	金额	占比
1 年以内	2,998.33	49.23%	2,828.68	60.18%	1,332.86	47.34%
1－2 年	2,305.93	37.86%	1,221.60	25.99%	919.17	32.65%

续表

项目	2016.12.31		2015.12.31		2014.12.31	
	金额	占比	金额	占比	金额	占比
2-3年	520.38	8.54%	417.95	8.89%	354.67	12.60%
3-4年	112.16	1.84%	83.48	1.78%	167.31	5.94%
4-5年	22.84	0.37%	110.74	2.36%	41.48	1.47%
5年以上	131.05	2.15%	38.16	0.81%	—	0.00%
合计	6,090.69	100.00%	4,700.61	100.00%	2,815.49	100.00%

报告期内公司质保金账龄集中在1年以内及1~2年，与公司合同中关于质保期的约定相符。

（四）发行人的收入确认原则

公司销售商品业务主要包括专项功能软件销售以及外购软硬件销售。对于不需要安装的软件、硬件销售以产品交付，经购货方签收后确认收入；对于需要安装调试的软件、硬件销售，在安装调试完成并经购货方验收合格后确认收入。

1. 技术开发收入

技术开发业务主要指针对客户的特定业务需求而提供的软件开发及实施服务所取得的收入，该类业务主要是提供软件开发劳务，具体的收入确认标准如下：

公司技术开发收入是指根据与用户签订的技术开发、技术转让合同，对用户的业务充分进行实地调查，并根据用户的实际需求进行专门的软件设计与开发，由此开发的软件不具有通用性。公司技术开发业务一般包括需求分析、客户化开发、系统环境测试、上线推广、维护等阶段。

公司技术开发收入包括定制化开发和人月定量开发两种模式，其中，定制化开发在本公司完成系统环境测试验收后，根据合同具体约定的工作阶段，在取得客户的确认文件并获取收取货款权利时确认收入。定制化开发中的确认比例按照公司在完成实质性工作节点，获取经客户签字的确认报告后，经双方认可的工作量占比来确认已完工作量比例。

定制化开发的各关键节点及收入确认情况如表2-4-26：

表 2-4-26　定制化开发的关键节点及收入确认情况

约定节点	阶段主要特征	确认比例
需求、设计、开发	未收到客户确认工作量的验收报告，仍有开发不成功的可能性	不进行确认
系统环境测试（UAT测试）	表明发行人的开发成果已经获得银行客户的正式认可，只需等待最终上线运行或验收即可投入使用，此时，发行人已经完成技术开发工作量的60%-70%，客户会对发行人的完工进度予以确认，发行人据此进度进行收入确认；如发行人与客户签署的部分合同未明确约定UAT测试时点，此时，即使发行人已经完成大部分工作量，但在未取得客户进度确认的情况下，不会对收入进行确认	如客户确认，一般为60%-70%
上线	开发成果获得客户业务真实环境下的测试通过，发行人已经完成技术开发工作量的80%-100%，且银行客户会对发行人的完工进度予以确认，发行人据此进度进行收入确认	80%-100%
验收（或终验）	开发成果获得客户最终通过，发行人已经完成技术开发工作量的100%并获得客户的确认，发行人据此进度进行收入确认	100%

发行人定制化开发收入确认的最早时点与同行业上市公司列表对比如表2-4-27：

表 2-4-27　公司定制化开发收入确认时点与同行业上市公司对比

公司名称	定制化开发收入确认时点比较
发行人	在软件主要功能通过测试并且得到客户签字确认的UAT测试或上线测试报告后，开始按照完工进度确认收入
安硕信息	在软件主要功能通过测试时点并经客户确认后，开始按照完工百分比法确认收入
长亮科技	依据已经发生的成本占预计总成本的比例计算完工百分比并确认收入，未明确规定定制化开发收入确认的最早时点
高伟达	按照已发生的成本占项目预算总成本的比例计算完工百分比并确认收入，未明确规定定制化开发收入确认的最早时点
信雅达	在定制软件劳务已经提供，收到价款或取得收款的证据时，确认收入。未明确规定定制化开发收入确认的最早时点

从表2-4-27可见,公司定制化开发收入确认的最早时点相对较谨慎,与同行业上市公司安硕信息基本一致。

在本公司,人月定量开发根据客户定期对本公司提供技术开发项目的进度确认文件,按经确认的工作量及合同约定的单价计算确认收入。

2. 技术服务收入

技术服务主要是指根据与委托方签订的技术服务合同,向委托方提供技术咨询、系统维护、实施和产品售后服务等业务。技术服务收入根据合同中约定的合同总额与服务期间,委托方对服务进度进行确认,经委托方确认后,公司开出结算票据或已取得收款的依据时,确认收入。

3. 人月定量技术开发、人月定量技术服务收入确认具体情况

人月定量技术开发业务和人月定量技术服务,两种模式下合同约定的均是人月单价(或服务期间)。发行人按照合同约定的结算时间,对该期间的有效人月工作量进行统计,并由客户出具书面工作量确认单据予以认定,即双方依据经确认的有效人月数量及合同约定的人月单价进行结算。

两种模式下工作量的确定主要依据经客户确认的有效人月工作量,发行人实际人月工作量确认进度即为收入确认的完工进度。

第五节 应收票据

【商业逻辑与背景分析】

企业向下游客户销售产品,一般无法做到现款现货,通常给予客户一定信用期,即为赊销,因此导致应收账款的出现。为了解决债务积累弊端,盘活应收账款,中国人民银行推出了票据,持票人可以将汇票贴现或背书转让,从而获得资金流。企业对外销售确认收入,如果没有收到货款,或者形成应收账款或者形成应收票据。本质上而言,应收票据是一种风险系数较低的应收账款,或者说支付能力保障系数更高一些。

按照我国现行法律制度规定,应收票据一般6个月内到期,因此一般不需要计提坏账准备。但有以下例外情况:(1)应收票据到期后未能收回,则需在到期后将应收票据转为应收账款,并按规定计提坏账准备。(2)如果有确凿的证据表明应收票据无法收回,出票人支付能力出现问题,应将持有的应收票据余额转为应收账

款,并计提坏账准备。(3)根据最新的审核要求,商业承兑汇票应该按照应收账款的标准及时计提坏账准备。需要指出,根据《票据法》第10条第1款规定:“票据的签发、取得和转让,应当遵循诚实信用的原则,具有真实的交易关系和债权债务关系。票据的取得,必须给付对价,即应当给付票据双方当事人认可的相对应的代价。”企业通过构造虚假交易,利用票据从银行套取资金,不仅是违法行为,甚至有可能违反《刑法》,造成上市的实质性障碍。在企业的报表中,如果某一年度或季度突然出现大额应收票据,与营业收入增长不能对应,也没有合理的商业逻辑解释,需要特别对待,逐笔核查。

应收票据金额的变动代表了一种结算模式的变化,这样的变化无所谓对错和好坏,只是我们要关注这种变化背后的原因以及可能存在的风险。如果发行人报告期内应收票据额余额大幅增加,那说明发行人接受下游客户以票据结算的货款金额大幅增加,结算模式的变化是因为下游客户经营不景气、发行人市场话语权下降,还是因为整个行业都是这样的变化,都需要我们核查并解释清楚。

此外,需要格外说明,应收票据问题还有一点非常重要,那就是商业承兑汇票的问题。银行承兑汇票的支付能力要优于商业承兑汇票,商业承兑汇票受出票人的生产经营状况、现金流状况以及到期承兑意愿等因素影响,风险高于银行承兑汇票。如果是银行承兑汇票,尽管没有收到现金那么便捷,不过至少说明已经回款了,但是商业承兑汇票则不同。商业承兑汇票的结算就是下游客户的承诺,这种情况下与发行人以后承诺现金回款是一个概念,从某种意义上来讲,发行人收到商业承兑汇票并不能算是真正实现了回款。也就是由于这个原因,目前的审核政策要求发行人对商业承兑汇票按照应收账款的要求计提坏账准备。

【核查方法指引】

一、应收票据增加额、期末余额等数据与营业收入匹配关系

追本溯源,应收票据的来源在于企业对外销售且无法现金回款,部分货款形成应收票据,因而应收票据的形成与营业收入息息相关。依常理推测,应收票据的增幅不应高于营业收入增幅,若出现以下情形则需要特别注意:

1. 应收票据增加比例明显高于营业收入增长,甚至出现营业收入下滑而应收票据增加的情形。对于应收票据增幅大于营业收入的情形,要核查企业是否为了稳定营业收入而放宽信用政策向支付能力较弱客户销售。通常关注各期应收票据

总额变化、增加额/营业收入之比、期末余额/营业收入之比等核心指标。

2. 报告期是否有应收账款转为应收票据的行为。若存在且转为商业承兑汇票,要合理怀疑出票人的偿付能力;应收账款不能收回,就不能保证应收票据一定可以收回,就存在坏账的可能。

3. 应收票据与营业收入走势不匹配。应收票据与营业收入背道而驰,尤其是某年度或者某个季度突然大幅增加,要核查序时账,访谈销售和财务部门,解释大额出票人是否为公司客户,是否存在正常的商业往来。若无法得到合理商业解释,需要结合当期企业现金流情况,核查是否存在企业与关联方之间存在伪造交易、票据融资行为。

二、应收票据盘点

索取或自行编制应收票据明细表,获取应收票据台账,与序时账中记录的票据凭证进行比较,并核对其期末余额合计数与报表数、总账数和明细账合计数是否相符。大额票据以及有疑问的票据向出票人函证,证实其存在性和可收回性,编制函证结果汇总表。例如,企业在上市前存在私募基金(Private Equity,PE)机构入股的,大部分存在业绩对赌情形,如果对赌期间最后一个季度,甚至最后一两个月营业收入出现违背季节性的增长,且记账均为应收票据,则可能是企业为了完成对赌业绩而做出来的销售,此部分应收票据即为有疑问的票据。

检查有疑问的商业票据是否曾经更换或转期,或向出票人函询以确定其兑现能力。

三、核查交易真实性,出票人是否为第三方付款等

应收票据的产生应是基于真实的交易和债权债务关系,需要关注出票人是企业下游客户,还是第三方代为支付。如果是企业客户,要访谈与该客户交易的真实性,可以访谈企业销售总监,关注如何获取客户信息、如何进行沟通和商务谈判,到最终签订订单发货等业务细节。

企业外部可以调查客户的注册资本、经营范围、注册时间等信息,从不同方面确认该客户交易的真实性。另外,如有客户每年签发票据的金额平稳,而某一年度突然大幅增加,有可能是企业要求客户配合虚构交易,利用票据融资的行为。

四、其他事项

将应收票据按照银行承兑汇票和商业承兑汇票项目分别列示，如果商业承兑汇票余额较大或当期增加额大幅增加，需要核查出票人的支付和履约能力。

如果客户是大型国企、城市建设投资公司等单位，这些客户在经营活动中有大量使用票据的习惯，支付能力尚好。

如果客户是上市公司、新三板挂牌公司等公众公司，则可以通过公开数据查阅客户的现金流、货币资金和业务发展等状况，合理作出判断。

如果客户是其他中小型公司，则需要重点核查，分析其支付能力。

若公开信息或其他确凿证据显示到期后客户无法承兑，则应将应收票据转为应收账款并计提坏账准备，这会影响企业当期利润。净利润规模较低的准备申报IPO的企业尤其需要注意这一点。

【具体案例分析】

一、重庆长江造型材料(集团)股份有限公司(未通过)

发行人是国内大型专业覆膜砂生产供应商，公司铸造用砂主要用于汽车、摩托、内燃机、工程机械等行业铸件生产，简言之，发行人是工程机械和汽车产业链配件供应商。

公司在报告期，也就是2014年年末、2015年年末、2016年年末以及2017年6月末，应收票据余额分别为为4634万元、5640万元、4881万元和9036万元，占流动资产的比重分别为8.93%、11.18%、7.99%和17.17%。

发审委的质询包括：说明报告期内公司收到的承兑汇票是否出现过未能兑付或延迟兑付的情形，请补充说明与票据相关的内控制度的建立健全情况、设计和执行的有效性。

2017年6月末，应收票据余额较2016年年末增长近一倍，而相较于应收票据的变化，公司主营业务收入增长更为平缓。

公司2014~2017年6月营业收入构成见表2-5-1：

表 2-5-1　公司 2014～2017 年 6 月营业收入构成情况

单位:万元

项目	2017 年 1-6 月		2016 年度		2015 年度		2014 年度	
	金额	占比	金额	占比	金额	占比	金额	占比
主营业务收入	27,254.49	96.89%	64,071.26	98.86%	50,613.33	98.82%	42,710.87	98.58%
其他业务收入	876.19	3.11%	739.80	1.14%	601.83	1.18%	617.37	1.42%
营业收入合计	28,130.68	100.00%	64,811.06	100.00%	51,215.16	100.00%	43,328.24	100.00%

发行人的客户包括长安汽车、宗申动力和东风汽车等整车制造商,这类客户有使用票据付款的习惯,发生票据往来与发行人所从事的行业业务相符。

截至报告期末,公司应收票据金额为 9036.04 万元,其中银行承兑汇票 8730.00 万元,商业承兑汇票 306.00 万元。

虽然 2017 年 6 月末,应收票据余额很大,但是超过 96% 的应收票据是银行承兑汇票,对于这部分应收票据回款问题的疑虑应打消。

中介机构核查的报告期各期应收票据的具体发生额情况如表 2-5-2 所示:

表 2-5-2　2014～2017 年 6 月各期应收票据的具体发生额情况

单位:万元

项目	2017 年 1-6 月	2016 年度	2015 年度	2014 年度
期初应收票据金额	4,881.09	5,640.49	4,634.28	5,016.85
本期应收票据金额	25,140.71	44,633.95	37,688.70	41,534.88
本期背书转让票据金额	15,722.15	31,133.06	23,592.06	31,056.19
背书转让比例	52.37%	61.93%	55.74%	66.71%
本期到期委托收款票据金额	4,366.83	14,260.29	13,090.43	10,861.26
到期委托收款比例	14.55%	28.36%	30.93%	23.33%
其他减少	896.78			
期末应收票据余额	9,036.04	4,881.09	5,640.49	4,634.28

注:因 2017 年 6 月末出售子公司凯米尔,因此 2017 年 6 月末的合并应收票据余额中已不包含凯米尔期末的应收票据余额 896.78 万元。

其中,报告期各期银行承兑汇票的具体发生额情况如表 2-5-3 所示:

表2-5-3　2014～2017年6月各期银行承兑汇票具体发生额情况

单位：万元

项目	2017年1-6月	2016年度	2015年度	2014年度
期初应收票据金额	3,806.95	5,563.62	4,417.41	4,986.55
本期应收票据金额	24,391.59	43,116.11	37,150.14	41,095.31
本期背书转让票据金额	15,285.15	30,936.67	23,587.06	30,831.19
本期到期委托收款票据金额	3,286.42	13,936.11	12,416.87	10,833.26
其他减少	896.78			
期末应收票据余额	8,730.19	3,806.95	5,563.62	4,417.41

报告期各期商业承兑汇票的具体发生额情况如表2-5-4所示：

表2-5-4　2014～2017年6月各期商业承兑汇票的具体发生额情况

单位：万元

项目	2017年1-6月	2016年度	2015年度	2014年度
期初应收票据金额	1,074.15	76.87	216.87	30.30
本期应收票据金额	749.12	1,517.84	538.56	439.57
本期背书转让票据金额	437.00	196.39	5.00	225.00
本期到期委托收款票据金额	1,080.41	324.18	673.56	28.00
期末应收票据余额	305.86	1,074.14	76.87	216.87

报告期末已背书/已贴现、未到期的应收票据总体情况如表2-5-5所示：

表2-5-5　2014～2017年6月各期已背书/已贴现、未到期的应收票据情况

单位：万元

项目	2017年1-6月	2016年度	2015年度	2014年度
已背书未到期的票据	12,896.47	21,223.34	11,358.71	13,541.67
其中：银行承兑汇票	12,581.47	21,113.09	11,358.71	13,421.67
商业承兑汇票	315.00	110.25		120.00

报告期内各期末公司无已贴现未到期的应收票据。

2014年度至2017年1～6月，公司以票据方式的收款比例分别为52.26%、55.75%、57.21%及74.17%。2017年1～6月，因压裂支撑剂系列产品销售规模的扩大，且当期压裂支撑剂系列产品主要以票据方式结算货款，因此 2017 年 1 ~ 6 月收到票据增多。

虽然 2017 年 6 月末发行人应收票据余额大幅增长，但绝大部分是银行承兑汇票。另外，随着背书转让或托付收款，年度末应收票据余额应会降下来，并无较大存疑。

二、宏达电子(300726)

宏达电子是一家主要专注于钽电容器等军用电子元器件的研发、生产、销售及相关服务的高新技术企业。公司主要产品为钽电容器及陶瓷电容器，下游客户多为军事单位。

2014 年年末、2015 年年末、2016 年年末和 2017 年 6 月 30 日，公司的应收票据余额分别为 11,365.67 万元、17,000.19 万元、20,211.46 万元和 11,275.48 万元，占总资产的比例分别为 18.31%、25.16%、22.20% 和 11.69%，占比较高。虽然公司应收票据来自各军工集团下属单位，客户信用良好，但应收票据占比较高减缓了公司资金回笼速度，给公司带来一定的资金压力，且仍存在应收票据在规定的兑现期内，不能兑现货币资金，使企业蒙受损失的风险。

发审委的问询包括：报告期内，发行人 2014 年年末和 2015 年年末应收票据同比增长分别为 116.53% 和 79.87%，应收票据增长较快主要是因为军工客户自 2014 年较多使用承兑汇票支付货款所致。经查阅国家企业信用信息公示系统，未发现 2015 年年末发行人第五大应收票据客户成都智明达数字设备有限公司的相关信息，请保荐机构核查上述客户的真实性。

报告期内，各报告期末应收票据余额情况如表 2 – 5 – 6：

表 2 – 5 – 6 2014 ~ 2017 年 6 月应收票据余额情况

年度	票据种类	期末余额(万元)
2017 年 6 月 30 日	银行承兑汇票	1,224.51
	商业承兑汇票	10,050.97
	合计	11,275.48
2016 年 12 月 31 日	银行承兑汇票	5,663.39
	商业承兑汇票	14,548.07
	合计	20,211.46

续表

年度	票据种类	期末余额(万元)
2015 年 12 月 31 日	银行承兑汇票	4,130.38
	商业承兑汇票	12,869.81
	合计	17,000.19
2014 年 12 月 31 日	银行承兑汇票	2,696.71
	商业承兑汇票	8,668.96
	合计	11,365.67

报告期各期末，公司应收票据余额分别为 11,365.67 万元、17,000.19 万元、20,211.46 万元和 11,275.48 万元，2015 年年末和 2016 年年末应收票据同比增长分别为 49.57% 和 18.89%。应收票据主要为因销售货款而收取的银行承兑汇票和商业承兑汇票。应收票据增长较快主要是因为军工客户自 2014 年起较多使用承兑汇票支付货款。

报告期各期末，公司应收票据前五名客户情况如表 2－5－7：

表 2－5－7 2014～2017 年 6 月公司应收票据前五名客户情况

时间	单位名称	金额(万元)	占比(%)
2017.6.30	中国航空工业集团	5,041.00	43.11%
	中国电子科技集团	3,158.12	27.01%
	中国航天科工集团	2,253.63	19.27%
	陕西电子信息集团有限公司	305.00	2.61%
	客户 2060068	244.58	2.09%
	合计	11,002.33	94.09%
2016.12.31	中国航空工业集团	8,395.36	40.33%
	中国电子科技集团	6,842.96	32.87%
	中国航天科工集团	2,422.75	11.64%
	中国兵器工业集团	640.53	3.08%
	陕西电子信息集团有限公司	609.60	2.93%
	合计	18,911.20	90.85%

续表

时间	单位名称	金额(万元)	占比(%)
2015.12.31	中国航空工业集团	8,890.98	50.70%
	中国电子科技集团	3,926.22	22.39%
	中国航天科工集团	1,833.68	10.46%
	中国兵器工业集团	725.13	4.13%
	客户 2070058	478.29	2.73%
	合计	15,854.30	90.41%
2014.12.31	中国航空工业集团	5,682.74	48.46%
	中国电子科技集团	1,965.30	16.76%
	中国航天科工集团	1,961.48	16.73%
	中国兵器工业集团	458.18	3.91%
	陕西电子信息集团有限公司	250.00	2.13%
	合计	10,317.70	87.99%

报告期内,公司前五名应收票据客户应收票据余额分别为10,317.71万元、15,854.29万元、18,911.21万元和11,002.32万元,占各期末应收票据余额87.98%、90.41%、90.84%和94.08%。

公司前五名应收票据客户的合计应收票据余额占比较高,主要是因为:(1)由于我国军工产业主要由数个大型军工产业集团组成,各军工产业集团有大量的子公司与研究所等分支机构,公司产品主要销往归属于各军工产业集团的不同分支机构,报告期内前五名客户销售金额占主营业务收入比例为79.17%、75.39%、70.46%、75.81%;(2)公司应收票据前五名客户主要为我国大型军工产业集团,其货款结算具有回款周期较长,大量使用承兑票据结算的行业特点。

报告期内,各期期末已背书和贴现且在资产负债表日尚未到期的应收票据情况如表2-5-8:

表2－5－8　2014～2017年6月已背书、贴现且在资产负债表日尚未到期应收票据情况

时间	票据种类	期末余额（万元）
2017年6月30日	银行承兑汇票	1,973.21
	商业承兑汇票	729.64
	合计	2,702.85
2016年12月31日	银行承兑汇票	1,735.32
	商业承兑汇票	761.33
	合计	2,496.65
2015年12月31日	银行承兑汇票	4,692.06
	商业承兑汇票	1,825.62
	合计	6,517.68
2014年12月31日	银行承兑汇票	5,426.14
	商业承兑汇票	1,731.00
	合计	7,157.14

第六节　存货库龄

【商业逻辑与背景分析】

资产负债表中最核心的也是对发行人生产经营以及财务数据真实性影响最大的两个指标：一个是应收账款，另一个是存货。如果说应收账款主要说明发行人营业收入质量以及经营现金流情况的话，那么存货就是一个能反映更多问题的更加综合的指标。

存货具体种类和明细的不同反映了企业不同的经营情况：

1. 原材料的变动。关注发行人原材料采购的政策是否变化、采购价格是否变化、发行人是否“以产定采”的模式、是否存在囤货的情形、原材料是否都有具体的合同订单对应、是否存在原材料后续无法使用的风险、是否存在减值的风险等。

2. 在产品的变动。关注发行人生产模式是否变化，是否存在在产品没有及时转成产成品的情形、是否存在生产流程控制的瑕疵等。

3. 产成品的变动。关注发行人产成品的金额变动、产成品是否与合同订单对应,是否存在产品积压的风险。

4. 发出商品的变动。不仅要关注发行人发出商品金额波动的原因、没有及时确认收入是否真实合理,更要关注是否存在通过发出商品来调整业绩的情形(发出商品就是个蓄水池)等。

一般情况下,如果金额不是很大,会将产成品和发出商品合并披露,由于这两种产品都是已经生产完毕准备销售的,那么这类产品的库龄问题就值得关注(这与应收账款的账龄非常类似)。如果发行人的产成品存货金额非常大,但是库龄非常短,并且有着对应的合同只是等待客户要求发货时间而已,那么这样的经营风险就不大。如果发行人的产成品金额尽管不大但是库龄已经非常长了(比如超过了一年),那么就需要关注这些产品是否有被退货甚至没法销售的风险(典型的如服装行业、电子产品行业)。这种情况下,我们就需要对产成品存货根据库龄进行更加细致的分类和测算,保证存货的问题能够充分体现出对发行人生产经营的影响。

【核查方法指引】

一、核查发行人的业务特点是否会导致长库龄的出现

一般情况下,出现长库龄的存货主要是原材料、产成品和发出商品。我们依次简单分析如下:

1. 原材料的库龄主要取决于采购模式和原材料特性。一般对于以销定产的企业,原材料的采购数量与销售订单相关,不会出现囤积原材料的情况,这时如果存在大额长库龄的原材料,即为异常。当然对于一些价格波动大、存储周期久的原材料,企业可能会从经济的角度考虑,在价格低点时大量买入,存储备用。比如,一个石英制品行业的企业,该企业账面原材料的金额占比异常大且库龄较长,经核查,原来石英坨、石英棒等原材料价格不稳定且不易腐蚀,在前几年价格低点时,该企业老板大量买入,以备后用。

2. 产成品和发出商品的库龄主要由销售模式和企业在行业中所处的地位决定。对于以销定产的企业,几乎大部分的产成品和发出商品都有相应的订单,即使由于行业特性导致收入结转较慢,从而出现部分长账龄,也是有据可查的。对于采用经销模式的企业,根据《企业会计准则》的规定,在收到代销清单时确认收入,具体的销售情况由经销商决定。有的行业,如汽车部件供应商,供应商在与主机厂的合作中基本上是处于弱势地位的,一般主机厂会要求供应商在指定地方设置仓库,主机厂随用随取,结算严重滞后,这种情况(寄售模式)就会导致发出商品的库龄

较长。

二、通过期末监盘，核查存货的真实性

存货的盘点是比较基础的程序，也是证明存货存在比较核心的一个程序。对原材料和存库商品的盘点，一般企业操作起来也不会有太多问题，但是像发出商品盘点的程序，在实务中操作起来却不容易。

究其原因，发出商品分散在各个不同的仓库，或存在于企业各地仓库，或存在于第三方物流公司，或存在于客户处。发出商品的分散特性，决定了盘点操作的复杂性。具体核查时，可以从以下几点关注盘点程序：(1)盘点范围；(2)盘点计划合理性；(3)盘点结果准确性。

三、通过复核存货跌价准备的计提过程，核实是否存在跌价准备与库龄不匹配的情况

长库龄的存货，如果不是由业务特点所决定，那么在考虑跌价准备时，就要十分谨慎。如果产成品销售转销金额均超过或接近于当期计提的存货跌价准备，可能就存在通过调节库存商品的库龄而调节存货跌价准备的可能。

四、通过核查期后的结转情况，复核库龄的合理性

针对期后结转的长库龄存货，我们需要关注单价的合理性。一般长库龄的存货单价不可能高于短库龄的存货，如果出现异常，必要时可以采取函证或现场走访的方式，进行详细的核查。

【具体案例分析】

药石科技(300725)

(一)存货构成情况

报告期各期末，公司存货构成情况如表2－6－1：

表 2-6-1 2014~2017 年 6 月公司存货构成情况

单位:万元

类别	2017.6.30			2016.12.31		
	账面余额	跌价准备	账面价值	账面余额	跌价准备	账面价值
原材料	568.70		568.70	793.62		793.62
在产品	1,979.77		1,979.77	646.60		646.60
产成品	7,180.40	425.06	6,755.34	6,602.32	385.30	6,217.02
周转材料	134.64		134.64	63.77		63.77
合计	9,863.51	425.06	9,438.45	8,106.31	385.30	7,721.01

类别	2015.12.31			2014.12.31		
	账面余额	跌价准备	账面价值	账面余额	跌价准备	账面价值
原材料	209.25		209.25	235.78		235.78
在产品	232.96		232.96	68.46		68.46
产成品	3,814.04	27.59	3,786.45	2,718.09	50.47	2,667.62
周转材料	38.34		38.34	86.65		86.65
合计	4,324.58	27.59	4,267.00	3,108.98	50.47	3,058.51

公司存货包括原材料、在产品、产成品和周转材料,周转材料系化玻仪器、溶剂等低值易耗品。报告期各期末,公司的存货金额分别为 3,059.50 万元、4,297.00 万元、7,721.02 万元及 9,438.44 万元。报告期各期末,存货随着公司销售规模的增加相应增加,存货占当期营业收入的比例基本保持稳定,公司需要保有一定量的备货是由公司的业务特点决定的,具体原因分析如下:

1. 源自客户需求。新药研发企业对研发进度有很高要求,供货是否及时系其选择供应商的关键指标。能够快速响应、及时向客户提供其所需的药物分子砌块产品是药物分子砌块产品提供商竞争优势的体现。因此,由于业务自身的特点发行人需要主动备货。

2. 大量市场研究工作保证公司产品研发方向的正确。发行人通过持续、定期地分析药品专利,分析 ACS Medicinal Chemistry Letters、Journal of Medicinal Chemistry、Drug Discovery Today 等权威期刊,分析 SciFinder、Thomson Reuters(Integrity、Newport Premium、Cortellis for CI)、Datamonitor Healthcare、Biomedtracker 等权威数据库,对药物研发市场和行业需求积极进行调研和准备,深刻理解药物研发领域的最新动向,主动储备热点疾病药物研发领域所需药物分子砌块库,在客户提出需求时及时供货，甚至引导市场热点，创造新的客户。

3. 2017 年 6 月末，公司在产品金额较 2016 年年末增加 1333. 17 万元，主要因为本期末发行人与 Vertex Pharmaceuticals Inc. 的采购订单正在履行过程中，其期末在产品金额为 917. 89 万元。

截至 2017 年 6 月 30 日，发行人在手订单情况如表 2 –6 –2：

表 2 –6 –2　截至 2017 年 6 月发行人在手订单情况

单位：万元

在手订单状态	在手订单数量(笔)	在手订单余额
已发出未确认收入	3,317	2,068.49
未发出	513	5,570.31
合计	3,830	7,638.80

(二)存货跌价准备变动情况

报告期内，各期存货跌价准备变动情况如表 2 –6 –3：

表 2 –6 –3　存货跌价准备变动情况

单位：万元

类别	2015. 12. 31	本期计提	本期转销	2016. 12. 31	本期计提	本期转销	2017. 6. 30
原材料							
产成品							
周转材料	27. 59	363. 86	6. 15	385. 30	39. 76		425. 06
合计	27. 59	363. 86	6. 15	385. 30	39. 76	—	425. 06
类别	2013. 12. 31	本期计提	本期转销	2014. 12. 31	本期计提	本期转销	2015. 12. 31
原材料							
产成品	16. 02	34. 46		50. 48	25. 54	48. 43	27. 59
周转材料							
合计	16. 02	34. 46	—	50. 48	25. 54	48. 43	27. 59

(三)存货的具体形态

报告期各期末，发行人存货的具体形态构成情况如表 2 –6 –4：

表 2-6-4　2014~2017 年 6 月公司存货具体形态构成情况

单位:万元

项目	固态	液态	合计
2017 年 6 月末			
原材料	307.89	260.80	568.69
在产品		1,979.77	1,979.77
产成品	5,705.91	1,474.49	7,180.40
周转材料	91.49	43.14	134.63
合计	6,105.29	3,758.20	9,863.49
2016 年年末			
原材料	575.76	217.86	793.62
在产品		646.60	646.60
产成品	5,401.42	1,200.90	6,602.32
周转材料	63.77		63.77
合计	6,040.95	2,065.36	8,106.31
2015 年年末			
原材料	63.70	145.54	209.24
在产品		232.96	232.96
产成品	3,033.46	780.58	3,814.04
周转材料	68.34		68.34
合计	3,165.50	1,159.08	4,324.58
2014 年年末			
原材料	111.87	123.90	235.77
在产品		68.46	68.46
产成品	2,108.63	609.46	2,718.09
周转材料	87.65		87.65
合计	2,308.15	801.82	3,109.97

(四)存货存放地点及存放地权属

报告期各期末,发行人存货的存放地点及存放地权属情况如表 2-6-5:

表 2-6-5　2014～2017 年 6 月公司存货情况

单位：万元

地点	存放地权属	存货账面余额			
		2017 年 6 月末	2016 年年末	2015 年年末	2014 年年末
南京	发行人	8,154.79	6,054.77	4,042.98	2,818.93
美国药石	发行人	399.46	251.98		5.50
上海睿治	发行人				8.49
南通海门	发行人		98.71	2.66	
山东谛爱	发行人	751.19	688.50		277.06
发出商品	运输方/客户	558.06	1,012.36	278.94	
合计		9,863.50	8,106.32	4,324.58	3,109.98

（五）存货盘点过程

公司采用 ERP 系统核算存货进销存。生产研发部门在盘点日之前组织各生产车间将符合入库标准的产成品及时办理入库，符合报废标准的物料及时申请处理，对在产品进行整理、预清点。清点过程中出现的异常情况按制度规定及时处理。

月末由财务部负责发出盘点通知、确定盘点要求。盘点当日，由实物保管部门打印出当日结存明细，盘点人员会同财务监盘人员实施盘点。盘点结果经盘点人员、监盘人员签字后交财务存档。对于盘点中发现的异常情况，财务人员有义务督促相关部门及人员按照公司规定及程序办理报批。公司存货每月抽盘，年中及年底全盘。

（六）产成品对应销售合同的比例

报告期各期末，发行人产成品存货对应销售合同、订单的情况如表 2-6-6：

表 2-6-6　2014～2017 年 6 月产成品存货对应销售合同、订单情况

单位：万元

年度	对应订单金额	期末产成品	占比
2017 年 6 月末	862.96	7,180.40	12.02%
2016 年度	1,030.25	6,602.32	15.60%
2015 年度	355.46	3,814.04	9.32%
2014 年度	338.46	2,718.09	12.45%

（七）各期末存货的库龄情况

新药研发企业对研发进度有很高要求，供货是否及时系其选择供应商的关键指标。能够快速响应、及时向客户提供其所需的药物分子砌块产品是药物分子砌块产品提供商竞争优势的体现。因此，由于业务自身的特点发行人需要主动备货。

报告期期末，公司产成品的种类约10,000种，按照10,000种测算，公司平均单个产成品的存货金额约为0.68万元，金额不大。同时，公司存货库龄在1年以内的约占70%左右、库龄在2年以内的约占90%。从存货的库龄可以看出，公司库龄在2年以上的存货金额相对较小，公司基本不存在存货长期积压的情况。

表2-6-7　公司存货库龄情况

存货项目	期末余额	库龄			
		1年以内	1-2年	2-3年	3年以上
原材料	568.70	462.65	79.06	26.99	
在产品	1,979.77	1,979.77			
产成品	7,180.40	5,097.34	1,340.11	488.33	254.62
周转材料	134.64	116.47	11.39	6.78	
合计	9,863.51	7,656.23	1,430.56	522.10	254.62
占比(%)		77.62	14.50	5.29	2.58

（八）产成品期后销售出库情况

发行人2014年年末和2015年年末产成品存货在期后一年内的销售出库情况、2016年年末产成品存货截至2017年6月末的销售出库情况及2017年6月末产成品存货截至2017年7月末的销售出库情况如表2-6-8：

表2-6-8　产成品存货销售出库情况

2017年6月末产成品存货在2017年7月的销售出库情况								
产品类别	2017年6月末产成品存货		2017年6月末产成品存货的构成				2017年6月产成品在2017年7月的销售出库情况	
	存货数量	存货余额	发出商品	发出商品金额	结存数量	结存金额	出库数量	出库金额
芳香杂环类药物分子砌块	3,704.14	2,240.81	420.45	178.05	3,283.69	2,062.76	120.59	101.89
常见饱和脂环类药物分子砌块	1,495.74	1,478.53	117.11	174.36	1,378.63	1,304.17	14.48	52.12

续表

2017 年 6 月末产成品存货在 2017 年 7 月的销售出库情况								
产品类别	2017 年 6 月末产成品存货		2017 年 6 月末产成品存货的构成				2017 年 6 月产成品在 2017 年 7 月的销售出库情况	
	存货数量	存货余额	发出商品	发出商品金额	结存数量	结存金额	出库数量	出库金额
四元环类药物分子砌块	2,512.72	1,710.99	208.44	59.15	2,304.28	1,651.84	238.72	44.02
特殊饱和环类药物分子砌块	162.53	722.08	16.21	43.00	146.32	679.08	14.09	32.89
其他	798.83	1,027.53	75.26	103.05	723.57	924.48	33.85	29.06

2016 年年末产成品存货在 2017 年 1－6 月的销售出库情况								
产品类别	2016 年年末产成品存货		2016 年年末产成品存货的构成				2016 年产成品在 2017 年 1－6 月的销售出库情况	
	存货数量	存货余额	发出商品	发出商品金额	结存数量	结存金额	出库数量	出库金额
芳香杂环类药物分子砌块	3,203.13	2,089.91	442.28	220.08	2,760.85	1,869.83	644.69	354.46
常见饱和脂环类药物分子砌块	1,111.89	1,363.92	512.02	186.16	599.87	1,177.76	246.21	179.06
四元环类药物分子砌块	2,110.86	1,373.79	105.85	96.31	2,005.01	1,277.48	1,053.66	314.66
特殊饱和环类药物分子砌块	144.29	846.91	20.58	323.80	123.71	523.11	31.47	91.26
其他	591.82	927.81	99.13	186.02	492.69	741.79	74.09	117.30

2015 年年末产成品存货在 2017 年 1－6 月的销售出库情况								
产品类别	2015 年年末产成品存货		2015 年年末产成品存货的构成				2015 年产成品在 2016 年 1－6 月的销售出库情况	
	存货数量	存货余额	发出商品	发出商品金额	结存数量	结存金额	出库数量	出库金额
芳香杂环类药物分子砌块	2,371.55	1,454.21	79.86	97.88	2,291.69	1,356.33	660.82	466.66
常见饱和脂环类药物分子砌块	677.76	1,055.96	78.57	118.37	599.19	937.59	442.57	296.68
四元环类药物分子砌块	1,546.87	515.43	18.01	29.42	1,528.86	486.01	680.66	190.33
特殊饱和环类药物分子砌块	103.38	384.97	3.52	16.56	99.86	368.41	49.23	112.71
其他	243.73	403.46	15.74	16.71	227.99	386.75	73.26	132.75

发行人最终销售客户主要系医药研发企业和生物技术企业等，这些企业对研发进度有较高要求，供货是否及时成为其选择供应商的关键考量因素。能够快速响应、及时向客户提供其所需的品种多样的药物分子砌块产品是药物分子砌块产品提供商竞争优势的体现。因此，基于发行人所处行业的上述特点，发行人需要主动备货，确保拥有一定库存的品种多样、结构新颖的药物分子砌块产品。

发行人长期持续跟踪分析医药研发行业专业信息和权威数据，对药物研发市场和行业需求积极进行调研和准备，深刻理解药物研发领域的最新动向，根据上述分析结果主动备货，因而产成品的备货针对性较强，畅销度较高。

报告期内，发行人各年末产成品存货期后一年内销售出库产成品数量占上一年度产成品结存数量的比例大体呈逐年上升的态势。发行人产成品存货数量和金额虽然逐年增长，但期后销售情况正常，不存在大规模滞销和积压的情况。

第七节 存货跌价准备

【商业逻辑与背景分析】

实践中，我们经常会说这个企业资产不错，或者说这个企业有一块优质的资产。我们很看重企业的资产，因为企业的资产是实现收入和盈利的核心和基础，这在会计上叫作净资产收益率。机器设备是资产，土地厂房是资产，专利发明是资产，包括人力资源也是资产，好的资产盈利水平自然就高。从 IPO 审核的角度来说，资产负债表中最关注的资产一个是应收账款，另一个是存货，不只从质量的角度也要从风险的角度去考量。

我们关注企业的资产状况，不仅要关注数量更要关注质量，也就是我们所说的“挤水分”，从某种程度上来说，不仅是企业的经营业绩要“挤水分”，其实企业的资产状况也需要“挤水分”。对于会计核算和财务核查来说，只有所有的企业都按照同样的标准严格执行，这样的对比才有价值和意义。

具体到一些资产类的重要科目，我们会关注应收账款的账龄并且通过计提坏账准备来“挤水分”，同样我们会关注存货的库龄并且通过计提跌价准备来“挤水分”。举个最简单的例子，一个企业同样都有 1000 万元的产成品存货，一个是客户急需的，一个是已经存放在仓库里很长时间滞销的，价值显然是不一样的，对于企业生产经营的影响也是不同的。

【核查方法指引】

1. 取得发行人关于存货的相关明细账、台账、盘点记录等相关资料。核查发行人存货的明细，尤其是关注存货的库龄情况；核查发行人存货的构成、库龄以及变动情况与发行人的生产模式、采购模式和销售模式是否相对应、是否存在重大差异的情形。

2. 针对不同的存货进行存货跌价测试，核查存货是否存在明显的账面价值低于可回收金额的情形。同时，需要对测试的标准、测试的过程以及测试的结果进行详细记录。

3. 经过测试，如果不需要对存货计提跌价准备，那么需要详细说明理由，是否符合会计准则的相关规定，是否与同行业可比公司存在重大差异。尤其是对于存货余额比较大的发行人，因为跌价准备可能对损益有着较大的影响，更要关注没有计提跌价准备的理由以及合理性。

4. 如果需要计提跌价准备，那么需要详细核查并说明计提的标准以及测算过程和结果。既然已经计提了跌价准备，那么不论是怎样的标准和金额，都会受到格外的关注，这时候需要跟同行业进行全面的对比，说明发行人跌价准备的计提是合理的。对于业绩规模相对较小的企业来说，更需要格外关注这个问题，充分做好核查和解释工作。

5. 核查发行人内控是否存在问题。存货跌价准备是否计提是发行人存货资产是否贬值的重要迹象，而存货贬值既可能是原材料采购的问题，也可能是市场开拓产品销售的问题，这都会最终反映到市场竞争力的问题以及是否具备持续盈利能力的问题。

【具体案例分析】

一、欣贺股份有限公司(未通过)

(一)产成品库龄结构

由于公司采取远期订货会制度，一般提前两季召开订货会并根据订单安排生产。报告期内各年末产成品库龄结构如表 2 –7 –1：

表 2-7-1 2013~2015 年各年末公司产成品库龄结构情况

产成品库龄	2015-12-31		2014-12-31		2013-12-31	
	金额	比例	金额	比例	金额	比例
1 年以内	29,845.60	46.81	28,564.56	42.84	31,116.37	43.22
1-2 年	15,440.29	24.22	15,067.15	22.60	18,331.82	25.46
2-3 年	11,059.26	17.35	13,229.92	19.84	17,924.06	24.90
3 年以上	7,414.87	11.62	9,813.45	14.72	4,625.82	6.42
合计	63,760.02	100	66,675.08	100	71,998.07	100

2011 年服装行业的业务量整体增幅较大,2011 年公司产成品入库量达 296 万件。公司在 2011 年发展也较快,使得公司和经销商普遍对 2012 年的销售预期较高,大幅增加了订货会的订单量,公司 2012 年产量也较高,达 309 万件,使得公司 2012 年年末库龄为 1 年以内和 1~2 年的产成品比重较高,2012 年年末整体库存水平也较高。由于 2012 年全行业销售增速明显下滑,公司及经销商相应调整订货及生产策略,2011 年和 2012 年产量大导致 2013 年年末过季库存结余较大,其中结存库龄在 1~2 年和 2~3 年的产成品主要为 2012 年款和 2011 年款,金额分别为 18,331.82 万元和 17,924.06 万元。2013 年公司入库量下调至 236 万件,2014 年入库量为 244 万件,2013 年年末和 2014 年年末库龄 1 年以内的库存比例已下降,同时 2014 年公司通过优化库存使 2014 年年末存货余额下降。2015 年受整体消费市场环境低迷影响,全年入库量为 193 万件,产量同比下降 20.59%,同时公司陆续通过电子商务、奥特莱斯和特价销售等渠道消化过季库存,2015 年产成品余额同比下降。

(二)产成品存货跌价准备计提情况

1. 存货跌价准备计提政策

根据公司制定的品牌营销策略,在销售当年新品的同时还会根据每年大型节假日、商场促销活动及组织展销活动销售过季货品。一般情况下过季货品的销售价格都高于成本,但销售量远低于新品的数量,T 年货品的销售量在未来三年即 T+3 年内销售数量呈逐年减少的状态,最终成为呆滞品,即可变现净值为 0。公司按照行业特点和库存实际销售情况,确定各年份过季货品在会计报告截止日无法对外实现销售的概率,作为对各年份过季产品按季计提存货跌价准备的比例的依据。对于产成品计提存货跌价准备的具体计提比例如表 2-7-2:

表 2-7-2　产成品计提存货跌价准备的比例

年份＼季节		春季	夏季	秋季	冬季
T+0 年	3 月末				
	6 月末				
	9 月末	10%	10%		
	12 月末	30%	30%		
T+1 年	3 月末	45%	45%	10%	10%
	6 月末	60%	60%	30%	30%
	9 月末	80%	80%	45%	45%
	12 月末	85%	85%	60%	60%
T+2 年	3 月末	90%	90%	80%	80%
	6 月末	95%	95%	85%	85%
	9 月末	98%	98%	90%	90%
	12 月末	100%	100%	95%	95%
T+3 年	3 月末			98%	98%
	6 月末			100%	100%
	9 月末				
	12 月末				

2. 发行人报告期各期计提、转回和转销的存货跌价准备金额情况列示（表 2-7-3）

表 2-7-3　发行人报告期各期计提、转回和转销的存货跌价准备金额情况

存货种类	2014 年 12 月 31 日	本期计提额	本期减少额		2015 年 12 月 31 日
			转回	转销	
原材料	3,167.43	363.87	—	11.82	3,519.48
库存商品	33,670.35	13,655.29	—	17,470.20	29,855.43
发出商品	2,202.24	2,556.30	—	2,892.62	1,865.93
合计	39,040.02	16,575.47	—	20,374.64	35,240.84

续表

存货种类	2013年12月31日	本期计提额	本期减少额		2014年12月31日
			转回	转销	
原材料	2,511.51	726.30	—	70.38	3,167.43
库存商品	34,645.14	15,028.93	—	16,003.72	33,670.35
发出商品	4,160.93	1,138.07	—	3,096.75	2,202.24
合计	41,317.57	16,893.30	—	19,170.86	39,040.02
存货种类	2012年12月31日	本期计提额	本期减少额		2013年12月31日
			转回	转销	
原材料	1,969.36	768.35	—	226.21	2,511.51
库存商品	25,176.65	19,189.52	—	9,721.03	34,645.14
发出商品	3,936.97	2,942.13	—	2,718.17	4,160.93
合计	31,082.98	22,900.00	—	12,665.40	41,317.57

3.产成品库龄及跌价准备计提情况

报告期内,公司产成品库龄余额变动及跌价准备计提情况如表2-7-4所示:

表2-7-4 2013~2015年公司产成品库龄余额变动及跌价准备计提情况

期间	库龄	账面余额	比例	跌价准备	计提比例	账面价值	比例
2015-12-31	1年以内	29,845.60	46.81	2,802.93	9.39	27.042.67	84.41
	1-2年	15,440.29	24.22	10.717.84	69.41	4,722.45	14.74
	2-3年	11,059.26	17.35	10,785.73	97.53	273.53	0.85
	3年以上	7,414.87	11.62	7,414.87	100.00	—	—
	合计	63,760.02	100	31,721.37	49.75	32,038.65	100
2014-12-31	1年以内	28,564.56	42.84	2,163.56	7.57	26,401.00	85.71
	1-2年	15,067.15	22.60	10,978.16	72.86	4,088.99	13.27
	2-3年	13,229.92	19.84	12,917.42	97.64	312.50	1.02
	3年以上	9,813.45	14.72	9,813.45	100	—	—
	合计	66,675.08	100	35,872.59	53.80	30,802.49	100

续表

期间	库龄	账面余额	比例	跌价准备	计提比例	账面价值	比例
2013－12－31	1 年以内	31,116.37	43.22	3,264.49	10.49	27.851.88	83.91
	1－2 年	18,331.82	25.46	13,531.35	73.81	4,800.47	14.46
	2－3 年	17,924.06	24.90	17,384.40	96.99	539.66	1.63
	3 年以上	4,625.82	6.42	4,625.82	100	—	—
	合计	71,998.07	100	38,806.06	53.90	33,192.01	100

针对中、高端女装时尚性强、流行趋势变化快，过季库存销售逐年递减效应明显的特点，公司制定了严格的存货跌价准备计提政策，并足额计提了存货跌价准备，计提存货跌价准备后，公司产成品账面价值按库龄结构划分基本处于 1 年以内，2013 年年末、2014 年年末和 2015 年年末，产成品账面价值中库龄 1 年以内的比例分别为 83.91%、85.71% 和 84.41%。

4. 同行业上市公司存货跌价准备计提情况

发行人存货跌价准备和存货减值损失情况如表 2－7－5：

表 2－7－5　2013～2015 年公司存货跌价准备和存货减值损失情况

项目	2015－12－31 2015 年度	2014－12－31 2014 年度	2013－12－31 2013 年度
存货跌价准备	35,240.84	39,040.02	41,317.57
存货跌价准备占存货余额比例	48.69%	51.56%	51.17%
当期计提存货减值损失金额	16,575.47	16,893.30	22,900.00

5. 公司过季商品处理政策及具体情况

报告期内公司一般根据产成品过季时间间隔长短（以下简称库龄）并结合款式适销程度高低，按照奥特莱斯、展销、电子商务和特价销售的先后顺序处理过季商品；同时，公司对过季货品各年度的结存数量较大的款式向各销售渠道进行调节，以加快过季货品处理效率。

库龄较短和适销率较高的过季款式一般定价较高；奥特莱斯店一般以吊牌价 5～6 折的方式销售，主要处理库龄在 6～18 个月、适销率较好和皮衣皮草类价格较高的库存商品；展销一般为吊牌价 3～5 折进行销售，主要处理库龄在 12～30 个月的过季货品；电子商务一般以吊牌价 3.5 折以下进行销售，2013 年以来主要处理库龄在 24～36 个月的过季货品。特殊折扣是管理商每季度末不能完成销售的部分在季末以2~2.5折的方式由管理商买断。经过奥特莱斯、展销、特殊折扣和电子商务处理过季库存后,还有滞销的过季商品主要以整批商品一口价形式及特价形式销售。报告期内公司对过季商品不同处理方式的主要销售情况和销售政策列示如表2-7-6(以2015年为例):

表2-7-6 2015年公司过季商品不同销售政策具体情况

项目	收入金额	存货成本			毛利率	主要销售政策
		原值	跌价准备	应结转成本		
奥特莱斯	7,087.45	2,028.91	1,146.19	882.72	87.55%	2014年款吊牌价5.5折、2013年款吊牌价5折
展销	2,867.82	1,466.92	1,160.82	306.10	89.33%	2014年款吊牌价4-5折、2013年款吊牌价3-4折、2012年款吊牌价2-3折
电子商务	13,763.85	8,092.61	7,612.50	580.11	95.79%	以2013年春夏款和2012年款为主,一般为吊牌价3.5折以下
特价销售	2,928.42	9,825.11	9,825.11	—	100.00%	整批商品类货品为主一口价形式销售
合计	26,647.54	21,413.55	19,644.62	1,768.93	93.36%	

注:上述表格所列奥特莱斯、展销、电子商务和特价销售模式为处理过季货品主要渠道,同时也处理少量当季货品,上述销售情况仅为处理过季货品销售情况,因此上述模式所列收入金额略低于各模式下账面收入确认金额。报告期内,公司同时通过内购方式处理过季货品合计占总营业收入比例为0.11%,占比小,合并在展销模式下列示,不再单独统计说明。

从表2-7-6可知,公司主要通过奥特莱斯、展销、电子商务和特价销售处理过季货品,过季货品已计提跌价准备比例高,因此公司对过季货品处理财务账面毛利率较高。特价销售公司考核管理商销售目标的重要手段之一,以销售过季3~9个月左右的服饰和商品为主,计提跌价准备金额比例相对较低,因此总体毛利率低于过季商品其他处理方式的毛利率。

二、福州瑞芯微电子股份有限公司(未通过)

发行人各期末存货构成情况如表2-7-7:

表 2－7－7　2014～2016 年公司存货构成

单位：万元

类别	2016－12－31		2015－12－31		2014－12－31	
	账面价值	占比	账面价值	占比	账面价值	占比
委托加工物资	19,821.42	57.50%	15,813.80	71.76%	14,294.26	65.97%
－未测晶圆	8,017.66	23.12%	1,950.56	8.85%	4,102.69	18.93%
－已测晶圆	11,803.76	34.04%	13,863.24	62.91%	10,191.56	47.03%
库存商品	14,648.42	42.50%	6,224.42	28.24%	6,190.97	28.57%
原材料	—	—	—	—	1,183.19	5.46%
合计	34,469.84	100.00%	22,038.22	100.00%	21,668.42	100.00%

公司委托加工物资包括未测晶圆和已测晶圆两部分。未测晶圆系指未进行晶圆测试的委托加工物资，已测晶圆系指已进行了晶圆测试而待封装测试厂仓库的待封装测试的晶圆。成品为已加工入库的库存商品。

报告期各期末，公司存货金额分别为 21,668.42 万元、22,038.22 万元和 34,469.84万元，分别占各年末资产总额的 23.54%、24.56% 和 34.35%。公司存货占总资产额比例变动的主要原因是：(1)公司根据客户的订单及未来 4 个月的预期需求量拟定生产计划，由于行业市场变化较快导致各年末客户的预期需求量有所差别；(2)供应商实际交货期与预定交货期可能不同，导致期末存货价值产生一定的波动。

在日常运营中，公司每月会根据客户的订单和对市场的预期，计算未来实现销售所需的产品数量，并结合公司库存商品和委外加工商品的合计数量，向代工厂下达订单，并向代工厂告知对未来 2 个月的订单预期。同时，公司根据晶圆代工厂的交货时间，安排外协加工厂进行封装、测试，公司产品的整体生产周期一般自下达订单至完成成品，大约需要 3 个多月。为了满足市场的需求，有效管理销售预期与实际订单间存在的差额，公司一般会提前准备约 2 个月的存货，该部分存货中，库存商品及委托加工物资各自金额及占比大小，因当期代工厂商交期及产成品实际销售情况的不同而有所波动。一般而言，公司各期末存货结构中委托加工物资占比较高。

2015 年年末存货账面价值较 2014 年年末波动较小。2016 年年末存货账面价值为 34,469.84 万元，较上年年末增加 12,431.62 万元，增幅为 56.41%，主要原因有：(1)随着芯片行业的快速发展，全球主要晶圆厂逐渐出现产能不足的情况，IC 设计公司需提前向晶圆厂预定产能。公司计划 2017 年年初推出数款芯片，订单量预计较大，因此于2016年年末提前采购在销芯片，为年后新型芯片预留产能。(2)2016年上半年，公司一主要晶圆供应商出现停电停产的情况，导致公司未能及时交付订单。为了避免该事项再次发生，公司加大了安全库存。(3)2016年下半年，由于硅晶圆供不应求，晶圆价格开始出现不同幅度的上涨，为了避免原材料涨价对成本的不利影响，公司提前采购了主流芯片晶圆。

发行人存货跌价准备的情况见表2-7-8：

表2-7-8　2014~2016年公司存货跌价准备情况

单位：万元

类别	2016-12-31	2015-12-31	2014-12-31
存货余额	40,560.66	28.309.50	27,273.00
存货跌价准备	6,090.82	6,271.28	5,604.58
存货账面价值	34,469.84	22,038.22	21,668.42
存货跌价准备占存货余额的比例	15.02%	22.15%	20.55%

存货跌价准备计提情况如表2-7-9：

表2-7-9　2014~2016年公司存货跌价准备计提情况

单位：万元

年度	项目	期初	本期计提	本期转销	期末
2016年	委托加工物资	3,498.13	90.66	577.86	3,010.93
	库存商品	2,773.15	407.49	100.75	3,079.89
	合计	6,271.28	498.15	678.61	6,090.82
2015年	委托加工物资	4,418.96	13.13	933.96	3,498.13
	库存商品	1,185.62	1,686.44	98.91	2,773.15
	合计	5,604.58	1,699.57	1,032.87	6,271.28
2014年	委托加工物资	5,445.20	103.39	1,129.64	4,418.96
	库存商品	1,669.39	54.22	537.98	1,185.62
	合计	7,114.59	157.61	1,667.62	5,604.58

期末公司对部分直接用于出售的库存商品和部分需进一步加工的委托加工物资按生产完成后产成品的估计售价减去至完工时估计将要发生的成本、估计的销售费用和相关税费后的金额所确定的可变现净值低于成本的存货，按单个货的可

变现净值低于其成本的差额提取存货跌价准备。

报告期各期末，公司存货跌价准备占年末存货的比例分别为 20.55%、22.15%和 15.02%。2014 年公司计提存货跌价准备 157.61 万元主要是由于 2014 年芯片售价趋于稳定，波动较小，库龄较长的存货已于 2013 年充分计提，而当年新推出的产品可变现净值高于产品成本，因此计提跌价准备较少。2015 年计提跌价准备为 1699.57 万元，主要是由于公司对基本无销售的产品计提跌价准备。2016 年计提的跌价准备较少，主要是期末库存商品及委托加工物资多为销量较大的芯片，毛利较好，因此计提较少。

第八节　延长信用期

【商业逻辑与背景分析】

在一个成熟的商业社会，商业合作存在一定的信用周期是必要的也是合理的。企业销售商品或提供服务，除了直接面对 C 端客户的企业，一般都不是现付现结，这就出现了信用期的概念。在企业经营实践中，信用期一般为 1～3 个月，最长一般不超过 6 个月。

不同的商业模式给予客户的信用期各不相同，如家装类公司或定制家具类公司，在提供商品或服务之前会收预付款，在提供服务的不同阶段分批回收款项，完工客户验收合格后收回尾款，这种直接面对消费者的公司基本不存在应收账款和信用期问题。例如，定制家具主板上市公司好莱客 2016 年营业收入超过 14 亿元，但是应收账款仅有 390 万元，这部分应收账款还是对公装客户形成的。

下游是企业客户的制造行业的企业，应收账款以及与之匹配的信用期是不可避免的。这些企业的客户有的是大型集团或较大客户，对企业有较强的议价能力，挤压上游资金要求一定信用期。有的是政府机构，由于资金预算、财政审批等支付款项流程长，且多在年底结算，必须有一定信用期才能开展业务。有的行业产业链条长，需要客户回款后才有支付能力。

从审核实践来看，监管机构几乎不会单独对信用期进行问询，都是从应收账款切入，本质是担心应收账款质量、现金流状况以及是否粉饰业绩。监管机构对于信用期的关注主要体现在以下几个层次：

1. 发行人对主要客户信用政策的制定情况，包括具体的信用额度、信用账期等。这个问题是核查发行人的内控制度，是否制定详细的信用政策。

2. 应收账款金额与信用政策是否匹配。重点关注应收账款与营业收入增长比例是否异常，问询企业是否有信用政策；如果有信用政策，这样的应收账款增幅是否和信用政策匹配，一般来讲是因为不匹配才导致应收账款大幅增长。

3. 信用政策是否严格执行。既然不匹配，说明信用政策形同虚设，发行人需要解释信用政策是否被严格执行。

4. 是否存在放宽信用政策增加销售的情况。不严格执行的原因是什么，是不是为了增加销售，向支付能力较差的客户销售粉饰业绩。同时关注是否存在给客户延长信用期增加销售金额等情形。

5. 应收账款的逾期情况和期后回款情况。要求发行人量化应收账款和期后回款数据，还原真实的业务数据。超出信用期未回款的，超出的时间越长，则回款风险越高。

【核查方法指引】

一、企业内部关于信用政策的内控制度

查询包括《客户信用管理制度》《客户信用等级评估方案》等公司制度性文件，确认是否建立了合理的客户信用审批流程，是否对关注客户信用测评、交易开始、交易终止等环节都有详细规定。

二、核查超出信用期账款

超过信用期的时间越长，回款的风险越高，很难想象客户会突然好心支付三年前的一笔款项。长期不能收回的应收账款，主要有两种核心情形：(1)与客户出现质量或服务纠纷，客户对该笔销售有异议并不认可，而企业先行确认收入；(2)客户陷入经营困难，进入破产重组程序，无力支付。本着审慎性原则，这两种情况都不能仅仅将此部分应收账款按照账龄法分析计提坏账，而应该单独计提，必要时全额计提坏账准备。

关注发行人与这些逾期客户的合作情况，是否还会继续扩大业务。如果不再合作，有没有可能造成营业收入大幅下滑，这会导致对公司持续盈利能力的质疑。

三、延长信用期的原因和合理性

信用期是公司与客户协商的结果，一般不会超过6个月，通过协商也可以修改信用期。如果公司的议价能力强，收紧信用期甚至要求先付款后发货都是有可能的。

某一年度企业突然对客户延长信用期，很可能是企业为了促进销售，为了营业收入和利润规模能够满足IPO门槛而粉饰业绩的行为。需要对放宽信用期的客户、对应的销售专员以及销售总监访谈，了解放宽信用期的背后原因，关注其是行业商业模式调整而带来的信用政策调整，还是企业为了冲业绩而个别调整。

四、期后回款和追款情况

对应收账款的风险判断本身就充满主观性，仅按照账龄法分析也不能覆盖全部甚至大部分应收账款特征，而制作期后回款表格可以清晰反映企业的业务经营情况，是对应收账款和信用政策问题解释的有力补充。

如果应收账款逾期后，客户在期后全部回款，可能仅是单个客户遇到一时周转困难出于资金安排而逾期回款，金额不大且不是高频现象，一般不构成IPO障碍。如果是大面积客户应收账款逾期，且期后回款极不理想，可能是下游行业遇到问题，对发行人的未来盈利能力都是考验。

对于长期拖欠公司货款的客户，公司可能采取诉讼或仲裁等司法手段来催收账款。出现这种情况，首先，与该客户的未来合作存疑；其次，应收账款很难全部收回，计提坏账准备要做调整，金额大的要单独计提，影响损益表；最后，还可能发生诉讼成本。

【具体案例分析】

一、韦尔股份（603501）

公司的主营业务为半导体分立器件和电源管理IC半导体产品的研发设计，以及被动件（包括电阻、电容和电感等）、结构器件、分立器件和IC半导体产品的分销业务，下游客户包括小米、金立、步步高、酷派、乐视、华为、联想、摩托罗拉和三星等。公司的产品是半导体器件，下游客户多是智能手机厂商。

报告期内公司应收账款余额如表2－8－1：

表 2-8-1 2014~2016 年公司应收账款余额

项目	半导体设计业务		半导体分销业务		合计（万元）
	应收账款余额（万元）	占比（%）	应收账款余额（万元）	占比（%）	
2016.12.31	12,430.30	17.47	58,704.34	82.53	71,134.64
2015.12.31	10,150.54	16.37	51,864.84	83.63	62,015.38
2014.12.31	6,822.21	15.68	36,695.36	84.32	43,517.57

2014 年、2015 和 2016 年公司应收账款余额分别为 43,518 万元、62,016 万元和 71,135 万元，2015 年和 2016 年分别比上年增长 42.51% 和 14.70%。

公司营业收入逐年增长，分别为 140,767 万元，198,327 万元和 216,077 万元，2015 年和 2016 年分别比上年增长 40.89% 和 8.95%。

由上可以看出应收账款增幅稍高于营收增幅，但在合理范围之间。

公司应收账款的特点在于，应收账款余额绝对值很大，报告期最后一期超过 7 亿元，且下游有乐视的大额逾期账款。

据招股说明书"2015~2016 年 6 月，乐视移动向公司采购半导体元器件，截至 2016 年 9 月 27 日，乐视移动应付货款出现逾期，经双方对账确认共计 967.58 万美元。公司已于 2016 年 9 月停止了对乐视移动的销售，并向法院提起诉讼。在此期间，乐视移动偿还了对公司的部分欠款。截至招股说明书签署日，发行人对乐视移动应收账款余额为 8,230,310.50 美元（约 5,668 万元人民币）"。

报告期各期，公司前二十名客户应收账款的信用账期分别为票到 15 天至月结 120 天，报告期内均没有发生变化，收款比例具体情况如表 2-8-2：

表 2-8-2 2014~2016 年公司前二十名客户回款情况

项目	2016 年	2015 年	2014 年
前 20 名客户含税销售额（万元）	137,680.04	117,098.51	78,918.48
前 20 名客户应收账款回款额（万元）	124,784.86	102,476.10	72,776.72
回款比例（%）	90.63	87.51	92.22
营业收入	216,076.95	198,327.12	140,767.16

公司历来对客户信用管理工作非常重视，建立了完善的账期审批内控制度，制订有《客户信用管理制度》《客户信用等级评估方案》，对客户信用管理流程、客户信用政策及等级、客户信用调查管理、交易开始与中止时的信用处理等方面进行了详细的规定。

公司对客户设定有 A、B、C、D 四个等级，还制定有专门的《客户信用评级授信细则》，明确了评级指标与等级的设定、授信种类及授信原则、业务运作、应收账款的管理等具体操作细节。

报告期内，公司到期未足额收回应收账款的客户主要有：

（一）共青城赛龙通信技术有限责任公司

2012～2013 年，子公司香港华清向共青城赛龙通信技术有限责任公司销售半导体元器件共计金额 1,565,688.13 美元。2014 年 3 月，双方签署协议书，约定共青城赛龙通信技术有限责任公司对其欠款逐步清偿。截至 2016 年 3 月，该款项仍未清偿。香港华清向九江市中级人民法院起诉共青城赛龙通信技术有限责任公司，请求判令被告支付拖欠的货款 1,565,688.13 美元。2016 年 3 月 10 日，香港华清收到江西省九江市中级人民法院的立案通知［（2016）九立民三登字第 42 号］。截至招股说明书更新日，本案一审尚未审结。

报告期末，公司预计该应收账款无法收回，对赛龙通信技术（香港）有限公司的应收账款按单项认定计提全额坏账准备。

（二）宝捷讯集团有限公司

2014 年 6～9 月，子公司香港华清向宝捷讯集团有限公司销售 24 笔采购订单项下的货物，累计金额 94,405.9 美元，宝捷讯集团有限公司对此金额予以认可，公司多次催告对方拒不付款。香港华清于 2016 年 2 月向广东省前海合作区人民法院就宝捷讯集团有限公司买卖合同纠纷一案提起诉讼。2016 年 5 月 23 日，香港华清收到广东省前海合作区人民法院下发的《民事判决书》［（2016）粤 0391 民初 248 号］，判决宝捷讯集团有限公司向原告香港华清支付货款 94,405.9 美元。目前，该诉讼已结案。报告期末，公司已对宝捷讯集团有限公司的应收账款按单项认定计提 50% 坏账准备。

2017 年 1 月 17 日，公司与宝捷讯集团有限公司达成和解协议，约定公司在原债权金额上免除宝捷讯集团有限公司 60% 货款的支付义务，即宝捷讯集团有限公司向公司支付 37,762.40 美元后，双方不再有债权债务关系。

（三）乐视

2015～2016 年 6 月，乐视移动向公司采购半导体元器件，截至 2016 年 9 月 27 日，乐视移动应付货款出现逾期，经双方对账确认共计 967.58 万美元。公司已于 2016 年 9 月停止了对乐视移动的销售，并向法院提起诉讼。在此期间，乐视移动偿还了对公司的部分欠款。截至招股说明书签署日，发行人对乐视移动应收账款余额为8,230,310.50美元（约5668万元人民币）。就上述逾期款项的支付，发行人向北京市第四中级人民法院提起了诉讼。根据北京市第四中级人民法院（2017）京执保6号通知书，发行人实施财产保全冻结了乐视移动账户现金约6,830,310.50美元（约4700万元人民币）；根据北京市第四中级人民法院于2017年3月6日出具的《民事调解书》[（2017）京04民初1号]，乐视移动应于2017年3月7日前偿还6,830,310.50美元（约4700万元人民币）发行人逾期款项。发行人已经申请法院强制执行，法院已经下达执行通知书。

此外，剩余的140万美元逾期应收账款将按《民事调解书》的约定按期进行偿还，如乐视移动未按期全部偿付该140万美元，发行人有权立即申请法院强制执行，除强制执行外，乐视移动还需额外向发行人支付实现债权的费用300万元人民币。

同时，乐视控股（北京）有限公司对乐视移动对发行人负担的全部债务承担连带担保责任。发行人采取了相应的财产保全措施，且乐视控股（北京）有限公司对乐视移动对发行人负担的全部债务承担连带担保责任。

发行人2016年净利润1.3亿元，若乐视的坏账不能收回，对净利润的影响非常大。

报告期各期，公司主要客户应收账款的信用账期分别为票到15天至月结120天，报告期内均没有发生变化。

公司并没有放宽信用政策，下游客户因自身问题拖欠货款，需要关注的是客户回款不能收回对净利润和企业持续盈利能力的影响。

二、水星家纺（603365）

公司主营业务为以套件、被芯和枕芯等床上用品为主的家用纺织品研发、设计、生产和销售。

简言之，公司的主打产品就是家用的纺织产品，包括床单和被单等。公司主要采取经销和直营的方式销售产品，有经销商，必然要涉及针对经销商的信用政策，以及应收账款回款等情况。

（一）报告期内，公司应收账款余额情况

报告期内，公司应收账款余额如表2－8－3所示：

表 2－8－3　2014～2016 年公司应收账款余额情况

单位：万元

项目	2016.12.31	2015.12.31	2014.12.31
应收账款余额	10,235.13	10,424.32	9,892.53
减：坏账准备	553.57	538.63	498.07
应收账款净额	9,681.56	9,885.69	9,394.46
营业收入	197,702.11	185,118.85	177,558.01
应收账款净额占营业收入比例	4.90%	5.34%	5.29%

应收账款余额与营业收入比例一直维持在 5% 左右，报告期最后一期压缩至 5% 以下，可见公司对于下游客户的把控力较强，且信用政策执行力有保障。

（二）公司对经销商的授信政策

公司与总经销商交易一般采用款到发货方式，总经销商须以电汇、汇票形式付款到公司指定结算账户。同时，公司根据总经销商的实际情况，对通过公司信用审查的总经销商予以授信，包括年度授信和季节性特别授信。在公司授信的额度和时期内，总经销商可以暂欠货款，到期再汇款到公司指定的结算账户。

公司制定了《客户信用评定指标及评定标准》，对所有经销商在严格的信用评分基础上，进行授信支持。信用评分得分在 65 分以下客户为观察客户，暂不给予授信；得分在 65～69 分的客户，可享受全年从公司采购目标额 10% 的授信支持；得分在 70～79 分的客户，可享受全年从公司采购目标额 15% 的授信支持；得分在 80 分及以上的客户，可享受全年从公司采购目标额 20% 的授信支持。

公司对经销商的授信执行授信额度内循环使用的策略，获得授信额度的经销商在向公司采购产品时按采购目标额的相应比例，同时在授信额度内的部分可进行欠款采购。公司在每季末对经销商欠款进行催收，每年 12 月集中进行催收。

此外，公司根据床上用品行业的季节性特征，在每年 4 月、9 月、11 月对经销商设立季节性特别授信支持，在核定的授信额度的基础上再增加该客户全年目标额的 10% 的授信支持，季节性的授信支持将在 7 月 31 日、11 月 30 日、次年 2 月 28 日前全部收回。

公司根据总经销商的个体实际情况及其通过审查后可获得的信用额度预计使用期，制定并执行了不同的信用期间，一般为 3～6 个月，特殊情况下经公司经营层审批可予放宽，但最长不超过 12 个月。

报告期各期应收账款余额前五名总经销商的授信额度、信用期、应收账款余额及逾期账款金额如表2－8－4：

表2－8－4 2014～2016年公司应收账款余额前五名总经销商情况

单位：万元

年度	序号	总经销商名称	授信额度	信用期	应收账款余额	逾期金额
2016年	1	云南水百贸易有限公司	660	5个月	334.14	
	2	何平	27	5个月	248.61	
	3	郑州旺誉家居用品有限公司	160	12个月	148.80	
	4	长沙市亚平电子商务有限公司	180	5个月	142.51	
	5	漳州市芗城星盛贸易有限公司	182	5个月	142.16	
		合计			1,016.22	
2015年	1	何平	315	5个月	223.40	
	2	苍南星澜商贸有限公司	225	3个月	159.65	
	3	成都市紫晶家纺有限责任公司	150	6个月	138.94	
	4	李明琴	142	10个月	137.82	
	5	漳州市星阁贸易有限公司	150	6个月	133.58	
		合计			793.39	
2014年	1	临沂市亚伦商贸有限公司	600	3个月	450.24	
	2	冠县馨睿居商贸有限公司	450	4个月	425.14	
	3	兰州权之娇商贸有限公司	270	4个月	254.15	
	4	苍南星澜商贸有限公司	300	6个月	248.23	
	5	南昌骏业贸易有限公司	240	5个月	229.71	
		合计			1,607.47	

报告期各期公司对全部总经销商的应收账款逾期金额分别为177.59万元、86.98万元和8.35万元，金额较小。

■第九节 票据违规

【商业逻辑与背景分析】

票据作为商业活动中一种常见的支付手段，企业应该有着充分的认识也能够合规使用。不过由于实践中票据的开具和承兑都需要经过银行，无形中增加了沟通和时间成本，实践中票据的使用广泛程度并不是很高。此外，实践中还有一些发行人利用票据管理方面的漏洞来进行一些融资甚至是虚增利润的情形。

总结起来，实践中比较常见的票据违规行为主要有：(1)票据的开具和背书存在违规行为，但是这样的违规行为还是以存在真实的交易背景为前提的。(2)没有真实交易背景的开具票据并背书或者贴现，这是明显违反《票据法》最基本要求的做法，也是实践中最常见的违规方式。(3)不仅票据开具没有真实交易背景，连票据都是假的，这就是赤裸裸的财务造假行为了，最近有上市公司造假案例采用了这样的方式，不过 IPO 案例中还没有发现类似情况。

我们目前的《票据法》还是 1995 年制定的，是否还能适应目前的商业环境和需求是值得关注的。《票据法》规定票据必须对应真实交易背景是必要的也是必须的，但相关的规定是不是一定限制的那么严苛而不能有任何变通呢？实践中经常出现一些看似合理但却违法的行为，长此以往，我们就有必要反思法律的合理性了。

【核查方法指引】

1. 基础情况核实清楚，每一笔票据从缴纳保证金、开具票据、票据背书或贴现、是否具有真实交易背景以及判断依据、后续资金流转等情况，均需要核实清楚。

2. 根据实质重于形式的原则，核实会计处理及列报是否与实际情况相符。发行人可能在违规当时不想在财务数据上体现出来，那么我们核查时必须予以还原，即使从形式上看不出是票据融资，也需要真实表述。

3. 分析票据违规对企业财务数据的影响，是否存在关联方为企业承担资金成本的情况。

4. 说明存在的票据违规开具和使用的行为不属于重大违法违规行为，同时请当地中国人民银行出具《证明》,证实公司不存在因违反票据结算方面的法律法规、部门规章及其他规范性文件而受到处罚的情形。

5. 公司出具《承诺函》,承诺未来强化内部控制,并严格按法律法规的要求执行,同时说明具体整改措施。

6. 控股股东出具《承诺函》,若公司因上述票据使用问题给公司造成损失,将由控股股东、实际控制人承担。

【具体案例分析】

一、常州中英科技股份有限公司(未通过)

公司与关联方之间的资金往来主要以货币资金的形式发生,但也存在票据融资的情形,具体情况如下:

报告期内,虽然公司营业收入增长迅速、经营活动现金流情况较好,但由于期初现金流紧张,公司短期内偿付到期债务的资金压力较大,同时受制于民营企业融资渠道较少的限制,公司存在开具无真实商品交易背景票据进行融资的情况。

公司与关联方之间的票据融资分为两种情形:一是公司开具承兑汇票给关联方,关联方贴现后将资金打回给公司,票据到期时,公司自行兑付;二是关联方在其授信额度内向公司开具承兑汇票,公司贴现使用资金,票据到期时,公司向关联方还款,实质上是公司向关联方拆借资金,按每月其他应付款余额支付资金占用的利息。具体如下:

(一)公司开具无真实商品交易背景的票据融资

报告期内,公司向关联方中英管道开具无真实商品交易背景票据融资详细情况如表2-9-1:

表2-9-1　公司向关联方开具无真实商品交易背景票据融资详情

单位:万元

种类	出票人	贴现人	出票日期	金额	保证金
银行承兑汇票	中英科技	中英管道	2014.11.21	1,000.00	300.00
银行承兑汇票	中英科技	中英管道	2014.11.29	110.00	55.00
银行承兑汇票	中英科技	中英管道	2015.05.23	2,000.00	1,000.00
合计				3,110.00	1,355.00

除上述情形外，公司还存在与关联方雷纳机械的票据往来。2013 年 9 月，由于雷纳机械存在一定资金需求，公司以银行承兑汇票的方式向雷纳机械借款 1000 万元(50% 保证金)，后雷纳机械还款 500 万元，但剩余 500 万元款项未予偿还。2014 年 3 月，上述 2013 年 9 月开具的银行承兑汇票到期，公司无闲余资金兑付，雷纳机械也无法按期归还所欠资金，公司遂向雷纳机械再次开具 1000 万元银行承兑汇票，雷纳机械贴现后回款给公司，由公司将 2013 年 9 月开具的银行承兑汇票兑付，其实质上是将原来的 500 万元银行承兑汇票敞口展期。2014 年 9 月，2014 年 3 月开具的银行承兑汇票到期，公司以相同的方式(商业承兑汇票)将该笔银行承兑汇票的敞口展期。2015 年 3 月，2014 年 9 月的商业承兑汇票到期后，公司将该笔商业承兑汇票兑付。

(二)公司关联方开具的无真实商品交易背景的票据融资

报告期内，关联方中英管道向公司开具无真实商品交易背景的票据实质是给公司借款，公司收到票据时，借记“应收票据”，贷记“其他应付款”，按照每月的其他应付款余额支付资金占用的利息，具体情形如表 2 - 9 - 2：

表 2 - 9 - 2　2014 ~ 2016 年中英管道向公司开具承兑汇票情况

单位：万元

种类	出票人	贴现人	出票日期	票据发生额
银行承兑汇票	中英管道	中英科技	2014.03.17	500.00
银行承兑汇票	中英管道	中英科技	2014.09.22	1,000.00
银行承兑汇票	中英管道	中英科技	2015.05.09	1,000.00
银行承兑汇票	中英管道	中英科技	2015.10.23	1,000.00
商业承兑汇票	中英管道	中英科技	2015.11.12	2,000.00
商业承兑汇票	中英管道	中英科技	2016.01.06	1,000.00
商业承兑汇票	中英管道	中英科技	2016.01.07	500.00
合计				7,000.00

除上述情形外，公司关联方雷纳机械 2015 年 1 月向公司开具 100 万元无真实商品交易背景的银行承兑汇票还款。

报告期内，除与中英管道之间的票据往来，公司向其他供应商签发、背书的票据均具有真实商品交易背景，客户向公司出具、背书的票据也均具有真实商品交易背景，公司不存在通过客户、除中英管道外的供应商或其他第三方票据融资的情形。报告期内,公司通过与关联方票据融资所取得的资金主要是用于支付供应商货款、偿付到期的银行贷款及商业票据到期兑付;对于中英管道向公司开具票据形成的其他应付款,公司已将相关欠款全部偿还,并支付了利息,公司和中英管道均不存在票据违约的情形。报告期内,公司与中英管道、雷纳机械之间的票据融资行为本质上为关联方之间的资金拆借,融通的资金均用于正常生产经营和偿还到期银行借款,并不存在"骗取资金或财物"的主观目的;公司及关联方均未从中获取任何不当利益;公司董事及高级管理人员未从中取得任何个人利益,不存在票据欺诈行为;票据所产生的债权债务均已履行完毕,未造成任何经济纠纷和损失,亦未因过往期间该等不规范使用票据的行为受到过行政处罚。

此外,公司还取得了承兑汇票开具银行出具的相关证明,证实公司及其关联方已按照《票据法》及相关票据制度及时履行了票据付款义务,未给银行或其他权利人造成任何损失,且不存在重大违法违规行为;常州市票据主管部门中国人民银行常州市中心支行出具《证明》,证实公司不存在因违反票据结算方面的法律法规、部门规章及其他规范性文件而受到处罚的情形。

公司于 2017 年 2 月 18 日出具《承诺函》,承诺未来票据的签发、贴现等均将严格按照《票据法》《商业汇票承兑、贴现与再贴现管理暂行办法》《中国人民银行关于切实加强商业汇票承兑贴现和再贴现业务管理的通知》等法律法规的要求执行。公司已采取一系列有效措施强化内部控制,制定了《商业票据使用管理办法》,严格票据业务的审批程序,全面加强票据使用的管理、监督和内部审计。截至 2017 年 6 月 30 日,公司与票据相关的内部控制制度完善并得到有效执行。

公司控股股东及实际控制人于 2017 年 2 月 18 日出具《承诺函》:"如因中英科技因历史上的违规签发、使用票据行为导致任何其他经济损失(包括政府部门的处罚),公司控股股东和实际控制人俞卫忠、戴丽芳、俞丞将补偿发行人的损失。"

二、洛凯股份(603829)

(一)不合规开具票据行为

报告期内,公司为了简化向银行申请开具银行承兑票据的步骤和节省时间,及时向供应商履行付款义务,向主要供应商苏州凯丰铜业有限公司、常州福惠电器配件有限公司开具银行承兑汇票,最终用于支付给具有真实交易背景的其他中小供应商。经统计,2014 年、2015 年和 2016 年 1 ~ 5 月,公司开具此类票据分别为 5235.00万元、9445.00 万元和 3464.11 万元,自 2016 年 6 月至本招股说明书出具之日,公司未再发生上述行为。该等不合规开具票据的情形不符合《票据法》第 10

条第1款“票据的签发、取得和转让,应当遵循诚实信用的原则,具有真实的交易关系和债权债务关系”的规定。上述票据开具后最终用于支付给具有真实交易背景的其他中小供应商,且不存在将上述票据贴现等违规票据融资行为。截至2016年12月31日,已开出的不合规票据全部到期,不存在逾期未承兑的情形。

中国人民银行武进支行于2016年6月14日出具《关于证明江苏洛凯机电股份有限公司无行政处罚记录的函》:自2013年1月1日至今,无受到中国人民银行武进支行行政处罚的记录。

公司股东洛辉投资、洛腾投资和洛盛投资,实际控制人谈行、臧文明、汤其敏、谈建平、陈明,分别作出承诺:若发行人由于不规范的票据行为受到有关主管部门处罚,本公司(本人)将全额承担该处罚款项,保证发行人不会因此遭受任何损失。同时,发行人承诺将严格遵守《票据法》等法律法规规定,不再发生开具无真实交易背景的银行承兑汇票等违反法律规定的票据行为。

(二)发行人与洛锐电器之间互换票据

2014年和2015年,公司曾存在与洛锐电器票据互换的情形。2014年、2015年,公司分别收到洛锐电器背书的票据2,023,258.65元、5,881,315.00元,合计7,904,573.65元;同期,公司将金额较小的票据累计7,850,000.00元背书给洛锐电器、以银行转账方式向洛锐电器支付24,776.25元、冲往来款抵消债权29,797.40元,合计7,904,573.65元。

该等票据互换的情形不符合《票据法》第10条第1款“票据的签发、取得和转让,应当遵循诚实信用的原则,具有真实的交易关系和债权债务关系”的规定。截至本招股说明书出具之日,上述票据互换产生的债权债务均已履行完毕,未产生任何经济纠纷,也未因上述行为给银行及其他权利人造成任何实际损失。自2015年7月以来,发行人未再发生上述票据互换的情形。

中国人民银行武进支行出具了《关于证明江苏洛凯机电股份有限公司无行政处罚记录的函》,且公司股东洛辉投资、洛腾投资和洛盛投资以及实际控制人谈行、臧文明、汤其敏、谈建平、陈明分别作出承诺:若发行人由于不规范的票据行为受到有关主管部门处罚,本公司(本人)将全额承担该处罚款项,保证发行人不会因此遭受任何损失。

■第十节 售后服务费

【商业逻辑与背景分析】

就像市场推广费是医药行业 IPO 企业的标配一样，金额较高的售后服务费必然也是某些行业 IPO 企业特有的情形。售后服务费与以前常见的安全生产费、质量保证金等名义上的费用本质上是一致的，都属于预计负债的范畴。也就是说，为了更加准确地确认发行人的收入，并且保证收入确认没有虚增的情形，根据历史因素对相关的售后可能发生的情形进行估计，然后计提相关费用。

关于售后服务费的产生原因以及商业合理性，一般均需要作出详细的合理性的解释，同时对会计处理是否符合规定作出详细的说明。更重要的是，还需要对计提的售后服务费与实际发生的售后服务费进行比对，以证明计提的费用不仅准确而且审慎，至少要保证计提的费用要大于实际发生的费用。

在某些特定的案例中，会存在金额较大的售后服务费、质量保证金等费用，有的高达几千万元甚至超过亿元。在这种情况下，售后服务费是否进行计提、按照怎样的标准计提就显得非常重要和敏感，因为这会对发行人报告期的业绩产生重大的影响。

最后，分享一个观点：如果一个问题可能会有不同的处理方式，那么采用哪一种方式最安全最可能被监管机构接受呢，那就是对于发行人来说最不利的那种方式。

【核查方法指引】

1. 核查售后服务费的金额、费用明细、费用发生具体情况、费用金额是否发生重大波动。通过财务部门取得费用的明细账，同时通过销售部门取得产品销售的明细以及相关销售合同的条款，关注售后服务费的发生是否真实、合理。

2. 核查售后服务费计提和确认的原因，是由于客户的原因还是因为市场通行的惯例。通过结合企业销售产品的品种、客户结构、责任约定、计提及支付情况说明售后服务费计提是否合理。

3. 核查售后服务费的计提和确认标准是否合理，是否与同行业存在较大差异、是否存在重大波动的情形，是否存在体外支付相关费用、是否存在跨期进行费用调整等情形。

4. 关注计提费用和实际支付费用的差异情况，关注计提的原则是否审慎，公司的内部控制制度是否完善。这个关注点也是这个问题的核心，既然售后服务费的支付有明确的规则和标准，那么只要政策稳定，服务费和销售金额就有比较明确的线性关系，这也是可以提前进行费用计提的基础，不然就会反映出内部控制薄弱的问题。

5. 核查售后服务费占营业收入的比例以及占营业利润的比例，是否对发行人当期损益产生重大影响，如果存在，需要重点分析影响程度，甚至关注是否存在不符合发行条件的情形。

【具体案例分析】

一、华阳集团（002906）：大额售后服务费的关注

本公司销售费用主要为售后服务费、职工薪酬、运杂费等。报告期内，本公司销售费用构成如表 2－10－1 所示：

表 2－10－1　2014～2016 年公司销售费用构成

单位：万元

	2016 年度		2015 年度		2014 年度	
	金额	比例	金额	比例	金额	比例
售后服务费	6,833.67	34.88%	6,642.84	33.06%	12,140.17	47.48%
职工薪酬	3,248.33	16.58%	3,818.11	19.00%	4,120.53	16.12%
运杂费	4,834.61	24.67%	5,231.06	26.04%	4,380.74	17.13%
广告及业务宣传费	755.62	3.86%	1,067.52	5.31%	952.44	3.73%
其他	3,921.87	20.02%	3,331.74	16.58%	3,974.72	15.55%
合计	19,594.11	100.00%	20,091.26	100.00%	25,568.60	100.00%

（一）售后服务费情况

报告期本公司售后服务费占营业收入比例如表 2－10－2：

表 2 - 10 - 2 2014 ~ 2016 年公司售后服务费占营业收入比例

单位:万元

项目	2016 年度	2015 年度	2014 年度
售后服务费	6,833.67	6,642.84	12,140.17
营业收入	424,689.90	414,488.90	455,877.34
占比	1.61%	1.60%	2.66%

本公司 2016 年和 2015 年售后服务费占营业收入比例相对稳定,与公司收入变化趋势基本吻合;2014 年售后服务费占营业收入比例明显高于 2015 年与 2016 年。公司 2014 年售后服务费较高主要原因为:(1)2014 年公司发现供给上汽通用五菱的某批次产品出现功能性瑕疵,公司按照预期可能发生的人工费用及其他各项费用专项计提了质量准备金 2466 万元,2015 年和 2016 年未发生同类问题故未作计提;(2)2015 年起,发行人开始调整国内后装业务规划,与部分经销商约定不再提供售后服务,故该部分售后服务费计提金额大幅下降;(3)2014 年公司服务费比例较高的部分后装客户进行产品促销,出货量较高,导致公司 2014 年国内后装业务售后服务费整体金额较高。

报告期内售后服务费主要为经营汽车电子业务的子公司华阳通用的售后服务费,华阳通用的售后服务费占发行人 2014 年、2015 年、2016 年售后服务费比例分别为 97.47%、96.88%、94.51%;除华阳通用外的售后服务费主要系精密压铸、精密电子、LED 照明业务实际发生的产品退、改、换及其他售后费用,金额较小且在发生时直接计入当期损益。具体情况如表 2 - 10 - 3:

表 2 - 10 - 3 2014 ~ 2016 年华阳通用与非华阳通用售后服务费金额及占比

单位:万元

项目	2016 年度	2015 年度	2014 年度
发行人售后服务费金额	6,833.67	6,642.84	12,140.17
华阳通用售后服务费金额	6,458.67	6,435.69	11,832.59
华阳通用售后服务费占比	94.51%	96.88%	97.47%
非华阳通用售后服务费金额	375.00	207.15	307.58
非华阳通用售后服务费占比	5.49%	3.12%	2.53%

(二)华阳通用售后服务费明细

华阳通用的售后服务费主要分为海外业务计提的售后服务费、国内前装业务

计提的服务费、国内后装业务计提的服务费及其他非计提的相关售后服务费。具体见表2－10－4:

表2－10－4　华阳通用售后服务费明细

单位:万元

项目	2016年度	2015年度	2014年度
计提性质售后服务费			
海外业务售后服务费	391.68	606.30	516.89
国内前装业务售后服务费	5,135.38	5,262.70	6,095.33
国内后装业务售后服务费	533.04	98.29	4,040.50
小计	6,060.10	5,967.29	10,652.72
非计提性质售后服务费			
改修改制费用	288.66	157.38	848.85
其他	109.91	311.01	331.02
小计	398.57	468.40	1,179.87
华阳通用售后服务费合计	6,458.67	6,435.69	11,832.59

1.海外业务计提的售后服务费

海外业务售后服务费计提比例一般根据合同约定按照销售收入的一定比率[通常计提比例根据不同客户及不同产品进行约定,差异较大,例如先锋(Pioneer,0%)、歌乐(0.5%~0.8%)、蓝宝(1%~3%)、欧迪福斯(Audiovox,3%~4.5%)、AV LINK(1%)]计提。海外销售由于返修难度大,故公司与客户签订合同时通常会约定提供一定比例的免费产品和配件,以供返修使用。当实际发生返修时,公司不再负责维修或更换配件服务。

报告期内海外业务客户售后服务费计提的平均比例见表2－10－5:

表2－10－5　2014~2016年海外业务客户售后服务费计提情况

单位:万元

项目	2016年度	2015年度	2014年度
海外业务计提售后服务费金额	391.68	606.30	516.89
海外后装业务收入金额	63,582.83	61,439.35	64,586.72
售后服务费占比	0.62%	0.99%	0.80%

报告期内海外业务售后服务费占相应收入比例相对稳定，2016 年略有下降主要系对约定售后服务费比例较高的客户（如 Audiovox）业务收入有所下降。

对于海外业务的售后服务费，公司根据合同计算应提供的免费产品和配件时，借记“销售费用”、贷记“预计负债”，在客户提出需求并由公司实际发出免费产品和配件时，借记“预计负债”、贷记存货类科目。

2. 国内前装业务计提的售后服务费

公司国内前装业务计提的售后服务费情况如表 2 – 10 – 6：

表 2 – 10 – 6　2014 ~ 2016 年公司国内前装业务售后服务费情况

单位：万元

项目	2016 年度	2015 年度	2014 年度
国内前装业务售后服务费			
质量保证金	3,403.43	2,746.88	4,735.73
其他售后服务费	1,731.95	2,515.83	1,359.59
小计	5,135.38	5,262.70	6,095.33
国内前装业务收入	195,930.94	159,918.62	143,052.61
国内前装业务售后服务费占比	2.62%	3.29%	4.26%

（1）质量保证金。公司目前前装业务售后服务费原则上按照当年销售收入的 1.75% 计提质量保证金，公司每年根据实际情况评估该计提比例是否适当。对于前装业务，合同中未约定明确比例的质量保证金，而是以诸如“提供自整车出售起 3 年或者 10 万公里里程孰先满足为期的质保期”的质保条款约定售后服务责任，公司结合以前年度质量退机指标和发生的实际费用制定如下售后服务费政策：①2012年 8 月及以前，由于前装业务售后服务费金额较小，而且在各个产品中较为分散，故未计提，而是在发生时直接计入当期费用；②2012 年 9 月至 2013 年 12 月，由于前装业务的销售额增长，售后服务费用也随之增长，在 2012 年 9 月开始按前装业务主要客户收入的 2% 计提售后服务费，费用发生时冲销计提；③2014 年，公司结合以前年度质量退机指标和发生的实际费用，将计提比例调整至 1.75% 。

对于突发性的批量质量事故，公司单独评估相关的质量费用并进行单项计提。2014 年公司发现供给上汽通用五菱的某批次产品出现功能性瑕疵，公司按照预期可能发生的人工费用及其他各项费用专项计提了质量准备金 2466 万元，报告期内无其他专项计提情况。

此外，第三方服务商为公司部分前装业务提供产品配送、仓储等服务，根据公司与第三方服务商约定，按相应销售数量或销售金额计提其他售后服务费。2015年因公司与通用五菱的第三方服务商约定的付费标准较高，且出货量高于预期，导致2015年该类计提服务费金额较高；2016年公司与第三方服务商重新约定了付费标准，计提金额得以下降。

(2)对于国内前装业务的售后服务费，公司按照销售收入和规定的比例计提时，借记"销售费用"、贷记"预计负债"，实际发生损失时，借记"预计负债"、贷记"银行存款/应收账款(冲抵货款)"。

3. 国内后装业务计提的售后服务费

报告期内，公司国内后装业务售后服务费按照与客户约定的销售数量或销售收入的一定比例计提，根据服务商所提供的服务类型、服务商规模大小、地位强弱，计提比例有所不同。对于国内后装业务，公司支付售后服务费由后装客户提供产品配送、维修和质保等服务，并由客户与其自身客户约定相关售后服务条款，该等售后服务条款对公司无约束力。

报告期内国内后装业务售后服务费计提的平均比例见表2－10－7：

表2－10－7　2014～2016年国内后装业务售后服务费计提情况

单位：万元

项目	2016年度	2015年度	2014年度
国内后装业务计提售后服务费金额	533.04	98.29	4,040.50
国内后装业务收入金额	10,511.42	20,192.66	48,598.12
售后服务费占比	5.07%	0.49%	8.31%

报告期内，公司国内后装业务售后服务费金额变化较大，主要是因为：(1)2014年公司与一汽股份销售公司约定的服务费比例较高，而一汽股份销售公司进行大力度产品促销，出货量较高，计提了2155.82万元的服务费，导致公司2014年国内后装业务售后服务费整体金额较高；(2)2015年一汽股份销售公司销售额较2014年大幅降低(从7477.50万元降至1656.77万元)，计提的服务费相应大幅下降(由2155.82万元降至559.25万元)，同时，发行人开始调整国内后装业务规划，清退部分经销商，冲销了因经销商责任而不再支付的服务费813.43万元，若不考虑冲销金额，售后服务费占比约为4.52%。截至2016年12月31日，发行人已计提的国内后装业务售后服务费仍有2027.13万元，虽然2015年度、2016年度计提金额下降明显，该类服务费计提仍较为充足。

对于国内后装业务售后服务费，公司按照与客户签订的服务合同约定计提服务费时，借记"销售费用"、贷记"其他应付款"，实际支付时，借记"其他应付款"、贷记“银行存款”。

4. 非计提性质售后服务费

该部分包括:(1)根据客户要求或其他情形产生的改修改制费用;(2)公司售后维修站在正常经营中发生的费用以及其他支出,该部分的发生具有不确定性且金额较小,一般在实际发生时计入当期损益。

其中,2014 年改修改制服务费较高的原因为公司原定销售的巴西客户申请破产,公司改变销售计划并按拟销售的新客户要求对相关产品进行了更改,因此产生了较高费用。

(三)华阳通用售后服务费实际支付占计提金额比例

报告期内,华阳通用计提和实际支付售后服务费如表 2-10-8 所示:

表 2-10-8　2014~2016 年华阳通用计提和实际支付售后服务费

单位:万元

项目	2016 年度	2015 年度	2014 年度
售后服务费计提金额	6,060.10	5,967.29	10,652.72
计提性质售后服务费实际支付金额	4,722.94	7,324.90	6,295.19
实际支付占计提金额比例	77.93%	122.75%	59.09%

2015 年计提金额低于实际支付金额主要是因为部分 2014 年专项计提的通用五菱质量保证金于 2015 年实际支付,2014 年、2016 年实际支付金额均小于计提金额。

(四)华阳通用售后服务费与上市公司对比情况

报告期内华阳通用售后服务费占汽车电子板块收入情况如表 2-10-9:

表 2-10-9　2014~2016 年华阳通用售后服务费占汽车电子板块收入情况

单位:万元

项目	2016 年度	2015 年度	2014 年度
华阳通用售后服务费	6,458.67	6,435.69	11,832.59
汽车电子板块营业收入	270,025.19	241,550.63	256,237.44
占比	2.39%	2.66%	4.62%

可比公司中，2016 年、2015 年和 2014 年索菱股份计提售后服务费占当期营业收入比例分别为 0.28%、0.33% 和 0.34%，均胜电子质保金占当年营业收入比例分别为 0.33%、0.96% 和 0.44%，卓翼科技推广及售后费用占当年营业收入比例分别为 0.48%、0.35% 和0.30%（注：报告期内京威股份未披露质保相关费用的数据明细）。

报告期内华阳通用售后服务费占比高于同行业可比公司，主要原因是：（1）发行人与可比公司对于售后服务费的核算口径存在差异，发行人将免费部件、由服务商提供配套服务所做出的让利部分均计入售后服务费核算，而可比公司则在免费部件、运杂费、仓储费等二级科目中核算；（2）发行人与可比公司各自生产的产品种类差异较大，具体的客户群体也存在差异，使得各公司的售后服务费占比存在差异。

总体而言，发行人的售后服务费特别是华阳通用售后服务费占收入比例较高，截至2016 年 12 月 31 日，发行人已计提的质量保证金余额为 5581.58 万元，其他售后服务费余额 2027.13 万元，计提较为充分。

二、大元泵业（603757）：大额质量技术维护费的关注和解释

发行人销售费用明细情况见表 2－10－10：

表 2－10－10　2014～2016 年公司销售费用明细情况

单位：万元

项目	2016 年度		2015 年度		2014 年度	
	金额	占比	金额	占比	金额	占比
职工薪酬	1,277.72	24.52%	843.92	21.22%	661.26	22.05%
质量技术维护费	855.64	16.42%	549.84	13.83%	640.58	21.36%
运输费	747.74	14.35%	548.49	13.79%	494.36	16.49%
广告宣传费	995.93	19.11%	962.06	24.19%	441.12	14.71%
差旅费	374.36	7.18%	429.7	10.81%	313.19	10.44%
展览费	262.02	5.03%	227.98	5.73%	166.17	5.54%
业务招待费	383.41	7.36%	167.71	4.22%	140.1	4.67%
办公费	50.22	0.96%	61.4	1.54%	50.38	1.68%
其他	263.82	5.06%	185.66	4.67%	91.54	3.05%
合计	5,210.86	100.00%	3,976.76	100.00%	2,998.69	100.0%
占营业收入比重	6.79%	—	6.24%	—	5.14%	—

公司质量技术维护费核算公司提供售后服务发生的各项支出,包括母公司三包返修的材料净支出、三包服务部门人员的工资、现场维修的维护人员的差旅费以及计提售后服务的预计负债等。

具体来看,质量技术维护费分为两大类:第一类是在国内销售实际发生的为客户维修产品领用的材料金额、人工工资和相关差旅费用。第二类是公司农用泵国内产品由于提供三包返修的政策,公司根据以往返修情况预估的未来维修所需的相关费用金额较大,所以在每年年末会计提预计负债。相应预计负债对应的质量维护费。

同时由于国外农用泵、屏蔽泵距离较远,公司一般不承担相关返修的义务,如果确因公司质量出现问题公司将允许其退或者换货。所以国外销售的农用泵和屏蔽泵都未计提质量技术维护费。国内屏蔽泵由于质保费用较低所以公司在实际发生维修时会根据其领用的材料、相关人员工资以及上门维修的差旅费用等实际发生的费用计提相关质量技术维护费。所以国内屏蔽泵仅有实际发生维修时计提的质量技术维护费,不会因为提前计提预计负债产生相应的质量维护费。

报告期内公司销售费用—质量技术维护费各期金额如表2－10－11:

表2－10－11　2014~2016年公司销售费用—质量技术维护费金额

单位:万元

项目	2016年度	2015年度	2014年度
合肥新沪维修相关费用	98.63	33.39	53.33
大元泵业维修相关费用	671.93	439.22	520.15
预提售后服务费金额变动影响	85.07	77.23	67.10
合计	855.64	549.84	640.58

第十一节　研发费用

【商业逻辑与背景分析】

任何时候,研发都是一个企业持续发展和保持强大竞争力的基础和灵魂。要进行大规模的研发,必然要产生研发费用,IPO申报的企业存在研发费用是比较常见的,既能传递出企业重视技术研发的信号,又能说明所处行业是与时俱进的。

IPO 审核时，研发支出的关注点主要体现在三个方面：真实性、合理性和合规性。

关于研发费用的会计处理，《企业会计准则》（2006 年财政部令第 33 号）为了鼓励企业多进行研发，允许开发阶段的费用在满足一定条件下可以资本化计入无形资产，而研究阶段的全部计入研发费用（当期损益）。研发费用资本化，能够使以研发为主流的企业资产负债表更加均衡，不然就像一个科技企业每年都挣钱每年都把钱花在了研发上，结果账上净资产还是四位数。这跟传统制造业是不同的，传统制造业企业挣了钱可以买厂房、买设备，这些资产不仅在账上体现并且还有实物具体存在，而研发成果根本无法实现这个效果。

研发费用资本化在鼓励研发方面是有益处的，但是对于 IPO 审核来说却很有可能成为一个非常重要的调节利润的手段，也存在很大的风险。毕竟，对于一个企业来说，如何划分研究和开发阶段以及如何界定哪些开发行为发生的费用可以资本化，存在太大的自由裁量的空间。更重要的是，这样的判断标准还是非专业人士很难去核查和论证的。

正是由于这样的原因，目前 IPO 审核实践中基本上不允许研发费用资本化的情形的存在，即使存在（如久远银海、暴风集团、辰安科技、三鑫医疗等），基本上允许的金额也不是很大，不会对发行人损益产生本质的影响。从个人的角度来说，既然费用资本化的金额不能太大且对损益影响有限，为什么还要做这样的尝试，增加更多的解释工作呢?

本专题主要从研发费用的真实性、合理性和合规性三个角度予以核查，而对研发支出是否应予以资本化的判断不做论述。

【核查方法指引】

1. 核查发行人研发项目从立项到投产的每一个具体环节和流程。

2. 核查各个研发项目的项目内容、计划投资金额、费用归集情况、关键节点的判断、阶段性成果和运用情况。

3. 核查企业会计政策中划分研究阶段和开发阶段的依据，发行人是否存在研发费用资本化的情况，判断资本化的合理性是否符合会计准则的规定，判断依据和时点是否充分。

4. 获取发行人分项目归集的研发费用明细表，检查研发项目的立项文件、开发计划、费用预算、研发成果报告、第三方鉴定报告等相关文件。检查研发费用构成项目的相关性和合理性，相关性可关注研发项目与发行人的现有产品结构或未来的发展规划是否相关，合理性方面可与同行业可比公司进行比较。

5. 核查研发费用在各项目的划分依据、费用完整性和真实性，对于职工薪酬占比较大的，还要额外关注职工薪酬的真实性和合理性。

6. 分析重要研发项目的费用变化原因，如果变化较大，需要警惕可能存在在生产成本和期间费用之间任意调整以操纵营业利润的情形；存在研发费用资本化的项目，需要核查资本化时点的判断标准是否符合准则依据，判断依据是否充分合理；结合费用发生的对方单位，核查是否存在关联方或潜在关联方为发行人承担成本或代垫管理费用的情况。

7. 对于合作研发项目，还需要格外关注：(1)项目合作背景、合作方基本情况、相关资质、合作方是否为关联方等基本情况，若存在关联方关系，需要进一步核查合作项目的合理性、必要性、交易价格的公允性以及发行人是否对参与合作研发的关联方存在重大依赖。(2)双方的合作内容、合作时间、主要权利义务、知识产权的归属、收入成本费用的分摊情况。

【具体案例分析】

一、欣锐科技(300745)

公司是专注于新能源汽车车载电源的研发、生产、销售和技术服务的国家高新技术企业。目前公司主要为新能源汽车行业提供车载电源整体解决方案，产品包括车载 DC/DC 变换器、车载充电机及以车载 DC/DC 变换器、车载充电机为核心的车载电源集成产品等。公司车载电源产品可广泛应用于乘用车、客车、专用车等各类新能源汽车领域。

(一)公司研发与预研中心基本情况

公司研发与预研中心现设立于深圳市南山区。研发与预研中心下设预研部、研发部、研发管理部、项目部、测试部、新产品导入部、先进制造技术研究中心。

公司是最早从事车载电源产品研发、生产、销售和服务的企业之一，历经十余年，培养和锻炼了一批顶尖的高频开关电源产品技术、工程技术核心骨干成员。截至 2017 年 12 月 31 日，公司研发与预研中心共有 308 人，占公司总人数比例超过 29%。

截至 2017 年 12 月 31 日，公司核心技术人员包括吴某某、李某、张某、赵某某、陈某某共 5 人。其中，吴某某是某某大学工学博士研究生，曾获某某大学“优秀博士论文”证书和“优秀博士毕业生”证书；2011 年 5 月至 2013 年 12 月担任国家高技术研究发展计划(863 计划)课题《电动汽车充电机产业化技术攻关》的负责人；

2012 年入选深圳市孔雀计划人才。

(二)公司研发流程

公司研发流程主要包括产品策划、产品设计和开发、过程设计开发、研发品投产等阶段，具体如图 2－11－1：

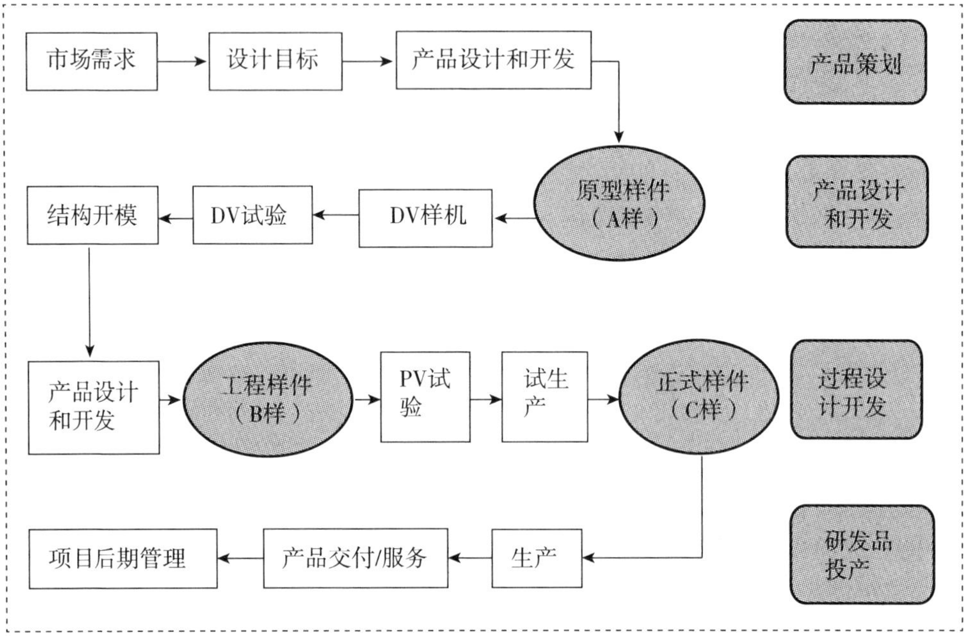

图 2－11－1　公司研发流程图

(三)公司正在从事的产品技术研发及所处阶段(表 2－11－1)

表 2－11－1　公司正在从事的产品技术研发及所处阶段

序号	项目名称	建设内容
1	新能源汽车大系统综合性集成及产业化	将纯电动/混合动力汽车内部高压零部件进行集成，主要将车载充电机、车载 DC/DC 变换器、高压配电模块、PTC 加热驱动板、高压空调接口、高压快充接口等进行水冷或风冷集成
2	新能源汽车车载集成方案小型化研究及产业化项目	设计研发车载 DC/DC 变换器＋车载充电机集成升级方案，该方案可以将车载充电机模块功率提升一倍，而体积和重量保持不变。同时产品的功能、可靠性、通讯、软件控制策略规范均须符合国家标准

续表

序号	项目名称	建设内容
3	新能源汽车车载10KW大功率充电机集成及产业化	设计研发车载10KW大功率充电机集成方案。现有市场主流纯电动车型配备的车载充电机功率为3.3KW,要实现10KW大功率充电机车载化须实现充电口单相交流电(220V)与三相交流电(380V)两种充电模式的兼容。同时产品体积与重量要能够符合客户对车载部件的要求
4	新能源汽车车载充电机双向技术的研究及产业化	设计研发可以正向给直流高压电池充电,反向又可以将动力电池的直流电压转换为220V单相交流电的车载充电机
5	新能源汽车经济型系统集成及产业化项目	在现有配套国内主流乘用车、客车车型的车载DC/DC变换器、车载充电机模块基础上,开发出适应经济型车型需求、符合安全性及可靠性要求的经济型零部件

(四)研发支出的会计核算政策

内部研究开发项目研究阶段的支出,于发生时计入当期损益。内部研究开发项目开发阶段的支出,同时满足下列条件的,确认为无形资产:(1)完成该无形资产以使其能够使用或出售在技术上具有可行性;(2)具有完成该无形资产并使用或出售的意图;(3)无形资产产生经济利益的方式,包括能够证明运用该无形资产产生经济利益的方式,包括能够证明运用该无形资产生产的产品存在市场或无形资产自身存在市场,无形资产将在内部使用的,能证明其有用性;(4)有足够的技术、财务资源和其他支持,以完成该无形资产的开发,并有能力使用或出售该无形资产;(5)归属于该无形资产开发阶段的支出能够可靠计量。

(五)研发费用的核算情况

1.研发费用占管理费用的比重

报告期内,公司主要管理费用情况如表2-11-2:

表2-11-2 2015~2017年公司主要管理费用情况

单位:万元

项目	2017年度	2016年度	2015年度
研发费用(万元)	6,024.00	3,696.00	1,548.06
管理费用(万元)	9,393.30	9,851.25	3,294.91
占管理费用的比例(%)	64.13	37.52	46.98

公司的研发费用核算研发立项项目相关的费用支出，主要包括研发人员薪酬、直接投入、折旧费用与长期待摊费用、租赁费等，报告期内发行人研发费用的具体构成如表2－11－3所示：

表2－11－3　2015～2017年公司研发费用的具体构成

单位：万元

项目	2017年度	2016年度	2015年度
研发人员薪酬	2,863.72	1,972.49	748.68
直接投入	1,548.37	1,070.31	594.73
折旧费用与长期待摊费用	623.11	390.39	80.84
租赁费	707.61	132.05	55.09
其他费用	281.19	130.76	68.72
合计	6,024.00	3,696.00	1,548.06

报告期内（2015～2017年）公司持续加大对研发的投入力度，研发费用占主营业务收入比例分别为4.51%、6.34%、12.53%。报告期内公司增加了研发人员的投入，研发人员平均人数分别为67人、153人、274人；人员的年均薪酬分别为11.17万元、12.89万元、10.45万元[注：平均人数＝全年各月（当月发放工资）人数之和/人员工资计提月数]。

报告期内直接投入主要为样机开发的原材料投入和制造费用投入：其中2016年和2017年直接投入增加明显，2016年的主要项目18个，包括江淮重混项目、腾势汽车开发项目等与整车厂相关的项目开发；2017年的重点项目28个，包括与吉利、众泰等整车企业的项目开发。

2017年租赁费用增加主要是公司新租赁的研发办公楼（6204.01平方米）投入使用。

公司历来重视研发投入，强大的技术研发能力是公司核心竞争力之一，截至本招股书签署日公司共拥有15项发明专利、69项实用新型专利、191项软件著作权。2017年公司研发投入的增加，为公司赢得了更多的客户资源，2017年公司在A00级市场不仅获得了量产的订单，而且拿到了多家客户未来车型的定点。同时公司也获得了一些合资品牌的定点。在专用车上，公司已取得了多家客户未来车型的定点通知书。以上新的业务和新的客户拓展，为公司未来两年的发展奠定了坚实的基础。

2.公司核心技术产品收入占营业收入比重

由于公司车载电源产品都会应用到部分核心技术，按照车载电源业务收入占营业收入的比例计算,2015～2017 年公司核心技术产品占营业收入的比重分别为 92.90%、99.07%、98.02%。

3. 公司研发投入的构成及占营业收入的比重

报告期内,公司研发投入逐年增加,具体情况如表 2－11－4:

表 2－11－4　2015～2017 年公司研发投入情况

项目	2017 年度	2016 年度	2015 年度
研发费用(万元)	6,024.00	3,696.00	1,548.06
营业收入(万元)	49,066.51	58,527.79	34,559.89
占营业收入的比例(%)	12.28	6.31	4.48

公司研发投入,主要集中运用于两个方面:一方面是投入产品的迭代技术升级和技术平台优化,保持产品在行业内的技术领先地位,增强产品的竞争能力,同时通过技术升级降低产品成本;另一方面是以 DESIGN－IN 的形式,针对整车厂的具体车型项目进行项目研发。

面对竞争不断加剧的市场环境,为实现以技术抢占市场机遇的目的,近两年公司进一步加大了研发的投入力度。2016 公司针对整车厂进行的有针对性的项目研发为 10 个,2017 年已增长至 23 个,2017 年以 DESIGN－IN 方式合作的整车厂包括北汽新能源、吉利、众泰、江淮、腾势、国能(NEVS)等知名企业。公司持续增加的研发投入为公司赢得了客户资源和业务发展契机。

(六)公司合作研发的情况

报告期内,发行人未与第三方就研发某项技术而签订合作研发协议。发行人一般基于后续销售的目的,与客户或潜在客户签订技术开发协议,接受客户或潜在客户的委托,为其研发车载充电机或变换器等样品,样品通过客户验收后,再向客户批量供货;就该等协议履行过程中产生的知识产权归属亦在协议中有所约定,根据协商的不同情况,由发行人所有、委托方所有或归双方共有。截至招股说明书签署日,发行人除了与北京索英共有一项发明专利,与长安股份共有一项实用新型外,发行人不存在与第三方共有其他专利的情形。

二、海顺新材(300501)

公司自成立以来,一直致力于为制药企业客户提供防潮、防氧、避光、儿童保护的整体药品包装解决方案,持续开展药用包装材料的研发、转化和专业市场服务。

报告期内，公司主要对封合聚三氟氯乙烯的新型泡罩包装覆盖膜、功能性冷成型铝硬片等产品进行研发。

（一）研发费用的范围界定

公司研发费用主要包括：研发活动直接消耗的材料、燃料和动力费用；公司在职研发人员的工资、奖金、津贴、补贴、社会保险费、住房公积金等人工费用以及外聘研发人员的劳务费用；用于研发活动的仪器、设备、房屋等固定资产的折旧费或租赁费以及相关固定资产的运行维护、维修等费用；用于研发活动的软件、专利权、非专利技术等无形资产的摊销费用；用于中间试验和产品试制的模具、工艺装备开发及制造费，设备调整及检验费，样品、样机及一般测试手段购置费，试制产品的检验费等；研发成果的论证、评审、验收、评估以及知识产权的申请费、注册费、代理费等费用；通过外包、合作研发等方式，委托其他单位、个人或者与之合作进行研发而支付的费用；与研发活动直接相关的其他费用，包括技术图书资料费、资料翻译费、会议费、差旅费、办公费、外事费、研发人员培训费和培养费、专家咨询费、高新科技研发保险费用等。

（二）划分为研究阶段以及开发阶段的具体标准

研究阶段：研究是指为获取新的技术和知识等进行的有计划的调查，具体包括：意欲获取知识而进行的活动；研究成果或其他知识的应用研究、评价和最终选择；材料、设备、产品、工序、系统或服务替代品的研究；以及新的或经改进的材料、设备、产品、工序、系统或服务的可能替代品的配制、设计、评价和最终选择。该阶段具有研究性和探索性等特点。

开发阶段：开发是指在进行商业性生产或使用前，将研究成果或其他知识应用于某项计划或设计，以生产出新的或具有实质性改进的材料、装置、产品等。具体包括：生产前或使用前的原型和模型的设计、建造和测试；含新技术的工具、夹具、模具和冲模的设计；不具有商业性生产经济规模的试生产设施的设计、建造和运营；新的或改造的材料、设备、产品、工序、系统或服务所选定的替代品的设计、建造和测试等。该阶段具有针对性和形成成果的可能性等特点。

（三）研发费用的会计核算政策

内部研究开发项目研究阶段的支出，于发生时计入“当期损益”。内部研究开发项目开发阶段的支出，同时满足下列条件的，确认为无形资产：(1)完成该无形资产以使其能够使用或出售在技术上具有可行性；(2)具有完成该无形资产并使用或出售的意图;(3)无形资产产生经济利益的方式,包括能够证明运用该无形资产生产的产品存在市场或无形资产自身存在市场,无形资产将在内部使用的,能证明其有用性;(4)有足够的技术、财务资源和其他资源支持,以完成该无形资产的开发,并有能力使用或出售该无形资产;(5)归属于该无形资产开发阶段的支出能够可靠地计量。

(四)公司产品由研发立项至生产全过程

现代包装材料的研究方向主要集中在以下方面:高度安全性药品包装材料的研究、高阻隔性新材料的研究、功能性药品包装材料的研究和包装材料的“绿色化”工艺。公司主要围绕以上行业发展要求开展产品研发。

公司结合包装材料研发方向进行产品的研发,产品研发、生产及销售过程主要如下:项目经研发立项(科技局、税务局备案)、制订研制方案、组织实施、小批量产品试制、产品验证、中批量试制、客户使用反馈、生产、采购及检验方案制定、小批量生产、中批量生产、批量生产等阶段。

(五)公司目前主要研发项目储备情况(表2-11-5)

表2-11-5　公司目前主要研发项目储备情况

序号	研发项目	研发内容	目前进度	研究方向	经历时间
1	功能性冷成型铝硬片	本项目解决了非对称的冷铝结构经过冲压成泡后易产生起翘现象,无法进行后道灌装等难题,本项目主要针对功能性冷成型铝的结构设计、冷冲压成型的高冲性性能、产品经成型后的阻隔性能等几方面进行研制	项目已完成,进入批量生产阶段	高阻隔性新材料	2012年-2013年
2	抗菌自洁净材料	本项目采用纳米技术改性的无机抗菌剂,具有粒径小,表面积大,表面有大量的悬键和不饱和键等特点,能产生极其优异的抗菌效果,且安全无毒、时效长、缓蚀效果好,具有普通银系抗菌剂所不能比拟的光稳定性和热稳定性;同时,通过改进造粒设备,选用双金属螺杆混合挤出,增强混炼效果,制备纳米改性树脂母粒;采用多层共挤吹膜方式,将抗菌剂添加在薄膜的内层,确保抗菌效果的前提下,保证合适的抗热封性能,有效地防止产品受到二次污染	项目已经完成,进入小批量生产阶段	高度安全性药品包装材料	2011年-2012年

续表

序号	研发项目	研发内容	目前进度	研究方向	经历时间
3	耐高温易揭铝制容器封口盖	本项目解决了传统金属包装容器取用不便、安全性不足、新颖性不够等难题。主要对外层防腐剂配方。内层密封剂的配方和涂布工艺进行研究	项目已经完成，进入批量生产阶段	功能性药品包装材料	2011年－2012年
4	封合聚三氟氯乙烯的新型泡罩包装覆盖膜	封合聚三氟氯乙烯的新型泡罩包装覆盖膜在不提高产品成本的前提下，由聚三氟氯乙烯与铝箔直接封合，具备如下优点：①更利于药品安全；②防潮性能提高15%－20%。本产品广泛用于透明高阻隔的药品泡罩包装。主要研发内容如下：封合聚三氟氯乙烯的新型泡罩包装覆盖膜的结构设计；生产设备和工艺改造；材料的选择和配方研究	项目已经完成，进入批量生产阶段	高阻隔性新材料	2012年
5	易剥触破式包装覆盖膜	本项目通过优化设计、关键工艺攻关，解决了热封装后表层黏结强度过高、不易剥离，内层热封强度小于层间复合强度等技术难题。主要的研发内容包括研制材料的结构设计；成型的泡罩磨具的结构设计方案；主要应用于儿童安全保护包装	项目已经完成，进入小批量生产阶段	功能性药品包装材料	2013年－2014年
6	除湿防潮封装薄膜	本项目研究的是一种防潮功能性复合包装薄膜，包括防潮阻隔材料和除湿功能热封材料，通过黏合剂将两层材料复合在一起，制成具有除湿防潮功能的复合包装薄膜。本项目研究内容包括研制除湿功能热封材料的配方设计；研制层压复合工艺；研究初始防潮功能性复合包装薄膜的应用	项目已经完成，进入小批量生产阶段	高度安全性药品包装材料	2013年－2014年
7	冷封型泡罩包装盖膜	本项目主要针对一些对热量特别敏感的药物的封装问题进行研究，产品可以在室温条件下完成对药品的封装。主要研究内容包括研制材料的结构设计；研制冷封胶涂布工艺；研究包装封合工艺	项目已完成，进入中批量生产阶段	包装材料的绿色化工艺	2014年－2015年
8	吸塑包装膜	本项目研究产品主要用于一次性医疗器械包装，能弥补现有产品的不足，解决灭菌不彻底、残留、产品变形等诸多问题。主要研究内容包括研制产品的配方组成；多层共挤吹膜工艺；吹塑成型及包装使用性能的研究	项目处于批量生产阶段	功能性药品包装材料	2013年

续表

序号	研发项目	研发内容	目前进度	研究方向	经历时间
9	水性涂层铝塑泡罩底膜	本项目针对传统铝塑泡罩底膜生产过程中易产生采用有机溶剂引发环境污染及药品安全隐患等问题,而开发出的新型环保铝塑泡罩底膜。主要研究内容包括研制涂布材料的配方组成;合成工艺;研究包装封合工艺	项目处于批量生产阶段	包装材料的绿色化工艺	2013 年

报告期内,公司上述研发项目均属于自主研发,无客户指定的研发项目,研发的成果归属于公司或苏州海顺。

(六)研发费用的核算情况

1. 报告期内公司管理费用构成(表 2-11-6)

表 2-11-6 2012~2015 年 9 月公司管理费用构成

项目	2015 年 1-9 月		2014 年度		2013 年度		2012 年度	
	金额	比例	金额	比例	金额	比例	金额	比例
研发费用	1,264.81	59.70%	1,615.68	61.92%	1,570.31	63.02%	1,013.62	54.83%
职工薪酬	448.37	21.16%	479.25	18.37%	385.84	15.48%	357.87	19.36%
折旧费	68.71	3.24%	105.73	4.05%	105.08	4.22%	104.18	5.64%
无形资产摊销	26.90	1.27%	35.87	1.37%	35.86	1.44%	36.27	1.96%
税金	63.26	2.99%	89.76	3.44%	65.19	2.62%	85.85	4.64%
电费	27.20	1.28%	33.15	1.27%	33.68	1.35%	27.15	1.47%
差旅费	19.27	0.91%	13.41	0.51%	20.78	0.83%	25.70	1.39%
办公费	29.68	1.40%	21.05	0.81%	24.08	0.97%	24.59	1.33%
装修费摊销	1.13	0.05%	5.37	0.21%	3.39	0.14%	22.46	1.21%
其他	169.17	7.99%	209.90	8.04%	247.62	9.94%	151.01	8.17%
合计	2,118.51	100.00%	2,609.16	100.00%	2,491.82	100.00%	1,848.69	100.00%

报告期内,公司研发费用分别为 1013.62 万元、1570.31 万元、1615.68 万元和 1264.81 万元,占管理费用的比例分别为 54.83%、63.02%、61.92%和 59.70%。为了保持在行业内技术方面的优势,公司重视产品生产工艺及产品的研究开发,在研发方面不断加大投入。

2. 报告期内，研发支出费用明细

报告期内，公司无研发费用资本化情况，所有研发支出均费用化处理。报告期内公司研发支出费用化情况如下：

(1)研发费用明细(表2－11－7)

表2－11－7　2012～2015年9月公司研发费用明细

项目	2015年1－9月		2014年度		2013年度		2012年度	
	金额	比例	金额	比例	金额	比例	金额	比例
人工费用	273.91	21.66%	31.07	19.75%	272.61	17.35%	201.37	19.86%
直接投入	905.89	71.62%	1,186.04	73.41%	1,187.76	75.64%	711.94	70.24%
折旧费用	44.34	3.51%	61.54	3.81%	74.83	4.77%	73.68	7.27%
其他费用	40.66	3.21%	49.03	3.03%	35.11	2.24%	26.64	2.63%
合计	1,264.81	100.00%	1,615.68	100.00%	1,570.31	100.00%	1,013.62	100.00%

(2)研发费用分项目明细(表2－11－8)

表2－11－8　2012～2015年9月公司研发费用分项目明细

项目	2015年1－9月	2014年度	2013年度	2012年度	合计
封合聚三氟氯乙烯的新型泡罩包装覆盖膜			339.65	274.58	614.23
功能性冷成型复合硬片			380.48	270.42	650.90
抗菌自洁净材料及其生产工艺				204.11	204.11
耐高温易揭式铝制容器封口盖及其生产工艺				233.58	233.58
一种镀铝复合膜				30.93	30.93
除湿防潮功能性复合包装薄膜	166.17	479.61	212.19		857.97
高阻隔聚三氟氯乙烯硬片	100.79		79.72		180.51
功能性冷成型无异味复合硬片		51.67	26.55		78.22
环保型医用纸铝塑复合膜	101.43		71.90		173.33
可在线防伪印刷的铝箔		87.54	25.92		113.46
冷封型泡罩包装盖膜	241.93	137.39	192.98		572.30
水性环保泡罩PTP铝箔	111.87	117.58	53.87		283.32

续表

项目	2015 年 1－9 月	2014 年度	2013 年度	2012 年度	合计
无溶剂残留复合膜	108.74		105.71		214.45
吸塑包装膜		143.22	46.93		190.15
新型多功能包装复合膜		84.66	34.40		119.06
水性环保泡罩包装覆盖膜	259.56	31.89			291.45
新型易剥触破式包装覆盖膜		70.98			70.98
易剥—触破式泡罩包装膜	174.31	411.13			585.44
合计	1,264.81	1,615.68	1,570.31	1,013.62	5,464.42

(七)公司合作研发的情况

1. 合作形成专利的基本情况

2011 年 1 月 5 日,东华大学、上海睿兔与公司、苏州海顺签署协议,将其拥有的专利“一种无色透明芳香族聚酰亚胺薄膜及其制备方法”(ZL 200810202243.8)的共有权转让给公司、苏州海顺。该专利共有权转让已于 2011 年 1 月办理了变更登记手续。

2012 年 12 月 12 日,上海睿兔、东华大学与公司签署协议,将上述专利独占许可公司及公司指定许可的第三方在中国地区使用。该专利独占许可使用已于 2012 年 12 月办理了备案登记手续。

上述公司、苏州海顺、上海睿兔、东华大学共有的专利的具体情况如表 2－11－9:

表 2－11－9　公司共有专利情况

专利名称	专利权人	专利号	申请日期	有效期限	取得方式
一种无色透明芳香族聚酰亚胺薄膜及其制备方法	海顺新材 苏州海顺 东华大学 上海睿兔	ZL 200810202243.8	2008.11.5	20 年	受让

2. 合作研发的专利对公司收入、利润的贡献

根据该项专利的专利说明书,该项专利“一种无色透明芳香族聚酰亚胺薄膜及其制备方法”用于制作无色透明芳香族聚酰亚胺薄膜,由于该材料的绝缘性、稳定性等特点,2011 年取得该专利共有权时,公司原计划研发运用于太阳能电池衬底

薄膜的技术。后来考虑到新型聚酰亚胺薄膜的技术壁垒、研发成本以及国外厂商的垄断竞争等综合成本过高,以及为了保证公司主营业务,实现公司在药用包装材料领域的持续发展,公司并未实际开展此项技术的改造研发及产业化。

因此,该项专利技术并未实际运用于公司的生产经营,未实际形成有效业务收入和利润。

3. 关于公司与相关机构的权利义务约定的具体情况

2011年1月5日,公司、苏州海顺、东华大学、上海睿兔签署《协议书》,约定:公司、苏州海顺在未经东华大学、上海睿兔书面授权同意时,不得将专利许可第三方使用;公司、苏州海顺同意东华大学、上海睿兔有权将专利许可第三方使用。

2011年1月5日,公司、苏州海顺、东华大学、上海睿兔签署《专利权人变更协议》,约定:专利权人由东华大学、上海睿兔变更为公司、苏州海顺、东华大学、上海睿兔。

2012年12月12日,公司与上海睿兔签署《专利权独占实施许可协议书》,约定:上海睿兔将专利"一种无色透明芳香族聚酰亚胺薄膜及其制备方法"独占许可公司及公司指定许可的第三方在中国地区使用,实施许可费为人民币6万元,许可期限为该专利剩余有效期限。

2012年12月12日,公司与东华大学签署《专利权独占实施许可协议书》,东华大学将发明专利"一种无色透明芳香族聚酰亚胺薄膜及其制备方法"独占许可公司及公司指定许可的第三方在中国地区使用,实施许可费为人民币6万元,许可期限为该专利剩余有效期限。

公司、苏州海顺与上海睿兔、东华大学签署上述协议已执行了必要的程序,并严格按照协议约定履行了相关权利义务和相关登记备案手续。公司、苏州海顺、上海睿兔出具了《声明》,上述行为真实合法有效,并且各方均已依法忠实履行相关权利义务,不存在纠纷或潜在纠纷。

4. 公司与合作方分担成本费用的情况

公司董事、监事、高级管理人员未兼任上海睿兔任何职务,公司的其他人员也未在上海睿兔任职。上海睿兔出具《声明》:上海睿兔的股东、董事、监事、高级管理人员、核心人员、技术不员不存在公司和苏州海顺兼职或者领薪的情况;公司和苏州海顺的股东、董事、监事、高级管理人员、核心人员、技术人员不存在上海睿兔兼职或者领薪的情况。

公司对其开展生产经营所需的各项资产均拥有完全的所有权与使用权,不存在与上海睿兔共有、共用资产或租赁资产的情形。

公司的核心冷冲压成型铝生产技术、高阻隔聚三氟氯乙烯/聚氯乙烯复合硬片生产技术、可在线印刷铝箔的生产技术、无溶剂复合生产技术、儿童安全保护包装生产技术、多层共挤膜生产技术、精密涂布生产技术均源于自主研发,公司所拥有的各项专利主要为公司及其子公司通过首次申请获得,且拥有完全所有权。除受让上海睿兔拥有的专利“一种无色透明芳香族聚酰亚胺薄膜及其制备方法”的共有权及独占许可使用外,与上海睿兔不存在其他合作研发、共同申请专利、技术或专利转让、专利许可、技术共有、共用等情形,也不存在技术、专利方面的纠纷及潜在纠纷。并且,公司主要从事直接接触药品的高阻隔包装材料研发、生产和销售,上海睿兔主要从事电子材料的研发、生产,二者的技术领域和范围完全不同。

除公司向上海睿兔支付上述独占许可费用6万元外,公司与上海睿兔及其股东、董事、监事之间不存在其他资金往来。

因此,公司与东华大学、上海睿兔关于合作研发相关权利义务的约定正常履行,不存在纠纷或潜在纠纷;上海睿兔与公司在技术、人员、资产、资金方面与公司不存在任何关系,与公司及其关联方不存在关联关系,不存在为公司分担成本费用的情形。

第十二节　政府补助

【商业逻辑与背景分析】

财政部于2017年5月发布了修订后的《企业会计准则第16号——政府补助》(财会〔2017〕15号,以下简称新准则),自2017年6月12日起实施。

一、修订背景

新准则实施之前,原有准则已施行十年之久,实践中产生的经济业务日益复杂,原有准则在执行过程中存在的一些问题也逐渐显露,主要体现在以下几个方面:

(一)关于政府补助、资本性投入和收入的区分

企业从政府取得的货币性资产或非货币性资产不一定都是政府补助,还有可能是政府作为所有者对企业的资本性投入,或者就是与企业日常活动密切相关且构成了企业商品或服务对价的组成部分。

(二)关于会计科目的使用

根据原准则规定，政府补助计入营业外收入，但是在实践中，有些补助款与企业日常活动密切相关，比如说软件产品的即征即退增值税、科研补助、人才补贴等，其指定用途往往构成日常活动，相应地，该等政府补助与日常活动紧密相关，不宜计入营业外收入。

(三)关于财政贴息的会计处理

原准则没有明确企业按照优惠利率从政策性银行获取的贷款的处理，导致实务界没有可依据的原则。

二、政府补助的特征

根据新准则的规定，政府补助具有下列特征：(1)来源于政府的经济资源。对于企业收到的来源于其他方的补助，有确凿证据表明政府是补助的实际拨付者，其他方只起到代收代付作用的，该项补助也属于来源于政府的经济资源。(2)无偿性。即企业取得来源于政府的经济资源，不需要向政府交付商品或服务等对价。

三、会计处理原则

根据新准则规定，政府补助分种类的核算原则归纳如表2-12-1：

表2-12-1　政府补助分类核算原则

政府补助类别		总额法	净额法
与资产相关的政府补助		确认为递延收益，在相关资产使用寿命内按照合理、系统的方法分期计入损益	冲减相关资产账面价值
与收益相关的政府补助	用于补偿企业以后期间的相关成本费用或损失	确认为递延收益，逐步计入以后期间的当期损益	确认为递延收益，逐步冲减以后期间的相关成本费用或损失
	用于补偿企业已发生的相关成本费用或损失	直接计入当期损益	直接冲减当期的成本费用或损失

此外，新准则根据政府补助是否与日常活动相关，对其损益项目归属进行了区分。与企业日常活动相关的政府补助，应当按照经济业务实质，计入其他收益或冲减相关成本费用。与企业日常活动无关的政府补助，应当计入营业外收支，有利于更清晰地反映经济业务实质。

四、实务中存在的问题

（一）会计处理不正确

会计处理的难点在于对“日常活动”的界定，由于新准则未对“日常活动”进行详细规定，对于如何判断一项政府补助“与日常活动相关”或“与日常活动无关”，实务中的相关理解不尽一致。财政部会计司编写组编制的《〈企业会计准则第16号——政府补助〉应用指南》中对“日常活动”明确了两个判断标准：①政府补助补偿的成本费用是否属于营业利润之中的项目，如果属于，则该项政府补助与日常活动相关；②该补助与日常销售等经营行为是否密切相关，例如，软件企业享受增值税即征即退的税收优惠，该税收优惠与企业销售商品的日常活动密切相关，则属于与日常活动相关的政府补助。

（二）利用政府补助调节利润

将未达到确认条件的政府补助予以提前确认，或者将已达到确认条件的政府补助不予确认等，都是可以将利润在不同期间进行调节的手段。

（三）盈利能力严重依赖政府补助

由于政府补助的持续性不确定，如果发行人的净利润大部分来自于政府补助，则会造成对发行人的盈利能力的质疑。

【核查方法指引】

一、核查政府补助的具体内容、依据，是否合法合规

政府向企业提供经济支撑，以鼓励和扶持特定行业、地区或业务的发展，是政府进行宏观调控的重要手段。一项正规的政府补助必然符合国家法律法规的规定，有一定的政策性文件作为支撑，有合理的补助理由。通常还会附有一定的条件，对政府补助资金或资产的适用范围、用途或使用时间等作出规定，发行人满足

相关条件且收到政府补助时才能予以确认。

核查的资料通常至少包括政府部门出具的补助文件和企业已获得相关资产的凭据。必要时，应查验企业申请文件、项目验收报告和重要会议纪要等资料，并将相关项目资料与政府文件内容进行对比。对企业确认的政府补助的真实性应保持合理的怀疑态度，并考虑补助项目是否明显违背国家产业政策和相关法律法规的规定。

实务中，有企业通过非常规渠道与相关部门达成协议，将实质上来自于控股股东或集团内其他企业的捐赠作为政府补助，这是不能满足政府补助确认条件的。

二、核查划分依据是否充足，会计处理是否正确

政府补助会计处理的第一步是选择计量方法，确定是以总额法还是净额法进行会计处理。一般相同或相似的交易或事项，应当采用一致的会计政策，不得随意变更。第二步是确定是与资产相关还是与收益相关，判断时需要结合具体政策文件，判断理由要充分，核查与资产相关的政府补助时，应检查相应项目形成资产的过程是否符合有关文件、协议的规定；核查与收益相关的政府补助时，应检查补偿费用对应的期间，相关的费用是否已经实际发生，查验结转损益的金额是否正确。第三步是判断是否与日常活动相关，判断标准见前文所述。

三、核查现金流量列报是否正确、合规

企业实际收到的政府补助，无论是与资产相关还是与收益相关，在编制现金流量表时均作为经营活动产生的现金流量列报。财政部会计司在《关于 2018 年度一般企业财务报表格式有关问题的解读》中作出明确之前，对于与资产相关的政府补助，基于该类补助的取得一般与资产购建相关，实务中通常将之列入现金流量表中“与投资活动产生的现金流量”。今后应注意企业需在现金流量表“与经营活动产生的现金流量”项目列报与资产相关的政府补助。

四、核查发行人对政府补助是否存在重大依赖

新兴行业如涉及新能源、环境保护等类型的企业，由于受政策影响或属于国家鼓励发展的行业，在行业发展初期，会存在较多的政府补助。随着行业发展逐渐成熟，政府补助的规模和力度也将逐渐减小，即使政府补助的可持续性和稳定性均较高，如果发行人的净利润大部分来自于政府补助的贡献，也是 IPO 审核的重点关注

问题。一般情况下,剔除政府补助发行人的财务指标必须仍然满足《首次公开发行股票并上市管理办法》,否则就是对政府补助存在重大依赖且构成 IPO 实质性障碍。

【具体案例分析】

东方环宇(603706)

(一)政府补助的会计政策摘要

1.类型

政府补助,是公司从政府无偿取得的货币性资产与非货币性资产。分为与资产相关的政府补助和与收益相关的政府补助。

与资产相关的政府补助,是指本公司取得的、用于购建或以其他方式形成长期资产的政府补助。与收益相关的政府补助,是指除与资产相关的政府补助之外的政府补助。

公司将政府补助文件规定用于购买资产的部分确认为与资产有关的政府补助。

本公司将政府补助文件规定与收益相关的部分确认为与收益相关的政府补助。

对于政府文件未明确规定补助对象的,公司将该政府补助划分为与资产相关或与收益相关的判断依据为:(1)政府文件明确了补助所针对的特定项目的,根据该特定项目的预算中将形成资产的支出金额进行划分,对该划分比例需在每个资产负债表日进行复核,必要时进行变更;(2)政府文件中对用途仅作一般性表述,没有指明特定项目的,作为与收益相关的政府补助。

2.确认时点

公司的政府补助,在实际收到时,按照实际收到的金额予以确认和计量。

公司收到的政府补助确认时点具体情况如表 2-12-2:

表 2-12-2 公司收到政府补助的确认时点

政府补贴项目	确认时点	说明
天然气购销倒挂补贴	实际收到时确认	
上市补助	实际收到时确认	

续表

政府补贴项目	确认时点	说明
就业奖励资金	实际收到时确认	
增值税减免	实际收到时确认	
天然气差价补贴	天然气销售实现时按应收金额确认	根据会计准则,2017年起计入主营业务收入核算
民用供暖补贴	热能销售实现时按应收金额确认	根据会计准则,2017年起计入主营业务收入核算
天然气管网工程	递延收益分摊转入	根据会计准则,2017年起计入其他收益核算
社保补贴	实际收到时确认	根据会计准则,2017年起计入其他收益核算
税务奖励	实际收到时确认	根据会计准则,2017年起计入其他收益核算

3. 会计处理

与资产相关的政府补助,冲减相关资产账面价值或确认为递延收益。确认为递延收益的,在相关资产使用寿命内按照合理、系统的方法分期计入当期损益(与本公司日常活动相关的,计入其他收益;与本公司日常活动无关的,计入营业外收入)。

与收益相关的政府补助,用于补偿本公司以后期间的相关成本费用或损失的,确认为递延收益,并在确认相关成本费用或损失的期间,计入当期损益(与本公司日常活动相关的,计入其他收益;与本公司日常活动无关的,计入营业外收入)或冲减相关成本费用或损失;用于补偿本公司已发生的相关成本费用或损失的,直接计入当期损益(与本公司日常活动相关的,计入其他收益;与本公司日常活动无关的,计入营业外收入)或冲减相关成本费用或损失。

(二)具体科目分析

1. 递延收益

报告期各期末,公司递延收益情况如表2-12-3所示:

表2-12-3 2015~2017年公司递延收益情况

单位:万元

项目	2017.12.21	2016.12.31	2015.12.31
因与资产相关政府补助形成的递延收益	2,559.23	2,756.09	2,952.95

公司递延收益由与资产相关政府补助形成,是公司收到的中央及地方预算内专项资金、中央及地方预算内投资以及根据新疆维吾尔自治区财政厅《关于部分公

益性国债项目转贷资金转为拨款的通知》(新财建〔2011〕145号)将国债转贷资金尚未偿还的部分转为拨款等用于天然气管网工程建设的专项资金,共计3937.27万元,从2011年起分20年摊销。

2. 其他收益

报告期内,发行人其他收益情况如表2-12-4:

表2-12-4 2015~2017年公司其他收益情况

单位:万元

其他收益	2017年度	2016年度	2015年度
天然气管网工程	196.86	—	—
社保补贴	13.04	—	—
税务奖励	5.00	—	—
合计	214.90	—	—

2015~2016年,天然气管网工程补贴计入营业外收入,相关分析详见下文"3. 营业外收入"之"(1)政府补助核算过程、依据及拨付情况"之"④天然气管网工程补贴"之分析。

根据财政部2017年度修订的《企业会计准则第16号——政府补助》规定,天然气管网工程补助、社保补贴与税务奖励为与公司日常活动相关的政府补助,计入其他收益,不再计入营业外收入。

3. 营业外收入

报告期内,发行人营业外收入情况如表2-12-5:

表2-12-5 发行人营业外收入情况

单位:万元

项目	2017年度		2016年度		2015年度	
	金额	占比	金额	占比	金额	占比
政府补助	0.42	0.16%	10,103.10	97.98%	3,068.98	99.93%
其他	256.28	99.84%	208.43	2.02%	2.05	0.07%
合计	256.70	100.00%	10,311.53	100.00%	3,071.03	100.00%

2015~2016年,公司营业外收入主要由政府补助构成,政府补助占营业外收入的比重分别为99.93%、97.98%。2017年,政府补助占营业外收入的比重为0.16%。

报告期内，公司获得政府补助情况如表2－12－6：

表2－12－6　2015～2017年公司获得政府补助情况

单位：万元

项目	2017年度		2016年度		2015年度	
	金额	占比	金额	占比	金额	占比
天然气购销倒挂补贴		—	6,518.78	64.52%	1,499.96	48.87%
天然气价差补贴		—	1,039.93	10.29%	1,245.99	40.60%
民用供暖补贴		—	2,250.00	22.27%		0.00%
天然气管网工程		—	196.86	1.95%	196.86	6.41%
社保补贴		—	12.54	0.12%	11.17	0.36%
支持上市补助		—	80.00	0.79%	110.00	3.58%
税务奖励		—	5.00	0.05%	5.00	0.16%
就业奖励资金	0.4	95.24%		—		—
增值税减免	0.02	4.76%		—		—
合计	0.42	100.00%	10,103.11	100.00%	3,068.98	100.00%
利润总额	11,641.57		17,319.45		11,793.16	
政府补贴/利润总额	0.004%		58.33%		26.02%	

公司获得的政府补助主要由天然气购销倒挂补贴、天然气价差补贴与民用供暖补贴构成，2015～2016年，以上补贴合计分别占政府补贴的89.47%与97.09%。

2017年，公司政府补助较2016年下降10,102.68万元，主要原因为：根据财政部2017年修订的《企业会计准则第16号——政府补助》以及《企业会计准则第14号——收入》等规定，公司从政府取得的天然气价差补贴、民用供暖补贴与销售商品或提供服务密切相关，是商品或服务对价的组成部分，该补贴计入主营业务收入核算，不再计入营业外收入。天然气管网工程补贴、社保补贴与税务奖励为与公司日常活动相关的政府补助，计入其他收益核算，不再计入营业外收入。

（1）政府补助核算过程、依据及拨付情况

①天然气购销倒挂补贴

A. 天然气购销价格倒挂补贴

天然气采购价格主要受国家发改委调整指导价等影响，天然气销售价格主要受昌吉回族自治州发改委调整下游销售价格影响，上游采购价格调整与下游销售价格调整存在时差时，对由于昌吉回族自治州发改委未及时调整下游销售价格造成的购销价格倒挂，政府给予天然气购销倒挂补贴。

根据国家发展改革委发布的《关于提高国产陆上天然气出厂基准价格的通知》（发改电〔2010〕211号）文件，2010年6月1日起，适当提高国产陆上天然气出厂基准价格。天然气门站价格调整后，昌吉回族自治州发改委于2013年5月3日发布《州发改委关于调整我州非居民用天然气销售价格的通知》（昌州发改价格〔2013〕353号）文件，规定从2013年5月15日起，针对门站价格的上升调整天然气销售价格，由此形成35.5个月（2010年6月1日至2013年5月15日）的天然气购销价格倒挂，期间公司天然气销售量为31,267.70万立方米，补贴标准为0.23元/立方米，补贴总金额共计7191.57万元。

天然气购销价格倒挂补贴在实际收到时确认为营业外收入。2010年6月1日至2013年5月15日的天然气购销价格倒挂补贴实际收到款项时间如表2-12-7所示：

表2-12-7　2010~2013年天然气购销价格倒挂补贴收到款项情况

收到款项时间	天然气购销价格倒挂补贴收款金额
2013年度	1,198.56
2014年度	1,797.84
2015年度	1,198.56
2016年度	2,996.61
合计	7,191.57

B.多交价差收入与增加公交车补贴

根据昌吉回族自治州发改委与昌吉回族自治州财政局发布的《昌吉回族自治州车用天然气价差收入收缴使用管理暂行办法》（昌州发改价格〔2013〕358号）文件，2013年5月15日起，燃气经营企业开始上缴“价差收入”。因昌吉回族自治州发改委调整下游车用天然气销售价滞后造成天然气经销企业多缴纳“价差收入”与少获得公交车燃气补助，政府给予补贴。

公司取得的多交价差收入与增加公交车燃气补助情况如表2-12-8：

表2-12-8 公司多交价差收入与增加公交车补助情况

单位：万立方米、元/立方米、万元

项目	销气量	补贴标准	补贴金额
2013 年 7 月 10 日 - 2014 年 4 月 25 日			
多交价差收入	5,599.37	0.40	2,239.75
增加公交车补助	428.61	0.40	171.44
合计	6,027.98		2,411.19
2014 年 9 月 1 日 - 2015 年 3 月 31 日			
多交价差收入	3,285.86	0.40	1,314.34
增加公交车补助	351.46	0.40	140.58
2015 年 4 月 1 日 - 2015 年 4 月 30 日			
多交价差收入	431.85	0.54	233.20
增加公交车补助	47.50	0.54	25.65
合计	4,116.67		1,713.78

多交价差收入与增加公交车补贴在实际收到时确认为营业外收入，2013 年 7 月至2014 年 4 月与 2014 年 9 月至2015 年 4 月的多交价差收入与增加公交车补贴实际收到款项时间如表 2-12-9 所示：

表2-12-9 公司多交价差收入与增加公交车补助实际收到款项时间

实际收到款项时间	多缴价差收入及增加公交车补助（2013 年 7 月 -2014 年 4 月）	多缴价差收入及增加公交车补助（2014 年 9 月 -2015 年 4 月）
2013 年度		
2014 年度	301.40	
2015 年度	301.40	
2016 年度	1,808.39	1,713.78
合计	2,411.19	1,713.78

②天然气价差补贴

天然气价差补贴指由于天然气门站价格调整，昌吉回族自治州发改委未调整居民用天然气价格与城市公交车天然气价格而给予燃气经营企业的居民生活用气补贴与城市公交车天然气价格补贴。

根据昌吉回族自治州发改委《关于调整我州非居民用天然气销售价格的通知》（发昌州发改价格〔2013〕358 号）、《有关于降低车用天然气价差收入收缴标准等有关问题的通知》（昌州发改价格〔2014〕475 号）、《关于转发自治区发改委转发国家发改委调整非居民用天然气价格和理顺非居民用天然气价格的通知》（昌州发改价格〔2015〕501 号）、《关于降低非居民用天然气销售价格的通知》（昌州发改价格〔2015〕1069 号），天然气价差补贴标准如表 2 – 12 – 10：

表 2 – 12 – 10　天然气价差补贴标准

单位：元/立方米

项目	2014.9.01 – 2015.3.31	2015.4.01 – 2015.12.5	2015.12.6 至今
居民生活用气价格补贴	0.23	0.23	0.23
城市公交天然气价格补贴	1.03	1.17	0.5

天然气价差补贴在天然气销售实现时确认。天然气价差补贴根据当期销售量与单位销售量补贴计算得到，具体情况如表 2 – 10 – 11：

表 2 – 10 – 11　天然气价差补贴情况

单位：万立方米、万元

项目	2017 年度	2016 年度	2015 年度
居民生活用气价格补贴			
销售数量	2,885.71	3,158.70	2,958.73
补贴金额	663.71	726.50	680.51
当年收到金额		456.76	680.51
城市公交天然气价格补贴			
销售数量	632.68	1,092.70	602.61
补贴金额	316.34	313.43	565.48
当年收到金额		232.92	565.48
补贴合计	980.05	1,039.93	1,245.99

③民用供暖补贴

民用供暖补贴为公司承建了昌吉市煤改气东天然气热源建设项目与城西天然气热源建设项目后获得的供热补贴。

2016 年，根据昌吉市发改委出具的《关于 2016 – 2017 年供热期新疆东方环宇燃气股份有限公司及新建东、城西热源热力公司天然气供热补贴的复函》，供热补贴将暂按900万元/月进行补贴，按照"多退少补的原则，待2016～2017年供热期结束，按供热期天然气实际用量据实核算明确相关数据后，再进一步核算"。截至2016年12月31日，按照2.5个月补贴期（2016年10月15日至2016年12月31日）计算，应收政府供热补贴2250万元。

2017年，根据昌吉市发改委出具的《关于昌吉市2016～2017供热期燃气供热补贴审核情况的报告》（昌市价费字〔2017〕411号），昌吉市2016～2017年供热期结束后，发行人按供热期天然气实际用量据实核算后补贴金额共计8688.34万元。根据财政部2017年修订的《企业会计准则第16号——政府补助》及《企业会计准则第14号——收入》等规定，公司从政府取得的民用供暖补贴共计5697.65万元（不含税）与销售商品或提供服务密切相关，是商品或服务对价的组成部分，计入2017年的"主营业务收入"。

截至本招股说明书签署日，公司民用供暖补贴已全部收回。

④天然气管网工程补贴

天然气管网工程补贴指为公司收到的中央及地方预算内专项资金、中央及地方预算内投资以及根据新疆维吾尔自治区财政厅《关于部分公益性国债项目转贷资金转为拨款的通知》（新财建〔2011〕145号）将国债转贷资金尚未偿还的部分转为拨款等用于天然气管网工程建设的专项资金，共计3937.27万元，为与资产相关的政府补助，确认为递延收益，按固定资产使用年限20年递延，每年递延确认196.86万元。2015～2016年根据当期会计政策，天然气管网工程补贴计入"营业外收入"；2017年根据当期会计政策，递延金额计入"其他收益"。

（2）政府补贴纳入经常性损益或非经常损益的依据

报告期内，政府补贴纳入经常性损益或非经常性损益的划分情况如表2－12－12：

表2－12－12　政府补贴划分类型

单位：万元

项目	划分类型
天然气价差补贴	经常性损益，2017年计入主营业务收入
天然气购销倒挂补贴	非经常性损益
天然气管网工程	非经常性损益
社保补贴	非经常性损益
民用供暖补贴	经常性损益，2017年计入主营业务收入
上市补助	非经常性损益

续表

项目	划分类型
税务奖励	非经常性损益
就业奖励资金	非经常性损益
增值税减免	非经常性损益

公司主营业务为天然气销售、天然气设施设备安装以及天然气供热业务。天然气价差补贴、民用供暖补贴与公司的生产经营密切相关,按照政府文件定额享受政府补贴,且政府文件未规定截止日期,发生具有持续性,计入“经常性损益”。其余均计入“非经常性损益”。

(3)政府补贴相关会计处理

①天然气购销倒挂补贴

根据中共昌吉市委员会财经领导小组(昌市党财领〔2013〕3号)文件以及《昌吉市发改委关于车用燃气价差收入收缴标准及公交车用气补贴标准调整情况的汇报批示件的办理情况》,已对2010年6月至2013年5月期间的天然气购销倒挂补贴及2013年7月至2014年4月多缴价差收入及增加公交车补助的拨付方式做出确认,但实际拨付时间未按文件规定,出于谨慎性的原则,公司在收到该款项或实际发生抵扣时进行会计处理,计入“营业外收入”。

②天然气价差补贴与民用供暖补贴

天然气价差补贴与民用供暖补贴均与公司的生产经营密切相关,按照定额标准计算取得,表明政府补助可获得及可计量,按照应收的金额,借记“其他应收款”科目,贷记“营业外收入”科目。

财政部2017年修订了《企业会计准则第16号——政府补助》,新准则自2017年6月12日起施行,对于2017年1月1日存在的政府补助,要求采用未来适用法处理;公司从政府取得的天然气价差补贴、民用供暖补贴与销售商品或提供服务密切相关,是商品或服务对价的组成部分,适用《企业会计准则第14号——收入》等相关会计准则。自2017年1月1日,该补贴计入“主营业务收入”,不再计入“营业外收入”。

③天然气管网工程补贴、社保补贴、税务奖励

天然气管网工程补贴属于与资产相关的政府补助,是公司收到的中央及地方预算内专项资金、中央及地方预算内投资以及根据新疆维吾尔自治区财政厅的《关于部分公益性国债项目转贷资金转为拨款的通知》(新财建〔2011〕145号)将国债转贷资金尚未偿还的部分转为拨款等用于天然气管网工程建设的专项资金,共计

3937.27 万元，确认为“递延收益”。天然气管网设备的折旧年限为 20 年，自 2011 年起分 20 年确认损益，每年 196.86 万元，借记“递延收益”，贷记“营业外收入”。根据财政部 2017 年新准则规定，天然气管网工程补贴、社保补贴与税务奖励属于与企业日常活动相关的政府补助，自 2017 年 1 月 1 日计入“其他收益”，不再计入“营业外收入”。

④上市补助、就业奖励资金、增值税减免

上市补助、就业奖励资金与增值税减免属于与收益相关的政府补助，公司在实际收到款项或发生减免税款时进行会计处理，按照收到的金额或减免的金额计入“营业外收入”。

（4）政府补贴对发行人持续经营产生的影响

公司政府补贴主要由天然气购销倒挂补贴、天然气价差补贴与民用供暖补贴构成。上述政府补贴类型对公司持续经营产生的影响分述如下：

①天然气购销倒挂补贴

根据发行人提供的相关补贴政策和审批文件以及发行人的说明，天然气采购价格主要受国家发改委调整门站环节指导价等影响，天然气销售价格主要受昌吉回族自治州发改委调整下游销售价格影响，上游采购价格调整与下游销售价格调整存在时差时，对由于昌吉回族自治州发改委未及时调整下游销售价格造成的购销价格倒挂，政府给予天然气购销倒挂补贴。

随着天然气购销价格定价机制的不断完善，昌吉回族自治州发改委对下游天然气销售价格的调整时滞逐渐缩短，如 2015 年 11 月 18 日国家发改委降低非居民用天然气价格后，昌吉回族自治州发改委在 2015 年 12 月 4 日即对天然气下游销售价格做出了调整，价格调整时滞不超过 1 个月。假设昌吉回族自治州政府在上游天然气采购价格调整后及时调整了下游天然气销售价格，则将不存在天然气购销倒挂补贴。基于以上所述，报告期内发行人获得的天然气购销倒挂补贴具有阶段性特征，不会对发行人整体经营业绩构成实质性影响。

②天然气价差补贴

根据发行人提供的相关补贴政策和审批文件以及发行人的说明，天然气价差补贴为政府发放的居民生活用天然气补贴与城市公交车用气补贴。

居民用天然气与城市公交车为民生工程，天然气上游采购价格提高时，昌吉回族自治州发改委采取“价格不动、定额补贴”的方法，即居民用气与公交车用气价格保持不变，对国家发改委提高了天然气出厂价格，因出厂价格提高对天然气经营企业造成的影响予以财政补贴。

基于以上所述，报告期内发行人获得的天然气价差补贴受行业性质的特殊性影响，为行业惯例，不会对发行人的整体经营业绩产生重大不利影响。

③民用供暖补贴

根据昌吉市发改委《关于2016－2017年供热期新疆东方环宇燃气股份有限公司及新建东、城西热源热力公司天然气供热补贴的复函》，发行人城市天然气供热业务被定位为公用事业，2016～2017年供热期由昌吉市政府通过政府补贴的方式使发行人实现"保本微利"。

考虑到居民供热为民生工程，热能销售价格由政府定价。根据发行人的说明，由于昌吉市2016年首次实施"煤改气"工程，无法准确核算热能结算价，目前执行的结算价为昌吉市发改委参考其他供热项目的热力出厂结算价及热能管道输送费后的暂定价格。结合昌吉市上述复函确定的"保本微利"原则，在居民供热未能完全市场化定价的政策环境下，发行人收到民用供暖补贴实质上是居民供热价格的有效组成部分。

基于以上所述，报告期内发行人获得的民用供暖补贴受民生公用事业特殊性影响，是昌吉市发改委实行"保本微利"定价政策的调控手段，实质为居民供热价格的有效组成部分，不会对发行人的整体经营业绩产生重大不利影响。

（三）政府补贴减少的风险

公司主营业务为天然气销售业务、天然气设施设备安装业务以及天然气供热业务。报告期内，公司确认的政府补贴情况如表2－12－13：

表2－12－13　2015～2017年公司确认的政府补贴情况

项目	2017年度		2016年度		2015年度	
	金额	占比	金额	占比	金额	占比
天然气购销倒挂补贴		0	6,518.78	64.52%	1,499.96	48.87%
天然气价差补贴	875.00	12.89%	1,039.93	10.29%	1,245.99	40.60%
民用供暖补贴	5,697.65	83.94%	2,250.00	22.27%		0.00%
其他补贴	215.32	3.17%	294.40	2.91%	323.03	10.53%
合计	6,787.97	100.00%	10,103.11	100.00%	3,068.98	100.00%

注1：根据财政部2017年修订的《企业会计准则第16号——政府补助》以及《企业会计准则第14号——收入》等规定，公司从政府取得的天然气价差补贴、民用供暖补贴共计6572.66万元与销售商品或提供服务密切相关，是商品或服务对价的组成部分，该补贴计入2017年度的"主营业务收入"，2015年至2016年，公司从政府取得的补贴计入"营业外收入"。

注2：其他补贴包括社保补贴、天然气管网工程补贴、上市补助、税务奖励、增值税减免等。

2015～2017年度，公司主营业务收入、其他收益与营业外收入中合计确认的政府补贴分别为3068.98万元、10,103.10万元与6787.99万元，金额及占净利润的比例较高；如果公司未来不能获得政府补贴或者获得的政府补贴显著降低，将对公司当期经营业绩产生不利影响。

第十三节　委托加工

【商业逻辑与背景分析】

委托加工是指由企业（委托方）通过提供原材料或半成品给受托加工企业（受托方），受托方按照委托方提供的图纸和工艺技术要求进行加工，完工后将成品返回委托方，验收合格后由委托方向受托方支付加工费的业务模式。委托加工业务一般具有以下三个特点：一是所有权在加工过程中未发生转移；二是委托加工业务一般具有劳动密集或资金密集、业务单一的特点；三是委托加工的运输半径是重要考虑因素。委托加工的主要优势在于可以降低企业生产成本，弥补企业生产产能不足，有效保持和提高企业核心竞争力，在激烈的市场竞争中找准定位，充分发挥企业自身优势。

根据企业会计准则的规定，对于企业外发的待加工物资，一般作为"委托加工物资"单独核算，并根据实际发生的加工成本在本科目进行归集，待加工完成验收入库后，再结转为"原材料""库存商品"等科目。从会计处理过程可以看出，委托加工过程并不会对企业的存货造成本质影响，只是存货科目内部结构调整。委托加工物资在存货中的占比可以反映出企业对委托加工的依赖程度。又因为委托加工涉及外部第三方生产，可以更为可靠地反映出企业的生产销售过程，并为财务核查提供新的切入点。

虽然委托加工可以为企业带来各种便利，但采用委托加工生产模式同样需要对存在的潜在风险有足够认识，并采取有效措施进行防范。委托加工业务主要存在核心技术外泄、成本上升、产品质量参差不齐、不能如期交货等风险。对于这些风险需要提前采取应对措施，并在企业内部建立有效风险控制机制，将潜在损失最小化，这样才能最大化委托加工的价值。

【核查方法指引】

一、核查委托加工的基本情况，是否存在关联交易非关联化情形

统计并分析发行人关于委托加工的明细账。分析委托加工方的基本情况、加工的内容、加工的金额、加工的价格等情形，并分析上述情形报告期内是否发生重大变化，如果发生变化，变化原因是否合理，是否对发行人生产经营带来不利影响。

通过核查委托加工方的工商资料及查询信息，必要时可以进行访谈和实地走访，判断加工方与发行人是否存在关联关系，是否存在关联交易非关联化的问题，是否存在通过关联方进行垫付成本和费用的情形等。

二、核查委托加工方是否具备相应的资质

某些特定的行业，生产经营需要特定的资质，那么将某些产品或者工序委托第三方加工的时候，也要求第三方必须具备相应的经营资质。这种情况下，需要重点关注第三方是否具备资质，发行人是否存在通过委托加工来规避无资质经营的问题，或者将一些本该承担的责任（环保责任）转嫁给第三方的情形。

可以通过现场走访、函证、背景调查等核查方式，充分了解受托加工企业的资质与信用，判断受托加工企业是否具备完善的生产条件，是否具有生产稳定性，与委托加工企业过去的合作状况等，并对未来如期供货的可靠性做充分调研分析。

三、关注委托加工会计核算方式是否合理

企业采用委托加工模式进行会计处理时，需要重点关注这种会计处理的模式是否正确。为了正确进行会计处理，需要了解清楚委托加工的业务实质，关注交易过程中委托方与受托方的合同内容，判断委托加工过程中风险报酬是否转移及其必要性。

目前，在实践中出现了一种新型的委托加工模式，就是发行人向加工方出售原材料，经加工方加工完毕之后再回购产成品或半成品。两个存货的发出和转入都签署独立的购销合同，这种情况下本质还是委托加工业务，应该按照委托加工的准则进行会计处理，避免将合理的委托加工模式改造成采购与销售，人为扩大企业的

销售与采购规模。

四、委托加工业务的行业特性及模式依赖

企业采用委托加工业务时，需要了解行业内委托加工情况，尤其是同行业的已上市企业，做充分的横向对比，分析生产过程中不同环节委托加工的必要性与合理性。委托加工业务涉及的生产环节是否为产品生产的核心环节，是否影响企业的核心竞争力。根据委托加工业务特点，了解加工成本构成，并判断是否对未来经营产生潜在不利影响。

【具体案例分析】

一、御家汇(300740)

公司根据生产需求为委托加工厂商提供生产所需产品配方、原料和包装材料，并派驻驻厂质量工程师指导监督委托加工厂按规范流程完成产品加工。委托加工厂商提供合格的生产场地、生产设备及必要的生产人员为公司产品批量生产和包装提供委托加工服务；产品加工完成且经公司检验合格后支付货款，实现对外销售。公司对委托加工生产实行严格的工艺控制与产品质量检测，确保公司产品质量。

公司制定了严格的考核管理办法，对委托加工厂商定期进行绩效考核，从供货质量、交期情况、价格优势、服务情况和管理情况等多维度进行评价，并根据考核结果进行分类，指导后续采购。

报告期内，公司委托加工与自主生产的生产成本占比如表2－13－1：

表2－13－1　2014～2017年6月公司委托加工与自主生产的成本占比

项目	2017年1－6月	2016年度	2015年度	2014年度
自主生产	19.83%	14.49%	11.09%	0%
委托加工	80.17%	85.51%	88.91%	100%
合计	100.00%	100.00%	100.00%	100.00%

(一)报告期内,公司前五名委托加工商情况

1. 欧标(广州)化妆品有限公司(表2-13-2)

表2-13-2　公司基本情况

公司名称	欧标(广州)化妆品有限公司
注册资本	301.00万港元
注册地址	广州市花都区花山镇华侨科技工业园育才路七号B栋
成立日期	2002年9月4日
法定代表人	毛九如
经营范围	化妆品制造;化妆品及卫生用品批发
化妆品生产许可证号	粤妆20160556
结算方法	银行转账/银行承兑汇票
交易方法	先货后款

2. 上海乐宝日化股份有限公司(表2-13-3)

表2-13-3　公司基本情况

公司名称	上海乐宝日化股份有限公司
注册地址	上海市宝山区丰翔路2000号
注册资本	4,600万元
成立日期	2004年2月20日
法定代表人	魏长有
经营范围	开发、生产洗涤用品、化妆品、牙膏、日化用品,及其包装材料,销售本公司自产产品及化妆品原料批发和零售(化学危险品除外),与上述产品同类的商品进出口及批发业务,提供相关技术咨询及配套服务。【依法须经批准的项目,经相关部门批准后方可开展经营活动】
化妆品生产许可证号	沪妆20160173
结算方法	银行转账
交易方法	先货后款

3. 诺斯贝尔化妆品股份有限公司(表 2-13-4)

表 2-13-4　公司基本情况

公司名称	诺斯贝尔化妆品股份有限公司
注册地址	广东省中山市南头镇东福北路 50 号
注册资本	17,650 万元人民币
设立日期	2004 年 2 月 18 日
法定代表人	林世达
经营范围	生产经营无纺布及其制品、化妆品(1. 一般液态单元:护发清洁类、护肤水类、啫喱类;2. 膏霜乳液单元:护肤清洁类、发用类;3. 粉单元:散粉类、块状粉类;4. 蜡基单元),产品境内外销售
化妆品生产许可证号	粤妆 20160081
结算方法	银行转账
交易方法	先货后款

4. 珠海伊斯佳科技股份有限公司(表 2-13-5)

表 2-13-5　公司基本情况

公司名称	珠海伊斯佳科技股份有限公司
注册地址	珠海市金湾区平沙镇德祥路 198 号厂房一楼
注册资本	3,293.9203 万元人民币
成立日期	2003 年 4 月 11 日
法定代表人	王德友
经营范围	生产和销售自产的染发剂、洗发剂、护发剂、雪花膏、润肤露、按摩膏、祛斑膏、防晒膏、口红、眉笔、香水、沐浴露、玻璃清洁剂、化妆用品及来料加工
化妆品生产许可证号	粤妆 20160514
结算方法	银行转账
交易方法	先货后款

注:2016 年 8 月 12 日珠海市时代经典化妆品有限公司更名为珠海伊斯佳科技股份有限公司。

5. 广州市洁新化妆品有限公司(表2－13－6)

表2－13－6　公司基本情况

公司名称	广州市洁新化妆品有限公司
注册地址	广州市白云区钟落潭镇竹料工业区红旗路72号201房
注册资本	100.00万元人民币
成立日期	2012年11月22日
法定代表人	雷旭峰
经营范围	生物技术咨询、交流服务;非织造布制造;其他非家用纺织制成品制造;商品批发贸易(许可审批类商品除外);化妆品及卫生用品批发;纺织品及针织品零售;百货零售(食品零售除外);化妆品制造;纺织品、针织品及原料批发;生物技术开发服务
化妆品生产许可证号	粤妆20160679
结算方法	银行转账
交易方法	先货后款

(二)前五名委托加工供应商委托加工产品的类型、定价方法、金额及占比

与委托加工商的定价方法:发行人向具有化妆品生产资质的委托加工商进行询价,根据产品品类、工艺难度、质量控制水平、原材料及各地劳动力成本等进行比价,在保证产品质量、供货及时性等前提下选择最优价格。

报告期内,发行人前五名委托加工商的产品类型、金额及占比如表2－13－7所示:

表2－13－7　2014～2017年6月公司前五名委托加工商生产产品情况

单位:万元、%

2017年1－6月				
供应商名称	内容	金额	总金额	占比
欧标(广州)化妆品有限公司	贴式面膜	1,261.85	1,808.96	6.82
	非贴式面膜	337.09		
	水乳膏霜	206.53		
	其他	3.49		

续表

2017 年 1－6 月				
供应商名称	内容	金额	总金额	占比
上海乐宝日化股份有限公司	贴式面膜	813.55	1,394.11	5.26
	非贴式面膜	68.27		
	水乳膏霜	499.05		
	其他	13.24		
诺斯贝尔化妆品股份有限公司	贴式面膜	1,269.87	1,269.87	4.79
广州市洁新化妆品有限公司	贴式面膜	883.76	883.76	3.33
美丽来化妆品美容工业股份有限公司	贴式面膜	47.02	47.02	0.18
2016 年度				
供应商名称	内容	金额	总金额	占比
诺斯贝尔化妆品股份有限公司	贴式面膜	8,245.98	8,245.98	11.16
上海乐宝日化股份有限公司	贴式面膜	3,593.64	4,811.85	6.51
	非贴式面膜	197.30		
	水乳膏霜	1,001.43		
	其他	19.48		
欧标（广州）化妆品有限公司	贴式面膜	3,031.56	4,053.14	5.49
	非贴式面膜	441.86		
	水乳膏霜	563.87		
	其他	15.85		
广州市洁新化妆品有限公司	贴式面膜	470.64	470.64	0.64
珠海伊斯佳科技股份有限公司	贴式面膜	219.83	410.15	0.56
	非贴式面膜	61.90		
	水乳膏霜	123.05		
	其他	5.37		

续表

2015 年度				
供应商名称	内容	金额	总金额	占比
上海乐宝日化股份有限公司	贴式面膜	5,753.92	6,345.93	10.31
	非贴式面膜	158.20		
	水乳膏霜	366.44		
	其他	67.36		
诺斯贝尔化妆品股份有限公司	贴式面膜	4,163.76	4,163.76	6.76
欧标(广州)化妆品有限公司	贴式面膜	2,041.58	3,609.76	5.86
	非贴式面膜	392.88		
	水乳膏霜	1,155.07		
	其他	20.23		
广州市洁新化妆品有限公司	贴式面膜	1,950.54	1,950.54	3.17
珠海伊斯佳科技股份有限公司	贴式面膜	84.47	1,592.41	2.59
	非贴式面膜	354.87		
	水乳膏霜	1,074.57		
	其他	78.49		
2014 年度				
供应商名称	内容	金额	总金额	占比
广州市洁新化妆品有限公司	贴式面膜	5,124.42	5,284.71	18.80
	非贴式面膜	72.34		
	水乳膏霜	87.94		
欧标(广州)化妆品有限公司	贴式面膜	2,346.06	4,452.20	15.84
	非贴式面膜	842.87		
	水乳膏霜	1,222.66		
	其他	40.62		
上海乐宝日化股份有限公司	贴式面膜	1,411.38	1,568.29	5.58
	非贴式面膜	152.74		
	水乳膏霜	4.17		

续表

2014 年度				
供应商名称	内容	金额	总金额	占比
珠海伊斯佳科技股份有限公司	贴式面膜	30.14	1,063.78	3.78
	非贴式面膜	395.39		
	水乳膏霜	631.91		
	其他	6.35		
澳思美日用化工(广州)有限公司	非贴式面膜	3.00	14.61	0.05
	水乳膏霜	11.61		

二、亚士创能(603378)

(一)委托生产的原因及必要性

发行人目前委托生产的主要是涂料类产品,具体有以下三方面的原因:

1. 砂浆和腻子产品从 2013 年开始部分采取委托生产方式,主要是为了降低产品运输成本,缓解公司高峰期生产线超负荷运转压力,减少部分低价辅料对于公司生产资源的低效占用。

2. 油性产品从 2014 年开始部分采用委托生产方式,主要是由于国家对环境保护要求日益提高,油性产品的生产对环保和安全要求较高,发行人从涂料水性化发展趋势考虑,关停了油性涂料生产车间,将油性产品全部采用委托生产方式定制生产。

3. 水性外墙漆从 2015 年开始部分采用委托生产方式,主要是近年发行人涂料销售业务增长较快,自有工厂产能基本饱和,在发行人新增产能可利用前,采用委托生产的方式来满足市场需求。

委托生产作为发行人生产方式的重要补充,在发行人产能保障、交货及时性、服务及时性等方面发挥了积极作用,因此在现阶段是必要的。

(二)委托生产厂商的基本情况

发行人建立了完善有效的委托生产厂商管理制度,综合考虑质量、价格、生产能力等选择委托生产厂商,主要考查以下因素:

1. 委托生产厂商的资质是否完备,证照是否齐全,包括营业执照,安全生产许可证,环境评估以及其他生产经营必须具备的许可文件;

2. 委托生产厂商生产能力，包括设备产能、质量控制能力、生产保障能力、交货及时性评估等；

3. 委托生产厂商组织保障能力，包括技术、品质控制、生产管理等部门是否齐全，人员能力是否符合发行人要求；

4. 委托生产厂商产品在市场上的定位，是否和发行人在业务上有冲突，以纯代工企业为优先选择，其次选择市场业务与发行人没有冲突的企业；

5. 委托生产厂商加工费报价是否合理。

根据委托生产厂商提供的说明及工商信息核查，报告期内发行人委托生产厂商，截至本招股说明书签署之日基本情况如表 2 – 13 – 8：

表 2 – 13 – 8 委托生产厂商的基本情况

生产厂商	经营范围	注册资本	股东信息	实际控制人	委托生产主要产品	是否存在关联关系
上海拜伦化工有限公司	油漆涂料销售	150 万元	卫培良	卫培良	油性涂料、水性涂料	否
浙江曼得丽涂料有限公司	油性涂料的生产销售，水性涂料，粉末涂料、建筑胶水的生产销售	2000 万元	沈国强 曹兴龙	沈国强	油性涂料	否
四川华邦保和涂料有限公司	涂料、保温材料销售	300 万元	林枝成、白小燕、四川华邦保和墙面系统工程有限公司	林枝成	水性涂料、干粉产品	否
天津德普威涂料有限公司	水性涂料制造、加工、销售，干粉砂浆预拌加工、销售	1000 万元	德普威涂料（北京）有限公司、李志军	钟密	水性涂料、干粉产品	否
西安旌翔建材科技有限公司	水性涂料的生产、销售及加工	100 万元	黄志翔、许海燕	黄志翔	水性涂料	否

续表

生产厂商	经营范围	注册资本	股东信息	实际控制人	委托生产主要产品	是否存在关联关系
笙翔实业（上海）有限公司	水性涂料的加工	300 万元	卢灶娇、陈永昌、罗永柱、邱积勇	卢灶娇	水性涂料	否
广东德普威涂料有限公司	功能型建筑涂料的生产与销售	3000 万元	钟密、梁建源	钟密	水性涂料	否
南京能益泰科建材科技有限公司	建筑材料研发、生产、销售及提供配套服务，防腐保温及防水工程，装饰工程及门窗安装施工服务	900 万元	顾秾、江新、鲁忠贤、Lau Sheung Man Bella	顾秾	干粉产品	否
南昌赢立保温建材有限公司	建筑节能保温材料的研发；建筑材料的生产和销售	100 万元	王群兵、张小红	张小红	干粉产品	否
佛山市托肯建材有限公司	制造、加工装饰材料；销售建筑材料、建筑机械	2000 万元	袁萌、赵炳宏、袁正伍	袁萌	干粉产品	否
沈阳顺风新城建筑材料有限公司	水性涂料、干粉砂浆、腻子、墙体保温、建筑材料、涂料原料、节能环保材料	1200 万元	沈阳顺风实业集团有限公司、刘春峰、刘春江	刘春峰、邵敏	水性涂料、干粉产品	否
南阳市卧龙区宏鑫彩砂厂	天然彩砂、砂浆、腻子粉、加工、销售	50 万元	蒋彤	蒋彤	干粉产品	否

续表

生产厂商	经营范围	注册资本	股东信息	实际控制人	委托生产主要产品	是否存在关联关系
济南龙珀新型材料科技有限公司	新型建材的技术开发及转让;保温材料的生产、销售等	206万元	邬厂彬	邬厂彬	干粉产品	否
昆山春迈建筑科技有限公司	水泥发泡板的研发、加工、销售及工程施工	350万元	苏州陶华建筑节能材料有限公司、金慎	赵卫林、赵丹	干粉产品	否
青岛东青建筑安装劳务有限公司	建筑劳务分包,室内外装饰装潢,外墙保温工程施工,加工、制造建筑装饰材料	200万元	毛成青、黄丽君	毛成青	干粉产品、EPS聚苯板	否

保荐机构、律师查阅了报告期内委托生产厂商的公司章程、出具的《承诺函》并且在全国企业信用信息公示系统(http://gsxt.saic.gov.cn)查询了上述公司的股东、实际控制人的情况,实地走访了部分委托生产厂商,对发行人实际控制人、董监高、核心技术人员进行了调查。经核查,委托生产厂商的股东、实际控制人与发行人实际控制人、董监高、核心技术人员不存在亲属关系或其他关联关系。

(三)委托生产费用、产品收入及占比

1. 干粉、水性涂料

委托生产的干粉产品、水性涂料产品,采取委托加工方式,即由发行人采购原材料提供给委托加工厂商,委托加工厂商按发行人的技术要求、生产配方进行生产并收取加工费。报告期内,发行人委托加工生产费用、产品收入及占比如下:

(1)砂浆、腻子(表2-13-9)

表2-13-9 2013~2016年6月砂浆、腻子委托加工生产情况

加工量、产量:吨,金额:万元,占比:%

项目	2016年1-6月	2015年度	2014年度	2013年度
委托加工量	14,433.75	13,510.41	2,160.00	290.00

续表

项目	2016 年 1 - 6 月	2015 年度	2014 年度	2013 年度
自产量和委托加工量合计	23,880.51	37,764.60	20,575.97	4,556.94
委托加工量占比	60.44	35.78	10.50	6.36
委托加工费用	183.74	172.19	56.98	5.00
总成本	2,189.73	3,508.74	2,117.14	493.25
委托加工费占比	8.39	4.91	2.69	1.01
委托加工产品销售收入	1,605.49	1,477.23	273.10	44.31
同类产品总收入	2,554.01	4,722.13	2,817.35	2,076.31
收入占比	62.86	31.28	9.69	2.13

(2)砂壁涂料系列(表 2 - 13 - 10)

表 2 - 13 - 10　2015 ~ 2016 年 6 月砂壁涂料系列委托加工生产情况

加工量、产量:吨,金额:万元,占比:%

项目	2016 年 1 - 6 月	2015 年度
委托加工量	8,641.85	11,942.95
自产量和委托加工量合计	30,138.33	53,007.79
委托加工量占比	28.67	22.53
委托加工费用	465.98	634.55
总成本	7,292.73	13,337.57
委托加工费占比	6.39	4.76
委托加工产品销售收入	3,214.21	4,648.11
同类产品总收入	10,865.20	20,629.52
收入占比	29.58	22.53

(3)水性内外墙涂料系列(表 2 - 13 - 11)

表 2 - 13 - 11　2015 ~ 2016 年 6 月水性内外墙涂料系列委托加工生产情况

加工量、产量:吨,金额:万元,占比:%

项目	2016 年 1 - 6 月	2015 年度
委托加工量	2,753.62	2,724.81

续表

项目	2016 年 1－6 月	2015 年度
自产量和委托加工量合计	13,975.05	19,104.08
委托加工量占比	19.70	14.26
委托加工费用	123.67	127.83
总成本	6,348.65	9,874.22
委托加工费占比	1.95	1.29
委托加工产品销售收入	2,456.30	2,749.96
同类产品总收入	12,019.10	19,687.01
收入占比	20.44	13.97

2. 油性涂料产品

发行人油性产品的委托生产采用定制生产方式，即由委托生产厂商按发行人的要求生产产品，发行人以货物采购方式购入，并向委托生产厂商支付货款。报告期发行人采购定制生产油性产品费用、产品收入及占比如下：

(1) 地坪漆产品系列（表 2－13－12）

表 2－13－12 2015～2016 年 6 月公司采购定制生产地坪漆系列产品情况

加工量、产量：吨，金额：万元，占比：%

项目	2016 年 1－6 月	2015 年度
定制生产量	255.65	221.27
自产量和定制生产量合计	255.65	221.27
定制生产量占比	100.00	100.00
定制生产费用（注）	323.06	322.84
总成本	323.06	322.84
定制生产费用占比	100.00	100.00
定制生产产品销售收入	426.25	103.20
同类产品总收入	426.25	103.20
收入占比	100.00	100.00

注：发行人定制生产油性产品完工后以采购的形式采购入库，故定制生产费用为实际采购成本。

(2)木器漆产品系列(表2－13－13)

表2－13－13 2014～2016年6月公司采购定制生产木器漆产品系列情况

加工量、产量:吨,金额:万元,占比:%

项目	2016年1－6月	2015年度	2014年度
定制生产量	203.83	625.01	263.17
自产量和定制生产量合计	203.83	625.01	850.69
定制生产量占比	100.00	100.00	30.94
定制生产费用(注)	285.13	907.43	330.97
总成本	285.13	907.43	1,231.55
定制生产费用占比	100.00	100.00	26.87
定制生产产品销售收入	381.74	128.40	437.36
同类产品总收入	381.74	128.40	1,709.06
收入占比	100.00	100.00	25.59

注:发行人定制生产油性产品完工后以采购的形式采购入库,故定制生产费用为实际采购成本。

(3)油性建筑涂料产品系列(表2－13－14)

表2－13－14 2014～2016年6月公司采购定制生产油性建筑涂料产品系列情况

加工量、产量:吨,金额:万元,占比:%

项目	2016年1－6月	2015年度	2014年度
定制生产量	102.41	322.54	8.97
自产量和定制生产量合计	102.41	322.54	485.19
定制生产量占比	100.00	100.00	1.85
定制生产费用(注)	251.78	711.51	11.06
总成本	251.78	711.51	895.85
定制生产费用占比	100.00	100.00	1.23
定制生产产品销售收入	74.36	28.03	7.70
同类产品总收入	74.36	28.03	455.49
收入占比	100.00	100.00	1.69

注:发行人定制生产油性产品完工后以采购的形式采购入库,故定制生产费用为实际采购成本。

(四)自产成本和委托生产成本对比分析

发行人委托加工费根据市场情况协商确定,通过对比当年既有自产又有委托生产产品的生产成本,委托生产单位成本基本高于自产单位成本,其主要原因是发行人向委托生产厂商支付委托生产加工费,包括加工商的生产费用、管理费、合理利润及出厂装货费用所致。因此,委托生产费用定价合理,无利益输送。自产成本和委托生产成本对比情况具体如下:

1. 砂浆、腻子(表2-13-15)

表2-13-15 2014~2016年6月公司砂浆、腻子自产与委托生产成本对比

单位成本:元/kg

项目	2016年1-6月	2015年度	2014年度
自产单位成本	0.83	0.84	0.90
委托生产单位成本	0.96	0.97	1.11
差异率(%)	13.30	13.40	18.92

注1:差异率=(委托生产单位成本-自产单位成本)/委托生产单位成本。

2. 砂壁涂料产品系列(表2-13-16)

表2-13-16 2015~2016年6月公司砂壁涂料产品系列自产与委托生产成本对比

单位成本:元/kg

项目	2016年1-6月	2015年度
自产单位成本	2.30	2.46
委托生产单位成本	2.74	2.70
差异率(%)	16.09	8.89

注1:差异率=(委托生产单位成本-自产单位成本)/委托生产单位成本。

3. 水性内外墙产品系列(表2-13-17)

表2-13-17 2015~2016年6月公司水性内外墙产品系列自产与委托生产成本对比

单位成本:元/kg

项目	2016年1-6月	2015年度
自产单位成本	4.48	5.16
委托生产单位成本	4.71	5.09
差异率(%)	4.82	-1.43

注1:差异率=(委托生产单位成本-自产单位成本)/委托生产单位成本。

4. 木器漆产品系列(表 2－13－18)

表 2－13－18　2014 年公司木器漆产品系列自产与委托生产成本对比

单位成本:元/kg

项目	2014 年度
自产单位成本	15.32
委托生产单位成本	12.58
差异率(%)	－21.78

注 1:差异率＝(委托生产单位成本－自产单位成本)/委托生产单位成本。

注 2:2014 年度发行人木器漆产品自产量 587.5 吨占总产量 1.05%,由于产量较小,单位产品分担的固定成本较大,造成自产单位成本较大。

注 3:其他年度发行人该产品无同时自产且委托生产产品,故差异率指标无可比性。

5. 油性建筑涂料产品系列(表 2－13－19)

表 2－13－19　2013 年公司油性建筑涂料产品系列自产与委托生产成本对比

单位成本:元/kg

项目	2013 年度
自产单位成本	11.97
委托生产单位成本	12.33
差异率(%)	2.92

注 1:差异率＝(委托生产单位成本－自产单位成本)/委托生产单位成本。

注 2:其他年度发行人该产品无同时自产且委托生产产品,故差异率指标无可比性。

第十四节　运输费用

【商业逻辑与背景分析】

销售费用历来是 IPO 审核中重点关注的问题,许多曝光出来的财务造假案例也都会在销售费用中进行一些技术处理。对于提供大件商品或者需要向客户高频率发出商品的企业,销售费用中的运输费用金额较大占比也很高,也会成为重点核查的会计科目。

企业销售商品都会发生运输费用,运输费用有的是企业承担,有的是客户承担。一般情况下,运输费用承担方式一旦确定下来,企业不会轻易改变,所以企业的运输费用和商品发出量是密切相关的,也可以进行合理推测。在一定程度上,运输费用和营业收入应该呈正相关关系。

需要关注的是,运输费用的企业通常有以下特征:下游客户为企业客户、商品必须运输到客户所在地或指定地点、每个年度会有高频次运输、销售费用中运输费用占比较大。对于这样的企业,我们核查运输费用才有意义,这样的客户特征表明企业营业收入和运输费用是有正相关关系的,这是核查运费的基础逻辑。对于一个每年只偶发性发生几笔运费,总金额不过几万元或者十几万元的软件或人力资源服务类公司,这个科目自然不是重点核查对象。

从这个角度来说,不同的行业不同的企业不同的模式,IPO 审核中对问题的关注范围和角度都是不一样的,这也是我们在思考问题和研究案例的时候需要格外注意的。在这个企业这些问题是重点,这些问题放到另外一个企业那里可能就可以忽略不计,对于问题的判断不能生搬硬套,而要融会贯通灵活掌握。

【核查方法指引】

1. 首先确定运输费用的承担方,有的是发行人,有的是下游客户。发行人还有可能针对不同客户制订不同运费承担方式。对于优质客户,发行人承担运费;对于其他类客户,运费则由客户承担。不过承担方式一旦确定下来,一般不会发生变化,从而可以查询运费和营收是否匹配。

2. 运费通常与营业收入成正比。如果与营业收入波动的幅度相差较大,甚至出现负相关关系,则要对运输费用重点分析。关注是发行人采取了新的运费承担方式还是改变了运输方式(如陆运转海运);或是发行人客户结构发生变化使得运输半径缩短;也有可能是发行人在重点客户附近建厂,门对门服务优质客户,运费骤降。比如,某个企业在天津,某年度新签订了新疆的两个大客户,造成该年度运费大幅提升,这也是合理的。总之,需要对发行人的经营情况详细查询,并能和运费匹配合理。

3. 运输量与销量的匹配关系更稳定。经营收入会受到商品价格调整的影响,另外,发行人同时会销售多种商品,每年主营产品结构的调整也会造成营业收入波动较大,而运费也受单位运价的影响。如果能使用每年商品运输量和发行人营业收入中产品销量对比,就会发现这两组数据不应有过大差异。当然运输量数据不能从财务部门提取,因为财务部门是依据运输量确定销量核算营业收入规模的,应该从生产部门调取出库数据,销售部门或企业相关部门调取货运数据。

【具体案例分析】

科华控股(603161)

发行人主要产品为涡轮壳及其装配件、中间壳及其装配件和其他机械零部件,是汽车零配件行业,下游客户既有国际知名的博格华纳,也有国内的上海菱重。

(一)报告期内发行人营业收入情况(表2-14-1)

表2-14-1 2014~2017年6月公司营业收入情况

单位:万元

项目	2017年1-6月	2016年度	2015年度	2014年度
营业收入	40,336.18	73,485.83	61,658.29	50,532.47
营业利润	6,331.74	11,555.71	9,303.52	6,970.02
利润总额	6,393.54	11,921.55	9,543.50	6,938.85
净利润	5,737.24	10,033.86	8,102.25	5,069.55

报告期内,发行人销售费用明细构成如表2-14-2:

表2-14-2 2014~2017年6月公司销售费用明细

单位:万元

项目	2017年1-6月	2016年度	2015年度	2014年度
运输费	455.13	656.29	644.36	741.39
检测及售后服务费	168.43	252.48	433.68	152.35
职工薪酬	150.86	259.07	152.34	151.11
包装及仓储费	144.35	256.84	132.35	139.05
样品费用	5.30	19.98	12.47	35.34
合计	924.07	1,444.65	1,375.19	1,219.23

运输费是销售费用中最大的科目,个别年度占比一度超过50%,不论首次公开发行反馈意见是否问询,发行人都要对运输费进行剖析。发行人2014年营业收入在报告期内最低,而运输费却是最高的,存在异常。

(二)运输费的具体承担方式、结算方式和会计处理

1. 发行人承担运费

针对境内销售,除客户安排车辆到公司提货的以外,由公司承担运费。公司一般与运输服务提供方按照30天、60天或90天的信用期进行运费结算。运输方或运输代理方提供运输服务后,公司依据相关运输单据,履行内部稽核和审批手续后计入当期销售费用。

2. 客户承担运费

针对境外销售,一般由客户安排车辆到公司提货,相应的运费由客户承担。个别客户由公司将货物送至其指定的地点,相应的运费由公司承担。公司一般与运输服务提供方按照30天、60天或90天的信用期进行运费结算。运输方或运输代理方提供运输服务后,公司依据相关运输单据,履行内部稽核和审批手续后计入当期销售费用。

(三)运输费变动分析

报告期内,发行人运输费明细科目如表2-14-3:

表2-14-3 2014~2017年6月公司运输费明细

单位:万元

项目	2017年1-6月	2016年	2015年	2014年
陆运和海运	352.02	562.69	456.96	442.37
空运	103.11	93.6	187.4	299.02
总计	455.13	656.29	644.36	741.39

报告期内,公司的陆运费和海运费与公司产品的销售收入增长趋势保持一致。2015年陆运费和海运费增长幅度较小,主要是由于当年国内油价下降,运输费相比2014年略有下降。报告期内空运费波动较大,主要是因为空运主要满足客户临时、急需的样品或补货等计划外产品需求,具有一定的偶然和波动性。

发行人2014年的陆运费和海运费高是因为油价在高位的原因,指标原油——布兰特原油期货2014年每桶价格一度冲高至115.65美元,而2015年绝大部分时间维持在70美元之下。

第十五节　职工薪酬

【商业逻辑与背景分析】

企业用工必然要给员工支付薪酬，换句话说，就是为企业提供劳务的人员都需要从企业领取薪酬。狭义的薪酬包括基本工资、绩效工资、各类奖金和福利金等以现金形式发放的薪酬，广义的薪酬还包括股份支付等换取员工劳动的支付手段。在此我们仅讨论狭义的薪酬。

在 2017 年 6 月 9 日的新闻发布会中，原证监会新闻发言人表示，下一步将进一步强化发行监管，严格审核，在严防企业造假的同时，严密关注企业通过短期缩减人员、降低工资、减少费用、放宽信用政策促进销售等方式粉饰业绩的情况。

《首次公开发行股票并上市管理办法》以及《首次公开发行股票并在创业板上市管理办法》均对发行人的净利润作出要求，同时，在实践中，投资银行也遵循一定的利润隐形门槛。对于那些利润低空飞过的企业，若想闯 IPO 就自然会选择在节省费用上下功夫了。而要想节约费用，那么员工薪酬是最便利也是最好操作的，很多时候还是一个难以被发现的手段，因而实践中也成为重点核查目标。

【核查方法指引】

企业操纵职工薪酬除了调节利润，另一个动机是为了避税，将工资以费用的方式发放（如差旅费等），可节省员工个人所得税，变相提高员工收入。IPO 中企业为了虚增利润缩减职工薪酬的现象更多，下文也仅讨论这种情况。

一、董监高以及销售和技术骨干工资异常低

每年年底媒体都会报道上市公司薪酬榜，年薪过千万的有一些，500 万 ~ 1000 万元的大有人在。与已上市公司大手笔发放薪酬相反，如果一家拟上市企业董监高的年度薪酬不超过 20 万元必然引起关注。发行人是否为了增厚利润，而刻意压缩了董监高的薪酬，董监高薪酬在报告期是否连续下滑，发行人的利润规模是否明显偏低，董监高的薪酬与同行业和同地区上市公司相比是否合理。同样地，销售和

技术骨干也是一个企业的核心力量,其薪酬也需要做同样核查。

二、企业是否经常更改薪酬标准

拟上市企业都制定有详细的薪酬体系和标准、奖金激励制度。如果拟上市企业频繁对薪酬相关制度进行修改,应充分关注其合理性,企业是否有粉饰业绩的动机。

如果企业在业绩好时多计提薪酬,在业绩不好的年份薪酬水平明显下滑,需要结合企业经营情况探讨其合理性。奖金通常和业绩挂钩,是随着收入和利润波动的,但是若出现基本工资和绩效工资随意调整的情形,需要详细核查。

三、与同行业和同地区上市公司横向对比

一般情况下,拟上市公司的薪酬水平与其经营规模、商业模式、所处行业和地区有很强的匹配性。将其与已上市公司薪酬横向对比,有很强指导意义。如果董监高以及骨干人员薪酬异常低于同行业或同地区企业,要充分关注其是否存在虚减费用的情形。

试想如果同行业已上市的竞争对手薪酬比拟上市企业高出一半还多,企业如何留得住人才,如何保持人员的稳定性。当然薪酬也受地区消费水平影响,北上广深一线城市总体薪酬肯定高过其他城市,如果能在同地区找出同行业上市公司进行对比,数据最有意义。

四、隐形支付薪酬

为了保持员工稳定性,同时保护发行人的利润规模,发行人实际控制人可能会在体外支付员工薪酬。可能使用的方法包括:通过发行人的关联公司支付部分员工薪酬、每年大比例现金分红,然后股东收到现金股利按约定向销售或技术人员支付奖金等。

五、员工人数异常下降或结构大比例调整

正常进行经营活动的企业,员工虽然有流动,但是人数大体会保持稳定。发行人报告期内呈现收入和利润双增长情况,员工人数稳中有升才符合业务发展需要的逻辑。如果员工人数异常下降,要关注职工人数下降的原因,现有员工是否能和

产能匹配，发行人是否将部分员工转至关联企业名下，从而减少费用。

同理，正常运营的企业员工结构也不会有重大变化。若出现重大变化，则需要核查发行人员工结构变化的原因，是否和业务发展有匹配性，比如将本应费用化的薪酬挪至生产员工薪酬，操纵毛利率和净利润水平。

【具体案例分析】

一、天目湖（603136）

发行人的主营业务是旅游景区的开发和管理，主要经常场所在天目湖旅游度假区，先后开发建设了天目湖山水园景区、天目湖南山竹海景区、天目湖御水温泉度假项目等。

简言之，发行人是一家旅游度假服务提供商，对于这类企业来说人力是主要生产要素，职工薪酬计入生产成本，即便薪酬和奖金没有异常，也是重点核查的对象。

发行人报告期内合并利润主要数据如表2－15－1：

表2－15－1　2014～2017年6月公司合并利润表

单位：万元

项目	2017年1－6月	2016年	2015年	2014年
营业收入	21,433.36	42,178.67	42,292.57	40,859.21
营业成本	6,925.36	14,732.79	14,310.69	13,930.51
营业利润	6,918.95	10,402.78	7,909.85	7,333.63
利润总额	6,974.27	10,539.14	8,237.13	8,364.66
归属于母公司股东净利润	4,413.03	6,928.83	5,403.26	5,692.68
基本每股收益（元/股）	0.74	1.15	0.90	0.95
稀释每股收益（元/股）	0.74	1.15	0.90	0.95

报告期内，营业收入稳中有升，发审委问询的职工薪酬下滑确实引人关注。

报告期内，发行人营业成本构成如表2－15－2：

表 2-15-2 2014~2017 年 6 月公司营业成本构成情况

单位:万元

项目	2017 年 1-6 月		2016 年度			2015 年度			2014 年度	
	金额	占总成本比例	金额	占总成本比例	增长率	金额	占总成本比例	增长率	金额	占总成本比例
职工薪酬费用	1,610.43	23.25%	3,698.39	25.10%	5.14%	3,517.72	24.58%	-17.72%	4,275.16	30.69%
修理费	235.52	3.40%	463.28	3.14%	4.82%	441.99	3.09%	-29.22%	624.48	4.48%
租赁费	482.30	6.96%	1,065.85	7.23%	1.80%	1,046.99	7.32%	2.83%	1,018.15	7.31%
能源费	224.56	3.24%	523.27	3.55%	-7.96%	568.51	3.97%	-10.53%	635.40	4.56%
绿化费	42.03	0.61%	260.73	1.77%	36.34%	191.24	1.34%	-9.23%	210.68	1.51%
折旧费	2,742.56	39.60%	5,738.22	38.95%	2.51%	5,597.48	39.11%	27.69%	4,383.54	31.47%
物料用品	128.00	1.85%	229.27	1.56%	15.29%	198.87	1.39%	-50.00%	397.77	2.86%
各项规费	6.49	0.09%	151.6	1.03%	17.59%	128.92	0.90%	24.63%	103.44	0.74%
商品销售成本	573.43	8.28%	948.57	6.44%	-20.47%	1,192.66	8.33%	19.66%	996.74	7.16%
食品成本	557.58	8.05%	1,110.06	7.53%	10.57%	1,003.97	7.02%	11.56%	899.95	6.46%
酒水成本	111.60	1.61%	170.18	1.16%	-20.28%	213.48	1.49%	34.12%	159.17	1.14%
其他	210.86	3.04%	373.37	2.53%	78.76%	208.87	1.46%	-7.58%	226.01	1.62%
营业成本合计	6,925.36	100.00%	14,732.79	100.00%	2.95%	14,310.69	100.00%	2.73%	13,930.51	100.00%

从表 2-15-2 可以看出,2015 年度职工薪酬费用较 2014 年明显下滑,而同期营业收入却是增长的。

2015 年职工薪酬下降幅度较大,减少了 757.44 万元,主要原因系水世界 2015 年进入正常运转阶段,并将食品摊位出租外包经营,减少了部分员工使用,少支出了 200 万元左右,公司 2015 年业绩平稳,未发放奖金,减少支出约 600 万元。

发行人在招股书中进一步对职工薪酬费用波动细化,见表 2-15-3:

表 2-15-3 2014~2017 年 6 月职工薪酬费用波动情况

项目	2017 年 1-6 月	2016 年度		2015 年度		2014 年度
	数量	数量	变动	数量	变动	数量
职工人数(人)	860	960	1.37%	947	-5.49%	1,002
职工平均收入水平(万元)	3.01	7.84	2.89%	7.62	-0.91%	7.69
职工薪酬(万元)	1,610.43	3,698.39	5.14%	3,517.72	-17.72%	4,275.16

2015 年职工薪酬较上年度下降较多，主要原因如下：当年度公司加强内部管理，严格各项考核制度，员工考核绩效较为严格，绩效薪酬发放较少；此外，公司通过加强内部控制体系的建设，精简了部分岗位的工作人员、减少了用工数量，相应的薪酬支出亦减少。2016 年职工薪酬较 2015 年有所提升，主要系当年度公司绩效考核较好，绩效薪酬支出较多。

2015 年和 2016 年职工薪酬费用低于 2014 年，最核心原因是 2015 年水世界食品摊位外包，缩减了人员编制。

二、安徽泰达新材料股份有限公司（未通过）

公司在精细化工领域专业从事重芳烃氧化系列产品研发、生产与销售，系专业生产精细化学品的高科技企业，长期为包括全球知名的增塑剂生产厂商联成化学、绝缘材料生产厂商艾伦塔斯、国内知名的粉末涂料用聚酯树脂生产企业神剑股份、天松新材料等大型企业提供产品和服务。公司生产和销售的主要产品包括偏苯三酸酐和均苯三甲酸。发行人是一家精细化工品生产商。

发行人报告期内合并利润主要数据见表 2－15－4：

表 2－15－4　2014～2016 年公司合并利润情况

单位：元

项目	2016 年度	2015 年度	2014 年度
营业收入	175,349,023.03	206,444,020.30	169,531,002.15
营业利润	31,842,661.71	31,566,759.63	19,743,773.13
利润总额	40,380,923.05	33,106,616.60	21,926,699.62
净利润	34,827,642.70	28,495,995.27	19,555,114.67
归属于母公司所有者的净利润	34,827,642.70	28,495,995.27	19,555,114.67
扣除非经常性损益后归属于母公司所有者的净利润	26,891,713.71	26,856,150.80	17,612,928.69

发行人 2014 年至 2016 年扣除非经营性损益后归属母公司所有者净利润分别为 1761 万元、2886 万元和 2689 万元，虽然呈现上升趋势，但是体量明显偏低，最后一年也没有超过市场传言的创业板 3000 万元利润门槛，另外，2016 年营业收入是下滑的。

发行人 2014 年、2015 年和 2016 年，主营业务综合毛利率分别为 23.31%、25.28% 和 27.98%，这样的财务指标虽然满足上市相关法规的硬性要求，但远谈不上优异,距平均值还有一段距离,发审委对于可以操纵利润的手段问询也可以理解了。

2016 年发行人董监高领取薪酬如表 2－15－5:

表 2－15－5　2016 年公司董监高领取薪酬情况

序号	姓名	本公司职务	在本公司领取的薪酬(万元)	在控股股东控制的其他企业领薪情况(万元)
1	柯伯成	董事长	6.42	—
2	柯伯留	副董事长、总经理	7.62	—
3	方天舒	董事	6.60	—
4	柯小华	董事	0.00	—
5	陈茂浏	2016 年 6 月起,任公司独立董事	1.75	—
6	程军	2016 年 6 月起,任公司独立董事	1.75	—
7	张五星	董事会秘书、财务总监	6.23	—
8	柯宝来	副总经理	7.41	—
9	罗建立	副总经理	6.65	—
10	洪立策	2016 年 6 月起,任公司股东代表监事	4.23	—
11	柯美松	职工监事	5.56	—
12	徐小买	职工监事、监事会主席	7.46	—
13	向勇	原公司股东代表监事,2016 年 5 月离职	—	—
14	程小虎	原公司董事,2016 年 5 月离职	—	—

董事长薪酬 6.42 万元,总经理 7.62 万元,作为一家准备上市的企业,同行业中的佼佼者,这个薪资水平确实很低。发行人地处黄山市,2016 年黄山市在岗职工年平均工资为 59,325 元,折合月平均工资 4944 元。发行人财务总监 6.23 万元年薪,折合每月 5192 元,拿的是当地平均工资,做的是拟上市公司财务总监,难怪发审委会质疑。董监高中还有做义务工不拿工资的董事。

薪酬低得令人难以相信,而股利分配数据又异常。

发行人报告期内筹资活动产生的现金流量分析如表 2－15－6:

表 2-15-6 2014~2016 年筹资活动产生的现金流量情况

单位：万元

项目	2016 年度	2015 年度	2014 年度
三、筹资活动产生的现金流量：	—	—	—
吸收投资收到的现金	—	—	—
取得借款收到的现金	5,600.00	5,900.00	4,000.00
收到其他与筹资活动有关的现金	183.00	50.00	—
筹资活动现金流入小计	5,783.00	5,950.00	4,000.00
偿还债务支付的现金	8,300.00	5,700.00	3,960.00
分配股利、利润或偿付利息支付的现金	4,523.59	936.18	289.00
支付其他与筹资活动有关的现金	198.29	93.00	—
筹资活动现金流出小计	13,021.89	6,729.18	4,249.00
筹资活动产生的现金流量净额	-7,238.89	-779.18	-249.00

2016 年分配股利现金 4524 万元，导致年底货币资金不足 598 万元，发行人这是不准备经营了吗？还是笃定能上市融资？发审委因此问询是否通过股利发放变相支付薪酬。

从发审委思路我们梳理一下，先注意到公司利润体量低，但是 2016 年是在营收下滑的情况下实现利润增长，既然没有开源，必然是节流了，于是关注成本和费用核算。管理费用绝对额和比例都在下滑，细分管理费用明细，董监高薪酬问题跃入眼帘。很少有问题是单独存在的，发审委问询的问题基本都是逐层推进，从最表层的财务数据问起，追本溯源，直至核心。

第十六节 函证核查

【商业逻辑与背景分析】

函证在会计审计和财务核查中都是一种非常重要的方式和手段。所谓函证，就是通过发询证函的方式与交易对手方就相关交易内容和金额进行核对和确认，也是 IPO 财务核查中取得的非常重要的外部证据。

函证可以普遍应用在开户银行、客户、供应商、关联方等方面，用以核验公司银行流水、销售金额、预收账款以及应收账款金额、采购金额、应付账款以及预付账款金额、关联方资金往来等问题。

在财务真实性核查要求越来越高的情况下，IPO 审核中会对项目组通过函证核查的发函金额、回函比例、发函程序、回函复核等问题进行重点关注。由于这些内容一般情况下不会公开披露，我们也就不容易得到公开信息。

【核查方法指引】

在实践中，可能也会存在一些并不规范的函证程序或者行为，比较典型的主要有以下几种：

1. 函证金额和范围不准确。在发函之前一定要向发行人获取相关科目的明细账，并且逐一与财务、销售、采购等部门进行核对，保证无误之后再进行后续的函证程序。

2. 不能做到独立发函。会计师可能会跟券商用同一个快递进行发函，回函地址也可能是同一个，甚至回函地址可能是发行人的地址。

3. 函证程序不能独立。函证需要会计师独立完成，不得存在发行人配合参与的情形，实践中存在询证函由发行人相关人员直接带到被函证方处并带回询证函的情形。

4. 函证复核程序不到位。如果被函证方对于询证函的内容不能完全认可，提出差异，那么项目组需要对差异情况进行详细分析复核，找出差异原因并与被函证方沟通确认解释清楚。

5. 函证风险不能敏感揭示。比如，在实践中存在多家客户用同一个地址回函的情形，发出的多个函证统一回函的情形，这可能就会存在关联方核查不到位甚至业绩造假的线索或者痕迹，需要重点关注这种情况并核查清楚。

6. 函证的替代程序是否到位。一般情况下，项目组可以控制发函的比例，如果金额不大可以全部发函，如果金额太大可以发函比例在 80% 以上。但是，在很多情况下被函证方可能并不配合函证，导致回函的比例不会很高（尤其是在客户是国企或者外企的情况下）。如果回函的比例低于 50%，那么我们就需要考虑对函证提供替代程序。至于替代程序，既然函证不能实现核查要求，那么可能就需要通过合同对照、现场走访、对账单核对等替代程序进行弥补。

7. 函证在程序上一定要保留好快递单据。这是函证非常重要的一环，不然函证到底是中介机构独立发出的，还是员工带过来的或者是其他方式取得的，都无法说清。

【具体案例分析】

一、康辰药业(603590)

保荐机构及申报会计师对报告期内公司主要客户采取的核查程序主要如下：

(一)实地走访

保荐机构会同申报会计师选取报告期各期销售收入前二十大客户，通过全国企业信用信息公示系统检索客户工商资料，通过实地走访了解客户现场情况，察看了主要客户的经营场所，访谈客户的相关负责人，访谈内容包括：了解客户的背景、注册地、注册资本、股东及出资情况、主营业务、经营规模，与发行人合作历程、交易数据、产品定价、结算方式、回款方式，下游终端客户对发行人产品的评价，判断客户与发行人是否存在关联关系等，具体核查情况如表2－16－1：

表2－16－1　2015～2018年6月公司主要客户实地走访核查情况

单位：万元

项目	2018年1－6月	2017年度	2016年度	2015年度
销售收入	48,771.50	59,058.01	34,622.54	43,612.63
走访客户销售额	29,709.88	42,832.82	27,439.40	31,120.19
走访客户销售额占销售收入比例	60.92%	72.53%	79.25%	71.36%

报告期各期实地走访客户销售收入占各期销售收入比例分别为71.36%、79.25%、72.53%和60.92%。

(二)独立函证及替代性测试

保荐机构会同申报会计师函证报告期内发行人主要客户，函证内容包括：各期销售额、各期末往来款余额等情况。对于未回函的客户均采取核对销售合同、订单、销售出库单、货运单、签收单、银行回单、销售发票等原始业务单据进行替代性测试，未发现不符事项。保荐机构会同申报会计师对发行人客户的函证及替代性测试覆盖情况如表2－16－2所示：

表 2-16-2 2015~2018 年 6 月对公司客户函证情况

单位:万元

项目	2018 年 1-6 月	2017 年度	2016 年度	2015 年度
销售收入	48,771.50	59,058.01	34,622.54	43,612.63
发函金额	39,680.79	48,371.48	28,384.71	34,568.72
发函金额占销售收入比例(1)	81.36%	81.91%	81.98%	79.26%
回函确认金额	34,346.58	44,443.16	26,223.76	31,269.90
回函确认金额占发函金额比例(2)	86.56%	91.88%	92.39%	90.46%
回函确认金额占销售收入比例(3=1×2)	70.42%	75.25%	75.74%	71.70%
替代性测试金额占销售收入比例	10.94%	6.65%	6.24%	7.56%

(三)销售收入细节测试

保荐机构会同申报会计师选取发行人报告期各期销售收入前二十大客户,进行销售收入细节测试,取得销售合同、订单、销售出库单、第三方货运单据、客户签收单、销售发票等业务单据,核对单据的一致性,确认发行人销售的真实性。

报告期内销售收入细节测试核查覆盖比例如表 2-16-3:

表 2-16-3 2015~2018 年 6 月公司销售收入细节测试情况

单位:万元

项目	2018 年 1-6 月	2017 年度	2016 年度	2015 年度
销售收入	48,771.50	59,058.01	34,622.54	43,612.63
细节测试金额	25,447.47	32,429.60	20,990.12	27,990.48
细节测试金额占销售收入比例	52.18%	54.91%	60.63%	64.18%

(四)回款情况核查

保荐机构会同申报会计师对发行人期后回款情况进行核查,查看相关回款凭证、银行流水,确认报告期内发行人销售收入的回款方与客户一致。

（五）整体核查覆盖比例

报告期内，保荐机构会同申报会计师通过实地走访、函证或执行替代性程序核查经销商的覆盖情况如表 2－16－4：

表 2－16－4　2015～2018 年 6 月公司整体核查覆盖比例情况

项目	2018 年 1－6 月	2017 年度	2016 年度	2015 年度
走访客户销售额占销售收入比例	60.92%	72.53%	79.25%	71.36%
回函确认金额占销售收入比例	70.42%	75.25%	75.74%	71.70%
函证替代性测试金额占销售收入比例	10.94%	6.65%	6.24%	7.56%
核查覆盖金额占比（注）	82.05%	83.13%	86.45%	84.04%

注：核查覆盖金额占比＝上述核查手段剔重后覆盖客户的销售额/各期营业收入。

报告期各期，保荐机构及申报会计师对公司客户通过实地走访、独立函证及执行替代性程序核查的覆盖比例均超过 80%，覆盖比例较高。经核查，报告期内公司客户收入真实准确，回款方与客户保持一致。

二、清源股份（603628）

报告期内，保荐机构联合会计师、律师等中介机构对发行人所有重要供应商进行了核查，并对重要的供应商采取了走访、函证等核查手段，以核实其真实性。

报告期内，由于前十名客户及供应商覆盖当年采购比例较高，保荐机构及发行人律师将该等供应商作为主要核查对象。具体核查过程如下：

（一）对供应商工商资料进行比对核查

报告期内发行人各会计年度前十名供应商所包含的供应商合计 25 家。

保荐机构及发行人律师从工商行政管理部门获取了发行人上述供应商包含股东信息的工商档案资料，对其设立时间、经营范围、注册资本规模、股东构成进行了比对核查。保荐机构及发行人律师核实了发行人主要供应商工商登记信息的真实存在性；通过经营范围比对，该等供应商均有与光伏行业相关的经营范围；关联关系核查方面，保荐机构及发行人律师对该等供应商进行了股东信息核查，通过比对股东信息、发行人董事、监事、高级管理人员的基本情况调查表、机构投资者工商资料及股东等信息，并结合供应商的成立时间、注册资本规模、上市公司公开信息等情况，保荐机构及发行人律师核查甄别了发行人与主要供应商之间是否存在潜在关联关系的情况。

报告期内,公司董事、监事、高级管理人员、核心技术人员、实际控制人和持股5%以上的股东,与上述供应商不存在关联关系。

(二)对公司主要供应商的走访核查情况

发行人报告期内进入过公司前十名供应商的境内外公司合计为25家,保荐机构联合会计师、律师等中介机构对上述全部25家供应商在报告期内的不同年度均进行了现场走访核查,该等现场走访供应商的各年度采购金额总额占发行人各期采购总额的比例分别为2013年61.84%,2014年69.03%,2015年59.58%,2016年1~9月77.64%。

实地走访核查内容包含确认供应商生产能力或商品经销情况,对供应商主要经办人员就其与发行人合作情况进行访谈,现场拍照取证等。通过实地走访,核实了该等供应商的真实性以及其生产、经销能力与原材料供应能力的匹配性。该等供应商所提供货源为其实际生产或经销商品,发行人原材料来源具备合法出处。

(三)对公司主要供应商的财务资料核查情况

1. 获取客户及供应商的合同、订单、发票

保荐机构联合会计师、律师等中介机构获取了报告期内公司供应商的合同、订单及相关发票,核查业务的真实性、准确性。

2. 核查供应商采购相关的银行流水

保荐机构联合会计师、律师等中介机构获取了报告期内公司所有的银行对账单,并对大额银行回款、付款与公司银行存款明细账、银行存款日记账、应付账款明细账逐笔进行核对,重点关注供应商名称、付款金额、日期等一致性,核查业务的真实性。

3. 函证

保荐机构联合会计师等中介机构对报告期内公司重大供应商进行函证。函证的内容包括报告期内各年度的交易金额、应付账款余额、是否存在关联关系。具体如表2-16-5:

表 2－16－5　2013～2016 年 9 月公司供应商函证情况

单位：万元

项目	2016.9.30	2015.12.31	2014.12.31	2013.12.31
发函金额合计	21,062.49	9,254.51	11,081.20	5,189.89
回函金额合计	21,062.49	9,254.51	11,081.20	5,189.89
应付账款余额	25,914.39	14,776.96	18,509.10	7,619.03
发函金额占应付账款余额的比例	81.28%	62.63%	59.87%	68.12%
回函金额占应付账款余额的比例	81.28%	62.63%	59.87%	68.12%

通过函证，中介机构核查了采购的真实性、交易金额以及应付账款的真实性与准确性。

第三章　特定经营模式

第一节　关联交易超过30%

【商业逻辑与背景分析】

公司的日常经营中,在某些情况下关联交易是难以完全避免且是具有必要性和商业合理性的。尤其对于初创期的公司,关联交易可以保障公司的稳定经营,迅速积累资本和扩大规模。关联交易对公司的运营主要有以下几大优势:(1)销售和采购规模稳定,可以保证公司的正常生产或者销售,保障公司的经营业绩;(2)采购或者销售价格比较稳定,且便于协商;(3)货款支付与收取较为灵活,有时可以因经营周转需要而延长付款期或者缩短收款期。

当然,从另外一个监管层面来讲,企业关联交易的这些优势并不利于公司提升核心竞争力及可持续经营能力。理论上来讲,一个有着充足核心竞争力以及可持续经营能力的公司并不需要依赖关联交易的这些优势。也就是说,即使没有关联交易,公司的业绩也可以保持稳定增长,市场份额也可以稳步提升,从而具备持续盈利能力。从这个角度来讲,关联交易越少或减少关联交易依赖的时间越早,就越能说明公司核心竞争力及可持续经营能力很强,也就越有利于IPO的审核。

从IPO审核的角度来看,关联交易会削弱业绩规模与公司核心竞争力以及可持续盈利能力的强关联性。这主要包括以下两个方面:(1)关联交易的公允性,这是发行人就关联交易需要重点论证的内容,包括价格公允性,以及交货期限、风险转移、货款收付等其他合同条款的公允性;(2)关联交易的必要性,这是因为部分公司核心竞争力欠缺,需要通过关联交易保持业绩的稳定增长。这两方面都会导致公司的核心竞争力不足以及可持续盈利能力欠缺，从而难以保障公司 IPO 成功后的业绩水平。

出于历史原因或者考虑到行业特有因素，一些发行人的关联交易不可避免，甚至关联交易占比会非常高，这就需要发行人对关联交易进行规范，同时论证公司拥有严格可行的内控制度以及目前关联交易的必要性，并可以在一定期间内减少或避免关联交易的发生。除此之外，还可以结合反面论证，比如详细论述公司的核心竞争力以及可持续盈利能力。

这一次，我们主要是整理了一些在关联交易方面比较特殊和极端的案例，通过这些案例解释一些关于关联交易的错误观点。这主要体现在：(1)关联交易并不是 IPO 审核的红线，有了关联交易并不是 IPO 就不能成功。(2)关联交易占比超过 30% 会在审核中被重点关注，但是关联交易超过 30% 也不说明就一定 IPO 不能成功。(3)关联交易并不是洪水猛兽，但一定要合理，不然就会成为 IPO 审核中的实质性障碍。

【核查方法指引】

对于关联交易占比较高的公司，需要做以下几个方面的核查与论证：

一、关注公司的核心竞争力与可持续盈利能力

发行人可以从自身业务出发，对以下几点做系统性论述：(1)分析国家对相关产业的政策影响，包括过去以及现在国家的产业支持力度，未来的产业规划和鼓励政策等，以此说明行业的可持续发展前景。(2)行业发展历程，是属于新兴行业还是成熟产业，该行业在国内的发展现状，产业链分布半径是否合理，是否容易复制，进入门槛是否较低，有无细分行业等。(3)该公司在行业内的地位，与行业龙头的优劣势对比，客户地理位置分布，拓展客户的可行度以及速度等。

二、关注发行人关联交易占比高的必要性、合理性

了解发行人关联交易发生的原因和历程，关联交易是否不可或缺及其原因。关注发行人关联交易占比较高的具体原因，未来降低关联交易占比的规划和措施等。

对于报告期内关联交易，需要详细分析其定价是否公允、是否存在潜在利益输送等，关联交易占比高的业务是否形成依赖，并详细比对同种业务涉及的无关联第

三方签订的合同,将关联方定价与市场价格做差异分析。

三、识别发行人是否还存在其他潜在的关联交易

了解发行人是否还存有其他潜在关联交易或者需要按照关联交易标准进行披露的相关交易。

四、关注发行人关联交易的内控等制度是否合理

对于关联交易,发行人是否具有完善的内控制度,并严格按照内控制度执行。对于关联交易占比较高的业务,是否具有特殊的审批制度,对该业务是否会有特殊的防范措施等。对于每一次关联交易的审批程序是否合规,独立董事是否对关联交易发表了明确的意见等。

【具体案例分析】

一、威星智能(002849):客户入股导致关联交易持续增加且占比达到30%以上

(一)关联销售

报告期内,公司经常性关联交易主要是向中国燃气控股有限公司(以下简称中国燃气)下属的城市燃气运营公司(包括中国燃气对其控制、共同控制或重大影响)销售产品,具体情况如表3-1-1:

表3-1-1 2013~2016年6月公司与中国燃气关联销售情况*

单位:万元

项目	2016年1-6月	2015年度	2014年度	2013年度
对中国燃气的销售	5,653.75	4,034.77	1,449.42	1,052.90
营业收入	17,358.62	26,955.06	21,777.65	14,531.29
占比	32.57%	14.97%	6.66%	7.25%

*2015年及之后,公司与中国燃气之间的交易构成关联交易。

报告期内,公司对中国燃气下属的城市燃气运营公司(包括中国燃气对其控制、共同控制或重大影响)销售收入占营业收入的比重提高较快。

1. 关联交易的形成原因

中国燃气是中国境内最大的城市燃气运营商之一,在中国燃气成为发行人的关联方之前,作为发行人的重要客户之一,发行人与中国燃气即存在多年的合作关系,合作关系稳定,合作基础扎实。

鉴于中国燃气在市场方面的领先优势,为了完善公司治理结构、提升公司的市场开拓能力、提高公司可持续发展的能力,同时满足公司迅速发展的资金需求,2014 年 12 月公司引进中国燃气的全资孙公司中燃科技作为战略投资者,占公司 16.62% 的股权。中国燃气此后成为公司的关联方。

2015 年及之后公司与中国燃气下属的城市燃气运营公司之间的交易构成关联交易。

2. 对中国燃气销售的背景

近年来,随着节能环保政策的推进以及燃气管道建设的加快,城镇燃气作为一种清洁能源,市场规模呈增长趋势。同时,随着 2002 年《关于加快市政公用行业市场化进程的意见》的发布,燃气市场加速对社会资本开放,一批具备较强实力的燃气公司在全国开拓市场,市场集中度逐渐提高。目前,国内城镇燃气形成了以中国燃气、华润燃气、港华燃气、新奥能源、昆仑燃气等企业为主导的市场格局。随着城镇燃气市场化体制改革的推进,未来城镇燃气的市场集中度将进一步提高。

中国燃气、华润燃气、港华燃气、新奥能源均为港股上市公司,根据其披露的 2015 年度报告,其业务情况如表 3-1-2:

表 3-1-2　2015 年港股上市燃气公司业务情况

企业名称	收入	项目总数(个)	户数(万户)
中国燃气(00384.HK)	2,913,852.70(万元港币)	305	3,052.94
华润燃气(01193.HK)	3,109,575.60(万元港币)	220	2,361.00
港华燃气(01083.HK)	771,829.30(万元港币)	102	1,004.00
新奥能源(02688.HK)	32,063(百万元人民币)	152	1,232.60

注 1:中国燃气披露的为 2016 年年报,会计期间为 2015 年 4 月 1 日至 2016 年 3 月 31 日,其他公司 2015 年年报的会计期间为 2015 年 1 月 1 日至 2015 年 12 月 31 日;

注 2:昆仑燃气非上市公司,根据官网的介绍,其覆盖的城市也在 100 个左右。

发行人的下游市场具有一定的市场集中性,发行人对中国燃气销售符合行业的经营特点和企业的实际情况。

3. 中国燃气的采购模式及定价机制

(1)中国燃气对能够控制的燃气公司的采购模式

中国燃气作为中国最大的城市燃气运营商之一,集团内拥有众多的城市燃气运营公司。在2015年7月中燃物资成立之前,中国燃气对于其能够控制的燃气公司采用公开招投标方式,确立合格供应商名录及各类燃气表的价格,并在中燃采购网上公开,当中国燃气旗下的燃气公司需要采购时,由各家燃气公司在供应商目录中自主选择供应商。

2015年6月底,为加强对集团供应链的管理,提高采购效率,保证采购质量,控制采购成本,推动旗下燃气公司燃气表的智能化、信息化和远程管理控制改造,中国燃气对其供应链流程进行改革,设立了中燃物资,作为中国燃气的集中采购中心,统一负责中国燃气包括管道、燃气表等大宗物资的采购。合格供应商名录继续沿用之前的名单。中燃物资一般在年初与合格供应商签订框架性协议,对于采购事项进行约定。采购价格以中燃采购网上的报价为准,同一型号的产品,规定了统一的采购价格。当中国燃气旗下的燃气公司有采购需求时,需要向中燃物资提出申请,中燃物资通过中燃采购网向供应商下订单,并由中燃物资对供应商进行结算。

(2)中国燃气共同控制或重大影响的燃气公司的采购模式

对于中国燃气共同控制或重大影响的企业,一般由各家企业自行组织招投标。公司主要通过招投标方式获取订单。在中国燃气成为关联方前后,中国燃气共同控制或重大影响的企业采购模式没有发生变化。

中国燃气成为公司关联方未对双方之间的交易定价机制产生影响,双方之间的交易是过往交易的自然延续,符合商业原则。

4.关联销售的公允性

公司2013~2016年6月与中国燃气的交易具体情况如表3-1-3:

表3-1-3　2013~2016年6月公司与中国燃气交易情况

单位:万元

交易内容	2016年1-6月	2015年度	2014年度	2013年度
IC卡智能燃气表	4,884.03	2,962.59	846.03	877.44
其中:整表	4,878.46	2,945.26	806.07	831.97
控制装置	5.57	17.33	39.96	45.47
远传燃气表	147.95	116.24	162.97	44.64
电子式燃气表	118.70	329.33	421.22	110.26
其他	503.07	626.61	19.19	20.56
小　计	5,653.75	4,034.77	1,449.42	1,052.90

注:2015年及2016年1~6月对中国燃气销售的其他,主要是智能燃气表配件等。

公司销售给中国燃气的产品主要是IC卡智能燃气表整表中的民用部分和电子式燃气表中的民用超声波燃气表，二者2013～2016年6月销售额分别占同期对中国燃气销售总额的87.01%、81.60%、76.54%和86.38%，与销售给第三方的同类产品具体比较情况如表3－1－4：

表3－1－4　2013～2016年6月公司向中国燃气销售产品情况与其他非关联方对比

产品类别	年份	向中国燃气销售情况			向其他非关联方销售单价(元/台)	差异率
		销售数量（台）	销售金额（万元）	销售单价（元/台）		
民用IC卡智能燃气表整表	2016年1－6月	226,816.00	4,771.38	210.36	209.91	0.21%
	2015年度	130,699.00	2,786.18	213.18	223.55	－4.86%
	2014年度	35,694.00	784.80	219.87	228.15	－3.77%
	2013年度	36,386.00	805.84	221.47	230.2	－3.94%
民用超声波燃气表	2016年1－6月	3,300.00	112.26	340.17	340.71	－0.16%
	2015年度	9,122.00	302.10	331.18	346.79	－4.71%
	2014年度	11,635.00	397.93	342.01	341.54	0.14%
	2013年度	3,000.00	110.26	367.52	401.56	－9.26%

由表3－1－4可见，公司与中国燃气的交易价格和公司与其他非关联方的交易价格差异较小。考虑到燃气表的销售价格受基表、阀门、主控表、外壳组件等原材料不同、客户的议价能力等因素影响会存在合理的差异。

综上，报告期内公司对中国燃气的销售价格与对其他非关联客户的销售价格价差较小，定价公允，不存在损害公司利益及利益输送的情形。

5.关联交易的审批程序

报告期内，公司按照《公司章程》《关联交易管理制度》等的规定，对关联交易进行审议。2016年3月，公司2015年年度股东大会对2015年公司与中国燃气之间的日常关联交易进行了确认，并对2016年的日常关联交易进行了预计。独立董事也发表了意见：公司对日常关联交易不存在依赖性，关联交易价格依据市场情况定价，遵循了客观、公平、公正原则，不存在损害公司及公司股东利益的情形，不影响公司独立性。

6.关联交易的影响

（1）关联交易未对交易价格的公允性造成不利影响。

（2）关联交易未对公司的独立性造成不利影响。

(3)公司不存在对中国燃气的重大依赖。

(二)关联采购

报告期内,公司从中燃科技采购加密芯片,专门用于对中国燃气销售的燃气表,以满足客户保护数据信息、提升安全性、统一数据管理的要求。报告期内,公司从中燃科技采购的加密芯片金额如表3-1-5:

表3-1-5 2013~2016年6月公司从中燃科技采购加密芯片金额

单位:万元

项目	2016年1-6月	2015年度	2014年度	2013年度
对中燃科技的采购	282.09	398.26	—	—
采购总额	12,368.48	18,890.31	—	—
占比	2.28%	2.11%	—	—

报告期内公司采购加密芯片的价格为每个15元,与中燃科技销售给其他客户的价格基本一致,不存在差异。报告期内,公司从中燃科技采购的金额较小,占采购总额的比例较低,定价公允,不存在利益输送的情形。

(三)关联交易的真实性

针对发行人与中国燃气之间的销售真实性,保荐机构和申报会计师实施了如下核查程序:

1. 对中燃物资、中燃科技和中国燃气其他关联公司进行走访,对客户相关人员进行访谈,核实交易的真实性。

2. 对销售额实施函证或替代测试程序

中介机构对中国燃气关联销售2015年度和2016年1~6月的函证样本分别占当期销售额的74.74%和90.52%。

截至本招股说明书签署日,中介机构已收到相关函证回函,调节后函证金额与公司销售额均相符。

3. 关注应收账款回款情况是否出现异常

(1)报告期内应收账款各期末余额在期后回款情况如表3-1-6:

表 3-1-6　报告期内应收账款各期末余额在期后回款情况

单位：万元

项　目	2016-6-30[注]	2015-12-31[注]	2014-12-31	2013-12-31
应收账款余额	3,321.84	2,221.83	1,027.08	904.18
期后一年回款金额	2,226.06	1,587.20	841.08	743.78
回款比例(%)	67.01	71.44	81.89	82.26

注：2015 年年底和 2016 年中期回款统计截至 2016 年 8 月 30 日；受客户付款习惯、质保金和账龄结构等因素影响，2015 年年底应收账款余额回款情况处于正常范围内。

发行人对中国燃气旗下中燃物资和其他燃气运营商的信用期一般为 3～6 个月，并保留 5%～10% 的质保金，质保期一般为 12～24 个月，另外，考虑到应收账款的账龄结构和客户付款习惯等因素，报告期内期后一年的回款比例基本稳定，未见异常。

(2)针对回款真实性和及时性，中介机构实施了如下主要程序：

测试应收账款回收记录，抽取部分收款回单，核对回款单位与销售客户的名称是否一致，同时与销售合同等进行核对。经测试，应收账款已经收回且回款单位与销售客户名称一致；检查银行存款日记账，并抽取公司主要银行账户的对账单，针对发行人发生的 100 万元以上的资金流水，关注是否发生与业务不相关或交易价格明显异常的大额资金流动并查明原因。经检查，不存在与业务不相关或交易价格明显异常的大额资金流动。

综上，经核查，公司对中国燃气的销售是真实的。

二、百合花(603823)：第一大客户成为公司重要关联方，关联交易占比 30% 以上

(一)重大事项提示

1. 与科莱恩国际公司合资经营存在的不确定性风险

为了加强在高性能有机颜料领域的战略合作，2004 年 12 月发行人与科莱恩国际公司签署了《百合科莱恩合资合同》以及《百合科莱恩公司章程》，共同设立百合科莱恩，合资期限为百合科莱恩营业执照颁发之日(即 2004 年 12 月 31 日)起 20 年，充分利用双方的技术优势、成本优势、渠道优势，生产高性能有机颜料并由双方各自进行销售。

根据发行人与科莱恩国际公司签署的《百合科莱恩合资合同》及发行人与科莱恩国际集团(科莱恩国际公司及其控股子公司统称科莱恩国际集团)、百合科莱恩

签署的《中国境内分销合同》《分销协议》及其补充协议，发行人与科莱恩国际公司的销售合作模式为：

由百合科莱恩生产的高性能偶氮有机颜料及喹吖啶酮颜料应在中国境内外通过科莱恩国际集团的销售网络独家销售。百合科莱恩生产的高性能有机颜料中，通过科莱恩国际集团直接销售的颜料，百合科莱恩将其销售给科莱恩国际公司控股子公司科莱恩化工(中国)有限公司(国内销售)和科莱恩(中国)有限公司(国外销售)；通过发行人间接销售的颜料，百合科莱恩将其销售给科莱恩化工(中国)有限公司后，由科莱恩化工(中国)有限公司销售给发行人并最终由发行人销售。

百合科莱恩最终通过发行人进行销售的产品先行销售给科莱恩国际集团，是双方正常商业谈判的结果。尽管发行人与科莱恩国际公司在《百合科莱恩合资合同》《百合科莱恩公司章程》以及系列合同中明确约定了该销售合作模式下双方的权利和义务，但发行人仍然存在因科莱恩国际集团未能履行合同义务或未能及时履行合同义务所带来的不确定性风险。

百合科莱恩为发行人重要子公司，发行人和科莱恩国际集团进行战略合作，开拓了公司国际化视野，提高了公司技术水平，拓展了公司销售渠道，有效促进了公司业务持续、稳定的发展。但是，百合科莱恩合资期限为 2004 年 12 月 31 日起 20 年，合资到期后百合科莱恩的运营需要合资双方重新约定，使发行人面临较大的不确定性风险。

2. 对科莱恩国际集团的依赖风险

有机颜料细分领域品种众多，全球性颜料公司对供应商的产品品质、长期供货能力和售后服务等要求较高。科莱恩国际公司是全球领先的精细化工生产企业，为全球前三大颜料生产厂家之一。公司凭借领先的品种组合优势、技术优势和规模优势成为科莱恩国际集团的合作伙伴，通过百合科莱恩、发行人向科莱恩国际集团销售高性能的各类有机颜料。经过多年的合作及交流磨合，公司已成为科莱恩国际集团国内最重要有机颜料供应商，是其产品供应链中的重要组成部分。

报告期内，科莱恩国际集团为公司第一大客户，公司对科莱恩国际集团的销售收入分别为 38,124.75 万元、43,902.57 万元和 36,620.73 万元，占当期营业收入的比例分别为 32.32%、34.62% 和 31.68%；公司对科莱恩国际集团的销售毛利分别为 9647.05 万元、9789.67 万元和 8534.53 万元，占当期整体毛利的比例分别为 34.37%、31.91% 和 28.74%；公司对科莱恩国际集团的应收账款余额分别为 11,591.63万元、8959.02 万元和 8415.44 万元，占当期应收账款余额的比例分别为 50.75%、41.73% 和 36.16%。

公司对科莱恩国际集团的销售收入、销售毛利和应收账款余额占比均较高，对公司的经营业绩和现金流量影响较大，公司存在一定的客户依赖风险。如果科莱恩国际集团需求发生重大变化或合作关系发生不利变化，将对公司业绩和现金流量带来较大不利影响。

（二）发行人与科莱恩国际公司的合作情况

1. 科莱恩国际公司的基本情况

科莱恩国际公司是全球领先的精细化工生产企业，业务包括保健化学品、催化剂及能源、自然资源、塑料和涂料（其中包括颜料）四大板块，为全球前三大颜料生产厂家之一。科莱恩国际公司注册地位于瑞士，并于 1995 年在瑞士证券交易所上市。科莱恩国际公司 2013 年销售收入为 60.76 亿瑞士法郎，其中颜料及相关产品收入约为 60 亿元人民币；2014 年销售收入为 61.16 亿瑞士法郎。

2. 发行人与科莱恩国际公司的合作模式以及合资合同主要条款

为了加强在高性能有机颜料领域的战略合作，发行人与科莱恩国际公司签署了《杭州百合科莱恩颜料有限公司合资合同》及其补充合同（以下合称“《合资合同》”）并设立了百合科莱恩；为更好履行《合资合同》，发行人、科莱恩国际集团、百合科莱恩签署了《商标许可证合同》《技术转让合同》《中国境内分销合同》《中国境外分销合同》等系列合同，百合科莱恩充分利用发行人与科莱恩国际公司的技术优势、成本优势、渠道优势，生产高性能有机颜料并由发行人与科莱恩国际公司各自进行销售。

根据上述合同，发行人与科莱恩国际公司的合作模式及《合资合同》等系列合同主要内容和条款如下：

（1）生产

根据发行人与科莱恩国际公司签署的《合资合同》及科莱恩国际公司的说明，百合科莱恩生产的高性能有机颜料包括 16 个品种规格的高性能偶氮有机颜料和喹吖啶酮类的高性能杂环类有机颜料。

具体条款：

《合资合同》第 6 条规定：“合资公司的宗旨是：（1）拥有及经营一所设施以生产技术转让合同中约定的高性能有机颜料及拥有并经营一所设施以多磷酸生产程序及热闭环生产程序生产喹吖啶酮颜料……”

《合资合同》第 7 条规定：“合资公司的经营范围为：（1）在中国制造及处理高性能有机颜料及喹吖啶酮颜料……”

（2）采购

根据发行人与科莱恩国际公司签署的《合资合同》，在购买条件和货物质量相同的情况下，百合科莱恩优先向合资双方（发行人与科莱恩国际公司）及其关联公司购买原材料。此外,发行人以及彩丽化工也会向科莱恩国际集团采购少量特殊性能规格的颜料和永固紫粗品。

具体条款:

《合资合同》第34条规定:"(1)在购买条件和货物质量相同的情况下,合资公司应优先向合资双方及其关联公司购买原材料……"

(3)销售

根据发行人与科莱恩国际公司签署的《合资合同》及发行人与科莱恩国际集团、百合科莱恩签署的《中国境内分销合同》《分销协议》及其补充协议,由百合科莱恩生产的高性能偶氮有机颜料及喹吖啶酮颜料应在中国境内外通过科莱恩国际集团的销售网络独家销售,同时,发行人有权自科莱恩化工(中国)有限公司采购高性能有机颜料并对外销售,科莱恩化工(中国)有限公司无正当理由不得拒绝发行人的订单。

百合科莱恩生产的高性能有机颜料中,通过科莱恩国际集团直接销售的颜料,百合科莱恩将其销售给科莱恩国际公司控股子公司科莱恩化工(中国)有限公司(国内销售)和科莱恩(中国)有限公司(国外销售);通过发行人间接销售的颜料,百合科莱恩将其销售给科莱恩化工(中国)有限公司后,由科莱恩化工(中国)有限公司销售给发行人并最终由发行人销售。百合科莱恩最终通过发行人进行销售的产品先行销售给科莱恩国际集团,是双方正常商业谈判的结果。

此外,发行人生产的各类颜料也会由发行人销售给科莱恩国际集团,由其对外销售。

(4)公司治理结构

根据发行人与科莱恩国际公司签署的《合资合同》,百合科莱恩设董事会,董事会为百合科莱恩最高权力机构,董事会由8名董事组成,发行人和科莱恩国际公司各委派4名,董事长由发行人委派的董事担任,董事长在同意与赞成票票数相同的情况下拥有决定票权。同时,由百合科莱恩聘请总经理及副总经理。

(5)合营期限

根据发行人与科莱恩国际公司签署的《合资合同》,百合科莱恩合营期限为自营业执照颁发之日(即2004年12月31日)起20年。

具体条款:

《合资合同》第43条规定:"合资公司的期限,自合资公司营业执照颁发之日开始,持续二十(20)年,除非提前终止。"

3. 发行人对科莱恩国际集团销售业务的财务处理

通过科莱恩国际集团最终对外销售的产品,百合科莱恩、发行人(母公司)的该部分收入计入发行人合并报表对科莱恩国际集团的销售收入。

百合科莱恩销售给科莱恩国际集团后，再由其卖给发行人（母公司）并通过发行人（母公司）最终对外销售的产品，百合科莱恩的该部分收入在发行人合并报表中予以抵消。

4. 商标与技术的约定

（1）商标约定

根据百合科莱恩与科莱恩国际公司签署的《商标许可证合同》，科莱恩国际公司许可百合科莱恩在双方约定的高性能有机颜料的产品上使用 9 项商标，在《合资合同》有效期间，该《商标许可证合同》持续有效。

（2）技术约定

根据发行人与科莱恩国际公司签署的《合资合同》，科莱恩国际公司和发行人均与百合科莱恩签署了技术转让合同并对其实施技术许可。

根据百合科莱恩与发行人签署的《技术转让合同》，发行人向百合科莱恩提供技术许可以生产双方约定的高性能有机颜料。发行人许可百合科莱恩使用其提供的技术信息和商业信息生产高性能有机颜料，同时提供以下技术服务：①委派人员提供技术服务；②培训被许可方技术人员；③检测等其他服务。该等许可为非独家许可，不可转让。

根据百合科莱恩与科莱恩国际公司签署的《技术转让合同》，科莱恩国际公司向百合科莱恩提供技术许可以建造用于生产双方约定的高性能有机颜料的车间并生产该等高性能有机颜料。科莱恩国际公司许可百合科莱恩使用其技术信息和商业信息生产高性能有机颜料，同时提供以下技术服务：①在建造阶段至检验测试阶段以及在后期阶段（如有需要），委派科莱恩国际公司人员提供为期总共不超过 12 个月的咨询和监督服务；②培训被许可方技术人员；③检测等其他服务。该等许可为非独家许可，不可转让。

根据科莱恩国际公司的说明，科莱恩国际公司许可百合科莱恩使用的技术为双方确定的高性能有机颜料的生产车间的建设及生产工艺的技术，该等技术不涉及专利技术，百合科莱恩车间已经在 2010 年完成建设，科莱恩国际公司和百合科莱恩签署的相关技术合同已经履行完毕，百合科莱恩已对生产工艺技术进行改进并合法拥有该等改进后技术。

5. 百合科莱恩的经营稳定性

根据科莱恩国际公司的说明，自百合科莱恩设立以来，发行人与科莱恩国际公司均严格履行《合资合同》及相关合同，不存在纠纷或潜在纠纷，百合科莱恩持续稳定经营，不存在影响百合科莱恩稳定经营的重大不利情形。

保荐机构、发行人律师的核查意见：百合科莱恩持续稳定经营。

6. 百合科莱恩的公司治理情况、董事会席位设立及委派情况，发行人对百合科莱恩达成实际控制的理由及依据

(1) 公司治理情况

百合科莱恩已按照《公司法》《中外合资经营企业法》及其实施条例等有关规定，设置了董事会，聘任了总经理、副总经理等高级管理人员。董事会为百合科莱恩的最高权力机构，有权决定百合科莱恩的一切事宜。百合科莱恩高级管理人员包括总经理 1 名及副总经理 1 名。总经理由科莱恩国际公司提名，副总经理由发行人提名，总经理及副总经理均由董事会聘任。总经理应根据董事会的指示行事并执行董事会的决议，副总经理执行总经理指定的及董事会批准的职责。

自 2013 年 1 月 1 日起至今，百合科莱恩董事会作出的董事会相关议案均由全体董事一致同意通过。

(2) 董事会席位设立及委派情况

根据百合科莱恩的公司章程，百合科莱恩董事会由 8 名董事组成，其中 4 名由发行人委派，4 名由科莱恩国际公司委派，董事长由发行人从其委派的 4 名董事中指派，而副董事长则由科莱恩国际公司从其委派的 4 名董事中指派。

(3) 发行人对百合科莱恩达成实际控制的理由及依据

由于董事会为百合科莱恩的最高权力机构，除《合资合同》第 24 条第 1 款约定的合资公司的延期、终止、解散和清算等重大事项外，其余事项由经出席会议的董事大半数同意后通过，发行人拥有百合科莱恩 4 名董事（董事会共 8 名董事组成）的委派权与董事长的指派权，同时，董事长在董事投票票数相同的情况下有决定票权，因此，发行人对百合科莱恩具有实际控制权。

(三) 经常性关联交易

报告期内，公司与科莱恩国际集团之间的商品销售和商品采购情况如表 3-1-7：

表 3-1-7　2013～2015 年公司与科莱恩国际集团间的商品销售和采购情况

单位：万元

关联方	内容	2015 年度		2014 年度		2013 年度	
		金额	比例(%)	金额	比例(%)	金额	比例(%)
商品销售	颜料	36,620.73	31.68	43,902.57	34.62	38,124.75	32.32
商品采购	中间体等	803.97	1.09	1,396.27	1.73	1,703.26	2.13

1. 关联关系

作为持有发行人子公司百合科莱恩49%股权且具有重大影响的少数股东——科莱恩国际公司及其控股子公司被确认为公司的关联方。

根据科莱恩国际公司控股子公司科莱恩化工（中国）有限公司出具的《承诺函》，发行人、发行人控股股东和实际控制人、发行人董事、监事、高级管理人员及核心技术人员与科莱恩国际集团不存在除设立合资公司外的其他关联关系。

2. 百合科莱恩具体经营情况

（1）百合科莱恩的营业收入、净利润

报告期内，百合科莱恩的主要财务数据见表3－1－8：

表3－1－8　2013～2015年百合科莱恩主要财务数据

单位：万元

项目	2015年度	2014年度	2013年度
营业收入	37,658.30	44,648.02	40,666.72
净利润	4,775.44	5,520.22	5,271.12

（2）百合科莱恩产品类型差异说明

百合科莱恩生产的高性能有机颜料包括16个品种规格的高性能偶氮有机颜料和喹吖啶酮类的高性能杂环类有机颜料，与公司其他产品存在显著差异。

（3）百合科莱恩产品品牌差异说明

百合科莱恩生产的高性能有机颜料中，通过科莱恩国际集团直接销售的颜料，即由科莱恩国际集团自百合科莱恩采购后直接销售给除发行人以外第三方的颜料，由百合科莱恩根据科莱恩国际集团的要求使用其《商标许可证合同》中授权的商标；通过发行人间接销售的颜料，即由科莱恩国际集团自百合科莱恩采购后销售给发行人并最终由发行人销售的颜料，百合科莱恩未使用商标，发行人采购后进行对外销售时使用"百合"商标或根据客户要求使用客户授权的商标或未使用商标。

发行人生产并对外销售的颜料，使用发行人拥有的"百合"商标或根据客户要求使用客户授权的商标或未使用商标，其中销售给科莱恩国际集团的颜料，按照科莱恩国际集团的要求使用其销售协议中授权使用的商标。

因此，发行人、百合科莱恩生产颜料使用的商标类型，取决于客户的要求，百合科莱恩产品使用的商标和品牌与公司其他产品互有重合，但发行人、百合科莱恩不存在使用科莱恩国际集团授权的商标向其他第三方客户销售颜料的情况。

（4）百合科莱恩技术流程差异说明

偶氮颜料的工艺流程基本一致，相比传统偶氮颜料，高性能偶氮颜料增加了颜料化处理程序,以改变颜料的结晶性能等指标。高性能杂环类颜料中,不同类别的有机颜料工艺流程差异很大,每类有机颜料之间的工艺流程基本一致。

因此,百合科莱恩生产的高性能偶氮颜料和公司其他该类产品的技术流程基本一致;百合科莱恩生产的高性能杂环类颜料为喹吖啶酮类颜料,和公司其他吡咯并吡咯二酮类等高性能杂环类颜料的技术流程存在显著差异。

3. 发行人向科莱恩国际集团采购原材料的原因

公司对科莱恩国际集团的采购包括:(1)百合科莱恩主要向科莱恩国际集团采购助剂(乳化剂 BC－01 等)、中间体(色酚 AS－IRG 等)和基础化工原料(五氧化二磷等)。(2)发行人及彩丽化工主要向科莱恩国际集团采购少量特殊高性能规格的颜料[BHR79(永固红系列)]和永固紫粗品。

科莱恩国际公司产品不仅包括有机颜料,还包括有机颜料上游助剂、中间体和基础化工原料等精细化工产品。百合科莱恩生产的高性能有机颜料对部分助剂和中间体的性能指标要求较高,科莱恩国际集团海外生产的该等产品具备质量优势,故百合科莱恩向其采购部分助剂和中间体。随着国内该等助剂和中间体生产厂家质量不断提高,百合科莱恩逐步加大了国内市场采购力度,对科莱恩国际集团采购助剂和中间体的金额逐年下降。

发行人及彩丽化工向科莱恩国际集团采购少量特殊高性能规格的颜料,主要应用于特种防伪印刷油墨领域。科莱恩国际集团海外生产的该等产品具备质量优势。

在质量和价格均具备优势的情况下,百合科莱恩会向科莱恩国际集团采购部分基础化工原料,发行人及彩丽化工会向其采购少量永固紫粗品。

4. 发行人与科莱恩国际集团的定价原则

发行人与科莱恩国际集团合作是正常商业谈判的结果,符合市场化运作原则,报告期内发行人与科莱恩国际集团交易价格均由发行人和科莱恩国际集团参考市场价格等因素协商确定,交易价格公允。

(1)销售业务的定价原则

百合科莱恩对科莱恩国际集团销售的颜料品种主要为高性能偶氮颜料和高性能杂环类颜料。销售定价原则为:百合科莱恩作为生产中心和利润中心,在确保百合科莱恩合理毛利率水平的前提下,由发行人和科莱恩国际集团根据不同品种的成本、用途、市场竞争情况等因素协商确定销售价格;销售价格一般每季度确定一次,原材料价格变动较大时随时进行调整。

发行人对科莱恩国际集团销售各类颜料。销售定价原则为:参考发行人对其他客户的市场销售价格,由发行人和科莱恩国际集团根据需求量等因素协商确定销售价格。

(2)采购业务的定价原则

百合科莱恩向科莱恩国际集团采购的内容主要为助剂、中间体和基础化工原料。采购定价原则为:由发行人和科莱恩国际集团根据市场价格协商确定。

百合科莱恩生产、通过发行人渠道销售的颜料,百合科莱恩销售给科莱恩国际集团后,发行人向其采购。采购定价原则为:在科莱恩国际集团采购价格的基础上,根据不同品种规格并考虑科莱恩国际集团的税务成本和管理费用,由发行人和科莱恩国际集团协商确定。

除发行人向科莱恩国际集团采购百合科莱恩生产的颜料外,发行人及彩丽化工向科莱恩国际集团采购的内容主要为少量特殊性能规格的颜料和永固紫粗品。采购定价原则为:由发行人和科莱恩国际集团根据市场价格协商确定。

5. 保荐机构对发行人与科莱恩国际集团之间关联交易价格公允性的核查情况

保荐机构对于发行人与科莱恩国际集团之间关联交易的核查过程如下:

(1)通过比较公司对科莱恩国际集团的销售价格与对其他客户的销售价格,不存在重大差异。

(2)通过比较公司对科莱恩国际集团的采购价格与对其他客户的采购价格,不存在重大差异。

(3)保荐机构和发行人会计师一同访谈科莱恩国际公司子公司科莱恩化工(中国)有限公司相关人员,了解百合花与科莱恩国际集团交易模式、定价机制和交易价格等事项,确认交易价格的公允性。

(4)通过比较公司对科莱恩国际集团销售毛利率和综合毛利率,分析判断与科莱恩国际集团发生的交易价格的公允性。

(5)通过网上公开资料查询、访谈、科莱恩国际公司提供资料等方式,获取科莱恩国际公司的基本资料,了解科莱恩国际公司和发行人合资的背景、过程、交易模式、定价机制,从而分析判断双方交易价格的公允性和合理性。

保荐机构的核查意见:综上所述,保荐机构认为,百合花和科莱恩国际集团之间的合作是正常商业谈判的结果,符合市场化运作原则,交易价格公允,不存在利益输送的情形。

三、亚普股份(603013):关联交易占比超过五成

发行人存在诸多的关联交易,不过最重要的是与第二大股东华域汽车的关联交易。华域汽车及其关联方股权关系如图3-1-1(上汽系):

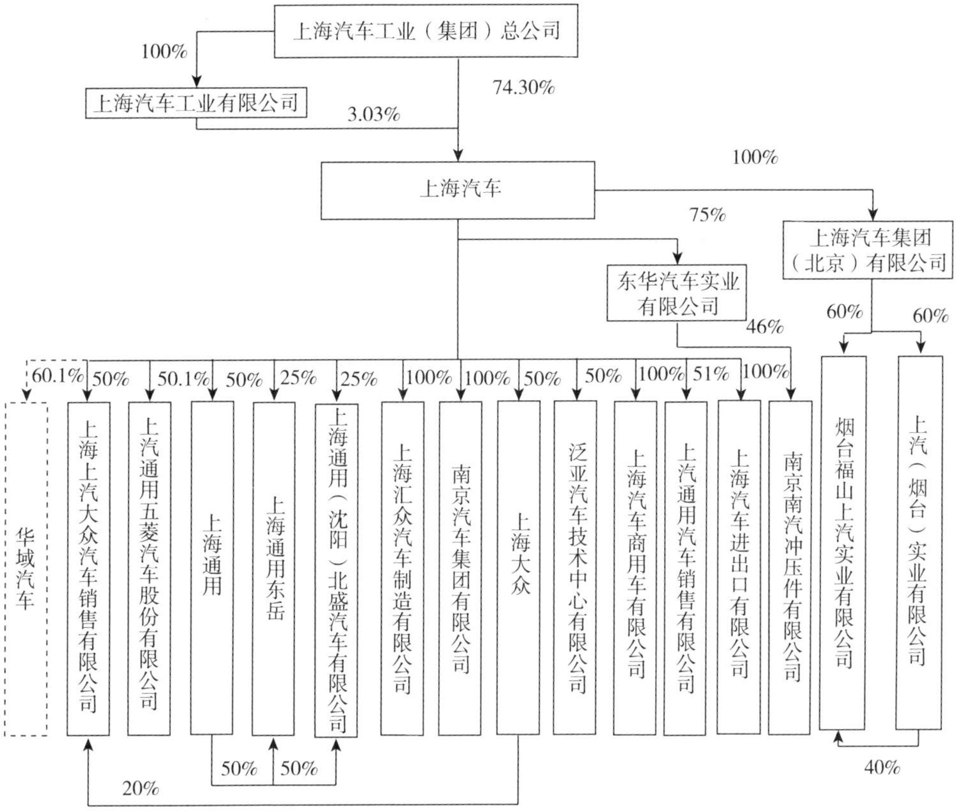

图 3-1-1　华域汽车及其关联方股权关系

报告期内，与上汽系关联交易的金额分别为 168,891.37 万元、185,457.72 万元、209,033.98 万元和 108,863.35 万元，占比分别为 55.60%、54.19%、51.39% 和 49.74%。具体情况如表 3-1-9 所示：

表 3－1－9　2011～2014 年 6 月公司与上汽系关联交易情况

单位：万元

关联方名称	2014 年 1－6 月				2013 年				2012 年				2011 年			
	交易内容	金额	占同类销货比例	定价方式	交易内容	金额	占同类销货比例	定价方式	交易内容	金额	占同类销货比例	定价方式	交易内容	金额	占同类销货比例	定价方式
上海汽车	产品、劳务	1,862.05	0.85%	市场价格	产品、劳务	5,432.54	1.34%	市场价格	产品、劳务	6,516.73	1.90%	市场价格	产品	5,692.75	1.87%	市场价格
上海上汽大众汽车销售有限公司	产品	98.51	0.05%	市场价格	产品	290.33	0.07%	市场价格	产品	227.63	0.07%	市场价格	产品	280.92	0.09%	市场价格
上汽通用五菱汽车股份有限公司	产品	513.60	0.23%	市场价格	产品	2,361.29	0.58%	市场价格	产品	2,619.80	0.77%	市场价格	产品	759.07	0.25%	市场价格
上海通用	产品	25,849.09	11.81%	市场价格	产品、劳务	46,448.01	11.42%	市场价格	产品	45,484.29	13.29%	市场价格	产品	39,626.13	13.05%	市场价格
上海通用东岳	产品	9,211.18	4.21%	市场价格	产品、劳务	22,332.55	5.49%	市场价格	产品	22,278.71	6.51%	市场价格	产品	19,057.82	6.27%	市场价格
上海通用（沈阳）北盛	产品	4,885.29	2.23%	市场价格	产品	7,733.25	1.90%	市场价格	产品	6,366.93	1.86%	市场价格	产品	8,714.36	2.87%	市场价格
上海汇众汽车制造有限公司	—			—	—	—	—	—	—	—	—	—	产品	0.6	0.00%	市场价格
南京汽车集团有限公司	产品	3,233.76	1.48%	市场价格	产品、劳务	7,340.09	1.80%	市场价格	产品	4,882.97	1.43%	市场价格	产品	3,877.35	1.28%	市场价格
上海大众	产品	60,842.62	27.80%	市场价格	产品	113,558.50	27.92%	市场价格	产品	96,605.00	28.22%	市场价格	产品	90,671.62	29.85%	市场价格

续表

关联方名称	2014 年 1－6 月				2013 年				2012 年				2011 年			
	交易内容	金额	占同类销货比例	定价方式	交易内容	金额	占同类销货比例	定价方式	交易内容	金额	占同类销货比例	定价方式	交易内容	金额	占同类销货比例	定价方式
泛亚汽车技术中心有限公司	产品			市场价格	产品	2.61	0.00%	市场价格	产品	6.14	0.00%	市场价格	产品	0.28	0.00%	市场价格
上海汽车商用车有限公司	产品	356.07	0.16%	市场价格	产品、劳务	511.67	0.13%	市场价格	产品	469.52	0.14%	市场价格	产品	210.47	0.07%	市场价格
上汽通用汽车销售有限公司	产品	2,010.52	0.92%	市场价格	产品	3,018.03	0.74%	市场价格	—	—	—	—	—	—	—	—
上海汽车进出口有限公司	产品	0.66	0.00%	市场价格	产品	5.11	0.00%	市场价格	—	—	—	—	—	—	—	—
合计		108,863.35	49.74%			209,033.98	51.39%			185,457.72	54.19%			168,891.37	55.60%	

注:上海大众包含上海大众本部、上海大众南京、仪征、宁波分公司。

第二节 参照关联交易披露的交易

【商业逻辑与背景分析】

《公司法》、《企业会计准则》、上市规则都对关联方的范围进行了界定,尽管范围存在些微差异,不过目前中介机构对于关联方的认定基本上保持了一致口径,那就是三者规定的最大范围的关联方范畴。尽管如此,这个最大的圆圈也无法将帮助发行人利润调整的合作伙伴一网打尽(如员工、远房亲戚)。

关于 IPO 企业财务真实性的核查,目前是一种空前的高压态势,对于关联方的核查也是到了无边无沿无穷无尽的地步。中介机构可以根据审核要求将关联方的核查范围扩大化,但是有了关联方就有了关联交易,那么这些不是典型关联方发生的交易是不是关联交易呢?

在实践中,会存在这样的情况,那就是根据最严格的关联方认定标准,某些情况下也不能认定为是关联方和关联交易,但是根据本质重于形式的原则,这样的交易可能又会对发行人的生产经营产生直接的影响。

如果这样的交易不单独披露并且不强调的话,那么很可能会对信息披露带来重大的误导性陈述,这就形成了参照关联交易披露的其他关联交易的情形。中介机构还是严格按照"三大规则"对关联方进行界定和核查,但是如果在关联方之外还有重要的交易,可能会对发行人产生重大影响,那么就在关联交易的"其他交易情形"中进行披露。这算不算是一种应对审核政策的折中方案,我们不得而知。

【核查方法指引】

一、识别公司的关联交易以及类关联交易

需要识别公司的关联交易,尤其要关注公司是否存在关联交易非关联化的情形,确保关联交易披露的完整性。核查重点主要包括:(1)对照证保监会规定、《公司法》、《企业会计准则》等仔细核对;(2)识别潜在关联方,主要包括曾经存在关联关系、实质上的特殊关系及施加重大影响、临近报告期的交易、与自然人发生的重大交易等。

对于发行人的交易,需要识别出非严格意义上的关联方,但又与关联方类似的交易,主要包括:(1)交易对方持有低于关联方披露标准的股份,但交易量较大;(2)与关系较为亲密的同学、战友、远亲等个人存在较大交易;(3)过去存在关联关系,目前仍有较大交易份额等。对于这些交易需要详尽披露并解释比照关联交易披露的必要性及合理性。

二、核查关联交易的必要性及对发行人盈利的影响

对于比照关联交易披露的部分,也需要与关联交易一样评估其存在必要性,并判断是否存在重大依赖,未来降低其比例的必要措施。对于发行人财务报表存在的影响,核心关注是否会降低发行人未来的可持续盈利能力。比照关联交易披露的交易定价是否公允,毛利是否异常等,都需要进行详细的财务核查。

三、关注比照关联交易披露的交易内控是否规范

对比照关联交易披露的交易内控进行财务核查并披露,主要核查内容包括:(1)报告期内对该交易是否存在规范的内控制度;(2)内控制度是否适用于比照关联交易披露的交易;(3)未来识别比照关联交易披露的交易措施及标准等。

【具体案例分析】

一、苏利股份(603585):不是关联方但是对公司影响较大的其他交易的情形

意大利奥克松(Oxon)系公司报告期内重要客户,且通过其全资子公司 Oxon Asia 持有苏利化学、百力化学各 30% 股权。该公司成立于 1970 年 5 月 29 日,系全球知名植保产品和化工中间体生产厂商,在非专利农药方面具有较强的资金、研发和渠道优势,连续多年位列全球非专利农药厂商十强。其参股公司意大利世科姆(Sipcam)亦具有较高的品牌价值和渠道优势,根据英国著名农化资讯商 Agrow 统计,意大利世科姆在 2013 年及 2014 年全球主要农药企业排名中均位列第 18 位。

报告期内,公司与意大利奥克松之间的业务往来主要为向其销售百菌清原药及霜脲氰原药。公司较早即与意大利奥克松建立起合作关系,随着公司经营规模的不断扩大及产品质量的日益提升,公司与其业务合作不断深化。凭借严格的质

量管理、持续的研发投入和有效的内部控制，公司产品品质日益提高，"苏利"品牌美誉度日益增强，主要产品相继通过意大利奥克松严格的产品检测和采购审批流程。目前，公司已是意大利奥克松在中国境内重要的农药原药产品供应商。

2013 年至 2016 年 3 月，公司对意大利奥克松的销售金额分别为 11,138.48 万元、16,316.79 万元、18,368.04 万元和 6260.67 万元，占同期营业收入比例分别为 13.69%、18.33%、16.36% 和 20.42%。

2014 年，公司向意大利奥克松销售占比较 2013 年上升 4.64 个百分点，主要原因为受 2014 年百菌清市场需求旺盛以及部分全球百菌清生产制造商生产能力下降影响，意大利奥克松作为世界百菌清制剂主要供应商向公司采购百菌清原药数量增幅较大所致。

2015 年，公司向意大利奥克松销售占比较 2014 年下降 1.97 个百分点，主要原因系嘧菌酯原药等其他产品销售增长迅速以及积极拓展百菌清原药客户完善客户结构所致。

2016 年 1 ~3 月，公司向意大利奥克松销售占比较 2015 年上升 4.06 个百分点，主要原因为：一季度为农药制剂生产旺季，百菌清原药市场供不应求，百菌清原药销售占公司销售总额比例由 2015 年的 24.97% 上升至 2016 年一季度的 30.12%；而意大利奥克松亦受下游需求增长影响向公司大量采购百菌清原药。

公司向意大利奥克松销售百菌清原药与向境外其他客户销售百菌清原药的均价基本相当。

报告期内，公司向意大利奥克松销售霜脲氰原药金额分别为 1587.84 万元、1730.86 万元、2425.58 万元和 473.86 万元，分别占霜脲氰原药销售收入的 99.70%、100.00%、97.43% 和 100%。报告期内，公司霜脲氰原药产品主要向意大利奥克松销售，仅有少量不符合其采购标准但仍符合国内企业质量需求的产品向国内其他公司进行销售，双方销售价格不具有可比性。报告期内，公司霜脲氰原药毛利率水平分别为 20.68%、17.68%、19.58% 和 24.65%，低于公司农药原药综合毛利率；且霜脲氰原药产品销售收入占公司营业收入比例分别为1.95%、1.94%、2.16% 和 1.55%，对公司经营状况影响较小。

2015 年，公司向意大利奥克松销售 18.51 吨嘧菌酯原药计 361.15 万元，占当期嘧菌酯原药销售收入的 2.62%，主要系意大利奥克松于 2015 年 3 月向公司临时采购嘧菌酯原药，该笔销售不含运费的销售价格为 19.24 万元/吨，较当月公司境外销售嘧菌酯原药平均价格 19.82 万元/吨略低 2.92%。

2015 年 11 月向公司临时采购嘧菌酯原药，该笔销售价格与当月公司境外销售客户 Life Scientific LTD 采购价格基本一致。

2015 年，公司向意大利奥克松销售 10.00 吨农药制剂计 48.80 万元，占当期农药制剂销售收入的0.31%，主要系意大利奥克松向公司临时采购霜脲氰制剂，该笔销售价格为4.88万元/吨。报告期内，公司未向其他公司销售霜脲氰制剂。该笔销售仅占公司当期营业收入的0.04%，对公司经营状况影响较小。

公司对意大利奥克松的产品销售价格系双方基于正常商业利益，参考市场平均水平并经双方协商确定，定价原则符合行业特点及双方业务合作模式，定价合理、公允。

二、新宝股份(002705)：其他关联交易

(一)凯菱、凯龙的基本情况

1.凯菱企业的基本情况

凯菱企业成立于2003年3月27日，于2011年3月18日注销完毕。注销前，凯菱企业住所为香港皇后大道中永恒商业大厦4楼，法定股本10,000港元，已发行股本10,000股，其中发行人实际控制人配偶罗某某持有51%的股权，吕某某持有49%的股权。

2.凯龙企业的基本情况

凯龙企业成立于2007年1月25日，于2011年3月18日注销完毕。注销前，凯龙企业住所为香港九龙尖沙咀东么地道61号冠华中心12楼1206室，法定股本10,000港元，已发行股本1股，何某某持有1股。

凯龙企业主营业务为代理销售业务。报告期内，凯龙企业已暂停开展具体经营业务。

(二)分产品销售

2009年，发行人分产品通过凯菱企业、凯龙企业对境外沃尔玛的销售情况如下：(略)

(三)交易环节处理方式

应境外沃尔玛要求，公司需通过香港中间商与其进行间接交易，有关情况如图3-2-1：

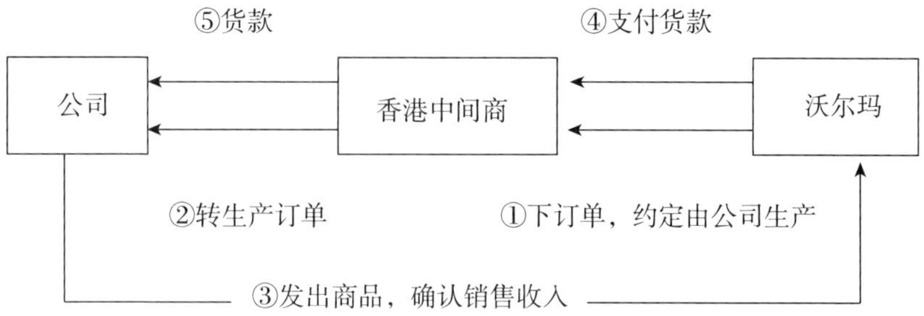

图3-2-1 公司与沃尔玛间接交易情况

境外沃尔玛为新宝电器的重要客户之一。基于境外沃尔玛自身交易惯例的要求及发行人自身商业利益的考虑，发行人与境外沃尔玛之间的业务通过实际控制人配偶控制的凯菱企业及实际控制人具有重大影响的凯龙企业进行处理：

1. 境外沃尔玛自身交易惯例的要求。为减少自身与生产企业之间的纠纷，境外沃尔玛一般不直接向国内生产企业进行采购，而是委托中间商处理其采购订单。同时境外沃尔玛要求中间商须在境外，而当时发行人在境外设立子公司须经国家商务部批准，审批获准难度较大。

2. 发行人自身商业利益的考虑。品牌商和境外沃尔玛均为发行人重要客户。品牌商拥有独立品牌，向小家电制造商采购产品，然后通过境外沃尔玛等大卖场或其他销售渠道进行销售，产品定位一般为中高端。境外沃尔玛也拥有自身品牌，采购包括小家电产品在内的不同种类产品，利用其自主品牌在自有卖场进行销售，产品定位较低，一般为满足基本需求。虽然品牌商和境外沃尔玛对产品定位不同，目标消费群体存在一定差异性，但两者均通过境外沃尔玛的终端卖场进行销售，存在一定的商业利益冲突。为争取客户订单，减少品牌商客户与境外沃尔玛之间的商业利益冲突，并应境外沃尔玛要求，发行人通过中间商处理境外沃尔玛的订单。鉴于当时发行人在境外尚未设立子公司，发行人与境外沃尔玛之间的业务通过凯菱企业、凯龙企业进行处理。公司在香港设立了龙图企业后，原来由凯菱企业和凯龙企业处理境外沃尔玛订单的业务转由龙图企业办理。

发行人通过凯菱企业及凯龙企业处理与境外沃尔玛之间的业务的主要交易环节处理方式如表3-2-1：

表 3－2－1　发行人通过凯菱企业及凯龙企业处理与境外沃尔玛之间的业务的主要交易环节处理方式

业务内容	新宝电器	凯菱企业/凯龙企业	境外沃尔玛
合同签署		←	←
货物发运	→	→	→
出口报关	→	→	→
发票开立	→	→	→
结算	←	←	←
结汇	←		

在合同签署方面，由境外沃尔玛与凯菱企业、凯龙企业签订采购合同（订单），指定由新宝电器负责产品生产，凯菱企业、凯龙企业不再与发行人签订采购合同（订单）；在出口报关、货物运输、发票开立方面，由新宝电器直接报关、发货并开具出口发票给境外沃尔玛；在结算方面，由境外沃尔玛开具信用证或 T/T 给凯菱企业、凯龙企业，然后由凯菱企业、凯龙企业将销售货款全额汇回新宝电器；外汇汇回新宝电器后，由发行人按照结汇相关规定办理结汇手续。

（四）会计处理

新宝电器与境外沃尔玛的特殊业务模式导致境外沃尔玛无法向新宝电器直接索取各类相关的费用，如销售费用、产品售后维护费等，且贸易公司也会发生一些相关的费用，如办公室租金、人员工资、文件费、差旅费等，而此类费用在法律形式上不属于新宝电器的费用，无法由发行人汇出外汇进行支付，实际操作过程中，新宝电器的关联方承担了本该由新宝电器承担的费用。上述处理导致发行人的原始财务报表未能全面反映发行人与境外沃尔玛之间的真实交易情况，关联方垫付了发行人应承担的费用，发行人的费用少计，原始财务报表没有反映真实的财务状况。本次发行申请中，发行人按照《企业会计准则第 20 号——企业合并》对“业务合并”的有关规定将凯菱、凯龙报告期内与发行人相关的业务进行了合并，对申报财务报表进行了调整。

公司将凯菱企业和凯龙企业支付的代理沃尔玛销售发生的全部费用全部纳入合并申报财务报表，并调增了销售费用和资本公积。

2009 年，凯菱企业和凯龙企业发生的与公司有关的费用情况如表 3－2－2：

表 3-2-2　2009 年企业发生的与公司有关的费用情况

单位：万元

公司名称	2009 年
凯菱企业	183.52
凯龙企业	794.54
合计	978.06

2009 年，公司通过凯菱企业和凯龙企业与境外沃尔玛发生的销售收入情况如表 3-2-3：

表 3-2-3　公司通过企业与境外沃尔玛发生的销售情况

单位：万元

项目	2009 年	
	金额	比例
通过凯菱企业对境外沃尔玛销售额	—	—
通过凯龙企业对境外沃尔玛销售额	2,781.31	0.88%
合计	2,781.31	0.88%

注：比例 = 发行人通过凯菱企业和凯龙企业对境外沃尔玛销售额占发行人当年外销比重

随着公司与沃尔玛合作关系的稳定及深化，同时国家政策对境内企业注册境外子公司等相关政策的逐步放开，公司在香港设立了全资子公司龙图企业，并于 2009 年正式投入营运逐步取代凯菱企业与凯龙企业处理公司与境外沃尔玛之间的订单业务。2010 年起，凯菱企业与凯龙企业与公司不再有任何业务往来。

三、日月股份（603218）：其他比照关联方披露的交易

（一）公司与南京高精传动设备制造集团有限公司（以下简称南高齿）关联交易

公司第一大客户南高齿的控股股东高精传动持有公司 4.71% 的股份。报告期内，公司出售给南高齿的铸件产品的主要类型为行星架、扭力臂、箱体及其他铸件，具体明细如表 3-2-4：

表 3-2-4 2013~2016 年 6 月公司与南高齿交易产品明细

单位:万元

产品名称	2016 年 1-6 月	2015 年度	2014 年度	2013 年度
行星架	7,662.56	15,621.74	11,978.30	9,494.21
扭力臂	3,673.95	7,368.82	5,960.63	4,944.15
箱体	7,436.69	17,110.33	15,086.65	11,078.68
其他	2,305.66	5,419.69	3,955.34	2,531.15
合计	21,078.87	45,520.58	36,980.92	28,048.19

关联交易占主营业务的比重如表 3-2-5:

表 3-2-5 2013~2016 年 6 月公司与南高齿关联交易占比

期间	交易内容	金额(万元)	占主营业务收入的比例(%)
2016 年 1-6 月	销售铸件	21,078.87	28.06
2015 年度	销售铸件	45,520.58	24.40
2014 年度	销售铸件	36,980.92	25.81
2013 年度	销售铸件	28,048.19	26.07

(二)公司与中国高速传动设备集团有限公司(公司股东高精传动为其控股公司)其他主要控股公司之间发生的重大交易

1. 中传重型机床有限公司

2014 年,公司从中传重型机床有限公司采购铣车床,系精加工工序所需设备,作价 555.56 万元。截至 2014 年年末,公司对中传重型机床有限公司的应付账款余额为 195.00 万元,应付票据余额为 260.00 万元。

2015 年年末,公司对中传重型机床有限公司应付账款余额为 195.00 万元。

2016 年 6 月末,公司对中传重型机床有限公司应付账款余额为 38.95 万元,应付票据余额为 95.00 万元。

2. 南京宁凯机械有限公司

2014 年,公司向南京宁凯机械有限公司销售铸件 103.11 万元,截至 2014 年年末,公司对南京宁凯机械有限公司的应收账款余额 80.64 万元,应收票据余额 40.00万元。

2015 年,公司向南京宁凯机械有限公司销售铸件 78.58 万元,截至 2015 年年末,公司对南京宁凯机械有限公司的应收账款余额 52.59 万元。截至 2016 年 6 月末,公司对南京宁凯机械有限公司的应收账款余额 0 元。

3. 南京京泽照明科技有限公司

2014 年,公司向南京京泽照明科技有限公司采购工矿灯 446 套,合计 57.18 万元。截至 2014 年年末、2015 年年末和 2016 年 6 月末,公司对南京京泽照明科技有限公司应付账款余额为 3.35 万元。

4. 南京高精齿轮集团有限公司

2016 年 1 ~6 月,公司向南京高精齿轮集团有限公司销售铸件 58.09 万元,截至 2016 年 6 月末,公司对南京高精齿轮集团有限公司的应收账款余额 73.19 万元。

第三节　向客户和供应商提供资助

【商业逻辑与背景分析】

关于发行人向自己的客户提供各种类型帮助的问题,其实很多发行人都想过甚至愿意去做,但是又担心不能在 IPO 审核过程中得到认可,因而基本上也都不敢去轻易尝试。关于发行人向客户提供资助,那么必然引起关于发行人销售收入真实性、与客户是否存在利益输送、是否存在对发行人产生重大不利影响的风险等问题。如果因为向客户提供资助而导致对于发行人销售业绩真实性和合理性的怀疑,那么也就真的是得不偿失了,因而在 IPO 实践中很少遇到。

在这里我们简单总结一下在实践中发行人向客户提供资助的基本情形:(1)向客户提供资金拆借,帮助客户进行资金周转。(2)为客户的融资提供担保,帮助企业向银行融资。(3)为客户提供融资租赁等类融资行为的帮助。(4)允许客户使用发行人的商号、专利等。其实,我们比较熟悉的一些销售政策,应该也是对客户进行资助的情形,例如,信用政策的调整(将优质客户的信用周期从 3 个月调整为 6 个月)、返点或者积分(比如根据客户的销售规模进行不同比例的返点)、帮助客户进行产品的宣传和广告推广(在加盟模式下,发行人替加盟商进行广告宣传)等。只是这些情形已经成为行业惯例,不仅是发行人在采用这样的模式,整个行业都在采用这样的销售政策,尽管这样的政策也存在对客户不同的激励措施,不过已经不那么引人关注了。

向客户提供资助并不是全然禁止的，其核心在于以下三个方面：(1)资助过程是否公允，如延长应收账款是否收息；为经销商、代理商提供的资助资金是否约定偿还日期以及利息等。(2)资助过程中利益输送的情形，尤其是对存在关联关系的经销商、代理商，是否存在豁免债务、无息资金等，这些会导致发行人的利益受损，需要在尽调过程中重点核查并规范。对于经销商、代理商的资助，如果有合理理由并在资助过程中没有使发行人利益受损，是可以接受的。(3)还有最重要的一个方面就是，既然客户接受了发行人的帮助，那么客户是不是就有了足够的动机来帮助发行人调节业绩呢。换句话说，客户帮忙冲击业绩是否也是发行人愿意帮助客户的条件之一呢?

有些人还会问，发行人既然可以向客户提供帮助，为什么没有向供应商提供帮助。很简单，在目前几乎都是买方市场的情况下，发行人不需要依赖供应商，自然也就不会主动提供帮助了。也是这个逻辑，如果发行人向供应商提供金融帮助，必然会引起关于是否对供应商存在依赖的质疑。当然，在本专题我们也找到了福建傲农生物的案例，里面就提到发行人向供应商提供帮助的情形，这种情况自然需要更加关注提供帮助的合理性以及是否存在违反基本商业逻辑的情形。

【核查方法指引】

一、主要关注要点

关于向客户(供应商)提供资助的问题，主要体现在以下几个方面：

1. 发行人向客户提供财务资助的时间、发生额、期末余额以及问题最终解决时间(该问题最终还是要解决的)。

2. 发行人向客户提供财务资助的背景和原因、是否存在关联关系，在商业逻辑上是否存在足够的合理性。

3. 发行人向客户提供的资金的流转链条是否清晰，是否能够进行全面充分地核查，防止资金变向提供给了控股股东以及相关关联方从而形成资金占用，也要防止资金间接流转到了客户或者其他主体那里成为业绩操纵的重要方式。

4. 接受资助的客户向发行人采购的产品的种类以及价格与其他客户是否存在差异，是否存在明显的不同，是否存在通过这种方式调整业绩的风险。

5. 发行人向客户提供资金资助是否获得收益，获得收益的方式以及金额是否合理，如果没有获得那么是否具有合理性。

二、主要核查步骤

一般来说，核查发行人是否存在向客户和供应商提供资助的情形，主要分为以下几个步骤：

1. 了解发行人的销售模式，对于存在经销模式以及代理商的发行人，需要重点核查与经销商、代理商的业务往来，包括资金流水、往来账款，是否存在应收账款账龄异常或核销应收账款的情况，以及应收账款与商品的销售情况是否匹配，可以排查发行人是否给经销商、代理商提供财务资助的情况。

2. 了解发行人与前十大客户的业务往来情况，核查内容主要有：(1) 销售价格是否公允，是否存在低价销售的情况；(2) 是否提供比其他客户更大的现金折扣；(3) 是否提供比其他客户更长的信用期；(4) 是否存在无因豁免账务的情况。以上内容都存在向客户提供资助的可能，需要了解发生的具体原因，并判断是否具有商业合理性。

3. 对于存在关联关系的经销商、代理商，重点核查签订的协议、销售价格，是否存在不公允的情形；关注往来账款是否存在豁免或者延长信用期的情况。对于关联关系经销商、代理商，是否有提供无息借款，存在担保、融资租赁等。

总而言之，向客户（供应商）提供资助，容易导致发行人销售收入的真实性难以保障，并且存在利益输送可能，从而被质疑销售合理性和真实性。对于存在的不合规资助行为，必须在申报前消除或者合规化。对于存在商业合理性且符合发行人内控流程的资助行为，需要重点解释资助行为是否存在合理的决策程序；资助客户的标准；是否存在违约风险；合理的资助行为一旦解除，是否会影响到发行人的可持续盈利能力等。

【具体案例分析】

一、傲农生物（603363）：发行人向客户提供对外担保

（一）客户支持服务模式

公司一方面基于猪 OK 平台积累了大量猪场的生产数据，通过大数据分析为客户提供全方位的养殖服务；另一方面通过公司客户网积累的与客户之间的饲料交易数据，形成一个基于供应链的信用评估体系，并以此为基础为下游客户提供客户支持服务。对于信用状况良好并且有资金需求的优质客户，公司可以向银行等

金融机构推荐,在银行等金融机构对客户进行信用审核后为其开展信用卡、贷款、融资租赁等形式的授信。对于银行等金融机构而言,通过猪 OK 平台取得的猪场数据可以直观地监测到各个养殖户拥有的母猪数量、每个猪场年出栏量、所处的养殖阶段、每头猪的健康状况;通过客户网可以了解养殖户、经销商与公司在饲料购销的历史信用状况以及其自身资金状况等,此类信息可以用于对下游客户的信用评估,从而作为授信的依据。

在客户支持服务模式中,下游客户为向金融机构融资的主体,银行等金融机构根据下游客户的资信情况审核确定其授信资格及额度。在金融机构为下游客户进行授信时,公司作为客户推荐方,承担了部分保证金缴纳义务和担保责任风险。经公司第一届董事会第十五次会议及 2016 年度股东大会审议通过,公司及下属子公司为支持客户融资提供的担保额度为合计不超过 25,000 万元。通过客户支持服务,公司提升了对下游优质客户的服务支持力度,大大增强了客户对公司产品及服务的黏性。

截至 2017 年 6 月 30 日,公司及下属子公司协助客户办理信用卡、银行贷款、融资租赁等业务的授信总额度为 23,175.37 万元,客户合计使用额度为 12,105.33 万元,公司为客户提供担保的额度为 10,561.44 万元,公司因上述业务向合作的金融机构缴纳的保证金合计为 2881.97 万元。具体情况如表 3-3-1:

表 3-3-1　2017 年 6 月公司为客户提供担保情况

单位:万元

担保方	被担保方	项目类型	合作金融机构	客户授信额度	客户授信余额	公司担保额度	公司向合作机构缴纳的保证金
福建傲农	客户	信用卡	中国建设银行股份有限公司南昌洪都支行	8,053.60	3,536.24	3,536.24	50.73
福建傲农	客户	贷款	宁波通商银行股份有限公司	4,240.00	2,899.90	2,899.90	501.75
吉安傲农	客户	贷款	泰和县农村信用合作社	775.00	763.50	763.50	376.01
南昌傲农	客户	贷款	中国建设银行股份有限公司南昌洪都支行	790.00	790.00	790.00	803.59

续表

担保方	被担保方	项目类型	合作金融机构	客户授信额度	客户授信余额	公司担保额度	公司向合作机构缴纳的保证金
武汉傲农	客户	贷款	武汉农村商业银行股份有限公司	1,070.00	811.00	811.00	300.00
福建傲农	客户	融资租赁	海尔融资租赁	1,550.00	343.96	171.98	79.50
福建傲农	客户	融资租赁	神州数码	4,375.53	1,471.97	100.06	100.06
金华傲农	客户	融资租赁		322.24	44.56	44.56	
广州傲农	客户	贷款	华夏银行股份有限公司	1,715.00	1,182.20	1,182.20	570.00
龙岩傲农	客户	贷款	福建上杭农村商业银行股份有限公司	117.00	117.00	117.00	50.17
湖南傲农	客户	贷款	湖南湘潭天易农村商业银行	167.00	145.00	145.00	50.16
合计				23,175.37	12,105.33	10,561.44	2,881.97

（二）客户支持服务流程和风险控制措施

公司与银行等金融机构合作通过猪 OK 平台和客户网为下游客户提供支持服务的流程主要包括：

1. 筛选目标客户，向金融机构提交下游客户推荐函

公司通过猪 OK 平台取得的猪场经营数据，结合客户网记录的与下游猪场饲料购销情况，从申请客户支持服务的下游客户中筛选出一批经营能力和资金实力较强、有信用需求的优质客户，将优质客户的经营数据和融资推荐函递交给金融机构进行授信审核。

2. 缴纳保证金

下游客户为向金融机构申请授信的主体。银行等金融机构对下游客户资信情况审核通过后，开始授信业务前，拟申请授信的下游客户通常需要经由公司向金融机构缴纳一定额度的保证金，在此基础上公司通常也需要向金融机构缴纳一定数额的风险补偿金（具体金额及比例以合作协议为准）为此类业务提供担保。如在授信完成后下游客户发生违约，则由客户缴纳的保证金先行偿付，不足部分再由公司

缴纳的风险补偿金进行偿付。

3. 申请授信、放款及用途

由下游客户向银行等金融机构递交授信业务申请书，金融机构审核通过后，向下游客户放款。客户申请授信的额度一般以客户与公司月度交易金额作为参考，该等款项（或其中部分款项）被限制仅能够作为饲料购销款定向支付给公司，而不允许支付给他方用于其他用途。

4. 公司风险控制及追偿措施

在银行等金融机构为下游客户进行授信时，公司作为客户推荐方，承担了部分保证金义务和担保责任风险。为了有效控制该部分信用风险，公司在对下游客户进行客户支持服务时，主要有以下风险控制措施：

公司在筛选拟推荐客户时，首先由业务单位负责人向总部财务部提出申请，总部财务部会同资金部、法务部、业务单位负责人及公司总经理等组成授信评审委员会，对拟推荐客户进行评审，评审获得通过的客户可以推荐给金融机构。

金融机构完成授信后，公司业务人员实时跟踪该等客户的经营情况与公司的饲料购销交易情况，如出现长时间无交易或出现大额应收账款，将密切关注其信用风险，并及时向金融机构通报相关信息。

在业务部门判断下游客户不再与公司正常履行交易且拖欠货款或资信情况严重恶化时，由法务部介入采用律师函催讨或起诉的方式追讨货款及其所欠金融机构款项。

（三）发行人提供担保的主要客户及客户履约能力

发行人为下游客户提供客户融资服务通常分为三类，其特点与履约能力分析如表 3－3－2：

表 3－3－2　公司提供担保情况

序号	担保类型	合作项目	主要客户	特点	履约保证
1	信用卡	建行信用卡	下游自然人客户	授信额度较低、覆盖客户范围较广	信用卡与人民银行个人征信记录挂钩，违约将影响个人信用记录

续表

序号	担保类型	合作项目	主要客户	特点	履约保证
2	融资租赁	海尔融资租赁合作项目	下游规模较大的公司客户	客户主要是大型养殖场,单个客户授信额度较高	融资租赁通常采取售后租回的方式,以特定固定资产(如猪舍)作为抵押,部分融资租赁还额外要求客户缴纳了保证金
		天津神州数码融资租赁合作项目			
		天津神州数码差额付款项目			
3	小额贷款	建行益农贷	下游自然人及公司客户	授信额度介于信用卡和融资租赁之间	通常需要由借款人提供担保,部分小额贷项目还要求客户缴纳了保证金
		泰和信用社合作项目	下游自然人客户		
		宁波通商银行惠农通合作项目			
		武汉农村商业银行银企金融合作项目			
		华夏银行融信通项目			
		福建上杭农商行银企合作项目			
		湖南湘潭天易农商行银企合作项目			

(四)担保潜在风险分析

发行人虽然在为客户提供客户支持服务的过程中承担了一定的对外担保责任,但总体来说其潜在风险较小,主要原因如下:

1. 发行人为控制风险,由股东大会确定总体对外担保额度,并制定了严格的内控制度,为金融机构推荐的客户均经过了层层的内部筛选和审批。

2. 金融机构独立对被担保客户的资信情况进行了尽职调查和信贷审批,且被担保客户违约成本较高,主观违约意愿不高。

3. 被担保客户历史违约情况较少,发行人为违约客户承担的担保责任较小,主要是额度较低的信用卡违约以及少数小额贷客户,其中信用卡持卡用户违约主要是个人偶发性原因,小额贷客户违约主要是由于近期猪价低迷,出于经营策略而推迟生猪出栏时间引起的暂时性资金周转困难,上述违约原因均不具有普遍性。

综合上述分析,发行人对外担保的潜在风险较小。

(五)对外担保的制度、决策程序及内部控制措施

1. 对外担保制度。

2. 董事会、股东大会会议召开情况。

3. 其他内控措施。

(六)客户违约情况

截至 2017 年 6 月 30 日,发行人提供客户支持服务的客户违约类型主要是信用卡违约和部分小额贷客户违约,其中信用卡客户的违约主要是个人偶发性原因,小额贷的部分客户违约主要是由于 2017 年上半年生猪出栏价格下行,资金周转困难造成资金链紧张,情况如表 3－3－3 所示:

表 3－3－3 截至 2017 年 6 月客户违约情况

单位:万元

序号	项目	客户名称	违约金额	滞纳金及其他费用	违约起始时间	违约原因	傲农赔付金额
1	信用卡	邢×广	5.54	1.15	2016/2/29	经营困难	6.69
2	信用卡	杨×	5	0.9	2016/4/27	家庭内部纠纷	5.9
3	信用卡	刘×东	7.92	0.92	2016/7/3	客户意外身亡	8.84
4	信用卡	张×平	8.75	1.66	2016/4/27	猪场意外疫情	10.41
5	信用卡	高×龙	8.79	1.65	2016/4/27	猪场意外疫情	10.44
6	信用卡	李×勤	4.52	0.97	2016/5/27	猪场意外疫情	5.49
7	华夏银行股份有限公司	黄×添	20.04	—	2017/5/23	经营困难	20.04
8	宁波通商银行股份有限公司	叶×挺	22.64	—	2017/4/20	猪未出栏,资金周转困难	22.64
9	宁波通商银行股份有限公司	罗×平	6.43	—	2017/4/20	猪未出栏,资金周转困难	6.43
合计			89.63	7.25	—	—	96.88

如表3－3－3所示，发行人自开展客户支持业务以来不存在大面积违约，历史累计违约笔次仅9笔，主要违约客户为授信额度较低的信用卡持卡用户以及部分小额贷客户，且信用卡持卡用户违约主要是个人偶发性原因，小额贷客户违约原因主要系近期猪价低迷，出于经营策略而推迟生猪出栏时间引起的暂时性资金周转困难，上述违约原因不具有普遍性；发行人累计代偿金额仅为96.88万元。就上述信用卡违约客户，相关违约欠款已通过保证金代偿结清，发行人法务部已对上述违约客户启动司法程序追偿欠款；就3名小额贷违约客户，相关违约欠款已由发行人代偿结清，公司法务部已对其中2人启动司法程序追偿欠款，与剩余1人达成还款协议。

2015年下半年起，猪肉价格不断上涨，养殖户的资金压力有所缓解，同时公司借助金融机构的融资服务，从直接提供资金支持转换为为优质客户提供融资支持服务，同时加大对应收账款的回款催收工作，从2016年起，公司总体应收账款占年销售额的比例回落到5.95%。

二、美联新材（300586）：发行人向供应商提供免息借款

报告期内公司存在与非关联方企业发生非业务资金往来的情形。2013年至2015年6月30日，发行人与汕头市华鹰涂布设备有限公司（以下简称“华鹰涂布”）、汕头市华鹰软包装设备总厂有限公司（以下简称“华鹰包装总厂”）、汕头市富旺物资进出口有限公司（以下简称“富旺物资”）存在资金往来。根据相关借贷协议及经与上述公司相关人员进行的访谈，发行人与上述公司之间的非业务资金往来均签订了借贷协议，对借款金额、借款期限以及是否支付利息均进行了明确约定，具体情况如表3－3－4：

表3－3－4　2013～2015年6月公司与非关联方企业非业务资金往来情况

借款方	出借方	借款金额（万元）	借款用途	借款期限	利息	签订日期
华鹰涂布	发行人	600.00	归还借款	2013.07.18－2013.09.18	无息借款	2013－07－17
华鹰涂布	发行人	300.00	归还借款	2013.12.20－2013.12.30	无息借款	2013－12－19
华鹰涂布	发行人	300.00	归还借款	2014.07.10－2014.09.10	无息借款	2014－07－08

续表

借款方	出借方	借款金额（万元）	借款用途	借款期限	利息	签订日期
华鹰包装总厂	发行人	200.00	归还借款	2015.04.15 - 2015.05.15	无息借款	2015-04-14
富旺物资	发行人	200.00	大宗原料采购	2014.09.20 - 2014.10.20	无息借款	2014-09-18
富旺物资	发行人	100.00	大宗原料采购	2014.11.20 - 2014.12.05	无息借款	2014-11-19
富旺物资	发行人	300.00	大宗原料采购	2014.12.05 - 2014.12.20	无息借款	2014-12-04
富旺物资	发行人	300.00	大宗原料采购	2015.01.05 - 2015.03.20	无息借款	2015-01-04
富旺物资	发行人	250.00	大宗原料采购	2015.01.05 - 2015.01.15	无息借款	2015-01-04
富旺物资	发行人	500.00	大宗原料采购	2015.03.04 - 2015.04.15	无息借款	2015-03-03
富旺物资	发行人	300.00	大宗原料采购	2015.04.10 - 2015.06.10	无息借款	2015-04-09
富旺物资	发行人	300.00	大宗原料采购	2015.06.01 - 2015.06.30	无息借款	2015-05-30

发行人与上述公司之间发生的非业务资金往来均系公司间基于正常生产经营目的的短期资金周转，出借方均未收取利息以获利，全部借款均在短期内予以偿还；发行人及上述非业务资金往来所涉公司均有各自明确、稳定的主营业务，未以资金借贷作为其盈利来源。另外，发行人上述非业务资金往来周期短，按同期贷款利息进行资金占用费用测算金额较小，2013 年度、2014 年度及 2015 年 1～6 月非业务资金往来所测算的资金占用费分别为 5.93 万元、2.97 万元、7.91 万元，该等资金往来对发行人的经营及财务报表列示未造成重大影响。

经核查，保荐机构、发行人律师、申报会计师认为：报告期内发行人与华鹰涂布、华鹰包装总厂、富旺物资的非业务资金往来系非关联方企业之间的短期周转资金，在各报告期间均已结清当期的资金往来。资金往来各方均签订了书面的借贷协议，明确约定了借款金额、借款期限以及是否支付利息等相关事项。上述非业务资金往来经董事长审议批准，内部决策程序合法合规。根据最高人民法院 2015 年

8 月 6 日公布的《关于审理民间借贷案件适用法律若干问题的规定》，发行人上述非业务资金往来合法有效。非业务资金往来的单位的主要股东、董事、监事、高管人员与发行人及主要股东、董事、监事、高管人员不存在关联关系或近亲属关系。非业务资金往来按同期贷款利息测算的资金占用费用金额较小，对发行人的经营及财务报表列示未造成重大影响。发行人、发行人控股股东及实际控制人已承诺不再发生类似的非业务资金往来。发行人报告期内与非关联方之间的非业务资金往来不会对本次发行及上市构成实质性的法律障碍。

第四节　既是供应商又是客户

【商业逻辑与背景分析】

如果抛开 IPO 这样的一个大的特殊因素和背景，那么任何一个发行人都是复杂而又系统且极度精细划分的整个产业链条中的一个有机组成部分。发行人可能是某个企业的供应商也可能是另外一个企业的客户，这是从产业链的角度来说的。同一个企业既是发行人的供应商也是发行人的客户，这种情况看起来不是那么可能，但是在实践中还是会存在的，这就要求我们必须要承认商业竞争环境的复杂性和多变性。

到底在怎样的情形下可能会造成一个企业既是客户又是供应商的情况呢？一种情况是，这个企业的业务范围非常宽广，产业链很长，恰巧可以覆盖发行人的原材料和产成品。另一种情况是，发行人可能就是这个企业的一个加工厂，在企业的指定下采购并且销售。从某种意义上来讲，就算是第一种情形（第二种不考虑），发行人是否具备完整的业务结构并且独立面向市场竞争也是存在疑问的。因而，在 IPO 审核实践中可能存在既是客户又是供应商的情形，但是规模一般都不会很大，如果规模很大审核风险也会很高。

在一般的商业合作逻辑中，如果是大规模存在这种双向合作的情况，那么很容易被监管机构质疑发行人是不是只是一个委托加工的企业，而不是一个独立面向市场竞争的企业。这里说的独立参与市场竞争能力，其实并不复杂，简单来说就是：是不是能够选择性价比最好的原材料和供应商，是不是能够有运行最好的生产线生产出最优质的产品，是否能够独立开拓出足够多足够优秀的稳定的客户并且有一定的谈判权和话语权，能否对自己的运营独立承担风险并且获取收益。

根据最新的审核政策，判断属于委托加工还是独立购销，是否独立签订购销合同以及独立开发票都不是重点考虑因素，收入核算采用总额法还是净额法问题，还应考虑如下因素：(1)生产加工的复杂程度，是否涉及复杂的工艺，产品变动是否很大。(2)风险报酬是否转嫁，如交易对方既是供应商又是客户的情况下，向其采购的原材料只能专门用于为其生产的产品，协议签署时采购价和回售的价格已经确定，受托方实质上不承担经营风险，作为委托加工比较合适。

【核查方法指引】

1. 核查并说明发行人既是客户又是供应商的具体情形以及形成问题的具体原因，并了解是否属于相关的行业惯例，了解企业行为的合理性。

2. 分别详细说明客户和供应商交易的内容、金额、占比以及变动趋势等内容，关注发行人合作的背景和历史，后续是否还需要继续合作，是否有具体解决措施。

3. 说明是独立购销还是委托加工的判断过程和依据。一般从以下四个方面进行判断：(1)实体是否有提供货物或劳务的责任；(2)实体是否承担购销前后的存货风险；(3)实体是否有权利参与议价过程；(4)实体是否承担了客户的信用风险。

4. 核查并说明发行人与供应商和客户合作的金额占整个收入和净利润的比例情况，是否对该客户和供应商存在重大依赖，是否影响发行人的持续盈利能力和独立市场竞争能力。

5. 核查并说明发行人与供应商和客户的合作条款与其他客户(供应商)之间是否存在较大差异，是否存在利益输送的情形，是否存在调节业绩的情形等。

6. 发行人对于特殊业务合作是否制定了完善的内部控制措施，措施的有效性以及具体执行结果。

【具体案例分析】

一、广州信联智通实业股份有限公司（未通过）

（一）报告期内，发行人前五名客户情况（表3－4－1）

表3－4－1　2014～2017年6月公司前五名客户情况

期间	客户名称	产品名称	销售收入（元）	占营业收入比例
2017年度1－6月	华润怡宝	空瓶	166,325,944.64	43.13%
		瓶胚	61,270,391.14	15.89%
		OEM饮用水	49,561,856.22	12.85%
		瓶盖	23,018,001.01	5.97%
		其他业务	85,714.29	0.02%
		合计	300,261,907.30	77.86%
	海天味业	空瓶	43,350,427.07	11.24%
		瓶胚	20,467,484.90	5.31%
		瓶盖	3,096,533.00	0.80%
		合计	66,914,444.97	17.35%
	屈臣氏	委托加工（瓶及瓶胚）	6,388,681.69	1.66%
		合计	6,388,681.69	1.66%
	蓝月亮	空瓶	5,955,044.87	1.54%
		合计	5,955,044.87	1.54%
	李锦记	空瓶	3,282,707.51	0.85%
		委托加工（瓶及瓶胚）	186,084.73	0.05%
		合计	3,468,792.24	0.90%
	前五名客户合计		382,988,871.07	99.31%

续表

期间	客户名称	产品名称	销售收入(元)	占营业收入比例
2016 年度	华润怡宝	空瓶	366,650,714.93	45.37%
		瓶胚	131,181,947.58	16.23%
		OEM 饮用水	104,244,779.19	12.90%
		瓶盖	47,843,677.65	5.92%
		合计	649,921,119.35	80.42%
	海天味业	空瓶	65,564,409.38	8.11%
		瓶胚	34,561,407.90	4.28%
		瓶盖	666,160.00	0.08%
		合计	100,791,977.28	12.47%
	蓝月亮	空瓶	25,883,578.68	3.20%
		合计	25,883,578.68	3.20%
	恒大冰泉	瓶胚	13,003,780.63	1.61%
		合计	13,003,780.63	1.61%
	屈臣氏	委托加工(瓶及瓶胚)	10,335,975.96	1.28%
		合计	10,335,975.96	1.28%
	前五名客户合计		799,936,431.90	98.99%
2015 年度	华润怡宝	空瓶	421,055,255.21	51.04%
		瓶胚	135,622,845.05	16.44%
		OEM 饮用水	67,496,373.02	8.18%
		瓶盖	44,964,685.94	5.45%
		合计	669,139,159.22	81.11%
	海天味业	空瓶	88,633,527.87	10.74%
		瓶胚	24,755,159.20	3.00%
		合计	113,388,687.07	13.75%
	蓝月亮	空瓶	21,130,713.41	2.56%
		合计	21,130,713.41	2.56%

续表

期间	客户名称	产品名称	销售收入(元)	占营业收入比例
2015年度	屈臣氏	委托加工(瓶及瓶胚)	10,273,947.70	1.25%
		合计	10,273,947.70	1.25%
	南顺集团	空瓶	4,846,828.50	0.59%
		合计	4,846,828.50	0.59%
	前五名客户合计		818,779,335.90	99.25%
2014年度	华润怡宝	空瓶	566,343,198.94	57.09%
		瓶胚	138,006,021.13	13.91%
		OEM饮用水	59,444,728.67	5.99%
		瓶盖	42,139,768.97	4.25%
		合计	805,933,717.71	81.24%
	海天味业	空瓶	106,758,635.08	10.76%
		瓶胚	37,035,013.34	3.73%
		合计	143,793,648.42	14.50%
	蓝月亮	空瓶	16,304,165.40	1.64%
		合计	16,304,165.40	1.64%
	屈臣氏	空瓶	254,951.36	0.03%
		瓶盖	2,763.50	0.00%
		委托加工(瓶及瓶胚)	13,331,526.00	1.34%
		合计	13,589,240.86	1.37%
	南顺集团	空瓶	4,519,112.24	0.46%
		合计	4,519,112.24	0.46%
	前五名客户合计		984,139,884.63	99.21%

报告期内，公司前五名客户较为稳定，未发生重大变化。其中，华润怡宝、海天味业、蓝月亮和屈臣氏报告期内均位列公司前五名客户之中；李锦记为公司2016年度新开发的客户，随着双方合作的进一步深入，李锦记向公司采购的规模逐步扩大，并于2017年进入公司前五名客户；恒大冰泉2016年进入前五名客户，但因回款不佳，公司暂时减少与其合作；2017年蓝月亮订单量有所放缓，公司对其销售收

入占公司收入总额的比例有所回落；南顺集团与公司合作较为稳定，年销售额未发生重大变化，但因公司2016年对恒大冰泉销售、2017年对李锦记的销售增长较快而未进入2016年度、2017年1~6月前五名客户。

（二）公司销售集中度分析

1.公司客户集中度较高的成因

（1）与下游市场结构相关：下游市场结构较为集中；

（2）与PET塑料包装行业的产品特点和生产特点有关：大规模工业化生产；

（3）与饮料行业采购行为的特性相关：饮料企业希望安全、稳定、批量供货；

（4）与公司选择的阶段性的扩张策略相关：选择优质客户，提供优质服务。

2.公司客户集中的评价

（1）与行业特征相符合；

（2）与产业链协作、专业化分工趋势相符合；

（3）与公司发展阶段相匹配。

3.公司客户集中的风险分析

（1）公司与华润怡宝已有超过十年的合作历史，合作长期而稳定；

（2）公司与华润怡宝的合作是市场优胜劣汰、双方相互选择的结果；

华润怡宝在市场众多的供应商中选择公司作为战略合作伙伴，是考虑以下因素的结果：

①公司配套能力强；

②公司具备大规模、高良品率的生产能力；

③公司的管理能力和成本控制能力处于行业领先水平；

④与非上市同行业企业相比，公司配合下游客户区域布局的资本投入力度更大。

（3）公司的研发能力及基于研发能力的前端延伸服务，使双方相互依存；

（4）华润怡宝对供应商具有严格的认证体系，其他供应商进入壁垒较高；

（5）基于食品安全考虑，客户替换战略供应商承担风险较大；

（6）长期协议是公司与华润怡宝保持稳定合作关系的基石；

（7）公司与华润怡宝等高端客户的合作提升了公司的综合服务能力，使公司具有较强的市场适应能力。

4.公司应对客户集中风险的措施

（1）长期稳定的战略合作协议巩固了双方的相互协同关系；

（2）“连线生产方式”及“全过程生产方式”固化了合作关系，降低了被其他供应商替代的风险；

（3）新客户及新领域的开拓；

（4）产品结构的丰富化。

（三）发行人报告期内向前五名供应商的采购情况（表3－4－2）

表3－4－2 2014～2017年6月公司向前五名供应商的采购情况

年度	排名	供应商名称	金额（元）	占总采购额比例
2017年1－6月	1	华润化工新材料有限公司	102,523,016.76	43.97%
	2	浙江亿鼎贸易有限公司	39,822,388.02	17.08%
	3	浙江万凯新材料有限公司	38,873,214.91	16.67%
	4	佛山市海盛食品有限公司	12,425,769.19	5.33%
	5	广东美胶物产有限公司	6,381,099.13	2.74%
	前五名供应商合计		200,025,488.01	85.79%
2016年度	1	华润化工新材料有限公司	252,966,885.59	61.94%
	2	佛山市海盛食品有限公司	36,992,726.54	9.06%
	3	浙江亿鼎贸易有限公司	29,245,615.37	7.16%
	4	浙江万凯新材料有限公司	27,201,855.55	6.66%
	5	深圳市鹏丰新材料有限公司	12,333,339.31	3.02%
	前五名供应商合计		358,740,522.36	87.84%
2015年度	1	华润化工新材料有限公司	326,179,390.48	74.62%
	2	浙江万凯新材料有限公司	44,075,241.05	10.08%
	3	广东美胶物产有限公司	14,345,853.81	3.28%
	4	佛山市海盛食品有限公司	9,744,017.18	2.23%
	5	深圳市鹏丰新材料有限公司	7,720,632.55	1.77%
	前五名供应商合计		402,065,135.07	91.98%

续表

年度	排名	供应商名称	金额(元)	占总采购额比例
2014 年度	1	深圳昊华工贸有限公司	288,077,361.67	49.68%
	2	华润化工新材料有限公司	111,931,741.59	19.30%
	3	浙江万凯新材料有限公司	61,645,692.29	10.63%
	4	广东粤强实业集团有限公司	18,349,316.22	3.16%
	5	广东泰宝聚合物有限公司	17,558.820.46	3.03%
	前五名供应商合计		497,562,932.23	85.80%

注:佛山市海盛食品有限公司为海天味业全资子公司。经核查,公司向佛山市海盛食品有限公司采购 PET 原材料之价格,与公司向其他主要 PET 供应商如华润化工、浙江万凯之采购价格以及 Wind 公开市场价格数据相近,不存在重大偏离的情形。

报告期内,公司供应商分为两大类:生产厂商和贸易型供应商。其中,PET 生产厂商主要为华润化工、浙江万凯和广东泰宝;PET 贸易型供应商主要为深圳昊华工贸有限公司、浙江亿鼎贸易有限公司、佛山海盛食品有限公司;公司采购 PE 原材料主要通过进出口贸易商深圳市鹏丰新材料有限公司、广东美胶物产有限公司或其关联企业广州美悦优选电子商务有限公司从韩国韩华道达尔、泰国 PTT 等厂商采购。上述主要生产型供应商在报告期内并未发生重大变化。

公司与华润化工、浙江万凯等生产厂商的合作较为稳定;同时,基于对成本、付款条件的商业考虑,公司也会选择与具有价格优势或账期优势的贸易型供应商合作,公司与贸易型供应商的合作为择优采购,有一定的波动性。

公司重要供应商华润化工与公司重要客户华润怡宝同为央企华润集团旗下企业,但两项业务分属不同板块,且华润化工与华润怡宝最终决策体系和股权结构亦存在较大差异,两家公司经营系统相互独立运行,并不存在由于两者均与信联智通合作进而影响其定价的情况。公司向华润化工采购 PET 原材料,相应采购价格遵循市场原则,并经双方独立、友好协商确定。华润化工对信联智通以及其他客户的定价机制相同,不存在定价偏离市场价格的情况;同时,公司向华润化工采购原材料与公司向其他供应商采购的价格以及公开市场价格均不存在重大差异。

综上,虽然公司向华润化工采购比例较高,但具体采购行为由公司独立决策,并经双方友好协商确定,定价公允,且市场同类原材料供应充足、价格公开透明,因此,公司对华润化工不存在依赖的情况。

二、珠海市赛纬电子材料股份有限公司(未通过)

(一)公司与沃特玛购销交易占比较高产生的经营风险

1. 沃特玛为公司第一大客户对公司经营业绩的影响

2015~2017年6月,公司对第一大客户沃特玛的销售收入占公司营业总收入的比例分别为11.63%、45.93%和47.46%,公司向沃特玛销售产生的毛利额占公司毛利总额的比例分别为4.79%、45.18%和34.03%。沃特玛对公司的经营业绩有重要影响。

公司向沃特玛的销售占比较高主要受国内动力锂电池厂商行业集中度高,沃特玛为国内大型龙头动力电池厂商,同时公司为沃特玛主要电解液供应商的影响。沃特玛为上市公司全资子公司,具有良好持续经营能力和商业信用,并与公司建立了互为依赖的合作关系。若未来沃特玛的经营状况发生重大不利变化或者沃特玛与公司的合作关系发生不利变化,则公司的经营业绩可能受到不利影响。

2. 沃特玛为公司第一大供应商对公司经营业绩的影响

2017年开始,公司为提高资金利用效率、缓解资金压力,降低合作双方的经营风险,同时沃特玛为保障电解液品质、保障电解液供应和提高产品市场竞争力,扩大双方持续的合作规模,公司向沃特玛采购六氟磷酸锂,采购款从公司对沃特玛的应收账款中抵扣。2017年1~6月公司向沃特玛的采购金额达到6379.48万元,沃特玛成为公司的第一大供应商,占比达到47.98%。若未来沃特玛与公司的合作关系发生不利变化,或不再为公司提供原材料,则公司资金压力会有所增加,经营业绩可能受到不利影响。

3. 货款回收风险

截至2017年6月30日,公司对沃特玛的应收账款和应收票据合计8598.90万元,其中应收账款1898.90万元、应收商业承兑汇票6700.00万元。截至本招股说明书签署日,已收到回款3687.80万元,回款比例为42.89%,回款情况良好。如公司未能及时收回剩余沃特玛欠款,将对公司经营业绩产生重大不利影响。

(二)公司对第一大客户沃特玛的销售情况

1. 沃特玛的股权结构

2016年7月,坚瑞消防(股票代码:300116,现已更名为"坚瑞沃能")收购沃特玛100%股权获证监会核准。2016年7月,深圳市市场监督管理局核准了沃特玛的股东变更事宜,过户手续办理完成。截至本招股说明书签署日,上市公司坚瑞沃能持有沃特玛100%股权。

2. 沃特玛的主营业务、主要产品和服务以及主要财务情况

沃特玛的主营业务为动力锂离子电池(组)的研发、生产和销售,以及新能源汽车租售及运营。沃特玛的主要产品为动力锂离子电池(组),同时沃特玛积极布局新能源汽车销售、租赁运营产业,推出了整车租售、固移并举、充维结合的城市交通电动化整体综合解决方案。

报告期内,根据坚瑞沃能的公告,沃特玛主要财务数据如表3－4－3:

表3－4－3　2014～2017年6月沃特玛主要财务数据

单位:万元

项目	2017.6.30	2016.12.31	2015.12.31	2014.12.31
资产总额	2,136,958.33	1,462,072.67	389,775.99	145,376.05
净资产	359,548.47	292,518.20	70,823.54	14,470.38
营业收入	588,630.51	751,915.79	206,127.93	39,472.37
营业利润	78,448.93	117,964.91	28,402.81	－874.56
净利润	62,832.89	96,267.31	24,632.76	841.94

3. 沃特玛与公司不存在关联关系

经保荐机构及发行人律师核查,沃特玛与公司、公司控股股东、实际控制人、董事、监事、高级管理人员不存在关联关系。

4. 公司与沃特玛历年的交易情况

公司自2009年与沃特玛形成了客户关系,公司与沃特玛历年的交易情况如表3－4－4:

表3－4－4　公司与沃特玛历年交易情况

单位:万元

项目	2017年1－6月	2016年	2015年	2010年	2009年
向沃特玛销售额	8,517.85	17,679.04	1,338.00	43.64	163.90
销售占比	47.46%	45.93%	11.63%	0.68%	5.24%

公司与沃特玛订单确认方式为:每个月沃特玛根据其采购需求情况向公司下发采购订单,公司再根据双方沟通情况分批交货。

沃特玛向公司采购的产品主要为动力类锂离子电池电解液,沃特玛采购公司的动力类锂离子电池电解液用于生产动力类锂离子电池(组)。此外,沃特玛还向

公司采购部分精制溶剂碳酸二甲酯(Dimethyl Carbonate,DMC)用于清洗锂电池生产设备。

5. 沃特玛成为公司第一大客户的过程、原因和合理性

(1)沃特玛成为公司第一大客户的过程

2009 年 1 月公司与沃特玛形成了客户关系,2009 年和 2010 年公司向沃特玛分别销售电解液 163.90 万元和 43.64 万元,2011 ~2014 年公司未对沃特玛销售产品。

2015 年我国新能源汽车迅猛发展,沃特玛对电解液的需求大幅增长,同时公司 2015 年 7 月搬迁至新厂房,电解液产能由 2500 吨/年提升至 6000 吨/年,公司加强了大客户的开发。

2015 年 4 月公司研发人员开始根据沃特玛的锂电池正负极材料等情况研发配制电解液并送样小试,小试合格;2015 年 8 月公司开始向沃特玛送样中试,中试合格;2015 年 8 月底公司与沃特玛就产品价格和信用条件谈判达成一致;2015 年 9 月公司开始向沃特玛批量供货。

(2)沃特玛成为公司第一大客户的原因和合理性

沃特玛 2015 年成为公司第一大客户的原因和合理性如下:

①动力类锂电池电解液需求快速增长。

②沃特玛对锂离子电池电解液的采购需求大幅增长。

③公司凭借自身优势成为沃特玛锂离子电池电解液的主要供应商。

6. 公司向沃特玛的销售规模与其经营情况的匹配性

2015 年、2016 年和 2017 年 1 ~6 月,公司向沃特玛的销售金额分别为 1338.00 万元、17,679.04 万元和 8517.85 万元,根据坚瑞沃能的公告,2015 年、2016 年和 2017 年 1 ~6 月,沃特玛的销售收入分别为 20.61 亿元、75.19 亿元和 58.86 亿元,其中 2016 年沃特玛动力电池营业成本构成中原材料金额为 15.56 亿元。公司向沃特玛销售电解液的规模与其经营规模相匹配。

7. 沃特玛成为公司第一大客户对公司未来的持续经营的影响

2015 年、2016 年和 2017 年 1 ~6 月,公司向沃特玛的销售金额分别为 1338.00 万元、17,679.04 万元和 8517.85 万元,占公司营业收入的比例分别为 11.63%、45.93% 和 47.46%,公司向沃特玛销售产生的毛利额分别为 207.11 万元、5083.82 万元和 1643.73 万元,占公司毛利总额的比例分别为 4.79%、45.18% 和 34.03%。

(1)公司向沃特玛销售比重较高的原因

报告期内,公司向沃特玛的销售额占公司营业收入比重较高的原因如下:

①下游动力锂离子电池厂商的集中度高,且呈上升趋势。

从事锂电池材料业务的部分上市公司、拟上市公司及新三板挂牌公司 2015 年

和2016年第一大客户销售占比如表3-4-5：

表3-4-5 从事锂电池材料业务公司2015年、2016年第一大客户销售占比

公司名称	备注	主要产品	第一大客户销售占比	
			2016年	2015年
深圳市科达利实业股份有限公司	中小板上市公司	锂电池盖板	39.37%	50.65%
东莞凯金新能源科技股份有限公司	创业板拟上市公司	锂电池负极材料	63.37%	56.51%
上海璞泰来新能源科技股份有限公司	主板拟上市公司(已过会)	锂电池负极材料、涂布机、隔膜	38.35%	43.63%
辽源鸿图锂电隔膜科技股份有限公司	新三板挂牌公司,拟被上市公司金冠电气收购	锂电池隔膜	38.06%	31.51%
贵州安达科技能源股份有限公司	新三板创新层挂牌公司,IPO辅导备案阶段	锂电池正极材料	84.74%	96.14%
赛纬电子	创业板拟上市公司	电解液	45.93%	11.63%

资料来源:公开披露的招股说明书、年报。

②沃特玛为动力锂离子电池行业龙头企业,其产能快速提升,对锂离子电池电解液需求量增加。

③公司凭研发能力较强、产品性能优良、交货及时得到了沃特玛的认可并成为其电解液的主要供应商。

(2)公司对沃特玛不构成重大依赖

公司对沃特玛不构成重大依赖,理由如下:

①公司向沃特玛销售占比及毛利额占比均未超过50%,且毛利占比呈下降趋势。

具体如表3-4-6:

表3-4-6 2015~2017年6月公司向沃特玛销售情况

项目	2017年1-6月	2016年	2015年
向沃特玛销售额	8,517.85	17,679.04	1,338.00

续表

项目	2017 年 1 - 6 月	2016 年	2015 年
公司总营业收入	17,946.95	38,483.01	115,051.65
向沃特玛销售占比	47.46%	45.93%	11.63%
向沃特玛销售毛利额	1,645.52	5,083.82	207.11
公司总毛利额	4,835.59	11,251.62	4,319.51
向沃特玛销售毛利额占比	34.03%	45.18%	4.79%

②公司拥有众多的其他优质客户,且销售占比及毛利占比将逐步提升。

(3)公司与沃特玛之间形成了互为依赖的互利合作关系,具有可持续性。

(4)短期内,尽管公司对沃特玛的销售占比及毛利占比较高,但随着公司客户群的快速增加、产能的提升,公司对沃特玛的销售占比及毛利占比将逐渐下降。

8. 解决客户集中度上升的措施

(1)公司抓住行业发展机遇,积极拓展新客户。

(2)公司通过技改及募投项目有效提升公司产能,提高公司交货能力和市场竞争力。

(3)增加研发投入,提升产品性能,进一步降低产品成本,提升公司市场竞争力。

(三)公司向沃特玛采购六氟磷酸锂的情况

2017 年以前公司不存在向沃特玛采购原材料的情形,2017 年 1 ~6 月公司向沃特玛采购六氟磷酸锂的具体情况如下:

1. 背景和必要性

(1)发行人:缓解资金压力,提高资金利用效率,降低经营风险。

(2)沃特玛:控制电解液品质,保障电解液供应和提高产品市场竞争力。

2. 合作模式和会计处理

2017 年 1 ~6 月公司与沃特玛的合作模式及其会计处理情况如下:

(1)合作模式

公司向沃特玛采购六氟磷酸锂需单独签订采购合同,同时沃特玛需向公司开具专用增值税发票。公司向沃特玛采购的六氟磷酸锂检验合格入库后,所有权和风险转移给公司,不可退回。

公司向沃特玛销售电解液需单独签订销售合同,同时公司需向沃特玛开具增值税专用发票。公司向沃特玛销售电解液的价格确定方式为成本加成法,具体为

“公司向沃特玛采购六氟磷酸锂的成本＋六氟磷酸锂以外其他材料成本＋制造费用＋直接人工＋公司合理毛利”。

公司对向沃特玛采购六氟磷酸锂和向沃特玛销售电解液均分别独立核算，净额结算。根据双方约定，公司向沃特玛采购六氟磷酸锂的应付款项直接从公司向沃特玛销售电解液的应收账款中抵扣。

（2）采购订单和销售订单约定（略）

（3）交易情况

①2017 年 1～6 月，公司向沃特玛的销售情况如表 3－4－7：

表 3－4－7　2017 年上半年公司向沃特玛销售情况

单位：万元

期初应收账款	销售金额（含税）	应收账款回款	抵销金额	期末应收账款
3,963.78	9,965.89	5,142.76	6,888.00	1,898.90

②2017 年 1～6 月，公司向沃特玛采购六氟磷酸锂的交易情况如表 3－4－8：

表 3－4－8　2017 年上半年公司向沃特玛采购交易情况

单位：万元

项目	采购金额	抵销金额	期末应付账款
已开票采购额（含税）	6,888.00	6,888.00	—
暂估入库	492.31	—	492.31
合计	7,380.31	6,888.00	492.31

③公司针对沃特玛应收票据的核算（表 3－4－9）

表 3－4－9　公司对沃特玛应收票据的核算

单位：万元

期初应收票据	本期收到票据	应收票据兑付进账	应收票据背书	期末应收票据
6,000.00	5,000.00	4,000.00	300.00	6,700.00

（4）会计处理情况

①公司与沃特玛的合作模式属于商品买卖

公司与沃特玛的合作模式属于商品买卖，不属于委托加工，具体理由如下：

其一，采购原材料风险及所有权转移。

其二，销售产品风险及所有权转移。

其三，电解液企业的核心技术在于以添加剂为核心的配方技术。

②公司与沃特玛的应付账款和应收账款抵销的约定

2017 年第一季度公司向沃特玛采购的六氟磷酸锂由深圳沃特玛供应,2017 年 4 月开始由安徽沃特玛供应,有关发行人与沃特玛的应付账款和应收账款抵销的约定如下:

其一,采购订单合同条款的约定

公司向沃特玛采购六氟磷酸锂前需签订采购合同,六氟磷酸锂采购合同对结算方式的约定为:以沃特玛及其关联方当月应付赛纬电子的货款冲抵。

其二,合作协议的约定

2017 年 4 月开始,公司向沃特玛采购的六氟磷酸锂由深圳沃特玛全资子公司安徽沃特玛供应,2017 年 4 月 2 日,公司(甲方)、深圳沃特玛(乙方一)、荆州沃特玛(乙方二)、陕西沃特玛(乙方三)及安徽沃特玛(丙方)五方签订合作协议。

合同约定:"鉴于沃特玛与赛纬电子的战略关系,各方一致同意乙方一、乙方二、乙方三和丙方均为沃特玛集团成员公司,甲方有权将向丙方采购六氟磷酸锂的应付货款与向乙方一、乙方二和乙方三销售电解液的应收货款进行抵销,抵冲完成部分丙方不再向甲方追溯,且乙方一、乙方二和乙方三所欠甲方剩余货款金额按甲方与乙方各方签订的商务条款进行支付。"

其三,债权债务抵销确认协议

2017 年6 月23 日,公司(甲方)、深圳沃特玛(乙方一)、荆州沃特玛(乙方二)、陕西沃特玛(乙方三)及安徽沃特玛(丙方)五方签订债权债务抵销协议,对截至 2017 年6 月30 日公司与沃特玛根据采购订单和合作债权债务抵销的情况进行了确认。

③会计处理情况

公司与沃特玛的业务具体会计处理如表 3 -4 -10:

表 3 -4 -10　公司与沃特玛的业务会计处理

向沃特玛采购六氟磷酸锂	向沃特玛销售电解液	应收账款和应付款净额结算	
借:原材料 　应交税费 　—进行税额 贷:应付账款 　—沃特玛	借:应收账款 　—沃特玛 贷:主营业务收入—电解液 　应交税费—销项税额	a. 债权债务抵销 借:应付账款 　—沃特玛 贷:应收账款 　—沃特玛	b. 剩余应收账款结算 借:应收票据 　—沃特玛 贷:应收账款 　—沃特玛

④会计处理符合企业会计准则的规定

根据《企业会计准则》的规定,金融资产和金融负债应当在资产负债表内分别列示，不得相互抵销。但是，同时满足下列条件的，应当以相互抵销后的净额在资产负债表内列示：其一，企业具有抵销已确认金额的法定权利，且该种法定权利是当前可执行的；其二，企业计划以净额结算，或同时变现该金融资产和清偿该金融负债。

根据公司与沃特玛签订的上述协议，公司与沃特玛应付账款和应收账款抵销真实有效，一经抵销，抵销部分债权债务双方均不得再行追溯。公司具有以对沃特玛的应收账款抵销对沃特玛应付账款的权利，且该权利是可执行的，同时公司和沃特玛均计划以应收账款和应付账款抵销后的净额结算。因此，根据《企业会计准则》规定，公司对沃特玛的应收账款和应付账款抵销部分可以终止确认。

综上，公司与沃特玛的合作属于商品买卖，且应收及应付抵销的会计处理符合《企业会计准则》的要求。

3. 向客户采购原材料的行业普适性

向客户采购原材料部分案例如表3－4－11：

表3－4－11 公司向客户采购原材料情况(部分)

行业	公司	主要产品	向客户采购原材料情况
锂电池行业	东莞市航盛新能源材料有限公司	电解液	东莞市航盛新能源材料有限公司为沃特玛电解液供应商之一，2017年其与沃特玛的合作模式与本公司相同
	上海璞泰来新能源科技股份有限公司(主板拟上市公司，已过会)	负极、隔膜、涂布机	其与第一大客户CATL的隔膜业务合作过程中，曾采用向CATL采购原材料原膜的合作模式
其他实体制造业	迪贝电气(股票代码：603320)	压缩机电机	向第一大客户华意压缩采购主要原材料硅钢片、漆包线，相应采购款直接冲抵应收账款。2016年迪贝电气向华意压缩的销售占比和采购占比分别为73.16%和58.10%
	天汽模(股票代码：002510)	汽车车身覆盖件模具、车声冲压件	2007年至2010年1－6月冲压件业务第一大客户天津一汽为同期第一大供应商；原材料冲压件根据客户要求向客户采购，完成冲压加工后，再将冲压件按“采购价格＋加工费”的定价方式销售给汽车厂商

续表

行业	公司	主要产品	向客户采购原材料情况
其他实体制造业	博创科技(股票代码:300548)	集成光电子器件	博创科技 2016 年上半年第二大客户 Kaiam 为同期第二大供应商,2014 年第三大客户 Mellanox 为同期第一大供应商;原材料 VOA 芯片根据客户要求向客户采购,通过向客户的采购价格确定采购成本,其与客户根据客供材料之外其他材料成本协商确定合同价格,再加上客供材料的价格成为最终产品售价。
	国恩股份(股票代码:002768)	改性塑料粒子、改性塑料制品	其向主要客户海信、美的等下游企业客户采购 ABS、PS 和辅料

注:资料来自各公司招股说明书、定期报告及保荐机构、发行人律师、申报会计师对沃特玛的实地走访。

由表 3-4-11 可见,沃特玛另一主要电解液供应商东莞市航盛新能源材料有限公司采用与公司相同的交易模式,同时此类交易在其他业务实体中也较常见。

4. 公司与沃特玛的应付账款和应收账款抵销对公司经营业绩的影响

2017 年 1~6 月,公司与沃特玛应收应付抵销合计 6888.00 万元。根据公司会计政策,所抵销公司对沃特玛的应收账款账期为一年以内,公司与沃特玛的应付账款和应收账款抵销使得公司应收账款坏账准备减少 344.44 万元,占公司利润总额的 10.49%,剔除所得税的影响,公司净利润增加 292.77 万元,占公司净利润的 10.52%。

5. 公司向沃特玛采购六氟磷酸锂和向沃特玛销售电解液的价格情况

(1)公司向沃特玛采购六氟磷酸锂价格的合理性

公司向沃特玛采购六氟磷酸锂的价格为协商确定。2017 年 1~6 月,公司向沃特玛的采购均价为 27.98 万元/吨,同期公司向长期合作的六氟磷酸锂供应商多氟多的采购均价为 21.11 万元/吨,公司向沃特玛采购均价高于向多氟多采购价格的 32.54%。

公司向沃特玛的采购偏高主要原因系 2017 年 1~6 月尤其是 2017 年第二季度六氟磷酸锂市场价格下降较快,而公司对沃特玛的采购价格调整存在滞后所致。此外,沃特玛向六氟磷酸锂生产商采购六氟磷酸锂后转售给公司,且公司与沃特玛之间采购及销售款项可以对冲,公司无须垫付采购款,沃特玛因此获得一定的转售收益具有合理性。

(2)公司向沃特玛销售电解液价格的合理性

公司向沃特玛销售电解液的价格确定方式为双方协商定价,但公司报价的基础为成本加成法,即“公司向沃特玛采购六氟磷酸锂的成本 + 六氟磷酸锂以外其他材料成本 + 制造费用 + 直接人工 + 公司合理毛利”。

2016 年和 2017 年 1 ~6 月,公司向沃特玛和其他动力类电解液客户销售电解液情况如表 3 -4 -12:

表 3 -4 -12　2016 ~2017 年 6 月公司销售电解液情况

项目	2017 年 1 -6 月		2016 年	
	沃特玛	其他动力类电解液客户	沃特玛	其他动力类电解液客户
销售单价(元/kg)	64.59	64.73	67.17	68.33
成本单价(元/kg)	52.11	43.55	47.87	49.16
毛利率(%)	19.31	32.72	28.73	28.05

注:本表中数据未包含公司向客户销售的精制溶剂 DMC 产生的其他业务收入。

2016 年公司向沃特玛和其他动力类电解液客户销售电解液的单位售价、单位销售成本和毛利率差异较小。

2017 年 1 ~6 月,公司对沃特玛的销售单价略低于公司对其他动力类电解液客户的销售单价,差异较小,但公司对沃特玛的销售毛利率低于其他动力类电解液客户。

2017 年 1 ~6 月,公司对沃特玛的销售成本高于其他动力类电解液客户。公司对销售给沃特玛的电解液成本核算中的六氟磷酸锂成本进行单独核算,2017 年 1 ~6 月,公司向沃特玛采购的六氟磷酸锂价格高于公司向其他六氟磷酸锂生产商采购六氟磷酸锂的价格,导致公司对沃特玛的销售成本高于其他动力类电解液客户。

综上,公司对沃特玛的电解液销售价格具有合理性,与市场价格无重大差异。

6. 公司向沃特玛销售电解液毛利率下降的合理性

2016 年和 2017 年 1 ~6 月公司向沃特玛销售电解液的毛利率分别为 28.73% 和 19.31%。2017 年 1 ~6 月,公司向沃特玛销售的电解液生产所需六氟磷酸锂由公司向沃特玛采购,且采购款可在货款中抵扣,缓解公司资金压力的同时,资金利用效率得到提高,相应地,公司降低了对沃特玛毛利率的要求。

公司毛利率降低遭受的损失,可通过资金融资成本的节省及获得更多的交易机会得到充分弥补,对公司整体损益不构成重大不利影响。此外,公司资金利用效率的提高降低了公司的经营风险，且有助于公司与沃特玛业务合作规模的持续扩大，也有助于公司开拓其他客户业务。

综合考虑上述因素，2017 年 1 ~6 月，公司对沃特玛的销售毛利率下降具有合理性。

7. 公司向沃特玛采购六氟磷酸锂对公司不构成重大不利影响

公司与沃特玛的合作模式符合发行人和沃特玛双方整体的商业利益，对公司经营发展的影响如下：

(1)有助于公司与沃特玛的合作规模的持续扩大；

(2)有助于公司拓展经营规模，开发新客户；

(3)降低了六氟磷酸锂价格波动对公司经营业绩的影响。

三、工业富联(601138)

(一)部分原材料采购采取 Buy and Sell 模式的风险

报告期内，发行人部分原材料采购采用 Buy and Sell 模式，即客户在采购部分原材料后由其销售给发行人，由发行人进行加工制造后再向客户销售产成品的业务模式。Buy and Sell 模式是国际上电子产品制造行业普遍采用的业务模式，制造企业可在一定程度上规避原材料价格波动带来的风险。但该业务模式下发行人的客户和供应商的客户相同，在客户集中度较高的情况下，客户拥有较高的话语权。如果未来客户利用该等业务模式，采取提高原材料销售价格、压低产品价格的措施，将有可能导致发行人毛利率水平下降，进而对发行人的盈利能力造成不利影响。

原材料采购模式包括发行人向供应商直接采购和 Buy and Sell 模式两种。

(二)Buy and Sell 模式

发行人部分品牌客户出于对产品原材料专用性、保密性和供应及时性的考虑，与发行人采用 Buy and Sell 模式安排采购，加强和完善供应链管理。Buy and Sell 模式指客户向原材料供应商购买原材料后，再将原材料转卖给发行人，由原材料供应商根据客户的订单要求直接将原材料配送至发行人的采购模式。Buy and Sell 模式是目前国际知名大型品牌厂商普遍采用的采购模式。Buy and Sell 模式有利于发行人与品牌商形成长期、紧密的战略合作关系。原材料的采购价格主要由客户与原材料供应商协商确定，发行人能够参与到原材料定价的谈判中。该模式下，发行人可以深入了解客户需求和产成品的最终性能，与客户就原材料需求和品质要求进行充分沟通,在短时间内达到客户的产品质量要求,并保证原材料的供应。报告期内,发行人的通信网络设备和云服务设备业务均存在采用Buy and Sell模式进行采购的情形,按该种模式采购的原材料主要包括主芯片、印制电路板、中央处理器、内存、手机前盖板触摸屏、玻璃等。

在Buy and Sell模式下,品牌客户作为供应商,也需要通过发行人的相关认证、评价程序和考核机制,以保证原材料的质量和稳定供应。发行人在该模式下的具体购销管理流程为:发行人与品牌客户签署框架协议。品牌商分析、汇总需求后,向发行人提出一定期间内的产品需求计划(一般为半年或一年)。发行人的物料控制部门结合品牌商的需求计划、自身的实际产能、产品的生产流程耗时以及产品潜在销量波动等因素制订排产计划,并按照该计划进行所有原材料的采购,其中包括Buy and Sell模式下的原材料采购。发行人相关事业处的制造部门根据排产计划进行生产制造,品牌商根据其实际需求向发行人的相关接单法人下达产成品采购订单,发行人根据协议及订单约定的交货时间、地点进行发货。

(三)关键审计事项:收入确认(销售产品)

由于公司产品销售收入来源于向数量众多、分布于全球不同地区的客户提供各种产品;不同交易模式下销售收入确认的时点不完全相同;以及在客户同时是部分原材料供应商的情况,即"Buy and Sell"模式下,销售收入按照总额确认在以下方面涉及重要会计判断:销售业务的主要责任人、存货一般风险及信用风险的承担方,以及独立确定价格的能力。因此将销售产品的收入确认作为关键审计事项。

了解、评估和测试与产品销售收入有关的内部控制,包括从产品定价、客户信用管理、订单管理、销售发货、销售核对、收入确认直至销售收款的完整业务流程中的关键控制,与产品销售、收入确认相关的信息系统一般控制。

抽取了公司主要客户和供应商的销售及采购主合同,检查公司与客户和供应商的主要合作条款,包括订单开立、产品交付、开票及付款等,评估公司收入确认相关会计政策;检查并评估公司在Buy and Sell模式下对销售业务主要责任人的判断、存货一般风险及信用风险承担方的判断,以及独立确定价格能力的判断等。

采用抽样测试的方法,对不同地区、不同客户及不同销售模式下的产品销售收入进行测试:检查相关收入确认的支持性文件,如销售订单、出货单、货运单据及收货签收记录等。

(四)采用会计政策的关键判断

公司部分业务中存在客户同时是部分原材料供应商的情况,即Buy and Sell模式。Buy and Sell 模式是在电子产品制造行业中广泛存在的业务模式。综合考虑以下情况，判断公司在 Buy and Sell 模式下的业务中属于主要责任人，并相应根据销售交易对价的总额确认收入：

1. 根据有关合同条款，公司是主要的义务人，负有向客户销售产品的首要责任，包括确保所销售的产品可以被客户接受；

2. 公司在交易过程中承担了所交易的产品所有权上的主要风险和报酬；

3. 公司能够独立协商并确定对客户最终销售产品的销售价格；

4. 公司承担了与产品销售有关的主要信用风险。

第五节　暂估价格确认收入

【商业逻辑与背景分析】

总结最近两年内的 IPO 审核情况，我们发现军工类企业悄然成为一支重要的力量，在上市公司板块中占据了比较重要的份额。从 IPO 审核通过率的角度来看，不论审核节奏和政策如何变化，军工企业都能保持比较高的通过率，也算是 IPO 的一股清流了。

从已经 IPO 成功的军工企业案例来说，从技术含量、市场地位、业绩规模、财务规范程度等方面都体现出了非常好的“质地”，在 IPO 审核企业中形成了一道亮丽的风景线。我们不得不承认，一个民营企业如果能够将产品成功打入军方市场，不管怎样都是必须有一定的技术积累和客户开发经验的。出现这种情况，应该说跟“军民融合”这样的大背景也有直接的关系，很多军工领域的产品逐渐降低身价放开范围，逐步向民营企业开放，很多具有一定研发基础和技术优势的企业，也就是在这样的情况下抓住机遇与下游客户建立了合作关系，从而实现了高速的发展并且 IPO 顺利成功。

军工企业 IPO 上市有着自己独特的审核关注要点，甚至有些就是军工企业独有的，也是我们在关注这类企业时要重点关注的。按照这样的理念以及结合 IPO 审核实践中的一些重点问题，我们可以简要总结一下军工企业 IPO 上市体现出的一些非常独有的特征和标志，主要体现在：

1. 报告期内，发行人收入和净利润水平大幅增加，有的增长速度甚至超过了 100%，这与近几年的大环境和利好政策有着直接的关系。

2. 发行人客户一般都会比较集中,很多企业前五大客户的销售占比基本上都超过了 90%,有的企业客户基本上就是某一个体系内的全部企业。这既与行业发展初期的特定现状有关系,也与军方保密或者技术控制等方面的需求有关系。

3. 发行人毛利率一般都会比较高,有的甚至高达 90%,这在制造行业显然是不可思议的事情,这与军工领域民营企业参与数量不多,市场还处于相对垄断状态有着直接的关系。

4. 收入确认方面具有特殊性,一般先暂估价格确认收入,后续核定价格之后多退少补。由于军方在价格审批等方面有着特殊的流程,在发行人将产品交付客户使用并已经满足收入确认条件的情况下,产品销售价格却是不确定的,这种情况下就只能根据历史销售价格进行估算以确定收入确认的金额。从目前来看,这样的会计处理方式已经被普遍使用并得到认可。

5. 由于军方的一些要求,发行人可能会存在寄售模式,也就是先将产品发送到客户指定的仓库但是不确认收入,等客户领用产品并确认之后才确认收入。

6. 参与军工企业项目的机构和项目组成员都需要具备军工保密资质。值得说明的是,律师事务所的分所是可以申请保密资质的。

7. 发行人对于客户的核查存在很大的局限性,我们实践中常用的实地走访和函证的客户核查手段,可能都不一定能够在军工客户方面使用。当然,军工客户本身也有比较强的信用背书,一般都会认为军工企业不会配合发行人进行业绩造假。

8. 最后,我们还要说明一点,军工保密资质分为一、二、三级,一级资质是最高级别。军工企业因为保密会在信息披露方面有豁免的要求,保密级别越高自然豁免的也会越多,如果信息豁免披露的太多可能又会涉及投资者对信息判断的问题。因而,从目前审核的实践来看,IPO 上市的军工企业绝大部分都是三级保密企业,偶尔会有二级的,而一级的基本上不符合 IPO 信息披露规则。

在本次专题分析中,我们总结了一个应该主要跟军工企业相关的收入确认的方式。具体情况为:发行人与军品客户签署的产品销售合同,在合同中约定了价格。但是军品销售需要走一个很长的流程去申请价格是否合理(简称“审价”),在价格审定之前可能产品已经交付使用甚至已经验收了。这时候,产品销售已经完全符合收入确认的条件,而产品销售价格却不是最终确定的。这种情况下,发行人一般按照销售合同约定(也就是未审价)的价格进行收入确认,如果价格审定之后,差额部分也不对原合同进行调整,而是将差额约定在新的销售合同里。也就是如果审定价格比原来合同约定价格高了 200 万元,新的一份销售合同是 2000 万元,那么就会直接签订为 2200 万元。

这样的会计处理是符合企业实际以及会计准则的,企业销售产品符合收入确认条件就应该确认收入,但是这里的难点在于:暂定价格如何去确定,如何保证暂定价格跟最后的批价差异不是很大。可能会有人认为，以最后审批价格作为确认收入的依据是不是更加稳健，从理论上是这样的，但是这并不符合企业实际生产经营情况，也会在一定程度上导致财务信息的失真。

如果合同价格和审定价格差额不大，不会对发行人业绩产生大的影响。不过我们也可以通过这种操作直观发现，差额大，很可能导致发行人业绩大幅波动，甚至会存在发行人财务数据失真的情形。关于将全部异常的合同条款全部打开详细分析差异的思路，值得我们在某些问题上参考使用，确实能够解决很多问题。当然，前提是这些合同确实经得起推敲可以打开。

【核查方法指引】

1. 核查发行人具体的收入确认政策，暂估价格的具体流程，并与同行业进行比较分析，是否符合行业惯例，是否满足企业会计准则“收入的金额能够可靠地计量”的要求。

2. 统计分析暂估价格与审定价格差异率以及对毛利率的影响程度，并分析合理性。

3. 通过详细核查列示涉及差异的合同来分析差异产生的原因，并判断差异存在的合理性。

4. 统计报告期内收入估价、审价、补价的具体情况，结合配比原则、权责发生制及重要性水平等情况，说明相关会计处理是否符合企业会计准则的规定。

5. 核查收入暂定价格内部控制流程，是否建立暂定价格与审定价格差异保持在合理水平的机制。

【具体案例分析】

一、广哈通信（300711）：“审价”特定模式下的特殊收入确认

（一）军品审价导致收入及业绩波动的风险

公司全资子公司广有公司的主要业务属于军工业务，该等产品报告期内采取审价的方式确定价格。公司军工业务产品系相关项目总承制单位的重要组成部分，相关新产品需根据《军品价格管理办法》向总承制单位和军品审价单位或部门按产品具体组成部分的成本及其他费用为依据编制单个产品的报价清单，并由国防单位最终确定审定价格；对于审价尚未完成已实际交付使用并验收的产品，公司

按与国防单位签订的合同价格作为约定价格确认收入，于审价完成后将相关差价计入新签合同。因此，公司存在军品审价导致收入及业绩波动的风险。

（二）军品收入确认时点、依据和方法

公司全资子公司广有公司的主要业务属于军工业务，该等产品报告期内采取审价的方式确定价格。公司军工业务产品系相关项目总承制单位的重要组成部分，相关新产品需根据《军品价格管理办法》向总承制单位和军品审价单位或部门按产品具体组成部分的成本及其他费用为依据编制单个产品的报价清单，并由国防单位最终确定审定价格；对于审价尚未完成已实际交付使用并验收的产品，公司按与国防单位签订的合同价格作为约定价格确认收入，于审价完成后将相关差价计入新签合同。

公司同业上市公司广州航新航空科技股份有限公司与发行人军品收入确认方式一致：针对尚未审价确定的产品或采购部件，供销双方按照合同暂定价格入账，在军方批价后对差额进行调整。

公司军品销售收入确认时已与对应国防单位签订销售合同，合同中明确列明产品型号、数量、金额、验收方式等且对应的成本已结转，相关的收入和成本能够可靠计量，符合《企业会计准则》中关于收入确认的相关规定。

（三）报告期内主要合同情况（部分举例）

1. 公司与非国防单位签署的主要销售合同情况如表 3－5－1：

2. 公司与相关国防单位签署的主要销售合同情况如表 3－5－2：

表 3－5－1　公司与非国防单位主要销售合同情况

单位：元

序号	合同号	客户名称	合同签署时间	合同金额	订单金额	验收条款	付款条款	违约责任及争议处理方式	售后费用承担	约定交货时间	末次交货时间	安装调试完成时间	交货确认时间	收入确认时间
1	2301－20160388	广州供电局有限公司	2016/7/4	3,824,600.00	3,824,600.00	安装确认验收	预付款 10%，到货后付 80%，质保期满付 10%。	违约金 10%，诉讼	质保3年	2016/7/22	2016/11/21	2016/11/28	不适用	2016年11月
2	2301－201601270003	西北电力工程承包有限公司	2015/12/28	1,252,600.00	1,252,600.00	安装确认验收	预付款 10%，到货后付 50%，安装验收后付 30%，质保期满付 10%。	仲裁	质保1年	2016/3/10	2016/3/15	2016/10/10	不适用	2016年10月
3	2301－201512300063	国网河南省电力公司	2015/12/18	1,638,000.00	1,638,000.00	安装确认验收	预付款 10%，到货后付 40%，安装验收合格后付 40%，质保期满付 10%。	诉讼	质保2年	2015/12/31	2016/8/30	2016/9/27	不适用	2016年9月
4	4428	江苏国信溧阳抽水蓄能发电有限公司	2014/9/5	2,218,259.00	2,218,259.00	安装确认验收	合同生效后 30 天内支付 10%，设计联络会召开后 30 天支付 30%，交货验收合格后 30 天内支付 30%，终验合格后 30 天内支付 20%，质量保证期满后 30 天内，支付 10%	诉讼	质保2年	2014/10/31	2016/3/14	2016/7/10	不适用	2016年7月

续表

序号	合同号	客户名称	合同签署时间	合同金额	订单金额	验收条款	付款条款	违约责任及争议处理方式	售后费用承担	约定交货时间	末次交货时间	安装调试完成时间	交货确认时间	收入确认时间
5	2301－20160287	南京穗有通信工程有限公司	2016/6/27	1,309,201.00	1,309,201.00	对方签收	预付款50%，2016年8月30日前支付剩余50%货款。	违约金5%，仲裁	质保1年	合同未约定	2016/8/18	买断模式销售，不需安装调试	2016/8/18	2016年8月
6	4384附V14072	国网湖南省电力公司	2014/11/18	1,680,000.00	1,680,000.00	安装确认验收	卖方提交履约保函10%，买方支付预付款10%，到货款40%，投运款40%，质保金10%。	诉讼	质保2年	2015/1/10	2015/4/5	2016/4/26	不适用	2016年4月
7	GS15002	杭州和讯信息技术有限公司	2015/4/20	1,243,500.00	1,243,500.00	对方签收	预付款10%，到货后付90%。	违约金5%，仲裁	质保1年	合同签订后一个月	2016/3/1	买断模式销售，不需安装调试	2016/3/1	2016年3月
8	CR14002－GS140	深圳市长龙铁路电子工程有限公司	2014/12/29	2,579,000.00	2,579,000.00	安装确认验收	验收合格且买受人收到铁路局全额货款后的15日内付给出	违约金0.05%	质保1年	合同签订后30天	2015/1/14	2015/8/20	不适用	2015年8月

表 3－5－2　公司与国防单位主要销售合同情况

单位：元

序号	合同编号	采购单位	产品名称	合同签署时间	合同金额	交货期	末次交货时间	安装结束时间	客户验收时间	收入确认时间	审价时间	收入确认金额	审价完成后模拟测算金额	差异
1	2015－65	B03	GY33	2015.12.30	6,490,260.00	2015/12/31	2016.11.30	2016.12.5	2016.12.14	2016年12月	2014.5.4	6,490,260.00	6,490.260.00	－
2	2015－31	B03	GY36	2016.11.29	5,376,658.97	2015/12/31	2016.1.29	2016.12.14	2016.12.14	2016年12月	2012.9.24	5,376,658.97	5,376,658.97	－
3	2014－18－1	B03	GY33	2016.11.29	2,534,004.00	2015/12/31	2016.1.25	2016.12.14	2016.12.14	2016年12月	2014.5.4	2,534,004.00	2,534,004.00	－
4	2016－86	B03	GY38	2016.11.29	1,174,530.00	2015/12/31	2016.8.18	2016.12.14	2016.12.14	2016年12月	2014.5.4	1,174,529.99	1,174,529.99	－
5	2015－66	B03	GY38	2015.12.30	22,384,850.00	2015/12/31	2016.11.12	2016.11.12	2016.11.12	2016年11月	2014.5.4	22,384,850.00	22,384,850.00	－
6	2015－29	B03	GY36	2015.7.20	3,885,128.00	2015/7/31	2016.7.18	2016.11.12	2016.11.12	2016年11月	2012.9.24	3,885,128.00	3,885,128.00	－
7	2014－18－3	B03	GY31	2016.1.25	11,653,558.00	2015/12/20	2015.11.30	2016.10.8	2016.10.8	2016年10月	2013.1.5	11,653.558.00	11,653.558.00	－
8	2015－58	B15	GY36	2015.9.15	1,224,000.00	2015/11/30	2016.1.14	2016.10.26	2016.10.26	2016年10月	2015.9.15	1,224,000.00	1,224,000.00	－
9	2014－78	B03	GY38	2015.7.20	13,557,980.00	2015/7/31	2015.12.7	2016.1.15	2016.7.10	2016年7月	2014.5.4	13,557,980.00	13,557,980.00	－

续表

序号	合同编号	验收条款	付款条款	违约责任及争议处理方式	售后费用承担
1	2015－65	验收合格	产品通过乙方厂（所）检、甲方入所复检，并交付部队或用户并且甲方收到用户相应拨款后，由甲方向乙方支付全部合同款。	违约方支付合同价款1%的违约金，违约金总额不得超过总价款15%。	保证期内费用供方负责，保证期外优惠服务。
2	2015－31	验收合格	产品通过乙方厂（所）检、甲方入所复检，并交付部队或用户并且甲方收到用户相应拨款后，由甲方向乙方支付全部合同款。	违约方向对方支付合同价款1%的违约金，违约金总额不得超过合同总价款15%。	保证期内费用供方负责，保证期外优惠服务。
3	2014－18－1	验收合格	验收合格并开具付款通知单后	违约方向对方支付合同价款1%的违约金，违约金总额不得超过总价款15%。	保证期内费用供方负责，保证期外优惠服务。

续表

序号	合同编号	验收条款	付款条款	违约责任及争议处理方式	售后费用承担
4	2016－86	验收合格	产品通过乙方厂（所）检、甲方入所复检，并交付部队或用户并且甲方收到用户相应拨款后，由甲方向乙方支付全部合同款。	违约方支付合同价款1%的违约金，违约金总额不得超过总价款15%。	保证期内费用供方负责，保证期外优惠服务。
5	2015－66	验收合格	产品通过乙方厂（所）检、甲方入所复检，并交付部队或用户并且甲方收到用户相应拨款后，由甲方向乙方支付全部合同款。	违约方支付合同款1%的违约金，违约金总额不得超过总价款15%。	保证期内费用供方负责，保证期外优惠服务。
6	2015－29	验收合格	银行转账，所检、军检验收合格，交货后一次付清。	违约方支付合同总款5%的违约金。	保证期内费用供方负责，保证期外优惠服务。
7	2014－18－3	验收合格	合同签订后付30%预付款，设备安装联试完成后支付余款。	违约方向对方支付合同价款1%的违约金，违约金总额不得超过总价款15%。	保证期内费用供方负责，保证期外优惠服务。
8	2015－58	验收合格	签订合同先支付30%货款，待货到验收合格供方开具全额发票后支付余款	违约方承担合同总额的1%/天的责任费用和相关法律责任。	保证期内费用供方负责，保证期外优惠服务。
9	2014－78	验收合格	验收合格并开具付款通知单后	违约方支付合同总款5%的违约金。	2年保证期内费用供方负责，保证期外优惠服务。

《企业会计准则第14号——收入》第4条规定:“企业应当在履行了合同中的履约义务,即在客户取得相关商品控制权时确认收入。取得相关商品控制权,是指能够主导该商品的使用并从中获得几乎全部的经济利益。”第5条规定:“当企业与客户之间的合同同时满足下列条件时,企业应当在客户取得相关商品控制权时确认收入:

(一)合同各方已批准该合同并承诺将履行各自义务;

(二)该合同明确了合同各方与所转让商品或提供劳务(以下简称‘转让商品’)相关的权利和义务;

(三)该合同有明确的与所转让商品相关的支付条款;

(四)该合同具有商业实质,即履行该合同将改变企业未来现金流量的风险、时间分布或金额;

(五)企业因向客户转让商品而有权取得的对价很可能收回……”

对于需要安装调试的产品,根据合同约定在产品完成安装调试投入使用后验收合格,因此当取得竣工验收报告时产品主要风险和报酬转移给购货方,公司既没有保留与所有权相联系的继续管理权,也没有对已售出的商品实施有效控制。

上述主要销售合同付款条款中约定验收后货款支付比例基本能达到合同金额的90%以上,仅剩余5%~10%的质保金,与客户签订销售合同、客户验收完成后收入的金额能够可靠地计量同时相关的经济利益很可能流入企业。同时,需要安装的产品均需送至客户的指定地点安装调试,相关的已发生或将发生的成本能够可靠地计量。

对于不需要安装调试的产品,根据销售合同约定,客户相关人员签收后主要风险和报酬转移给购货方,公司既没有保留与所有权相联系的继续管理权,也没有对已售出的商品实施有效控制。此类销售合同通常是发货前支付全款,在发货对方签收后收入的金额能够可靠地计量同时相关的经济利益很可能流入企业。同时,不需要安装调试的产品已完成生产并已发运至客户,相关的已发生或将发生的成本能够可靠地计量。

综上,公司对需要安装的产品销售以收到客户提供的竣工验收报告为收入确认依据、竣工验收报告时间为收入确认时点符合《企业会计准则第14号——收入》确定的相关规定。对于不需要安装调试的产品,以产品发出客户相关人员签字的签收单为收入确认依据、签收时间为收入确认时点符合《企业会计准则第14号——收入》确定的相关规定。

(四)军品定价情况

我国军品销售价格确定方式主要为审价和招投标两种,公司报告期内军品销售主要通过审价方式确定价格；公司军品销售于 2017 年 2 月通过招投标方式获得某项目订单，该项目的具体情况如下：

广有公司 2016 年第四季度获知某项目采用招投标模式，该项目实际于 2017 年 1 月招标，广有公司作为参与方与总承制单位于 2017 年 2 月上旬参与投标（广有公司不直接投标，与总承制单位捆绑投标，但广有公司必须要具备投标资格，中标通知发给总承制单位，总承制单位再与广有公司签订合同），该项目于 2017 年 2 月 18 日开标，定标时间为 2017 年 2 月 28 日，预定交货期为 2017 年 4 月，安装及验收按照招标方通知实施。

报告期内，公司各项毛利率指标具体情况如表 3－5－3：

表 3－5－3　2014～2016 年公司各项毛利率指标

项目	2016 年度	2015 年度	2014 年度
综合毛利率	57.81%	57.25%	60.98%
主营业务毛利率	57.79%	57.22%	60.95%
数字指挥调度系统毛利率	53.64%	56.81%	53.87%
多媒体指挥调度系统毛利率	59.27%	56.53%	66.60%

公司 2015 年度主营业务毛利率较 2014 年度下降 3.73%，2016 年度主营业务毛利率较 2015 年上升 0.57%。公司 2014 年度毛利率较高主要由军品收入的定价模式导致。公司国防业务主要面向各军兵种提供指挥调度系统，报告期内均采取审价的形式确定价格。公司国防业务产品系相关项目总承制单位的重要组成部分，相关新产品需根据《军品价格管理办法》向总承制单位和军品审价单位或部门按产品具体组成部分的成本及其他费用为依据编制单个产品的报价资料，并由国防单位最终确定审定价格；对于审价尚未完成已实际交付使用并验收的产品，公司按与国防单位签订的合同价格为约定价格确认收入，于审价完成后将相关差价计入新签合同。

公司军品新品的审价周期一般较长，国防单位对公司已实际交付并投入使用的新产品参考上一代产品或相似产品的价格与公司签订采购合同，在审价完成后，将之前产品的相关差价计入新签合同；新产品因功能、配置使成本较上一代产品增加，引致新产品的审定价格高于未审价完成的合同价格。

公司 2013 年新产品多媒体指挥调度系统 GY38 及 GY33 于 2013 年度尚未完成审价，公司对 2013 年已交付并完成验收的 GY38 及 GY33 产品按当时已签订合同价格确认收入；GY38 及 GY33 产品相对应的项目于 2014 年完成审价，相关价格差异计入公司 2014 年与国防单位签订的合同。公司根据 GY38 和 GY33 审价完成后相关产品配置情况和2013～2014年相关产品总收入计算，假设2013年、2014年均按审价完成后签订合同，2014年度营业毛利将减少2547.16万元。剔除上述因素影响后，公司报告期各项毛利率情况变动不大，具体如表3－5－4：

表3－5－4　2014～2016年剔除有关影响因素后公司各项毛利率情况

项目	2016年度	2015年度	2014年度
综合毛利率	57.81%	57.25%	56.23%
主营业务毛利率	57.79%	57.22%	56.16%
数字指挥调度系统毛利率	53.64%	56.81%	53.87%
多媒体指挥调度系统毛利率	59.27%	56.53%	59.35%

如表3－5－4所示，公司报告期内综合及各产品毛利率存在小幅波动，但整体变化不大，主要由于公司主营产品指挥调度系统系定制化产品，产品毛利率受具体国防及电力项目要求影响。

公司GY38及GY33产品2013年收入确认金额、国防单位审定价格（假设审价完成后按统一价格水平测算）、审价差异及差异率列示如表3－5－5：

表3－5－5　2013年公司GY38、GY33产品收入确认情况

单位：万元

项目	收入确认金额	最终审价测算金额	差异	差异率
GY38	5,816.38	6,744.09	927.71	15.95%
GY33	2,829.70	4,449.15	1,619.45	57.23%
合计	8,646.08	11,193.24	2,547.16	29.46%

公司产品为定制化系统产品，根据客户具体需求对产品进行相应配置，因此同一产品型号的产品因配置不同价格亦有所差异。公司国防行业产品系相关项目总承制单位的重要组成部分，相关新产品需向总承制单位和军品审价单位或部门按产品具体组成部分的成本及其他费用为依据编制单个产品的报价资料，并由国防单位最终确定审定价格；对于审价未完成但已交付使用的产品，公司按照与国防单位商定的价格签订合同并按此确认收入，审价完成后，相关差价计入新签合同。上述2013年最终审价结果系公司根据GY33和GY38审价完成后相关产品配置情况和2013～2014年相关产品总收入计算得出。

公司与国防单位签订的销售合同中明确列明产品型号、数量、金额、验收方式等。报告期内公司以合同单位对成本进行归集并结转，收入与成本相匹配。公司2013～2016年GY33、GY38主要合同及收入金额、合同签署时间、客户验收时间、收入确认时间、审价时间及金额等主要合同条款列示如表3－5－6：

表 3－5－6　2013～2016 年 GY33、GY38 主要合同情况

单位:元

序号	合同编号	产品名称	合同金额	合同签署时间	末次交货时间	安装结束时间	客户验收时间	收入确认时间	审价时间	收入确认金额	审价完成后模拟测算金额	审价差异	采购单位
1	2013－103	GY33	5,000,000.00	2013.8.11	2013.10.8	2013.10.8	2013.10.8	2013.10.31	2014.5.4	5,000,000.00	5,340.660.00	－340,660.00	B03
2	2013－103	GY38	25,000,000.00	2013.8.11	2013.10.8	2013.10.8	2013.10.8	2013.10.31	2014.5.4	25,000,000.00	30,768,810.00	－5,768,810.00	B03
3	2013－21	GY33	1,500,000.00	2013.1.21	2013.1.15	2013.1.15	2013.1.15	2013.1.31	2014.5.4	1,500,000.00	4,094,420.00	－2,594,420.00	B03
4	2013－27	GY38	3,163,760.00	2013.1.6	2013.4.19	2013.4.19	2013.4.20	2013.4.30	2014.5.4	3,163,760.00	3,413,550.00	－249,790.00	B03
5	2013－28	GY38	3,000,000.00	2013.1.6	2012.11.20	2013.1.6	2013.1.15	2013.1.31	2014.5.4	3,000,000.00	3,346,660.00	－346,660.00	B03
6	2013－50	GY33	20,000,000.00	2013.2.26	2012.10.31	2013.2.26	2013.3.10	2013.3.31	2014.5.4	20,000,000.00	31,759,386.60	－11,759,386.60	B03
7	2013－80	GY38	27,000,000.00	2013.5.31	2013.5.30	2013.5.30	2013.8.20	2013.8.30	2014.5.4	27,000,000.00	31,411,830.00	－4,411,830.00	B03
8	2009－11	GY33	2,084,794.00	2009.4.9	2009.4.25	2014.2.17	2014.2.17	2014.2.28	2009.4.9	220,013.00	220,013.00	—	B10
9	2013－48	GY33	1,599,450.00	2013.2.26	2014.6.6	2014.6.6	2014.6.20	2014.6.30	2014.5.4	1,587,227.28	1,587,227.28	—	B03
10	2013－64	GY33	766,952.00	2013.5.3	2013.5.31	2013.8.7	2013.8.7	2013.8.30	2013.5.3	766,952.00	766,952.00	—	A19
11	2013－91	GY33	812,479.00	2013.10.9	2013.10.29	2013.12.17	2013.12.17	2013.12.30	2013.10.9	812,479.00	812,479.00	—	A11
12	2013－92	GY33	725,369.00	2013.9.22	2013.9.27	2013.9.27	2013.10.30	2013.10.30	2013.9.22	217,610.70	217,610.70	—	A12
13	2013－68	GY33	892,351.00	2013.7.1	2013.8.22	2014.3.24	2014.3.24	2014.3.31	2013.7.1	724,890.00	724,890.00	—	A14
14	2013－92	GY33	725.369.00	2013.9.22	2013.9.27	2014.1.16	2014.1.16	2014.1.24	2013.9.22	507,758.30	507,758.30	—	A12
15	2013－98	GY33	545,615.00	2013.9.10	2014.2.10	2014.2.10	2014.3.31	2014.3.31	2009.4.9	545.615.00	545.615.00	—	B10
16	2014－02	GY33	534,517.00	2013.11.18	2012.2.28	2014.2.17	2014.2.17	2014.2.28	2009.4.9	534,517.00	534,517.00	—	B10
17	2014－08	GY33	566,104.00	2014.1.2	2013.1.10	2014.7.2	2014.7.2	2014.7.29	2014.1.2	566,104.00	566,104.00	—	A21

如表3-5-6所示，公司GY33、GY38产品按合同金额在客户完成验收后确认收入，2013年及2014年部分合同存在审价差异系由于GY33、GY38于2014年完成审价引致。

二、新兴装备（002933）：军品定价及调整机制

（一）公司军品的定价及调整机制

1. 军品定价方式

公司销售的军品价格是根据《军品价格管理办法》，由军方审价确定。根据该办法，公司军品价格由定价成本和一定比例的定价利润两部分组成。军方审价的一般流程为：生产单位编制并向军方提交军品定价成本等报价资料；军方组织审价、批复审定的价格并抄送军方订货部门。

根据《军品价格管理办法》的规定，列入军品价格管理目录的军品，除因国家政策性调价和军品所需外购件、原材料价格大幅变化，军品订货量变化较大，并由企业提出申请调整价格外，每隔三年调整一次。

由于军品价格批复周期一般较长，在军方未批价前，公司向客户交付的价格按双方协商的合同暂定价格入账，待军方批价后进行调整，若产品暂定价与最终审定价格存在差异，公司将在批价当期对收入进行调整。

2. 报告期内核心产品价格调整

公司机载悬挂/发射装置类产品中挂架随动系统和炮塔随动系统产品是公司最核心的产品，报告期内该两种产品销售收入占公司营业收入的70%以上。2014年，公司挂架随动系统和炮塔随动系统主要型号产品随整机完成价格审批，开始执行审定价，审定后价格未进行调整。目前，公司产品整体成本变化不大，公司所处经营环境相对稳定。但是未来年度，不排除军方对公司产品进行价格调整的可能。

（二）销售模式

公司作为航空机载产品供应商，客户主要为中航工业及下属企业，最终用户主要为军方，客户明确且集中度高，因此公司的产品销售采用直销的方式。基于安全性、可靠性、保障性的要求及保密考虑，军工产品通常由研发企业作为定型后保障生产的供应商，采购主要采用配套供应的方式，而非竞争性议价采购。公司主要通过持续跟踪用户需求、参加重点型号的研制获取新产品订单。公司每年都会依据主机单位或者上级配套商下一年度向发行人的购货量制订销售计划，然后签订合同、组织生产和销售。

公司拥有健全的客户服务体系，发行人总经理负责销售的全面工作，销售团队以中高层研发管理人员为主，以优质的产品和服务，最大限度地满足顾客的要求，服务于部队、国防建设的需要。公司现有客户比较固定，主要分布在郑州、西安、景德镇、哈尔滨、南昌等地，采取区域负责制，每个客户有专门的人员负责。

根据公司专业发展方向和优势，在现有国内直升机行业继续挖潜，向专业衍生产品渗透；结合公司在国内的直升机行业形成的优势，利用品牌营销的策略增加宣传模式，扩大宣传效应，将公司产品和专业衍生产品向国内固定翼飞机、国外直升机等行业发展。

1. 定价政策

公司向客户销售的产品主要为军品，由于军品价格批复周期一般较长，在军方未批价前，公司向客户交付的价格按双方协商的合同暂定价格入账，待军方批价后进行调整，若产品暂定价与最终审定价格存在差异，公司将在批价当期对收入进行调整；同时，公司原材料暂定价与最终审定价存在差异时，公司也会在批价当期对成本进行调整。

（1）军品价格审定的程序和依据

我国军品定价需履行严格审批程序。根据《军品价格管理办法》的规定，国家对军品价格实行统一管理、国家定价。根据《军品价格管理办法》，国内军方对军品采购的审价流程如图 3－5－1：

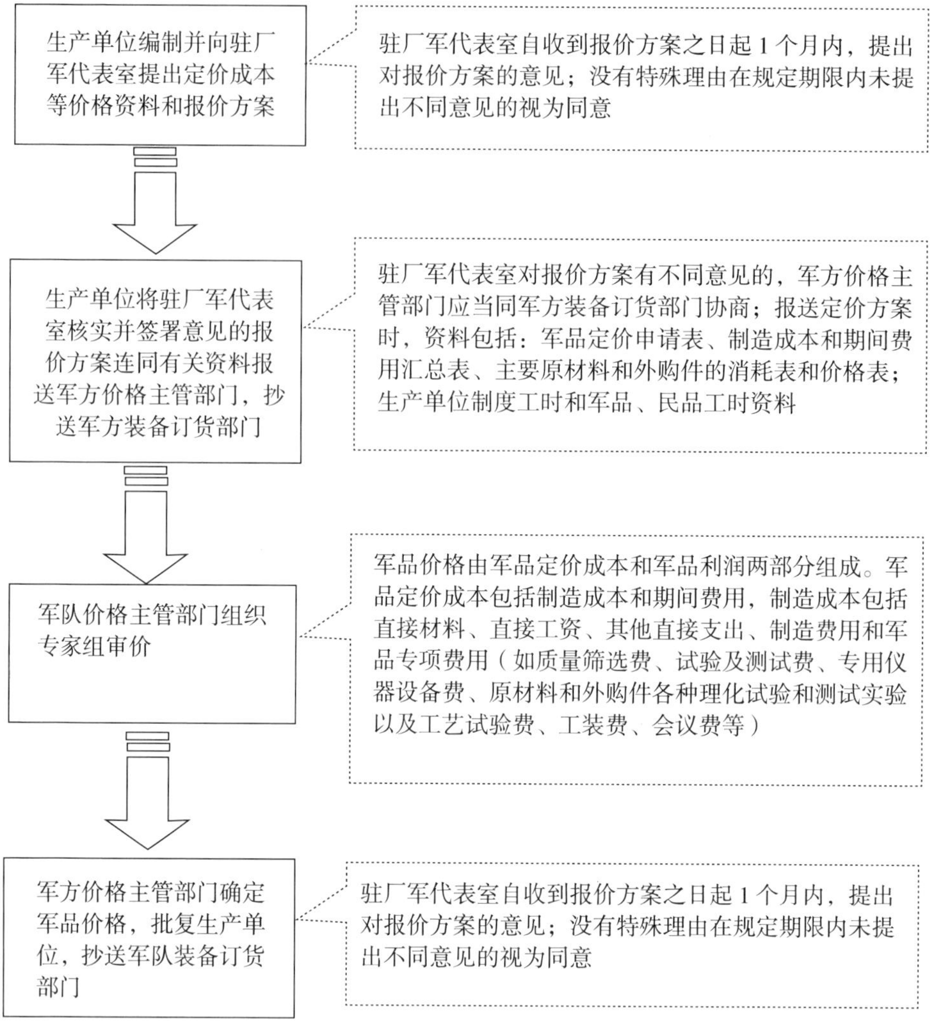

图3－5－1　军方对军品采购审价流程

国内军品的定价方法为成本加成法，军品价格由军品定价成本和一定比例的军品利润两部分组成。影响国内军品销售定价的主要因素为定价成本，具体包括了制造成本和期间费用，其中制造成本包括直接材料、直接工资、其他直接支出、制造费用和军品专项费用，期间费用包括管理费用和财务费用。

(2)主要产品及在研产品通过设计定型批准、确定初始暂定价格、确定调整暂定价格的时间

报告期内主要产品及在研产品通过设计定型批准、确定初始暂定价格、调整暂

定价格及审价批复时间统计如表 3-5-7：

表 3-5-7 公司主要产品审价情况

类别	产品代号	设计定型时间	确定初始暂定价格时间	确定调整暂定价格时间	军方审批价格时间
机载悬挂/发射装置	SD102	2004 年 7 月	—	—	2006 年 6 月
	SD103	2010 年 9 月	2011 年 12 月	2013 年 8 月	2014 年 3 月
	SD201	2007 年 3 月	2011 年 11 月	—	2014 年 3 月
	SD202	2010 年 9 月	—	—	2014 年 3 月
	SD302	2013 年 11 月	2012 年 2 月	—	—
	SD303	2013 年 11 月	2016 年 5 月	—	—
	SD402	2015 年 11 月	2016 年 4 月	—	—
	SD403	2017 年 10 月	2016 年 5 月	—	—
	SD701	2017 年 10 月	2016 年 5 月	—	—
飞机信息管理与记录系统	SP102	2011 年 8 月	2010 年 11 月	—	2015 年 6 月
	SP104	2017 年 8 月	2017 年 10 月	—	—
	SP201	2014 年 4 月	2013 年 2 月	—	—
	XZ907	2014 年 5 月	2013 年 2 月	—	—
综合测试与保障系统	XZ329	该产品属于地面测试设备，为招投标项目，不需要履行设计定型、审价程序			
军用自主可控计算机	XZ401	2013 年 11 月	2017 年 6 月	—	—

通过表 3-5-7 的统计可以看出，公司主要产品设计定型到最终审价所需时间约在 4 年或更长时间；部分产品设计定型批准时间晚于暂定价确定时间，但均早于军方审价批复时间，在设计定型批准之前均未正式形成销售。

公司在研产品的设计定型时间主要由整机研制、试验、试飞等任务完成时间来决定，在研产品的设计定型必要条件之一是试飞单位出具的产品试飞结论报告，在研产品的设计定型时间无法确定。

(3) 暂定价较初始价调整较大的原因

报告期内，公司主要产品不存在调整暂定价或军方审定价较初始价格存在较大差异的情形。公司机载悬挂/发射装置类产品中的 SD103 于 2013 年对初始暂定价进行了较大调整,调整暂定价较初始暂定价增加 57.33%,2014 年审定价较调整暂定价减少 0.11%。SD103 产品主要配套用于某新型直升机,其价格的确定有其特殊性,经历了初始暂定价、暂定价调整、审价批复的过程,暂定价调整后较初始价格差异较大主要原因为:确定初始暂定价时该型号整机价格尚未确定,公司为二级和三级配套供应商,下游客户为减少自身风险,协商以相对保守的价格作为初始暂定价,后期审价相对明确后对初始暂定价进行了调整;调价因素主要影响 2013 年度营业收入及业绩,对报告期内营业收入及业绩影响较小。

(4)公司主要产品是否面临再次调价及调价范围,调价对公司生产经营的影响

根据《军品价格管理办法》的相关规定,国内军品的价格除因国家政策性调整和军品所需外购件、原材料价格大幅变化,军品订货量变化较大并由企业提出申请调整价格外,每隔三年调整一次。公司通过国内军方设计定型批准的核心产品机载悬挂/发射装置类产品中的挂架随动系统 SD103 和炮塔随动系统类产品 SD201、SD202 于 2014 年 3 月通过审价批复,价格审定后尚未调整。

目前,公司产品整体成本变化不大,所处经营环境相对稳定,公司未提出申请调整价格。由于审价涉及主机厂商和主要配套厂商,调价将是一个系统工程,周期长、难度大,政策实际执行时一般不会对已完成价格审批的产品进行调整。

虽然公司价格审定后未进行价格调整,且实际执行时一般不会对审价产品进行调整,但未来年度不排除进行价格调整的可能性;如果向下调整,将影响公司的盈利水平;如果未来成本大幅上升而价格上调不及时或者上调幅度不够,也将影响公司的盈利水平,从而给公司带来较大的盈利波动。

2. 收款管理

财务部是应收账款的日常核算管理、监督部门,协助相关部门管理应收账款。公司对应收账款采用账龄期限管理,对账龄较长的应收账款予以重点关注,每个月将应收账款明细表发公司经营发展部核对,及时催款,并至少每年对应收账款进行一次清查。

(三)按暂定价确认收入、差价当期确认的会计政策具体分析说明

1. 收入确认会计政策具体操作方式

发行人主要的收入来源是军品销售,发行人将取得采购方验收证明作为收入确认的时点。针对军方已批价的产品,在符合收入确认条件时,按照审定价确认销售收入;针对尚未批价的产品,符合收入确认条件时按照暂定价格确认收入,同时结转成本,在收到军方批价文件后按差价收入确认在批价当期。

发行人销售商品的收入会计政策体现了军品特殊的收入确认方式,具体操作

方式如下：

（1）按照暂定价确认收入

在军方审价未批复之前，针对尚未审价完毕的产品，供销双方协商确定“暂定价格”，并以该暂定价格进行结算，即在价格审定前，发行人以此为依据确认当期销售收入和应收账款，同时结转成本，并以此价格进行资金结算。

（2）确认补价总金额并于当期确认收入

待军方审价完成后，发行人与客户按照审定价格，根据已销售产品数量、暂定价与审定价差异情况确定补价总金额，发行人取得了收取补价款的权利，将补价总金额确认为当期销售收入。

2. 收入会计政策制定依据及合理性

（1）按暂定价确认收入主要受军品特殊的定价机制影响

根据 1996 年国家计划委员会、财政部、总参谋部、国防科工委发布的《军品价格管理办法》的规定，军方建立了现行的武器装备采购体制。国家对军品价格实行统一管理、国家定价。国内军方审价的一般流程为：生产单位编制并向国内军方提交定价成本等报价资料；国内军方组织审价、批复审定的价格并抄送军方订货部门。

军品定价机制的特殊性使得审价批复周期较长，进而导致部分产品交付较长时间才能取得正式的审价批复，在审价批复下发之前，供销双方按照协商确定的暂定价确认收入并进行结算，此种方式能有效保护供货方的利益、保障军品的及时供应。

（2）补价金额确认当期符合业务实质

实际操作过程中，由于军方对军品的价格审核周期较长，针对尚未完成审价的产品，供销双方在合同中按双方协商的价格约定“暂定价格”进行结算，确认销售收入和应收账款。审价批复下发后，供销双方根据已销售产品数量、暂定价与审定价差异情况确定补价总金额，此时发行人取得了收取补价款的权利，并将补价总金额确认为当期销售收入。

补价总金额的确定及收取补价款的权利均系依据最终的审价批复，在审价批复下发前补价款无法提前预计，审价后将补价款计入审价当期符合发行人业务实质。

（3）符合《企业会计准则》的规定

根据《企业会计准则第 14 号——收入》（财会〔2017〕22 号）的规定，销售产品的收入确认的原则如下：①企业已将商品所有权上的主要风险和报酬转移给购货方；②企业既没有保留通常与所有权相联系的继续管理权，也没有对已售出的商品实施有效控制；③收入的金额能够可靠地计量；④相关的经济利益很可能流入企业；⑤相关的已发生或将发生的成本能够可靠地计量。

审价批复前，销售合同中约定的“暂定价”是具体的金额，能够可靠计量；签署的销售合同具有法律效力，当满足产品交付验收等合同约定条款后，相关的经济利益很可能就流入企业，并且从历年的结算情况来看，签署暂定价的合同最终也按照暂定价格进行了结算，不存在经济利益无法流入的情形。待军方审价完成后，供销双方根据已销售产品数量、暂定价与审定价差异情况确定补价总金额，补价总金额的可靠计量、经济利益很可能流入企业，公司将该补价总金额确认为当期销售收入。

综上所述，在审价批复前按照暂定价确认收入、审价批复后在当期确认补价总金额符合《企业会计准则》的规定。

（4）符合军工行业惯例

经查阅军工行业与之相关的收入确认政策，发行人采用的上述收入确认政策在行业内被普遍采用。

从同行业上市公司来看，经营军品业务的安达维尔、晨曦航空等也采用类似的会计政策。①安达维尔（300719. SZ）披露的《招股说明书》：在实际操作中，供销双方在合同中根据以往同类产品的平均价格约定“暂定价格”，并以该暂定价格办理结算；待军方审价完成后，公司取得了收取补差价款的权利，将该总补价金额确认为当期主营业务收入。②晨曦航空（300581. SZ）披露的《招股说明书》：对于本公司在确认销售收入时，针对军方已批价的产品，在符合上述收入确认条件时，按照军方批价确认销售收入；针对尚未批价的产品，符合上述收入确认条件时按照合同暂定价格确认收入，在收到军方批价文件后进行调整。

第六节 居间模式

【商业逻辑与背景分析】

我们简单统计一下，实践中跟人的劳务有关的费用还是有一些的，比如：居间费用、市场开发费用、代理费用、技术服务费用等。这里说的劳务费用就是发行人与个人或者法人签署协议，主要依靠对方的人工来提供服务，发行人提供相应的报酬。

关于这种类型的费用，需要从两个维度来看，从商业合作的角度可能是比较好理解的也是可以接受的，但是从 IPO 财务核查的角度就非常困难。困难的重点在于这样的服务很难量化，发行人支付的费用没有明确的判断标准，很难判断是否合理公允。如果是支付的费用少了，可能说你粉饰业绩，反之如果支付的费用多了，可能说你是利益输送。也就是因为这样的问题一旦出现可能就说不清楚，因而很多情况下发行人自己就做了调整和处理，或者换一种方式出现，免得惹了麻烦。

企业的销售模式如果简单概括可以分为两种：一种是直销模式，另一种是经销模式。很显然，经销模式下客户的维护以及销售渠道的开拓主要是经销商的责任，经销商同样也可以获得相应的回报。在直销模式下，发行人需要依靠自己的力量来开拓市场和维护客户，发行人在获得更高毛利的情况下也会付出大额的销售费用。因此，一般情况下，直销模式下的发行人毛利率和期间费用率都很高，经销模式下发行人的毛利率和期间费用率都会比较低。在实践中，可能还会存在一种直销和经销中间的情形，这种情形就是：

1. 发行人销售的产品比较专业，且产品安装和维护都需要专业支持，并且发行人需要向客户直接介绍产品性能并保持长期合作关系。这种情况下就不能采取经销的模式，因为这种情况下经销商无法满足客户的要求，只能采取直销的模式。

2. 某些企业在直销模式下可能只针对某些区域、某些行业或者某些特定的大客户，如果是发行人的客户和销售区域都极度分散的情况，那么在全国招聘销售人员进行业务开拓也是不现实的，或者不是一种最经济、最有效的销售方式。

在这种情况下，居间模式就有了存在的合理性和价值，有些情况下也将其界定为渠道经销商。不同说法的情况下，可能中间商的权利义务都会有差异，本质上这个居间商或者经销商的主要责任就是开拓客户资源，至于产品介绍、安装维护还是由发行人来承担。从审核的情况来看，监管机构还是重点关注了居间合作模式的一些具体内容，当然最应该关注的是是否通过这种模式存在商业贿赂以及其他利益输送的情形。

【核查方法指引】

一、主要监管要点

从监管机构审核的思路来看，这个问题的主要关注点在于：

1. 居间合作模式的合理性和真实性，这里我们还要强调真实性。

2. 居间人的业务经历、是否具备居间撮合业务的能力，也就是从这些方面来关注居间合同的真实性，从而核查是否通过居间业务进行其他利益输送。

3. 居间费用的支付时间和支付方式，居间费用率是否符合行业惯例，居间费用与营业收入比例是否保持稳定的匹配关系。

4. 居间费用价款支付的银行流水具体路径核查以及票据的收集情况是否完备。

二、主要核查思路

1. 统计居间模式的金额和比例，判断对于发行人生产经营和业绩影响的重要性水平。

2. 分析居间模式产生的背景和原因，是否符合行业惯例和基本的商业逻辑，是否属于企业正常的经营决策行为，判断商业合理性和必要性。

3. 分析居间合同，了解居间人的业务经历，判断是否具备居间撮合业务的能力，核查居间合作模式的真实性。

4. 分析居间交易的内容与定价依据，分析居间费用是否符合行业惯例、与营业收入比例是否保持稳定的匹配关系，判断居间费率的商业合理性。

5. 核查居间费用的支付时间和支付方式，居间费用价款支付的银行流水情况，居间费用的支付是否有相关的单据作为支撑。

6. 核查居间业务是否存在商业贿赂风险，核查居间费用的合法合规性。

7. 核查针对相关业务费的支出是否建立了相应的内部控制制度并有效运行。

8. 关注发行人后续居间模式的规划和变动趋势，是否存在对居间模式重大依赖的情形。

【具体案例分析】

一、梅轮电梯（603321）：大规模居间合作模式的合理性和真实性

在直销模式下，公司为扩大销售规模，保持市场竞争地位，公司会采用居间服务模式推广业务，即公司在产品直销时，通过从事相关业务的居间商的介绍而促成交易，最终与客户直接签订销售合同。

2014 年、2015 年、2016 年，公司业务费分别为 4186.74 万元、4593.30 万元和 4904.29 万元，占销售费用的比例分别为 58.25%、55.55% 和 55.39%，占比较大。

（一）居间业务的必要性

采取该模式的原因和必要性在于：一方面，公司产品销售区域遍及全国，虽然

在全国各主要地区都设立销售办事处,但由于中国幅员辽阔,地区差异较大,公司的营销力量有限,单依靠自身力量无法建设覆盖全国的网络,特别是三四线城市及县级区域;而居间商有较强的本地化服务能力,更能贴近客户需求,能为公司提供各类有效的商业信息,可促进产品销售业务的实现。另一方面,居间商主要系公司的经销商及其关联方,其拥有一定的销售能力,能通过其渠道将公司产品推广至终端客户,增加公司产品的市场份额,扩大知名度,提高公司品牌影响力;同时,居间商可为公司提供销售信息并能加强与客户的联系,随时跟踪、掌握项目情况为公司提供有用的信息;此外,居间商能深入了解客户需求,可配套提供电梯的安装、维保服务,增强客户的黏性。因此,该模式符合电梯行业的特点。

公司与居间方通过签订居间合同的方式确立合作关系,在居间商协助公司成功签订电梯销售合同后,公司根据居间合同及相应销售合同实际执行情况,向居间商支付一定金额的业务费。居间合同一般约定如下:居间商促成客户与甲方订立电梯采购合同的,在客户按电梯采购合同向公司支付货款后五日内,公司依比例向居间商支付等额服务费;居间商未能促成电梯采购合同的,公司不支付任何费用;居间商依据合同向公司领取居间服务费时,须向公司开具有效的全额税务发票。

(二)预付业务费

预付业务费主要是在直销模式下,公司会通过从事相关业务的居间商的介绍而取得客户订单,在该种情况下,公司需支付给提供介绍业务的居间商一定的居间服务报酬。公司与居间商签订有居间合同,合同约定在直销客户按电梯采购合同向公司支付货款后五日内,公司依比例向居间商支付等额服务费。但公司在实际付款时往往会根据市场竞争状况、相关直销客户的货款回收情况、公司的资金安排来进行支付,而不完全按照合同执行。由于业务费的支付时点与产品发货、验收确认收入的时点存在差异,上述在验收合格前已支付的业务费成为预付款项,因此报告期内公司存在金额较大的预付业务费。

报告期内,公司预付款项呈现波动,2015 年年末较 2014 年年末增加 989.43 万元,增幅 38.48%;2016 年年末较 2015 年年末减少 114.02 万元,减幅 3.21%。预付款项的波动主要是由预付安装工程款和预付业务费的变化引起的。

2014 年年末、2015 年年末、2016 年年末,公司预付安装工程款分别为 1717.19 万元、1745.22万元、1997.39 万元,呈逐年略增的态势,主要原因是 2015 年下半年起随着公司为保证安装质量和进度,严格按照合同约定向第三方非居间商支付安装款,使得公司从 2015 年下半年起预付的安装工程款增加。

2014 年年末、2015 年年末、2016 年年末,公司预付业务费分别为 654.00 万元、

1490.12 万元、1016.11 万元，呈现波动的态势，其中：2016 年年末较 2015 年下降 474.01 万元，降幅为 46.65%，主要是 2016 年年末公司正在执行的订单较 2015 年年年末有所减少，正在执行的产品数量由 2015 年年末的 1690 台下降至 2016 年年末的 1070 台，由于正在执行的订单主要是大包合同订单，大多签有对应的居间合同，由此导致预付的业务费出现下降；2014 年年末公司预付业务费较少，主要是 2015 年后，随着市场竞争日益激烈，公司为更好地保持与居间商（主要是经销商）的关系以争取未来更多业务，提高了业务费的预付款比例所致。

（三）应付业务费的波动原因

2014 年年末、2015 年年末、2016 年年末，公司应付业务费分别为 1675.06 万元、3475.51万元、4270.49 万元，呈逐年上升的态势，这主要是因为随着公司直销收入的不断增加，使得公司在直销中存在居间商撮合的情况下，需要向居间商支付的业务费不断增加所致。报告期内，公司各期末应付业务费与当期确认的业务费用的对比情况如表 3－6－1：

表 3－6－1　2014～2016 年各期末应付业务费与当期确认的业务费

单位：万元

项目	2016 年 12 月 31 日/ 2016 年度	2015 年 12 月 31 日/ 2015 年度	2014 年 12 月 31 日/ 2014 年度
期末应付业务费	4,270.49	3,475.51	1,675.06
当期确认业务费	4,904.29	4,593.30	4,186.74

（四）收入回款的情况

报告期内，公司收入回款的来源主要来自于客户，但也存在通过第三方回款的情况，其中通过第三方回款具体情况如表 3－6－2：

表 3－6－2　2014～2016 年通过第三方回款统计

单位：元

项　目	2014 年	2015 年	2016 年
第三方回款金额	133,048,720.85	150,033,403.08	136,309,256.54
营业总收入	780,793,166.81	862,235,823.12	821,812,473.37
占　比	17.04%	17.40%	16.59%

报告期内，第三方回款金额分别为 13,304.87 万元、15,003.34 万元和

13,630.93万元,占各期营业总收入金额的比例分别为17.04%、17.40%和16.59%。客户通过第三方向公司付款的原因主要为:(1)居间商垫付:在公司与最终客户直签销售合同的直销居间模式下,最终客户因资金周转问题未能及时支付发货所需达到的货款支付比例要求,为保证如期发货,该笔交易的居间商先行代为垫付;(2)客户关联方代付:客户关联人(如控股股东、财务人员、经办人员等)、关联公司(同一控制下的公司、集团公司、分公司等)代为支付;(3)部分境外客户受外汇管制影响,需通过委托其他国家和地区的公司或第三方代理公司代为付款。报告期内,公司不存在通过第三方账户与客户结算货款的情况,相关款项均回到公司账户之中。

(五)业务费的具体财务分析

1. 业务费的主要内容、支付对象及发生原因

业务费主要是公司在直销业务发生时支付给介绍相关业务的居间商的劳务报酬。公司与居间方通过居间合同的形式,在居间商协助公司成功签订电梯等产品销售合同后,根据与居间商的居间合同及相应销售合同实际执行情况,向居间商支付一定金额的业务费。

业务费的支付对象为居间商,主要为从事电梯销售及相关经营业务的单位或其关联自然人。

2. 业务费金额、费率及其变化分析

报告期内,公司业务费逐年增长,2016年较2015年增加310.98万元、2015年较2014年增加406.56万元,其原因主要分析如下:

报告期内,公司直销居间模式销售金额及占营业收入的比重情况如表3-6-3:

表3-6-3 2014~2016年直销居间模式销售金额及占营业收入比重情况

单位:万元

项目	2016年度	2015年度	2014年度
营业收入	78,079.32	86,223.58	82,181.25
直销居间模式销售额	27,571.56	28,189.37	22,505.82
占比	35.31%	32.69%	27.39%

由表3-6-3可见,报告期内公司直销居间模式的销售额总体呈上升态势,销售额占营业收入的比重逐年上升,而业务费的发生与直销居间模式直接相关,随着直销居间模式销售额占比提升,且在市场竞争日趋激烈的情况下,2016年业务费率较上年同期有所增长,由此导致公司业务费逐年增长。

报告期内,公司业务费与营业收入及直销收入的配比情况如表3-6-4:

表3-6-4　2014~2016年业务费与营业收入及直销收入的配比

单位:万元

项目		2016年度	2015年度	2014年度
业务费		4,904.29	4,593.30	4,186.74
营业收入		78,079.32	86,223.58	82,181.25
其中:直销收入(注)		44,359.33	42,153.05	35,685.97
业务费率	占营业收入比例	6.28%	5.33%	5.09%
	占直销收入比例	11.06%	10.90%	11.73%

注:该直销收入不包含与业务费无关的OEM配件收入。

由表3-6-4可见,报告期内公司营业收入呈先升后降的趋势,业务费占营业收入的比例逐年上升。而报告期内与业务费发生直接相关的直销收入呈逐年上升的态势,这与公司报告期内业务费变化的趋势一致。报告期内,公司业务费占直销收入的比例保持在11%左右,总体较为稳定,公司的业务费与直销业务规模相匹配。

综上,报告期内公司业务费逐年增长,主要是因为报告期内公司直销收入持续上升,并且直销居间模式销售收入占比及2016年业务费率上升,使得业务费也随之持续增长。

(六)业务费的内部控制制度

公司制定了《业务费管理制度》,明确了业务费的审批流程及制度,主要内容如下:(1)针对公司直销项目,规定相应的产品销售价格对应的业务费额度;(2)市场部根据具体项目合同及居间合同进行审核后,填写业务费评审表,与合同及合同评审表一并上交市场部部长审核、签字;(3)报销售总监审核;(4)报财务部复核;(5)总经理审批签字;(6)特殊项目需报董事长审批;(7)业务费基本上在公司收款超过设备款后开始分批支付。针对居间服务产生的业务费,公司制定了相应的管理制度,进行了适当的授权审批,并严格按照上述业务流程实施,公司采取了有效的内部控制措施。

(七)业务费率与可比公司的比较情况

报告期内,公司业务费率较同行业上市公司比较情况如表3-6-5:

表 3-6-5 2014~2016 年公司业务费率*较同行业上市公司比较情况

公司名称	2016 年度	2015 年度	2014 年度
康力电梯	3.55%	2.16%	2.37%
远大智能	1.85%	2.27%	2.14%
江南嘉捷	1.46%	1.17%	2.11%
快意电梯	5.89%	5.11%	4.13%
可比上市公司平均	3.19%	2.68%	2.69%
本公司	6.28%	5.33%	5.09%

* 业务费率=业务费/营业收入。

由表 3-6-5 可见,公司的业务费率高于可比上市公司平均业务费率,与快意电梯较相近,主要原因是其他可比上市公司康力电梯、远大智能、江南嘉捷上市较早,其业务规模相对较大,资金实力较强,自主开拓业务能力较强,因此业务费率相对较低;而快意电梯 2017 年新近上市,且业务规模与发行人相近,因此其业务费率与公司差异不大,基本保持一致,因此公司业务费率相对公允。

二、广东格林精密部件股份有限公司(未通过):与个人签署市场开拓代理协议

(一)交易的原因与背景、合理性与必要性

公司通过丰骏投资有限公司与新加坡人 Benedict Wong Hing Lung 签订《市场开拓代理协议》的目的是拓展海外市场业务,与国际知名电子消费产品制造商建立长期合作关系,获取优质订单,拓宽收入、利润来源。

公司之所以选择丰骏投资而非直接与新加坡人 Benedict Wong Hing Lung 签订《市场开拓代理协议》的主要原因系 Benedict Wong Hing Lung 要求直接与公司在香港注册的母公司丰骏投资签署协议及业务便利性所致。

相比国内,香港与新加坡的社会形态、法律环境、监管环境等更为接近,Benedict Wong Hing Lung 作为新加坡人更倾向于选择与国外公司而非国内公司建立合同关系。公司和母公司丰骏投资均是大中华精密合并报表范围内的下属公司,二者的交易属于同一主体合并报表范围内的内部交易,基于此并应 Benedict Wong Hing Lung 先生的要求与业务便利性的考虑,公司实际控制人最终选择注册地在香港的丰骏投资与 Benedict Wong Hing Lung 签订《市场开拓代理协议》。

综上,公司与丰骏投资的市场开拓代理交易是合理的、必要的。

(二)交易具体内容与定价依据

1. 公司与丰骏投资有限公司签订的国际市场代理合同

2011 年 1 月 3 日,公司与丰骏投资有限公司(以下简称"丰骏投资")签订《国际市场代理合同》,公司(甲方)授权丰骏投资(乙方)为公司的国际市场开拓代理商,负责为公司管理和开拓国际市场,丰骏投资可以寻找合适的销售代理商来获取国际客户。

合同主要条款摘录如下:

a. 合作内容:乙方及其所委任的销售代理商在协议有效期内,负责为甲方获取塑料精密部件的生产订单。

b. 开拓区域:美国市场。

c. 目标客户:亚马逊公司、苹果公司等优质客户。

d. 服务费用计算:服务费用的计算基础按获取的采购订单的实际交货和实际收款来计算,前三年的服务费用比例按 4.8% 计算,最后一年按 1.6% 计算,所有产生的服务费用按统一的转换汇率 6.40(美元兑人民币)来计算,再按双方最终确定的货币支付给乙方指定的账户,其中包括税收代扣代缴。

e. 服务费用支付:基于乙方为甲方在美国所提供的服务,经双方同意所有服务费用需在甲方收到相应的货款后且在合同期结束后经双方确认交易额后才被支付,订单所产生的应收款将不被计算在费用内。

f. 协议有效期:有效期 4 年,从 2011 年至 2014 年。

根据合同,服务费用计算如表 3-6-6:

表 3-6-6 2011~2014 年各年服务费用计算表

年份	订单交易金额(万美元)	费率	服务费(万美元)	汇率	应付费用(万元)
2011 年度	4,823.70	4.80%	231.54	6.40	1,481.84
2012 年度	4,550.50	4.80%	218.42	6.40	1,397.91
2013 年度	4,059.10	4.80%	194.84	6.40	1,246.96
2014 年度	2,631.30	1.60%	42.10	6.40	269.45
合计	16,064.60	—	686.90	—	4,396.16

2. 丰骏投资有限公司与新加坡人 Benedict Wong Hing Lung 签订的市场开拓代理协议

2011 年 1 月 3 日,丰骏投资有限公司(甲方)与身份证号为 S7347979G 的新加坡人 Benedict Wong Hing Lung(乙方)签订《市场开拓代理协议》,根据协议内容 Benedict Wong Hing Lung(以下简称“代理商”)在美国国境范围内为丰骏投资争取订单。

合同主要条款摘录如下:

a. 合作内容:甲方指定乙方为甲方的非独家代理商,在区域内为甲方产品争取订单,且乙方接受这种约定。

b. 交接期:自协议生效之日至 2013 年 12 月 31 日,代理商应尽力指导甲方子公司(即格林精密)组建和培训一支具有必要业务素质的区域内的国际营销团队,其后自 2014 年 1 月 1 日到 2014 年 12 月 31 日(交接期),代理商应确保将区域内所有的营销活动顺利移交给甲方子公司自己的团队。

c. 服务费用计算:乙方唯一的报酬是佣金,佣金按美国境内客户采购、交货且已付款订单的净值计算。最初 3 年佣金比例为 4.5%,而后期的佣金比例将被降低至 1.5%。

d. 服务费用的支付:佣金将以人民币计价,再按双方同意的转换汇率 6.4 计算。

e. 服务费用的支付时间:在甲方子公司完成 2014 年度的财务审计,确定在本协议有效期内接到订单的总额后,乙方将获取佣金。

f. 协议有效期:为期 4 年,自 2011 年 1 月 1 日至 2014 年 12 月 31 日。

g. 适用法律:本协议,以及任何关于本协议及其形式的任何争议、分歧、诉讼或索赔,都应受香港法律管辖,并按香港法律解释。本协议引起的或相关的请求、行为或诉讼/争端解决,双方不可撤回地提交由香港法律进行聆讯和裁决。

根据合同,服务费用计算如表 3-6-7:

表 3-6-7 2011~2014 年各年度服务费用计算表

年份	订单交易金额(万美元)	费率	服务费(万美元)	汇率	应付费用(万元)
2011 年度	4,823.7	4.50%	217.1	6.40	1,389.2
2012 年度	4,550.5	4.50%	204.8	6.40	1,310.5
2013 年度	4,059.1	4.50%	182.7	6.40	1,169.0
2014 年度	2,631.3	1.50%	39.5	6.40	252.6
合计	16,064.60	—	644.1	—	4,121.3

(三)交易价格公允性的说明

公司合计支付给丰骏投资人民币 4396.16 万元的市场开拓费,丰骏投资合计支付给 Benedict Wong Hing Lung 先生人民币 4121.3 万元(实际付款时是按照汇款当日的新加坡元和人民币的汇率换算成新加坡元支付的),两者之间的差额为 274.86 万元。该差额主要由两部分组成:一是公司为丰骏投资代扣代缴的税费人民币 246.18 万元;二是公司向丰骏投资支付的服务费人民币 28.68 万元。

由于合同主体的相对性,与 Benedict Wong Hing Lung 先生产生的任何争议、分歧、诉讼或索赔,实质上均由丰骏投资所承担,而非公司承担。即丰骏投资为公司承担了可能产生的违约赔款、诉讼费用等责任。因此,公司向丰骏投资支付服务费人民币 28.68 万元作为其可能承担相关责任的补偿,是合理的、公允的。

虽然公司与丰骏投资发生的市场开拓代理交易不存在可比第三方价格,结合合作前后公司在北美市场的销售情况,上述市场开拓费的定价是公允的。

(四)合作前后公司在北美市场的销售情况

丰骏投资通过与新加坡人 Benedict Wong Hing Lung 签订了美国市场的开拓代理协议并成功地为公司开拓了北美客户亚马逊,帮助公司进入了北美市场,丰骏投资具备帮助公司进入北美市场的能力。合作后公司在北美市场的销售情况如表 3-6-8:

表 3-6-8　近年公司北美市场销售情况

单位:元、家

年份	北美客户	北美客户销售收入	因该合作产生的直接新增客户	新增客户销售收入
2011 年度	亚马逊	7,585,398.73	1	299,355,137.58
2012 年度	亚马逊	43,560,128.39	3	262,074,593.98
2013 年度	亚马逊	30,124,514.26	6	225,239,788.16
2014 年度	亚马逊	13,732,433.76	4	132,969,492.53
	PalPilot International Corp	70,368.51	—	—
	小计	13,802,802.27	4	132,969,492.53
2015 年度	亚马逊	27,319,811.82	5	233,773,927.63
	Fitbit, Inc.	25,932.10	1	204,348.53
	PalPilot International Corp	58,510.67	—	—
	小计	27,404,254.59	6	233,978,276.16

续表

年份	北美客户	北美客户销售收入	因该合作产生的直接新增客户	新增客户销售收入
2016年度	亚马逊	21,089,575.05	6	275,528,222.37
	Fitbit, Inc.	33,472,062.39	4	25,610,282.61
	LightPad, Inc.	21,804.52	—	—
	PalPilot International Corp	117,509.53	—	—
	小计	54,700,951.49	10	301,138,504.98
2017年1-6月	亚马逊	8,520,950.86	7	133,145,133.82
	Fitbit, Inc.	64,016.62	4	7,243,961.35
	LightPad, Inc.	339,871.65	—	—
	PalPilot International Corp	271,097.94	—	—
	小计	9,195,937.07	11	140,389,095.17
合计		186,373,986.80	41	1,595,144,888.56

注:除亚马逊外,上表中 Fitbit、LightPad、PalPilot 等客户与 Benedict Wong Hing Lung 无关。

本次合作前(2011 年之前),公司无北美市场销售收入,对亚马逊及其签约制造商也无销售收入。本次合作后(2011 年以后),公司北美市场销售收入逐年增加。同时,公司对亚马逊的签约制造商的销售收入也逐年增加。

(五)本次合作具有真实的交易背景和合理的商业目的

本次合作的目的是拓展海外市场业务,不是以非经营性资金借款为目的或以减少、免除或者推迟缴纳税款为主要目的,因此,具有合理的商业目的。

(六)市场开拓费的合法合规性

香港律师事务所萧一峰律师行出具了《法律意见书》,认定《国际市场代理合同》、《市场开拓协议》及其《补充协议》在香港法律均属合法有效合约,前述协议的相关签署方为履行相关协议支付市场开拓费的行为在香港法律下均属合法合规。

第七节 投资收益占比高

【商业逻辑与背景分析】

《首次公开发行股票并上市管理办法》(以下简称《首发办法》)在发行条件中规定了一条禁止条款:发行人最近1个会计年度的净利润主要来自合并财务报表范围以外的投资收益。这一条一直存在争议甚至还曾经引起过关于专门的投资公司(PE)能否上市的大讨论。监管部门也曾表态对这一条进行修改,不过到目前规则也没有变化,直到常熟汽饰(603035)这个案例打破了坚冰之前,也没有其他案例成功突破这一条的规定。

常熟汽饰的案例的确是给了我们很多判断的标准和依据,也在一定程度上直接通过案例的方式解释了《首发办法》的这一条规定。常熟汽饰2013年度、2014年度和2015年度公司的投资收益占同期归属于母公司所有者的净利润的比例分别为62.08%、61.31%和60.57%。2016年1~6月,公司投资收益金额为6738.96万元,占同期归属于母公司所有者净利润的59.24%。当我们还在纠结投资收益占比多高算是主要依赖的时候,这个案例直接将投资收益占比拉升到了60%的比例,这也算是IPO审核过程中案例改变规则的一个典型的案例了。

在常熟汽饰案例之后,紧接的一次保代培训监管机构也是顺势明确了对于投资收益占比较高IPO审核的三大重要标准,分别是:(1)扣除投资收益仍旧符合上市条件;(2)投资的企业与发行人业务相关;(3)充分披露投资企业的信息。监管机构也算是以这样的方式,给了投资收益占比高的企业一个明确的IPO审核标准。

主板的审核案例已经有了,审核标准也已经明确了,那么创业板是不是可以参照执行呢?需要重点说明的是,在《首次公开发行股票并在创业板上市管理办法》的规定中,并没有规定净利润不能主要来自于投资收益这一发行条件。那么是不是意味着创业板对于投资收益占比没有要求呢,显然不是。好在,中科院成都信息技术股份有限公司给了我们理解创业板这一审核条件的一些思路。从目前的关注点来看,创业板对于投资收益问题的关注与主板基本上保持一致,主要还是三大判断标准。不过比较有意思的,主板可以要求发行人直接论述是否符合发行人条件,而创业板需要发行人解释投资收益占比较高的情况下发行人是不是属于“经营同一种业务”这一发行条件,算是对这个问题另外一个角度的间接关注吧。

【核查方法指引】

根据2018年6月的首发审核财务与会计知识问答,若首发企业存在最近1个会计年度投资收益占净利润的比例较高的情形,上述事项是否影响发行条件?

《首发办法》对发行人持续盈利能力条件中,要求发行人不得有"最近1个会计年度的净利润主要来自合并报表范围以外的投资收益"的情形,通常是指发行人最近一个会计年度的投资收益不超过当期合并报表净利润的50%。

对该款限制性要求的把握,不仅关注发行人来自合并财务报表范围以外的投资收益对盈利贡献程度,还关注发行人纳入合并报表范围以内主体状况、合并财务报表范围以外投资对象业务内容以及招股说明书相关信息披露等情况。

如发行人能够同时满足以下三个条件,则最近一个会计年度投资收益占净利润比例较高情况不构成影响发行人持续盈利能力条件的情形:

一是发行人如减除合并财务报表范围以外的对外投资及投资收益,仍须符合发行条件要求,包括具有完整产供销体系、资产完整并独立运营、具有持续盈利能力,如不含相关投资收益仍符合首发财务指标条件。

二是被投资企业主营业务与发行人主营业务须具有高度相关性,如同一行业、类似技术产品、上下游关联产业等,不存在大规模非主业投资情况。

三是需充分披露相关投资的基本情况及对发行人的影响。发行人如存在合并报表范围以外的投资收益占比较高的情况,应在招股说明书风险因素中充分披露相关风险特征,同时,在管理层讨论和分析中披露以下内容:(1)被投资企业的业务内容、经营状况,发行人与被投资企业所处行业的关系,发行人对被投资企业生产经营状况的可控性和判断力等相关信息;(2)发行人对被投资企业投资过程、与被投资企业控股股东合作历史、未来合作预期、合作模式是否属于行业惯例、被投资企业分红政策等;(3)被投资企业非经常性损益情况及对发行人投资收益构成的影响,该影响数是否已作为发行人的非经常性损益计算;(4)其他重要信息。

【具体案例分析】

一、常熟汽饰(603035):投资收益占比超过50%

(一)投资收益金额较大以及波动的风险

2013年度、2014年度和2015年度公司的投资收益分别为11,128.98万元、

12,384.82 万元和 13,537.30 万元，占同期归属于母公司所有者的净利润的比例分别为 62.08%、61.31% 和 60.57%。2016 年 1～6 月，公司投资收益金额为 6738.96 万元，占同期归属于母公司所有者净利润的 59.24%。

公司投资收益主要来自于参股公司长春派格（公司持股 49.999%）、常熟安通林（公司持股 40%）和长春安通林（公司持股 40%）。报告期内投资收益的大幅增长主要是由于参股公司长春派格和长春安通林投资收益快速上升。2013 年、2014 年、2015 年，随着近几年一汽大众部分车型以及奔驰车型产品销量增长，长春派格及长春安通林产品销量增长较快，业绩大幅提升，投资收益进一步增长。如果上述参股公司的经营业绩出现不利变化，将直接导致公司投资收益的波动，进而影响公司的经营业绩。

现阶段合资整车厂在中国汽车市场占有超过 70% 的份额，为跨国整车集团配套的零部件供货商也随之来到中国，建立独资或合资零配件厂。一方面，合资整车厂在国内的车型多引自国外，该等引进车型零部件的技术参数多掌握在该车型原供的供应商手中；另一方面，相对于国内本土零部件供应商，国外零部件供应商多有技术、规模、综合管理、品牌等方面的优势，因此有外资品牌背景的零部件供应商在合资整车厂的招投标中具有一定的优势。为适应行业发展趋势，快速进入中高端乘用车市场，公司与麦格纳集团和 SMP、安通林集团等原供应商建立了合资平台共同进行生产，符合目前行业的实际情况及公司长期发展的需要。

（二）投资收益及合资模式分析

1. 报告期内，公司的投资收益构成如表 3－7－1：

表 3－7－1　报告期内公司投资收益构成

单位：万元

被投资单位	核算方法	2016 年 1－6 月	2015 年度	2014 年度	2013 年度
长春派格	权益法	4,316.11	10.022.80	12,182.99	11,423.35
常熟安通林	权益法	687.26	1,568.22	－47.25	－857.39
长春安通林	权益法	933.30	2,787.13	2,113.90	2,050.58
芜湖麦凯瑞	权益法	－352.85	－1,864.37	－1,864.82	－1,492.36
可供出售金额资产在持有期间的投资收益	成本法	1,155.14	1,023.52	—	—

续表

被投资单位	核算方法	2016 年 1 - 6 月	2015 年度	2014 年度	2013 年度
处置长期股权投资产生的投资收益		—	—	—	—
金额理财产品收益			—	—	4.81
合计		6,738.96	13,537.30	12,384.82	11,128.98

报告期内,公司投资收益中来自联营企业非经常性损益情况如表 3 - 7 - 2 所示:

表 3 - 7 - 2　报告期内公司投资收益中来自联营企业非经常性损益情况

单位:万元

项目	2016 年 1 - 6 月	2015 年度	2014 年度	2013 年度
发行人投资收益(1)	6,738.96	13,537.30	12,384.82	11,128.98
发行人联营企业非经常性损益金额(2)	173.67	292.41	- 229.62	808.73
其中:常熟安通林	74.02	387.02	38.26	602.18
长春安通林	- 0.65	22.70	- 0.23	- 417.76
北京安通林	0.00	0.00	N. A.	N. A.
长春派格	- 166.34	- 55.51	- 5.22	- 178.22
佛山派阁	9.78	20.60	14.26	N. A.
芜湖麦凯瑞	256.86	- 82.40	- 276.68	802.53
发行人投资收益中来自联营企业非经常性损益金额(3)	38.40	118.42	- 74.34	257.52
其中:常熟安通林(40%)	29.61	154.81	15.31	240.87
长春安通林(40%)	- 0.26	9.08	- 0.09	- 167.11
北京安通林(40%)	0.00	0.00	N. A.	N. A.
长春派格(49.999%)	- 83.17	- 27.75	- 2.61	- 89.11
佛山派阁(49.999%)	4.89	10.30	7.13	N. A.
芜湖麦凯瑞(34%)	87.33	- 28.01	- 94.07	272.86

续表

项目	2016 年 1 – 6 月	2015 年度	2014 年度	2013 年度
占比(3)/(1)	0.57%	0.87%	–0.60%	2.31%
归属于发行人普通股股东的净利润	11,376.08	22,349.05	20,199.54	17,927.17
扣除非经常性损益后归属于发行人普通股股东的净利润(4)	11,189.89	19,374.82	19,728.55	16,553.53
占比(3)/(4)	0.34%	0.61%	–0.38%	1.56%

注:北京安通林成立于 2015 年,佛山派阁成立于 2014 年。

为适应行业发展趋势,快速进入中高端乘用车市场,报告期内公司与麦格纳集团、SMP 和安通林集团等原供应商建立了合资平台共同进行生产。公司投资收益主要来源于联营企业长春派格、长春安通林等,且上述权益法核算的对联营企业的投资收益是公司的重要利润来源。

报告期内,公司投资收益占净利润的比例分别为 62.08%、61.31%、60.57% 和 59.24%,在投资收益金额上升的情况下,该项占比逐年下降,体现了公司自身较强的独立成长能力。

2. 扣除关联交易及投资收益后发行人的净利润情况

扣除来自于关联方的收益后,发行人报告期内的净利润情况见表 3 – 7 – 3:

表 3 – 7 – 3　发行人报告期内净利润情况

单位:万元

项目	2016 年 1 – 6 月	2015 年度	2014 年度	2013 年度
发行人营业收入(1)	63,759.81	102,122.39	108,835.07	85,185.23
发行人来自于关联方的营业收入(2)	27,631.49	50,342.35	49,962.68	34,249.21
发行人来自于关联方的营业收入占比(3) = (2)/(1)	43.34%	49.30%	45.91%	40.21%
发行人来自关联方营业毛利(4)	6,910.40	13,484.70	13,329.77	9,841.16
发行人来自联营企业的委贷利息收入(5)	—	201.55	153.27	—
发行人来自联营企业的营业外收入(6)	—	1,088.76	—	8.09

续表

项目	2016 年 1 - 6 月	2015 年度	2014 年度	2013 年度
发行人来自于关联方的资产减值损失(7)	—	1,000.00	-1,000.00	-771.24
发行人费用合计(8)	10,790.04	21,065.03	21,146.92	17,799.06
发行人来自于关联方的利润对应的费用(9) = (8) × (3)	4,676.06	10,384.24	9,707.87	7,156.21
发行人来自于关联方的利润总额(10) = (4) + (5) + (6) + (7) - (9)	2,234.34	5,390.77	2,775.17	1,921.80
发行人来自于关联方的利润对应所得税影响(11) = (10) × 25%	558.58	1,347.69	693.79	480.45
发行人来自于关联方净利润(12) = (10) - (11)	1,675.75	4,043.07	2,081.38	1,441.35
发行人投资收益(13)	6,738.96	13,537.30	12,384.82	11,128.98
发行人净利润(14)	11,376.08	22,349.05	20,199.54	17,927.17
发行人扣除关联方收益及投资收益后的净利润(15) = (14) - (13) - (12)	2,961.37	4,768.68	5,733.34	5,356.83

注:1. 发行人来自于关联方的资产减值损失指向芜湖麦凯瑞委托贷款计提和冲回的减值准备 1000 万元和对芜湖麦凯瑞计提的长期股权投资减值准备 771.24 万元。

2. 发行人费用合计 = 营业税金及附加 + 销售费用 + 管理费用 + 财务费用。

3. 假定发行人来自于关联方的利润对应的费用按照来自于关联方的营业收入占比,对发行人费用合计进行分摊。

如表 3 -7 -3 所示,2013 年至 2016 年 1 ~6 月,发行人剔除投资收益及关联交易后的净利润分别为 5356.83 万元、5733.34 万元、4768.68 万元以及 2961.37 万元。

(三)发行人的合资经营模式

公司投资收益明显较高主要是由于合资经营的模式所致。公司采取与国外汽车内饰件供应商成立合资企业的经营模式为行业内的常见经营模式。根据公开信息,与公司较为可比的汽车零部件企业(包括上市公司和非上市公司)中,相当一部分都与国外汽车零部件供应商成立了至少一家以上的合资企业。

公司与外资合作已有多年历史,早在 2001 年就开始了中外合资的合作模式,与德国西博合资建立了长春西博，即长春派格的前身。2005 年、2006 年公司分别与麦格纳集团下属的香港英提尔合资建立常熟英提尔、长春英提尔，至今也都已有逾 10 年的发展时间，并已逐渐成为业内知名的汽车内饰件供应商。关于双方的未来合作预期，由于公司与该等外方股东一直保持着良好的合作关系，各外方股东对其与公司的合作较为满意，未向公司表达过变更合作伙伴的意向。2015 年 8 月，安通林集团宣布完成对麦格纳集团内饰件业务的收购，其全资子公司安通林中国与公司签署了新的合资经营合同，合资企业经营期限达 50 年。

中国汽车工业起步晚，技术相对落后，加上发达国家的技术保护政策，为了及时赶上世界汽车零部件行业先进的技术水平、管理标准，只有通过学习、借鉴国外汽车零部件产业的经验和模式，才能在较短的时间内整体提升中国汽车零部件产业的实力。从业务的角度，由于外资品牌整车厂在选择零部件供应商时，也往往会选择其在国外的原供厂商为其在国内提供零部件。实践中，合资品牌整车企业也倾向于向外资零部件企业进行采购，较少会给国内零部件企业配套的机会，因为采用国内企业的产品需要做长时间的匹配试验，不但要耗费大量的人力、物力，而且匹配成功后对应车型可能面临淘汰的风险，成本太高且经济效益相对较低。根据中国汽车工业信息网的统计，我国汽车零部件企业总数超过 1 万家，其中，外资背景企业数量约占总数的 20%，但其市场份额却达 70% 以上；中国自主零部件企业市场份额则不足 30%，而且其中整体技术水平偏低、规模较小，大多数的产品定位于中低端。

此外，伟世通、博世、德尔福、法雷奥、天合、德纳、菲特尔莫古等知名国际汽车零部件企业均与多家境内企业成立了合资公司。

通过与国外的零部件供应商建立合资企业进行合作，可以使得包括公司在内的国内的汽车零部件企业在比较顺利、快速地进入外资品牌整车厂供应商体系的同时，还能较快地引进、消化、吸收外资厂商的先进技术与管理经验，并在此基础上自主创新，逐渐建立独立自主研发的能力和适应行业发展需求的技术储备，促进主营业务的发展，从而更好地适应中国汽车市场的发展。

公司开始与国外汽车零部件企业合资设立联营企业时，是我国汽车零部件企业与跨国零部件企业巨头相比处于相对弱势的阶段。在合资合作伊始，外方股东即提出以控股作为条件，公司为更快更好的发展，弥补技术短板，采取与外资合作，放弃控股权的方式，学习国外先进设计研发技术、经验。

从股权结构来看，公司持有长春派格 49.999% 股权，常熟安通林 40% 股权，长春安通林 40% 股权和芜湖麦凯瑞 34% 的股权。从董事会人员构成来看：长春安通林、常熟安通林的董事会均由 7 名董事组成，其中公司委派 3 名董事，安通林中国委派 4 名董事；芜湖麦凯瑞的董事会由 6 名董事组成，其中麦格纳集团委派 3 名、奇瑞科技委派1名、公司委派2名；长春派格董事会由6名董事组成，其中公司委派3名，SMP委派3名。公司委派的人员在董事会中均不占多数，无法对董事会形成控制。因此，从股权结构以及董事会人员构成上来讲，公司对几家合资公司不具有控制权。

但合作多年来，合资公司的股权结构保持稳定，且公司也向合资公司派出了董事和高管参与到合资公司的日常经营与管理中，对合资公司的运作具有一定的影响力。

目前公司与合资公司的外方股东虽已形成稳定的合作关系，但如果今后中外双方由于政治法律制度、文化背景、经营理念、管理决策思维、企业行为方式的差异而在合作过程中产生冲突，则仍存有对发行人产生不利影响的风险。除此以外，由于安通林集团对麦格纳集团汽车内饰件业务进行整体承接，造成公司合资公司外方合作伙伴变更，虽然变更前后的外方伙伴均为国际知名汽车零部件制造企业，但如未来继续发生外方合作伙伴的变更，将有可能对合资公司的业务发展带来一定不确定性。

二、中科信息（300678）：投资收益占比超过30%

（一）公司对外投资企业中钞科信投资收益的占比情况

报告期内，中科信息、中钞长城、信达投资共同持有中钞科信100%股权，其中中科信息持有40%股权，报告期各期发行人按权益法对中钞科信长期股权投资进行核算。报告期各期，中科信息对中钞科信投资收益金额及占当期利润总额的比例情况如表3-7-4：

表3-7-4　报告期各期中科信息对中钞科信投资收益金额及占当期利润总额比

单位：万元

项目	2016年1-6月	2015年1-6月	2015年度	2014年度	2013年度
中科信息对中钞科信投资收益	718.04	729.53	1,585.50	1,456.13	1,532.65
中科信息利润总额	1,131.44	1,337.48	4,478.42	4,486.54	4,498.01
占比	63.46%	54.55%	35.40%	32.46%	34.07%

如表3-7-4所示，对中钞科信的投资收益是发行人净利润的重要构成，2013~2015年，发行人投资收益占发行人净利润比重分别为38.07%、35.52%和

38.99%，占比较为稳定。

扣除投资收益后发行人的盈利状况如表3－7－5：

表3－7－5　报告期各期扣除投资收益后发行人盈利状况

单位：万元

项目	2016年1－6月	2015年度	2014年度	2013年度
营业收入	7,811.46	26,869.98	24,239.03	20,196.94
营业收入同比增长率	/	10.85%	20.01%	31.89%
投资收益	718.04	1,585.50	1,456.13	1,532.65
投资收益同比增长率	/	8.88%	－4.99%	24.80%
净利润（扣除投资收益后）	333.39	2,480.54	2,643.13	2,492.88
净利润（扣除投资收益后）同比增长率	/	－6.15%	6.03%	59.85%

（二）中钞科信的主要经营情况

中钞科信成立于2007年3月28日，注册资本、实收资本为人民币5000万元，法定代表人为赵文枢，注册地址为深圳市福田区彩田路西中银花园办公楼A栋9B，经营范围为钞票清分机及中、高端智能金融设备、机器视觉检测设备及专用软件的技术开发、销售和相关技术咨询；经营进出口业务（法律、行政法规、国务院决定禁止的项目除外，限制的项目须取得许可后方可经营）。

该公司股权结构如表3－7－6：

表3－7－6　中钞科信股权结构

序号	股东名称	出资额（万元）	出资比例
1	中钞长城金融设备控股有限公司	2,050.00	41.00%
2	中科院成都信息技术股份有限公司	2,000.00	40.00%
3	深圳市信达投资发展有限公司	950.00	19.00%
合计		5,000.00	100.00%

中钞长城成立于2005年，注册资本4亿元，总部位于北京，是经中国人民银行批准，隶属于中国印钞造币总公司（造币总公司系中国人民银行直属的法定从事人民币印制业务的大型国有独资企业），专门从事金融机具研发、设计、生产、销售和投资的国有高新技术企业。

信达投资拥有丰富的金融机具设备行业经验和广阔的销售渠道。中科信息在高速机器视觉、智能分析等方面拥有较深的技术积累,并将上述技术应用于印钞检测领域,成功开发出各类印钞质量检测系统,可大大提高作业效率,降低生产成本。

基于上述背景,上述三方合资成立中钞科信,以该公司为主体开展印钞检测行业信息化解决方案相关业务,主要产品为各类印钞质量检测系统、纸币清分机图像检测系统及相关技术服务。

保荐机构对中科信息董事长进行了访谈并取得了中钞长城的书面说明。经核查,考虑到中钞科信业务主要围绕钞票印制行业机检系统开发与服务等展开,主要客户为国内各大印钞厂,与我国法定货币的生产制造相关,出于国家安全、行业管理角度考虑,按照中钞长城的对外投资管理的惯例并经合资三方协商一致,中钞长城作为中钞科信第一大股东。

作为技术方,中科信息主要通过借出技术、管理人员的方式对联营企业中钞科信予以支持。

中钞科信借用人员主要为发行人原图像事业部员工,在借用至中钞科信前已在中科信息和成都本地生活、工作多年,为保证中科信息所借出的技术团队的稳定性,中钞科信设立之初就在深圳、成都两地办公。在成都地区,中钞科信租用中科信息办公场所开展业务。

中钞科信机检项目的系统研发和生产人员、清分机业务的研发和生产人员主要工作地点在成都。其中,清分机图像检测系统的生产场所主要在成都;机检项目的实施主要是在各印钞公司开展,维保业务的开展全部在各印钞公司生产现场。

中钞科信主要财务数据如表3-7-7:

表3-7-7　近年中钞科信主要财务数据

单位:万元

项目	2016.6.30/2016年1-6月	2015.12.31/2015年度
总资产	27,578.26	31,124.43
净资产	22,425.52	21,630.43
净利润	1,795.09	3,963.75
审计机构	信永中和	信永中和

(三)中钞科信出现公司僵局的风险

中钞科信报告期内营业收入及净利润情况如表3-7-8:

表 3 - 7 - 8　报告期内中钞科信营业收入及净利润

单位:万元

2016 年 1 - 6 月		2015 年度		2014 年度		2013 年度	
营业收入	净利润	营业收入	净利润	营业收入	净利润	营业收入	净利润
6,932.40	1,795.09	16,816.41	3,963.75	18,283.28	3,640.33	20.971.58	3,831.62

如表 3 - 7 - 8 所示,中钞科信在报告期内营业收入及净利润相对稳定,盈利情况良好。

中钞科信在国内印钞检测机具领域已经形成了较强的垄断优势,有稳定的收入、利润来源,从中短期来看,中钞科信的利润水平出现大幅下滑的风险较小,中钞科信各出资方——中钞长城、发行人、信达投资合作情况良好,关系稳固,目前没有双方合作关系恶化乃至破裂的迹象。

中钞科信在重大事项(包括修改章程、公司的中止、终止、解散或清算等)决策上需其各股东一致同意,其运营中存在发生公司僵局的风险。中钞科信营业期限为十年,至 2017 年 3 月终止,其股东会已经决议通过延长营业期限。如中钞科信出现公司僵局导致股东终止合作、其经营难以有效运作,会对中科信息的财务状况产生重大不利影响,不排除出现上市当年业绩波动、下滑、营业利润比上年下滑 50% 以上的可能。

(四)中钞科信分红能力的风险

对中钞科信的投资收益占发行人报告期内的利润来源比重较大,因此,中钞科信向发行人分派利润的情况将影响发行人向股东派发股息的能力。

中钞科信的章程中已经建立了分红机制:当其经审计年度净利润(扣除非经常损益后)大于 1500 万元(含 1500 万元),且可分配利润(即公司弥补亏损、提取公积金后所余的税后利润)为正值,且经营性现金流净额为正时,中钞科信应向全体股东进行分配现金红利,该次现金红利分配总额应该不低于当年度净利润总额的 30%。

受中钞科信的盈利状况、现金流状况及投资计划等限制,可能造成发行人向股东派发股息的金额并不完全与发行人的实际盈利能力相一致。若中钞科信向发行人分配利润的金额和/或分配能力下降,则会对发行人向股东派发股息的能力构成不利影响。

三、成都航天模塑股份有限公司(未通过):投资收益主要来自于持股50%的参股公司

2014年、2015年、2016年及2017年1~6月,公司投资收益分别为3303.30万元、4940.95万元、4522.44万元和385.04万元,占同期归属于母公司所有者的净利润的比例分别为57.83%、72.10%、48.52%和10.29%。公司投资收益主要来自于参股公司武汉燎原,武汉燎原是东风集团重要的汽车零部件供应商,主要收入来自于保险杠等外饰件产品。

(一)2002年转让股权

发行人将持有的武汉燎原240万元出资(占武汉燎原当时注册资本的20%)以439.6万元价格转让给武汉塑料工业集团股份有限公司。

2002年10月18日,发行人股东大会作出决议,同意发行人将所持有的武汉燎原出资额720万元中的240万元转让给武汉塑料工业集团股份有限公司,转让价格不低于每股净资产值。

发行人本次转让股权未履行资产评估以及主管国资部门批复程序,存在一定瑕疵。发行人控股股东四川航天集团已出具确认与承诺函:"武汉燎原截至2002年12月31日经审计的净资产值为1911.22万元,航天模塑本次20%股权的转让价格439.6万元较其对应的审计净资产值溢价15%,考虑到引入武汉塑料工业集团股份有限公司对武汉燎原自动化喷涂生产线建设以及管理、业务方面的积极作用,本次股权转让作价公允,不存在国有资产流失或国有股东利益受损的情形,本公司对航天模塑的该等股权转让行为予以确认。本公司承诺,如因该次股权转让的程序瑕疵而导致航天模塑产生任何费用支出、债权债务、经济赔偿或其他相关损失,由本公司予以承担。"

(二)2005年收购股权

发行人以1105万元的价格收购武汉塑料工业集团股份有限公司持有的武汉燎原20%股权。

2005年3月20日,发行人股东大会作出决议,同意发行人收购武汉塑料工业集团股份有限公司持有的武汉燎原出资额840万元,占武汉燎原出资额4200万元的20%,收购价格由收购协议约定。

发行人本次股权收购应当由航天科技集团审批,发行人本次收购当时未履行

该等内部批复的程序，且发行人本次收购武汉燎原 20% 股权的评估报告未报审批单位航天科技集团备案，存在一定的瑕疵。

（三）2007 年股权收购

发行人以 1265 万元价格收购湖北双鸥汽车工程塑料（集团）有限公司所持有的武汉燎原 10% 股权。

2007 年 3 月 30 日，武汉燎原股东会做出决议，同意湖北双鸥汽车工程塑料（集团）有限公司转让其所持武汉燎原的 20% 股权，武汉塑料工业集团股份有限公司和发行人同比例收购湖北双鸥汽车工程塑料（集团）有限公司转让的股权，转让价格确定原则是以 2006 年审计报告的净资产值加上按股比分配的税后利润。

经核查，《国有资产评估管理办法》（国务院令第 91 号）未对国有单位收购国有单位资产是否需要评估作出明确规定。根据《国有资产评估管理若干问题的规定》（财政部令第 14 号，2002 年 1 月 1 日起实施）及《国有资产评估管理暂行办法》（国资委令第 12 号，2005 年 9 月 1 日起实施）的规定，国有企业收购非国有单位资产应当对非国有单位资产进行评估，但是对于收购国有单位资产是否需要评估无明确规定。

经核查，发行人本次股权收购的转让方湖北双鸥汽车工程塑料（集团）有限公司在当时为三环集团公司的全资子公司，三环集团公司系湖北省国资委 100% 持股的国有独资公司，湖北双鸥汽车工程塑料（集团）有限公司在当时为国有企业，因此，发行人本次收购其所持有的武汉燎原 10% 股权并无法律法规、规章强制要求进行资产评估，发行人本次收购湖北双鸥汽车工程塑料（集团）有限公司所持有的武汉燎原 10% 股权未进行评估不违反法律法规的强制性规定。

根据《中央企业投资监督管理暂行办法》（国资委令第 16 号，2006 年 7 月 1 日起实施）的规定，“中央企业是投资活动的主体，企业必须制定并执行投资决策程序和管理制度，建立健全相应的管理机构，并报国资委备案”。“按照国资委有关规定建立规范董事会的国有独资公司，国资委依据企业年度投资计划对投资项目实行备案管理。”根据该等规定，中央企业的年度投资计划报国务院国资委备案，中央企业的下属企业对外投资根据中央企业的对外投资管理规定由中央企业自行审批管理。

根据发行人本次收购时航天科技集团适用的《中国航天科技集团公司经营性投资管理办法》（天科经〔2007〕269 号）规定，航天科技集团对主业投资项目实施限额管理，集团公司下属院、公司对同一项目累计投资（以账面值为准）1000 万元人民币以上（含 1000 万元人民币），须报集团公司审批；限额范围内的投资项目由院、公司或直属单位审批,报集团公司备案。

根据上述规定,发行人本次股权收购应当由航天科技集团审批,发行人本次收购当时未履行该等内部批复的程序,存在一定瑕疵。

前述股权转让或收购后,发行人均对武汉燎原拥有控制权。本次股权收购后,发行人拥有武汉燎原50%权益,发行人在武汉燎原董事会中拥有过半数董事席位并能实际控制武汉燎原,发行人将武汉燎原纳入合并报表范围。自2012年起,发行人在武汉燎原董事会中拥有的席位不足半数,发行人不再将武汉燎原纳入合并报表范围。

第八节 个人卡和现金结算

【商业逻辑与背景分析】

IPO项目在进行财务核查的时候,有两条非常重要的证据链条,一个是资金流,另一个是物流,互相验证来保证财务的真实性。在货款结算方面,有比较典型的三种不规范的情形,分别是现金收款、个人卡收款、第三方回款。前两种是存在资金流不连续的风险,而第三个则是资金流和物流存在割裂从而导致的风险。

个人卡结算和现金结算不论从业务本质、核查思路还是对企业财务数据的影响等方面都存在根本性的差异,不过从形式上来看,都是对资金流核查的一种破坏,因而为了方便处理,本书就统一放在一起讨论。

个人卡结算(包含现金结算,下同)问题在拟上市企业中存在一定程度的类似性,规避税费毫无疑问是企业个人卡核算的最主要原因,主要包括:(1)规避个人所得税(将员工工资奖金拆成两部分:一部分由公司发放,另一部分由个人卡或者现金支付);(2)规避企业所得税(将利润以虚假采购报销的形式转移至个人卡,以达到公司少交所得税的目的);(3)逃避增值税(无票收入直接由个人卡收款,虚假采购进项票抵消税款);(4)支付部分违规商业费用等。

个人卡结算行为可能存在的风险包括:(1)公司营业收入的真实性、完整性核查困难,尤其是完整性。(2)公司是否存在利用个人卡隐瞒收入,偷逃税款的税务风险。(3)公司与股东之间资金拆借的真实性、完整性。(4)公司的内部控制无法得到有效保证。(5)公司的资金安全存在重大风险。

个人卡结算我们在IPO审核中一般是认定财务不规范以及内部控制存在缺陷

的典型问题，其实从生产经营的角度来说，这个问题更多的是企业在不同阶段的自我选择而已。企业在不同的阶段有着不同的需求，前期阶段是需要节约成本和费用以保证活下去并发展壮大，等发展壮大了才考虑规范性和长期发展问题，能够达到 IPO 标准的企业都是成熟的企业了，自然也需要对以前的一些问题进行彻底规范了。换句话说，如果一个企业还需要靠不规范的一些结算手段才能够经营，那么这样的企业显然是不符合 IPO 审核标准的。

【核查方法指引】

一、现金交易的核查方法指引

根据 2018 年 6 月的首发审核财务与会计知识问答，部分首发企业特别是面对个人交易的零售业务企业、农业企业等，由于其行业特点或经营模式等原因，其销售或采购环节存在一定比例的现金交易。对该类问题的处理总结如下：

1. 企业在正常经营活动中发生的现金销售或现金采购，通常情况下应考虑是否同时符合以下条件：

（1）现金交易情形符合行业经营特点或经营模式（如线下商业零售、向农户采购、日常零散产品销售或采购支出等）；

（2）现金交易的客户或供应商不是关联方；

（3）现金交易具有可验证性，且不影响发行人内部控制有效性，申报会计师已对现金交易相关内部控制有效性发表明确核查意见；

（4）现金交易比例整体呈下降趋势，一般不超过同行业平均水平或与类似公司不存在重大差异；

（5）现金管理制度与业务模式匹配且执行有效。企业与个人消费者发生的商业零售、门票服务等现金收入通常能够在当日或次日缴存公司开户银行，企业与单位机构发生的现金交易比重在最近一期通常不高于当期收入或当期采购成本的 10%。

2. 如发行人报告期存在现金交易，保荐机构及申报会计师通常应关注并核查以下几个方面：

（1）现金交易的必要性与合理性，是否与发行人业务情况或行业惯例相符，与同行业或类似公司的比较情况；

（2）现金交易的客户或供应商的情况，是否为发行人的关联方；

（3）相关收入确认及成本核算的原则与依据，是否存在体外循环或虚构业务情形；

(4)与现金交易相关的内部控制制度的完备性、合理性与执行有效性；

(5)现金交易流水的发生与相关业务发生是否真实一致，是否存在异常分布；

(6)实际控制人及发行人董监高等关联方是否与客户或供应商存在资金往来；

(7)发行人为减少现金交易所采取的改进措施及进展情况；

(8)发行人是否已在招股说明书中充分披露上述情况及风险。

二、个人卡结算的核查方法指引

1. 结合公司业务特点，如实披露：(1)通过个人卡收款(或付款)的原因、必要性、报告期内个人卡收款(或付款)的金额及占比；(2)个人卡相关内部控制是否完备，包括并不限于对银行卡及密码的控制措施、个人卡转账的具体流程及控制措施、开户行是否许可、对卡内余额的控制、单笔结算金额的控制等；(3)个人卡流水是否有合同、发票等支持性凭据。

2. 检查账上是否存在已经回款但仍有余额挂账，公司银行账户存在的与个人之间的大额往来，调取并查阅全部个人卡的完整银行流水。

3. 将个人卡银行流水与公司涉及收到相关现金的记账凭证、个人卡资金转公司账户的相关凭证进行比对。将个人卡银行流水与公司涉及确认相关收入的记账凭证、业务合同/订单、发货单、发票等资料进行比对。如果个人卡内大额资金存在用于向公司账户转账以外用途的，应查阅资金使用的相关资料。

4. 对个人卡持有人、使用人、财务人员(尤其是出纳)、财务负责人、公司实际控制人等相关人员进行访谈，对向个人卡付款或收款的客户/经销商进行访谈，获取完整的个人卡清单。对公司员工进行访谈，了解员工的薪酬及发放情况，与账面记载进行核对。

5. 个人卡银行流水是否与业务相关、是否存在通过个人卡挪用公司资金或虚增销售及采购的情形、是否与个人资金混淆，并结合个人卡结算频率、时点、金额等核查开具个人卡的必要性。

6. 个人卡收付情形是否已清理；如未清理，个人卡未清理的原因及合理性，以及减少个人卡使用的具体措施。

7. 针对与个人卡相关的销售或采购的真实性、完整性，个人卡内控执行的有效性、是否存在资金体外循环。

【具体案例分析】

一、厦门新立基股份有限公司（未通过）：个人卡收款典型案例

报告期内，公司存在使用员工的个人银行账户收取货款的情况。报告期内，公司通过上述方式实现的销售收入（含税）及占比情况如表3－8－1：

表3－8－1　2014～2016年公司通过使用个人卡收款的收入（含税）及占比情况

单位：万元

项目	2016年度		2015年度		2014年度	
	金额	占含税收入的比例	金额	占含税收入的比例	金额	占含税收入的比例
个人卡收款	73.96	0.10%	11,868.98	8.72%	16,114.24	10.25%

（一）使用个人卡进行货款结算的原因

根据公司的信用政策，对于零售批发业务以及小型市政道路建设项目，公司通常采用“款到发货”的销售模式，而在银行结算体系下，向公司账户转账存在对公业务受营业时间、网点和到款及时性的限制，因此，为满足付款便利和交易及时性的要求，公司借用业务人员的个人账户代收货款，然后再通过银行转账的方式将货款存入公司账户。

公司在非工作日也存在沥青销售情形，采取个人账户代收货款的方式，可以有效避免非工作日客户不能通过银行进行对公转账的限制。通过借用业务人员个人账户，个人汇款当天到账，公司即可安排发货，保障了客户的利益，提高了公司收款的及时性。

（二）履行的内部决策程序

自2009年起，为拓展公司市政道路贸易业务，满足中小型道路建设项目客户付款便利和交易及时性的要求，公司开始借用业务人员的个人账户代收货款，并对此制定了《使用员工个人卡代收货款管理制度》，对其视同现金进行管理。2009年5月，公司总经理办公会审议通过了上述《使用员工个人卡代收货款管理制度》；2009年5月，投资公司办公室会议审议通过了《使用员工个人卡代收货款管理

制度》。

自2014年,公司进入IPO上市辅导期,在保荐机构和会计师的指导下,建议对个人卡代收货款业务进行整改。由于公司对中小型道路建设项目先款后货的销售模式以及现有银行结算体系的局限性,公司个人卡代收货款情况无法在短时间内消除。

2015年12月,公司召开了办公室会议,要求公司及下属分/子公司停止个人卡使用制度,禁止委托个人账户代收货款的方式再次发生。

根据公司股东交通投资和福州港务、控股股东交通集团已出具的《说明函》,确认公司股东及上级主管单位已知晓上述情况。

(三)个人卡代收货款的内部控制措施

2009年5月,公司对使用业务人员银行卡代收货款建立了《个人卡内部管理制度》。自上述制度审议后,公司新开立的个人卡账户均按上述规定进行运行,并于2016年年初除部分绑定员工贷款的银行卡外均已全部注销。

(四)个人卡代收货款的交易真实性和合法合规情况

公司使用员工个人卡进行货款结算的资金来源均有对应的销售合同、送货单、结算报告或对账单、销售发票、记账凭证和银行单据等原始单据,具有真实的交易背景。公司对使用业务人员银行卡代收货款建立了《个人卡内部管理制度》,要求个人银行卡收到货款后应及时存入公司账户,不得出现用于支付采购款等坐支行为。经核查,客户通过个人卡支付的货款金额与员工转入公司账户的金额是匹配的。

报告期内,公司个人账户收取的货款均已转至公司或子公司/分公司的银行账户,相关税务部门均出具合法合规证明,公司营业收入真实、准确、完整,不存在税收方面的违法违规行为,亦不存在受到相关行政处罚的情况。

经会计师与保荐机构核查,报告期内,未发现个人账户收取的货款未转入公司账户的情形,未发现对公司利益造成重大损害的情形。同时,为了规范资金管理,公司已于2016年3月前对公司使用的代收款主要个人账户予以销户,针对因绑定员工个人贷款而无法销户的账户,公司及相关人员出具承诺,未来将不再使用个人账户进行公司经营活动的资金往来。公司及董事、高级管理人员出具承诺函承诺:“本公司将来不会以任何第三方的名义开具相关银行账户用于公司生产经营及资金往来。”

二、云南神农农业产业集团股份有限公司（未通过）：现金收款典型案例

表 3-8-2　报告期内，公司各类产品收款的结算方式、金额和比例

业务类别	2017 年 1-6 月									
	转账汇款		POS 机刷卡收款		现金收款		个人银行卡 POS 刷卡		小计	
	金额（万元）	占业务收款总额比例	金额（万元）	占业务收款总额比例	金额（万元）	占业务收款总额比例	金额（万元）	占业务收款总额比例	金额（万元）	占业务收款总额比例
饲料业务	1,825.36	3.65%	17,738.47	35.43%	151.46	0.30%	—	0.00%	19,715.28	39.38%
养殖业务	1,024.24	2.05%	521.19	1.04%	16.33	0.03%	—	0.00%	1,561.75	3.12%
屠宰业务	13,310.74	26.58%	925.67	1.85%	14,555.18	29.07%	—	0.00%	28,791.58	57.50%
合计	16,160.33	32.28%	19,185.33	38.32%	14,722.96	29.41%	—	0.00	50,068.62	100.00%
业务类别	2016 年度									
	转账汇款		POS 机刷卡收款		现金收款		个人银行卡 POS 刷卡		小计	
	金额（万元）	占业务收款总额比例	金额（万元）	占业务收款总额比例	金额（万元）	占业务收款总额比例	金额（万元）	占业务收款总额比例	金额（万元）	占业务收款总额比例
饲料业务	3,061.92	3.16%	39,691.40	41.03%	613.53	0.63%	64.87	0.07%	43,431.72	44.89%
养殖业务	597.85	0.62%	1,136.25	1.17%	229.63	0.24%	—	0.00%	1,963.72	2.03%
屠宰业务	19,299.39	19.95%	7,113.87	7.35%	24,947.59	25.78%	—	0.00%	51,360.84	53.08%
合计	22,959.15	23.73%	47,941.52	49.55%	25,790.74	26.66%	64.87	0.07%	96,756.28	100.00%

续表

业务类别	2015 年度									
	转账汇款		POS 机刷卡收款		现金收款		个人银行卡 POS 刷卡		小计	
	金额（万元）	占业务收款总额比例	金额（万元）	占业务收款总额比例	金额（万元）	占业务收款总额比例	金额（万元）	占业务收款总额比例	金额（万元）	占业务收款总额比例
饲料业务	2,428.35	3.08%	35,753.29	45.34%	88.73	0.11%	1,544.46	1.96%	39,814.83	50.49%
养殖业务	3,110.37	3.94%	1,472.23	1.87%	10.56	0.01%	903.15	1.15%	5,496.28	6.97%
屠宰业务	15,346.09	19.46%	11,547.51	14.64%	6,117.62	7.76%	538.87	0.68%	33,550.08	42.54%
合计	20,884.81	26.48%	48,773.03	61.85%	6,216.92	7.88%	2,986.44	3.79%	78,861.19	100.00%

业务类别	2014 年度									
	转账汇款		POS 机刷卡收款		现金收款		个人银行卡 POS 刷卡		小计	
	金额（万元）	占业务收款总额比例	金额（万元）	占业务收款总额比例	金额（万元）	占业务收款总额比例	金额（万元）	占业务收款总额比例	金额（万元）	占业务收款总额比例
饲料业务	5,279.42	6.41%	43,378.26	52.66%	90.81	0.11%	850.74	1.03%	49,599.23	60.21%
养殖业务	1,279.17	1.56%	2,388.66	2.90%	226.43	0.27%	—	0.00%	3,894.25	4.73%
屠宰业务	20,848.87	25.31%	6,469.05	7.85%	1,026.80	1.25%	536.96	0.65%	28,881.68	35.06%
合计	27,407.46	33.28%	52,235.97	63.41%	1,344.04	1.63%	1,387.70	1.68%	82,375.16	100.00%

注:1. 个人银行卡 POS 刷卡是指:为方便个人客户付款,经批准后公司以员工名义开立收款专用的个人银行卡,客户汇款至收款专用的个人银行卡,公司通过 POS 机划款方式划转至公司账户;或者经批准后公司以员工名义开立个人银行卡专项用于所收取现金的临时储存,再通过 POS 机刷卡转账至公司账户。

2. 2015 年现金收款中有 290.18 万元货款通过公司股东何月斌银行卡暂存后转入公司账户。

由表3－8－2可见，报告期内，公司销售存在现金收款以及利用个人银行卡POS机收款等情形。其中：

1. 2014～2016年及2017年1～6月，公司现金收款金额分别为1344.04万元、6216.92万元、25,790.74万元、14,722.96万元，占业务收款总额比例分别为1.63%、7.88%、26.66%、29.41%。

公司采取了以下控制现金收款比例的措施：

（1）要求销售人员催促所分管区域的经销客户办理本人名义的货款结算储蓄卡以便于通过POS机划款方式缴纳货款；

（2）提供公司对公银行账户，告知客户可通过银行汇款或转账到公司对公银行账户；

（3）公司通过向客户发《告知书》方式明确告知客户货款应按公司规定支付，坚决杜绝将货款交由业务人员代为收取，否则后果自负；

（4）对于带有大额现金到公司交款提货的客户，由公司出纳将客户直接带至公司开户银行办理货款转账或进账后发货。

2. 2016年较2014年、2015年现金收款占比上升的原因在于，公司屠宰业务现金收款占业务收款比例由2014年的1.25%上升至2016年的26.66%，而饲料业务和养殖业务现金收款占比继续保持较低水平。公司屠宰业务现金收款占比较高的原因在于，公司自有屠宰场为云南省最大的生猪屠宰加工基地及猪肉交易批发市场，昆明市内多数农贸市场的肉贩子均进场交易购买猪肉。公司自有养殖场出栏的生猪亦通过该屠宰场屠宰加工后对外出售，随着公司养殖业务模式转变逐步完成，生猪出栏量逐步提高，公司自有生猪经该屠宰场屠宰后对外出售的数量也在不断提高。在公司自有屠宰场进行交易的多数为肉贩子，其交易习惯多为现金交易，且难以在短期内改变。

因此导致公司屠宰业务现金收款占比增加。针对现金收款方式，公司制定了以下控制措施：

（1）所有现金收款均需在收款当时向交款人开具收款凭证（猪肉批发、零售发生的现金收款可以凭汇总表按日汇总开具收款凭证）。其中一联由出纳（或收银员）留存，一联交给付款人（如付款人不需要，与留存联共同保存），一联作为财务记账凭证的原始附件。

（2）公司对收款凭证进行严格管理，收款凭证连续编号，不得断号使用或销毁，收款凭证由公司财务部指定专人管理，出纳（或收银员）按规定领用和缴销收款凭证。公司财务部主管或指定会计人员负责审查收款凭证使用的完整性、连续性。

（3）收款人员将收到的现金款项当天存入公司指定的银行账户，或当天交至财务部出纳，再由出纳统一存入公司指定的银行账户。

(4)库存现金一般不得超过公司核定的限额,非特殊情况并经过批准,出纳的库存现金一般不超过3000元。

3. 2014～2016年及2017年1～6月,公司通过收款专用的个人银行卡POS机收款金额分别为1387.70万元、2986.44万元、64.87万元、0万元,占业务收款总额比例分别为1.68%、3.79%、0.07%、0%。为便于部分偶发性合作的客户存汇货款及货款及时到账,公司采取了这种方式进行收款。公司已开始规范该种收款方式,逐步降低该种收款方式的收款金额并于2017年完全杜绝该种收款方式。

针对这种方式,公司采取了以下措施进行控制:

(1)开立公司专用个人账户须经公司经营负责人、财务负责人批准,经批准后方可开立个人银行账户专用于公司货款收取;

(2)作为公司收款专用的个人银行卡由专人保管,且只能通过POS机将货款直接划转到公司指定账户,不得提取现金;

(3)作为收款专用的个人银行卡密码和卡分开保管,具体为:银行卡交由公司出纳(或收银员)统一保管,银行卡密码由公司销售会计保管;

(4)客户应于提货前将货款及时汇入公司告知的专用银行卡上,并立即电话告知公司财务部汇款的时间、地点、金额等基本信息;

(5)公司财务部收到汇款信息后立即查询银行卡发生额及余额,确认货款到账后立即通过POS机将货款直接划转到公司账户后方可通知发货装车;

(6)公司使用的个人账户停用后,将所属公司货款全部划入公司账户,并与有往来的客户进行对账,确认无误后,立即销户并取得销户证明。

4. POS机转账收款控制

(1)POS机转账收款均需在提货当天完成POS机刷卡转账操作,POS机刷卡结算单一式三联。其中一联由出纳(或收银员)留存,一联交给付款人(如付款人不需要,与留存联共同保存),一联作为财务记账凭证的原始附件。

(2)公司与银行签订协议,将POS机刷卡结算款项统一转入公司指定银行账户管理和使用。

(3)POS转账收款分两种方式:

方式一:客户自带银行卡到公司提货时通过POS机直接刷卡向公司缴款;

方式二:客户授权公司通过POS机刷卡收款:客户在双方认可的协议银行开设专门用于货款结算银行账户,并将结算账户的银行卡交由公司出纳(或收银员)统一保管,银行卡密码由公司销售会计保管。该卡只能通过POS机向公司账户转账,不能提取现金,不能转至其他账户。开票员依据审核后的有效订单,通知客户将货款存入该账户,出纳(或收银员)根据销售发货凭单金额通过POS机刷卡收款。

■第九节　经营现金流持续为负

【商业逻辑与背景分析】

投资者最初看财务报表会关注利润表，有大体量的营业收入和净利润的发行人最受青睐，进一步了解企业，则需要看资产负债表，查看企业的资产质量和构成情况、负债情况、生产经营设备等。若想了解企业的灵魂，则离不开现金流量表，资金的流动是企业的血脉。现金流量表中的经营现金流更是被比喻为企业的造血能力，如果企业本身没有造血能力，而一直靠输血存活，那么其持续盈利能力则大大打个问号。

重视现金流量表的另外一个重要的意义就是，现金流量表是按照收付实现制编制，水分最少，与利润表和资产负债表比起来，造假难度更高。因为企业现金的流入和流出需要通过银行，银行没有配合企业造假的动力，现金的流入和流出都是留痕的较易跟踪。当然也存在现金流量表造假案例，但其造假成本和难度要远大于在利润表和资产负债表做手脚。

经营现金流是指企业投资和筹资活动之外的所有交易和事项产生的现金流量，顾名思义，企业经营活动产生的现金流，在理想情况下经营现金流应等于净利润。在实践中如果是一种好的商业模式，经营现金流可能要超过净利润，或与净利润相仿。经营现金流大于净利润，可能是企业对上下游有议价能力，可以欠供应商货款，对下游客户可以收预付款。还有一种可能就是，企业已经进入成熟期或利润收获期，比如高速公路资产、机场资产，前期大规模投资建设完成后期开始盈利，但是因为大额固定资产折旧等因素，经营现金流远远大于净利润（有线电视运营商上市公司歌华有线也属于这种情况）。经营现金流小于净利润也不一定都是负面信号，企业处于初创期，存货和应收账款某一年度快速增长；销售模式改变，之前为直销增加经销，经销商有一定信用周期。凡此种种，都会造成经营性现金流小于净利润。

如果经营活动现金流为负，即便不是负面信号，也至少是黄色预警，如果连续两年经营活动现金流为负，则是红色预警。经营现金流持续为负，说明企业自身没有造血能力，依靠筹资或者收回投资输血，这样的输血毕竟不能长期持续，企业的持续盈利能力存在重大不确定性。未上市企业连续经营现金流为负，如果没有合理的商业模式解释，还很可能会存在财务造假的信号。

【核查方法指引】

一、经营现金流的流入和流出与商业模式匹配

现金是按照收付实现制产生，有资金流入就增多，资金流出就减少。利润表是按照权责发生制，造成资金流和业务流不匹配。要深刻理解企业的商业模式以及对应的收入确认方式，哪个节点确认收入，什么时候结算收到现金。成本如何确认、什么时间节点支付货款，是收货验货还是拿到发票后支付货款。生产规模扩大造成的折旧、存货、应收和应付账款变动，都会造成经营现金流和净利润不相符。

二、隐性现金流

公司通过应收票据结算的客户增加，如果应收票据金额较大，有可能造成经营现金流流入和净利润的差异。公司收到大额应收票据，在到期前将应收票据背书，公司的经营现金流流入和流出都会减少相应的金额。此外，实践中越来越普遍的保理业务也会造成发行人的经营现金流与实际情况完全不符合，存在失真的情况。

三、主要经营现金流量表科目解读

销售商品、提供劳务收到的现金，主要与营业收入和销项税有关，同时受经营类科目的影响，如应收票据，应收账款和预收账款的变动影响。

收到其他与经营活动有关的现金，主要涉及其他应收款和其他应付款，营业外收入以及经营性利息收入，存在操作经营现金流的空间。

购买商品、接受劳务支付的现金，与营业成本、存货增加、进项税、预付账款、应付票据相关。

支付给职工以及为职工支付的现金，这个科目来核查企业用工成本是非常好的一个思路和参考的方式。

支付其他与经营活动有关的现金，主要是其他应收款、其他应付款、扣除折旧摊销和职工薪酬的管理费用和销售费用。

四、现金流量操纵可能

现金流量表日益受到投资者重视,拟 IPO 企业以及公开上市公司为了自家企业经营现金流漂亮,是存在操纵现金流量可能的。

1. 现金流量表按照企业日常经营、投资和融资将现金流分为三个板块,有些企业利用现金流划分的余地,将本来是投资或融资现金流划入经营现金流。例如,应收票据背书转让或贴现按照规则不计入经营现金流,但是有的企业有针对性将这部分资金计入经营现金流流入。

2. 通过延迟交付货款,或对关联方形成债务增加经营现金流。企业应付账款或应收票据与采购额相比大幅增加,或企业突然出现大笔其他应付款,尤其是对关联方的其他应付款,这都能改善企业的经营现金流。

3. 体外资金循环,体外支付。实践中存在这样的情形:股东均为自然人且相互熟识,企业销售以各大区销售总监为骨干力量,按照内部销售奖励制度,每人每年销售奖金在几十万元左右。实际控制人的做法是:提议企业现金分红,然后按照股东每人持股比例,在企业体外用私人账户向各销售总监支付应得的销售奖金,这样销售费用每年节省 300 万元以上,利润表和经营现金流表都得到美化。

4. 虽然现金流量表会做到资金留痕,同时有银行对账单等证据链条较难造假,但是道高一尺魔高一丈,为了融资上市,或上市后保持自己的历史财务造假不被揭露,还是有企业走上了现金流量表造假之路。创业板上市公司海联讯就是一个非常典型的案例。这家上市公司为实现发行上市,避免应收账款过大,美化经营现金流,虚构收回应收账款。2010 年和 2011 年虚构收回的应收款合计超过 2.4 亿元,而这两年的营业收入合计为 6.4 亿元。

【具体案例分析】

一、振静股份(603477)

表 3-9-1 报告期内发行人净利润和经营现金流变动情况

单位:万元

项目	2017 年 1-6 月	2016 年度		2015 年度		2014 年度
	金额	金额	变动率	金额	变动率	金额
营业收入	30,577.56	59,165.07	8.90%	54,332.09	25.50%	43,293.32

续表

项目	2017年1-6月	2016年度		2015年度		2014年度
	金额	金额	变动率	金额	变动率	金额
净利润	2,582.90	5,823.11	45.14%	4,012.06	45.87%	2,750.41
经营活动现金流量	17.41	-1,885.92	-128.47%	6,623.46	135.51%	-18,651.64

发行人在报告期内居然有两年经营现金流是负的,且数额较大,这在发行人当中还是比较少见的。

发行人主要从事中高档天然皮革的研发、制造与销售,产品广泛运用于制造中高档家私、汽车座椅及内饰和鞋面等,在行业内率先建立了家私革、汽车革、鞋面革三大产品线,产品链条完整,能够进行个性化定制、柔性化生产。

简言之,发行人是一家皮革生产商,至于为什么经营现金流状况会很差,与发行人的历史沿革有很大关系。

发行人的招股说明书显示,发行人控股股东和邦集团前身为乐山市振静皮革制品有限公司,自1993年成立以来,充分利用四川省原皮资源丰富的优势,从事皮革鞣制及皮革制品生产业务。和邦集团与世界银行下属国际金融公司(International Finance Corporation,IFC)、荷兰开发投资公司(Nederlandse Financierings - Maatschappij voor Ontwikkelingslanden,FMO)于1998年共同出资设立合资公司振静皮革,主要从事猪皮、牛皮革研发、制造与销售。

2013年,振静股份设立后,通过承接振静皮革与皮革制造相关的土地、房屋、设备等经营性资产,接收管理团队及技术骨干,延续其在制革领域的领先技术和丰富经验,业务规模迅速发展壮大。

振静股份吸收了原集团的皮革资产、业务和人员。这也就解释了发行人经营现金流两年为负,且大幅波动的原因。

报告期内经营活动产生的现金流低于净利润甚至为负的原因:

1. 2014年差异原因:一是由于公司刚成立,需要用注册资金购买、储备一定金额的原材料以确保正常生产与销售从而增加经营现金净支出;二是公司从国外采购主要原材料,进口采购需要支付现汇,而本年度部分家私革客户(如顾家家居、亚振家居)采用票据结算货款,相应增加了经营现金净流出。

2. 2015年差异原因:由于2014年公司成立时所特有的原材料储备需求已不存在,购买原材料支付的现金大幅减少,2015年购买商品、接受劳务支付的现金比2014年减少22,842.45万元,因此经营活动产生的现金净流入大于当年净利润。

3. 2016 年差异原因：一是由于2016 年鞋面革和汽车革客户增加较多，此类客户的账期一般为3～6 个月，高于家私革的信用账期（一般为1～3 个月），致使2016 年年末应收账款增加较多；二是由于公司新增鞋面革客户采用票据进行货款结算较多致使2016 年年末应收票据增加较多；三是国外采购原皮均以银行存款结算，不能以收到的应收票据进行结算。综上所述，2016 年经营活动产生的现金净流入为负数，小于当年净利润。

4. 2017 年1～6 月差异原因：经营活动产生的现金净流入小于当年净利润，主要系公司进一步加大了存货储备量，经营活动净现金流量基本持平。

与业务相印证，2015 年度公司营业收入较2014 年度增加11,038.77 万元，增长25.50%；2016 年度公司营业收入较2015 年度增加4832.98 万元，增长8.90%。

公司根据与客户谈判情况、客户信用审批情况，一般给予客户1～6 个月的信用期，其中：家私革客户一般为1～3 个月，汽车革客户和鞋面革客户一般为3～6 个月。

报告期内公司应收账款回款情况如表3－9－2：

表3－9－2　报告期内公司应收账款回款情况

单位：万元

项目	2017.06.30	2016.12.31	2015.12.31	2014.12.31
应收账款余额原值	12,629.85	13,173.09	9,532.32	3,707.11
次年回款	—	13,163.84	9,510.38	3,707.11
其中：票据回款	—	5,471.54	4,413.46	1,328.21
次年度回款占比	—	99.93%	99.77%	100.00%

公司报告期内次年应收账款回款良好，2014 年次年回款比例为100%，2015 年和2016 年次年回款比例也接近100%，说明公司资金一时被占用，但不存在延期或无法回收的情况，是正常的经营活动所致。

发行人报告期内存货情况如表3－9－3：

表3－9－3　报告期内发行人存货情况

单位：万元

项目	2017.06.30	2016.12.31	2015.12.31	2014.12.31
存货	37,218.84	30,116.05	26,780.02	24,999.80
占流动资产的比例	63.86%	54.24%	48.29%	60.63%

续表

项目	2017.06.30	2016.12.31	2015.12.31	2014.12.31
占资产总额的比例	39.87%	35.27%	35.53%	42.81%
存货同比增长率	23.58%	12.46%	7.12%	

2014 年存货吸收了原有业务的存货 1.53 亿元，因为发行人的历史沿革，发行人的资金投入运营资产，主要形成应收账款和存货，与发行人的业务和历史情况匹配度较高。

二、上能电气股份有限公司（未通过）

公司专注于新能源领域，主营业务为光伏逆变器产品的研发、制造与销售。

逆变器的作用是将交流电并入电网。

先看一下表 3－9－4 报告期内公司经营现金流状况：

表 3－9－4　报告期内公司经营现金流状况

单位：万元

项　目	2017 年 1－6 月	2016 年度	2015 年度	2014 年度
经营活动产生的现金流量净额	1,201.75	－19.02	－2,541.48	－2,210.88
投资活动产生的现金流量净额	－1,557.99	－1,190.29	－2,176.46	－2,287.43
筹资活动产生的现金流量净额	－180.24	4,011.59	7,486.79	4,962.14
现金及现金等价物净增加额	－536.77	2,802.37	2,768.85	463.83

2014～2016 年连续三年为负，用 Wind 数据统计，截至 2017 年 12 月 20 日，已上会的企业中，连续三年经营现金流为负的只有发行人和科蓝软件。

报告期内，发行人经营现金流量明细如表 3－9－5：

表 3－9－5　报告期内发行人经营现金流量明细

单位：万元

项　目	2017 年 1－6 月	2016 年度	2015 年度	2014 年度
销售商品、提供劳务收到的现金	20,569.64	41,175.59	19,254.89	9,508.95
收到的税费返还	221.93	357.34	231.95	84.68
收到其他与经营活动有关的现金	2,655.20	3,811.96	2,196.81	177.41

续表

项　目	2017年1-6月	2016年度	2015年度	2014年度
经营活动现金流入小计	23,446.77	45,344.89	21,683.64	9,771.04
购买商品、接受劳务支付的现金	11,429.67	29,926.46	14,217.62	4,683.59
支付给职工以及为职工支付的现金	2,733.53	3,975.47	2,091.75	1,092.50
支付的各项税费	2,893.50	4,080.46	1,551.76	1,275.66
支付其他与经营活动有关的现金	5,188.31	7,381.52	6,363.99	4,930.11
经营活动现金流出小计	22,245.02	45,363.91	24,225.12	11,981.92
经营活动产生的现金流量净额	1,201.75	-19.02	-2,541.48	-2,210.88

发行人2014年、2015年、2016年以及2017年1~6月的营业收入分别为2.1亿元、3.4亿元、5.4亿元和3.2亿元。对比销售商品、提供劳务收到的现金这一行可以看出,经营现金流为负的根本原因在于回款太低。比如,2015年3.4亿元的营收,回款不到两个亿。

经营现金流为负引出许多问题。财务核查要思考的是,企业报表上到底多了哪些资产,占用了现金流,具体到本案,首先要看应收账款。

应收账款需要和营收结合起来看,单独看应收账款增幅和绝对额意义不大。

发行人报告期内,应收账款与营业关系如表3-9-6:

表3-9-6　报告期内发行人应收账款与营业关系

单位:万元

项目	2017年6月30日		2016年12月31日		2015年12月31日		2014年12月31日
	余额	幅度	余额	幅度	余额	幅度	余额
应收账款	36,389.15	26.80%	28,698.38	73.70%	16,521.77	35.65%	12,179.39
营业收入	31,988.00	—	54,814.99	58.58%	34,565.64	64.11%	21,062.66
应收款项余额占营业收入比重	113.76%		52.35%		47.80%		57.82%

应收账款/营业收入之比一直在50%以上,只有2015年低于50%,占比多大算高,要结合商业模式来看,发行人身处光伏产业,客户多为电力集团,这类客户的确有年底结算的习惯,利用自身地位压供货商的款项。

公司为解释不存在资金流断裂风险，特别在招股书中表示，“随着银行授信额度的增加，公司除采用传统的信贷借款外，还通过开具承兑汇票向供应商支付采购款和开具保函向客户支付履约保证金，从而提高资金的使用效率；截至 2017 年 8 月 30 日，公司 2017 年银行授信额度 37,400 万元，其中银行借款占用额度 14,900.00 万元、承兑汇票和保函占用额度 16,518.77 万元，公司银行剩余授信额度 5,981.23 万元”。

而公司的授信额度也是逐年增加的，2014 年、2015 年、2016 年、2017 年，公司合作银行给予的授信额度分别为 5700 万元、7200 万元、16,200 万元、37,400 万元。发行人的这段话等于表明了，发行人的经营维系是靠银行融资。一个企业常年依靠银行融资或历史上的股权融资款，不要谈持续盈利能力，连持续存活能力都会受到质疑。

如果公司应收账款只是商业模式造成的，如大客户集中年底确认收入，来年回款，会造成年度末应收账款很大，但只要回款良好，是不会影响企业上市的。我们看看本案发行人的回款情况，以报告期最近一个完成会计年度为例，截至 2017 年 7 月 31 日，发行人 2016 年应收账款回款情况如表 3-9-7：

表 3-9-7　2016 年发行人应收账款回款情况

单位：万元

客户名称	期末欠款	期末欠款构成		期后回款
华电集团	2,072.23	货款	1,198.65	797.69
		质保金	873.58	—
电力集团	2,925.30	货款	1,941.52	1,197.13
		质保金	983.78	75.16
中广核	1,870.99	货款	1,348.72	106.43
		质保金	522.27	49.07
三峡集团	2,230.86	货款	646.39	160.33
		质保金	1,584.47	417.06
协鑫集团	1,114.41	货款	703.09	830.00
		质保金	411.32	—
合计	10,213.79		10,213.79	3,632.87

回款情况确实不能说好，收入至少 7 个月时间了，中广核货款才收回 100 余万元。

情节更严重的是，发行人的银行融资不是正常渠道，而是和关联方签订虚假采购合同，通过关联方周转取得的银行资金，说明发行人的资金链确实崩得很紧了，尽管自称无风险，但是别人如何看是另一回事了。

第十节　带融资性质的销售与采购

【商业逻辑与背景分析】

根据《企业会计准则第 14 号——收入》应用指南中的规定，分期收款销售商品，实质上具有融资性质的，应当按照应收的合同或协议价款的现值确定其公允价值。应收的合同或协议价款与其公允价值之间的差额，应当在合同或协议期间内，按照应收款项的摊余成本和实际利率计算确定的摊销金额，冲减财务费用。

2017 年准则修订后，《企业会计准则第 14 号——收入》第 17 条规定，合同中存在重大融资成分的，企业应当按照假定客户在取得商品控制权时即以现金支付的应付金额确定交易价格。该交易价格与合同对价之间的差额，应当在合同期间内采用实际利率法摊销。合同开始日，企业预计客户取得商品控制权与客户支付价款间隔不超过一年的，可以不考虑合同中存在的重大融资成分。

尽管准则修订，关于带融资性质的销售的会计处理没有变化，都需要分两步进行会计处理。第一步，根据假定客户在取得商品控制权时即以现金支付的应付金额确定交易价格，也就是应用指南对应的公允价值，确认收入，按合同对价确认应收账款，公允价值与合同约定对价之间的差额计入未确认融资收益。第二步，在合同期间采用实际利率法摊销确认财务费用（利息收入）。

同理，带融资性质的采购，也是采用类似的会计处理，首先根据公允价值确认采购货物对应的入账价值，按合同对价确认应付账款，差额计入未确认融资费用，在合同期内采用实际利率法摊销计入财务费用（利息支出）。

【核查方法指引】

一、关注此类模式的定性

针对此类销售和采购的核查，如果企业没有与一般的销售和采购做区分，那么主要从以下几点予以核查判断：

1. 核查合同约定的收付款条款，合同约定客户取得商品控制权与客户支付价款间隔是否超过一年。

2. 应收账款或应付账款账龄较长，账龄较长的原因是否因为分期收款或分期付款。

3. 与部分客户或供应商约定的采购销售单价明显偏高，且付款的信用期较长。

如果存在以上情况，则需要重点考虑以判断是否存在融资成分。

二、关注公允价值的确定

带融资性质的销售与采购的业务中，核心数据的确定就是公允价值的确定，公允价值确定涉及实际利率的确定，因此如何证明实际利率选择是公允的是很关键的。

实务中可参考以下顺序确定公允价值：

1. 按企业当月同类货物的平均销售价格确定；

2. 按企业最近时期同类货物的平均销售价格确定；

3. 按组成计税价格确定。组成计税价格的公式如下：组成计税价格 = 成本 × (1 + 成本利润率)

财务核查中，我们可以按以上顺序重新测算公允价值，并与企业确定的进行对比，据以判断企业账务处理的合理性。

三、关注会计和税务处理差异

带融资性质的销售与采购中，增值税和所得税的处理与会计处理是不一致的。

根据增值税暂行条例及实施细则规定，采取分期收款方式销售货物，为书面合同约定的收款日期的当天发生增值税纳税义务，但是发票开具早于收款日期的以发票开具时间为纳税义务时间。

《企业所得税法实施条例》第 23 条规定，以分期收款方式销售货物的，按照合同约定的收款日期确认收入的实现。

【具体案例分析】

勋龙智造精密应用材料(苏州)股份有限公司(未通过)

(一)销售商品收入确认时间的具体判断标准

发行人收入主要有汽车、家电等精密模具研发、设计、生产和销售,同时对外提供零件加工服务。具体分析如下:

内销收入:(1)模具收入为模具生产完成并经检测或试模合格后,移交给客户,客户收到模具并根据合同约定的验收条件进行验收,发行人在收到验收单后作为风险转移时点确认收入;具体地以达到验收条件后客户出具的验收单作为确认收入的主要依据,主要会计凭证包括:销售合同或订单、发票、销售发货单、货物运输单、客户验收单、客户付款银行水单等。(2)零件加工费收入为加工完成交付客户并获取客户的签收或验收单据,获得收取货款的权利时确认收入。发行人在将加工完工产品交付客户并取得客户签收或验收单时作为风险转移时点;具体地以客户确认的签收单或验收单作为确认收入的主要依据,主要会计凭证包括:产品加工合同、发票、送货单、货物运输单、客户签收或验收单、客户付款银行水单等。

外销收入:外销大部分采用 FOB 方式、部分客户采用 CIF 及 EXW 方式,确认的具体流程及依据:在合同签订后,根据合同要求组织生产,模具生产完成并经检测或试模合格后,办理出口报关手续,在获得海关核准放行,货物装运并取得货运提单或空运单后作为风险转移的主要标志。具体地以出口报关单、货物提单、空运单作为结算及确认收入的主要依据,主要会计凭证包括:销售合同或订单、发票、出口报关单、销售发货单、货运提单、外汇收汇水单等。

(二)确认让渡资产使用权收入的依据

让渡资产使用权收入的两个确认条件是与交易相关的经济利益很可能流入企业,收入的金额能够可靠地计量。分下列情况确定让渡资产使用权收入金额:

1. 利息收入金额,按照他人使用本企业货币资金的时间和实际利率计算确定。

2. 使用费收入金额,按照有关合同或协议约定的收费时间和方法计算确定。

第十一节　两票制的影响

【商业逻辑与背景分析】

截至目前，已经有 31 个省级区划开展了两票制的试点，显然两票制已经不可阻挡。两票制的初衷是好的，可是真的会改变药价虚高以及不让中间商赚差价的历史难题吗？从一些公开披露的数据来看，至少药价高的问题一点都没有受到影响，而中间商赚差价的问题好像也没有什么影响，只是原来直接赚差价现在是通过设立一个专门的推广公司赚取服务费。

我们一直在反思，所有医药企业的经营模式以及核心竞争力在哪里，我们的企业都是将所有的资源和精力用到市场推广和销售上而不是真正的研发上。这样的困境由来已久，甚至并不是医药行业一个企业乃至一个行业的问题，是整个社会价值导向的问题，这样的一个大是大非的问题，通过两票制显然很难彻底解决。

现在只要是医药企业的 IPO，必然会关注到两票制的问题。简单来说，两票制是针对以前的多票制来说的，核心目的就是保证医疗流通领域价格的透明，防止医药价格的多层加价。从这个角度来说，两票制对直营模式的医药企业是没有任何影响，而对于经销模式的企业则是本质的影响。而现实情况是，对于医药企业来说，除非是一些特殊的产品，基本上都会采取经销模式。

在以前的经销模式下，医药企业可以低价将产品销售给经销商，经销商负责后续的全部市场开拓、售后服务等所有的工作，这样就进行了风险的彻底隔离。而现在两票制的情况下，经销商也只能开一次票，那么销售环节的价格也就透明了，以前通过各种票据方式进行费用处理的空间就没有了。从这个角度来说，以前经销模式的天然优势瞬间就没了，这种情况下医药企业通过经销模式进行风险隔离的目的也就达不到了。因此，医药企业又开始考虑经销模式调整为配送商模式。在这种模式下，发行人本来应该在流通领域消化的各种形式的销售费用就只能在发行人本身来体现，这对于任何一个医药企业的 IPO 审核来说，都是一个不小的挑战。

【核查方法指引】

从最近通过 IPO 审核的一些发行人公开披露的信息来看，我们能够很清晰地勾勒出两票制对于医药行业经营模式的影响。两票制对医药企业的影响主要体现在：

1. 两票制下，公司将继续负责生产，但产品销售不经由经销商流通，而是由发行人直接销售给配送商，由配送商直接销售至医院。在此过程中，区域渠道开拓、市场和学术推广活动由原经销商或发行人筛选的专业医药咨询公司(推广公司)承担。经销商的收入模式从过去赚取发行人和配送商之间的药品购销差价，改变为通过向发行人提供专业化的销售推广服务赚取推广服务费。

2. 两票制之后导致配送模式的出现，这种模式跟医药行业的直销模式极其相似，从财务指标上来看就是发行人毛利率和销售费用率大幅提高。

3. 两票制下，经营环节中最重要的一个主体推广服务商应运而生、闪亮登场，推广服务商一般都是原来经销商的关联方，这样原来经销商是赚差价现在是赚推广服务费。说白了，药企没赚什么便宜，经销商该赚的一点没少赚，老百姓该花的钱一分钱也没有少花。

两票制影响的是医药企业的经营模式，反映到财务数据和财务指标上主要就是对销售毛利率和销售费用的影响，因而从财务核查的角度关注两票制问题主要还是关注销售费用的真实性和合理性问题，以及毛利率大幅提高是否真实合理的问题。具体来说，有以下几个方面：

1. 核查并说明销售费用的金额、销售费用率以及变动趋势，销售费用大幅增加的原因，是否与销售收入的变动相匹配。

2. 核查并说明毛利率变动的趋势和原因，与销售费用率的变动是否相匹配，综合因素考虑下，发行人的生产经营本质上是否发生重大变化。

3. 核查并说明发行人销售费用的明细、对应的支出对象、银行流水，是否存在重大异常支出情况，是否有相关的单据凭证作为核算的依据。

4. 销售费用支出为会议费用支出的，要关注会议召开的时间、地点、参加人数、会议主题、费用核算等具体情况，是否存在重大不合理情形，是否存在虚增费用的情形。

5. 销售费用支出为市场推广费用的，要关注市场推广的区域、方式、效果、费用核算的依据等情形，是否存在利益输送或者商业贿赂的情形，是否存在虚增费用的情形。关注推广服务商的选取标准，推广服务商服务情况，是否存在关联关系等情形。

【具体案例分析】

一、昂立康(002940):两票制的典型案例

(一)两票制的政策依据

两票制是指药品从出厂到进入终端医院,只能开具两次发票,即药品生产企业将药品销售给配送商开具一次发票,配送商将药品销售给医院再开具一次发票。药品生产企业设立的仅销售本公司药品的经销企业和进口药品国内总代理通常可视为生产企业。

2016年4月21日,国务院发布的《国务院办公厅关于印发深化医药卫生体制改革2016年重点工作任务的通知》(国办发〔2016〕26号)中,提出要全面推进公立医院药品集中采购。文中要求,“优化药品购销秩序,压缩流通环节,综合医改试点省份要在全省范围内推行‘两票制’,积极鼓励公立医院综合改革试点城市推行‘两票制’,鼓励医院与药品生产企业直接结算药品货款、药品生产企业与配送企业结算配送费用”。

2016年11月8日,中共中央办公厅、国务院办公厅转发了《国务院深化医药卫生体制改革领导小组关于进一步推广深化医药卫生体制改革经验的若干意见》,要求公立医院药品采购逐步实行“两票制”。

2017年国务院办公厅发布《关于进一步改革完善药品生产流通使用政策的若干意见》,提出要推行药品购销“两票制”。要求综合医改试点省(区、市)和公立医院改革试点城市要率先推行“两票制”,鼓励其他地区实行“两票制”,争取到2018年在全国推开。同时要求药品流通企业、医疗机构购销药品要建立信息完备的购销记录,做到票据、账目、货物、货款相一致,随货同行单与药品同行。提出企业销售药品应按规定开具发票和销售凭证,积极推行药品购销票据管理规范化、电子化。

2017年4月,国务院办公厅发布《深化医药卫生体制改革2017年重点工作任务》,提出:“2017年年底前,综合医改试点省份和前四批200个公立医院综合改革试点城市所有公立医疗机构全面执行‘两票制’,鼓励其他地区实行‘两票制’。”

截至本招股说明书签署之日,已有31个省份及地区正式发布相关实施文件,具体如表3-11-1所示:

表 3-11-1　各省份“两票制”实施文件情况统计

序号	地区	政策文件	发布时间	启动实施	全面实施
1	福建省	《福建省2014年医疗机构药品集中招标采购实施意见》	2014.6	2014.6	2014.6
2	安徽省	《安徽省公立医疗机构药品采购推行“两票制”实施意见》	2016.10	2016.11	—
3	新疆维吾尔自治区	《印发关于在公立医疗机构药品采购中推行“两票制”的实施意见(试行)的通知》	2016.12	2016.12	—
4	青海省	《关于青海省公立医疗机构药品采购实行“两票制”的实施意见(试行)》	2016.12	2016.12	—
5	山东省	《关于在公立医疗机构药品采购中推行“两票制”的实施意见(试行)》	2016.12	2016.12	2018
6	重庆市	《重庆市公立医疗机构药品采购“两票制”实施方案(试行)》	2017.1	2017.1	2017.6
7	陕西省	《关于在全省公立医疗机构实行药品和医用耗材“两票制”的通知》	2017.3	2017.1	2017.7
8	江西省	《江西省公立医疗机构药品采购“两票制”实施方案(试行)》	2017.4	2017	2018
9	辽宁省	《辽宁省公立医疗机构药品采购“两票制”实施细则(试行)》	2017.4	2017.6	2017.9
10	湖南省	《湖南省公立医疗机构药品采购“两票制”实施方案(试行)》	2017.4	2017.4	2017.10
11	山西省	《山西省推行公立医疗机构药品采购“两票制”实施方案(试行)》	2017.4	2017.5	2017.8
12	甘肃省	《甘肃省公立医疗机构药品采购“两票制”实施方案(试行)》	2017.4	2017.4	2017.10
13	四川省	《关于在四川省公立医疗机构药品采购中推行“两票制”的实施方案(试行)》	2017.4	2017.4	2017.10
14	贵州省	《印发关于在公立医疗机构药品采购中推行“两票制”的实施意见(试行)的通知》	2017.4	—	—

续表

序号	地区	政策文件	发布时间	启动实施	全面实施
15	浙江省	《关于在全省公立医疗机构药品采购中推行“两票制”的实施意见》	2017.5	2017.8	2017.11
16	广西壮族自治区	《广西壮族自治区公立医疗机构药品采购“两票制”实施方案（试行）的通知》	2017.5	2017.9	2018.1
17	河北省	《河北省公立医疗机构药品采购推行“两票制”实施方案（试行）》	2017.5	2017.5	2017.11
18	黑龙江省	《黑龙江省公立医疗机构药品采购“两票制”实施方案（试行）》	2017.5	2017.5	2017.9
19	海南省	《海南省公立医疗机构药品采购“两票制”实施细则（试行）》	2017.5	2017.5	2017.10
20	内蒙古自治区	《关于印发内蒙古自治区公立医疗机构药品采购“两票制”实施方案（试行）的通知》	2017.6	2017.7	2017.11
21	江苏省	《江苏省公立医疗机构药品采购推行“两票制”实施方案（试行）》	2017.6	2017.6	2017.12
22	湖北省	《关于印发全省公立医疗机构药品采购“两票制”实施方案（试行）的通知》	2017.6	2017.6	2018.1
23	天津市	《关于印发天津市公立医疗机构药品采购推行“两票制”实施方案（试行）的通知》	2017.6	2017.6	2017.9
24	吉林省	《关于印发吉林省公立医疗机构药品采购“两票制”实施方案的通知》	2017.6	2017.6	2017.10
25	上海市	《关于印发上海市公立医疗机构药品采购“两票制”（试行）的通知》	2017.6	2017.6	2017.12
26	云南省	《关于印发云南省公立医疗机构药品采购“两票制”实施方案（试行）的通知》	2017.7	2017.10	2018.10
27	河南省	《河南省公立医疗机构药品采购推行“两票制”实施意见（试行）》	2017.8	2017.8	2018.6

续表

序号	地区	政策文件	发布时间	启动实施	全面实施
28	宁夏回族自治区	《宁夏回族自治区公立医院推行药品采购“两票制”的实施方案（试行）》	2017.9	2017.6	2018.1
29	北京市	《北京市公立医疗机构药品采购推行“两票制”实施方案（试行）》	2017.10	2017.10	2018.1
30	西藏自治区	《关于印发西藏自治区药品集中采购“两票制”实施办法的通知》	2017.10	2017.10	2018.1
31	广东省	《关于印发医疗机构药品交易“两票制”的实施方案（试行）的通知》	2017.11	2017.12	2018.6

（二）两票制对发行人销售模式的影响

根据《印发关于在公立医疗机构药品采购中推行“两票制”的实施意见（试行）的通知》（国医改办发〔2016〕4 号）的要求，药品生产、流通企业销售药品应当按照发票管理的有关规定，开具增值税专用发票或者普通发票，发票的购、销方名称应当与随货同行单、付款流向一致、金额一致。流通企业购进药品应主动向生产企业索要发票。公立医疗机构在药品验收入库时必须验明票、货、账三者一致方可入库、使用。公立医疗机构不仅要向配送药品的流通企业索要、验证发票，还应当要求流通企业出具由生产企业提供的进货发票的证据，以便互相印证。所以医药行业中将两票制下的医药流通企业俗称为“配送商”，“配送商”就是两票制下的经销商。

两票制下，发行人将继续负责生产，产品直接销售给配送商，由配送商直接销售至最终客户。在此过程中，区域渠道开拓、市场和学术推广活动由原经销商或发行人筛选的专业医药咨询公司（推广公司）承担。经销商的收入模式从过去赚取发行人和配送商之间的药品购销差价，改变为通过向发行人提供专业化的销售推广服务赚取推广服务费。

以发行人前五大客户中的福朋医药和新美福（美福润全资子公司）为例，2017 年，除继续通过经销昂利康产品获取经销收入外，在两票制试点地区，福朋医药和美福润（通过其全资子公司西藏福美森）皆作为专业医药咨询公司（推广公司），通过提供学术推广、产品定位分析、营销策略筹划等服务以获取推广服务收入。

具体来说，两票制下发行人向配送商的产品销售价格为各区域终端价格扣减一定的进销差价，高于非两票制下向经销商的销售价格，因此发行人的收入规模和毛利率均将有较大幅度增长。同时,发行人基于推广商提供的渠道开拓、学术推广工作支付的服务费用将计入销售费用,因此销售费用将有较大幅度的增加。总体来看,发行人的盈利能力基本不变。两票制对发行人自有制剂产品经营模式的整体影响如表3－11－2所示:

表3－11－2 两票制与非两票制对发行人自有制剂产品经营模式的影响对比

项目	非两票制模式下	两票制模式下
货品流通链	药企—经销商—配送商—终端	药企—配送商—终端
销售布局	区域渠道开拓、市场和学术推广活动主要由经销商承担	区域渠道开拓、市场和学术推广活动主要由原经销商或发行人筛选的专业医药咨询公司(推广公司)承担
药品出厂价	较低	较高,接近终端市场价格
毛利率	较低	高
销售费用	较低	高,需向原经销商、筛选的咨询公司(推广公司)支付渠道开拓、学术推广工作的相关服务费用
净利润	总规模基本一致	

(三)两票制导致经销商变动较大以及出现金额较大返利

1.经销商(包括配送商)进入和退出情况

报告期内,发行人经销商(包括配送商)进入和退出情况如表3－11－3:

表3－11－3 报告期内发行人经销商进入和退出情况

年份	期初经销商家数	当年新增经销商家数	当年退出经销商家数	当年末存续的经销商家数
2015年	566	186	182	570
2016年	570	320	172	718
2017年	718	657	210	1165

注:为真实反应经销商变动的实际情况,上表中经销商数量系未按照同一控制进行合并的家数,下同。

2015年及2016年,当年变动经销商的销售金额占当年销售收入比例基本保持稳定,且所占比重较低。2017年新增经销商销售金额占当年销售收入比例较高,主要系两票制政策下,原本销售给某一区域代理经销商的产品需分拆别销售给多个配送商,导致新增经销商数量大幅增加;同时,由向配送商的产品销售价格为各区域终端价格扣减一定的进销差价，高于非两票制下向经销商的销售价格所致。

2. 对经销商的返利政策及返利情况

2016 年起，发行人开始出现经销商返利情况，主要系 2016 年起，头孢克肟胶囊产品由原来的独家代理经销改为由公司自主拓展销售渠道，公司为拓展市场，向经销商提供一定的激励政策。发行人对经销商的返利政策包括：(1)若经销商全年或季度采购数量达一定标准，则按采购数量的一定比例进行奖励；(2)若经销商全年回款金额达一定标准，则按回款金额的一定比例进行奖励。报告期内，经销商返利情况如表 3－11－4：

表 3－11－4　报告期内经销商返利情况

单位：元

返利情况	2017 年	2016 年	2015 年	2014 年
返利金额	736,825.78	184,386.54	—	—

由于报告期内返利金额较小，另外，为与经销商核算简化考虑，实际结算时将实际应支付的返利于开具销售发票时抵减相应的发票金额。会计处理方式为按照将销售产品应计的收入金额与返利金额之间的差额计入营业收入，同时借记应收账款。

(四)与配送商签订的配送(经销)协议

报告期内，发行人与配送商签订的配送(经销)协议部分为发行人提供的格式化合同，部分为配送商提供的合同。配送(经销)协议(甲方：发行人；乙方：配送商)的主要条款基本相同，具体为：

“7. 产品验收

7.1　乙方接受货物时要当场清点件数，检查包装外形是否完好，随货清单及检验报告书是否齐全，如拆件后发现内装短缺或破损的，应在送货单上注明情况，乙方签字确认；

7.2　乙方按 GSP 要求检查随货单据与实货是否一致，如发现无随货单据(包括但不限于随货清单、检验报告、包装、文号变更等)或随货单据缺失、无法识别时，会当场拒收，直至随货单据合格方接收货物；

7.3　对到货当场验收不合格的，乙方有权拒收，货物的所有权和风险归属于甲方，甲方未及时取回的，后果由甲方自行承担；

7.4　乙方收到货物后必须当场验收，发现损坏或短缺应及时通知甲方，甲方须自收到通知之日起 7 日内给乙方退、换、补，并承担因此产生的全部费用，且由于抽样具有随机性,对于未抽检的原箱短少或原箱破损甲方应配合乙方退、换、补货。

7.5　经乙方验收后货物,货物所有权和风险归属于乙方,非本协议约定的情形,不得退换货。

8. 退换补货处理及退款

8.1　由于乙方在库产品质量、国家产品召回等原因需要退货时,甲方须接受乙方退货,同时承担全部退货费用;

8.2　对于抽检产品,甲方须给乙方补货或冲减应付账款;

8.3　在乙方向甲方出具退货相应手续即《红字增值税专用发票通知单》30 天内,甲方须将退货款付给乙方或甲方在乙方的应付账款余额足够的情况下,乙方冲减甲方应付账款;

8.4　如甲方不告知退货地点导致乙方无法发送或发错货物,或甲方自提退货自通知之日起 15 日内未提货的(自提甲方需提供自提法人授权委托书),则自乙方的退货通知送达甲方之日起 15 日后,货物毁损、缺失等风险转由甲方承担;

8.5　本协议约定情形导致的退换补货,如果甲方 1 个月内无法给乙方换货、补货或合同终止,甲方应在接到货物 30 日内向乙方返款。

10. 其他约定:甲乙双方都应积极配合对方针对其企业及产品进行的资质审核工作,乙方应根据甲方所要求的形式完整填写相关的企业资质及产品信息并及时递交;甲乙双方及其员工、代理人不得进行或承诺进行任何商业贿赂或其他违法行为。”

(五)推广服务商的管理方式

1. 资质审核

发行人对推广服务商的资质审核主要包括:审查《营业执照》《税务登记证》《组织机构代码证》《银行开户许可证》等,对推广服务商的经营范围、公司性质、注册资本、相关印章、开票信息、业务人员等进行基础核查验证,并对其进行实地走访考察。

2. 进入标准

发行人制定的市场推广服务商进入标准主要包括:是否与公司业务推广目标能够达成共识;是否具备所辖服务区域及推广产品相适应的业务推广能力,包含但不限于市场覆盖能力、客户开拓能力、咨询策划能力、业务团队过往业绩及规范经营情况、学术推广能力、招投标服务及市场秩序管理等。针对目前尚处于逐步推行两票制过渡阶段,发行人优先考虑原经销商或原经销商转型的专业医药咨询公司(推广公司)进行市场推广。

3. 防范推广服务商商业贿赂的内部控制及执行

公司在《推广咨询服务公司管理制度》及签订的《推广服务合同》中对服务商及业务人员在推广公司药品时必须遵守相关法律规范及职业道德进行约束。禁止推广商及其业务人员直接和间接以任何形式提供、支付、索取或接受贿赂，不得向任何医疗专业人士提供有违法律的报酬或诱使这类人员与服务商及其业务人员发生商业往来关系。在组织或赞助学术会议时，仅限于支付与活动相关的劳务费、场地租赁费、交通费、餐饮费、住宿费等，不得支付参会人员不合理的费用及相关报酬。服务商及其业务人员在推广活动中向相关人士赠送礼品时，应严格遵守公司礼品政策，同时该礼品主要为正常的商业交流及企业宣传目的需要。公司根据《推广咨询服务公司管理制度》及合同约定对市场推广服务商进行评估考核，对存在虚假广告、商业贿赂等违法违规行为，公司将立即解除推广合同或者不再续签合同。

2017 年，头孢克洛缓释片销售收入较上年同期有所上升，主要由于两票制政策推行后，公司将部分头孢克洛缓释片产品直接销售给配送商，导致平均销售单价整体上涨 52.21% 所致。2017 年剔除两票制影响后，头孢克洛缓释片销售单价较上年下降 9.50%，主要系该产品主要销售地浙江省招标价下降所致。公司头孢克洛缓释片主要于 2016 年年底开始受到两票制影响，2016 年及 2017 年，区分两票制及非两票制的销售情况如表 3－11－5 所示：

表 3－11－5　2016 年及 2017 年两票制及非两票制的销售情况

项目	收入（元）	数量（片）	数量占比	单价（元/粒）
2016 年：				
两票制直接销售配送商部分	472,807.69	183,000.00	0.75%	2.584
非两票制销售经销商部分	25,202,079.75	24,166,392.00	99.25%	1.043
收入合计	25,674,887.44	24,349,392.00	100.00%	1.054
2017 年：				
两票制直接销售配送商部分	26,427,154.87	10,204,200.00	38.52%	2.590
非两票制销售经销商部分	16,094,207.98	16,289,658.00	61.48%	0.988
收入合计	42,521,362.85	26,493,858.00	100.00%	1.605

（六）业务推广费的具体情况

报告期内，公司业务推广活动主要采取由公司销售团队制定整体销售策略及方案，再聘请原经销商或发行人筛选的专业医药咨询公司（推广公司）实施市场准入相关服务工作、商务渠道建设服务工作、产品策划及品牌推广工作及终端开发与学术推广服务活动，公司向该等推广公司支付相应费用的模式。

推广公司提供的服务主要包括：

1. 市场准入相关服务工作，包括：按昂利康招投标部门要求做好服务区域内昂利康指定产品的招投标挂网及二次议价工作；及时搜集各地产品准入相关的政策动态，协助昂利康及时处理相关市场准入的各项工作，包括价格调整、医保调整等。

2. 商务渠道建设服务工作，包括：

（1）经销商管理：帮助昂利康做好目标市场的经销商的遴选和商务洽谈服务工作，并协助完成签约；协助处理医院及终端药品配送业务过程中出现的各种问题，确保医院及其他终端销售渠道畅通；协助昂利康督促经销商按经销协议或购销合同的付款要求及时付款。

（2）市场秩序管理：价格管理与维护服务工作，严格执行产品的销售价格体系政策，维护价格相对稳定；服务区域内服务产品的市场秩序管理，对服务区域内昂利康服务产品的窜货现象采取定期巡查和及时汇报。

（3）销售情况反馈，包括：提供服务区域内产品的具体销售信息，包括市场分析及季度销售计划预测、协助昂利康做好排产计划以确保产品生产供应库存良性周转；产品使用过程中发生的不良反应的监察，并协助昂利康及时做好善后处理。

3. 产品策划及品牌推广，包括：

（1）产品的医学研究规划工作，包括：研究挖掘产品的临床医学价值优势；设计和规划产品上市后临床系统性再评价研究方案并督导执行；构建产品的学术证据链，包括循证医学评价、药物经济学评价、诊疗规范建设等，以及协助安排相关学术文章的发表。

（2）销售数据收集统计及市场分析，包括与产品相关的政策动态分析、竞品分析、本品的销售分析等。

（3）品牌推广服务工作，包括：制订阶段性的产品的市场策略，根据市场分析的情况，及时制订产品的阶段性的推广策略、销售策略、销售目标计划；根据产品的市场策略，制订产品品牌推广的具体行动计划；专家或专业学会的联络及学术推广活动的组织执行；各级销售及推广业务人员或各级推广服务商的培训及督导；产品宣传物料及工具的设计与制作，包括产品学术性资料、电子宣传媒介、品牌提示物等。

4. 终端开发与学术推广服务，包括：组建各地目标医院推广服务的学术推广团队或推广服务商网络；目标医院的开发推广，推广服务商业务的管理协调。

报告期内，公司业务推广费项下各推广活动主要由各推广公司组织实施。

2017 年，公司前五大推广公司如表 3－11－6：

表3-11-6　2017年公司前五大推广公司统计

单位：万元

序号	公司名称	业务推广费金额
1	西藏福美森市场开发营销有限公司	8,512.42
2	浙江福朋医药有限公司	4,980.20
3	宁波市三元医药制造技术有限公司	643.23
4	桐乡市弘瑞健康咨询有限公司	500.61
5	江西一心医药有限公司	489.10
合计		15,125.55
占因两票制政策计提的业务推广费比例		75.25%

表3-11-6中，西藏福美森市场开发营销有限公司控股股东美福润原为昂利康苯磺酸左旋氨氯地平、注射用哌拉西林钠他唑巴坦钠等产品的经销商，两票制施行后，美福润指定该公司在两票制实施地区为昂利康提供产品推广服务；福朋医药原为昂利康苯磺酸左旋氨氯地平片等产品的上海、浙江区域的经销商，两票制实施后，除继续经销昂利康产品外，在两票制实施地区，该公司亦作为专业医药咨询公司（推广公司），通过提供学术推广、产品定位分析、营销策略筹划等服务以获取推广服务收入；宁波市三元医药制造技术有限公司原为马来酸曲美布汀分散片的合作方，根据合作协议约定，指定自己为昂利康的推广公司；桐乡市弘瑞健康咨询有限公司系两票制实施后，昂利康为拓展嘉兴地区业务聘请的推广公司；江西一心医药有限公司原为福朋医药下游经销商，两票制实施后直接为昂利康提供业务推广服务。

报告期内，公司对各推广公司的资质进行审查，与各推广公司签订推广服务合同，负责监督各推广公司的执行情况，并要求各推广公司于各次结算前提供服务成果报告。公司在确认销售收入的同时，按照推广合同约定的定价原则计提业务推广费，在对服务成果报告审核通过后，与推广公司就推广费进行结算，待推广公司开具相应发票后，向推广公司支付相应费用。

经核查，保荐机构、会计师、律师认为：

发行人支付的业务推广费均有相关真实活动发生，发行人与推广公司的合作模式、合作内容、考核方式、定价及结算方式等均与合同约定内容一致；发行人在产品确认收入时，根据推广服务合同约定的定价方式计提相应业务推广费，发行人2017年计提业务推广费金额准确、完整；发行人、发行人重要推广公司不存在商业贿赂行为。

二、海南中和药业股份有限公司(未通过):两票制财务核查的典型思路

发行人目前销售的主要为制剂产品,销售模式包括经销商模式、配送商模式和直销模式。

(一)经销商模式

在经销商模式下,发行人药品在某一区域中标后,发行人与经销商签订区域经销合同,并主要由经销商完成协议区域市场的产品推广。同时,发行人对经销商提供市场支持,协助经销商进行产品宣传、举办产品推介会,拓展销售渠道。发行人安排专业的产品经理协助经销商组织产品的学术推广活动、产品上市后的学术研究,帮助临床医生了解、熟悉并认可发行人的产品,提高发行人产品的销量。

在经销商模式下,经销商与发行人的主要权利义务关系体现在:发行人与经销商签署经销协议,赋予经销商指定药品在协议区域内的经销权。发行人按合同约定的价格、质量标准、数量、规格、供货期限等条款向经销商提供相关产品,并按合同约定取得相关价款。

在经销商模式下,发行人不主导产品的后续推广工作。在结算方式上,发行人一般要求经销商采用预付款方式进行采购,因此,该模式下应收账款较少,回款较快。

(二)配送商模式

配送商模式是发行人为了顺应药品流通行业两票制改革而开辟的新的销售模式。在该种模式下,发行人主导参与各地的药品招标,中标后通常按照各地区招标文件的规定,发行人从经营资质、配送能力、信用等多方面遴选优质的大型医药商业发行人作为配送商向医院配送药品。在配送商模式下,发行人在相应区域内的市场推广由发行人自行承担,配送商只负责产品的配送工作。

在配送商模式下,配送商与发行人的主要权利义务关系体现在:发行人与配送商签署购销协议,赋予配送商指定药品在协议区域内的配送权;发行人按合同约定的价格、质量标准、数量、规格、供货期限等条款向配送商提供相关产品,并按合同约定取得相关价款;配送商自发行人采购的商品按照约定的价格销售并配送至终端医院。

在配送商模式下,由于配送商只负责产品的配送工作,产品推广、市场开拓均

由发行人自行承担，因此相对于经销模式，发行人产品出厂价较高，毛利也相对较高，但发行人的业务推广费也相对较高。配送商模式下的销售回款速度受制于终端医院向配送商的回款速度，因此，回款时间相对较长，期末应收款较大，见表 3－11－7。

表 3－11－7　不同销售模式比较

项目	经销商模式	配送商模式	直销模式
药品流通环节	生产企业—经销商—配送商—终端	生产企业—配送商—终端	生产企业—终端
市场推广方式	经销商主导市场推广活动并承担相关费用	公司销售团队或委托第三方推广公司进行市场推广活动，由公司承担推广费用	企业销售团队自主推广
货物流向	一般不掌握经销商货物流向	进行货物流向跟踪	掌握货物流向
定价模式	出货价相对较低	出货价相对较高	出货价相对较高
销售费用率	相对较低	相对较高	相对较高
销售毛利率	相对较低	相对较高	相对较高
销售人员	配合经销商进行市场推广，投入强度较低	主导市场推广活动，投入强度相对较高	主导市场推广活动、投入强度相对较高
结算方式、回款方式	主要为款到发货，对于资信较好的经销商会给予一定信用期	配送商主要为大型医药流通企业，公司通常给予一定信用期	直接与终端结算，回款方式受制于终端回款速度

综上所述，配送商模式是发行人在两票制政策下推行的新的销售模式，与传统的经销模式相比，配送商模式使得药品的流通环节更少、药品流向更加透明、定价模式更加市场化，同时，药品生产企业需要承担更多市场开拓、销售队伍建设，因此，虽然配送商与经销商均为发行人直接下游客户，配送商与经销在其权利义务等诸多方面存在差异，两者区别较为明显。

（三）不同模式下的销售情况

报告期内，随着国家两票制政策在全国范围内由试点省份向全国范围内展开，两票制下的配送商模式在销售额和销售占比上逐年上升。2015 年至 2017 年，发行人三种模式下的销售情况如表 3－11－8：

表 3-11-8 2015～2017 年发行人不同销售模式下的销售情况

	金额(万元)	占比	金额(万元)	占比	金额(万元)	占比
经销商模式	17,182.37	24.43%	23,737.42	47.59%	17,595.03	49.90%
配送商模式	53,106.97	75.50%	26,051.68	52.23%	17,516.47	49.68%
直销模式	50.16	0.07%	88.92	0.18%	146.17	0.41%
合计	70,339.50	100.00%	49,878.02	100.00%	35,257.67	100.00%

第十二节 委托借款

【商业逻辑与背景分析】

委托借款问题其实在实践中还是普遍存在的一种现象,跟非真实贸易票据融资的性质颇为类似,都是企业融资困难的一种无奈的选择。与票据融资主动选择不同的是,委托借款更多情况下是借款银行的一种政策要求,是企业接受银行借款被动的一种选择。有人会问,那么多银行为什么非要选择这家条件要求多的银行呢?理由简单,不过是别的银行不给借款这家银行可以,这家银行的借款额度比别的银行高,或者借款利息比别的银行低而已。任何条件都是有对价的,这个不用怀疑。

实践中,委托价款的情形主要有两种情形:(1)通过供应商进行借款,就是银行将借款提供给供应商,然后通过虚构采购合同的方式将资金转移到发行人账户,这是一种相对比较恶劣的委托借款。(2)通过关联方借款,就是银行将借款提供给关联方,后续再转移到发行人账户,这本质上就是一种资金拆借或者资金占用的情形,至于为什么要进行这样的处理,实践中有很多种因素。

委托借款问题普遍存在,以前 IPO 审核中也时常关注但是没有作为重点问题思考。根据目前最新的 IPO 审核政策,委托借款问题成为很典型的内部控制问题,要求 IPO 发行人必须及时彻底清理,并且最好解决之后能够运行一段时间再申报,根据情节轻重一般运行 6 个月至 1 年的时间是恰当的。

【核查方法指引】

关于委托借款的核查思路，如果单纯进行一些基本的审计程序是很难发现的，一定要对银行流水甚至是一些关联方的银行流水进行仔细核对才能发现问题，这也就是为什么在 IPO 财务核查中一直无数次强调银行流水核查重要性的原因。毕竟，银行流水是一个企业的血液，我们去体检时抽血检查就是必不可少甚至是最重要的一个程序。

核查思路，简单来说主要有以下几个方面：

1. 通过审计程序对委托借款进行明确的界定和拆分，区分正常借款和委托借款。

2. 统计委托借款的发生时间、金额（发生额和余额）、性质、发生的原因、借款的具体用途、是否逾期、是否存在其他重大风险等。

3. 委托借款的审批程序，是否存在违规行为，是否能够取得借款银行的说明以及当地人民银行的证明，是否存在重大违法违规行为，是否影响 IPO 发行条件。

4. 解决委托借款行为的具体措施、后续解决融资问题的具体路径，是否存在资金流断裂的风险。

5. 发行人对于银行借款内部控制措施的具体情形，内部控制是否存在重大缺陷，是否存在其他经营风险。

【具体案例分析】

一、京博农化科技股份有限公司（未通过）

（一）发行人与其他公司之间的资金往来

《流动资金贷款管理暂行办法》第 27 条规定，“采用贷款人受托支付的，贷款人应根据约定的贷款用途，审核借款人提供的支付申请所列支付对象、支付金额等信息是否与相应的商务合同等证明材料相符。审核同意后，贷款人应将贷款资金通过借款人账户支付给借款人交易对象”。2013 年 1 月 1 日以来，银行向发行人发放贷款时采用受托支付方式。

2013 年 1 月 1 日以来，银行向发行人发放贷款后，按借款合同约定受托将款项支付给京博控股、甘肃诺客达等管理企业，上述企业在收到银行付款后及时将该款项转至发行人银行账户。上述贷款情况如表 3 – 12 – 1：

表 3－12－1　近年来京博农化科技股份有限公司贷款情况

单位:万元

关联方名称	2015 年 1－7 月	2014 年	2013 年
京博控股	15,500.00	20,500.00	18,000.00
甘肃诺客达	—	—	3,000.00
合　　计	15,500.00	20,500.00	21,000.00

除了与京博控股、甘肃诺客达两家关联方外,自 2013 年 1 月 1 日以来,公司与大连博易石油化工有限公司、湖北丰杯生物科技有限公司等非关联方也存在相似的资金往来情形,相关贷款情况如表 3－12－2:

表 3－12－2　近年来京博农化科技与非关联方资金往来情况

单位:万元

公司名称	2015 年 1－7 月	2014 年	2013 年
大连博易石油化工有限公司	—	4,000.00	—
湖北丰杯生物科技有限公司	2,000.00	—	—
合　　计	2,000.00	4,000.00	—

截至本招股说明书签署日,发行人已偿还上述借款。

(二)相关意见与承诺

1. 董事会及独立董事对相关银行借款的确认意见

2015 年 7 月 29 日,公司召开了第二届董事会 2015 年第九次临时会议,对公司自 2012 年 1 月 1 日以来的银行借款情况进行确认:经查,公司自 2012 年 1 月 1 日以来与银行开展的受托支付借款业务,被支付方虽与公司实际原材料供应方存在差异,但公司并无以欺诈手段骗取贷款的主观意图,且公司所获取的银行贷款资金均用于公司原材料或电力、蒸汽采购,未违反公司与银行之间关于贷款资金用途的约定,且相关贷款合同均正常履行,履行完毕的合同也已足额还本付息,未损害金融机构与其他企业的利益,未曾与银行发生纠纷;银行将贷款资金支付给相关公司账户后,被支付方一般于当日或次日将相关资金转入发行人账户,不存在资金被相关公司占用的情形。因此,不存在损害公司股东利益或造成公司资产流失的情况。

公司独立董事对 2012 年 1 月 1 日以来的银行借款情况进行了审查,并认为:公司自 2012 年 1 月 1 日以来与银行开展的受托支付借款业务,被支付方虽与公司实际原材料供应方存在差异,但公司并无以欺诈手段骗取贷款的主观意图,且公司所获取的银行贷款资金均用于公司原材料或电力、蒸汽采购，未违反公司与银行之间贷款资金用途的约定，且相关贷款合同均正常履行，履行完毕的合同业已足额还本付息，未损害金融机构与其他企业的利益，未曾与银行发生纠纷；银行将贷款资金支付给相关公司账户后，被支付方一般于当日或次日将相关资金转入发行人账户，不存在资金被相关公司占用的情形。因此，不存在损害公司股东利益或造成公司资产流失的情况。公司与银行开展的受托支付借款业务中虽存在不规范情形，但该等事宜未损害公司及股东利益，且公司已提出进一步整改措施，该等事宜不会对公司生产、经营造成重大影响。

2. 贷款银行出具证明

2015 年 7 月和 8 月，公司 2012 年 1 月 1 日以来合作的相关九家银行出局了证明，确认：自 2012 年 1 月 1 日以来公司与上述银行所发生的借款均根据借款合同的要求正常履行，公司不存在违约情形，且与上述银行不存在任何纠纷。公司与上述银行发生的借款业务，款项支付均采用受托支付的方式，且按合同约定用途使用借款，未损害上述银行的利益。

3. 主管机关出具证明

2015 年 8 月，中国人民银行博兴县支行向公司出具证明："京博农化科技股份有限公司自 2012 年 1 月 1 日至今，我行没有发现因其违反人民银行相关法律、法规而受到行政处罚的行为；没有收到辖内银行涉及相关问题的重大事项报告。"

2015 年 8 月，中国银行业监督管理委员会滨州监管分局向公司出具证明："京博农化科技股份有限公司自 2012 年 1 月 1 日以来无不良贷款记录，且不存在因违反企业贷款相关法律、法规和规范性文件的行为而受到行政处罚。自 2012 年 1 月 1 日以来，京博农化与九家银行签订的借款合同均履行了正常的贷款审批程序，履行贷款合同正常，未发现不按合同约定使用借款情况，未发现损害银行业机构利益的行为。"

4. 实际控制人出具承诺

实际控制人马韵升针对上述借款情况出具了承诺："若股份公司因 2012 年 1 月 1 日以来存在的受托支付借款业务而导致承担违约责任或因此受到任何处罚，本人将无条件以现金全额支付因此而产生的费用、相关罚金或其他经济损失，保证股份公司不因此遭受任何损失。"

（三）规范措施

为加强对银行借款方面的资金管理，公司于 2015 年 7 月 29 日召开了第二届董事会 2015 年第九次临时会议，修改了《关于公司拟修订〈筹资管理制度〉的议

案》,修改后的《筹资管理制度》相关规定如下:

公司在办理银行借款业务时,应严格遵守国家相关法律法规的要求,并按照相关规定提供监管部门以及银行要求的资料,对于受托支付借款业务,财务经营部应对商务合同、发票等相关资料进行合法性及真实性审查。审计部应对相关情况予以关注,并采取抽查等方式进行监督审查。

公司已通过以下方式规范借款业务,加强内部控制,保证资金安全:一是与银行协商变更支付方式,申请采用公司自主支付方式。二是加强资金支付计划及原材料采购预算管理,加强资金使用效率,使相关采购业务的货款支付进度满足第三方受托支付货款的放款要求。同时,加强受托支付银行借款业务的日常管理,从而使得交易合同与受托支付贷款的支付进度进行匹配。三是通过融资租赁等融资形式拓宽资金来源。

二、上能电气股份有限公司(未通过)

(一)资金拆借的基本情况(见表3-12-3)

表3-12-3 资金拆借的基本情况

单位:万元

关联方	期间	期初余额	资金借入	资金归还	期末余额	本期计息
龙达纺织	2017年1-6月	8,747.00	835.80	1,796.28	7,786.52	235.49
	2016年度	7,765.72	5,435.00	4,453.72	8,747.00	450.45
	2015年度	—	7,917.22	151.50	7,765.72	129.10
	2014年度	—	—	—	—	—
江苏日风	2017年1-6月	—	—	—	—	—
	2016年度	—	—	—	—	—
	2015年度	—	1,925.50	1,925.50	—	—
	2014年度	—	9,102.35	9,102.35	—	—
上海日风	2017年1-6月	—	—	—	—	—
	2016年度	—	—	—	—	—
	2015年度	—	1,931.20	1,931.20	—	—
	2014年度	—	—	—	—	—

续表

关联方	期间	期初余额	资金借入	资金归还	期末余额	本期计息
龙瑞信	2017 年 1－6 月	—	—	—	—	—
	2016 年度	—	12,600.00	12,600.00	—	—
	2015 年度	—	6,489.42	6,489.42	—	—
	2014 年度	—	5,600.00	5,600.00	—	—
丁峰	2017 年 1－6 月	—	—	—	—	—
	2016 年度	—	—	—	—	—
	2015 年度	—	—	—	—	—
	2014 年度	—	2,450.00	2,450.00	—	—

（二）资金拆借的原因、背景

发行人设立于 2012 年 3 月，成立时间较短，2014 年、2015 年、2016 年营业收入分别为 21,062.66 万元、34,565.64 万元和 54,814.99 万元，每年营业收入大幅增长。由于发行人最近几年快速成长，资金缺口相应也较大。

由于发行人所处的光伏行业下游电站项目目前需要国家补贴，下游客户的电站项目建成后，政府的补贴政策落实需要一段时间。因此形成整个光伏产业链上所有企业无法现款现货。尽管发行人与客户约定了预收款、到货款、验收款、质保金等付款进度，但是仍无法满足快速增长带来的资金需求。

同时，发行人前几年的客户主要以央企集团、地方国企、龙头民营企业为主，这些企业的项目主要以招投标为主，对发行人的投标保证金也有一定需求。

发行人成立时均以货币资金设立，自 2014 年开始陆续购建土地、厂房等资产，这造成发行人短期资金需求较多；另外，由于发行人固定资产较少，银行贷款也相对困难。

基于以上原因，发行人在报告期内资金需求较多。为了解决一部分短期资金需求，如投标保证金、支付供应商货款等原因，发行人曾向关联方拆借短期资金周转；同时，为解决一部分使用时间较长的资金需求，发行人还与龙达纺织签订《借款协议》，以满足较长周期的资金需求。

此外，发行人报告期内的银行贷款按要求经关联方账户周转，也造成报告期内发行人向关联方资金拆借较多。

(三)报告期内向关联方资金拆借明细

1.发行人向龙达纺织借款的明细

2015年7月公司与关联方龙达纺织签订《借款协议》,双方约定公司向其借款10,000万元内,具体金额根据公司需要提出;借款期限为36个月,公司可根据自身资金情况选择提前归还;借款月利率为0.5%。2015年、2016年、2017年1~6月公司分别向龙达纺织支付利息129.10万元、450.45万元、235.49万元。

2.发行人向银行贷款通过龙瑞信账户周转形成资金拆借的情况

2014年、2015年、2016年公司向银行贷款发生额分别为6500万元、7200万元、13,100万元;其中分别有5600万元、7200万元、12,600万元贷款按要求经关联方账户周转,因此未计提利息。

基于银行贷款审核的政策和实践操作,发行人就购买原材料等日常生产经营相关采购事项申请银行贷款时,银行通常采用受托支付方式向发行人发放贷款资金。银行的贷款审批具有单笔金额较大、周期较长的特点,而在采购中,发行人一般会根据采购合同约定制定采购付款计划,并据此向供应商支付货款。通常单次向单个供应商支付的金额相对较小且支付频率较高,同时对供应商还有一定的账期。因此,实际操作中,发行人委托贷款银行向其关联企业支付贷款资金,被支付企业在资金到账后会及时转回发行人账户,发行人根据实际采购付款计划最终将贷款资金用于贷款合同约定的用途。

(四)资金拆借利息支付情况及部分未支付利息的原因

报告期内,发行人向关联方龙达纺织的借款签订了《借款协议》,按月计提利息。

报告期内,发行人还存在向银行贷款,按要求经龙瑞信账户周转的情形,由于上述资金实际系发行人向银行的贷款,因此无须计提利息。

除上述情况下,发行人还向江苏日风、上海日风、丁峰拆借周转资金用于支付货款、基建款、投标保证金等情形,由于上述资金周转时间短,因此未计提利息。

(五)未计提利息的资金拆借对经营成果的影响

报告期内,由于发行人曾向关联方龙达纺织借款,并以年化6%的利率支付利息,因此在测算向关联方支付利息时选择年化6%、日0.0167%的利率测算利息,具体对经营成果的影响如表3-12-4:

表3-12-4　近年来发行人向各关联方借款占利润总额比例统计

单位:万元

项目	2017年1-6月	2016年	2015年	2014年
江苏日风	—	—	35.00	50.61
上海日风	—	—	10.18	—
丁峰	—	—	—	8.27
合计	—	—	45.18	58.88
利润总额	—	4,177.81	3,887.41	2,520.56
占比	—	—	1.16%	2.34%

注:2015年发行人与龙瑞信除了贷款转贷,还有少量的资金拆借,未测算。

经测算,发行人向关联方短期拆借的资金,其利息较小,2016年、2015年、2014年未支付利息占利润总额的比例分别为0、1.16%、2.34%,对发行人经营成果影响不大,不存在损害发行人利益的情形,对本次发行上市不构成实质性障碍。同时,随着发行人银行信用记录的增加,得到了一些银行的授信,短期资金也得到了一定程度的解决。自2016年开始,发行人已不再向关联方拆借临时周转资金。

(六)关于是否符合《贷款通则》规定的情形

虽然发行人报告期内与关联方的资金拆借行为与中国人民银行1996年颁布的《贷款通则》的有关规定存在不一致的地方。但鉴于:

1.根据《最高人民法院关于审理民间借贷案件适用法律若干问题的规定》(2015年)第11条的规定,除特殊情况外,法人之间、其他组织之间以及它们相互之间为生产、经营需要订立的民间借贷合同被认定为是有效的。

2.资金拆借已按照发行人当时有效的章程及决策程序履行了相关审批程序,不存在损害公司及其他股东利益的情况。

3.为规范和减少发行人与关联方之间的内部资金往来,发行人已经制定了《防范控股股东及关联方资金占用管理办法》《关联交易管理制度》等内部管理制度。

保荐机构、发行人律师认为,上述发行人向关联方拆借资金行为虽然不符合《贷款通则》等文件的规定,但是不会构成本次发行的障碍。

(七)贷款合同的具体情况

根据表3-12-4所述,发行人与银行签署的贷款合同约定的借款用途为“购原材料/付货款”等生产经营所需,发行人通过关联方周转取得贷款后均已实际向供应商付款用于采购生产经营所需的原材料，用途未实质性违反贷款合同约定的借款用途。虽然发行人向贷款银行提供的采购合同中，与关联方龙瑞信、上海日风的采购合同在签订后未实际履行，与发行人在贷款合同中承诺的所提供的资料真实、准备、完整、有效的条款存在出入，但上述银行均已出具《确认函》，对发行人通过关联方周转取得贷款知悉并无异议，且不存在任何纠纷或潜在纠纷，不会对上能电气提出任何违约或侵权赔偿请求。发行人实际使用贷款资金的情况与贷款合同约定的借款用途性质相同。根据无锡市人民政府金融工作办公室出具的《情况说明》，上能电气已经履行贷款审核程序且最终实际用途未违反上能电气与银行之间关于贷款用途的约定，相关贷款合同均已履行，未给相关银行造成损失，也未发生争议或纠纷，并经各贷款银行确认。因此，发行人实际贷款用途未违反贷款合同约定用途已获得无锡市人民政府金融工作办公室认可，发行人未实质性违反《贷款通则》第 71 条“（一）不按借款合同规定用途使用贷款的”的规定，且《贷款通则》第 71 条规定的处罚为“由贷款人对其部分或全部贷款加收利息”及“情节特别严重的，由贷款人停止支付借款人尚未使用的贷款，并提前收回部分或全部贷款”，追究该等处罚责任的主体为贷款人，即与发行人签署贷款合同的上述银行，根据上述银行出具的《确认函》，确认借款合同依约正常履行未损害银行利益，不会对上能电气提出任何违约或侵权赔偿请求，因此，发行人不存在“由贷款人对其部分或全部贷款加收利息”及“情节特别严重的，由贷款人停止支付借款人尚未使用的贷款，并提前收回部分或全部贷款”的风险。虽然发行人向贷款银行提供的采购合同中，与关联方龙瑞信、上海日风的采购合同在签订后未实际履行，但发行人取得贷款后均已实际向供应商付款用于采购生产经营所需的原材料，发行人能够按照与银行签署的贷款合同约定借款用途的性质使用贷款资金，未用于固定资产、股权等投资，未用于国家禁止生产、经营的领域和用途；符合贷款合同约定的借款用途的实质要求，未实质性违反贷款合同及《流动资金贷款管理暂行办法》第 9 条规定的“贷款人应与借款人约定明确、合法的贷款用途。流动资金贷款不得用于固定资产、股权等投资，不得用于国家禁止生产、经营的领域和用途。流动资金贷款不得挪用，贷款人应按照合同约定检查、监督流动资金贷款的使用情况”的规定。经查验《流动资金贷款管理暂行办法》第七章法律责任的全部条款（第 38 条、第 39 条）规定的法律责任的监管主体为贷款人，因此，发行人不存在被《流动资金贷款管理暂行办法》追究法律责任的风险。

据此，发行人经关联方周转取得银行贷款未导致贷款合同约定的借款用途的实质性变更，且上述银行出具《确认函》，确认借款合同依约正常履行未损害银行利益，不会对上能电气提出任何违约或侵权赔偿请求，因此，发行人不存在被《贷款通则》《流动资金贷款管理暂行办法》追究法律责任的风险。

■第十三节 （前）员工业务合作

【商业逻辑与背景分析】

关于企业员工独立创业的问题，其实是一个很常见的话题，最典型的就是我们熟知的阿里系，每年会有很多员工出来单独创业。员工独立创业可以根据员工原来的身份做一个简单的划分，可以简单分为两类：第一种是技术生产型的创业，就是原来的技术或者生产型员工利用自己的技术或者生产经验独立创业；第二种是销售渠道型的创业，就是原来的销售员工利用自己积累起来的一些客户资源独立创业进行销售。

对于第一种创业类型，在 IPO 审核实践中会遇到一些，这种创业的企业基本上都不会跟原来的企业再保持业务合作关系，反而会存在一些技术纠纷、竞业禁止等方面的问题。也就是说，这种类型的创业一旦创业成功了还是很独立的，甚至会对原东家造成很大的竞争威胁，因而会存在一些争议和纠纷。

对于第二种创业类型，原来的销售员工设立销售公司，很多情况下还是跟原东家合作，也就是原来是在企业里拿着销售工资和奖金而现在是自负盈亏。这种情况下，审核实践中还是会重点关注业务合作的合理性。是发行人对员工掌握的客户资源存在依赖，还是发行人要通过这种方式对员工进行利益输送或者体外资金循环，是我们要重点核查并说清楚的事情。

本节我们讲到的前员工合作主要就是第二种情形，我们找到的案例既有成功的也有失败的，不管怎样还是要提示大家这种情形需要关注的问题以及存在的潜在风险。

【核查方法指引】

关于这个问题的核查，其实核心思想就是关注合理性，如果合理性得不到充分的论证和理解，那么 IPO 审核的风险就会非常的大。具体来说，主要是指：

1. 前员工从发行人离职的原因、离职的程序是否合规、是否存在薪酬、技术等方面的纠纷。

2. 前员工设立公司的时间、其他股东情况、其他股东与发行人以及相关方是否存在关联关系，前员工是不是公司的实际控制人，是否存在股份代持的情形。

3. 前员工与发行人合作的时间、历史、原因，前员工是否还与其他人进行合作，是不是专门与发行人合作设立的公司。

4. 前员工与发行人合作的内容、价格以及变动趋势，主要合同条款是否与其他合作方存在重大差异，是否存在利益输送的情形。

5. 前员工设立公司的经营业绩情况，是否与业务规模相匹配，是否存在替发行人承担费用或成本的情形。

【具体案例分析】

一、天安新材（603725）：股东和前员工的业务合作

发行人采用股东、前员工经销商销售模式的具体原因、合理性和必要性，是否为行业普遍做法，是否为关联交易，是否涉嫌利益输送？

（一）发行人采用股东、前员工经销商销售模式的具体原因、合理性和必要性是否为行业普遍做法

1. 股东、前员工经销商总体情况

截至本招股说明书签署日，发行人前员工为发行人经销商的情况如表3－13－1 所示：

表 3－13－1　发行人前员工为发行人经销商的情况

序号	前员工姓名	职务	直接或间接持有发行人的股权比例	离职日期	离职年限	经销商情况
1	冯伟	销售部员工	—	2006.11.30	9－10 年	冯伟为北京德瑞曼材料技术有限公司法定代表人、控股股东和实际控制人。
2	池建	销售部员工	—	2009.9.30	7－8 年	池建为成都天启商贸有限公司法定代表人、控股股东和实际控制人。
3	李新社	销售部员工	—	2009.11.1	7－8 年	李新社为佛山市天舰装饰材料有限公司控股股东和实际控制人，其配偶郭云霞担任法定代表人。

续表

序号	前员工姓名	职务	直接或间接持有发行人的股权比例	离职日期	离职年限	经销商情况
4	李伟	销售部员工	通过佛山市粤晟投资中心（有限合伙）间接持有发行人0.0182%股份	2015.4.30	1－2年	李伟为佛山市天杰装饰材料有限公司控股股东和实际控制人，其配偶卜炎华担任法定代表人。
5	杨立恒	销售部员工	—	2015.3.30	1－2年	杨立恒为沈阳博璟装饰材料有限公司法定代表人、控股股东和实际控制人。
6	周蓉	事业部员工	—	2016.9.30	1年	周蓉和丰玲两名员工系合伙创业，周蓉担任佛山市如褚装饰材料有限公司监事，丰玲担任佛山市如褚装饰材料有限公司股东和执行董事。
7	丰玲	文员	—	2017.4.10	1年以内	
合计			0.0182%			

报告期内，发行人对上述前员工经销商的销售情况如表3－13－2：

表3－13－2　报告期内发行人对前员工经销商的销售情况

单位：人民币元

前员工姓名	前员工经销商	2014年度	2015年度	2016年度	2017年1－6月
冯伟	北京德瑞曼材料技术有限公司及其关联方	27,581,571.83	30,259,309.97	31,006,713.62	13,652,549.65
池建	成都天启商贸有限公司及其关联方	11,740,759.65	13,627,579.96	18,055,817.08	9,544,813.90
李新社	佛山市天舰装饰材料有限公司	17,529,837.66	16,039,247.18	15,786,846.13	8,253,275.52
李伟	佛山市天杰装饰材料有限公司及其关联方	—	4,458,328.80	9,661,538.49	4,772,738.80

续表

前员工姓名	前员工经销商	2014 年度	2015 年度	2016 年度	2017 年 1－6 月
杨立恒	沈阳博瑅装饰材料有限公司及其关联方	—	1,151,425.38	3,188,201.29	2,407,331.60
周蓉 丰玲	佛山市如褚装饰材料有限公司	—	—	788,808.79	1,391,107.56
合计		56,852,169.14	65,535,891.29	78,487,925.39	40,021,817.03
营业收入		551,488,842.29	667,489,308.00	859,638,576.62	422,119,284.44
前员工经销商收入占比		10.31%	9.82%	9.13%	9.48%

由表 3－13－2 可见,发行人对其销售较多的冯伟、池建、李新社均为离职 7～10 年的前员工。前员工经销商中除李伟持有仅 0.0182% 的发行人股份外,均未持有发行人股份。

李伟 2017 年 1～6 月与发行人采购交易的金额为 4,772,738.80 元,占发行人销售收入之比为 1.13%;2016 年与发行人采购交易金额为 9,661,538.49 元,占发行人销售收入之比为 1.12%;2015 年与发行人采购交易金额为 4,458,328.80 元,占发行人销售收入之比为 0.67%,前员工持有发行人股份的情况并不会对关联关系的认定或相关销售的公允性产生影响。

2. 发行人采用股东、前员工经销商销售模式的具体原因、合理性和必要性;是否为行业普遍做法

公司的股东、前员工经销商均只经营家居装饰饰面材料。家居装饰饰面材料的下游终端厂家分为两类:一类是以索菲亚、欧派、尚品宅配、皮阿诺、志邦橱柜为代表的大型全屋定制生产企业和家具生产企业,该类客户对产品品质、气味等级、外观精致程度有更高的要求,因此公司对其销售产品的毛利率也较高;此外,该类客户的单次订单量较大,对公司而言更容易控制品质的稳定性,因此该类客户是公司重点发展和维护的客户。另一类是广大的中小型家具生产企业,该类客户通常订单量小,毛利率较低,且不同客户间产品参数差异较大,维护、管理成本较高;但该类客户遍布全国各地,市场容量大,也不容忽视。考虑到上述情况,公司利用经

销商来对接下游的中小型家具生产企业，将主要精力用于开拓和维护大型全屋定制生产企业和家具生产企业。

公司部分前员工由于看好家居装饰饰面材料下游行业的市场发展前景，产生了独立创业的想法。考虑到这些员工有较长的工作经验，熟悉本公司产品，对行业理解深度较高，在开拓客户方面也有一定优势，与其沟通也更为顺畅，因此公司接纳了部分前员工作为公司的经销商。

在相关行业上市公司的公开资料披露中，世名科技（300522）、志邦橱柜（603801）等公司均存在前员工经销商的情况，见表3－13－3。

表3－13－3　世名科技与志邦橱柜存在前员工经销商的情况

公司名称	股票代码	经营范围	主营产品	上市日期
苏州世名科技股份有限公司（世名科技）	300522	软件开发、销售；计算机调色体系、色卡产品开发、销售；水性色浆生产、销售；水性涂料销售及技术咨询服务；化工产品及原料的销售（不含危险化学品）；自营和代理各类商品及技术的进出口业务。	环保型、超细化水性色浆，广泛应用于建筑涂料、乳胶、造纸、皮革等领域。	2016－07－05
志邦橱柜股份有限公司（志邦橱柜）	603801	厨房家具、厨房装饰工程施工，橱柜配件、厨房用品、厨房电器、装饰材料的销售与安装；家具、木门、衣帽间、卫浴柜、居家饰品的制造、销售及安装；家居以及厨房的整体设计及安装；品牌加盟服务；房屋租赁。	整体橱柜和定制衣柜	2017－06－30

上述两家公司在公开文件中的披露情况如下：

“为了加大重点区域市场推广力度，宣传世名品牌，世名印刷创业初期，在上海、北京、广东等地均设立了办事处。该等办事处的设立，在市场开拓方面为创业初期的世名印刷提供了强有力的支持。2005年以后，世名印刷步入快速发展轨道，为了调动办事处员工的积极性以更好地促进水性色浆产品的销售，世名印刷对销售体制进行了调整，部分办事处员工从世名印刷离职，成为世名印刷在当地的经销商。公司收购世名印刷生产性资产后，该部分经销商成为公司的经销商，并一直延续至今。”（资料来源：世名科技招股说明书）

“为迅速抢占市场、提高公司产品市场占有率、提升公司品牌知名度及行业影响力，公司分别于2010年、2011年设立北京志邦、南京浩华、上海志邦、武汉顺邦、重庆邦志等5家子公司，负责公司产品在当地市场的开拓及销售。但在北京志邦等5家公司经营过程中，公司逐渐意识到通过直营模式进行运营，不能充分调动一线营销人员的积极性，管理团队的主观能动性难以发挥，不利于快速开拓市场。2013 年 9 月，公司主动调整经营管理战略，将北京志邦等 5 家公司由原来的直营模式调整为经销模式，虽让渡部分利润给经销商，但同时能够节约公司的运营费用。张慧等股权受让人因看好公司产品在当地的市场前景，同意受让北京志邦等 5 家公司股权，成为公司在当地的经销商。”（资料来源：志邦橱柜招股说明书）

上述两家公司前员工经销商占销售金额的占比如表 3－13－4：

表 3－13－4　世名科技和志邦橱柜前员工经销商占销售金额的占比

单位：万元；比例：%

公司名称	2016 年度	2015 年度	2014 年度	2013 年度
世名科技：				
前员工经销商销售收入	未披露	5,422.75	3,906.05	3,616.16
前员工经销商销售占比	未披露	24.11	19.06	21.77
志邦橱柜：				
前员工经销商销售收入	12,505.86	8,489.79	7,629.14	12,622.39
前员工经销商销售占比	7.97	7.14	7.27	13.02

可见，由于上述原因的存在，家装面料相关行业也存在员工经销商的情况。发行人采用股东、前员工经销商销售模式具有合理性。

（二）是否为关联交易，是否涉嫌利益输送

经核查，保荐机构、申报会计师和发行人律师认为，上述股东、前员工经销商与公司不存在关联关系，也未涉嫌利益输送。

1. 报告期各期发行人对股东、前员工经销商的产品定价政策、信用政策、返利政策与其他经销商的差异情况，原因及合理性

报告期各期发行人对股东、前员工经销商的产品执行与其他经销商相同的定价政策、信用政策、返利政策，具体情况如下：

（1）公司按照销售成本加合理毛利制定公司各产品的销售基本价，在此基础上对经销商进行报价，不因是否股东、员工经销商而有所不同。

（2）公司建立了客户信用管理制度，主要依据客户的产品类别、合作时间、综合实力、行业信誉、交易额、历史货款支付及时性等方面对客户的资信情况进行综合评估。由于报告期内家居装饰饰面材料经销商的信用状况良好，因此公司给予家居装饰饰面材料经销商的信用期统一为月结 30 天。

（3）公司仅针对家居装饰饰面材料的经销商实施返利政策。股东、前员工经销

商与其他经销商相比，其返利政策相同，不存在差异。

2. 股东、前员工经销商毛利率与其他经销商的毛利率水平不存在显著差异

报告期内，发行人向前员工经销商（如前所述，股东经销商也为前员工经销商）销售的主要产品毛利率情况如表 3－13－5：

表 3－13－5　发行人近年向前员工经销商销售的主要产品毛利率情况

单位：%

类别	2014 年度	2015 年度	2016 年度	2017 年 1－6 月
前员工经销商	15.69	20.97	18.77	14.23
非前员工经销商	16.63	22.98	21.74	15.06
全体经销商	16.07	21.85	20.24	14.80

经比对，发行人向前员工经销商销售主要产品毛利率与非员工经销商毛利率相比略低，差异较小。前员工经销商毛利率与其他经销商的毛利率水平不存在显著差异。

3. 前员工经销商的采购、销售、库存情况及核查情况

报告期内各期，发行人的股东、前员工经销商对发行人产品的采购、销售、库存情况如表 3－13－6：

表 3－13－6　报告期内前员工经销商对发行人产品的采购、销售、库存情况

单位：万元

前员工姓名	经销商名称	经销商采购金额	经销商对外销售金额	经销商库存金额
2017 年 1－6 月				
冯伟	北京德瑞曼材料技术有限公司及其关联方	1,365.25	1,335.25	354.00
池建	成都天启商贸有限公司及其关联方	954.48	869.13	235.35
李新社	佛山市天舰装饰材料有限公司	825.33	823.70	9.86
李伟	佛山市天杰装饰材料有限公司及其关联方	477.27	498.06	1.36
杨立恒	沈阳博琨装饰材料有限公司及其关联方	240.73	193.67	143.06
周蓉、丰玲	佛山市如褚装饰材料有限公司	139.11	116.11	23.00
合计		4,002.17	3,835.92	766.63
当期期末库存余额占当期采购额的比例		9.58%（注 3）		

续表

前员工姓名	经销商名称	经销商采购金额	经销商对外销售金额	经销商库存金额
2016 年度				
冯伟	北京德瑞曼材料技术有限公司及其关联方	3,100.67	3,081.67	324.00
池建	成都天启商贸有限公司及其关联方	1,805.58	1,900.08	150.00
李新社	佛山市天舰装饰材料有限公司	1,578.68	1,578.74	8.23
李伟	佛山市天杰装饰材料有限公司及其关联方	966.15	953.55	22.15
杨立恒	沈阳博琨装饰材料有限公司及其关联方	318.82	222.82	96.00
周蓉、丰玲	佛山市如褚装饰材料有限公司	78.88	78.88	—
合计		7,848.78	7,815.74	600.38
当期期末库存余额占当期采购额的比例		7.65%		
2015 年度				
冯伟	北京德瑞曼材料技术有限公司及其关联方	3,025.93	3,003.93	305.00
池建	成都天启商贸有限公司及其关联方	1,362.76	1,291.35	244.50
李新社	佛山市天舰装饰材料有限公司	1,603.92	1,603.73	8.29
李伟	佛山市天杰装饰材料有限公司及其关联方	445.83	436.28	9.55
杨立恒	沈阳博琨装饰材料有限公司及其关联方	115.14	115.14	—
合计		6,553.58	6,450.43	567.34
当期期末库存余额占当期采购额的比例		8.66%		
2014 年度				
冯伟	北京德瑞曼材料技术有限公司及其关联方	2,758.16	2,705.16	283.00
池建	成都天启商贸有限公司及其关联方	1,174.08	1,100.99	173.09
李新社	佛山市天舰装饰材料有限公司	1,752.98	1,752.90	8.10
合计		5,685.22	5,559.05	464.19
当期期末库存余额占当期采购额的比例		8.16%		

4. 发行人与股东、前员工经销商之间在业务、资产、人员、机构、财务等方面是否完全独立，发行人在业务方面是否对股东、前员工经销商存在依赖，股东、前员工经销商的存在是否影响发行人的独立性。

(1)业务独立

经核查，公司主要从事高分子复合饰面材料研发、设计、生产及销售，拥有独立的研发、采购、生产和销售及管理系统，自主经营。上述股东、前员工经销商主要经营家居装饰饰面材料的销售业务，与公司是上下游关系。

公司对前员工经销商的销售占比较低，且双方为正常的商业往来，不存在依赖股东经销商、前员工经销商进行生产经营管理的情况，也不存在与公司共用销售、采购渠道的情况。因此，双方业务独立。

(2)资产独立

保荐机构、申报会计师、发行人律师对上述前员工经销商进行了实地走访，查看了其经营场所和物流仓库。经核查，公司拥有独立完整的研发、采购、生产、销售系统及配套设施，产权关系明确。上述股东、员工经销商持有的资产主要为货币资金、应收账款、存货等经营性流动资产；公司与经销商的销售为买断式销售，不存在寄存存货的情况。因此，双方资产独立。

(3)人员独立

保荐机构取得了上述股东和前员工经销商的员工名册，并查询了国家信用信息公示系统。经核查，广东天安与上述股东经销商和前员工经销商的员工不存在重叠。因此，不存在互相任职，互任董事、监事和高级管理人员的情况，双方人员独立。

(4)机构独立

经核查，广东天安拥有独立的生产经营和办公机构场所，不存在与上述股东和前员工经销商混合经营、合署办公的情形。广东天安与上述公司的注册地、办公地、生产经营地均位于不同地址，也未出租给上述方使用。双方不存在干预公司机构设置、生产经营活动的情况。因此，双方机构独立。

(5)财务独立

经核查，广东天安和上述公司均设有独立的财务部门，广东天安对经销商不存在派出财务人员的情况。因此，双方财务独立。

综上，保荐机构和发行人律师认为，发行人与股东、前员工经销商之间在业务、资产、人员、机构、财务等方面完全独立，发行人在业务方面对股东、前员工经销商不存在依赖，股东、前员工经销商的存在不会影响发行人的独立性。

二、重庆顺博铝合金股份有限公司(未通过):前员工与发行人进行交易

发行人2014年、2015年第一大供应商重庆志德再生资源利用有限公司(以下简称重庆志德),由发行人前员工和第三方自然人于2014年共同出资设立,2017年停止了与发行人的购销交易。2016年、2017年第一大供应商变更为葛洲坝环嘉(大连)再生资源有限公司(以下简称葛洲坝环嘉),该公司为2015年6月成立,且个人股东占比45%。

国内废铝市场是卖方市场,废铝的供求关系总体上存在供给缺口。公司在废铝采购方面的主要竞争优势是"付款更快",而供应商普遍存在对公司的经营性资金占用,2014～2016年,公司的年均应付账款净额分别为4209.10万元、-1084.55万元、-4271.96万元(报告期内重庆志德改善了公司对供应商的信用条件,如果扣除重庆志德的影响,公司的年均应付账款净额分别为-1145.49万元、-7864.92万元、-4271.96万元,供应商对公司经营性占款的特征更为明显)。

2017年1～6月,应付账款年均净额为3410.14万元,供应商对公司的信用条件有所改善。在废铝市场总体上存在供给缺口的情况下,"付款更快"是公司在原材料采购上的竞争优势,而公司也可以由此获得价格上的折扣。报告期内,供应商对公司经营性占款影响了公司营运资金的周转速度,但是,由于再生铝行业生产周期较短,原材料周转速度较快,由此弥补了供应商信用关系对公司资金周转速度的影响。

三、深圳市明微电子股份有限公司(未通过):第一大经销商客户是前员工设立企业

创锐微电子和壹卡科技(两者2016年合并)为发行人2016年和2017年第一大经销商客户,其中壹卡科技系发行人前员工亲属所创办的公司。深圳壹卡科技有限公司、深圳市创锐微电子科技有限公司于2016年下半年合并,故只对这两个客户2016年的销售额进行合并,2014年度、2015年度的销售额不做合并计算,2017年壹卡科技未向公司进行采购。

表 3－13－7　壹卡科技 & 创锐微电子经销情况

壹卡科技 & 创锐微电子	深圳市创锐微电子科技有限公司	经销	专业电子产品经销商，代理多家芯片设计企业的产品，与发行人因产品需求建立合作关系	2009 年
	深圳壹卡科技有限公司	经销	壹卡科技为基于 LED 恒流驱动芯片进行委托加工 LED 电源模组的企业，同时代理发行人产品，与发行人因产品需求建立合作关系	2014 年

表 3－13－8　壹卡科技 & 创锐微电子 2014～2016 年、2017 年 1～6 月收入对比

序号	公司名称	2017 年 1－6 月		2016 年		2015 年		2014 年	发行人向其销售的主要产品及各期销售收入变化原因
		收入	同比增长	收入	同比增长	收入	同比增长	收入	
									系销售收入同比增长 231.80%。
2	壹卡科技 & 创锐微电子	1,913.11	116.22%	2,275.56	127.22%	1,001.50	－16.73%	1,202.72	发行人向其 2015 年销售收入略有下降的主要原因是发行人向其销售的开关电源类产品 SM7513 销售收入下降幅度较大，而高压线性替代产品 SM2082 当年增长规模有限。2016 年和 2017 年 1～6 月，由于 SM2082 在灯丝灯领域的大量应用，销售规模持续放量，带动发行人向其销售收入同比均实现较大幅度的增加。

第十四节　经销商模式的特殊变化

【商业逻辑与背景分析】

考量和判断一个企业，很重要的一个判断维度就是经营模式，经营模式是一个企业的核心，也是企业能够持续稳定发展的重要保证。经营模式主要分为采购模式、生产模式、销售模式三个板块，有的重视研发的企业还会强调一下研发模式，而

经营模式中相对更加重要的是销售模式。小兵一直讲,现在的市场是买方市场,一个企业最核心要做的就是将产品卖出去,就算是你技术先进产品优质,但是找不到稳定的客户并且长期保持销售,那么企业经营风险同样是很大的。

目前主流的销售模式基本上就是直销模式和经销模式两种最常见也是最基本的分类。在这两种最基本的销售模式下,可能还会延伸出一些新的具体模式,这些模式其实本质上就是直销或经销模式的一个变形,有的是流程变化、有的是结算方式变化、有的是合作对象变化等。从审核的角度来说,不管销售模式有什么变化或者创新,其实核心关注的要点并没有本质的变更,主要还是关注客户的真实性、销售的价格是否公允、业务合作模式是否合理、业务合作是否能够持续等。

在本节中,主要是为大家分析几个跟经销商有关但是又非常特殊的情况。我们核查要点的关注也将根据不同的案例逐一进行分析。

【核查方法指引】

一、一般核查思路

1. 统计经销商发生特殊变化的金额和比例,判断对于发行人生产经营和业绩影响的重要性水平。

2. 分析经销商发生特殊变化的背景和原因,是否符合行业惯例和基本的商业逻辑,是否属于企业正常的经营决策行为,判断合理性。

3. 分析经销商发生特殊变化是偶然还是稳定持续的,是否可以提高企业的产品竞争力和能力。

4. 将发生特殊变化的经销商与其他类型经销商或者变化前的经销商进行对比分析,分析销售规模、销售价格、销售毛利、净利润等水平是不是存在重大差异,分析这种变化对于发行人经营业绩的影响,是增加了利润还是减少了利润。

5. 分析经销商发生特殊变化对发行条件是否构成实质影响,通过剔除经销商发生特殊变化的业绩影响,分析是否依然符合发行条件。

6. 考察发行人对经销商发生特殊变化是否有完善的内部控制制度,保证对于这类合作交易实施有效的监管。

二、特殊关注要点

(一)志邦家居(603801):全资子公司成为经销商

发行人将五家全资子公司的股权全部转让给原来子公司的管理人员,并且由原来的直营模式变更为经销模式，这在 IPO 审核实践中确实是非常罕见也是很难理解的事情。不过从另外一个角度来讲，如果企业有着合理的商业逻辑并且对于发行人生产经营的影响都是公开透明的，那么应该也是没问题的，至少从现有的结果来看，这样的改变得到了监管机构的认可。当然，这样的认可一定是附有条件的，并且是要考量特定因素的。

关于这个问题，我们需要重点核查的要点主要有：

1. 发行人进行这样调整的原因和商业逻辑上的合理性，从目前的解释上来看，是发行人除了在合肥之外不再开展直营业务全部采用经销业务。

2. 发行人股权转让的具体流程、股权转让的价格、定价依据、受让方的基本情况、受让资金来源以及价款支付情况。总而言之一句话，这样的股权转让是不是真实的，是不是存在假转让假调整的情形。

3. 子公司股权转让之前是否存在违法违规行为，发行人通过股权转让逃避一些责任。

4. 直销变经销之后，发行人对五家公司的收入确认政策、销售合同主要条款是不是发生了重大变化。发行人和五家公司的合作具体条款与其他经销商的合作条款是否存在重大差异。一句话，就是这五家公司与其他经销商对比有没有特殊待遇。

5. 直销变经销后，发行人向五家公司的销售规模、销售价格、销售毛利、净利润等水平是不是存在重大差异，这种变化对于发行人经营业绩的影响，是增加了利润还是减少了利润。

6. 直销变经销后，发行人同样的销售应该是减少了毛利和利润，那么是否存在通过这种方式来提前确认收入或突击确认收入的情形。

7. 总结一句话，就是发行人需要解释这样的改变是合理的，更核心的是改变前后对于发行人经营业绩没有太大影响。

这里还要强调一点，那就是别人能做的事情我们不一定就能做，这个案例这种模式为什么被认可，还有特定的因素，具体为：

1. 发行人这样的战略调整是在 2013 年 9 月，从目前的审核来看，其实都已经不在报告期范围之内了，对发行人的影响程度也就没那么高了。

2. 发行人经销商众多且经销收入有 8 亿元左右，而调整模式的五家经销商不论是从数量还是销售规模上来讲占比都是极低的，这也是非常重要的一个因素。

3. 从这个案例我们应该可以得出一个启示，那就是对于一些问题的判断，首先要考察这个问题对于发行人生产经营和业绩影响的重要性水平。如果这个问题占比不高影响不大，那么处理得稍微简单粗暴些也无伤大雅，反之就算是很合理也有可能不被认可。

(二)长缆科技(002879):供应商股东入股发行人成为小股东

在以往的实践案例中,已经存在很多发行人客户或供应商投资发行人从而成为发行人股东的情形,并且已经证明股东客户或者供应商并不会构成 IPO 审核的实质性障碍。当然,股东客户或供应商问题需要在以下几个方面做出合理和充分的解释:

1. 客户或供应商已经与发行人合作了很多年,入股投资发行人是为了更好地分享发行人成长的收益,加强长期合作。

2. 客户或供应商入股的价格合理,不存在降低投资价格的情形。

3. 客户或供应商入股发行人前后,与发行人的业务合作没有发生重大变化和差异,客户或供应商与发行人的业务合作不论在数量上还是价格上都不存在重大变化。

4. 发行人与股东供应商或客户的交易价格以及其他条款,与其他客户或供应商完全保持一致,不存在任何特殊情况。

5. 客户或供应商投资发行人只是成为发行人的小股东,持股比例不高,且对发行人的生产经营不会产生重大影响,从而也就不会通过发行人操纵利益输送。

6. 发行人有完善的内部控制制度,保证对于这类合作交易实施有效的监管。

具体到本案例,存在多达 17 家经销商的实际控制人是发行人股东的情形,在审核过程中引起了重点关注,不过并没有构成 IPO 的实质障碍,除解释了上述的因素之外,还有的因素就是:

1. 发行人经销商的股东持有发行人股份是历史原因形成的,有着一定的商业逻辑和合理性。

2. 发行人股东经销商的比例以及销售金额还是在合理的可控范围内,剔除这样的因素影响发行人仍旧满足发行上市条件。

3. 特别注意的是,现在有些企业就准备通过经销商持股的方式做大业绩而上市,这样的模式可以参考但不一定能够完全复制,还是要谨慎小心。

(三)泰瑞机器(603289):代理商变成经销商的情形

企业在报告期内进行业务的各种尝试和调整,这其中包括经营模式的变更,原则上是允许的,也不会构成 IPO 的实质性障碍。不过,这里有一个很重要的前提,就是这样的变更要保证:(1)符合基本的商业逻辑,是企业正常的经营决策行为。(2)这种变更不是偶然的,而是一种稳定性的持续性的。(3)更重要的一点,这种变更对企业是好的,可以提高企业的产品竞争力和盈利能力。

在实践中,这样的变更既包括动静比较大的经营策略的调整,也包括一些具体经营模式的修修补补,具体来说,比如:(1)在采购方面,发行人原来是向直接供应商采购,后来变更为向贸易商采购;(2)在生产方面,发行人原来是全部直接生产,后来调整为一部分工序采用委托加工的方式;(3)在销售方面,发行人原来是主要在国内销售调整为主要向境外销售,或者原来主要是针对中小客户销售后来变更为向大型优质客户销售等。

具体到本案例的发行人,就是部分代理商转为了经销商,发行人将代理销售界定为代理直销,也就是发行人只是利用了代理商的销售渠道,而风险报酬转移时间点与直销没有本质区别。从权利义务关系的角度来讲,变更之后经销商要承担更大的产品销售的责任和风险,那么就会关注到发行人是否会通过这样的变更虚构销售虚增业绩的情形。这也是本案例发行人在 IPO 审核过程中被重点关注的问题。

(四)睿能科技(603933):竞争对手变成经销商

这种变化是很少见的,说白了就是:本来是发行人与经销商合作的,后来经销商的客户要直接跟发行人进行合作,这样经销商就赚不到差价了,那么经销商就跑到发行人这里说我要你给我补偿,因为客户是我开发的。可是,经销商为什么没有反思自己为什么会留不住客户呢?更加吓人的是,这种情况下发行人竟然答应了支付一笔市场开发补偿费。当然,根据什么样的标准来支付费用,发行人没有说清楚,可能也根本说不清楚。

发行人对这个经销商可真是够好的,甚至还有点害怕,为什么会这样的,那也是有理由的,具体体现在:发行人本来都是直销的模式,后来开发了经销模式,而这个经销商也是发行人唯一的经销商。这个经销商原来是发行人直接的竞争对手,后来这个竞争对手就把跟发行人业务相关的核心技术和资产转让给了发行人,然后摇身一变成为发行人的经销商,这个牺牲有点大。经销商干了一段时间,又觉得这个法人主体还有其他业务怕跟发行人说不清楚,然后说经销商的股东出来重新设立一个法人主体再重新成为发行人的经销商,发行人说没问题。最后,经销商说我客户都跑到你那里直接签合同了,那你要给我补偿,发行人也给了。

个人认为,本案例发行人的这些处理真的是有违常理,觉得还是有很多没有披露的信息的,至少发行人与这个经销商应该还有很多关联,甚至发行人还要依赖这个经销商。从这个角度来说,小兵觉得这个案例的一些操作不具备复制性和参考性。

【具体案例分析】

一、志邦家居:全资子公司变成经销商

(一)2013 年曾拥有全资子公司

1. 志邦厨饰(北京)厨房设备有限公司(以下简称"北京志邦")

北京志邦系由发行人前身志邦有限于 2011 年 12 月设立的全资子公司,注册资本为 200 万元,志邦有限持有其 100% 股权,主营业务为发行人自产产品在北京地区的销售。

2013 年 9 月 28 日,发行人股东大会决议同意出售其所持有的北京志邦合计 100% 股权。同日,发行人与张慧(时任北京志邦管理人员)、项南(张慧配偶)就股权转让相关事宜签订《协议书》,约定:发行人将其持有的北京志邦 90% 的股权转让给张慧,10% 的股权转让给项南;转让价格根据发行人委托的评估机构的评估结果为基础,双方协商确定;评估基准日为 2013 年 9 月 30 日,评估基准日后标的企业发生的经营损益由受让方承担或享有;自 2013 年 10 月 1 日起至北京志邦股权交割完成期间,北京志邦由受让方进行托管,全面负责北京志邦资产及日常经营的管理。

2. 上海志邦橱柜有限公司(以下简称"上海志邦")

上海志邦系由发行人前身志邦有限于 2010 年 9 月设立的全资子公司,注册资本为 100 万元,志邦有限持有其 100% 股权,主营业务为发行人自产产品在上海地区的销售。

2013 年 9 月 28 日,发行人股东大会决议同意出售其所持有的合计 100% 股权。同日,发行人与花林荣(时任上海志邦管理人员)、郑东、宋睿涵(时任上海志邦管理人员)就股权转让相关事宜签订《协议书》,约定:发行人将其持有的上海志邦 40% 股权转让给花林荣,40% 股权转让给郑东,20% 股权转让给宋睿涵;转让价格根据发行人委托的评估机构的评估结果为基础,双方协商确定;评估基准日为 2013 年 9 月 30 日,评估基准日后标的企业发生的经营损益由受让方承担或享有;自 2013 年 10 月 1 日起至上海志邦股权交割完成期间,上海志邦由受让方进行托管,全面负责上海志邦资产及日常经营的管理。

3. 重庆邦志厨具有限公司(以下简称"重庆邦志")

重庆邦志系由发行人前身志邦有限于 2011 年 12 月设立的全资子公司,注册资本为 100 万元,志邦有限持有其 100% 股权,主营业务为发行人自产产品在重庆

地区的销售。

2013 年 9 月 28 日，发行人股东大会决议同意出售其所持有的重庆邦志合计 100% 股权。同日，发行人与汪明静（时任重庆邦志管理人员）、黄竹湧（汪明静配偶）就股权转让相关事宜签订《协议书》，约定：发行人将其持有的重庆邦志 70% 的股权转让给汪明静，30% 的股权转让给黄竹湧；转让价格根据发行人委托的评估机构的评估结果为基础，双方协商确定；评估基准日为 2013 年 9 月 30 日，评估基准日后标的企业发生的经营损益由受让方承担或享有；自 2013 年 10 月 1 日起至重庆邦志股权交割完成期间，重庆邦志由受让方进行托管，全面负责重庆邦志资产及日常经营的管理。

4. 南京浩华厨具有限公司（以下简称“南京浩华”）

南京浩华系由发行人前身志邦有限于 2011 年 12 月设立的全资子公司，注册资本为 100 万元，志邦有限持有其 100% 股权，主营业务为发行人自产产品在南京地区的销售。

2013 年 9 月 28 日，发行人股东大会决议同意出售其所持有的南京浩华合计 100% 股权。同日，发行人与郑后全（时任南京浩华管理人员）、刘燕（时任南京浩华管理人员）就股权转让相关事宜签订《协议书》，约定：发行人将其持有的南京浩华 51% 股权转让给郑后全，49% 股权转让给刘燕；转让价格根据发行人委托的评估机构的评估结果为基础，双方协商确定；评估基准日为 2013 年 9 月 30 日，评估基准日后标的企业发生的经营损益由受让方承担或享有；自 2013 年 10 月 1 日起至南京浩华股权交割完成期间，南京浩华由受让方进行托管，全面负责南京浩华资产及日常经营的管理。

5. 武汉顺邦厨饰销售有限公司（以下简称“武汉顺邦”）

武汉顺邦系由发行人前身志邦有限于 2011 年 12 月设立的全资子公司，注册资本为 100 万元，志邦有限持有其 100% 股权，主营业务为发行人自产产品在武汉地区的销售。

2013 年 9 月 28 日，发行人股东大会决议同意出售其所持有的武汉顺邦合计 100% 股权。同日，发行人与丁海庆（时任武汉顺邦管理人员）、蒋翠霞（时任武汉顺邦管理人员）、张慧就股权转让相关事宜签订《协议书》，约定：发行人将其持有的武汉顺邦 65% 股权转让给丁海庆，20% 股权转让给蒋翠霞，15% 股权转让给张慧；转让价格根据发行人委托的评估机构的评估结果为基础，双方协商确定。

（二）公司转让北京志邦等 5 家子公司原因

为迅速抢占市场、提高公司产品市场占有率、提升公司品牌知名度及行业影响力，公司分别于2010年、2011年设立上海志邦、北京志邦、重庆邦志、南京浩华、武汉顺邦，作为公司全资子公司负责公司产品在上海、北京、重庆、南京、武汉地区的市场开拓及销售。但在北京志邦等5家公司经营过程中，公司逐渐意识到通过直营模式进行运营，未能充分调动营销人员的积极性，不利于市场开拓和市场竞争。2013年9月，公司主动调整经营管理战略，将北京志邦等5家公司由原来的直营模式调整为经销模式，虽让渡部分利润给经销商，但同时能够节约公司的运营费用。张慧等股权受让人因看好公司产品在当地的市场前景，同意受让北京志邦等5家公司股权，成为公司在当地的经销商。

公司将北京志邦等5家公司由直营模式调整为经销模式，既充分调动了北京、上海、重庆、南京、武汉经销商的销售积极性，便于经销商的统一管理与考核，又使公司能够专注于产品的研发、设计、生产和制造领域。

（三）公司的经销模式

目前，公司销售模式主要分为直营销售模式、经销商销售模式和大宗业务销售模式。

直营销售模式是指公司自行开设公司品牌专卖店，直接将产品销售给终端消费者，公司负责选址、租赁场地并进行装修，自主经营。2013年公司将持有的北京智慧家、上海遥来、武汉海之慧、南京桓溢鼎和重庆致爱的股权进行转让。目前，公司仅在合肥实行直营销售模式。

（四）关联交易情况

报告期内，公司向关联方销售商品与提供劳务的情况如表3－14－1所示：

表3－14－1　报告期内公司向关联方销售商品与提供劳务的情况

单位：万元

关联方	关联交易内容	2016年度	2015年度	2014年度
北京智慧家	销售商品	—	—	2,326.97
南京桓溢鼎	销售商品	—	—	1,780.38
上海遥来	销售商品	—	—	927.36
武汉海之慧	销售商品	—	—	1,927.23
重庆致爱	销售商品	—	—	667.20
张文红	销售商品	—	—	5.14

续表

关联方	关联交易内容	2016 年度	2015 年度	2014 年度
徐明生	销售商品	—	—	43.88
孙雷	销售商品	—	—	345.19
肥东亚凤	销售材料	—	25.39	11.23
尚格园涂装	销售材料	—	9.13	40.09
世邦家具	销售材料	—	34.79	86.26
德懋家居	水电费	48.29	34.93	50.56

注:2013 年 9 月,公司将北京智慧家、上海遥来、南京桓溢鼎、武汉海之慧、重庆致爱五家全资子公司 100%股权对外转让,根据《上海证券交易所股票上市规则》的相关规定,关联方股权转让后 12 个月内发生的交易仍作为关联交易披露。从 2015 年开始,北京智慧家等五家公司不再为公司关联方。

报告期内,孙雷、徐明生、张文红作为公司经销商,公司对其比照一般经销商进行管理。2014 年 7 月,孙雷将其经销商门店转让给刘宇;2014 年 9 月,徐明生将其经销商门店转让给盛和明;2014 年 4 月,张文红将其经销商门店转让给杨义金,孙雷、徐明生、张文红不再为公司经销商。

二、长缆科技:17 家经销商股东同时也是发行人的小股东

报告期内,公司部分经销商存在由小股东或其关联方控股的情形,主要原因系公司在业务发展过程中,为推动全国性市场开拓,采取了部分持有公司股权的营销人员在目标市场开设经销公司的模式。该类经销商的股权由公司小股东持有或者登记在其能够影响或控制的亲友名下,从而形成股东经销商。股东经销商模式的引入一方面能够充分调动相关市场推广人员的积极性,迅速拓展国内经销服务网络;另一方面以股权为纽带,实现了公司与经销商之间利益一致,有利于公司经销网络的稳定。

报告期内,公司与股东经销商之间的交易遵循了公平、公允以及市场化的原则,与非股东经销商之间采取了一致的产品定价方式、信用政策等经销商管理政策,不存在利益输送情形。截至招股说明书签署日,各股东经销商及其与公司之间的关联情况如表 3 - 14 - 2:

表 3-14-2 各股东经销商及其与公司之间的关联情况

序号	经销商	注册资本（万元）	法定代表人	经销商股权结构	在公司的持股情况	备注
1	北京湘电长缆科技有限公司	1,200	邓丽娜	邓丽娜持股60%；吴珊持股30%；隆曙晖持股10%	邓丽娜持股0.06%；吴跃坚持股2.21%；隆曙晖持股0.01%	邓丽娜与吴跃坚系夫妻关系；吴跃坚与吴珊系父女关系
2	广州青璟电力设备有限公司	100	母婉青	母婉青持股60%；杨允辉持股40%	杨允辉持股0.06%；母斌持股1.36%	母斌与杨允辉系夫妻关系；母斌与母婉青系父女关系
3	南京长缆电气有限公司	500	刘夕访	李春瑜持股57.60%；刘夕访持股42.40%	李春瑜持股0.93%	李春瑜与刘夕访系夫妻关系
4	长沙星附电缆附件销售有限公司	50	黄 菁	高蔚持股40%；高峰持股40%；黄菁20%	高建国持股0.58%	高蔚与高建国系父子关系
5	长沙长附电缆附件销售有限公司	50	高 峰	龙建英40%；高峰60%	高建国持股0.58%	高峰与高建国系叔侄关系
6	宜昌长缆电气有限公司	50	常 斌	常斌持股50%；唐继恭50%	唐继恭持股0.28%；常律持股0.04%	唐继恭与常律系夫妻关系；常律与常斌系父子关系
7	西宁湘缆电力附件有限公司	20	潘友莲	陈长久持股50%；潘友莲持股50%	陈长久持股0.22%	陈长久与潘友莲系夫妻关系
8	上海长缆电气有限公司	200	戴 磊	戴炜持股49%；戴磊持股51%	戴振明持股0.13%	戴振明与戴炜、戴磊系父子关系
9	福州长缆电气有限公司	50	肖 朋	肖朋持股50%；肖捷持股50%	肖民樑持股0.12%；林与新持股0.07%	肖民樑与林与新系夫妻关系；与肖朋、肖捷系父子、父女关系

续表

序号	经销商	注册资本（万元）	法定代表人	经销商股权结构	在公司的持股情况	备注
10	合肥莉洁高压电缆附件有限公司	100	王灿莉	王灿莉持股50%；沈妮洁持股50%	王建明持股0.10%；杨嘉玲持股0.06%	王建明与杨嘉玲系夫妻关系；王建明与王灿莉系父女关系
11	南宁长缆电缆附件有限公司	150	彭国秋	彭国秋持股50%；邹艳芳持股50%	彭国秋持股0.09%；邹艳芳持股0.06%	彭国秋与邹艳芳系夫妻关系
12	沈阳金长缆电气有限公司	10	王建双	王建武持股40%；黄细凤持股10%；王建双持股50%	王建武持股0.09%	王建武与王建双系兄弟关系
13	太原湘缆商贸有限公司	10	丁旭英	谭新民持股50%；丁旭英持股50%	丁旭英持股0.25%	谭新民与丁旭英系夫妻关系
14	哈尔滨长隆机电设备有限公司	20	陈　苏	廖岳中持股50%；陈苏持股50%	廖岳中持股0.07%	廖岳中与陈苏是夫妻关系
15	重庆三湘电气有限公司	50	杨　韬	杨韬持股50%；杨奥林持股50%	杨义持股0.06%；汤宇红0.05%	杨义与汤宇红系夫妻关系；杨义与杨韬系兄弟关系、与杨奥林系父子关系
16	南昌长缆电缆附件有限公司	50	罗　毅	罗毅持股60%；罗潭灵持股40%	罗毅持股0.05%	罗毅与罗潭灵系父子关系
17	成都长缆电气设备有限公司	100	周赞江	徐炎明持股40%；周赞江持股60%	徐宏持股0.03%	徐炎明与徐宏系母子关系；徐宏与周赞江系夫妻关系

公司不存在控股股东、5%以上股东或董事、监事、高级管理人员在经销商持有权益的情形。上述股东经销商的控股股东或其关联方在公司的持股比例均微小，无法对公司经营产生重大影响，不构成公司的关联方，公司与股东经销商之间的交易不构成关联交易。公司与股东经销商之间在业务、资产、人员、机构、财务等方面

完全独立,与股东经销商的交易按照公开、公正、公允的原则进行,股东经销商的存在不影响公司的独立性,公司在业务方面亦不形成对股东经销商的依赖。

报告期内,公司与主要股东经销商交易情况如下:

(一)买断式经销前五名情况(见表3-14-3)

表3-14-3 买断式经销前五名情况

单位:万元、%

期间	股东经销商名称	经销金额	占买断式经销收入比例	占营业收入比例
2016年	北京湘电长缆科技有限公司	1,957.03	26.21	3.58
	南京长缆电气有限公司	1,240.02	16.60	2.27
	长沙长附电缆附件销售有限公司	525.72	7.04	0.96
	上海长缆电气有限公司	408.68	5.47	0.75
	宜昌长缆电气有限公司	407.34	5.45	0.75
	合 计	4,538.79	60.78	8.31
2015年	北京湘电长缆科技有限公司	1,345.19	19.11	2.56
	南京长缆电气有限公司	1,072.00	15.23	2.04
	长沙长附电缆附件销售有限公司	818.04	11.62	1.55
	上海长缆电气有限公司	766.24	10.88	1.46
	宜昌长缆电气有限公司	278.98	3.96	0.53
	合 计	4,280.45	60.80	8.14
2014年	北京湘电长缆科技有限公司	1,536.46	21.51	3.16
	南京长缆电气有限公司	969.69	13.57	2.00
	上海长缆电气有限公司	507.97	7.11	1.05
	长沙长附电缆附件销售有限公司	490.19	6.86	1.01
	广州青璟电力设备有限公司	381.41	5.34	0.78
	合 计	3,885.72	54.39	8.00

（二）合作开发模式前五名情况（见表3－14－4）

表3－14－4　合作开发模式前五名情况

单位：万元、%

期间	股东经销商名称	经销金额	占合作开发收入比例	占营业收入比例
2016年	南京长缆电气有限公司	2,397.55	17.77	4.39
	广州青璟电力设备有限公司	2,392.88	17.74	4.38
	上海长缆电气有限公司	1,215.32	9.01	2.22
	福州长缆电气有限公司	1,056.73	7.83	1.93
	南宁长缆电缆附件有限公司	922.34	6.84	1.69
	合　计	7,984.82	59.18	14.61
2015年	南京长缆电气有限公司	3,101.72	26.66	5.89
	广州青璟电力设备有限公司	1,181.18	10.15	2.24
	福州长缆电气有限公司	1,171.58	10.07	2.23
	北京湘电长缆科技有限公司	1,134.70	9.75	2.16
	上海长缆电气有限公司	883.61	7.60	1.68
	合　计	7,472.79	64.23	14.20
2014年	广州青璟电力设备有限公司	2,988.16	24.76	6.15
	南京长缆电气有限公司	1,542.39	12.78	3.17
	北京湘电长缆科技有限公司	841.28	6.97	1.73
	成都长缆电气设备有限公司	553.23	4.58	1.14
	哈尔滨长隆机电设备有限公司	512.54	4.25	1.05
	合　计	6,437.60	53.34	13.24

买断式经销模式的最终客户主要为全国各地的中小型电力工程公司、用电企业、电力设备零售商等，较为分散；合作开发模式的最终客户主要包括省级电力公司，发电集团、轨道交通公司、大中型电力工程公司，大型冶金、石化等企业。报告期各期末，经销模式基本已实现最终销售，不存在经销商大额库存情形。

三、泰瑞机器:代理商变更为经销商的合理性

(一)直销、经销销售占比情况

公司在境内外市场均采用了经销和直销相结合的销售模式,报告期内境内外市场各模式下销售情况如表3-14-5:

表3-14-5 报告期内境内外市场各模式下销售情况

销售类型		2017年1-6月		2016年度		2015年度		2014年度	
		金额(万元)	占比(%)	金额(万元)	占比(%)	金额(万元)	占比(%)	金额(万元)	占比(%)
境内	直销	12,592.97	64.54	19,745.59	63.01	14,114.70	66.69	26,376.48	82.95
	直接直销	4,002.22	20.51	12,178.57	38.86	6,041.25	28.54	8,228.87	25.88
	代理直销	8,590.75	44.03	7,567.02	24.15	8,073.45	38.15	18,147.61	57.07
	经销	6,919.03	35.46	11,590.82	36.99	7,050.93	33.31	5,422.94	17.05
	境内合计	19,512.00	100.00	31,336.41	100.00	21,165.64	100.00	31,799.42	100.00
境外	直销	3,148.14	25.99	4,877.42	25.58	3,638.37	20.56	4,207.56	29.81
	直接直销	2,170.04	17.91	3,028.07	15.88	599.49	3.39	2,173.64	15.40
	代理直销	978.09	8.07	1,849.35	9.70	3,038.88	17.17	2,033.91	14.41
	经销	8,965.50	74.01	14,186.34	74.42	14,055.45	79.44	9,906.26	70.19
	境外合计	12,113.63	100.00	19,063.75	100.00	17,693.82	100.00	14,113.82	100.00
主营业务收入—注塑机收入		31,625.63		50,400.16		38,859.46		45,913.24	

从表3-14-5可以看出,公司在境内销售"以直销为主、经销为辅",而在境外销售则"以经销为主、直销为辅"。但考虑到直销中的代理直销模式,仍然是通过代理商的销售渠道进行的销售,和经销一样并非通过公司自有的销售渠道进行,因此,境内外均以"经销和代理直销为主、直接直销为辅"。这主要是由注塑机行业的状况、境内外不同的市场情况以及公司的发展阶段和销售策略等综合因素造成的。

经销销售和代理直销的销售虽然都通过非公司自有渠道进行,但两个模式买卖关系双方不同,代理直销系公司与终端客户建立买卖关系,货款的收款上系公司向终端客户直接收取,由于终端客户总体较为分散,且该销售并非公司的直接渠道进行,因此在代理直销模式下,对公司的收款风险控制能力的要求更高。而经销模

式下，经销商由于在特定区域内的深耕细作，对终端客户的维护及收款比公司更有优势，公司系与经销商建立买卖关系，不再向终端用户收款而是向经销商收款，公司对经销商进行收款管控更加便利，也更有利于降低收款风险。

对境内销售而言，总体上是“经销、代理直销为主，直接直销为辅”。具体而言，公司境内经销占比相对较小，代理直销和直接直销占比相对更高，但经销和代理直销占比合计高于直接直销。2014年境内经销销售占比和规模低于代理直销，2015年境内经销销售占比和规模基本与代理直销持平，2016年境内经销销售占比和规模超过代理直销，这主要是由于2015年国内宏观环境造成境内销售的波动，公司通过推动代理商向经销商转型，加强了对非自有销售渠道的统一管理，并在国内宏观经济出现下行压力时，通过对非自有渠道销售的货款回收责任合理回归至相应的经销商，进一步降低货款回收风险，因此，报告期前三年，公司境内经销销售占比持续上升，代理直销占比持续下降，但由于部分注塑机尤其是大型注塑机的销售虽系通过经销商、代理商渠道销售，而终端用户因采购政策、售后服务需求等因素要求与公司直接建立买卖关系。此外，部分经销商的终端客户在购买公司注塑机尤其是大型注塑机会选择通过买方信贷方式进行，而公司出于风险控制只针对境内直销客户开展买方信贷，该部分客户也会选择与公司直接建立买卖关系，因此报告期内，境内销售中代理直销仍有一定规模，2017年1～6月，代理直销规模有所增加。此外，作为总部在国内的企业，与境外销售相比，公司能够通过在中国塑料加工产业集聚区加强直接销售渠道的拓展，并对重点行业内的直接客户的维护，将公司在境内的直接直销的总量保持在一定的水平，但公司直接直销的销售渠道建设仍受限于公司总体规模，总体占比和规模总体仍不及非自有渠道的经销销售和代理直销。

对境外销售而言，报告期内公司经销占比较大，代理直销和直接直销占比较小，但总体而言境外销售也是“经销、代理直销为主，直接直销为辅”。经销占比和规模远大于直销，这是由境外销售的特点决定的。报告期内，公司注塑机出口的国家和地区也超过50个，公司直接拓展和维护在出口国的销售渠道成本高。根据中国塑料机械工业协会的统计，我国注塑机出口的国家和地区超过了150个，覆盖了全球主要的国家和地区，虽然我国注塑机出口排名前十的国家的金额占出口总额的一半以上，但每年主要出口国家无论在排名还是金额变化均较大，既有每年出口金额连续增长的国家，也有波动较大或者连续下降的国家，进一步增加了公司直接拓展和维护境外销售渠道的难度，如表3-14-6所示。

表 3-14-6　中国注塑机主要出口国家或地区

国家或地区	2016 年			2015 年			2014 年		
	排名	金额（万美元）	变动（%）	排名	金额（万美元）	变动（%）	排名	金额（万美元）	变动（%）
美国	1	10,929	42.37	2	7,676	3.42	2	7,422	17.59
越南	2	10,080	11.42	1	9,046	36.58	3	6,623	61.34
墨西哥	3	7,505	61.64	5	4,643		未进前十	—	—
土耳其	4	6,925	5.27	3	6,578	-20.33	1	8,257	28.69
印度尼西亚	5	5,003	11.38	7	4,492	-3.71	7	4,665	-20.93
韩国	6	4,067	-21.46	4	5,178	31.76	9	3,930	-10.84
泰国	7	3,328	-26.92	6	4,554	-16.82	4	5,475	-13.12
伊朗	8	3,242	-18.82	8	3,993	-26.88	5	5,461	—
孟加拉国	9	3,066	5.12	未进前十	—	—	—	—	—
马来西亚	10	2,832	-13.24	10	3,271	-11.93	10	3,714	2.43
巴西	未进前十	—	—	9	3,314	-37.66	6	5,316	-16.12
中国香港	未进前十	—	—	未进前十	—	—	8	4,143	27.24

数据来源：中国海关、中国塑料机械工业协会《2016 中国塑料机械工业年鉴》《2014-2015 中国塑料机械工业年鉴》。

（二）经销商和代理商的分布情况

公司经销商区域分布广泛且布局合理，不仅覆盖了我国塑料加工产业聚集区，也基本覆盖了我国主要的注塑机出口国家和地区。

公司代理商数量较少，但在主要的区域均有分布，也符合公司在经销销售和代理直销之间更侧重经销销售模式的策略。

从销售规模来看，公司经销商主要集中在销售规模 100 万元以下和 100 万～500 万元之间；按收入规模来看，报告期前三年公司经销商规模呈扩大趋势，500 万元以上经销商贡献收入的占比不断提升，2017 年 1～6 月，公司经销商规模同比继续保持扩大。

按销售规模来看，公司代理商主要集中在销售规模 100 万元以下和 100 万 ~ 500 万元之间；按收入规模来看，报告期前三年，500 万元以上规模较大的代理商则贡献了大部分代理直销收入，2017 年 1 ~6 月代理商规模同比也呈上升趋势。

（三）经销商和代理商的存续情况

公司报告期内经销商家数稳中有升，同时经销商平均贡献收入、毛利呈增长态势。

随着公司在报告期内推动部分代理商由过去的代理直销模式逐步向买断式经销模式转型，2016 年度代理商家数减少，2015 年度代理商平均贡献收入、毛利较 2014 年有较大的下降，一方面是由于公司 2015 年度加大买断式经销销售的力度，代理商由过去的代理直销模式逐步向买断式经销模式转型，导致代理直销收入下降；另一方面公司新合作的代理商，由于处于业务合作初期，代理的金额相对较小。2017 年 1 ~6 月和 2016 年度，代理商平均贡献收入、毛利分别较 2016 年度和 2015 年度有所上升，主要是由于 2016 年度和 2017 年 1 ~6 月，大型注塑机的销售占比持续增加，而购买大型机的客户更倾向与公司直接建立买卖关系，此外，公司只针对境内直销业务开展买方信贷，有买方信贷需求的经销商的终端客户也会选择与公司直接建立买卖关系，增加了代理直销的收入。

（四）经销商的退换货情况

公司对经销商的销售属于买断式销售，因此不会出现经销商未实现销售而退货的情形，公司与经销商的销售也没有特殊的退换货约定，除非经销商无法按照合同履行付款义务，或者公司出于维护自身利益的其他情形，会与经销商协商进行退换货。

四、睿能科技：竞争对手变成经销商

2014 年之前，公司针织横机电控系统的销售采用直销模式。2014 年起，公司在直销基础上增加了经销模式，但经销商只有一家。具体说明如下：

2014 年 1 月 17 日，公司与原行业竞争者——同样从事针织横机电控系统研发、生产和销售的浙江明德及其股东签订了《技术转让协议》，协议约定浙江明德不得继续从事针织横机电控系统的研发和生产，公司授权浙江明德担任公司针织横机电控系统的经销商。同日，公司与浙江明德签订了《经销协议》，授权浙江明德担任公司针织横机电控系统的经销商。

2014 年 2 月 13 日,应浙江明德及其股东的要求,公司与浙江明德主要股东投资设立的杭州睿融德签订《经销协议》,由杭州睿融德担任公司针织横机电控系统的分销商,公司终止与浙江明德签订的《经销协议》。

公司与浙江明德合作后,浙江明德退出针织横机电控系统的生产,公司相应减少了竞争对手,并通过授权经销扩大了产品市场份额。

(一)浙江明德退出针织横机电控系统市场并转而担任公司经销商的原因

与公司合作前,浙江明德主要从事袜机电控系统和针织横机电控系统的生产销售业务,其中袜机电控系统业务的市场占有率全国第一。

在针织横机电控系统领域,公司与行业主要竞争对手浙江恒强科技股份有限公司近年来占有大部分市场份额,浙江明德虽然在针织横机电控系统市场也占有一定份额,但较公司与浙江恒强科技股份有限公司而言规模较小,市场竞争压力大。2013 年,浙江明德基于对针织横机电控系统市场竞争格局的判断,其拟对自身业务布局作出调整,将业务重心放在具有竞争优势的袜机电控系统以及袜机相关配件的研发、生产和销售上。为此,2013 年年末公司与浙江明德展开业务合作洽谈,浙江明德放弃横机电控系统业务的生产和销售业务并转而担任公司的经销商。虽然浙江明德在针织横机电控系统市场领域规模相对较小,但其地处浙江,而浙江是国内电脑针织横机整机厂商的集中地,为此,其在客户资源和销售网络等方面具有一定的优势。

与针织横机电控系统业务相比,浙江明德的袜机电控业务系其主要盈利业务,浙江明德的袜机电控系统全国市场占有率第一。浙江明德袜机电控系统市场占有率情况如表 3 - 14 - 7:

表 3 - 14 - 7 2014 ~ 2015 年浙江明德袜机电控系统市场占有率

年份	2014 年度	2015 年度
袜机电控系统市场总量(套)	25,926	35,727
浙江明德袜机电控系统产量(套)	19,476	29,273
占比	75%	82%

浙江明德鉴于其在袜机电控系统市场优势明显,而其在针织横机电控系统的市场竞争中处于相对弱势地位,为此,其决定退出针织横机电控系统市场转而成为

公司的经销商，获取作为经销商的利润。同时，其专注发展具有优势市场地位的袜机控制系统业务。

（二）由杭州睿融德替代浙江明德担任公司经销商的原因

2014 年 1 月 17 日，公司与浙江明德签订了《技术转让协议》和《经销协议》，浙江明德退出针织横机电控系统市场。浙江明德在多年发展历程中除了生产针织横机电控系统外，其还从事袜机控制系统等产品生产和销售。为便于经销业务的开展，明晰合作双方的责任义务，避免或有纠纷，浙江明德股东于 2014 年 2 月 11 日召开股东会，会议决议改由浙江明德主要股东持股的杭州睿融德与公司签订经销协议，浙江明德与公司签订的经销协议相应终止。杭州睿融德系浙江明德主要股东投资设立的企业，杭州睿融德股东陈坚、孙永炎、赵迪飞、来俊宏、钱勇毅、马恒均为浙江明德股东，合计持有浙江明德 97% 的股权。浙江明德与杭州睿融德的股东构成情况对照列示如表 3 - 14 - 8：

表 3 - 14 - 8　浙江明德与杭州睿融德的股东构成情况对照

股东姓名	浙江明德股权结构		杭州睿融德股权结构	
	出资额（万元）	出资比例（%）	出资额（万元）	出资比例（%）
陈　坚	1,998	37.00	240	40.00
赵迪飞	972	18.00	108	18.00
孙永炎	972	18.00	108	18.00
来俊宏	540	10.00	60	10.00
钱勇毅	378	7.00	42	7.00
马　恒	378	7.00	42	7.00
陈钟强	162	3.00	—	—
合　计	5,400	100.00	600	100.00

注：2011 年 8 月，钟强改名为陈钟强。

2014 年 2 月 13 日，公司与浙江明德、杭州睿融德三方共同签订了《经销协议》，协议约定由杭州睿融德担任公司针织横机电控系统的经销商，公司与浙江明德签订的《经销协议》终止。

由此，杭州睿融德取代浙江明德，成为公司针织横机电控系统的唯一经销商。

（三）公司与杭州睿融德、浙江明德的利益关系

公司与杭州睿融德、浙江明德之间不存在关联关系。公司与杭州睿融德除基

于上述《经销协议》发生的利益关系外，不存在其他利益安排；公司与浙江明德除基于上述《技术转让协议》《经销协议》发生的利益关系外，不存在其他利益安排。

(四)公司与浙江明德签订的《技术转让协议》主要内容

1. 转让标的：浙江明德横机控制系统产品有关的全部知识产权、专有技术、技术成果、技术秘密及其他无形资产及与横机控制系统产品相关的可转让的经营性资源。

2. 转让价格：参考中企华评估公司就转让标的所出具的资产评估报告的评估值，协议双方协商确定本协议中全部转让标的作价为人民币 500 万元。

3. 支付方式：协议生效后 5 个工作日内，公司支付首期转让款人民币 100 万元；协议生效后且完成转让标的交接后 5 个工作日内，公司支付第二期转让款人民币 200 万元；转让标的交接完成且浙江明德按照公司要求提供了其原横机控制系统产品的技术需求与规格并协助公司开发出功能一致的产品后，公司在 2014 年 4 月 30 日前付清转让余款人民币 200 万元。

4. 转让标的的交付：浙江明德应在公司支付首期转让款后 10 个工作日内将协议附件一所列其他无形资产及经营性资源的资料移交给公司；浙江明德应在公司支付首期转让款后 7 个工作日内，向软件著作权的登记主管部门提交软件著作权变更为公司的申请，并配合公司完成变更。

5. 浙江明德的特别义务：

(1)协议生效后，未经公司书面授权，浙江明德及其股东以及二者的关联方均不得以任何形式直接或间接研发、生产横机控制系统产品，或以任何形式直接或间接投资从事横机控制系统产品研发、生产的企业及组织。

(2)协议生效后，浙江明德及其股东以及二者的关联方不得以任何形式直接或间接支持、销售非公司生产的横机控制系统产品，也不得以任何形式直接或间接支持任何第三方销售非公司生产的横机控制系统产品，也不得以任何形式直接或间接支持任何第三方研发、生产横机控制系统产品。

(3)协议生效后，浙江明德必须与现有横机控制系统产品相关的核心技术人员签署经甲方认可的《竞业禁止协议》，禁止该技术人员在协议生效之日起不少于 24 个月的期限从事横机电控系统产品的研发、生产工作。

(4)协议生效后，浙江明德还应与现有横机控制系统产品相关的所有技术人员签署经甲方认可的《保密协议》，保证该技术人员对协议转让标的负有保密义务。

6. 鉴于浙江明德完成协议项下的技术转让后，浙江明德不得继续从事横机控制系统产品的研发和生产，公司同意授权浙江明德作为公司相关产品的经销商，双方另行签订经销协议。

（五）浙江明德基本情况、历史沿革、拥有的商标与专利技术及财务状况

1. 浙江明德基本情况

表 3-14-9 浙江明德基本情况

公司名称	浙江明德自动化设备有限公司
统一社会信用代码	91330522770849545C
成立时间	2005 年 5 月 26 日
注册资本	5400 万元
注册地址	长兴经济技术开发区经三路 669 号
法定代表人	马恒
经营范围	自动化控制设备制造加工；软件与硬件的开发及销售，货运：普通货运。

2. 浙江明德历史沿革（略）

3. 浙江明德拥有的商标与专利技术（略）

4. 浙江明德财务简况

表 3-14-10 浙江明德财务简况

净资产	6,114.35	6,054.39	5,936.91
营业收入	6,128.80	8,340.55	7,683.71
净利润	91.37	122.45	106.15

5. 浙江明德的经营范围变更情况

表 3-14-11 浙江明德的经营范围变更情况

序号	变更时间	经营范围
1	2005 年 5 月设立时	制造、加工：自动化控制设备
2	2010 年 12 月变更时	软件开发及销售
3	2011 年 4 月变更时	电气自动化设备销售；软件与硬件的开发及销售
4	2012 年 5 月变更时	自动化控制设备制造加工；软件与硬件的开发及销售
5	2016 年 8 月变更时	自动化控制设备制造加工；软件与硬件的开发及销售，货运：普通货运

（六）订单获取的主要方式

针织横机电控系统属电脑针织横机的关键部件，电脑针织横机是典型的机电一体化产品，公司下游客户整机产品的规格及性能不尽相同，对电控系统的技术要求呈现明显的个性化特征。首先，公司针对不同下游整机厂商各种机型的功能技术需求、机械结构特点、多样化的软件功能需求等，制定个性化的控制系统解决方案，通过与客户的沟通谈判，在产品定价及规格等方面达成一致；其次，公司按照既定方案，在基本产品基础上，通过局部细化、软硬件配置、现场调试等定制开发，开发出满足客户需求的电控系统产品，制作样机供客户测试验证；再次，在样机通过客户的测试后，按照正常的业务流程获取客户首批订单，公司启动电控系统的小批量生产；最后，小批量生产成功后，公司根据客户所下的订单组织大批量生产，满足客户的持续需求。

第十五节 典型业务模式汇总

【商业逻辑与背景分析】

我们在判断一个企业质地是好还是坏的时候，首先要看的就是他的财务报表，关注一些财务数据是否真实合理，而财务数据的合理性更是关注的核心。个人一直坚持一个观点，那就是真实的肯定是合理的，不真实的总有不合理之处，因而实践中通过合理性反推真实性是有逻辑性并且是可行的。

IPO 审核遵循的基本上也是这样的一个基本理念，因而审核中我们也会看到很多财务数据跟非财务数据的对比以及逻辑关系的对应，而这种分析对比就需要关注另外一个核心问题，就是企业的经营模式问题。判断和衡量发行人的财务指标是否合理，是需要跟发行人的经营模式紧密联系来分析的，脱离经营模式去分析财务数据是没有任何意义的，甚至有时候会得出错误性和误导性的结论。在实践中，不同的经营模式完全会出现截然不同差异巨大的财务数据和财务指标，关于这个问题，已经说过很多次了。

尽管我们要强调合理性，但是还有另外一个层面的问题就是合理性会时常存在被打破和重构的过程。也就是说，任何严密的逻辑关系都没法完全覆盖复杂的商业竞争环境和各式各样的商业因素，商业竞争和模式的多样性很容易就可以对我们原本认知的基本逻辑关系全部打破又重新构建。关于这个问题,是我们在研究 IPO 的时候需要去格外强调的。我们要研究并且重视逻辑关系及其合理性,但是如果我们发现了不合理的以及显然不符合逻辑关系的情况,那么一定不要着急下结论,一定要充分去寻找背后的因素和可能的情形。

在《IPO 财务核查解决之道:案例剖析与操作指引》中,我们就找到了一些比较特殊的业务模式,以及一些特殊的会计处理的情形,这里我们仍旧做了一些这样的搜集和整理。

【核查方法指引】

我们结合每个案例不同的特殊情况,针对不同的经营模式的特殊情况,分析一下需要分别注意的一些问题和审核要点。

一、明德生物(002932):三种典型推广模式的不同会计处理

1. 发行人主营业务就是销售体外检测试剂的,检测仪器不是发行人的业务重点,主要是为了配合试剂的销售。发行人这种检测试剂,在医疗器械行业属于典型的单价低、数量多的产品,销售主要就是要靠"走量"来实现,那么销售模式基本上就是经销模式,主要依靠经销商来实现销售。

2. 发行人为了实现销售,那么在报告期内还是尝试了三种不同的市场推广模式。这三种模式在经销模式下基本上都不是很罕见,本案例比较特殊的在于一个企业前后经历了三种模式,而一般情况下都是一个企业只采用一种模式。销售折扣这种模式应该是最常见的,会计处理也比较成熟没有什么争议,一般就是按照实际销售价格确认收入,在开发票和交税问题上销售折扣在同一张增值税发票上记载。

3. 关于买试剂赠送仪器和试剂仪器配套销售两种模式的本质区别,如果不考虑仪器所有权转移的问题,其实就是仪器是一次性进入营业成本还是通过折旧三年进入营业成本的问题。从这个角度来看,显然后面一种推广模式的会计处理相对更加激进一些,因而问询问题关注到推广模式变更的原因、会计处理是否准确、是否存在调节业绩的情形等。

4. 关于这个问题,不仅会关注会计处理问题,可能还会关注到行业惯例甚至是否违反行业监管政策的问题,比如是否涉及捆绑销售的问题、是否涉及不正当竞争的问题等。尤其是在两票制逐步大规模推行的情况下,这个问题可能也会更加明显。

二、赛隆药业（002898）：生产批件和药品生产全部由第三方完成的合作生产模式

1. 对于 IPO 发行人来说，最核心的要求同时也是最低的门槛就是独立性，也就是我们一般讲的"五独立"，分别是资产完整、业务独立、人员独立、财务独立和机构独立。从个人的角度来说，"五独立"中的核心要求是资产完整和业务独立。换句话说，也就是与发行人生产经营相关的全部资产和资质都要纳入上市主体内，同时发行人应该完全具备独立参与市场竞争的能力。资产完整和业务独立是两个最核心的独立要求，这两个标准是相辅相成的，说的基本上就是一个意思。资产完整是为了企业能够正常的生产经营并参与竞争，如果企业的资产或者资质不完整，那么企业的业务独立性也就无从谈起了。一个理想的企业业务体系，一般都要求具备采购、研发、生产和销售几个体系。当然，目前商业竞争越来越激烈，从而也导致商业分工越来越细化，现在来看很多企业可能已经不再追求完整的业务体系了，有的企业擅长研发、有的企业优势是销售等。

2. 从 IPO 的审核情况来看，对于业务体系的审核也会尊重商业发展的基本规律和企业自我战略规划的诉求，只要能够保证企业经营持续和盈利能力稳定就可以。比如，我们最常见的：

（1）有的企业销售体系完全依赖于经销商，产品销售全部是经销的模式，这种情况下发行人就是没有销售体系，也没有多少销售员工。

（2）有的企业可能产品研发会跟其他的科研院所或者别的企业合作一起开发，开发完之后进行产权归属以及收益的约定，也就是将研发工作委托给更加擅长的单位。

（3）有的企业将不是核心的生产环节或者产品委托给外部企业加工生产，也就构成了我们常见的委托加工的生产模式。

（4）对于采购，其实也会存在这种情形，那就是发行人会委托一家或者几家公司帮助发行人在全国甚至全球范围内进行采购，发行人的供应商就类似于集中采购的角色，这种情况下发行人相当于将部分采购职能转移给了其他企业。

3. 从上述分析来看，企业经营模式中的任何一个环节都可能存在缺失或者委托给别人的情形，这种情况下只要保证缺失的不是核心环节或者产品，能够保证发行人生产经营的稳定性，保证持续盈利能力的稳定性，那么一般情况下不会构成 IPO 审核的实质性障碍。反之，如果存在核心资产的缺失，那么还是要重点关注的，比如一个医药研发生产企业，发行人的生产是与其他企业合作生产的，并且生产批件也是在其他企业手里。

4. 具体到本案例的发行人就是这样一种情况。发行人是一家医药研发、生产和销售企业,医药生产和销售是企业的核心经营环节,如果发行人是一家单纯以医药研发作为主营业务的企业,将研发成果直接销售的话,那么也就不存在讨论这个问题了。本案例发行人的基本情况是这样的:发行人以前是做医药研发的并且研究出小批量生产的技术,如果要是申请生产批件的话,那么就需要将药品落到通过GMP 认证的生产线上,发行人没有生产线,于是就找到了具有这个资质的生产企业合作生产,发行人帮助这个生产企业申请生产批件。在合作生产模式下,发行人指定原材料供应商以及产品价格,生产企业根据指定采购原材料然后根据约定收取加工费,然后生产企业将全部产品销售给发行人,发行人再独立对外销售。

5. 这个案例最大的问题在于:发行人生产经营需要的部分资质以及最主要的生产环节都不在上市主体内,因此监管机构对于这个问题也是做了重点关注,发行人也重点解释了这个问题。审核关注的要点主要体现在:(1)发行人与生产企业合作生产的原因以及合作历史。(2)发行人与合作方具体业务合作流程和操作方式。(3)合作生产模式下发行人与合作方的核心资质取得情况。(4)合作方的基本情况、合作方经营业绩情况。这里还特别关注一家最重要的合作方以及被上市公司收购,可能会存在终止合作的风险。(5)合作协议的具体内容以及相关违约条款,如何保证双方合作的稳定性。(6)双方合作利益分享的机制,是否存在发行人通过生产方调节业绩的情形,生产方取得的加工费是否符合行业惯例,价格是否公允。

6. 个人认为,企业这种生产完全在外的经营模式还是存在重大的经营风险的。尽管发行人合作生产的模式长期合作的可能性非常大,并且发行人上市之后完全具备充足条件可以开始尝试自己生产,但是一个企业从没有生产到开始生产还是需要非常长的一个积累过程的,尤其是对于医药企业这种对于生产设备和流程要求非常严格还需要主管部门认证的情形来说。这个案例只能作为我们研究和思考问题的一个范例,是否具备可参考性不得而知。

三、华森制药(002907):非专利技术转让的必要性和合理性

1. 商标、专利、非专利技术等资产,其实对于一个企业的生产经营还是非常有价值,甚至有些价值是不可估量的。既然是有价值的资产,那么自然也就应该有交易的需求和交易价格的确定。从另外一个角度来说,其实这些资产跟我们平时所见的机器设备或土地厂房并没有本质的区别。既然没有本质区别,为什么在 IPO 实践中对于这类资产的转让和交易并不是很常见呢,原因就是这类资产还是有一定的特殊性。

2. 这类无形资产的特殊性在于：

（1）这类资产都有一定的依附性或者说有着特定的使用用途，某个资产在这个企业好用在别的企业不好用，在这个产品上好用在别的产品上根本就不好用。

（2）这类资产的估值是一个最大的问题。如果按照成本法，那么在研发费用不能资本化的情况下账面值几乎都是零，没法确定真正的价值。如果是采用可比法，有相同的东西可以对比，那么也就不具备专利技术的新颖性和独特性了。因而这类资产的评估只能用收益法，这种情况下如果对一个商标或者专利用收益法评估，那么评估出来的价值很可能是整个企业或企业某个核心产品全部的价值，这样的评估价格显然也不合适。

（3）这类资产的交易一般都是同一控制下的交易，基本上都是发行人为了资产的完整性受让控股股东或关联方的无形资产。由于上面提到的估值不是很好确定，一般情况下也都是零对价转让，因而一般也就不会引起足够的关注。

3. 出于资产整合和资产完整性的考量而进行的无形资产的转让，不是我们这次讨论的重点。这次我们要关注的是，无关联企业主体之间关于专利或非专利技术的一种市场化的交易。本案例的发行人，给我们提供了一个典型的案例，这应该也是转让无形资产最常见的一种情形，那就是医药行业购买一些批文或者证书。此外，在软件行业或者一些特定行业可能也会存在直接购买一些资质的情况。值得注意的是，因为有些资质是跟企业主体绑定的不可分离，很多情况下企业收购资质是跟收购企业股权合并进行的。

4. 对于本案例的发行人，监管机构对于发行人收购非专利技术的行为还是做了重点关注，关注点主要在于：（1）发行人收购这个资产的必要性和原因，为什么要花钱买这个资产。（2）这个资产的价值以及收购价格是否合理，这个问题确实是需要花费力气重点去解释的一个问题。（3）收购的这个资产后续在发行人这里的使用以及产生价值的情况，发行人购买这个资产是否划算。必要的时候，还需要对这个资产进行减值测试。

四、丽人丽妆股份有限公司（未通过）：电商分销模式的关注要点

电商分销模式作为这几年随着互联网销售迅速发展顺势而生的一种带着典型互联网特性的经营模式，一下子带动了很多有点独角兽特点的企业的崛起，也引起了很多的人关注。发行人作为这种模式第一家或者前几家申报 IPO 的企业，自一开始就受到市场的关注，关注 IPO 是否能够顺利通过，关注这种模式主要关注哪些问题，这种模式是否存在重大经营风险，甚至这种模式是否存在便捷的复制性。对

于这种模式，不仅投行人关注，投资人也关注，甚至连上市公司也在关注（作为并购标的）。

电商分销模式是否能够发展很好可能要考虑很多互联网因素，比如最典型的要分析消费者习惯以及互联网发展规律等，不过要说得直白一点，这种模式就是一种典型的淘宝模式的延伸和扩展。发行人更像是一个巨无霸的淘宝卖家，也像是一个很大的批发贸易商，只是这种交易只限于互联网上。发行人不进行生产，只是依靠自己优秀的互联网运营和资源整合经验，帮助化妆品品牌商进行分销商品，主要的盈利来源就是进销差价和品牌商的返利。

对于这种模式，我们首先不能否认他的商业合理性，毕竟存在就是合理的，发展就是有价值的。但是，如何正确评价这种模式确实在实践中有很大的争议。有的人认为，这种模式很强大，他精确把握互联网的销售规律，毕竟互联网销售是一种颠覆性的完全不同于以往的销售逻辑，要不然为什么那么多淘宝店家只有少数才能发展壮大呢？有的人则认为，这种模式对于互联网平台的依赖太强，尤其是对于淘宝和天猫的依赖，发行人只能是依附于这个渠道进行发展而并不能根本改变渠道的运维模式，这样的话如果渠道的销售策略发生任何变化，那么都可能对发行人产生重大不利影响。

从某种意义上来讲，其实本案例发行人 IPO 没有通过审核也并不能就说明这种模式没有优势或者没有发展前途。因此，这次的案例分析只是技术的探讨，不涉及行业未来发展规律的谬判。个人认为，这样的模式目前存在是合理的，未来并且有很大的改制和改善空间，在互联网流量为王的特征下，这样的发行人在拥有良好的口碑和巨额的粉丝数量的情况下，他们要做的事情还是很多的。从发行人报告期内实现的业绩来看，发行人确实也实现了高速增长，从开始的几百万净利润到最后的接近一亿元的净利润。

关于这种模式，争议最大的一个问题就是与天猫等平台合作。个人以前也强调过，如果发行人与客户或供应商进行了长期的合作并且一直合作的很好很稳定，那么供应商或客户入股成为发行人的股东，只要是商业合理性上能够解释清楚也不一定构成 IPO 的实质性障碍。对于发行人来说，天猫和淘宝也算是发行人重要的战略合作伙伴，发行人的业务都要通过这两个平台实现，那么这种情况下阿里集团战略投资发行人成为股东，在商业合理性上也有解释的空间。同时，我们也有理由相信，阿里投资发行人也确实看好发行人的经营能力和未来的发展空间，而不一定是为了帮助发行人去做业绩或者变相降低成本或者提高收入的。（阿里集团旗下阿里网络持有发行人 19.55% 的股份，是发行人的第二大股东。）

上面是问题的一个方面，问题的另一个方面，同样也是这种模式一直存在争议的核心要点，那就是：天猫和淘宝是发行人唯一的经营平台或者说销售渠道，发行人很有可能是起步和发展于天猫,最后也会受制于天猫而不能进一步发展,所谓的“成也天猫,败也天猫”。对于发行人来说,目前没有自己的品牌没有自己的研发能力,最大的优势就是在天猫的口碑和流量,也就是运营天猫旗舰店的能力。发行人通过这种能力跟品牌商合作,获得了品牌商分销的资格,然后通过天猫的渠道进行销售从而获得自己的利益。不论是获得品牌商的信任获得分销资格还是通过这种模式挣了很多钱发展壮大,最终都是依靠天猫这个平台实现的。如果发行人失去了这个平台或者说这个平台对发行人提出了更高的标准和苛刻的要求,那么发行人目前具备的优势和实现的收益也可能就不复存在。

【具体案例分析】

一、明德生物:三种典型推广模式的不同会计处理

(一)公司推广模式的具体情况

为布局新市场,支持经销商开发新的终端医疗机构,公司根据市场竞争形势,在不同时期内采取了不同的推广模式,各种推广模式的具体情况如下:

1. 2013 年 10 月至 2015 年 6 月:“折扣销售”推广模式

具体操作:公司在经销商购买仪器与试剂产品组合达到一定价值时,给予其一定幅度的商业折扣。该模式下经销商能够以折扣后的价格购买检测仪器与配套试剂。

会计处理:折扣销售的仪器与试剂按照其实际销售价格确认销售收入,同时将其成本一次性由存货结转至相应的主营业务成本中。

2. 2014 年 11 月至 2016 年 2 月:“买试剂赠送仪器”推广模式

具体操作:公司先将仪器提供给经销商使用,同时向其收取相应的保证金。当经销商累计购买一定价值的试剂后,公司将仪器所有权转让给经销商,并退还仪器保证金。在该模式下经销能够降低前期的检测仪器投入,当检测仪器赠送给经销商后,其所有权和使用权均归经销商所有,公司通过销售试剂收回仪器成本并实现利润。

会计处理:无偿赠送的仪器不确认销售收入,公司将其成本一次性由存货结转计入试剂的主营业务成本中。

3. 2015 年 10 月至今(注 2):“配套销售”推广模式

具体操作:公司通过参与招投标或竞争性谈判,直接或通过经销商间接向终端医疗机构销售试剂,并配套提供仪器给终端医疗机构使用。公司拥有仪器的所有

权，经销商与终端医疗机构拥有仪器的使用权，公司与经销商共同维护仪器的正常使用。公司通过销售试剂收回配套仪器成本并实现利润。

会计处理：仪器不确认销售收入，而是由存货结转至固定资产，按照3年折旧年限进行折旧摊销，相应的折旧费用计入试剂的主营业务成本。

（二）不同推广模式在财务处理中的差异

在不同的推广模式下，公司快速诊断试剂与快速检测仪器的定价方式、收入确认方式、发票开具方式、成本结转方式等方面存在一定差异，具体情况如表3－15－1：

表3－15－1　三种推广模式对比

<table>
<tr><th colspan="2">项目</th><th>"折扣销售"推广模式</th><th>"买试剂赠送仪器"推广模式</th><th>"配套销售"推广模式</th></tr>
<tr><td rowspan="2">定价方式</td><td>快速诊断试剂</td><td rowspan="2">在合同约定价格基础上给予一定的商业折扣</td><td colspan="2">合同约定的试剂销售价格</td></tr>
<tr><td>快速检测仪器</td><td>当经销商累计购买一定价值的试剂后，仪器按0价格"赠送"给客户</td><td>仪器所有权属于公司，不存在定价方式</td></tr>
<tr><td rowspan="2">收入确认方式</td><td>快速诊断试剂</td><td rowspan="2">按照折扣后的销售金额确认销售收入</td><td colspan="2">按照合同约定的销售金额确认试剂销售收入</td></tr>
<tr><td>快速检测仪器</td><td>按照0价格确认仪器销售收入</td><td>不确认仪器销售收入</td></tr>
<tr><td rowspan="2">发票开具方式</td><td>快速诊断试剂</td><td rowspan="2">按照合同约定的销售金额开具发票，同时将折扣额体现在同一张增值税发票上</td><td rowspan="2">按照合同约定的销售金额开票，同时将仪器折扣额（全额计提折扣）体现在同一张增值税发票上</td><td>按照合同约定的销售金额开具发票</td></tr>
<tr><td>快速检测仪器</td><td>不开具发票</td></tr>
<tr><td rowspan="2">成本结转方式</td><td>快速诊断试剂</td><td colspan="3">将相应的成本结转计入试剂营业成本</td></tr>
<tr><td>快速检测仪器</td><td>将相应的成本结转计入仪器营业成本</td><td>将相应的成本一次性结转计入试剂营业成本</td><td>仪器的成本由存货结转至固定资产，按照3年进行折旧摊销，相应的折旧费用计入试剂的主营业务成本</td></tr>
</table>

在不同的推广模式下，最主要的差异在于仪器的成本结转方式上，在"买试剂

赠送仪器”与“配套销售”推广模式下，由于仪器不产生收入，其成本的发生主要是为了配合公司试剂的销售，因此公司将仪器的成本或折旧计入试剂的成本。其中，在“买试剂赠送仪器”模式下，仪器所有权在转移时其成本一次性结转计入试剂营业成本中；在“配套销售”模式下，仪器在结转至固定资产后按照 3 年进行折旧摊销，相应的折旧费用计入试剂的主营业务成本。

（三）同行业公司采用“配套销售”推广模式的具体情况

在发行人所处体外诊断行业中，行业内企业普遍通过免费提供、租赁等配套销售形式将体外诊断仪器提供给下游客户使用，以此建立稳定的合作关系。同行业上市公司采用这种模式的具体情况如表 3－15－2：

表 3－15－2 同行业上市公司采用“配套销售”推广模式的具体情况

公司	推广模式	具体描述
艾德生物（300685. SZ）	投放	公司会根据一些医疗机构的要求，投放部分体外诊断设备，也会应医疗机构的要求，偶发性代其采购或向其租赁体外诊断设备。
基蛋生物（603387. SH）	租赁、免费提供	公司通过将仪器租赁或者免费提供给客户，有助于带动其试剂产品的销售。
透景生命（300642. SZ）	联动销售	公司主要采用“仪器＋试剂”联动销售模式。免费提供使用不产生租赁或销售收入，但公司通过提供后续试剂销售和技术服务收取相应费用。
安图生物（603658. SH）	配套销售	公司对于其外购或自产的高端全自动仪器，一般通过免费或者低毛利销售等方式提供给经销商或大型医疗机构。
万孚生物（300482. SZ）	投放	公司定量产品采取“试剂＋设备”销售模式，发行人委托经销商在特定区域的医院投放自己生产的定量生产设备。
九强生物（300406. SZ）	联动销售	公司针对下游经销商客户，以零利润或者微利润的方式销售给客户，然后采取一次性或分期收款的方式收回仪器销售款；针对终端医院用户，则将仪器免费提供给其使用。

（四）配套销售仪器按照 3 年折旧年限进行折旧摊销的原因及合理性

POCT 免疫定量分析仪的单位成本较低，出于谨慎性的考虑，同时参考同行业上市公司配套仪器的折旧政策，公司对配套销售仪器按照3年折旧年限进行折旧摊销。同行业可比公司配套销售仪器折旧年限比较如表3-15-3：

表3-15-3 同行业可比公司配套销售仪器折旧年限比较

公司	仪器折旧年限政策
艾德生物（300685. SZ）	投放仪器均按照固定资产核算，按月计提折旧，折旧年限为5年。
基蛋生物（603387. SH）	公司租赁仪器的租赁年限为3-5年；发行人免费提供使用的仪器计入公司的固定资产科目，并按照其使用年限折旧。
透景生命（300642. SZ）	联动销售模式下投放的仪器设备作为公司的固定资产，并在专用设备科目中进行独立财务核算，按照预计使用年限为5年计提折旧。
安图生物（603658. SH）	计入固定资产中的机器设备，按照仪器使用年限5年采用年限平均法计提折旧。
万孚生物（300482. SZ）	计入固定资产中的其他设备，折旧年限为3年。
九强生物（300406. SZ）	作为固定资产中的其他机器设备核算，并按合同约定的免费使用年限计提折旧，折旧年限为3-10年。

从表3-15-3可以看出，公司配套销售仪器按3年折旧比较谨慎，与同行业上市公司不存在重大差异。

（五）公司配套销售模式关于“仪器回收”的相关管理制度

在业务合作期间，经销商可享受仪器的使用权，未经公司同意，经销商无权将仪器转移、变卖、赠与、抵押、租借、处置等。公司与经销商终止业务合作后，有权收回该仪器，收回的仪器可继续用于配套销售。若收回的仪器存在故障，公司生产中心将视仪器情况对其进行改造、翻新、系统还原或升级，并经公司质量中心检验合格后可重新用于配套销售。

二、赛隆药业：医药企业的生产批件和药品生产全部由第三方完成的合作生产模式

（一）合作生产模式风险

公司目前主导产品为GM1注射液和注射用脑蛋白水解物，均为发行人与其他

医药公司合作生产的品种。2004 年至 2005 年间,公司成功研发注射用脑蛋白水解物的配方与小试工艺后,与山西普德合作进行产业化工艺研究等步骤,最终在公司技术支持下由山西普德取得该药品的批准文号,公司获得该产品的独家经销权。

2005 年,公司受让太极集团的 GM1 临床批件,并按国家药品注册要求单独出资系统地完成了临床研究以及生产前药学研究,成功研发 GM1 原料药和注射液。由于在公司进行 GM1 研发时,岳阳赛隆仍未能形成有效产能。公司通过与西南药业进行合作,协助西南药业申请了相应的生产批件和新药证书。在岳阳赛隆正式建成并获得药品生产许可证后,根据国家药品生产相关规定及与太极集团及西南药业签署的战略协议,按药品技术转让的方式将 GM1 原料药落户到了岳阳赛隆名下。2011 年岳阳赛隆建成符合新版 GMP 要求的 GM1 原料药车间,获得了 GM1 原料药的 GMP 证书。因此,岳阳赛隆目前持有 GM1 原料药生产批件,并已获得 GM1 原料药的生产专利,独家供应原料药给拥有 GM1 注射液生产批件的西南药业生产制剂。赛隆药业与西南药业签署协议,独家经销 GM1 注射液。

该模式提高了发行人资源利用效率,有效增强了公司盈利能力,合理利用了合作方的产能。发行人与两家合作方自合作以来保持互利共赢的理念,未发生重大纠纷,合作持续时间均在十年以上,合作关系一直有效、稳定的维持。但合作生产的模式也带来了风险,进而可能影响公司经营。公司因合作模式所面临的风险如下:

1. 合作终止的风险

发行人与合作方均约定:双方合作期限以合作品种的注册批件有效期为准,如合作品种完成再注册,合作期限同步顺延至再注册有效期届满之日。如合作品种不能在每五年注册期满时顺利完成再注册,则发行人与合作方的合作存在终止的风险,进而对发行人业绩造成影响。

2. 质量风险

在由合作方进行药品合作生产时,如果合作方未能严格按照 GMP 要求进行生产,或由于原料采购、储存、运输等方面的原因对产品质量造成影响,且公司的合作生产质量保证团队也未能发觉上述质量问题,则药品质量可能不能得到保障。

3. 提价风险

发行人与合作方之间的合作生产属于正常的商业行为,合作双方对于加工费用会根据实际的生产成本情况进行谈判调整。如果最终加工费用相比之前的加工有较大幅度提升,则存在因加工费用提升而导致发行人利润降低的风险。

(二)合作模式的具体情形

公司的生产模式主要分两种,即自主生产模式和第三方合作生产模式。自主生产模式生产的药品主要包括 GM1 原料药、注射用克林霉素磷酸酯、注射用泮托拉唑钠以及米力农注射液等药品，目前由岳阳赛隆进行生产。第三方合作生产模式生产的药品包括注射用脑蛋白水解物和 GM1 注射液，与山西普德和西南药业合作的制剂生产模式是由公司负责药品的研发工作，享有相应的知识产权，分别由山西普德和西南药业进行合作制剂的生产，公司负责相应制剂的全国总经销。

第三方合作模式有效避免了在公司起步初期，资金实力不雄厚的情况下投入巨额资金建设生产线的情况。通过与合作方进行生产合作，有效地利用了对方产能，通过借助合作方大规模生产的规模效益，降低了生产成本，并迅速展开合作药品的制剂生产。在这一业务模式下，公司注射用脑蛋白水解物、GM1 注射液在报告期内销量稳定增长，与合作方维持了较好的业务关系。

1. 与山西普德的注射用脑蛋白水解物制剂的第三方合作模式

(1)合作背景及合作模式

公司自创立伊始就设立了进行自主药物研发，以研发驱动公司发展的基本战略。2004 年至 2005 年间，公司成功研发注射用脑蛋白水解物的配方与小试工艺后，由于公司在当时没有已通过 GMP 认证的冻干粉针生产线(注射用脑蛋白水解物为冻干粉针剂型，必须由通过 GMP 认证的冻干粉针生产线生产)，而根据药品注册管理办法，药品的生产批文必须落在通过了相应 GMP 认证的生产线上。山西普德拥有通过 GMP 认证的冻干粉针生产线，且产能充足，生产能力较强。因此，发行人与山西普德合作进行产业化工艺研究等步骤，最终在公司技术支持下由山西普德取得该药品的批准文号，公司获得该产品的独家经销权。由于注射用脑蛋白水解物为 5 类化学药品，因此按药品管理规定，无须进行临床试验，因此无临床批件。

在发行人与山西普德的合作下，双方拥有的资源和无形资产等如表 3－15－4 所示：

表 3－15－4　赛隆药业与山西普德双方拥有的资源和无形资产

产品名称	研发过程	研发经费	临床批件	生产批件
注射用脑蛋白水解物	发行人负责注射用脑蛋白水解物的配方与小试工艺工作，与山西普德合作完成产业化工艺研发工作	发行人提供	注射用脑蛋白水解物为 5 类化药，根据相关规定，无需进行临床，因此无临床批件	山西普德
	GMP 证书	新药证书	专利	销售
	山西普德	发行人和山西普德共同持有	发行人持有一项脑蛋白水解物的制备专利，提供全面的技术支持	发行人独家销售

公司与山西普德的合作模式如图 3 – 15 – 1 所示：

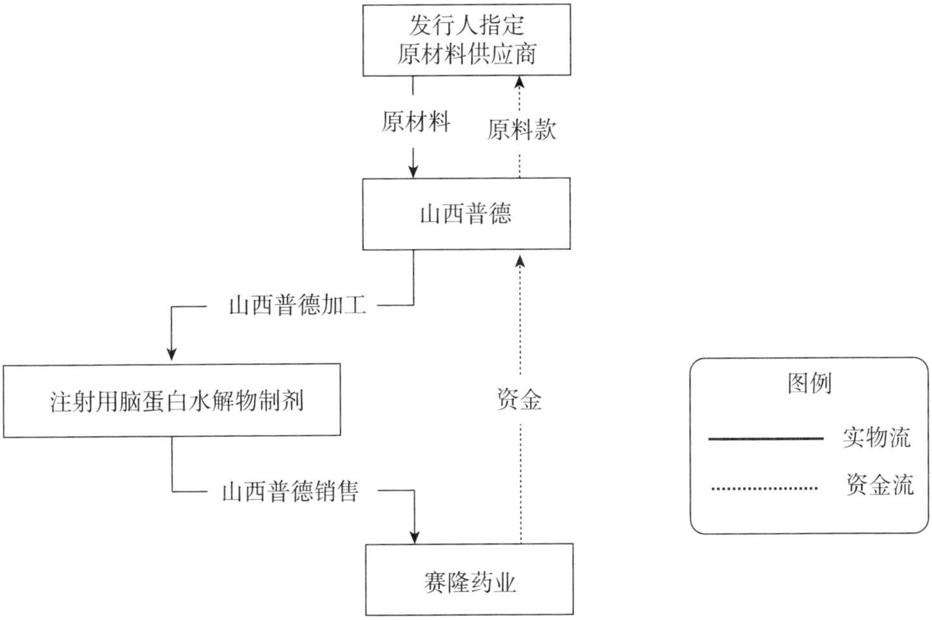

图 3 – 15 – 1 赛隆药业与山西普德的合作模式

与山西普德合作生产注射脑蛋白水解物的过程中，由赛隆药业负责指定注射用脑蛋白水解物的原辅料、内外包装材料的供应商，约定采购价格及采购数量后，由山西普德负责代为采购，代为支付采购价款，发行人在实际支付山西普德加工费时一并支付该部分代为采购的原辅料、内外包装材料款项。山西普德再根据双方约定的技术以及向 CFDA 报备的生产工艺进行生产，赛隆药业向山西普德支付固定金额的加工费[30mg 注射用脑蛋白水解物加工费 2.03 元/支（含税），60mg 注射用脑蛋白水解物加工费 2.66 元/支（含税）]及代采购价款。产品经山西普德质检合格后，由赛隆药业再次质检验收入库，由赛隆药业独家总经销注射用脑蛋白水解物，未经赛隆药业同意，山西普德不得自行生产或对外销售注射用脑蛋白水解物。

注射用脑蛋白水解物的配方和小试工艺由发行人研究获得，并将该技术资料与山西普德共享，利用山西普德的测试设备和生产设备，完成中试放大、产业化工艺研究以及报批等工作。在与发行人合作前，山西普德无注射用脑蛋白水解物的配方，亦未取得注射用脑蛋白水解物生产批件及新药证书，不曾生产注射用脑蛋白水解物。

与发行人合作之前，在 2003 年 5 月 31 日，山西普德分别取得 5ml 和 10ml 的脑蛋白水解物注射液药品注册证书，并投入生产。脑蛋白水解物注射液的生产早于公司与山西普德合作生产的注射用脑蛋白水解物(冻干粉针)。2008 年 12 月 15 日，国家食品药品监督管理局下发《关于加强脑蛋白水解物注射液监督检查的通知》(国食药监办〔2008〕734 号)，“在全国开展注射剂类药品生产工艺和处方核查工作中，发现脑蛋白水解物注射液品种在药品标准和执行工艺处方等方面存在较为突出的问题”，并提出“建议辖区内脑蛋白水解物注射液生产企业主动停止该品种的生产，并要求脑蛋白水解物注射液生产企业按相关技术要求，组织开展改进工艺和质量控制方法的研究工作，在相关工艺改进和质量标准未经批准前，暂不宜恢复生产。”根据山西普德出具的说明以及山西普德的财务报表，自 2008 年 12 月起至本招股说明书签署日，山西普德未进行脑蛋白水解物注射液的生产。

(2)山西普德的基本情况

山西普德药业股份有限公司主要从事化学药品、中西药复合制剂的研发、生产及销售，产品的疗效范围以心脑血管、微生物感染和肿瘤疾病为主，涵盖呼吸系统、消化系统、神经系统、泌尿系统等。公司的主要产品包括注射用门冬氨酸钾镁、注射用氨曲南、注射用盐酸洛美沙星、紫杉醇注射液、注射用环磷酰胺等。

(3)合作协议的基本情况

①合作品种

发行人与合作方(注：本协议中合作方即山西普德)的合作品种为注射用脑蛋白水解物，规格包括 30mg 和 60mg 两种。

②合作方式

由公司负责合作产品的配方和小试工艺研究，之后将该等资料与合作方共享。由公司和合作方共同利用合作品种的技术资料、合作方的测试设备和生产设备，完成中试放大、产业化工艺研究以及报批等工作。合作方获取药品批准文号，公司获得该品种国内销售代理权。

③技术成果的归属和分享

项目的注册申报费用及再注册申报费用均由发行人承担，生产批文归合作方所有，新药证书由双方共同持有。发行人申请的关于该品种的专利使用权无偿授予合作方。

④合作期限

合作期限以合作品种的注册批件有效期为准，如合作品种完成再注册，合作期限同步顺延至再注册有效期届满之日。

⑤双方权利义务

a. 公司的权利义务：

公司有权根据合作方的具体情况，要求合作方按质、按量、按时完成下达的合理的生产任务。公司在销售过程当中需遵守法律规定,维护合作方形象和利益,不做任何违法和损害合作方利益的事情。公司对因合作品种事宜知晓的合作方商业秘密和技术秘密承担保密义务,不向第三方透露。如合作方在合作期间内出现如下情况之一:工作中因质量、生产数量、完成时间不能对公司有效配合;无法保证按照 GMP 要求及国家食品药品监督管理局批准的生产工艺、质量标准进行生产,确保产品的质量,公司可就合作方无法完成或无法达到要求的部分另行安排厂家生产,合作方应配合办理手续。

b. 合作方的权利义务:

合作方保证按照 GMP 要求及国家食品药品监督管理局批准的生产工艺、质量标准进行合作品种的生产,确保合作品种的质量,记载并保存有完整的批生产记录。合作方对因合作品种事宜知晓的公司商业秘密承担保密义务,不向第三方透露,不从事任何有损公司利益和名义的行为。在合作期间,合作方按照公司的销售计划组织合作品种的生产,未经公司同意,严禁合作方自行生产或对外销售合作品种,否则视为违约,将按照销售数量零售价格的两倍进行罚款并赔偿给公司。

⑥费用计算

公司向合作方确定的采购价格为原辅料、内外包装材料费用以及加工费用之和,原辅料、内外包装材料由公司指定供应商,由合作方向指定的供应商购买,合作方实际收取的是加工费和原辅料及内外包材费,加工费可为合作方提供合理利润空间。

⑦责任分担

出厂产品被检验为不合格产品(经省市级检定)而造成发行人损失的,由合作方按照成本赔偿发行人,并承担相应的罚款,对于恶意抽检的情况双方共同协商解决。

合作方对因合作品种生产工艺不完善、原辅料不合格而导致的加工产品不合格所造成的经济损失不承担责任,由此造成原辅料、包装材料报废等损失由确定的责任方承担。

发行人在销售该产品过程中引起的一切非生产质量责任由发行人自行承担,如保管、贮藏、运输不善,违反国家有关政策、销售合同的约定等。

⑧违约责任及纠纷解决机制

合作双方按协议约定的履行各自义务,任何一方有违约行为,参照双方权利义务进行处罚。协议履行中发生任何争议,由双方协商解决,如协商解决不成,可向任何一方所在地有管辖权的人民法院提起诉讼。

本协议不因双方人事变动或双方隶属关系性质变动(包括企业兼并、分立、所有制性质变更、企业名称变更等)而失效。

⑨关于加工费的补充协议内容

根据发行人与山西普德 2015 年 3 月 11 日签订的《合作品种加工费用调整的补充协议》,30mg 注射用脑蛋白水解物加工费由 1.93 元/支提高到 2.03 元/支,60mg 注射用脑蛋白水解物加工费用由 2.26 元/支提高到 2.66 元/支,其中销量超过 2000 万支以上的部分按照 2.46 元/支收取加工费。若发行人没有达成年基础销量,则山西普德有权从第二年开始在调整后的加工费基础上再增加 0.1 元/支。合同期限为 2015 年 3 月 11 日至 2019 年 12 月 31 日。

(4)山西普德财务数据

山西普德主要财务数据如表 3－15－5:

表 3－15－5　山西普德主要财务数据

单位:万元

项目	2016 年度	2015 年度	2014 年度
营业收入	57,174.57	54,451.29	53,517.72
营业成本	22,757.12	19,803.19	20,658.75
毛利	34,417.45	34,648.10	32,858.97
毛利率	60.20%	63.63%	61.40%
发行人的注射用脑蛋白水解物采购额占山西普德总销售收入比	12.68%	12.64%	11.10%
发行人的注射用脑蛋白水解物采购额占山西普德心脑血管类产品销售收入比	28.67%	27.24%	23.99%

发行人与山西普德签署的关于注射用脑蛋白水解物的合作协议约定,发行人是该产品的唯一采购方,发行人对山西普德的采购金额占山西普德脑蛋白水解物销售金额的 100%。发行人的注射用脑蛋白水解物采购额占山西普德总销售收入比报告期内保持稳定。除与发行人合作生产注射用脑蛋白水解物外,山西普德还生产银杏达莫注射液、注射用长春西汀和盐酸法舒地尔注射液等心脑血管类产品,发行人的注射用脑蛋白水解物采购额占山西普德心脑血管类产品收入的比例如表 3－15－5 所示。除心脑血管类产品外,山西普德还销售抗微生物感染药物、抗肿瘤类药物、呼吸系统药物以及营养类药物。

(5)山西普德持有的新药证书情况以及发行人与山西普德合作取得新药证书的过程

山西普德持有的新药证书如下表所示:(略)

发行人与山西普德合作取得注射用脑蛋白水解物新药证书的过程如下：

公司自成立之初起，即主要从事脑蛋白水解物中间体的技术服务和中间体销售，在脑蛋白水解物领域积累了丰富的技术经验。

2003 年，发行人成立脑蛋白水解物制剂的研发项目团队，由公司董事长、高级工程师蔡南桂牵头，带领一批高级技术人员，开展从猪脑水解条件，到制剂处方工艺研究及质量标准的研究，确定猪脑水解条件、相关工艺参数及制剂的处方工艺，完成小试研究工作，撰写申报资料。

根据当时注册管理办法，申请药品生产批件必须由生产企业申报。受生产场地制约，与山西普德合作，由山西普德进行中试生产并向国家局提出注册申请。申报过程所进行的中试生产所有原辅包均由珠海赛隆采购，并由珠海赛隆提供技术指导，发行人承担产品申请生产批件的注册申报费用。该产品的研发历时近 3 年，发行人包括原材料、仪器设备、试剂耗材、检测费以及人员薪酬等在内的研发投入约为 72 万元。

2005 年国家药监局颁发了注射用脑蛋白水解物生产批件，并在颁发的试行标准中注明由珠海赛隆和山西普德共同提出。目前双方共同持有注射用脑蛋白水解物新药证书。

2015 年 11 月国家药典委员会公示新的注射用脑蛋白水解物国家标准，2017 年 2 月新标准正式实施。在此期间，发行人为协助山西普德完成标准升级，为山西普德提供持续的技术支持，共投入人工、设备、原材料等合计金额约 315 万元，成功完成注射用脑蛋白水解物新标准的技术升级工作。

（6）山西普德被仟源医药收购的情况

截至本招股说明书签署日，山西普德的股权 100% 由上市公司誉衡药业持有，如表 3 – 15 – 6 所示。

表 3 – 15 – 6　山西普德股东构成

序号	股东名称	出资金额（万元）	出资比例（%）
1	哈尔滨誉衡药业股份有限公司	13,880.00	100.00
合计		13,880.00	100.00

2016 年 5 月，誉衡药业第三届董事会第二十八次会议审议通过了《关于拟出售山西普德药业有限公司股权的议案》，决定向山西仟源医药集团股份有限公司（以下简称“仟源医药”）出售其持有的山西普德 100% 股权。2016 年 6 月，仟源医药公布非公开发行预案，为了丰富公司产品线、提升仟源医药整体业务规模和盈利能力，进一步增强仟源医药的持续经营能力和综合竞争力，其拟通过非公开发行股

票方式,收购山西普德药业有限公司 100% 股权。仟源医药分别在 2016 年 11 月和 2017 年 4 月对非公开发行预案进行了修订。截至本招股说明书签署日,仟源医药的非公开发行申请仍在审核当中。

仟源医药拟通过此次非公开发行,收购山西普德 100.00% 的股权。根据立信会计师出具的山西普德 2016 年度《审计报告》,2016 年山西普德经审计的营业收入 57,174.57 万元,归属于母公司股东的净利润 21,095.62 万元,分别相当于同期上市公司仟源医药营业收入和归属于母公司股东净利润的 76.63% 和 699.74%。本次收购将有助于仟源医药提升整体业务规模和盈利能力,增强上市公司综合竞争实力。

2016 年 11 月 24 日,仟源医药 2016 年第二次临时股东大会审议通过《关于公司符合非公开发行股票条件的议案》。

2016 年 12 月 23 日,中国证券监督管理委员会(以下简称"中国证监会")出具了对本次仟源医药非公开发行申请文件的《中国证监会行政许可申请受理通知书》(163722 号)。

截至本招股说明书签署日,根据仟源医药所公布的《山西仟源医药集团股份有限公司 2016 年度非公开发行 A 股股票预案》以及《山西仟源医药集团股份有限公司、国信证券股份有限公司关于山西仟源医药集团股份有限公司创业板非公开发行股票申请文件反馈意见的回复说明》,有关于山西普德合作研发产品以及合作研发模式的合理性的披露如下:

"山西普德生产和销售的主要产品中,注射用盐酸洛美沙星为委托研发产品;注射用脑蛋白水解物、注射用长春西汀、注射用细辛脑、注射用门冬氨酸钾镁、注射用 12 种复合维生素、盐酸法舒地尔注射液、注射用多索普德药品批准文号注册期限尚在有效期内,山西普德的药品生产许可证亦在有效期内,山西普德合法拥有所有在产产品(包括主要产品)的药品批准文号,可以合法生产销售。

此外,针对合作研发的产品,山西普德单独拥有药品批准文号,该等药品只能由山西普德生产。针对合作产品,山西普德会与合作方签署合作协议,约定该合作方或其指定的第三方拥有独家经销权。因此,如果取得独家经销权的合作方销售推广不利,山西普德存在该类药品销售未达预期的风险。

针对合作研发的产品,山西普德会与合作方签署合作协议,约定该合作方或其指定的第三方拥有独家经销权。

在全球市场分工合作的大环境下,医药企业采用业务分工、合作开发的模式已极其普遍。山西普德作为国内先进的医药生产平台,具有先进的生产工艺、合格的生产资质,具有产能优势,在合作方不具备生产条件的情况下,双方优势互补、合作研发产品,由山西普德发挥其生产能力的长处,依法取得合作产品的药品批准文号进行生产，双方合作开展合作产品的营销，实现了合作双方的共赢，不存在损害双方利益的情形。”

在发行人与山西普德签署的协议当中已经对上述情况做了如下约定：

“本协议不因双方人事变动或双方隶属关系性质变动（包括企业兼并、分立、所有制性质变更、企业名称变更等）而失效。合作方若因不可抗力的因素不能生产或因双方发生合作纠纷导致合作方单方决定不生产，则合作方无条件按照国家有关规定办理委托其他厂家生产合作品种的手续，委托厂家由公司指定。若因合作方手续不符不能取得委托生产的批准，其应负责相关费用。

合作双方按协议约定的履行各自义务，任何一方有违约行为，参照双方权利义务进行处罚。”

从本次交易过程当中，誉衡药业对山西普德 2017 ~ 2019 年业绩的承诺来看，誉衡药业承诺山西普德 2017 年度、2018 年度、2019 年度扣除非经常性损益后归属于母公司股东的净利润分别不低于人民币 22,700.00 万元、24,550.00 万元、26,500.00万元。2016 年山西普德经审计的归属于母公司股东的净利润 21,095.62 万元。随着山西普德业务的进一步良好发展，通过与合作生产伙伴的友好合作，上述目标较为容易达成。

保荐机构访谈了山西普德现任总经理隆万程以及仟源医药董事长、实际控制人之一的赵群，上述二人均书面确认，仟源医药如成功收购山西普德，则山西普德与发行人之间的合作将继续按协议约定的执行，不会有变动或调整。

根据仟源医药所公布的《山西仟源医药集团股份有限公司 2016 年度非公开发行 A 股股票预案》以及《山西仟源医药集团股份有限公司、国信证券股份有限公司关于山西仟源医药集团股份有限公司创业板非公开发行股票申请文件反馈意见的回复说明》中关于山西普德合作研发性质的描述，以及对合作研发生产业务的描述，以及对发行人与山西普德签署的合作协议的分析和对山西普德总经理以及仟源医药董事长的访谈，保荐机构认为，山西普德股权转让事项不会对发行人与山西普德之间的业务合作产生影响。

2. 与西南药业的 GM1 注射液第三方合作生产模式

（1）合作背景及合作模式

2005 年，公司受让太极集团的 GM1 临床批件，并按国家药品注册要求单独出资系统地完成了临床研究以及生产前药学研究，成功研发 GM1 原料药和注射液。由于在公司进行 GM1 研发时，公司在当时没有已通过 GMP 认证的 GM1 原料药生产线和小容量注射剂生产线（GM1 注射液为小容量注射剂，必须由通过小容量注射剂 GMP 认证的生产线生产），根据我国的药品生产相关规定，生产批文必须落到有 GMP 认证的生产线上。因此，发行人当时无法自己申请生产批文。公司与太极集团子公司西南药业合作，协助西南药业申请了相应的生产批件和新药证书。

在岳阳赛隆正式建成并获得药品生产许可证后，根据发行人与太极集团及西南药业签署的协议，根据国家药品生产相关规定及与太极集团签署的战略协议，按药品技术转让的方式将 GM1 原料药落户到了岳阳赛隆名下。2011 年岳阳赛隆建成符合新版 GMP 要求的 GM1 原料药车间，获得了 GM1 原料药的 GMP 证书。

因此，岳阳赛隆目前持有 GM1 原料药生产批件，并已获得 GM1 原料药的生产专利，独家供应原料药给拥有 GM1 注射液生产批件的西南药业生产制剂。赛隆药业与西南药业签署协议，独家经销 GM1 注射液。

在发行人与西南药业的合作下，双方拥有的资源和无形资产等如表 3－15－7 所示：

表 3－15－7　双方拥有的资源和无形资产

产品名称	研发过程	研发经费	临床批件	生产批件
GM1 注射液	发行人负责研发	发行人提供	发行人购买了 GM1 原料药和注射液的临床批件	发行人拥有 GM1 原料药生产批件，西南药业拥有 GM1 注射液生产批件
	GMP 证书	新药证书	专利	销售
	发行人拥有 GM1 原料药的 GMP 证书，西南药业拥有 GM1 注射液的 GMP 证书	无	发行人持有 GM1 原料药的制备专利	发行人独家销售

鉴于上述情况，发行人体系与西南药业的业务流程如图 3－15－2 所示：

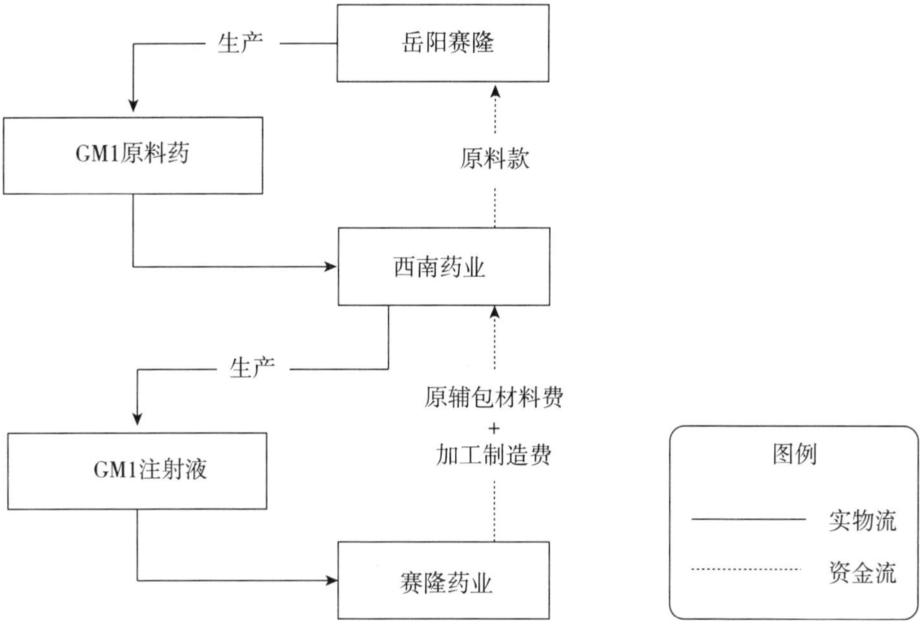

图3-15-2　岳阳赛隆与西南药业的业务流程

与西南药业合作生产GM1制剂的过程中,岳阳赛隆负责生产GM1原料药并作为独家供应商销往西南药业,除GM1原料药之外的其他辅料和内外包装材料供应商由赛隆药业指定,约定采购价格及采购数量后,由西南药业代为采购并支付采购价款。西南药业再根据双方约定的技术以及向CFDA报备的生产工艺进行生产,赛隆药业向西南药业支付固定金额的加工费(1.2元/支,含税)和GM1原料药款、其他辅料及内外包装材料代采购价款。赛隆药业、岳阳赛隆及西南药业会定期签订三方债权债务抵消协议,减少不必要的现金流动。生产完成后,产品经西南药业质检合格出库,由赛隆药业再次质检验收入库。赛隆药业独家总经销GM1制剂,未经赛隆药业同意,合作方不得自行生产或对外销售合作项目的产品。

2005年,发行人受让太极集团的GM1临床批件,从临床批件的取得到正式生产还有漫长的研究过程和生产工艺研发过程。转让前,太极集团(含西南药业)无法生产GM1注射液。在发行人完成相应研发工作后,与西南药业合作,由其取得生产批件和新药证书,最终GM1原料药的GMP证书和生产批件由岳阳赛隆持有。由于GM1生产的核心技术在于原料药生产阶段,西南药业生产的GM1注射液全部为与发行人合作生产,在与发行人合作之前,西南药业不拥有GMP注射液生产批文,不曾生产GM1注射液。

(2)西南药业基本情况

西南药业股份有限公司为太极集团旗下骨干企业，是西南地区最大的普药生产企业，产品资源丰富，拥有数百个药品批文，常年生产品种近300个。西南药业是西南地区最大的西药生产企业和唯一的麻醉药品定点生产基地，曾荣获“中国医药工业50强”“全国医药行业优秀企业”“重庆最佳诚信企业”等称号，并连续14年被评为“重庆工业企业50强”。目前公司拥有国内先进的日本进口冻干机和德国进口双管非PVC共挤膜软袋大输液等生产线。公司产品剂型全面，有片剂、胶囊剂、颗粒剂、粉针剂、冻干粉针剂、大容量注射剂、小容量注射剂、口服溶液剂、糖浆剂、滴丸剂、酊剂等。其中，四个注射剂的生产线按照新版GMP要求进行了改造，制药设备先进，生产工艺优良，人员技能也得到了相应的提高。(以上来源于西南药业公开披露信息)

(3)合作协议的基本情况

①合作品种

发行人与西南药业合作生产的药品为单唾液酸四己糖神经节苷脂钠注射液(批准文号:H20093712，规格:2ml:20mg)。

②合作方式

公司拥有该产品及其生产批文的技术所有权，将该产品的全套技术资料交付合作方(注:本协议中合作方指西南药业)，合作方不得在本协议外使用、转让、泄露生产批文所涉及相关技术。本药品由合作方独家生产，合作方生产的全部产品均由公司总经销(或公司指定的合法经营单位且经合作方确认)。公司通过向合作方支付加工费获取该产品成品。合作方应协助公司对该产品向国家物价部门申报价格，相关费用由公司承担。

③合作期限

从协议生效之日起至该产品注册批件的有效期届满之日止，如合作品种完成再注册，合作期限同步顺延。

④双方权利义务

⑤费用计算

⑥违约责任

(4)西南药业财务数据

西南药业主要财务数据如表3-15-8:

表 3-15-8 西南药业主要财务数据

单位:万元

项目	2016 年度	2015 年度	2014 年度
营业收入	181,705.73	152,779.01	133,112.24
营业成本	115,480.93	98,957.98	85,638.17
毛利	66,224.80	53,821.04	47,474.06
毛利率	36.45%	35.23%	35.66%
发行人的 GM1 注射液采购额占西南药业总销售收入比	6.92%	6.03%	4.05%
发行人的 GM1 注射液采购额占西南药业心脑血管类产品收入比	100%	100%	100%

发行人与西南药业签署的关于 GM1 注射液的合作协议约定,发行人是该产品的唯一采购方,发行人对 GM1 注射液的采购金额占西南药业 GM1 注射液销售金额的 100% 。根据西南药业提供的说明,西南药业除为发行人加工 GM1 注射液之外,没有同类心脑血管产品对外销售。

(5)西南药业持有的新药证书情况以及发行人与西南药业合作研发新药的过程

西南药业持有的新药证书如下表所示:(略)

发行人与西南药业合作开发 GM1 原料药和注射液,西南药业获得新药证书后被 CFDA 收回的具体过程:

国内 1999 年首次批准进口注册上市 GM1 注射液。发行人在成立之初即持续跟踪研究该品种。经过几年的研究,初步掌握关键技术。至 2005 年国内已经有数家企业申报临床,并有部分获得临床批件。发行人全权受让太极集团 GM1 临床批件,成立 GM1 原料药技术公关小组,主要从事 GM1 原料药产业化生产以及提高收率和纯度工作。根据当时药品注册管理办法,申报临床的品种均为小试工艺,离达到产业化生产还有很大差距。受让临床批件后,公司的技术攻关小组不断优化提取、分离、纯化的工艺参数,最终达到产业化规模。发行人顺利完成临床样品的制备后,开展临床试验,最终成功开发出 GM1 原料药及注射液。

根据当时注册管理办法,申报生产必须由生产企业申报,受生产场地制约,发行人与西南药业合作,发行人提供相应技术,由西南药业进行中试生产并向 CFDA 提出注册申请。2009 年 CFDA 批准了 GM1 原料药及注射液生产批件。西南药业同时获得 GM1 原料药的新药证书。

按当时注册分类,GM1 原料属于 3 类新药。根据药品技术转让管理办法,3 类新药可以做新药技术转让。出于对原料药的技术保密及质量控制考虑,在获得批件后,发行人与西南药业签订转让协议,2009 年开始着手 GM1 原料药生产批文转让工作,将 GM1 原料药生产转至岳阳赛隆。且当时岳阳赛隆已经做好受让准备,已新建 GM1 原料生产车间,并且取得生产许可证,具备受让 GM1 原料药的条件。2011 年 CFDA 批准 GM1 原料药生产批件转至湖南赛隆,并收回新药证书(根据《药品注册管理办法》,做药品生产批件转让后,CFDA 将收回新药证书),GM1 注射液则继续在西南药业生产,生产技术的所有权归发行人所有。发行人包括原材料、仪器设备、试剂耗材、检测费、临床费用、人员薪酬以及临床批件转让费用等在内的投入约为 440 万元。因此,目前西南药业与发行人均不持有 GM1 原料药的新药证书。

(6)未来西南药业加工费的调整情况及调整原则

根据发行人与西南药业 2016 年 2 月 15 日签订《药品购销合同》,合同期限为 2015 年 11 月 10 日至 2018 年 11 月 9 日,发行人需向西南药业支付加工费用,加工费用(含税)中含西南药业承担的辅料、生产费用、品牌使用费等,不含甲方承担的原料、安瓿彩印盒、托盘、说明书、纸箱费用。加工费用(含税)定价为 6 元/盒(规格:2ml:20mg,一盒为 5 支)。发行人承诺每年采购量不低于 170 万盒(会计年度结算)。能源价格上涨超过 5% 的,加工费用按其上涨基数上调。

3. 合作方生产发行人产品的设备情况

报告期内,山西普德和西南药业用于生产该两类产品的主要生产设备如下:(略)

报告期内山西普德和西南药业的用于生产合作品种的生产设备折旧费用如表 3-15-9:

表 3-15-9　报告期内用于生产合作品种的生产设备折旧费用

单位:万元

	2016 年	2015 年	2014 年
山西普德	285.55	205.20	167.73
西南药业	245.01	142.28	107.71

4. 对发行人合作方之间合作关系性质的分析

根据发行人与合作方签署的协议和财务处理方式,对合作关系性质分析如下:

合作产品的原辅料、内外包装材料全部由发行人指定供应商(其中,GM1 原料药由岳阳赛隆提供),协商采购价格,合作方代为采购。发行人与合作方结算价款包括原辅料、内外包装材料款和加工费，合作方不对采购品价格进行加成，发行人原材料的价格波动风险由发行人承担，合作方实际收取的仅为固定金额加工费，加工费由发行人与合作方协商确定。产品生产完成后，合作方收取加工费并将产品交送发行人，由发行人负责对外销售，销售风险由发行人承担。

合作方拥有合作品种的生产批文，在合作期间按照公司的销售计划组织合作品种的生产，未经公司同意，严禁合作方自行生产或对外销售合作品种，否则视为违约，将按照销售数量零售价格的两倍进行罚款并赔偿给公司。若合作方在合作期间出现下列情况之一：工作中因质量、生产数量、完成时间不能对公司有效配合；无法保证按照 GMP 要求及国家食品药品监督管理局批准的生产工艺、质量标准进行生产，确保产品的质量，公司可就合作方无法完成或无法达到要求的部分另行安排厂家生产，合作方应配合办理手续。另外，合作方对因合作品种生产工艺不完善、原辅料不合格而导致的加工产品不合格所造成的经济损失不承担责任，由此造成的原辅料、包装材料报废等损失由确定的责任方承担。

发行人与山西普德及西南药业之间的合作，合作产品核心技术由发行人掌握，原材料和产品价格波动风险由发行人承担，如生产工艺不完善、或者发行人指定的原辅料不合格而导致的加工产品不合格，合作方不承担经济责任。合作方拥有生产批文，仅收取固定加工费，未经发行人同意，严禁合作方自行生产合作产品或对外销售合作产品，若合作方无法完成生产，则需配合发行人办理委托其他厂家生产的手续。

从具体的合作关系来看，保荐机构认为：

(1)发行人向西南药业提供 GM1 原料药，由其加工为 GM1 注射液后再由发行人进行销售，从实质重于形式和谨慎性原则角度出发，在财务上比照委托加工模式进行核算，即在合并报表层面将期末发往西南药业尚未完成生产的 GM1 原料药作为委托加工物资列示，对西南药业的采购只体现了其收取的加工费和代采的辅包材费用。在业务合作上，发行人和西南药业签署了《单唾液酸四已糖神经节苷脂注射液合作协议》和《药品购销协议》，在 GM1 注射液产品的合作过程当中各自获取部分利润，各自承担部分职责。

(2)发行人拥有 GM1 原料药的生产批件，负责原料药的生产和 GM1 注射液成品的销售，西南药业拥有 GM1 注射液的生产批件并负责 GM1 注射液产品的加工。上述约定已体现在双方的合作协议当中，并在实际的合作过程中有所体现。发行人与西南药业的业务关系为合作生产。

(3)发行人与山西普德的合作生产的原辅料采购，均采取由山西普德代为采购，发行人出资的模式，这是基于药品生产法规对药品生产商的规范运营要求和资质要求。发行人不存在对山西普德的委托加工物资，发行人从山西普德采购的产品包含了加工费和原辅包材费用，财务上体现为直接采购注射用脑蛋白水解物成品。发行人与山西普德的合作关系不属于委托加工。鉴于发行人与山西普德在合作关系当中各自取得部分收益，发行人承担了注射用脑蛋白水解物这一品种的原辅料价格波动风险和质量风险，承担了注射用脑蛋白水解物的销售价格波动风险，山西普德实际收取的为固定金额加工费。发行人与山西普德的合作关系属于合作生产。

5. 合作协议被终止的风险分析

发行人与山西普德、西南药业之间的合作关系已持续多年，合作关系建立在互利互惠互信的基础之上。发行人存在与合作方之间的协议被终止的风险，但该风险发生的可能性较小，具体分析如下：

(1) 发行人与合作方签订了长期合作协议且有效延续

发行人与山西普德、西南药业的合作协议中，约定的合作期限均为：从协议生效之日起至该产品注册批件的有效期届满之日止，如合作品种完成再注册，合作期限同步顺延。2010 年 9 月 19 日和 2015 年 8 月 31 日注射用脑蛋白水解物两次获得再注册批件，2014 年 6 月 16 日 GM1 注射液获得了再注册批件。再注册完成后，发行人与合作方的协议均有效顺延。截至本招股说明书签署日，发行人与合作方合作稳固良好。

(2) 合作方主动终止合作关系的风险较小

根据发行人与合作方之间的合作模式，合作方可获取适当的利益，合作产品前景良好，合作方具有长期维持合作的意愿和能力，具体如下：①合作方从合作关系中获取了适当的利益；②生产的核心环节、核心技术由发行人掌控；③合作品种市场前景良好，未来收益可观；④协议约定合作方不得自行生产或销售合作品种；⑤合作模式为山西普德常规合作模式。

(3) 合作方因外因停止生产后有配合委托第三方生产的义务

根据《关于药品异地生产和委托加工有关规定的通知》以及于 2014 年实施的《药品委托生产监督管理规定》的要求，对于具有所生产产品相适应的证照许可范围内的条件，且该车间已取得药品 GMP 证书的生产企业，在满足该文规定的其他必要条件下，可以进行异地委托加工生产。

发行人与西南药业签订的《GM1 注射液合作生产协议》中约定：乙方若因不可抗拒的因素不能生产或因双方发生合作纠纷导致乙方单方决定停止生产，则乙方应无条件按国家有关规定办理委托其他厂家生产该产品的手续，委托厂家由甲方指定。若因乙方手续不符，不能取得委托生产的批准，乙方应承担相关费用及由此给甲方造成的一切损失。

发行人与山西普德签订的《合作品种生产协议》中约定：如合作方在合作期间

内出现如下情况之一:工作中因质量、生产数量、完成时间不能对公司有效配合;无法保证按照 GMP 要求及国家食品药品监督管理局批准的生产工艺、质量标准进行生产,确保产品的质量,公司可就合作方无法完成或无法达到要求的部分另行安排厂家生产,合作方应配合办理手续。

在合作方无法完成生产时,需按照协议要求委托发行人指定的第三方完成生产。发行人子公司岳阳赛隆满足《关于药品异地生产和委托加工有关规定的通知》以及《药品委托生产监督管理规定》对委托加工生产的要求,具备生产合作品种的一切生产条件,拥有通过新版 GMP 认证的小容量注射剂生产线和冻干粉针线,发行人自身具有生产合作品种所需的技术能力。若合作方无法完成生产,发行人可以通过指定由岳阳赛隆进行委托生产,不会对发行人的合作生产业务产生重大影响。

(4)合作方因监管处罚或其他原因无法完成生产亦无法委托第三方生产

若合作方因重大违法违规被取消药品生产许可、GMP 认证或其他生产和委托第三方生产的必要条件,则可能导致与发行人之间的合作关系被迫中止,且无法委托第三方进行生产。

发行人的合作方西南药业和山西普德均为医药行业中规模较大的生产企业,拥有众多药物生产批文和产品,生产能力和质量管控能力较强,具有较高的市场影响力和品牌价值。山西普德和西南药业均为上市公司子公司,具有良好的治理结构和管理制度。合作方均具有强大的生产能力、良好的质量管控体系,发生重大违法违规事项的可能性较小,发生无法完成生产亦无法委托第三方生产风险的可能性较小。

综上,发行人与合作方之间签订了长期合作合同,并通过一系列条款制约了违约情形,发行人与合作方之间合作历史长,合作关系稳定,发行人及合作方均在合作中获得了适当的收益,合作产品未来市场前景良好,协议终止对合作双方均不利。此外,因导致无法生产时合作方有委托第三方生产的义务,合作方均为大型医药制造公司,且纳入上市公司体系,品牌价值高,合作被终止的风险较小。

6. 发行人与合作方之间的合作属于互惠互利的合作关系

发行人与合作方的合作可持续性较强,发行人与合作方属于互惠互利的合作关系,不存在重大依赖:

(1)发行人与合作方之间的合作属于合法合规的商业行为。

(2)发行人与合作方之间的合作是长期稳定的。

①合作方有维持合作稳定的意愿和能力。

②合作品种具有稳定及可持续的市场前景。

③合作模式为山西普德常规合作模式。

(3)GM1 注射液新增自主生产规格增强发行人自身生产能力。

(4)其他自主生产药品的陆续获批将进一步丰富公司产品线。

(5)发行人对销售渠道有较强掌控力。根据发行人与两家合作方之间的生产模式，合作方只负责生产成品制剂，药品销售工作由发行人负责。发行人通过十多年的努力和深耕，已经在 GM1 注射液和注射用脑蛋白水解物领域建立了在多个重点省份具有优势的销售团队，有一批长期合作、关系稳定的重要客户，构建了稳定、高效、合理的沟通运营机制，并对重点省份的医院具有较成体系的覆盖面。产品的新销售者难以短期内构建有效地销售渠道并获得当地经销商的认可。

(6)我国正在逐步建设药品上市许可人制度，发行人业务模式与该制度实质相符。2017 年 1 月 24 日，国务院办公厅印发《关于进一步改革完善药品生产流通使用政策的若干意见》(国办发〔2017〕13 号)，提到要有序推进药品上市许可持有人制度试点。优先对批准上市的新药和通过一致性评价的药品试行上市许可持有人制度，鼓励新药研发，促进新产品、新技术和已有产能对接。及时总结试点经验，完善相关政策措施，力争早日在全国推开。

药品上市许可持有人制度的本质在于将药品研发和生产相分离，研发企业在取得研发成功后，可申请注册新药，成为药品上市许可持有人，无须自己完成生产环节，而是将生产委托给一家通过 GMP 认证，具备相应生产条件的企业完成。发行人的合作生产模式是在药品上市许可持有人制度实施之前建立的，当时，发行人完成产品的研发后，由于不具备自身的生产线，无法注册新药，只能以合作模式寻求生产厂家共同注册或协助生产厂家注册，由合作方完成生产环节，发行人提供技术支持，并负责选择原辅包材料供应商、负责完成最终对外销售，实质上也就是委托生产。目前我国所开始试行的上市许可人持有制度，符合国际惯例，实际上是进一步明确了之前的药品研发企业和委托加工企业之间的关系。发行人在该制度实施之前所采取的合作生产业务模式，是在我国政策不允许药品生产许可和生产厂家分离时所采取的业务模式，属于医药行业较为普遍的合作方式。

保荐机构认为，发行人拥有合作品种相关的知识产权，拥有 GM1 原料药生产批文，负责 GM1 原料药的生产和产品销售，西南药业负责 GM1 注射液的生产，山西普德负责生产注射用脑蛋白水解物，发行人负责产品销售。发行人与合作方的业务合作持续时间较长，合作协议对双方的期限、主要权利义务、利益分配、终止条件、违约情形及责任、纠纷及解决机制等均作了明确约定。自合作以来，发行人与合作方通过互利合作，通过合作品种均获得了持续稳定的业务收入，合作稳定性强。针对合作模式所可能产生的风险和纠纷，发行人通过协议约定以及自身业务发展等方式做了有效应对和预防，能够保证合作关系的稳定和合作产品的供应，降低了风险和纠纷对发行人经营的不利影响。合作品种未来前景广阔，将为合作双方带来持续的收益,合作双方均有保持合作关系的意愿和能力,该种合作关系符合我国医药法律法规要求,属于医药行业较为常见的合作模式,也符合我国加强医药企业研发力度,促进结构调整和产业升级的政策方向。该种合作对于发行人的独立性不产生重大负面影响,符合《首发管理办法》的相关规定,不会对本次发行人上市造成障碍。

三、华森制药:非专利技术转让的必要性和合理性

报告期内公司发生的资产收购情况如下:

2014 年 5 月,发行人与常州金远药业制造有限公司签订《15 个冻干药品生产技术转让合同》,约定常州金远药业制造有限公司将其拥有的下述注射用阿昔洛韦等 15 个冻干药品生产技术转让给发行人,合同金额为 4000 万元,见表 3 – 15 – 10。

表 3 – 15 – 10　转让药品生产技术一览

序号	药品通用名	规格	批准文号	转让价格(万元)
1	注射用阿昔洛韦	0.25g	国药准字 H20013121	200.00
2	注射用甲磺酸培氟沙星	0.2g	国药准字 H19980236	150.00
3	注射用甲磺酸培氟沙星	0.4g	国药准字 H20020684	150.00
4	注射用亚叶酸钙	0.1g	国药准字 H20013122	100.00
5	注射用亚叶酸钙	25mg	国药准字 H20013123	100.00
6	注射用硫酸奈替米星	0.1g	国药准字 H20030135	150.00
7	注射用硫酸奈替米星	50mg	国药准字 H20030134	150.00
8	注射用甲磺酸加贝酯	0.1g	国药准字 H10950326	2,000.00
9	注射用胞磷胆碱钠	0.25g	国药准字 H20033924	200.00
10	注射用七叶皂苷钠	5mg	国药准字 H20045722	150.00
11	注射用七叶皂苷钠	10mg	国药准字 H20045430	150.00
12	注射用奥美拉唑钠	40mg	国药准字 H20067321	200.00
13	注射用布美他尼	0.5mg	国药准字 H20050605	100.00
14	注射用二乙酰氨乙酸乙二胺	0.2g	国药准字 H20050087	100.00
15	注射用二乙酰氨乙酸乙二胺	0.4g	国药准字 H20050088	100.00

截至招股说明书签署日，上述15个冻干药品均已经办理完毕药品的技术转让手续，并取得药品注册批件，公司已支付的转让价款金额为3820万元。

2014年5月，发行人与常州金远药业制造有限公司签订《甲磺酸加贝酯原料药生产技术转让合同》，约定常州金远药业制造有限公司将其拥有的甲磺酸加贝酯原料药的生产批件、相关生产技术及下列注册商标转让给发行人，合同金额为200万元，见表3－15－11。

表3－15－11　常州金远药品转让技术商标一览

序号	注册号	商标名称	原注册人	注册时间
1	920763	加贝酯	常州金远药业制造有限公司	2015－09－20
2	3235075	倍兴	常州金远药业制造有限公司	2015－09－20
3	990786	倍福	常州金远药业制造有限公司	2015－09－20

截至招股说明书签署日，上述生产批件、相关生产技术及注册商标的转让手续已经办理完毕，公司已全额支付200万元转让价款。

四、丽人丽妆股份有限公司（未通过）：电商分销模式的关注要点

公司主营业务包括化妆品电商零售、品牌营销服务、化妆品分销等业务。在上述业务中，化妆品电商零售业务是公司最核心的业务，品牌营销服务、化妆品分销等业务占比较低。截至2017年6月30日，公司已与兰蔻、雅漾、碧欧泉、雪花秀、兰芝、美宝莲、妮维雅等55个化妆品品牌达成合作关系，是天猫美妆平台中获得品牌授权数量最多的网络零售服务商之一。

报告期内，发行人营业收入按照业务种类具体构成如表3－15－12：

表3－15－12　报告期内发行人营业收入

单位：万元

项目	2017年1－6月		2016年度		2015年度		2014年度	
	金额	占比	金额	占比	金额	占比	金额	占比
化妆品电商零售业务	114,876.61	94.69%	192,540.04	95.52%	113,073.55	92.89%	65,508.21	91.54%
品牌营销服务	2,797.80	2.31%	6,644.84	3.30%	6,550.43	5.38%	3,804.69	5.32%
化妆品分销业务	1,793.89	1.48%	2,155.81	1.07%	2,100.78	1.73%	2,250.73	3.15%

续表

项目	2017 年 1－6 月		2016 年度		2015 年度		2014 年度	
	金额	占比	金额	占比	金额	占比	金额	占比
化妆品寄售业务	1,847.13	1.52%	239.12	0.12%	—	—	—	—
合计	121,315.43	100.00%	201,579.80	100.00%	121,724.76	100.00%	71,563.63	100.00%

报告期内，发行人实现的收入和净利润情况如表 3－15－13：

表 3－15－13　报告期内发行人实现的收入和净利润情况

单位：万元

项目	2017 年 1－6 月	2016 年度	2015 年度	2014 年度
营业收入	121,315.43	201,579.80	121,724.76	71,563.63
营业利润	9,526.81	9,369.97	4,036.90	827.68
利润总额	9,679.83	9,907.41	4,297.25	805.84
净利润	7,482.40	8,070.50	3,271.28	568.25
归属于母公司股东净利润	7,534.23	8,110.04	3,271.28	568.25
扣除非经常性损益后归属于母公司股东净利润	6,416.80	7,391.70	3,073.24	584.62

发行人所有业务均通过阿里巴巴集团控制的天猫/淘宝平台开展；发行人根据销售额支付相关的平台佣金、积分扣费、聚划算佣金等平台运营费用。

第四章 综合案例新解

第一节 （亲属）同业竞争

【商业逻辑与背景分析】

同业竞争问题一直是IPO审核的红线，对于同业竞争一直都是零容忍的状态。换个角度来看，不存在同业竞争是拟上市主体具有可持续盈利能力以及核心竞争力的基本条件，也是维护广大投资者利益这一根本宗旨的本质体现。基于同业竞争的重要性和基础性，一般IPO项目开始之初便开始核查同业竞争的情形，更是会在尽职调查时重点关注并彻底整改同业竞争问题，通过并购、剥离等措施重新构建拟上市主体，确保同业竞争不会成为上市的首道屏障。

同业竞争对拟上市主体的影响主要包括两个方面：

1. 业务不独立。拟上市主体与控股股东、实际控制人及其关联方存在业务重叠的情形，导致拟上市主体与其关联方未能做到业务分离，容易产生相同的客户与供应商，不具有独立经营的能力，拟上市主体的经营业绩难以保障。

2. 存在潜在的利益输送。拟上市主体与关联方从事相同的业务，会产生两种结果：一是如果存在同业竞争的双方存在关联交易，会导致存在潜在的利益输送可能；二是相同的客户与供应商会导致拟上市主体与关联方的共同利益可能会受到人为操纵。

我们今天要讨论的是亲属同业竞争问题，关于亲属同业竞争问题，如果按照不同的标准，可以做以下分类：

1. 如果按照形成的原因分类，可以分为派生形成和独立发展两种情形。一种情形是两个企业原来是一起经营的后来通过分家才独立经营的，另一种情形是两个企业自始至终就没有什么关系，就是独立发展的。通过分家形成的同业竞争问题，我们需要更加关注分家的过程以及后续是否会存在纠纷等，这种亲属同业竞争确实也存在更大的风险。

2. 如果按照业绩规模来分类，一种情形是亲属控制企业与发行人业绩规模相当甚至比发行人还要大，另一种情形是亲属控制企业的业绩规模非常小，相对于发行人来说简直不值得一提。如果亲属控制企业跟发行人规模相当甚至还要大，那么实践中几乎就没有整合的可能，基本情况下也是两家企业基本上都是独立发展没有关联的。

3. 从是否存在业务往来来说，一种情形是亲属控制企业与发行人存在持续的关联交易，另一种情形是从未发生任何交易。如果是既存在同业竞争又存在关联交易的问题，那么一般建议要将关联交易进行彻底清理，没有第二条路可走。

4. 从是否存在整合可行性来分类，一种是存在整合可能的情形，另一种是根本就没有整合可能的情形。在关注亲属同业竞争问题时，首要的思路还是要关注整合的必要性以及可行性，在这个思路真的无法操作的时候，才有机会去解释同业竞争本身的必要性和商业合理性，从而无须整合。

【核查方法指引】

一、同业竞争的范围

关于同业竞争，我们一般情况下就认定控股股东、实际控制人及其关联方是否与发行人存在同业竞争的情形。当然，对发行人生产经营有重要决策权力的非控股股东也要考察同业竞争的问题。在目前审核实践中，关于同业竞争也存在一些例外的情形，主要有：

1. 亲属同业竞争问题，如果有合理的商业逻辑和历史背景，并且能够保证不对发行人利益产生重大不利影响，还是有可能通过审核的。

2. 对公司没有重大影响的股东以及其他关联方的同业竞争问题，如果与发行人从事相同或相似业务的一方既不是发行人的控股股东和实际控制人，也不是对发行人有重要影响的关联方，并且不存在对发行人利益产生损害的潜在风险，那么有可能通过审核。（这里特别注意的是，是否重大影响，不以持股比例是否 5% 以上为标准）

二、同业竞争的审核原则

关于同业竞争的审核基本原则，简单来说，主要有以下几个方面：

1. 同业竞争主要关注控股股东、实际控制人（包括关联方）的同业竞争问题，必要的时候需要关注发行人重要股东的同业竞争问题。

2. 控股股东、实际控制人近亲属的同业竞争问题，采取“一事一议”具体问题具体分析的思路，在保证不存在利益输送或潜在纠纷的前提下，允许自我证明不存在同业竞争的问题。

3. 关于亲属同业竞争的问题，主要关注供应商和客户是否重合、资金是否往来、人员是否存在重合、资产是否存在独立性瑕疵、是否存在业务交易往来、某一个企业主体的经营是否违反基本商业规律等。

三、亲属同业竞争核查范围

对于亲属的同业竞争，首先是对亲属的界定，虽然没有法规明确指出该范围，但按照已审核的案例来看，亲属一般为实际控制人直系血亲和三代以内的旁系亲属。对于实际控制人的同业竞争，相对比较容易核查，通过实际控制人的股权结构以及关联方核查，便可以明确实际控制人控制的其他企业是否存在同业竞争的情形。

但是对亲属而言，很难确定完整的核查范围。一般核查过程建议如下：

1. 核查发行人的所有关联方，尤其是亲属控股的公司，了解这些公司是否存在与发行人从事相同行业的情形。

2. 核查与发行人存在业务往来的公司，是否存在从事同行业的情形，如果存在，核查其控股股东是否属于实际控制人的旁系亲属。

3. 实际控制人报告期内的银行账户交易流水中，交易对象是否有旁系亲属，这些亲属是否控股与发行人存在同业竞争的公司。

4. 访谈客户与供应商时，可以了解是否存在实际控制人的旁系亲属从事与发行人同行业的情形。

四、亲属同业竞争审核标准

关于亲属同业竞争的基本审核标准，具体来说，主要如下：

1. 原则上，发行人控股股东、实际控制人夫妻双方的直系亲属拥有的相竞争业务应认定为构成同业竞争。

2. 对于发行人控股股东、实际控制人夫妻双方的其他亲属拥有的相竞争业务是否构成同业竞争，应从相关企业的历史沿革、资产、人员、业务和技术等方面的关系、客户和供应商、采购和销售渠道等方面进行个案分析判断，如相互独立，则可认为不构成同业竞争。

3. 审核中应要求保荐机构对发行人控股股东、实际控制人夫妻双方的近亲属（具体范围按民法通则相关规定执行，即配偶、父母、子女、兄弟姐妹、祖父母、外祖父母、孙子女、外孙子女）的对外投资情况进行核查，以判断是否存在拥有相竞争业务的情形。

4. 对于利用其他亲属关系，或者以解除婚姻关系为由来规避同业竞争的，应从严把握，要求在报告期内均不存在同业竞争，且相关企业之间完全独立规范运作，不存在混同的情形。

5. 对于发行人的控股股东、实际控制人夫妻双方的亲属拥有与发行人密切相关联的业务是否影响发行人的独立性及符合整理上市的要求，参照上述原则执行，即发行人的控股股东、实际控制人夫妻双方直系亲属拥有与发行人密切相关联的业务，原则上认定为独立性存在缺陷，其他亲属拥有则按照第二条的规定进行个案分析判断。

五、亲属同业竞争的解释思路

根据上面的分析，关于亲属同业竞争问题原则上是要求清理的，当然清理也是最彻底的解决方案，但是在实践中存在清理成本太高、清理时机不成熟、根本就没有可能清理等情形，因而 IPO 审核中亲属同业竞争问题并不是一条绝对的红线，允许自我证明发行人不存在因同业竞争而发生独立性瑕疵或者业绩真实性问题。

关于解释的思路，我们可以从以下几个方面说明：

1. 两个企业都是独立运营和发展的，如果以前存在过“分家”的情况，那么分家的过程清晰明确，不存在任何纠纷或潜在纠纷。

2. 两个企业不存在客户或供应商重叠的情况，不存在通过相同的供应商或客户进行倒货以及输送利益的情形。

3. 两个企业不存在任何关联交易、资金往来等情形，说白了就是两个企业没有过业务上的交集，以证明两个企业除了股东有亲属关系之外，没有任何的联系。

4. 两个企业在人员上也没有交集，更不存在高管或者核心人员互相任职的情形。

5. 知识产权、业务开拓等方面不存在纠纷或潜在纠纷，也不存在任何法律风险。

关注这么多问题,核心就是一点,即两个企业其实根本就没有任何关系,就是两个独立发展的主体,只是股东之间有亲属关系而已。

上述我们列示的几条应该是判断亲属同业竞争是否需要清理的一个基本标准,如果发生了其中的一条,那么就应该重新审视同业竞争的问题了。但是,在实践中我们发现有一条是可以突破的,那就是供应商和客户的重叠问题。比如供应商,如果是化工行业那么供应商可能就那么特定的几家,只要是这个行业的企业都需要向这些供应商采购,重合的概率还是很高的。比如客户,同一个行业可能有很多经销商,两个企业在经销商方面可能会有一些重合。因此,如果是亲属同业竞争问题存在客户和供应商重合的情形,那么也不一定需要清理,重点关注重合的原因以及重合的采购和销售金额,从而判断对发行人业务独立性和业绩真实性的影响。

【具体案例分析】

一、珀莱雅(603605):关于存在依附嫌疑的亲属同业竞争问题的解决思路

(一)发行人实际控制人的其他主要近亲属从事化妆品业务的情况

截至报告期末,发行人实际控制人其他主要近亲属中,实际控制人侯军呈的舅舅李裕才之子李小林、侯军呈的舅舅李裕正之子李文清、侯军呈姐姐侯爱玲之子徐东魁持有发行人股份,实际控制人侯军呈的姐姐侯连香之子女蔡汝青、蔡丙国、蔡丹红,侯军呈姐姐侯爱玲之女徐丽丽及嵇尚坚夫妇,以及侯军呈的舅舅李裕才之子李双林(系李小林的哥哥)从事化妆品业务,其职业情况及控制和投资的营利性组织情况具体如表4-1-1:

表4-1-1 发行人近亲属职业情况及控制和投资的营利性组织情况

姓名	与发行人实际控制人的亲属关系	从事职业	控制和投资的营利性组织
李小林	舅舅李裕才之子	曲靖星辰无疆建筑工程有限公司执行董事兼总经理	发行人(持股5.0596%);坤驿实业(持股5%并担任董事);湖州美妆小镇文化发展有限公司(持股5%);曲靖星辰无疆建筑工程有限公司(持股40%并担任执行董事兼总经理)

续表

姓名	与发行人实际控制人的亲属关系	从事职业	控制和投资的营利性组织
李文清	舅舅李裕正之子	湖北圣凯能再生资源有限公司副总经理	发行人（持股0.1061%）；上海零逗化妆品有限公司（持股45%并担任监事）；湖北绿能再生资源有限公司（持股60%并担任监事）；湖北圣凯能再生资源有限公司（持股60%）
徐东魁	姐姐侯爱玲之子	青岛云众创信息科技有限公司销售总监	发行人（持股0.0454%）；青岛云众创信息科技有限公司（持股5.26%）；湖州德清致雅展示用具有限公司（持股20%）
李双林	舅舅李裕才之子，李小林之兄弟	广州娇兰佳人化妆品连锁有限公司总裁	上海丽客化妆品有限公司（持股30%并担任董事）；上海贝肤泉化妆品有限公司（持股15%）；湖州莫干望舒化妆品产业壹期创业投资合伙企业（有限合伙）（持股4.65%）；乐清市双林饮料有限公司（持股40%并担任监事）
蔡汝青	姐姐侯连香之子	广州娇兰佳人化妆品连锁有限公司执行董事	广州市娇兰化妆品有限公司（持股50%并担任监事）；广州娇兰佳人化妆品连锁有限公司（持股50%并担任执行董事）；广州婷美小屋化妆品有限公司（持股50%并担任执行董事）；武汉娇兰佳人商务有限责任公司（持股50%并担任经理）；北京娇兰佳人商业连锁有限公司（持股60%并担任监事）；成都娇兰佳人商业连锁有限公司（持股50%并担任监事）；西安娇兰佳人化妆品有限公司（持股50%并担任监事）；重庆娇兰佳人科技发展有限公司（持股60%）；广州市柏蕊诗化妆品有限公司（持股50%并担任执行董事）；上海伽伦化妆品有限公司（持股50%）；上海丽客化妆品有限公司（持股70%并担任监事）；上海贝肤泉化妆品有限公司（持股80%并担任监事）；广东现代汉方科技有限公司（持股50%）；上海摩安珂服饰有限公司（持股75%并担任监事）；广州市康募置业有限责任公司（蔡汝青49%并担任监事）；广州爱帛服饰有限公司（持股50%并担任监事）；广东远泰投资有限公司（持股50%并担任监事）

续表

姓名	与发行人实际控制人的亲属关系	从事职业	控制和投资的营利性组织
蔡丙国	姐姐侯连香之子蔡汝青之兄弟	广州市娇兰化妆品有限公司执行董事	广州市娇兰化妆品有限公司（持股50%并担任执行董事）；广州娇兰佳人化妆品连锁有限公司（持股50%并担任监事）；广州婷美小屋化妆品有限公司（持股50%并担任监事）；上海伽伦化妆品有限公司（持股50%并担任监事）；武汉娇兰佳人商务有限责任公司（持股50%并担任监事）；西安娇兰佳人化妆品有限公司（持股50%并担任经理）；广东现代汉方科技有限公司（持股50%）；陕西耘荣投资有限公司（持股70%并担任执行董事）；广州纽美爵贸易有限公司（持股50%并担任监事）；陕西昆仑矿业有限公司（持股70%并担任执行董事兼总经理）；旬阳县中大矿业有限责任公司（持股70%并担任执行董事）；陕西佳成矿业有限公司（持股70%并担任执行董事）
蔡丹红	姐姐侯连香之女，蔡汝青、蔡丙国之姐姐	成都娇兰佳人商业连锁有限公司经理	成都娇兰佳人商业连锁有限公司（持股50%并担任经理）；上海贝肤泉化妆品有限公司（持股3%）
徐丽丽	姐姐侯爱玲之女，徐东魁之姐姐	南京美观网络科技有限公司执行董事	南京致远化妆品有限公司（持股58%）；南京美观网络科技有限公司（持股70%并担任执行董事）
嵇尚坚	姐姐侯爱玲之女徐丽丽之配偶	南京致远化妆品有限公司执行董事兼总经理	南京致远化妆品有限公司（持股42%并担任执行董事）；南京美观网络科技有限公司（持股30%并担任监事）；淮安市易和工贸有限公司（持股100%并担任执行董事兼总经理）；南通市崇川区娇兰佳人燎原化妆品店、金湖致远化妆品店（个体工商户）

（二）报告期内上述近亲属个人及经营实体与发行人业务和资金往来情况

发行人为扩大终端销售网点，促进公司业务的发展，2016年起通过杭州恒浩贸易有限公司等经销商向广州娇兰佳人化妆品连锁有限公司及其相关公司销售化妆品。2017 年上半年南京致远化妆品有限公司向发行人零星采购少量化妆品。报告期内发行人向上述两家公司的销售情况具体如表 4 –1 –2：

表 4 –1 –2　报告期内发行人向两家相关联公司的销售情况

单位：万元

比照关联方	2017 年 1 –6 月	2016 年度	2015 年度	2014 年度
广州娇兰佳人化妆品连锁有限公司及其相关公司	457.17	622.41	—	—
南京致远化妆品有限公司	39.66	—	—	—
合　　计	496.83	622.41	—	—
占发行人当年营业收入的比例	0.60%	0.38%		

发行人就上述交易已比照关联交易根据《公司章程》《关联交易决策制度》等规定履行了相应的决策程序，独立董事也发表了独立意见。

除上述交易外，报告期内，发行人与实际控制人其他主要近亲属个人及经营实体未发生其他业务与资金往来。

（三）上述近亲属个人及经营实体与发行人是否构成同业竞争或潜在同业竞争的核查情况

截至报告期末，发行人实际控制人其他主要近亲属中除李小林、李文清、徐东魁持有发行人股份，实际控制人侯军呈的姐姐侯连香之子女蔡汝青、蔡丙国、蔡丹红，侯军呈姐姐侯爱玲之女徐丽丽及其配偶嵇尚坚，以及侯军呈的舅舅李裕才之子李双林从事化妆品业务。蔡汝青、蔡丙国控制的广州市娇兰化妆品有限公司、广州娇兰佳人化妆品连锁有限公司、广州市娇联化妆品有限公司、广州婷美小屋化妆品有限公司、武汉娇兰佳人商务有限责任公司、北京娇兰佳人商业连锁有限公司、成都娇兰佳人商业连锁有限公司、西安娇兰佳人化妆品有限公司、重庆娇兰佳人科技发展有限公司、广州市柏蕊诗化妆品有限公司、上海伽伦化妆品有限公司、上海丽客化妆品有限公司、上海贝肤泉化妆品有限公司 13 家企业（以下简称"蔡汝青、蔡丙国控制或参股的化妆品企业"）以及徐丽丽及其配偶嵇尚坚控制的南京致联化妆品有限公司从事与化妆品有关的业务，上述主要近亲属控制或投资的其他企业均未从事与发行人相同或相近业务。

1. 蔡汝青、蔡丙国控制或参股的化妆品企业

经核查，蔡汝青、蔡丙国控制的化妆品企业与发行人在资产、人员、财务、机构、业务与技术等方面相互独立，具体情况如下：

(1)资产独立

经实地走访蔡汝青、蔡丙国控制或参股的化妆品企业及其生产基地，查阅蔡汝青、蔡丙国控制或参股的化妆品企业的财务报表，查看生产经营设备，对蔡汝青、蔡丙国、李双林及其他相关人员进行访谈，取得蔡汝青、蔡丙国出具的确认函，并与发行人提供的设备清单、土地所有权证和房产证等权属证书进行比对。经核查，蔡汝青、蔡丙国控制或参股的化妆品企业中，生产企业广州市娇兰化妆品有限公司拥有化妆品生产相关的生产经营场所、机器设备等相关配套设施；广州娇兰佳人化妆品连锁有限公司等12家化妆品销售企业现有经营场所均系承租自独立第三方，拥有经营办公所需设备设施，该等资产均不属于发行人及其实际控制人所有。发行人合法拥有与化妆品生产经营有关的土地使用权、房屋所有权、生产设备等主要财产，不存在发行人的前述资产来源于蔡汝青、蔡丙国控制或参股的化妆品企业的情形，发行人资产独立完整。

经核查，蔡汝青、蔡丙国控制或参股的化妆品企业拥有的与生产经营有关的资产均不存在来源于发行人的情形。发行人与蔡汝青、蔡丙国控制的化妆品企业资产相互独立。

(2)人员独立

经查阅蔡汝青、蔡丙国控制或参股的化妆品企业的工商登记信息，获取上述企业董事、监事、高级管理人员名单，对蔡汝青、蔡丙国、李双林及其他相关人员进行访谈，取得蔡汝青、蔡丙国出具的确认函，并与发行人提供的员工名册进行比对。经核查，蔡汝青、蔡丙国控制或参股的化妆品企业的董事、监事、高级管理人员均未在发行人处兼职或领薪。发行人的董事、监事、高级管理人员均按照发行人《公司章程》等规定，由发行人股东大会、董事会及监事会等机构选举、聘任，不存在蔡汝青、蔡丙国控制或参股的化妆品企业兼职或领薪的情形，也不存在发行人的核心技术人员在蔡汝青、蔡丙国控制或参股的化妆品企业兼职或领薪的情形。发行人与蔡汝青、蔡丙国控制或参股的化妆品企业不存在人员混同的情形。

经核查，发行人与蔡汝青、蔡丙国控制或参股的化妆品企业的人员相互独立。

(3)财务独立

经查阅蔡汝青、蔡丙国控制或参股的化妆品企业的财务报表，对蔡汝青、蔡丙国、李双林及其他相关人员进行访谈，取得蔡汝青、蔡丙国出具的确认函，查阅发行人的银行账户开户资料、主要银行账户对账单、大额资金流水、纳税申报资料等。经核查，发行人独立在银行开立账户，不存在与蔡汝青、蔡丙国控制或参股的化妆品企业共用银行账户的情形。发行人作为独立的纳税人，依法独立核算、独立进行纳税申报并履行纳税义务。

经核查，发行人与蔡汝青、蔡丙国控制或参股的化妆品企业的财务相互独立。

(4)机构独立

经访谈蔡汝青、蔡丙国、李双林及其他相关人员，取得蔡汝青、蔡丙国出具的确认函，以及查阅发行人的股东大会、董事会、监事会会议资料、核查发行人的内部组织机构图、内设机构职能及其实际运作情况等。经核查，发行人建立了较为完善的组织机构，拥有完整的业务系统及配套部门，法人治理结构完善，不存在与蔡汝青、蔡丙国控制或参股的化妆品企业机构混同的情形。

经核查，发行人与蔡汝青、蔡丙国控制或参股的化妆品企业的机构相互独立。

(5)业务与技术独立

①业务起源。经查阅蔡汝青、蔡丙国控制或参股的化妆品企业的工商登记信息和发行人的工商登记资料，访谈蔡汝青、蔡丙国及发行人实际控制人、总经理及其他主要股东、业务人员。经核查，发行人实际控制人与蔡汝青、蔡丙国创业初期即各自独立创业，并在浙江、广东两个不同区域独自发展，不存在发行人业务与蔡汝青、蔡丙国控制或参股的化妆品企业的业务起源于同一主体的情形。

②与化妆品生产相关的商标、专利等技术和业务资质许可情况。截至本《招股说明书》签署日，蔡汝青、蔡丙国控制或参股的化妆品企业拥有化妆品生产相关的生产经营场所、机器设备等相关配套设施，持有“粤妆 20160010”号《化妆品生产许可证》；拥有与化妆品生产、销售相关的商标、专利、国产特殊用途化妆品行政许可批件及国产非特殊用途化妆品备案登记凭证，在技术和业务方面不存在使用发行人商标、专利、经营资质及研发成果和生产技术或与发行人共有商标、专利及研发成果和技术的情形。

③采购方面。经查阅蔡汝青、蔡丙国控制或参股的化妆品企业提供的主要供应商名单，并与发行人报告期内的供应商名单进行比对，对蔡汝青、蔡丙国、李双林及其他相关人员进行访谈，取得蔡汝青、蔡丙国出具的确认函，查阅发行人的采购合同及主要供应商访谈笔录，对发行人采购负责人进行访谈。自设立以来，发行人与蔡汝青、蔡丙国控制或参股的化妆品企业均拥有独立的采购团队和供应链，独立签署采购协议，采购价格均按市场价格确定。

基于化妆品的行业特性，蔡汝青、蔡丙国控制或参股的化妆品企业与发行人存在少量供应商（含 OEM 厂商）重合的情形。其中主要重合供应商均系行业内主要的原材料供应商和 OEM 厂商，均为国内多家化妆品企业提供原材料和 OEM 服务。

此外，因蔡汝青、蔡丙国主要通过“娇兰佳人”品牌经营化妆品零售连锁业务，销售产品包括“婷美”“植物日记”“贝肤泉”等自有品牌产品以及“玉兰油”“妮维雅”“旁氏”等国内外品牌产品。报告期内，蔡汝青、蔡丙国控制或参股的化妆品企业的个别供应商系发行人的客户。存在上述情形的主要原因为国内化妆品经销商多为同时在指定区域内经销多个化妆品品牌,故存在经销商既是发行人的客户又同时成为下游化妆品零售企业供应商的情形。

经核查,发行人与蔡汝青、蔡丙国控制或参股的化妆品企业不存在共用采购系统的情形。

④生产方面。经实地走访蔡汝青、蔡丙国控制的化妆品生产企业和发行人的生产基地,对蔡汝青、蔡丙国、李双林及其他相关人员等进行访谈,取得蔡汝青、蔡丙国出具的确认函;查阅发行人取得的化妆品生产许可资质证书。经核查,蔡汝青、蔡丙国控制的化妆品生产企业位于广东省,拥有化妆品生产所需的场所、生产设备和辅助设施,与发行人位于浙江省的生产基地完全独立。发行人具有生产化妆品所需的资质许可及独立的生产场地、生产设备及配套设施,且与蔡汝青、蔡丙国控制的化妆品生产企业不存在相互委托加工的情形。

经核查,发行人与蔡汝青、蔡丙国控制的化妆品企业不存在共用生产系统的情形。

⑤销售方面。经查阅蔡汝青、蔡丙国控制的化妆品企业提供的主要客户名单,并与发行人报告期内的经销商名单进行比对,对蔡汝青、蔡丙国、李双林及其他相关人员等进行访谈,取得蔡汝青、蔡丙国出具的确认函,查阅发行人主要经销商访谈笔录以及对发行人销售负责人进行访谈。自设立以来,发行人与蔡汝青、蔡丙国控制或参股的化妆品企业均拥有独立的销售团队、销售渠道,独立签署销售协议,执行独立的销售政策。报告期内,发行人与蔡汝青、蔡丙国控制或参股的化妆品企业存在少量客户重合系因化妆品行业参与者集中度客观形成。报告期内发行人对重合客户的销售占比极低。

经核查,发行人与蔡汝青、蔡丙国控制或参股的化妆品企业不存在共用销售系统的情形。

⑥品牌方面。经查询国家商标局网站,蔡汝青、蔡丙国控制或参股的化妆品企业的官网,对蔡汝青、蔡丙国、李双林及其相关人员等进行访谈,取得蔡汝青、蔡丙国出具的确认函。经核查,蔡汝青、蔡丙国控制的化妆品企业主要经营“娇兰佳人”“婷美”“婷美小屋”“植物日记”“贝肤泉”“柏蕊诗”“婷美美肌”“露芭缇”“Minilab”“REC”“AIP”等品牌。报告期内发行人主要经营“珀莱雅”“优资莱”“韩雅”“悠雅”“猫语玫瑰”“悦芙媞”等品牌。

经核查,发行人与蔡汝青、蔡丙国控制或参股的化妆品企业不存在共用品牌的情形。

综上,经核查,保荐机构、发行人律师认为,发行人实际控制人的其他主要近亲属蔡汝青、蔡丙国虽与发行人实际控制人侯军呈从事相同的化妆品业务,但从创业初期即各自独立创业,并在不同区域独自发展。发行人与蔡汝青、蔡丙国控制或参股的化妆品企业在历史沿革、资产、人员、财务、机构、业务与技术等方面均相互独立，发行人实际控制人侯军呈从未享有该等企业的任何权益。发行人与蔡汝青、蔡丙国控制或参股的化妆品企业不存在共用采购渠道、销售渠道的情形；发行人与蔡汝青、蔡丙国控制或参股的化妆品企业存在供应商、客户少量重合系因化妆品行业参与者集中度客观形成，符合行业特点，且重合的供应商、客户与发行人均不存在关联关系。蔡汝青、蔡丙国虽然与发行人实际控制人侯军呈有亲属关系，但所投资的企业均是各自独立创业，独立发展，蔡汝青、蔡丙国与侯军呈之间的亲属关系并不会对发行人的独立性产生任何影响。发行人实际控制人侯军呈的其他主要近亲属蔡汝青、蔡丙国控制或参股的化妆品企业与发行人不存在同业竞争。

2. 徐丽丽及其配偶嵇尚坚控制的化妆品企业

截至报告期末，发行人实际控制人侯军呈姐姐侯爱玲之女徐丽丽及其配偶嵇尚坚控制或参股的企业中（不含个体工商户），除南京致远化妆品有限公司从事化妆品销售业务外，其控制或参股的企业均不从事化妆品业务或其上下游业务。报告期内，南京致远化妆品有限公司主要从事丸美、蜜丝佛陀等化妆品品牌在江苏省的销售，经营规模较小。

经查询国家企业信用信息公示系统，并对其实际控制人及其相关人员进行访谈，取得徐丽丽、嵇尚坚出具的确认函。经核查，徐丽丽及其配偶嵇尚坚持有的南京致远化妆品有限公司股权真实、合法，不存在代发行人实际控制人侯军呈持股的情形，发行人实际控制人侯军呈从未享有该等企业的任何权益。

经国家工商行政管理总局商标局及国家知识产权局网站查询上述企业及徐丽丽、嵇尚坚拥有的化妆品销售相关的商标、专利等，实地走访经营场所，查阅其未经审计的财务报表及员工名册，获取上述企业提供的主要供应商、客户名单并对其经营负责人进行访谈，取得徐丽丽、嵇尚坚出具的确认函，查阅发行人往来账、大额银行流水等。经核查，南京致远化妆品有限公司在资产、人员、财务、机构、业务等方面均与发行人相互独立，具体如下：

（1）资产独立。南京致远化妆品有限公司拥有与经营化妆品销售业务有关的场所、设备设施，不存在该等资产来源于发行人的情形。发行人与南京致远化妆品有限公司资产相互独立。

（2）人员独立。南京致远化妆品有限公司的员工不存在来源于发行人的情形，其董事、监事、高级管理人员均未在发行人处兼职或领薪，也不存在发行人的董事、监事、高级管理人员和核心技术人员在上述企业兼职或领薪的情形。发行人与南京致远化妆品有限公司人员相互独立。

（3）财务独立。南京致远化妆品有限公司拥有独立的财务核算体系，独立在银行开立账户，不存在与发行人共用银行账户的情形；其财务人员不存在来源于发行人或在发行人兼职的情形。发行人与南京致远化妆品有限公司财务相互独立。

(4)机构独立。南京致远化妆品有限公司拥有与其化妆品销售相匹配的组织机构,不存在与发行人机构混同的情形。发行人与南京致远化妆品有限公司机构相互独立。

(5)业务独立。南京致远化妆品有限公司拥有独立完整的化妆品销售业务体系,拥有独立的采购和销售系统,主要经营丸美、蜜丝佛陀等化妆品品牌,不存在与发行人共用采购或销售体系的情形。报告期内,南京致远化妆品有限公司除2017年1~6月向发行人零星采购化妆品外,未与发行人发生其他交易或资金往来,与发行人不存在供应商及客户重叠情形。发行人与南京致远化妆品有限公司业务相互独立。

综上,经核查,保荐机构、发行人律师认为,发行人实际控制人的其他主要近亲属徐丽丽及其配偶嵇尚坚控制的南京致远化妆品有限公司主要从事化妆品销售,其在资产、人员、财务、机构、业务等方面均与发行人相互独立。除零星采购发行人产品外,报告期内,南京致远化妆品有限公司与发行人不存在其他交易或资金往来。发行人实际控制人侯军呈的其他主要近亲属徐丽丽及其配偶嵇尚坚控制的化妆品企业与发行人不存在同业竞争。

二、江山欧派(603208):亲属同业竞争的现实困局

发行人实际控制人吴水根的重要近亲属对外投资情况如表4-1-3:

表4-1-3　吴水根重要近亲属对外投资情况

姓名	与实际控制人间的亲属关系	对外投资情况		
		企业名称	持有股权数量	持股比例
吴水爱	大妹	同创九鼎投资管理集团股份有限公司	976.66万股	0.065%
王忠	大妹夫	发行人	1,850万股	30.52%
吴水燕	二妹	发行人	800万股	13.20%
		同创九鼎投资管理集团股份有限公司	1,035.51万股	0.069%
何利明	配偶之兄弟	浙江王牌门业有限公司	1,500万元	75%

吴水根之妹吴水爱、吴水燕投资了同创九鼎投资管理集团股份有限公司；吴水根配偶之胞弟何利明投资并控制了浙江王牌门业有限公司。除上述 2 家企业外，吴水根重要近亲属不存在其他对外投资的企业。

（一）浙江王牌门业有限公司

何利明持有王牌门业 75% 的股权，为该公司的实际控制人。王牌门业设立于 2008 年 1 月 2 日，经营范围为：免漆套装门；实木复合烤漆门、原木门（生产场所：江山市贺村镇贺福南路 502 号）的加工、销售；货物进出口（法律法规限制的除外，应当取得许可证的凭许可证经营）。该公司实际从事木门的生产和销售。该公司与发行人的主营业务相同，存在竞争关系。

王牌门业是何利明控制的企业，发行人是吴水根控制的企业。自王牌门业设立至今，发行人的实际控制人吴水根均未直接或间接持有王牌门业股权，吴水根始终未对王牌门业形成过控制或重大影响。

除历史上何利明曾于 2006 年 7 月至 2007 年 11 月因持有发行人 13% 的股权而对发行人产生重大影响外，自 2007 年 11 月何利明转让发行人股权至今，何利明未直接或间接持有发行人股权，对发行人未形成控制或重大影响。

经核查，自两家公司设立以来，吴水根、何利明均分别控制发行人和王牌门业，双方均对对方所控制的企业不构成控制关系，在生产经营和管理决策方面，王牌门业与欧派门业均独立经营。保荐机构认为，王牌门业自设立以来就不受吴水根控制，不存在同业竞争情形。

（二）公司与王牌门业各自独立经营，不存在利益输送或潜在利益输送的情形

1. 王牌门业的历史沿革（略）

从王牌门业的历史沿革和股权演变看，发行人实际控制人吴水根始终未直接或间接持有过王牌门业的股权，未对王牌门业实施控制或有重大影响。

2. 历史上，持有发行人股权的王牌门业股东情况

历史上，持有发行人股权的王牌门业股东在两家公司的持股情况如表 4 - 1 - 4：

表 4-1-4　王牌门业股东在王牌门业和江山欧派的持股情况

股东	持有王牌门业股权		持有发行人股权	
	持股比例	持有期间	持股比例	持有期间
何利明	48.00%	2008 年 1 月至 2009 年 8 月	13.00%	2006 年 7 月至 2007 年 11 月
	60.00%	2009 年 8 月至 2009 年 9 月		
	75.00%	2009 年 9 月至今		
陈建明	14.00%	2008 年 1 月至 2009 年 8 月	4.00%	2006 年 7 月至 2007 年 11 月
李文明	7.50%	2008 年 1 月至 2009 年 8 月	3.00%	2006 年 7 月至 2007 年 11 月
	10.00%	2009 年 9 月至今		
郑以法	7.50%	2008 年 1 月至 2009 年 8 月	1.00%	2006 年 7 月至 2007 年 11 月

王牌门业设立时的主要股东何利明、陈建明、李文明、郑以法曾经均持有发行人的前身欧派有限的股权，上述 4 人合计曾经持有欧派有限的股权比例为 21%，同时，何利明在持有欧派有限股权期间，还曾担任欧派有限外贸销售副总经理。

2007 年 11 月，何利明因对欧派有限的经营理念和发展战略存有差异，且出于其个人另行创业的考虑，何利明所持欧派有限全部股权转让与吴水根。同期，欧派有限设立时的参股股东陈建明、李文明和郑以法亦将各自所持欧派有限股权转让，随后与何利明共同设立了王牌门业。

从持有欧派有限股权的时间上看，上述 4 人在投资设立王牌门业之前均已转让了所持有的欧派有限股权，且持有欧派有限股权时间均不足一年半，不存在同一时间内同时持有两家公司股权的情形。此外，上述 4 人转让欧派有限的股权至今已达 7 年以上，在此期间，发行人主营业务持续增长，上述 4 人的股权转让行为对发行人生产经营并未产生重大不利影响，且未来也不会产生不利影响。

经核查，上述 4 人共同投资设立王牌门业前均已转让了各自持有的欧派有限股权，不存在同时持有两家公司股权的情形。

3. 木门行业产业集中度较低的特点促成了江山当地大量木门企业不断“裂变”

江山市位于浙江省西南部，地处浙闽赣三省交界处，依托周边丰富的林业资源和区位优势，江山市木业产业得以发展壮大。近年来，江山木门产业迅猛发展，2008 年，江山市被中国木材流通协会授予“中国木门之都”。

伴随着江山木门产业的发展，木门行业“多品种、多批次、小批量”的生产经营特点，也催生了江山当地木门企业数量的快速增长。据统计，江山市有近 200 家木制门企业（资料来源：2012 中国地板中国门业品牌发展趋势报告），江山已成为国内木门的重要生产基地。这其中有相当一部分企业属于行业内的中小型企业。

江山当地相当一部分木门生产企业在创业初期时，出于资金和资源上的互助，往往采用“抱团”的方式，共同组建企业，抵御经营风险。但随着个人经验和资源的积累，部分企业的创始人出于自身利益的考虑，更倾向于各自独立发展业务，从而导致江山当地木门行业不断“裂变”，催生出众多的中小型木门生产企业，这也是多年来我国木门行业产业集中度始终较低的表现形式之一。

截至本招股说明书签署日，上述 4 人从事业务的情况如 4 -1 -5：

表 4 -1 -5　王牌门业主要股东从事业务的情况

序号	人员	目前从事的主要业务
1	何利明	控股王牌门业
2	李文明	参股王牌门业
3	陈建明	退休
4	郑以法	与其胞弟郑以军共同经营江山市君力门业有限公司

4. 公司与王牌门业不存在利益输送或潜在利益输送的情形

(1) 双方不存在共用销售渠道的情况，下游客户各不相同

报告期内，发行人和王牌门业的销售渠道如表 4 -1 -6：

表 4 -1 -6　发行人和王牌门业的销售渠道

公司	发行人		王牌门业	
渠道	主要渠道建设方式	主要客户	主要渠道建设方式	主要客户
1. 工程客户渠道	自主开发房地产客户	万科、恒大、金地等	自主开发客户	规模较小
2. 经销商渠道	自建经销商网络	杨正文、张于、马志明等，经销规模大	自建经销商网络	经销规模较小
3. 外贸渠道	自主开发客户	中国航空技术北京有限公司等	自主开发客户	规模较小
4. 出口渠道	自主开发客户	主要客户分布于罗马尼亚、香港等地	自主开发客户	规模较大，主要客户分布于罗马尼亚、保加利亚、摩尔多瓦等东欧国家

经核查，报告期内，双方的前十大客户各不相同。具体如下：(略)

王牌门业的主要客户为外销客户，木门产品主要销往东欧、亚洲等地区；而公

司的主要客户为内销经销商客户和工程客户，客户结构、销售区域有较大差别。

(2)上游供应商存在较多重合

发行人和王牌门业的主要材料采购有板材、软皮、五金配件、油漆等，双方主要材料均向材料供应商直接采购，未通过这些供应商的代理商或中间商进行采购，因此，发行人和王牌门业未有共用采购渠道的情形。

报告期内，公司与王牌门业的原材料供应商存在较多重合，双方共同的供应商分别有22家、20家、19家和19家，其中对发行人而言，采购金额较大且持续的共同供应商主要有：福建省永安林业（集团）股份有限公司、安徽东盾木业有限公司、江山市标龙装饰材料有限公司、桐庐格鲁新型建材有限公司、江山市恒耀玻璃有限公司等。这些共同供应商各自向双方提供了包括各类板材、PVC皮、木皮、玻璃在内的生产木门所需的主要原、辅材料。

报告期内，双方原材料供应商出现重合现象主要与江山当地木门产业集中相关：首先，江山作为“中国木门之都”拥有与木门生产经营相关的完整配套产业，具有强烈的地域聚集效应，其中与木业生产相关的原材料供应商，如生产木门的各类板材、PVC皮、木皮、五金等主要原、辅材料供应商众多，业已形成较为充分的市场环境，市场透明度较高，各市场参与主体基本上都能在江山当地选择合适的供应商，王牌门业和欧派门业出现供应商重合现象具有必然性；其次，木门生产的最主要原材料（如各类板材）的质量较重，运输成本较高，具有一定的采购（销售）半径，而江山地处闽、浙、赣三省交界的山区，林业资源相对丰富，各类板材供应渠道丰富，王牌门业和欧派门业出现主要板材供应商重合现象也具有必然性。

经核查，近三年，公司与王牌门业的相同原材料供应商家数分别为22家、20家、19家和19家。双方具有相同供应商是江山当地木门产业市场发展的必然结果，不存在双方利用同一供应渠道进行利益交换的情形。

经核查，保荐机构认为，发行人和王牌门业不存在共用采购渠道的情形。

①各期向重合供应商的采购情况

保荐机构核对了报告期内发行人和王牌门业的全部供应商名单，以年度内该供应商均与欧派门业和王牌门业发生交易作为标准，经核查，报告期内，发行人和王牌门业重叠供应商家数分别为22家、20家、19家和19家。具体情况略。

从共同供应商的采购金额比对上看，发行人的采购规模远大于王牌门业。保荐机构以双方采购金额的大小为标准，将报告期内发行人向共同供应商采购金额超过100万元的(2016年上半年的标准为50万元)，或者是列入王牌门业各年度前五大供应商名册的共同供应商全部纳入了本次对共同供应商采购单价比对的范围，即：

2016年上半年选取的共同供应商，欧派门业和王牌门业向范围内共同供应商的采购金额分别为 2370.26 万元和 670.32 万元，分别占当期向共同供应商采购金额的比例为 92.76% 和 94.73%；

2015 年度选取的共同供应商范围为上表该年度所列序号 1－6、9、10、12、16、25，采购金额分别为 5967.10 万元和 1816.80 万元，分别占当期向共同供应商采购金额的比例为 94.91% 和 90.77%；

2014 年度选取的共同供应商范围为上表该年度所列序号 1、3、6、7、10、31、34，采购金额分别为 3887.48 万元和 2289.31 万元，分别占当期向共同供应商采购金额的比例为 86.70% 和 93.35%；

2013 年度选取的共同供应商范围为上表该年度所列序号 1、3、6、10、20－24、26、27、31，采购金额分别为 8363.22 万元和 2006.06 万元，分别占当期向共同供应商采购金额的比例为 95.91% 和 93.40%。

经核查，由于双方在经营规模上的差异，报告期内，发行人在主要原材料的采购规模上远远超过了王牌门业，双方共同供应商基本位于江山当地或其周边省份和地区。

②共同供应商的采购单价比较

由于木门产品所需原材料品种规格繁多，发行人和王牌门业向共同供应商采购原材料的品种也繁多，而不同品种规格间的单价也存在较大差异，因此保荐机构在核查双方向共同供应商采购原材料的单价中，在选择具体品种规格时，遵循了如下原则：

a. 以同种规格或类似规格原材料作为比对基础；

b. 以发行人对某一供应商采购金额占比较大的品种作为首选的品种规格；

c. 在上述标准均无法满足下，以较小金额占比的同规格品种进行比对；

如果对比双方均无同规格的产品采购，以全部采购均价为比对基础。在具体比对过程中，保荐机构主要采用了两种价格对比方式：一是欧派门业和王牌门业向同一供应商采购同一规格产品的价格对比；二是欧派门业就同一品种规格产品向不同供应商采购单价的对比。

（3）发行人与王牌门业在资产、人员、业务、技术方面相互独立，不存在潜在利益交换的情形

①王牌门业资产具有完整的独立性。

②公司与王牌门业在人员上相互独立。

③王牌门业独立经营其业务。经核查，自何利明等股东于 2007 年 11 月转让发行人股权后至今，王牌门业及其股东、发行人及其股东均未参与对方企业经营或从中谋取利益，且相互间亦不存在对于市场的划分、独占等限制性安排，王牌门业、发行人各自独立运营发展。

④公司与王牌门业在技术上相互独立。江山当地木门生产企业众多，从木门的生产制造角度来说，生产制造的工艺原理相对简单，生产技术更多地体现为产品的设计能力以及将这种设计能力转化为大规模生产的能力。历经多年的发展，发行人已成为江山当地生产规模最大的木门生产企业，产品设计所涉及的商标、专利等均为发行人所有，不存在与王牌门业共同拥有的情形，在生产水平上，发行人的技术更多地体现为在大规模机器设备投入下的自动化、规模化生产技术，而王牌门业生产、销售规模相对较小。

此外，发行人和王牌门业自设立以来，历经了近十年的发展，各自沿着自身的发展道路发展，均未发生包括技术纠纷在内的任何纠纷。

保荐机构核查了双方各自的生产车间和库存商品，查阅比对了双方的商标、专利情况，对何利明、陈建明、李文明、郑以法就王牌门业在发展过程中的生产技术情况进行了访谈，经核查，保荐机构认为：发行人与王牌门业在技术上相互独立。

经核查，发行人与王牌门业在技术上相互独立。

保荐机构认为：发行人与王牌门业在业务、资产、人员、财务、机构等方面均保持相互独立，发行人与王牌门业不存在相互利益输送的情形。

（4）发行人与王牌门业之间未来也不会发生利益交换的情形

①不将王牌并入发行人主体的原因。保荐机构早在介入本项目的初期就已向发行人提出收购王牌门业股权或资产的建议，发行人也曾多次与何利明就双方合并之事进行过多次商务谈判，保荐机构也就此与何利明进行过多次讨论，但历经多年，何利明基于其自身对木门行业的经营热情，始终不愿意被发行人收购。在对发行人多年的辅导与尽职调查过程中，保荐机构认为，王牌门业自设立开始就受何利明控制，何利明始终致力于做大、做强王牌门业，双方不存在商务谈判进行合并的可能。

基于双方的关联关系，保荐机构谨慎核查了发行人与王牌门业历年来的业务发展、客户开发、市场分布、原材料市场供应情况，并就双方是否存在其他协议安排对吴水根和何利明进行了访谈，取得了经访谈对象确认的访谈记录。其中：

何利明在相关访谈记录中都明确表示：其不愿将所控制的王牌门业纳入欧派门业，并承诺：

"本人及本人所控制的王牌门业不曾、不会也无必要与吴水根或其控制的欧派门业就市场、客户、供应商间达成任何协议安排。

本人或本人控制的王牌门业不曾、不会也无必要与吴水根或其控制的欧派门业发生任何形式的交易；在王牌门业的日常经营中，本人或本人控制的王牌门业不会通过任何方式直接或间接地与吴水根或其控制的欧派门业进行利益的交换、利益的输出或输入行为；王牌门业将继续保持其在各方面的独立性，包括与吴水根或其控制的欧派门业相独立。”

吴水根在相关访谈记录中也作出如下承诺：

“本人及本人所控制的欧派门业不曾、不会也无必要与何利明或其控制的王牌门业就市场、客户、供应商间达成任何协议安排。

本人或本人控制的欧派门业不曾、不会也无必要与何利明或其控制的王牌门业发生任何形式的交易；在欧派门业的日常经营中，本人或本人控制的欧派门业不会通过任何方式直接或间接地与何利明或其控制的王牌门业进行利益的交换、利益的输出或输入行为；欧派门业将继续保持其在各方面的独立性，包括与何利明或其控制的王牌门业相独立。

如若本人违反上述承诺或利用控制权促使欧派门业违反上述承诺，则由此导致欧派门业遭受的经济损失，将由本人在该等损失经依法认定后的十日内及时向欧派门业作出足额赔偿或补偿。”

此外，在发行人于2014年第三临时股东大会审议通过的《江山欧派门业股份有限公司关联交易决策和同业竞争管理制度（草案）》中对发行人与王牌门业间未来如果发生交易行为的决策程序进行了约束：如果未来发行人不可避免地与王牌门业及其实际控制人何利明发生交易行为，相关关联董事和股东（包括但不限于吴水根）均需在相应的董事会或股东大会上回避表决，且需经相关董事会和股东大会无关联董事和股东的2/3表决通过。

②发行人与王牌门业间不存在同业竞争。王牌门业与发行人所从事的业务相同，存在竞争关系，但不属于《首次公开发行股票并上市管理办法》等相关规定中须予消除的同业竞争情形。该等规定中所涉同业竞争是指：若上市公司（包括拟上市公司，下同）从事的业务与其控股股东（实际控制人）所控制的其他企业所从事的业务相同或近似，双方即构成同业竞争。

王牌门业是何利明控制的企业，发行人是吴水根控制的企业。自王牌门业设立至今，发行人及其实际控制人不存在以投资关系、协议或其他安排对王牌门业实施控制或施加重大影响的情形。

除历史上何利明曾于2006年7月至2007年11月因持有发行人13%的股权外，自2007年11月何利明转让发行人股权以来，王牌门业及其实际控制人何利明不存在以投资关系、协议或其他安排对发行人实施控制或施加重大影响的情形。

此外，吴水根、何利明相互间也不存在就发行人或王牌门业经营活动、经营利益实施交换、输送的特殊安排。

因此，发行人和王牌门业间虽然主营业务相同，但两公司的实际控制人分别为吴水根和何利明，不属于发行人本次公开发行股票须予消除的同业竞争情形。

综上所述，保荐机构认为，虽然王牌门业之控股股东何利明与发行人实际控制人存在亲属关系，但是王牌门业的创立是出于何利明个人另行创业的目的，王牌门业与发行人相互独立且各自自行发展，王牌门业并未受发行人及发行人实际控制人吴水根所控制，且王牌木门作为发行人的关联方未受到发行人及其实际控制人吴水根的重大影响；两公司独立运营发展，于报告期内也不存在关联交易或有过第三方进行利益交换、输送的特殊安排。因此，王牌门业及其业务的现有存在并不属于发行人本次公开发行股票前或者作为一家上市公司须予消除的同业竞争情形。

第二节　单一客户依赖

【商业逻辑与背景分析】

1. 关于单一客户依赖问题，可以这样来界定：一个古老而又时时出现新情况的问题，一个典型又疑难的问题，一个可以充分自我论证又涉及发行条件红线的问题。关于这个问题实践中讨论的比较多了，小兵也论述过很多次了。这次为什么还要把这个问题再单独作为一个专题来整理呢，主要原因就是找到了一些相对比较“极端”的案例，通过这些案例进一步加深对于客户依赖问题的理解，也可以丰富我们对这个问题的核查思路。

2. 最新的 IPO 审核政策对于单一客户依赖的问题已经明确：最近一个会计年度对单一客户销售占比超过 50% 的构成实质性障碍。其实，这里还有一个前提就是：报告期内，发行人对单一客户的销售占比是逐年下降的（销售金额可以有提高），尽管最后一个会计年度没有超过 50% 但是单一客户销售占比是逐年提高的，个人觉得也构成实质障碍。

3. 一个复杂多变的商业竞争环境，凡事都有例外，IPO 审核也要允许这样的例外存在。对于单一客户依赖的例外就是：这个客户覆盖范围和市场竞争力足够强大，可以看作一个行业。我们常见的例子就是电信、石油、电网，以及某些领域的军工企业。既然有例外，那么我们就很有必要对这个例外做更多的研究，因为研究清楚这个问题才能更好地判断发行人是否符合发行条件。我们这里先来界定一下哪些企业可以看作一个行业，除了我们理解的电信、石油、电网之外，小兵觉得一个可以代表一个行业的企业必须具备以下特征：（1）企业经营规模足够大，可以跟其他行业整体容量相媲美。（2）市场竞争力很强，具备很强很绝对的话语权。（3）发行人与企业的合作是市场的必然结果，而不是企业被动选择的结果。

4. 如果按照上面的定义,我们可以说:富士康可以代表一个代工行业,苹果可以代表一个智能手机行业,可口可乐可以代表碳酸饮料行业等。同样地,一个普通的 A 股上市公司不代表一个行业,一个知名的国际品牌企业也不算一个行业等。还有一个很重要的论证标准就是同行业的情况,如果同行业的企业每个企业都是固定跟一个大的客户合作且超过 50%,那么发行人也是可以论证的。如果同行业其他企业可以跟企业合作,三五个核心客户的比例都在 20%~30%,那么发行人如果只有一个客户且超过 50% 就是有很大经营风险的。换句话说,发行人单一客户超过 50% 是不可避免的还是不得已而为之的,这个是要强调并且说清楚的。

5. 应该说,最新的 IPO 审核标准还是对单一客户依赖问题提高了很多,标准公布之后也没有新的案例是单一客户超过 50% 的情形。尽管如此,我们现在整理的一些案例还是具有很好的参考价值,也可以帮助我们更深入地理解单一客户依赖这个永恒的话题。

【核查方法指引】

总结起来,判断公司是否构成重大客户依赖主要把握两点:(1)是互相依赖还是企业单独的依赖;(2)如果是单独依赖,那么依赖的是谁。

解释重大客户依赖的思路,总结起来主要有以下几个方面:(1)客户在该业务领域市场份额很大,不依赖不行。(2)公司是该客户的优选供应商,说明公司产品质量过硬且客户也依赖发行人,是相互依存的关系。(3)公司与客户的合作继续保持稳定且有望进一步扩大,并且分不同角度解释这种稳定性是合理的和可预期的。(4)公司未来正在拓展其他应用行业和客户并且已经初见成效。

重大客户依赖的定价公允性也是一个重要关注的问题,毕竟小企业面对大企业很有可能被欺负,甚至因为价格谈不拢合作关系随时发生变化的风险。对于定价公允性问题可以从采购价格和销售价格两方面考虑,关注采购及销售的方式和渠道,是否符合市场化定价原则等。

每年 IPO 都有因重大客户依赖被否决的企业,但是更深层次的原因很可能是公司盈利能力不足和抗风险能力不强,从而导致对大客户的依赖存在重大不确定性。显然,这样的问题靠中介机构的努力并不能消除,因而尽管中介机构均对客户依赖做了重大风险提示并做了解释,但是并没有打消监管机构的疑虑。

我们结合具体案例的情况,再对每个案例涉及的关于单一客户依赖的问题做一些简单的分析。具体情况如下:

一、恒铭达(002947):对富士康销售占比持续增加且超过40%

1. 发行人主要是做电子消费品配件的,主要的客户就是苹果、富士康等。公司前五大客户的合计销售收入占营业收入的比重分别为65.13%、68.16%和71.48%,其中,公司对富士康的销售收入占营业收入的比重分别为18.78%、42.77%、43.20%,客户集中度较高。

2. 发行人对这种情况做了充分的解释,主要有:(1)客户集中是下游客户市场竞争程度导致的;(2)发行人主要选择优质客户合作,优质客户就那么多;(3)发行人除了苹果和富士康还有其他优质客户。

3. 值得特别注意的是,发行人对富士康的销售占比是持续增加的,并且增加的幅度很大,但是报告期最后一年也没有超过50%的红线,不知道一直持续增加会不会超过50%,是否会成为审核的实质性障碍。

二、爱乐达(300696):对单一客户销售占比持续增加至98%左右

1. 报告期内,公司来源于中航工业下属单位的收入占比分别为96.02%、97.94%和98.11%,并且这个问题报告期内不仅没有解决而且还有进一步依赖的趋势。根据发行人的描述,发行人以后会逐渐淘汰原来做的毛利率低的业务,专心开展现在的民机的国际转包业务。

2. 发行人的业务其实也好理解,只是我们一般都看不到摸不着觉得比较神秘而已,毕竟飞机动不动就是几十亿、上百亿的东西。发行人业务就是承担了空客和波音两大民用飞机巨头的部分零部件的加工业务,当然发行人业务也是从中航工业那里转包过来的。

3. 为什么发行人的单一客户依赖如此严重,还可以顺利通过IPO的审核呢,有这样几个因素是可以考虑的:(1)发行人尽管对单一客户销售比较多,但是这个客户毕竟是一个大的军工集团,下面还有很多独立单位,只是由于保密原因没有披露具体情况。(2)发行人尽管是对单一客户依赖,不过这个客户的业务也是来源于两大航空器生产企业,民用飞机市场决定了客户依赖这样的一个商业合作的事实。(3)从发行人披露的行业政策来看,这样的分包业务是鼓励民营企业积极加入的,IPO也需要顺应国家政策支持这样的民营企业。(4)报告期内,发行人的净利润水平在创业板企业中还算是比较高的。

三、联合光电(300691)：单一大客户依赖、不认定关联交易的理由

1. 这个案例第一个最大的典型特点就是发行人对第一大客户的依赖。发行人对前五大客户销售收入占公司当期营业收入的比例分别为 83.55%、80.26% 和 75.92%，其中对第一大客户海康威视的销售金额占公司当期营业收入的比例分别为 71.50%、67.40% 和 60.16%。

2. 这个案例对于我们理解重大客户依赖的审核标准问题还是有很大的参考价值的。当然，这个问题还会是这个企业 IPO 审核过程中的重点关注问题，自然要关注到合作历史、销售价格是否公允、发行人后续如何进一步降低对于第一大客户的依赖。最后这一点非常重要，发行人不仅在报告期内已经体现出了明显的占比降低的趋势，并且还要在未来采取更多措施来实现这个目标。

四、上海威士顿信息技术股份有限公司(未通过)：单一客户依赖影响持续盈利能力

1. 报告期内，发行人向第一大客户上海烟草销售的比例持续在 80% 以上，并且向前五大客户销售占比均在 95% 以上，发行人不仅对于单一客户的依赖一直没有本质的改变，并且主要就是靠前五个客户来实现收入和业绩。说得再直白些，发行人与上海烟草在 15 年前就已经开始合作，既然合作的那么好，全中国有那么多烟草公司为什么就不能再开发一个客户呢。

2. 发行人对这个问题做了很多层次和维度的解释，包括发行人与客户合作的历史、合作的广度、合作的深度、合作的黏性、合作的协议条款、合作的价格、合作的商业合理性等因素。发行人解释的理由很充分也具有合理性，但是就像前面我们提到的，发行人恰恰没有解决如何降低单一客户依赖的问题。这个问题值得反思，也侧面反映了发行人的市场竞争力以及持续盈利能力问题。

【具体案例分析】

一、恒铭达:对富士康的销售占比超过40%

(一)客户集中度相对较高的风险

公司产品主要应用于手机、平板电脑、笔记本电脑、智能穿戴设备等消费电子产品及其组件,产品最终应用于苹果、华为、小米等知名消费电子产品终端品牌商。因消费电子产品终端品牌商较为集中,公司的客户集中度也相对较高。公司直接客户主要为消费电子产品制造服务商、组件生产商,产品销售给消费电子产品制造服务商、组件生产商,再由其集成后销售给终端品牌商。公司直接客户包括富士康、和硕、广达、仁宝、立讯精密、淳华、嘉联益、莫仕、信维通信、瑞声科技、歌尔股份等知名消费电子产品制造服务商及组件生产商。2015年、2016年及2017年,按受同一实际控制人控制的客户合并计算,公司前五大客户的合计销售收入占营业收入的比重分别为65.13%、68.16%和71.48%,其中,公司对富士康的销售收入占营业收入的比重分别为18.78%、42.77%、43.20%,客户集中度较高。

(二)主要客户集中度较高的原因及合理性

发行人主要客户集中度较高,具体原因及合理性情况如下:

1. 消费电子行业终端品牌商及制造服务商高市场集中度特性所致

在消费电子行业分工日益深化的同时,消费电子产品终端品牌商及其上游生产制造环节的消费电子产品制造服务商、组件生产商的集中度不断提高。

根据IDC统计数据,2015年和2016年全球智能手机出货量前五大品牌厂商(三星、苹果、华为、OPPO和VIVO)的市场占有率合计超过50%,并且市场集中度不断提高,其中苹果是全球智能手机的领导厂商,2016年智能手机出货量达到2.15亿部,市场份额占比达到14.60%。

一方面,知名终端品牌商掌握了主导产业发展方向的核心技术和标准,逐渐将发展重心放在关键技术的研发、品牌推广以及渠道建设,委托制造服务商生产的比例不断加大;另一方面,制造服务商通过生产经验和技术的积累,以规模化的制造、良好的质量等优势,在消费电子制造服务领域取得进一步发展。以消费电子制造服务商为例,富士康、和硕、广达、仁宝、伟创力等企业占据了市场的主要份额,且富士康系全球最大的电子产业科技制造服务商。

消费电子终端品牌商及制造服务商的高集中度,致使消费电子功能性器件领域的生产企业销售呈现相对集中的情况。

2. 下游客户集中度较高属于行业普遍现象

下游知名客户为保证上游供应商的供货质量、数量和响应速度，建立了一系列的考核体系和认证制度，对供应商的生产工艺、质量管理、产能规模等方面需进行严格考核，认证通过后，下游知名客户与供应商的合作通常比较稳定。同时，与客户结成稳定合作有利于供应商形成竞争优势和壁垒，符合供求双方利益，因此行业内普遍存在客户集中度较高的现象。与同行业上市公司相比，发行人前五大客户集中度与同行业上市公司均值差异较小。

3. 发行人战略性选择优质客户

根据 Strategy Analytics 发布的数据显示，2016 年全球智能手机市场的总营业利润为 537 亿美元，苹果 2016 年的营业利润占全球智能手机市场总营业利润的比例高达 79.2% 。苹果为全球消费电子品牌的领导企业，相对于其他消费电子品牌，苹果产业链在盈利能力、合作稳定性、技术领先性等方面都有明显优势。

发行人主要客户富士康、广达、和硕等均系世界知名科技制造服务企业，资金实力雄厚，信用良好，业务范围涵盖消费电子、汽车、新能源等众多领域，拥有完善的制造服务体系。公司通过与上述知名制造服务企业合作，一方面有助于提升发行人的研发设计能力及自身品牌知名度，另一方面有助于发行人进一步拓展其他消费电子品牌产品、其他行业产品商业机会，赢得潜在优质客户的认可，提升持续竞争力。

4. 集中服务主要客户有利于提高经营管理效率

消费电子功能性器件规格型号众多、更新速度快，供应商需要快速响应客户订单，在产能规模有限的情况下，集中服务主要品牌客户有利于发行人提高管理效率，实现规模效益，提高客户满意度。

因此，发行人主要客户集中度较高主要由消费电子行业特性及战略性选择优质客户造成，与同行业公司客户集中度情况一致，属于行业惯例，具有合理性。

（三）发行人对富士康不构成重大依赖

报告期内，发行人对富士康销售收入占比较高，在很大程度上与消费电子行业特性及发行人战略性选择优质客户有关，消费电子行业、制造服务行业集中度较高。富士康作为苹果主要制造服务商之一，长期以来系全球最大的电子产业科技制造服务商，2016 财年收入 4.36 万亿新台币，拥有完善的研发设计、工程技术服务及规模化制程管理能力。同时，在生产资源有限的情况下，集中服务主要客户有利于发行人提高管理效率，实现规模效益，提高客户满意度。

但总体来说,发行人不存在对富士康的重大依赖,主要原因如下:

1. 发行人对富士康销售的产品部分系终端品牌商指定

2016 年、2017 年,发行人对富士康所销售的手机、平板电脑等防护类功能性器件部分系终端品牌商指定交易行为,该类产品的交易价格、产品交付数量、交付客户主体均系终端品牌商指定,富士康主要负责执行。

2. 发行人与富士康系相互合作关系

发行人拥有产品与技术优势,与富士康之间是基于双方业务需要的共赢关系。消费电子行业因行业分工精细化程度较高,涉及的供应商、零配件众多,功能性器件作为消费电子产品供应链中的重要一环,终端客户及富士康等对产品的质量、稳定性、交货时效性等要求较高。凭借在消费电子功能性器件领域丰富的生产经验、创新的生产工艺及快速响应能力,发行人一方面可保证产品的快速稳定供货,保障富士康供应链的安全、及时、可靠,另一方面可为其提供涵盖材料选型、产品试制与测试、批量生产、及时配送及后续跟踪服务等一体化综合解决方案。

3. 发行人拥有优质的客户资源

除富士康外,发行人还拥有广达、和硕、仁宝、安费诺、立讯精密、淳华、嘉联益等国内外知名消费电子产品制造服务商、组件生产商。2018 年 1 月,发行人已获得谷歌的合格供应商资格并为其供应消费电子功能性器件公司。发行人与众多优质客户建立了长期合作关系,有利于客户多元化和结构平衡。

二、爱乐达

(一)设立以来主营业务、主要产品或服务、主要经营模式的演变情况

2004 年,冉光文联合南京航空航天大学就学期间的同学范庆新、丁洪涛、谢鹏创立公司,并由冉光文负责公司具体生产经营。

公司创立之初,主要业务为航空地面工装、发动机维修工装等的设计、加工制造并销售[主要客户为广州飞机维修工程有限公司、四川斯奈克玛航空发动机维修有限公司(现四川国际航空发动机维修有限公司)、四川航空、深圳航空等]。

2005 年,由于国际转包业务发展,中航工业承接了空客 A320、波音 B737 等机型的部分转包业务,其将承接的部分零件转包,基于公司在航空工装加工方面的经验及公司股东冉光文从事设计工作积累的经验和良好信誉,公司逐渐承接了部分民机转包业务。

近年来,随着国家重点军机型号的研发投入和列装使用以及国际转包承接规

模的不断增加，公司逐渐减少了利润率相对较低的航空工装业务，明确了以航空零部件加工为核心的业务体系，总体业务规模显著增长。

报告期内，公司主营业务、主要产品或服务、主要经营模式未发生重大变化。

（二）国际转包市场

2009 年以来，波音和空客飞机订单数持续增长，但同时两家公司的飞机交付能力并没有大幅提升，根据其官方网站披露的订单量与交付量测算，两家公司年均交付缺口合计长期保持在 1000 架以上。这迫使波音和空客都在逐步将更多的零部件制造分包给外部供应商。根据空客"power 8"计划及空客、波音公布的资料，波音和空客均在逐步提高其合作供应商所承担的制造业务的比例。以波音为例，20 世纪 90 年代，波音 777 项目外包份额约为 30% 左右，21 世纪的 787 等项目外包比例已高达 70% 左右。

目前国际航空转包生产大致分为 3 个层级。美国、欧洲、日本属于第一阵营，以参与设计研发、工程制造、大部件集成为主；中国大陆、韩国、墨西哥、突尼斯等属于第二阵营，以机体结构件的制造为主；俄罗斯、印度等属于第三阵营，大多处于零组件供应商层级。经过多年的积累，我国已基本掌握世界先进的数控加工技术和大型飞机机翼制造关键技术，具有复合材料加工、特殊工艺制造、大型钣金零件成型加工能力。波音公司报告称，目前已有 6000 多架波音客机上采用了中国生产的零部件。随着我国民航运输机外购数量的急增，受贸易补偿机制的促进，我国民航运输机的转包产值也将呈现快速增长态势，见图 4－2－1。

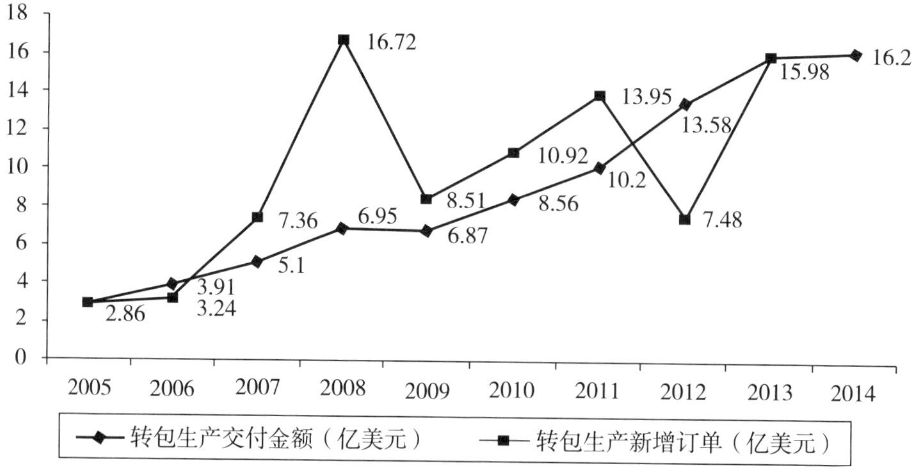

图 4－2－1　2005～2014 年中国民用航空国际转包新增订单和交付金额统计

资料来源：工业和信息化部装备工业司《中国民用航空工业统计年鉴》2014 年度。

但整体上看，目前中国民机国际转包规模较之美国、欧洲、日本仍有很大差距，甚至低于韩国。2014 年，全球民机转包生产市场规模约 250 亿美元，其中日本承接的转包生产规模占比约 13% ~17%，韩国约 8.3%，而我国占比仅 6.5%。而同期我国民机采购数量占波音空客交付总量的比例高达 16.64%。我国现有的民机国际转包体量远低于发达国家所获得的国际贸易补偿的平均标准。

(三)国内分包市场

在国际转包业务持续推进的同时，我国自主飞机谱系的建设也利于航空零部件制造业的发展。我国继运 –10 后自主设计并且研制的第二种大型客机 C919 已于 2015 年 11 月 2 日下线，预计 2016 年年底实现首飞。目前 C919 客机市场前景看好，据中国商飞统计，截至 2015 年 12 月，C919 已累计获得订单 517 架，单价 5000 万美元，预计在三年内投入量产和首次交付。中航工业及下属成飞民机、沈飞民机等承担了 C919 大部分机身部件的生产工作，预计占飞机总价值量 15% 左右。此外，中航工业、中国商飞官方统计，截至 2015 年 12 月，我国 ARJ21 –700、新舟 60 和新舟 600、新舟 700 分别获得订单 308 架、281 架(其中已累计交付 107 架)和 185 架，按照各自售价及零部件占飞机总价值 30% 左右的比例计算，包括 C919 在内的国产飞机已有订单可贡献零部件制造分包收入至少在 800 亿元以上。

综上所述，根据未来 20 年我国对外采购干线飞机数量及最低 5% 的贸易补偿标准，以及国产飞机已取得订单的情况，按飞机零部件约占飞机总价值 30% 的比例测算，我国民用航空零部件可预见的市场规模将超过 1500 亿元，即表 4 –2 –1：

表 4 –2 –1

国际转包市场	未来 20 年国内采购量(架)	总价值(亿元)	预计零部件转包规模(亿元)
波音、空客	6,865	64,586	968.8
国内分包市场	截至 2015 年底已取得订单量(架)	单架售价(亿元)	预计零部件市场规模(亿元)
新舟 60、600	174	1.0 – 1.1	52.2 – 57.4
新舟 700	185	1.2 – 1.4	66.6 – 77.7
ARJ21	308	2.0 – 2.1	184.8 – 194.0
C919	517	3.4 – 3.5	527.3 – 542.9
我国民用航空零部件市场可预见的市场规模合计			1,750 亿元以上

注：人民币兑美元汇率按 2016 年 12 月底数据 1∶6.95 计算；单架售价综合军情观察、私人飞机网、《每日经济新闻》、凤凰资讯等互联网公开信息整理。

资料来源：综合中国商飞《2016 –2035 年民用飞机市场预测年报》、中航工业、中国商飞网站信息整理。

（四）前五大客户销售情况

报告期各期公司前五名客户销售收入情况如表4－2－2：

表4－2－2　报告期各期公司前五名客户销售收入情况

单位：万元

2016年度				
单位	金额	占营业收入比例	销售模式	销售内容
中航工业下属单位	11,667.51	98.11%	直销	航空零部件加工，其中178.68万元为自购材料，其余为来料
四川国际航空发动机维修有限公司	87.38	0.73%	直销	航空工装自购材料加工
四川瑞航电子科技有限公司	82.05	0.69%	直销	航空工装自购材料加工
南京航空航天大学	37.09	0.31%	直销	航空零部件来料加工
四川省华英进出口有限公司	18.13	0.15%	出口贸易	向香港科技大学销售航空工装（自购材料加工）
前五名收入合计	11,892.16	100.00%		
公司营业收入总额	11,892.16			
2015年度				
单位	金额	占营业收入比例	销售模式	销售内容
中航工业下属单位	10,274.07	97.94%	直销	航空零部件加工，其中218.05万元为自购材料，其余为来料
单位1	134.05	1.28%	直销	航空工装自购材料加工
四川瑞航电子科技有限公司	34.19	0.33%	直销	航空工装自购材料加工
四川国际航空发动机维修有限公司	33.78	0.32%	直销	航空工装自购材料加工
南京航空航天大学	14.29	0.14%	直销	航空零部件来料加工
前五名收入合计	10,490.38	100.00%		
公司营业收入总额	10,490.38			

注：中航工业下属单位主要包括A单位、B单位、C单位、D单位、E单位、F单位、成飞民机等；根据国家总体部署及客户公告，中航工业下属D单位拟划转至中国航空发动机集团有限公司，有关手续正在办理中。

(五)发行人客户集中度高及销售地域集中对经营业绩的影响

公司客户集中度较高,2014 年度、2015 年度和 2016 年度,来源于中航工业下属单位的收入占比分别为 96.02%、97.94% 和 98.11%;公司目前销售区域主要集中于四川,2014 年度、2015 年度和 2016 年度,四川区域销售占比分别为 93.58%、96.97% 和 94.30%;出现该等情况主要系行业状况和公司市场策略所致。

客户集中方面,我国航空制造业历经数次战略性和专业化重组,形成了以中航工业及其下属企业、中国商飞为主的制造格局。目前我国主要军机主机厂均为中航工业下属企业,民用客机分承制厂除西子航空等极少数企业外也均为中航工业下属企业,公司承接的中国商飞 C919 等机型的零部件加工,也系通过中航工业下属民用客机分承制厂承接。目前,公司客户覆盖中航工业下属多家军机主机厂、成飞民机,以及一批航空装备主修厂和多家科研院所。经过多年潜心经营,公司已与上述客户建立了广泛而深入的合作关系。公司产品得到客户一致认可,并多次获得中航工业下属飞机制造单位“优秀供应商”荣誉,在飞机零部件精密加工领域享有较高的声誉。但由于前述行业特点,上述客户单位绝大部分为中航工业下属单位,使得公司客户集中度较高。

销售区域方面,一方面,我国飞机主机厂和分承制厂主要分布在四川、陕西、辽宁、贵州、江西、上海等区域。公司地处成都,与四川区域客户具有多年业务的合作关系,基于公司当前产能情况,优先承接四川区域客户订单,确保四川区域客户向公司提出的订单需求(来料加工)能够尽量得到满足。

另一方面,基于航空零部件精密加工特性,部分产品加工过程中需进行热表处理和无损检测工序,目前该特种工艺处理主要集中在主机厂,公司四川区域以外客户进行该工序处理因距离原因,来回运输生产周期、交付进度延长,成本增加、风险增大。为此,公司根据生产计划、交付周期等情况适当承接四川区域以外客户订单。

本次发行募集资金投资项目实施后,公司产能将大幅提升,公司经营业绩有望进一步释放,尤其是热表处理和无损检测项目投产后,将突破区域内特殊工艺处理的产能“瓶颈”,公司客户区域集中度将可能得以降低。同时,公司与重点客户加强合作、布局重点机型型号,也为公司后续订单的获取提供了保障。

综上,公司客户集中度高及销售地域集中主要为行业制造格局等原因决定,对公司当前经营业绩无重大不利影响,不构成发行人对单一客户的严重依赖。

(六)毛利率较高与来料加工

报告期内,公司主营业务收入、成本及毛利率情况如表 4-2-3 所示:

表4-2-3　报告期内，公司主营业务收入、成本及毛利率情况

单位：万元

项目	2016 年度	2015 年度	2014 年度
主营业务收入	11,892.16	10,490.38	6,498.96
主营业务成本	2,449.95	2,261.33	1,915.96
毛利	9,442.21	8,229.05	4,583.00
毛利率	79.40%	78.44%	70.52%

三、联合光电

中山联合光电对于海康威视的内容并没有太多披露：

公司光学镜头产品目前主要应用于安防视频监控领域，而目前安防视频监控设备商的集中度相对较高，尤其是市场份额排名前三的海康威视、大华股份和宇视科技市场份额较高，导致公司客户相对集中。报告期内，公司对前五大客户销售收入合计分别为365,476,561.33元、499,048,967.29元和573,849,270.98元，占公司当期营业收入的比例分别为83.55%、80.26%和75.92%，其中对海康威视的销售金额分别为312,728,035.34元、419,093,147.34元和454,743,237.04元，占公司当期营业收入的比例分别为71.50%、67.40%和60.16%。虽然公司积极开拓手机、车载成像、视讯会议等其他光学镜头应用领域，并不断发展新客户，以降低销售集中度，但公司在一定时期内仍将存在主要客户相对集中的状况。如果海康威视等主要客户的经营状况发生明显恶化或与公司的业务关系发生重大不利变化而公司又不能及时化解相关风险，公司的经营业绩将会受到一定影响。

富瀚的信息披露内容：

富瀚股份董事龚虹嘉持有海康威视18.28%股份（截至2016年6月30日）并任其副董事长，陈春梅之配偶龚虹嘉（现任富瀚股份的董事）与龚传军为兄弟关系。

四、上海威士顿信息技术股份有限公司（未通过）

（一）单一客户依赖的重大风险提示

上海烟草集团有限责任公司是国内烟草行业龙头集团之一，考虑到上烟集团的规模、信誉、业务持续性等因素，公司早在发展初期就一直将上烟集团作为重点开发与服务的客户对象，并结合公司在业务发展前期阶段选择的精细化和专业化

的经营策略，将有限的资源集中在某些特定行业领域，持续向上烟集团等优质客户提供深入的、全面的高质服务，双方的合作也得到不断加深和巩固，紧密度日趋加强。该情况为公司带来了稳定的收入来源，并在行业内取得了较好的口碑和客户满意度，但也在一定程度上造成了较高的客户集中度。2014 年至 2016 年，公司对上烟集团及其下属企业的合计销售额占公司当期营业收入的比例分别为 82.21%、82.86% 及 81.01%，占比较高。这种情况与公司业务发展历程相关，上烟集团是公司服务时间最长的客户，其信息化进程与公司的所提供的产品和服务具有较大的相关性，对上烟集团而言，信息系统的更换替代在技术上存在风险，成本上也不经济，因此，上烟集团与公司之间存在较强的相互黏性，也体现了信息系统业务的行业特点。但是，公司营业收入中上烟集团占比较高，使得公司对上烟集团的依赖性较大。

（二）报告期内向前五名客户销售情况

2014 年、2015 年及 2016 年，按同一控制口径统计，公司向前五名客户销售收入及占销售收入总额的比例情况如表 4-2-4（以 2016 年为例）：

表 4-2-4　公司向前五名客户销售收入及占销售收入总额的比例情况

序号	客户名称	销售金额	占比	交易内容
1	上海烟草集团有限责任公司	119,590,593.60	64.36%	主要是三网协同应用—移动管理平台及应用开发，MES 生产数据应用开发，工业生产点 MES 系统设备及能源管理模块建设；服务器设备采购，容灾升级项目硬件采购，本级软件采购；信息化 MES 系统运维服务，上海容灾中心机房运维服务
	上海烟草包装印刷有限公司	15,419,056.26	8.30%	主要是精益管控系统（一期）开发，安全信息化对接集成系统开发，汽、气自动化数采监控系统（软件部分）开发；计算机硬件采购，汽、气自动化数采监控系统（硬件部分）采购；应用系统运维服务，计算机类设备维修维护服务
	上海烟草集团有限责任公司天津卷烟厂	6,246,815.70	3.36%	主要是执行系统（MES 系统）拓展应用项目；存储设备采购项目；MES 软件集成维保，惠普主机维保，数据库软件产品维保服务

续表

序号	客户名称	销售金额	占比	交易内容
1	上海高扬国际烟草有限公司	3,251,884.92	1.75%	主要是高扬自营产销生产经营决策管理系统部署项目采购,软硬件及设备采购;MES 驻厂保障运维,高扬信息化运维服务,高扬五金、计量系统维护,设备维保服务
	上海烟草集团太仓海烟烟草薄片有限公司	1,639,430.15	0.88%	主要是 IT 设备采购合同,数据采集与控制集成系统二期采购;工控接口、数据库及管理网维护服务,SPC 系统运维服务
	其他同一集团下属公司合计	4,387,189.20	2.36%	主要是软硬件及设备采购;北京卷烟厂 MES 软件集成维保,微机类设备维修维护,白玉兰生产管理系统保障运维,MES 专项运维(二期)北京卷烟厂 MES 专项运维(一期)
	小计	150,534,969.83	81.01%	—
2	交通银行股份有限公司	15,744,593.74	8.47%	主要是审计、ODSS 等系统延续性开发,资产托管部 MIS 系统、审计部审计系统、ODSS 系统延续开发;应用运维管理平台系统、资产托管部业务应用系统等系统维护,桌面设备及 PC 服务器维护服务
	交银国际信托有限公司	1,654,083.78	0.89%	主要是内网优化改造,IT 事件管理系统开发;桌面系统维护,门户网站后台维保,无线网络设备维护,资产证券化评级维保,IT 资源管理应用平台维护服务
	交银金融租赁有限责任公司	264,280.74	0.14%	主要是 IT 产品采购;桌面系统维护、短信邮件平台及内部门户网站系统维护
	交银康联人寿保险有限公司	116,352.20	0.06%	主要是桌面维护服务
	小计	17,779,310.46	9.57%	—
3	江苏中烟工业有限责任公司	3,552,228.35	1.91%	主要指信息系统运行维护管理平台开发;江苏中烟生产管控平台一期开发
4	上海海勃物流软件有限公司	2,721.390.17	1.46%	主要是洋山四期码头监控软件开发—码头调度指挥作业管控平台;上港商城交换机采购;主机及存储设备维修保养服务

续表

序号	客户名称	销售金额	占比	交易内容
5	中国烟草总公司江苏省公司	1,812,228.74	0.98%	主要是全省安全生产管理信息系统应用软件开发及实施;全省人力资源管理信息系统升级改造
合计		176,400,127.55	94.93%	—

(三)公司与主要客户上烟集团业务合作情况

1. 公司与上烟集团业务合作发展历史

上烟集团是公司核心客户,公司与上烟集团的业务合作可以追溯到威士顿有限成立初期,最早可以到2001年。

2. 公司与上烟集团的业务合作现状

经过十多年的业务合作,公司对上烟集团信息化建设服务无论是深度还是广度均逐步提升。服务范围基本涵盖了上烟集团下属所有重要子公司,双方已经建立稳固的业务合作关系。

(1)公司在上烟集团及其下属企业的业务广度

截至本招股说明书签署之日,公司在上烟集团开展业务范围基本已经包含所有制造板块相关企业以及物流、仓储板块企业,同时还涵盖了部分餐饮酒店企业。公司业务侧重于生产制造型企业的生产制造、物流管控、企业管控板块的信息系统解决方案提供及相关的信息化管理咨询服务,目前上烟集团的销售渠道管理尚未由公司提供信息化服务。

(2)公司在上烟集团及其下属企业的业务深度

(3)公司在上烟集团及其下属企业的业务黏度

(四)公司客户在烟草行业集中度较高,上烟集团占比较大的原因

1. 近年来,国内烟草行业竞争激烈,行业内部不断重组整合与集中,形成了几家全国性大集团。这些集团在业务规模快速发展的同时,综合管理水平也需要同步加强,因此,通过加强信息化建设提升集团管控水平的行业需求较大。

2. 上烟集团作为国内烟草行业的龙头企业,长期以来一直比较注重生产经营的科学化管理,尤其注重运用信息技术等现代化管理手段提升生产管理水平,因此,其对信息化建设要求较高。

3. 公司在烟草行业的信息化建设方面具有明显的优势与核心竞争力。

4. 信息技术服务是一种高稳定性的业务品种,在为客户提供高水准的技术服务后,客户考虑到技术风险一般不会轻易更换技术服务提供商,因此,信息技术服务业务具有天然的黏性特点,而且,随着业务合作的加深,合作粘性会不断增强。

5. 在前期业务拓展过程中,公司根据自身规模特点而采取的经营策略。

(五)中小型软件企业客户集中的情形在行业中较为常见

公司所属行业为软件和信息技术服务业,对于中小型信息化解决方案供应商而言,由于软件行业的特点,选择聚焦于某一行业少数优质核心客户并持续为其提供专业的产品和服务是业内较为普遍的经营策略。中小型软件企业客户集中的情形在行业中较为常见。

根据部分上市公司披露的收购预案或草案以及上市公司的招股说明书,类似公司这样的中小型软件企业其客户集中的现象比较普遍,见表4-2-5。

表4-2-5

代码	上市公司	被并购标的	收入规模	招股说明书/收购预案或草案披露主要客户占比
300047	天源迪科	维恩贝特	2016年1-9月销售1亿元	2016年1-9月主要客户交通银行、平安银行及中信银行分别占其主营业务收入比例31.01%、26.65%和6.85%,三者合计64.51%
603189	网达软件	n/a	2016年1-6月销售0.86亿元	2016年1-6月主要客户中国移动、中央电视台分别占其主营业务收入比例56.42%和29.53%,两者合计85.95%
300523	辰安科技	n/a	2015年度销售4.1亿元	2015年度主要客户中国电子进出口总公司,其占主营业务收入比例49.90%
300209	天泽信息	远江信息	2015年度销售2.9亿元	2015年度主要客户中国移动,其占主营业务收入比例为67.40%
603322	超讯通信	n/a	2015年1-6月销售3.1亿元	2015年1-6月主要客户中国移动,其占主营业务收入比例为97.02%
300468	四方精创	n/a	2014年度销售3.3亿元	2014年度主要客户中国银行及中银香港分别占其主营业务收入比例为49.76%和23.95%,两者合计73.71%

续表

代码	上市公司	被并购标的	收入规模	招股说明书/收购预案或草案披露主要客户占比
300366	创意信息	n/a	2012 年度销售 2.59 亿元	2012 年度主要客户四川电信、广西电信和贵州移动分别占其主营业务收入比例为 38.22%、15.2% 和 13.4%，三者合计 66.82%
300085	银之杰	n/a	2009 年度销售 0.75 亿元	2009 年度主要客户中国农业银行、中国工商银行、重庆市农村商业银行分别占其主营业务收入比例为 31.5%、24.78% 和 7.03%

综上，保荐机构和发行人律师认为，发行人系中小型信息化解决方案供应商，目前其主要客户集中为烟草公司属于正常现象，发行人选择聚焦于目标行业部分优质核心客户并持续为其提供专业定制化服务符合行业和其业务特点。

（六）公司多次获得上烟集团订单的原因

1. 公司业务开展资质齐备；
2. 公司拥有一支对烟草生产管理理解深刻的高素质稳定服务团队；
3. 公司技术研发创新方面能满足上烟集团信息化更新速度；
4. 公司烟草行业信息化经验丰富；
5. 公司“零”服务响应速度及时解决上烟集团信息化问题；
6. 项目成本控制能力强，投标价格具有竞争力。

（七）公司与上烟集团及其下属企业的主要合同条款、信用政策、结算及收款方式

公司与客户结算主要通过银行转账，较少采用银行承兑汇票的方式进行结算。

第三节　重大供应商依赖

【商业逻辑与背景分析】

从企业的基本经营逻辑来看，一个企业的经营除了自身的管理和技术水平之外，上下游的发展状况及其企业对上下游的控制能力也是至关重要。换句话说，一个企业生产所需的原材料可以任意采购，生产保证产品的高品质，同时产品销售不存在"瓶颈"，那么这样的一个企业就是一个近乎完美的企业。当然，我们现在要说的是存在问题的情况。如果企业的生产经营有很大问题，那么这个企业至少目前是不符合首发上市条件的，这也就不在我们讨论之列。如果是上下游有些不顺畅呢？这就是我们常见的上下游的重大依赖问题。较之供应商的依赖，客户的重大依赖问题更加普遍，对发行人独立性的影响也是更严重一些，因而大家对于客户依赖更加关注。

今天我们讨论一下供应商存在依赖的问题。关于供应商依赖的问题，小兵以前也分析过，并且提到了姚记扑克对晨鸣纸业依赖的典型案例。现在基本上都是买方市场，只有卖不出去的东西不会有买不到的东西，因而在IPO审核实践中我们可能也更加关注大客户依赖或者是否与客户签订不平等条款等问题，而不会对是否对供应商以及整个供应商体系存在依赖做重大的关注。尽管如此，在实践中还是会存在一些可能对供应商依赖的情形，比如：(1)原材料稀缺，只在某些区域可以生产。(2)原材料比较特殊，确实只有几家企业可以提供。(3)原材料具有特殊性，有的可能存在严格的运输半径，原材料供应存在重大不确定性等。

对于供应商依赖问题，主要也是关注两个核心的维度，一个是是否还有其他的替代商，另一个就是选择其他替代商是否成本会提高，替代商是不是经济可行的。如果就这一家有货，没有别的替代商，那么，这个问题也就不用说了。另外一个层次，有别的替代商，但是选择替代商可能成本会提高很多，甚至影响到发行人正常的生产经营，这样的话也需要重点关注的风险。

【核查方法指引】

一、供应商集中的情形及解释思路

供应商集中一般存在以下几种情形：

1. 行业发展特性，公司生产所需原材料上游就那么几家生产，不采购他们的就没法生产了；

2. 企业历史渊源导致，公司从起步就是采购某几家的原材料，后来就建立了长期的合作关系没有再发生变化；

3. 公司生产所需要的原材料特殊，存在稀缺和总量控制的情形，因为生产经营还会受到国家政策的影响（如稀土）；

4. 公司定位导致，公司产品全部定位于高端，所需原材料的品质要求高，市场上满足条件的企业不多。

如果是第一种情况，风险是比较大的，如果是供应商经营不善或者不再供应，那么公司的生产经营就会存在问题，一般解释的思路是：（1）这几家供应商都是大企业，产能可以满足整个下游企业的需求，满足公司需求没有问题；（2）公司已经与其建立了长期合作关系，供应商产能不足的情况下会优先供应本公司；（3）公司正在研发该种原材料的替代产品，有望在短期内实现突破。

如果是第二种情况，那就好办多了，首先目前的状况是可以满足生产需求的，如果合作模式发生变化，也可以改变自己的习惯，随时找到新的供应商。当然，这种情况下可能存在一个问题，那就是你如果改变供应商，原材料的质量怎么保证，这就需要解释公司有严格的选择标准。

第三种情况实践中也不是很多，主要关注点除了原材料供应的稳定问题，还有就是原材料价格可能会随着监管政策而上下波动很大，从而影响发行人的盈利能力。

第四种情况有点伪命题的意思，如果真要存在解释思路可以参考第一种情况。

二、供应商依赖的情形及解释思路

供应商依赖一般存在两种情形：第一种情形是对具体供应商的依赖，第二种情形是对原材料品种的依赖。第一种情况很好理解，第二种情况简言之就是公司产品所需原材料就是一种产品且这种产品产量有限，如果真有这种情况的企业，那么其经营风险是巨大的，因为这种原材料的价格很容易波动。

关于供应商依赖的问题，如果是行业的特性，主要需要解释行业特点以及保持稳定性和持续性的理由就可以了，如果企业独立于行业的整个模式，那么风险就是非常大，甚至很难被认可。如果尝试解释，则通常从以下几个方面：(1)依赖于单一供应商的理由；(2)是否存在关联关系；(3)市场上是否存在其他供应商，为什么不选择其他家；(4)交易价格是否公允，是否存在利益输送；(5)发行人对供应商是否有主动权；(6)是否存在降低依赖度的选择性以及是否存在降低依赖度的措施。

三、上下游的控制反映了市场话语权

最后需要特别说明一点的是，上面很多的解释和分析都是建立在企业有较强的上下游控制力的基础上的，如果企业市场竞争力不足，对上游采购和下游销售的控制力不强，那么企业经营本身也是存在较大风险的。

对于上下游的控制，反映的是发行人在行业的竞争地位，行业地位决定了盈利能力和抗风险能力，而抗风险和盈利合并起来就是我们 IPO 审核一直强调的持续盈利能力。因而，我们对于 IPO 审核相关问题的关注，其中 80% 以上的因素最终都体现在对盈利能力问题的考量。

【具体案例分析】

一、深圳新星(603978)：对单一供应商采购超过 70%

表 4－3－1　发行人主要原材料铝锭价格波动情况

项目	2016 年		2015 年		2014 年
	单价（元/吨）	变动率%	单价（元/吨）	变动率%	单价（元/吨）
铝锭	11,198.09	4.34	10,732.22	－10.33	11,969.11

（一）铝锭为发行人主要原材料，是否有其他经济可行的替代供应商，是否对北方铝业形成依赖，供应商集中风险是否充分揭示

发行人生产经营所需的主要原材料为 A00 型号的铝锭（铝含量≥99.7% 的电解铝），A00 铝锭为大宗通用商品，其供需市场属充分、自由竞争的市场。近年来，随着国民经济增速的放缓，房产交通等基础行业对铝锭的需求增长变得缓慢，铝锭市场总体处于供大于求的市场竞争格局。发行人位于珠三角深圳地区，区域内铝

锭供货资源和渠道均较为充足，分布了较多大型规模化铝锭供应商，如北方铝业、中铝佛山国际贸易有限公司、中色国际贸易有限公司等，以上企业的经营规模、供货能力及市场影响力等在铝锭供方市场均位列珠三角区域前茅。

自 1999 年以来，发行人便与北方铝业建立起铝锭购销合作。公司通过向深圳本土大型铝锭供应商北方铝业采购铝锭可支付最优的运输费用。长期以来，北方铝业按照发行人铝锭采购需求做到保质保量、按时供应。双方陆续建立起了互利共信的合作关系。随着双方购销合作的深入，加之近年来发行人铝锭需求量较大且持续稳定，北方铝业可满足发行人按日下达铝锭采购订单和对应的次日及时供货的需求，并且给予了发行人一定的信用期，也接受银行承兑汇票的结算方式。与北方铝业的长期合作，有利于发行人实现最低铝锭存货资金占用的管理目标，也有利于发行人银行承兑汇票的快速流转，有效降低了公司对运营资金的需求水平。综合考量上述因素，发行人逐渐将铝锭采购集中于北方铝业。

如前所述，发行人系基于自身商业利益及管理需求而选择长期与北方铝业进行合作，但并不意味着发行人无法选择其他经济可行的替代供应商。首先，发行人自设立以来，长期致力于铝晶粒细化剂产品的研发、生产及销售，目前已发展成业内具有领先地位的企业，具备稳定的市场份额、强势品牌影响力和较强的持续盈利能力，因此，发行人对铝锭的采购持续稳定，且商业信誉较好，业内较多铝锭供应商均具有与发行人合作的商业意愿；其次，发行人地处珠三角地区，该区域铝锭供应商较多，区域内可供选择的铝锭供货资源及渠道均较为丰富；最后，报告期内，发行人的年均采购铝锭量在整个铝锭供给市场中占比较小，不存在因采购量过大导致更换供应商难度较大的情形。因此，综上所述，发行人对北方铝业不存在依赖，更换供应商亦不会对公司的生产经营造成重大不利影响，并且公司具有其他经济可行的替代供应商。供应商集中风险已在本招股说明书中充分揭示披露。

（二）铝锭价格的定价依据，采购价格变动趋势与市场价格是否一致

铝锭作为大宗通用工业化产品，市场价格公开透明，国内铝锭交易定价的习惯做法主要为参考市场每日公开的铝锭报价，再结合运输费用、交货要求、结算方式和期限、交易量、未来铝价波动预期等其他因素确定实际的交易单价。国内铝锭每日公开的报价主要分为长江现货铝锭报价和南海灵通铝锭报价，前者为广东省外地区（如四通新材）铝锭交易的主要市场参考价，后者为广东省内（如发行人）铝锭交易的主要市场参考价。通常情况下，每日中午长江现货铝锭和南海灵通铝锭分别公布当日 A00 铝锭交易的最高价、最低价和日均价。长江现货铝锭价格由长江有色金属网每日公布，南海灵通铝锭价格由佛山灵通信息有限公司每日公布，佛山

灵通信息有限公司创始于1995年2月,拥有十多年的金属行情报价经验,每日报道全国各主要金属市场的现货市场价格。长江现货铝锭价格和南海灵通铝锭价格深受市场认可,已成为国内铝锭及铝材市场交易基础最重要的参考市价。行业内发行人、四通新材、云海金属均依照上述行业惯例通常做法来确定铝锭采购的交易定价。由于铝锭市价公开透明且易获取,各交易中涉及的运输费用、交货要求、结算方式和期限等其他因素对铝锭的实际成交价产生重要因素。报告期内,发行人与北方铝业签署年度框架合作协议,铝锭交易具体定价为:

参考发行人向北方铝业铝锭采购订单下达当日中午南海灵通公布A00铝锭现货交易日均价,以此作为交易价格的基础,再结合运输费用、交货要求、结算方式和期限、采购量及未来铝价波动预测等其他因素协商确认最终的成交价。

报告期内,发行人铝锭采购单价与市场价格南海灵通铝锭日均报价走势见图4-3-1:

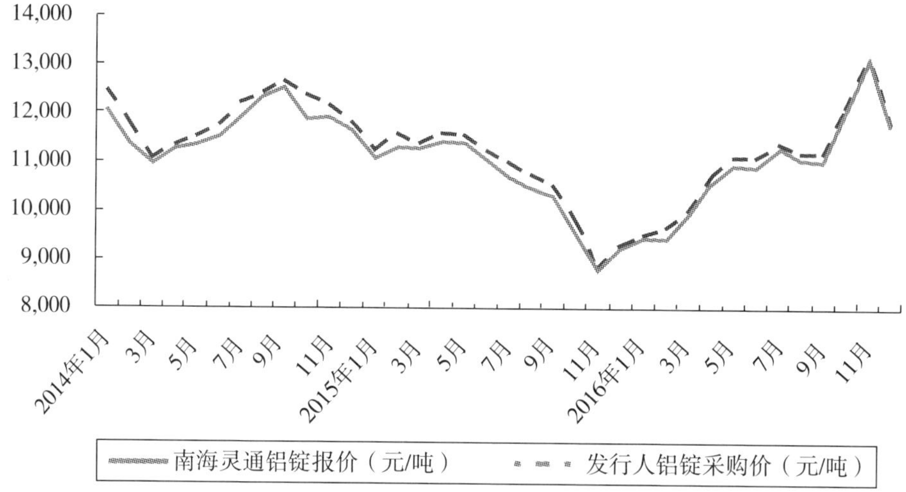

图4-3-1　发行人铝锭采购单价与市场价格南海灵通铝锭日均报价走势

注:南海灵通铝锭日均报价采用简单月度算数平均计算而来,发行人铝锭采购单价根据月度采购金额除以采购总量加权平均计算而来,两者计算口径存在差异。

由图4-3-1可知,报告期内,发行人铝锭采购单价波动与铝锭市场价格南海灵通铝锭日均报价保持同步的波动幅度,各期变化趋势一致。但发行人铝锭采购单价总体略高于南海灵通铝锭日均报价,主要原因如下:(1)发行人以订单日的南海灵通铝锭日均价作为定价基础,再结合运输费用、交货要求、结算方式和期限、交易量及未来价格波动预测等因素协商确定;(2)近年来,发行人应市场需求加大了对中高档铝钛硼合金的研发生产投入,为保证产品质量等级,发行人向北方铝业采购的铝锭中有部分铝锭属于品质相对较高的云铝品种，云铝品种的铝锭采购价在以订单日的南海灵通铝锭日均价作为定价基础上执行一定的加价率；(3)南海灵通铝锭日均报价采用简单月度算数平均计算而来，发行人铝锭采购单价根据月度采购金额除以采购总量加权平均计算而来，两者计算口径存在差异，此外，报告期内公司根据销售订单安排日生产计划所需铝锭的采购，各日铝锭采购量亦存在差异性，当市场铝锭价格波动较大时，上述因计算口径差异产生的影响将会放大。

综上，发行人与北方铝业铝锭采购参考市场价格南海灵通铝锭报价，结合其他因素协商确定成交价格，铝锭采购价格变动趋势与市场价格南海灵通铝锭报价保持一致。

（三）结合产品生产周期说明铝锭价格波动风险是否可以完全转移给客户

1. 铝锭价格波动风险的总体分析

报告期内，发行人生产经营所需的主要原材料为铝锭，各期铝锭耗用成本占主营业务成本比重分别为：70.09%、67.54%和69.91%。发行人铝晶粒细化剂产品的销售定价和主要原材料铝锭的采购价格均与铝锭市价挂钩。就采购价格而言，发行人每日铝锭采购定价交易基础的参考市价为采购订单下达当日的南海灵通国产A00铝锭日均公开报价。就销售定价而言，发行人参照行业惯例对铝晶粒细化剂产品执行“订单日铝锭采购价+加工费”的销售定价策略，报告期内公司各期铝晶粒细化剂“加工费”报价较为稳定，其销售单价的制定主要受到“订单日铝锭的采购价”的变化影响，“订单日铝锭采购价”的报价取决于铝锭市价。

公司采取“以销定产+安全库存”的生产模式来安排铝晶粒细化剂产品的生产计划，依据生产流程，发行人在接受订单后，通常在1周内可以完成生产备货。同时，为及时满足下游行业对公司铝晶粒细化剂产品稳定的需求，公司一般储备2~3周左右的生产成品安全库存，此外，公司为实现存货快速周转和最低资金成本占用，公司一般按照日生产计划对铝锭进行每日采购、随采随到。公司根据每日获取的销售订单，按供货产品和交货期限安排日生产计划，通常根据次日生产计划的铝锭领用量，下达铝锭采购订单，采购的铝锭通常于次日上班前全部货运入厂备料到位。当铝晶粒细化剂销售订单需求量较大且供货集中时，公司需要一定的生产备货周期，由于铝锭系每日采购，因此，其采购价格与销售定价中的“订单日铝锭采购价”产生价差。

综上所述，发行人承担的铝锭价格波动风险主要体现为销售订单签订时确定的“订单日铝锭采购价”与采购时发行人执行的每日采购铝锭价格之间的价差。

简言之，销售订单量越大，所需生产备货周期越长，则发行人承担的价格差异的不确定性就越大；销售订单量越小，所需生产备货周期越短，则发行人承担的价格差异的不确定性就越小。与此同时，铝锭价格向上波动，则将增加发行人采购成本，降低发行人产品毛利率；铝锭价格向下波动，则将降低发行人采购成本，提升发行人单位产品毛利率。

2. 铝锭价格长期波动风险对发行人的影响

如前所述，发行人承担的铝锭价格波动风险主要体现为销售订单签订时确定的"订单日铝锭采购价"与采购时发行人执行的逐日采购铝锭价格之间的价差，并且，该价差主要受到发行人生产备货周期长短的影响。由于发行人在实际生产经营过程中，其生产备货周期较短，因此，铝锭价格在较长周期的波动将会直接体现在"订单日铝锭采购价"中，发行人可以有效实现将铝锭价格长期波动的风险和影响转移给下游客户。

3. 铝锭价格短期波动风险对发行人的影响

根据前述分析，如铝锭市场价格在销售订单下达日至该销售订单对应的生产。计划排期下的铝锭采购日的期间出现小幅、不持续的波动或大幅下降时，在现有的销售定价方式下，发行人能够将铝锭价格波动的风险和影响有效向客户传导，保障公司的盈利水平；若在上述期间内，铝锭市场价格出现持续、大幅的上升，则公司可能面临该笔销售毛利率下降的风险，发行人无法将短期内的铝锭价格大幅上升波动的风险和影响完全转移至客户。

另外，由于公司一直以来对铝晶粒细化剂产品执行"订单日铝锭采购价 + 加工费"的定价策略，铝锭市场价格波动走势预期将在一定程度上影响客户下单的积极性，当铝锭市场价格呈现明显的上行预期时，客户可根据生产计划总体需求，提前向发行人下达铝晶粒细化剂采购订单，早日锁定采购价中订单日的铝锭市场价格，降低铝价上行波动的风险。此阶段，公司的铝晶粒细化剂销售订单表现出相对集中、量多，所以，当锭市场价格呈现明显的上行预期时，发行人铝晶粒细化剂的销量增长较为明显，这对经营业绩产生正面影响。

（四）前十大供应商的占比情况

报告期内，发行人将其中每年采购总额中占比最高的前十大供应商确定为主要供应商，各期主要供应商现实发生采购及占比情况见表4－3－2：

表4-3-2 各期主要供应商现实发生采购及占比情况

单位:万元

项目	2016年		2015年		2014年	
	金额	占比(%)	金额	占比(%)	金额	占比(%)
主要供应商采购金额	55,364.61	91.88	48,890.38	91.28	52,100.32	91.87
采购总额	60,257.60	100.00	53,562.35	100.00	56,709.49	100.00

报告期内,公司各期主要供应商采购金额占采购总额的比重分别为91.87%、91.28%和91.88%。公司各期通过主要供应商采购品种包括生产原材料、柴油动力、物流运输及委外加工等。

报告期内,发行人与主要供应商的采购方式均是洽谈协商、买断式采购,发行人在协调生产需求和存货快速周转的基础上合理安排原材料的采购。公司主要原材料及柴油具体的采购方式多采用签订年度采购框架协议,按生产需求批量下订单、按批询价和结算,或在给予的信用期内结算,电力、天然气等能源动力具体的采购方式多采用签订总供应合同,约定采购单价,按月实际使用量进行结算。

报告期内,发行人向主要供应商进行采购的方式和结算方式情况见表4-3-3:

表4-3-3 发行人向主要供应商进行采购的方式和结算方式情况

序号	供应商名称	采购方式	结算方式
1	北方联合铝业(深圳)有限公司	签订年度框架合同,根据生产需求批量下订单	采用银行承兑汇票及银行转账定期结算
2	江西石磊氟化工有限责任公司	根据生产需求签订合同或订单	采用银行承兑汇票按月或定期结算
3	深圳市力加物流有限公司	签订年度框架合同,根据发货需求随时安排	采用银行承兑汇票及银行转账按月结算
4	广东粤盛能源发展有限公司	根据生产需求签订合同或订单	采用银行承兑汇票及银行转账按月结算
5	深圳供电局有限公司	签订供用电合同,随时供应	采用银行转账按月实际使用量结算
6	海南文盛新材料科技股份有限公司	根据生产需求签订合同或订单	采用银行承兑汇票及银行转账定期结算

续表

序号	供应商名称	采购方式	结算方式
7	湖南有色郴州氟化学有限公司	根据生产需求签订合同或订单	采用银行承兑汇票及银行转账按月结算
8	深圳市荣华化工建材有限公司	根据生产需求签订合同或订单	采用银行承兑汇票及银行转账按月或定期结算
9	福建龙氟化工有限公司	根据生产需求签订合同或订单	采用银行承兑汇票及银行转账按月结算
10	深圳市燃气集团股份有限公司宝安管道气分公司	签订管道燃气供用气合同	采用银行转账按月实际使用量结算
11	瑞金市峰源矿业发展有限公司	签订年度框架协议，确定加工单价，优先加工	采用银行转账按月或定期结算
12	福建省漳平凯达氟制品有限公司	根据生产需求签订合同或订单	采用银行承兑汇票按月或定期结算
13	伯乐化学（亚洲）有限公司	根据生产需求签订合同或订单	采用银行转账定期结算
14	江西鹰鹏化工有限公司	根据生产需求签订合同或订单	采用银行承兑汇票及银行转账按月或定期结算

报告期内，发行人主要供应商名称、采购内容、采购金额、占比及排名情况见表4－3－4：

表4－3－4　发行人主要供应商名称、采购内容、采购金额、占比及排名情况

序号	主要供应商名称	采购内容	2016年			2015年			2014年		
			采购金额（万元）	占比%	排名	采购金额（万元）	占比%	排名	采购金额（万元）	占比%	排名
1	北方联合铝业（深圳）有限公司	铝锭、锌锭	43,531.30	72.24	1	36,806,03	68.72	1	40,892.70	72.11	1
2	江西石磊氟化工有限责任公司	无水氢氟酸	2,567.88	4.26	2	—	—	—	—	—	—
3	深圳市力加物流有限公司	运输费	1,589.33	2.64	3	1,328.23	2.48	4	1,320.60	2.33	4

续表

序号	主要供应商名称	采购内容	2016 年			2015 年			2014 年		
			采购金额（万元）	占比%	排名	采购金额（万元）	占比%	排名	采购金额（万元）	占比%	排名
4	广东粤盛能源发展有限公司	氯化钾、纯碱、氢氧化钠	1,400.09	2.32	4	703.70	1.31	12	11.53	0.02	13
5	深圳供电局有限公司	电力	1,251.87	2.08	5	1,274.62	2.38	5	1,295.32	2.28	5
6	海南文盛新材料科技股份有限公司	钛精矿	1,101.23	1.83	6	754.08	1.41	9	537.91	0.95	11

（五）主要供应商基本情况

报告期内，发行人主要供应商基本情况见表 4－3－5：

表4-3-5　发行人主要供应商基本情况

序号	主要供应商名称	注册资本（万元）	成立日期	所属省份	主要营业范围	实际控制人持股情况	董事、监事、高级管理人员名单
1	北方联合铝业（深圳）有限公司	17,037.59	1989/1/28	广东省	有色金属的批发、进出口及相关配套业务	国务院通过北方工业科技有限公司持有33.7497%	雷光华、田增国、EkaterinaKuleshova、曾世贵、罗德虎、曾超前、李学军、蒋顺忠、安巍、张军
2	湖南有色郴州氟化学有限公司	11,000.00	2009/4/8	湖南省	萤石、石榴子石、石膏、无水氟化氢及其他氟制品的生产、销售	国务院通过湖南有色氟化学集团有限公司持有51%	朱崇高、罗国余、文伟、詹林祥、胡波、李晓东、曹琼华、尹建明、万伟、吴利民
3	福建龙氟化工有限公司	2,000.00	2007/12/26	福建省	无水氟化氢、氢氟酸、氟化氢铵、氟化铵生产、销售	赖宗明和雷游焕共同持有79%	赖宗明、雷游焕、华祥斌、黄天梁
4	江西石磊氟化工有限责任公司	10,000.00	2011/10/24	江西省	无水氢氟酸生产	杨赋斌通过江西会昌县石磊矿业有限责任公司持有93%	杨赋斌、叶辉
5	福建省漳平凯达氟制品有限公司	1,500.00	1994/6/8	福建省	氟钛酸钾、氟硼酸钾销售，氟化氢、氢氟酸、氟硼酸、氟化钠生产	郑振欣通过福建省龙岩龙化化工有限公司持有100%	吴文敬、郑如珍、郑立三、邱星、郑强、朱于平
6	江西鹰鹏化工有限公司	908.00万美元	1999/11/16	江西省	生产、贮存和销售萤石精粉、氟化合物及其他含氟产品	英属维尔京群岛茂业矿业有限公司持有35.2423%	廖崇毅、赖铭崇、李丽娜、向子平、李光伦、刘一德、江茂义
7	广东粤盛能源发展有限公司	1,001.00	2010/7/19	广东省	煤炭及制品批发；燃料油销售；石油制品批发	陈汉初95%	陈生林、陈汉初
8	深圳市荣华化工建材有限公司	50.00	2005/4/14	广东省	装饰材料、涂料、工业	陈杜荣60%	陈杜荣、邓美英

二、北京朝歌数码科技股份有限公司（未通过）：前五大供应商采购超过 80%

报告期内，发行人对前五大供应商的采购占公司采购总额的比例分别为 84.66%、78.77%、85.57%。

（一）报告期内同一控制下前五大客户情况

表 4－3－6　前五大客户情况

年度	序号	客户名称	营业收入（万元）	占比（%）	销售标的	是否新增
2017 年度	1	中国移动终端公司	112,275.87	62.56	互动电视智能终端产品	否
		中国移动通信集团福建有限公司	7.48	0.00		
		中国移动小计	112,283.35	62.57		
	2	环球智达	17,598.12	9.81	互动电视智能终端产品	否
		国广东方	14,209.74	7.92		
		国广东方小计	31,807.86	17.72		
	3	华为技术	22,160.59	12.35	互动电视智能终端产品、网络视频行业应用系统及解决方案	否
		华为软件	39.49	0.02		
		华为投资控股有限公司	18.37	0.01		
		HUAWEI TECH. INVESTMENT CO. LTD	7.51	0.00		
		华为技术（马来西亚）有限公司	0.06	0.00		
		华为公司小计	22,226.02	12.38		
	4	DMX 公司	5,053.91	2.82	网络视频行业应用系统及解决方案	否
	5	TVBI 公司	676.70	0.38	互动电视智能终端产品、互动电视系统平台产品及平台运营相关服务	否
		TVB ANYWHERE LIMITED	250.70	0.14		
		TVBI 公司小计	927.40	0.52		
		合计	172,298.54	96.01		

续表

年度	序号	客户名称	营业收入（万元）	占比（%）	销售标的	是否新增
2016年度	1	华为技术有限公司	19,905.81	21.48	互动电视智能终端产品	否
		华为软件技术有限公司	18,680.36	20.16		
		华为终端（东莞）有限公司	97.07	0.10		
		华为技术服务有限公司	11.44	0.01		
		HuaweiTechnologiesDe-Mexic o. S. A. DeC. V.	2.82	0.00		
		华为公司小计	38,697.49	41.76		
	2	国广东方	4,700.31	5.07	互动电视智能终端产品	是
		环球智达	24,230.89	26.15		
		国广东方小计	28,931.20	31.22		
	3	银河互联	10,387.87	11.21	互动电视智能终端产品	否
	4	DMX 公司	4,251.14	4.59	网络视频行业应用系统及解决方案	否
	5	中国移动终端公司	1,626.77	1.76	互动电视智能终端产品	否
	合计		83,894.47	90.54		
2015年度	1	华为软件	43,731.16	73.21	互动电视智能终端产品、网络视频行业应用系统及解决方案	否
		华为技术	366.02	0.61		
		华为终端（东莞）有限公司	224.36	0.38		
		华为投资控股有限公司	16.15	0.03		
		华为技术服务有限公司	0.06	0.00		
		北京华为数字技术有限公司	0.03	0.00		
		华为公司小计	44,337.79	74.23		
	2	DMX 公司	4,612.50	7.72	网络视频行业应用系统及解决方案	否

续表

年度	序号	客户名称	营业收入（万元）	占比（%）	销售标的	是否新增
2015年度	3	iTalkTV	2,118.34	3.55	互动电视智能终端产品、互动电视系统平台产品及平台运营服务	否
	4	上海国茂数字技术有限公司	1,335.07	2.24	互动电视智能终端产品	是
	5	甘肃省通信产业服务有限公司	1,237.61	2.07	互动电视智能终端产品	否
	合计		53,641.31	89.81		

注：iTalkTV 为 A 股上市公司二六三（002467.SZ）的子公司，二六三于 2016 年成为公司股东，截至本招股说明书签署日持股比例为 3.81%。

（二）报告期内发行人来自华为公司的收入金额与收入占比下降的原因

在电信运营商推广互动电视领域，华为公司长年与电信运营商合作，拥有强大的技术及市场资源，并在系统平台、系统集成领域形成了明显的产品和客户优势，拥有领先的市场地位。

发行人于 2006 年开始与华为公司建立业务往来，已有十余年合作历史，现已建立相互信赖的伙伴关系，曾多次获得其颁发的奖项。报告期内，发行人对华为公司销售金额分别为 44,337.79 万元、38,697.49 万元、22,226.02 万元，占营业收入比例分别为 74.23%、41.76%、12.38%。发行人来自华为公司收入金额与收入占比下降主要是受下游行业竞争格局的影响。

2016 年以来，境内电信运营商中国移动加大了 OTT TV 业务推广力度，同时发行人积极加强与电信运营商、内容集成播控牌照商的直接合作，2016 年发行人对中国移动及与中国移动展开合作的内容集成播控牌照商银河互联、国广东方销售占比分别为 1.76%、11.21% 和 31.22%，合计 44.19%，导致发行人对华为公司的销售占比降至 41.76%；2017 年，中国移动加大了直接采购比例，发行人对中国移动及国广东方销售占比分别为 62.57%、17.72%，导致发行人对华为公司销售占比降至 12.38%。发行人在中国移动 OTT TV 业务领域销售规模增长系导致华为公司销售占比下降的主要原因。此外，发行人业务重心向华为公司相对高端的终端领域倾斜、适度放弃相对低端业务以及华为公司部分订单由其自行提供部分原材料等因素亦导致向华为公司销售金额的下降。

综上所述，发行人2015年来自华为公司的收入占比较高及2016年、2017年来自华为公司的收入占比下降的情况具有合理性。

（三）报告期内公司客户与发行人股东之间的关联关系情况

1. 公司客户 iTalk TV 为发行人股东二六三的子公司

报告期内，发行人的客户 iTalk TV 系持股3.81%的股东二六三（002467. SZ）的子公司，报告期内发行人对 iTalk TV 的销售收入分别为2118.34万元、536.33万元以及758.78万元，发行人主要向其销售智能终端产品和提供互动电视系统平台产品及平台运营相关服务。经对比发行人同类业务收入情况，发行人与 iTalk TV 之间的交易不存在显著差异，定价公允。

发行人自2012年起积极开拓境外市场，通过行业信息渠道主动联系北京首都在线网络技术有限公司，并与其建立合作，该公司主要业务是向北美地区华人家庭提供 IPTV/OTT TV 终端产品及服务。2013年开始，二六三将海外网络电视业务的采购业务划分至 iTalk TV，发行人与 iTalk TV 于2013年开始合作，向 iTalk TV 提供互动电视智能终端产品、互动电视系统平台产品及平台运营相关服务两项业务，用以发展其 IPTV/OTT TV 业务。

2016年，二六三通过全国中小企业股份转让系统协议转让方式持有发行人160.00万股股份，入股时间晚于发行人与 iTalk TV 开始合作的时间。

报告期内发行人向 iTalk TV 销售金额，占发行人当期营业收入比例，占 iTalk TV 自身总采购额及营业收入比例，占二六三自身营业收入及营业成本比例，详见表4-3-7：

表4-3-7 发行人向 iTalk TV 销售情况及占比

单位：万元

项目		2017年度	2016年度	2015年度
发行人向 iTalk TV 销售情况	互动电视智能终端	480.35	4.30	1,768.36
	互动电视系统平台产品及平台运营相关服务	278.43	532.03	349.98
	合计销售金额	758.78	536.33	2,118.34
	占发行人当期营业收入比例	0.42%	0.58%	3.55%

续表

项目		2017 年度	2016 年度	2015 年度
销售金额占 iTalk TV 收入、采购比例	iTalk TV 自身采购总额	—	1,838.99	2,353.18
	占 iTalk TV 自身采购总额比例	—	29.16%	90.02%
	iTalk TV 自身营业收入	—	6,124.99	5,355.36
	占 iTalk TV 自身营业收入比例	—	8.76%	39.56%
销售金额占二六三收入、成本比例	二六三自身营业成本	—	30,346.08	26,513.46
	占二六三自身营业成本比例	—	1.77%	7.99%
	二六三自身营业收入	—	83,567.52	71.636.18
	占二六三自身营业收入比例	—	0.64%	2.96%

注:1. iTalk TV 财务报表以美元编制,表格中 iTalk TV 自身总采购额、iTalk TV 自身营业收入数据采用年平均汇率折算;

2. iTalk TV 及二六三 2017 年度相关数据尚未出具。

2. 公司客户科大讯飞实际控制人之一为发行人股东科讯创投实际控制人

根据科大讯飞 2016 年年报,刘庆峰为其实际控制人之一,同时刘庆峰为发行人股东科讯创投的实际控制人,科讯创投持有发行人 4.29% 的股份。

2016 年、2017 年发行人对科大讯飞销售额分别 0.03 万元、171.79 万元。2016 年销售内容为互动电视智能终端样机。2017 年销售内容为智能语音交互硬件设备,当年对科大讯飞销售的产品毛利率为 7.77%,该产品为公司新型产品,尚未大批量生产,毛利率相对较低。发行人与科大讯飞之间的交易金额较小,双方基于市场行情定价,定价公允。

科讯创投于 2016 年 12 月通过受让冯瑶、白平转让的股份成为公司股东,交易价格为 12.90 元/股,以协议转让的方式完成了股权转让,对应公司整体估值 5.16 亿元,对应朝歌科技 2015 年扣非后净利润的静态市盈率为 17.13 倍,定价主要参考朝歌科技股票前次转让的交易价格,并综合考虑了交易时点等因素,经交易各方基于市场行情协商确定交易价格,定价公允。

3. 发行人客户水晶光电为发行人股东

2017 年,发行人向水晶光电销售了少量短焦投影仪样品,销售金额为 3.26 万元,该产品为发行人处于市场推广阶段的衍生终端产品。水晶光电持有发行人 4.76% 的股权。发行人与水晶光电之间的交易金额较小,双方基于市场行情定价,定价公允。

水晶光电于 2016 年 12 月通过认购朝歌科技定向发行股份成为发行人股东,认购价格 14.80 元/股,对应公司整体估值 6.22 亿元,对应朝歌科技 2015 年扣非后净利润的静态市盈率为20.64倍，交易价格主要参考朝歌科技的财务状况、盈利预期、市场估值水平等因素经交易双方基于市场化原则协商并经过了市场询价，定价公允。

■第四节　客户和供应商双重依赖

【商业逻辑与背景分析】

我们前面提到了关于客户依赖和供应商依赖的问题，在IPO审核实践中，也存在同时对客户和供应商双重依赖的情形，但是这种情形比较少见。从企业生产经营的角度来说，一个企业可以在销售方面很强大从而淡化对供应商的控制，也可以对供应商有很强的控制力从而淡化对销售的依赖，但是很少有一个企业可以同时被供应商和客户控制的情况下还能够保持市场竞争的独立性和稳定的持续盈利能力。从目前的情况来看，存在这种情形比较典型的一种情况就是“B/S”模式，这个问题后面我们也会通过案例介绍到。

关于这一问题，我们通常需要关注到两个层次的事项：一个层次关注发行人与这样的客户以及供应商合作的商业本质和合理性，另一个层次关注发行人的收入确认政策是不是符合会计准则要求，说白了还是财务真实性问题和财务合理性问题。具体如下：

1. 关注发行人对客户和供应商双重依赖的必要性和合理性。其实，IPO实践中某些客户同时也是供应商的情形还是存在的，但是如果该客户同时出现在客户前五名和供应商前五名中或者说交易金额占比非常高的话，还是需要重点关注其业务的商业逻辑和合理性。

2. 关注发行人与客户交易的实质是产品销售还是委托加工。如果发行人的产品附加值很高，发行人向供应商采购原材料之后要经过复杂的加工之后再销售，那么可能还不会引起关于是否是委托加工的质疑。但是，如果发行人的产品附加值并不是很高，且向该客户采购原材料占产成品成本的比例又非常高的情况下，那么对客户的销售行为有可能被质疑这种交易本质就是一种委托加工模式。

3. 关注发行人向该类客户销售产品的收入确认政策是不是与其他客户的政策完全保持一致，是否存在收入确认不审慎的情形。此外，是否存在发行人采购原材料价款直接通过销售价款来抵扣，这样一种非常不规范的财务处理措施，是否可能导致发行人财务报表不能真正反映企业经营实质的情况。

4. 关注发行人与客户和供应商的合作是否能够长期持续，发行人是否对客户和供应商存在重大依赖。

最后要说明一点的是，在这一特殊的商业模式中，无论怎样去解释其商业合理性和必要性，IPO 审核还是以企业的质地和盈利规模为最终的判断标准，如果发行人盈利能力一般或者刚刚踩过 IPO 审核的业绩门槛，那么过会的难度还是很大的。

【核查方法指引】

在本节中，我们主要总结了两个典型的案例，一个案例是我们前面提到的在 IT 领域比较普遍的"B/S"模式，另一个案例是因为对供应商和客户存在重大依赖而被质疑业务是否具有独立性从而没有通过审核。

一、鹏鼎控股：苹果是第一大客户和供应商，导致非典型收入确认方式

1. 对于一些世界级的巨头企业来说，他们已经通过多年的发展和摸索制定了严格的采购、生产和销售制度，这些制度具体、明确并且严谨。更加重要的是，因为这样的企业具有不可辩驳的市场话语权，因而这些制度不论是否合理都要求跟他做生意的企业严格遵守。

2. 发行人的第一大客户是苹果公司，销售占比一直超过 60% 以上，当然也正是因为跟苹果长期稳定的合作，发行人才实现了接近 200 亿元的收入以及 20 亿元的净利润规模。根据 IPO 审核的最新的标准和要求，对单一客户销售占比超过 50% 以上是构成实质障碍的，同时也列示了一些特殊情况，显然发行人跟苹果的合作就属于这种例外情况。

3. 关于发行人的经营模式，由于客户的特殊要求采用的 buy - and - sell 的模式，这种模式在国际市场上也算是一种主流的经营模式。也正是在这种模式下，导致发行人存在苹果既是供应商又是客户的情形，并且苹果是发行人第一大客户，同时在 2015 年和 2016 年都是第一大供应商。当然，从发行人向苹果采购和销售的规模来看，采购和销售并不是匹配甚至对应的，也就是说，发行人并不是苹果公司的代工厂，发行人还是有很多其他的产品是独立研发生产和销售的。

4. 在此需要说明一点，本案例发行人通过了 IPO 审核，主要还是由于其合作的主要客户是苹果这样一家世界级的大公司，因此不论是商业模式还是收入确认方法，都有其独有的特性。我们讲关于发行人客户对于发行人 IPO 影响的问题，一般

都在讲如果发行人的客户很知名很有市场影响力，那么对于来佐证发行人的市场竞争力以及验证发行人财务数据的真实性是很有帮助的，也就是我们常说的“这样的客户是不可能帮助发行人作假的”。那么这样的客户主要有哪些呢，本书认为，在实践中至少这些客户是比较有说服力的，如大型国企、世界五百强的著名跨国企业、军工企业等。

二、杭州致瑞传媒股份（未通过）：对单一客户和供应商同时存在重大依赖，业务独立性和商业逻辑存在疑问

1. 发行人是从事广告业务的公司，这个行业具有非常巨大的市场份额，但是中国上市公司中专门从事广告业务的公司并不是很多。这就跟中国是农业大国但是因为财务规范和财务核查等原因农业上市公司不多是一样的道理，广告行业市场容量巨大但是上市公司不多也有着其行业的特殊性。广告不论是什么时候，要想实现好的宣传效果，就必然是要通过平台来播放的，没有好的平台播放就算是广告拍出美国大片的效果也没有任何意义，这就是广告行业很大的一个特性。也就是因为这个特性，广告行业尽管产业链很长，也包含客户服务、广告拍摄、广告投放、效果监测等诸多领域，也衍生出很多盈利能力很强的公司，但是最终这个行业的命脉还是在平台那里。以前的平台有且只有一个，那就是电视台，这几年互联网新媒体迅速崛起，但是不管平台怎样变化，有一个趋势没有改变，那就是优势平台越来越集中，广告的投放自然也是越来越集中于某几个平台，广告行业的参与者必然要依附于这样的播放平台才能生存进而挣钱。

2. 发行人还是属于典型的广告公司，不过其在业务方面的缺陷也是很明显的。发行人起家于浙江，经过发展，发行人的业务还是集中在浙江，主要跟浙江的广告公司合作，广告业务也几乎都是在浙江电视台这个平台播放，发行人不论是采购还是销售都依赖于浙江广播集团，这对于发行人来说确实是导致持续盈利能力不确定的一个非常关键的因素。报告期各期，发行人向第一大客户宏盟集团下属公司的销售金额占当期营业收入的比例分别为 67.39%、77.42% 和 89.66%，向第一大供应商浙江广播电视集团的采购金额占当期采购总额的比例分别为 56.67%、77.43%、73.95%。

3. 最后值得说明的是，发行人还专门有一节的篇幅来解释发行人作为广告公司同时依赖客户和供应商合作的商业逻辑，这一部分内容值得我们好好学习，核心不过就是发行人这种广告公司是否有存在的必要性，或者说这种存在的必要性是否具备必要的商业逻辑。

【具体案例分析】

一、鹏鼎控股(002938)

苹果公司基于其产品所用原材料的保密性、专用性和供应及时性的考虑,为加强和完善供应链管理,与发行人采用 buy – and – sell 模式安排采购。

buy – and – sell 模式在电子信息产业中较为普遍,是指客户向原材料供应商购买原材料后,再将原材料转卖给发行人,由原材料供应商根据客户的订单要求直接将原材料配送至发行人的采购模式。在与苹果公司的交易中,苹果公司先向电子零件供应商采购 IC 等电子零件原材料,再将采购的该等原材料销售给发行人供其生产使用;该等原材料到货后,发行人通过预烤、印刷锡膏、重熔焊接、冲型及电测等十几道 SMT 贴片工艺打件至 PCB 空板形成 PCB 精密组件后,销售给苹果公司或其指定的下游厂商。基于上述行业特性及交易背景,苹果公司既是发行人的客户又是供应商。

双方具体的业务流程图如下:

1. 发行人向苹果公司销售流程(图 4 –4 –1)

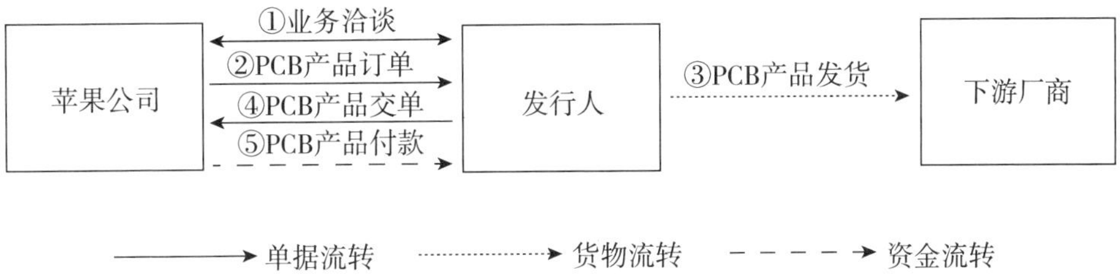

图 4 –4 –1 发行人向苹果公司销售流程

(1)业务洽谈:发行人与苹果公司直接洽谈,确认苹果公司的采购需求;

(2)签署 PCB 产品订单:苹果公司以 PO 单形式向发行人下达采购命令;

(3)PCB 产品发货:发行人将 PCB 产品运送至苹果公司指定的下游厂商;

(4)PCB 产品交单:发行人根据合同或订单约定,将物流运输单、发票、装箱单等单据开具给苹果公司;

(5)PCB 产品付款:苹果公司根据约定的付款条件向发行人支付款项。

2. 发行人向苹果公司采购流程(图 4－4－2)

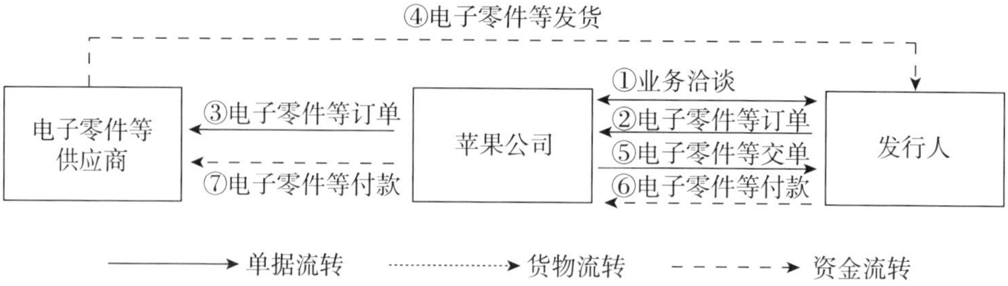

图 4－4－2　发行人向苹果公司采购流程

(1)业务洽谈：发行人与苹果公司直接洽谈，根据未来一定时期内的排产计划，确定生产 PCB 产品中需要使用并向苹果公司直接采购的电子零件等原材料；

(2)发行人采购电子零件等订单：发行人以 PO 单形式向苹果公司下达采购命令；

(3)苹果公司采购电子零件等订单：苹果公司向电子零件等原材料供应商下达采购 PO 单；

(4)电子零件等发货：电子零件等原材料供应商根据苹果公司订单要求将货物发送至发行人收货点；

(5)电子零件等交单：苹果公司根据合同或订单约定，将物流运输单、发票、装箱单等单据开具给发行人；

(6)发行人付款：发行人根据约定的付款条件向苹果公司付款；

(7)苹果公司付款：苹果公司根据约定的付款条件向电子零件等原材料供应商付款。

二、杭州致瑞传媒股份有限公司(未通过)

(一)关于客户集中和依赖的问题

1. 第一大客户集中的风险

报告期内，发行人向第一大客户宏盟集团下属公司的销售金额分别为 45,479.38 万元、51,419.16 万元、49,447.49 万元和 21,546.18 万元，占当期营业收入的比例分别为 67.39%、77.42%、89.66% 和 53.96%，占比较大。

由于发行人与国际 4A 广告公司宏盟集团下属公司之间的合作模式是在广告行业全球化经营和媒介资源地区化分布的背景下产生和发展的。宏盟集团下属公司优势主要体现在综合服务能力和媒体整合能力，本土广告公司的媒体资源集中在省级卫视及地方电视媒体,宏盟集团需要与本土广告公司共享媒介资源,也需要本土广告公司提供区域性的媒介策略服务以及内容营销服务。

而发行人是专业从事媒体广告经营的广告公司,具备媒介策略优势、广告创意优势、媒体资源优势、服务优势以及团队优势等,能够同时为客户提供媒介代理服务和专项营销服务,并且具备了大多数其他本土广告企业所不具备的与国际4A广告公司长期合作的经验。公司的突出优势和业务经验,已使公司成为国际4A广告公司不会轻易放弃的优质服务资源,这决定了公司与宏盟集团的合作可以长期稳定。

(1)2017年1~6月的所有客户中除宏盟集团外的老客户的情况

2017年1~6月的所有客户中,除宏盟集团外的老客户包括上海百雀羚日用化学品有限公司、杭州明珠电视传媒有限公司、中国邮政储蓄银行杭州市分行、广东省广告集团股份有限公司和美育教育信息咨询(上海)有限公司等。其中,中国邮政储蓄银行杭州市分行2014年至2016年的收入均为75.47万元,2017年1~6月的收入为26.73万元;广东省广告集团股份有限公司2016年和2017年1~6月的收入分别为182.43万元和21.06万元;美育教育信息咨询(上海)有限公司2016年和2017年1~6月的收入分别9.43万元和18.01万元。

(2)公司为广州市合生元生物制品提供服务的内容

2016年12月28日,广州市合生元生物制品有限公司(合同甲方)与公司(合同乙方)签订了《2017电视媒体广告发布框架合同》,约定合作期间为2017年1月1日至2017年12月31日,至于具体广告的发布时间,以甲乙双方签章确认的《广告订单为准》,合作内容为广州合生元委托公司代理湖南卫视、浙江卫视、东方卫视、江苏卫视发布电视广告及相关服务事项。

2.发行人客户集中的原因

发行人客户集中是电视媒体广告行业特点与公司战略定位共同作用的结果,具体情况如下:

(1)我国电视媒体广告行业经营规模居前的广告公司均具有较高的客户集中度。

近几年思美传媒和龙韵股份前五大客户的销售金额占营业收入的平均比例超过50%,引力传媒的比例也接近40%,均呈现一定程度的客户集中现象。

如思美传媒2014年上市的招股说明书显示,2013年1~6月,其媒介策略和购买执行业务的前五大客户销售占比分别为63.04%、68.20%,第一大客户均为WPP下属公司,销售额分别为14,722.07万元、6569.66万元,占比分别为37.73%和21.09%。

龙韵股份2015年上市的招股说明书显示,其2014年1~9月广告公司客户和直接客户前五大的销售占比分别为85.16%、45.23%，第一大广告公司客户和直接客户分别为广东凯络广告有限公司、公牛集团有限公司，销售额分别为21,199.32万元、6700.80万元，占比分别为41.82%、18.71%。

省广股份2010年上市的招股说明书显示，其2009年前五大客户销售占比为50.81%，其中第一大客户为日本株式会社博报堂下属公司，销售额为63,384.56万元，占比达30.92%。

(2)电视媒体广告主的行业分布较为集中。

中国广告协会的统计显示，广告投放的前五大行业分别为食品、汽车、化妆品及卫生用品、房地产和药品。其中的化妆品及卫生用品、食品两个行业同属于大众消费品，电视媒体覆盖面广的特点决定了它是大众消费品广告投放的首选载体。而房地产、奢侈品等行业，由于目标消费者的特定性，一般较少选择电视媒体。

(3)国际4A广告公司占据国内电视广告市场大部分的份额也导致我国优秀的本土广告公司客户集中度较高。

(4)发行人大客户优先发展战略和稳健的经营风格进一步提高了客户的集中度。

(5)发行人当前的“产能”“瓶颈”也决定了其短期内客户集中度较高

3.发行人与主要客户交易的可持续性

(1)我国广告市场发展空间巨大，发行人与客户合作的市场环境稳定和可持续。

(2)报告期发行人与多数主要客户持续保持着合作关系。

4.发行人与主要客户的合作持续而稳定

发行人长期坚持稳健的经营风格和大客户优先发展战略，报告期内宏盟集团及其下属公司始终为第一大客户，在公司主要客户中处于至关重要的地位。

(1)国际4A广告公司需要与本土广告公司合作，以实现优势互补。

(2)供应商与国际4A广告公司之间收付款政策的矛盾决定了需要本土广告公司提供服务。

(3)宏盟集团等主要客户持续选择与发行人合作是基于公司的竞争优势。

(4)宏盟集团更换供应商的成本较大是双方合作持续稳定的另一重要原因。

(5)发行人已成为宏盟集团重要的供应商。

经过十多年的合作，公司与宏盟集团目前的合作状况不论深度还是广度均大大超越从前，合作规模由几千万元人民币到2016年的5亿元人民币，合作地区逐步扩展到浙江、山东、广东、重庆和黑龙江等省市；合作领域由单一的购买执行到媒介策略等全方位的媒介代理，并由媒介代理逐步拓展到内容营销等创意领域，合作关系从普通供应商到成为宏盟集团中国区少数几家跨事业部的重要供应商之一。

单位：万元

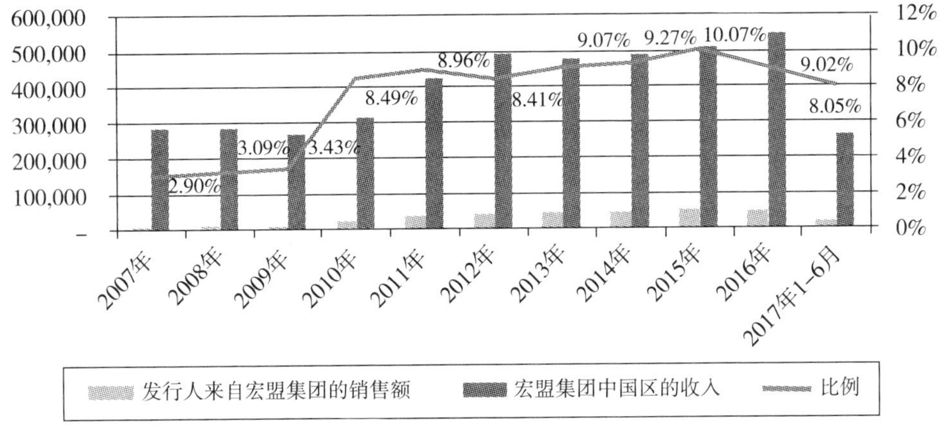

图4－4－3　发行人来自宏盟集团的销售额占其中国区收入的比例情况

综上所述，发行人与宏盟集团的合作是双向互惠的，彼此都在对方的服务体系里占据了重要位置，合作关系是稳定和可持续的。

5. 发行人对宏盟集团不存在严重依赖

宏盟集团并非公司的关联方，公司与宏盟集团合作稳定，不存在重大不确定性；而且，虽然公司来源于宏盟集团的销售额占比较高，但公司与宏盟集团之间是一种相互需要的合作关系，彼此之间的合作是双向互惠且稳定的，因此，发行人对宏盟集团不存在严重依赖。

保荐机构认为除正常业务往来外，宏盟集团与发行人及其董事、监事、高级管理人员不存在任何其他关联关系，发行人与宏盟集团合作稳定，不存在重大不确定性；发行人对宏盟集团不存在重大依赖，不构成本次发行上市的障碍。

6. 发行人具备直接为广告主提供良好广告服务的能力

（1）国际4A广告公司本身是优秀本土广告公司的重要客户。

（2）发行人良好的直接服务于广告主的能力，体现在以下内部的专业的业务架构和外部的媒体资源积累两个方面：①发行人内部建立了专业的业务架构；②发行人外部积累了良好的媒体资源。

（二）关于供应商集中和依赖的问题

1. 第一大供应商集中的风险

报告期内，发行人向第一大供应商浙江广播电视集团的采购金额分别为33,578.65万元、44,998.98万元、34,682.98万元和26,979.93万元，占当期采购总额的比例分别为56.67%、77.43%、73.95%和76.67%。发行人与浙江广播电视集团交易的重要原因是浙江广播电视集团旗下拥有优质电视台和优质节目，能够满足终端品牌客户的广告投放需求。但浙江广播电视集团的广告资源也并非不可替代，同时，发行人作为优秀的本土广告公司能够持续采购优质广告时段。

2. 按媒体类型分类广告资源采购情况

公司所采购的广告资源主要为电视广告资源，除此之外，为满足客户的多种需求，还采购了少量的电台、互联网及户外等广告资源。报告期内，公司采购的广告资源及所占比例情况如表4-4-1所示：

表4-4-1 公司采购的广告资源及所占比例情况

报告期	广告资源	采购金额（万元）	比例
2017年1-6月	电视	34,674.47	98.67%
	其他	467.93	1.33%
	合计	35,142.40	100.00%
2016年	电视	46,458.66	99.05%
	其他	444.70	0.95%
	合计	46,903.36	100.00%
2015年	电视	57,667.35	99.23%
	其他	445.84	0.77%
	合计	58,113.19	100.00%
2014年	电视	57,380.05	96.83%

报告期内，公司向浙江广播电视集团的采购金额占比超过50%，2014年至2017年1~6月的采购额分别是33,578.65万元、44,998.98万元和34,682.98万元和26,979.93万元，占发行人采购总额的比例分别为56.67%、77.43%、73.95%和76.67%。

3. 2017年所有供应商中除浙江广播电视集团之外的老供应商的情况

2017年，除浙江广播电视集团外，发行人老供应商山东广播电视台、重庆广播电视传媒集团有限公司、深圳广播电影电视集团、杭州文化广播电视集团、青岛市广播电视台仍为发行人排名靠前的供应商。此外，还包括宁波广播电视广告有限公司、济南广播电视台和温州广播电视传媒集团等。报告期内，宁波广播电视广告有限公司的采购金额分别为374.90万元、146.91万元、114.72万元和60.21万元，济南广播电视台的采购金额分别为345.78万元、399.06万元、309.31万元和

26.79 万元,温州广播电视传媒集团的采购金额分别为 223.20 万元、145.70 万元、37.50 万元和 13.64 万元。

4. 发行人供应商集中的原因

发行人供应商较为集中是电视媒体广告行业发展、客户需求以及公司优势媒体资源战略共同作用的结果,具体情况如下:

(1)供应商集中是电视媒体广告行业的共有特点。

(2)我国电视媒体优势资源较为集中决定了电视媒体供应商存在一定的集中度。

(3)发行人供应商集中是优质电视媒介资源集中与广告客户理性选择的结果。

(4)公司已具备进入其他区域市场的能力,未来随着其他优势媒体资源的逐步开发,采购集中度有望降低。

5. 发行人能够持续采购优质广告时段

(1)主要供应商广告业务的经营模式,决策流程、招投标程序等情况。

(2)浙江广播电视集团和山东广播电视台的主要采购客户及发行人所处的地位。

6. 发行人对主要供应商不存在重大依赖

发行人股东、发行人及其中层以上的管理人员与发行人报告期内主要供应商、其下属公司及董、监、高不存在关联关系或其他利益关系或亲属关系。在当前我国电视广告市场环境下,电视媒体资源的集中源于电视广告主广告投放向优质媒体内容的集中,同时,广告公司通过集中采购可以获得更具竞争力的价格,争取更优惠的合作条件。因此,发行人供应商集中是行业共有特点与发行人优势媒体资源战略共同作用的结果,发行人对主要供应商不存在重大依赖。

(三)广告业务的商业流程和商业逻辑

1. 广告业务的商业流程(略)

2. 宏盟集团等国际 4A 公司需要与本土广告公司合作

如前所述,首先,国际 4A 公司战略定位主要是以其出色的广告创意和全球同步推广能力获取大型跨国企业客户,集中人力和资源服务客户,占据产业链最核心、利润最丰厚的环节,而在渠道的建立和媒体资源采购方面,除了部分全国性媒体资源(如央视)外,其他媒体资源的采购和投放策略的制定一般都委托各地区实力居前的本土广告公司合作伙伴来完成。其次,出于投入产出比方面的考虑,国际 4A 公司并未配备相应的人力资源,在众多广告需要全球同步覆盖的情况下,需要依赖合作的本土广告公司完成大量的广告投放策略制定、事务性沟通、突发情况处理等工作。因而，在长期的合作过程中，国际 4A 公司与本土广告公司形成了紧密的合作关系。

与本土广告公司合作，一方面可以实现媒体资源和优势的互补：国际 4A 广告公司的优势主要体现在大型客户的综合服务能力和全球媒体整合能力，而本土广告公司的媒体资源则集中在省级卫视及地方电视媒体，因而广告公司之间互相合作，能够共享媒介资源，从而可以为媒介策划提供灵活的空间，更好地实现广告传播的效果。另一方面可以实现业务内容互补：国际 4A 广告公司客户主要为国际国内知名品牌，往往投放额巨大，广告覆盖面广，其在全国性重要媒介上的投放集中度高，在全国众多二、三线城市的广告投放较为分散，而且广告投放的波段性要求突出。因此，国际 4A 广告公司主要负责为客户制定整体媒介策划，并实施主要的全国性媒介资源的投放，区域性的媒介策略服务包括媒介策划、媒介购买、监测评估等则依靠本土广告公司来实施。

近年来，在传统媒介平台投放的广告也逐渐看重内容营销。省级卫视依托多频道合力以及优质节目参与到内容营销中，市场份额不断提高，其广告经营表现也较为突出，省级卫视在我国电视广告市场的地位也越来越重要，越来越多的广告主选择通过省级、地市级电视媒体来实现提升品牌及拉动销售的目的。因而，本土广告公司，尤其是具备内容营销服务能力和掌握优质省级、地市级电视媒体资源的本土广告公司越来越受到国际 4A 广告公司和国内知名品牌的青睐，成为国际 4A 广告公司和国内知名品牌内容营销服务的最终提供者。

因而，多年以来，除了少数全国性媒介资源外，绝大部分情况下，宏盟集团等国际 4A 广告公司并未直接向电视台购买媒介资源，这是产业链环节上各个主体基于自身优势自然选择的结果。

3. 供应商需要与广告公司合作

(1) 主要供应商不具备与 4A 广告公司直接对接的能力

主要供应商从事广告经营的部门主要为内设的广告管理中心和各频道的营销(广告)中心或者广告部，主要负责各频道广告资源的经营和决策，人员数量和专业能力相对有限，缺乏将客户与媒体广告资源匹配的整合能力，也不具备为客户提供媒介代理和专项营销等服务的能力。

同时，主要供应商要求广告播放当月付款，终端客户一般在播后 90 天付款，由于 4A 广告公司的采购金额巨大，为控制风险和减轻资金压力，其一般在终端客户付款后才向上游供应商付款，因而无法直接满足供应商的收款要求。

(2) 主要供应商的广告经营子公司无法替代专业的广告代理公司

根据浙江广播电视集团官网的简介，浙江广播电视集团拥有 14 家下属全资企业单位，主营报纸杂志、音像出版、影视生产、家庭购物、传输网络、IPTV、器材营销、工程建设、宾馆物业等相关产业；拥有11家控股和参股公司，参与开发数字电视、手机电视等业务。浙江广播电视集团部分下属公司的经营范围包含设计、制作、发布、代理国内外各类广告业务，其中，浙江广播电视发展总公司于1993年设立了浙江电视广告公司，目前该公司已注销；浙江广播电视集团下属浙江省广播电视广告中心与浙江广中广告策划制作有限责任公司职工持股会于1994年共同设立了广告经营公司浙江广中广告策划制作有限责任公司，持股比例分别为20%和80%，目前该公司处于吊销状态，根据访谈，该公司系浙江广播电视集团参股的现存唯一一家专业从事广告业务的公司。

山东广播电视台直属公司包括山东龙视天下传媒集团有限公司、山东广电传媒集团有限公司、山东影视传媒集团有限公司、山东乐拍商业有限公司、山东卫视传媒有限公司、山东广电新媒体有限责任公司和山东传媒职业学院等，部分下属公司的经营范围包含国内广告的设计、制作、代理及发布等内容。

重庆广播电视集团已实行企业化运行，下设重庆广播电视传媒集团股份有限公司、重庆重视传媒广告有限公司、重庆广电都视传媒有限责任公司和重庆广电影视传媒有限责任公司等，分别承接重庆广播电视集团下属卫视频道、都市频道、生活频道、时尚频道、新闻频道等原广告部的职能。

虽然部分供应商组建了广告经营子公司，但由于各方面的局限性，无法替代专业的广告代理公司，具体原因如下：

①供应商下属子公司即使存在资源和价格优势，也是在供应商政策倾斜的前提下取得的，其优势仅仅局限于供应商体系内的媒体资源和价格，在此前提下，其参与激烈市场竞争的动力和能力会逐步丧失。同时，主要供应商每年均须完成高额的考核指标，因而主要供应商即各电视台之间的竞争也非常激烈，供应商下属广告经营子公司难以从其他供应商获得有竞争力的价格，甚至可能无法获得与其他客户同样的采购政策，也会降低其自身的市场竞争力。

②除价格因素外，广告客户选择合作伙伴的更重要的因素是服务水平、执行效率以及整合媒介资源的能力。在面对体系外媒体资源时，供应商子公司的特殊身份反而成为其劣势，导致其整合媒体资源的能力大打折扣，只能在服务和执行方面提高竞争力，而这两方面的提升需要大量的人力、物力投入以及长时间的积累；但供应商子公司受体制约束，市场化程度不够，较难吸引到优秀的人才，从而竞争力受限。

③通常，电视台考核指标主要是广告营收。在同等广告投放规模的前提下，若给予子公司超出市场一般水平的价格优惠，将影响电视台的广告营收指标，因此电视台下属子公司无法长期获得价格优势。

尽管供应商组建的子公司可能会挤占其他广告公司的利润，但即便电视台部分广告业务全部由其子公司代理，也需要大量人员，配备相应的经营场地和设备，成本开支大大增加。而要实现同样的创收指标，若与市场上广告公司合作，电视台广告部仅需要少量人员即可完成，投入产出比显而易见。这也是众多电视台大多数广告客户是与体系外广告公司合作的重要原因。而且体制外的广告公司为维护客户，出于整体考虑，可以承受某一区域市场或某一媒体的亏损，而在其他区域或媒体上得到补偿，使得整体业务仍然保持一定的盈利水平；但电视台供应商的子公司往往政策受限较多，既无法整合客户所需的媒体资源，也无法承受局部亏损，因而难以与市场化的广告公司进行竞争。

④市场上多数广告主和国际4A公司在付款政策上均要求供应商给予一定的信用期；发行人的主要供应商本身为事业单位，即便其组建了广告经营子公司，但受限于体制因素，其子公司的收款政策也较难满足客户的要求。

上述原因决定了主要供应商的广告经营子公司无法替代专业的广告代理公司。同时，旗下有自己广告经营子公司的供应商也仍然普遍在与其他广告公司合作。比如，山东电视台体系内的山东龙视天下传媒集团有限公司、重庆电视台所属的重庆广播电视传媒集团股份有限公司、杭州文广集团旗下的杭州明珠电视传媒有限公司等均与发行人有业务合作，这也证实了主要供应商的子公司并不能完全取代专业广告公司。

(3)宏盟集团等主要客户未直接参与卫视招投标

鉴于前述付款政策、战略定位、人员配置以及资源优势侧重点不同等方面的原因，多年以来，宏盟集团并未直接参与卫视的招投标。此外，本土广告公司除为国际4A广告公司服务外，还拥有其他客户，因而在同一媒体的采购量一般大于单一国际4A广告公司，能获得单一国际4A广告公司无法取得的价格优势。因此，总体而言，不存在供应商与4A广告公司直接对接的风险。

第五节　类分拆上市

【商业逻辑与背景分析】

所谓分拆上市，就是已经上市的公司将下属控制的公司分拆出来单独IPO上市的情形。简要总结，对于上市公司来说分拆上市也有以下几种情形：(1)境内上市公司分拆子公司境外上市；(2)境外上市公司分拆子公司在境内上市；(3)境内上市公司的子公司在境内上市。关于境内分拆去境外上市,已经有了明确的法规去规范这个事情,只要满足相关法规要求那么从境内监管机构的角度来说是没有问题的。关于境外上市公司分拆境内上市的,只要境外监管机构允许也是存在可能性的,这个实践中也有了成功的案例,但是政策的波动性也确实很大。关于境内上市公司分拆在境内上市的情形,政策一直是限制的,也没有变更过这个政策。

小兵在这里讲的分拆上市,就是特定境内上市公司分拆控制的子公司境内上市的情形。既然提到分拆,那么必然还要提到怎样的公司才算是上市公司控制的子公司。按照一般认为的股权比例的控制范围,上市公司持股比例超过 50% 的必然是控制的子公司。如果按照更加严格的标准,我们可以参照重大资产重组中关于 30% 股权可以认定为控制的标准。从实践的角度来看,确实也没有上市公司股权比例超过 30% 的子公司独立 IPO 上市成功的。就算是以前我们熟知的佐力药业和国民技术的案例,也都是上市公司通过各种方式将持有公司的股权比例降低至 30% 以下。目前 A 股市场还没有真正的分拆上市的案例出现,因而我们这个专题说的是类分拆上市案例。

最后还要说明一个跟分拆上市相关的问题,就是拟 IPO 的资产是来源于上市公司的。关于这种情况,目前基本的审核标准是要关注这块资产与原来上市公司业务的关系,资产转让的程序是否合规、价格是否公允,资产转让是否存在损害投资者利益的情形。并且,根据审核要求,IPO 资产与上市公司存在关联关系的,还需要征求当地证监局的意见。

【核查方法指引】

关于发行人可能存在分拆上市情形的审核,我们通常关注以下几个要点:

1. 关注上市公司转让股权的决策程序和转让价格是否合理,是否存在损害公众投资者利益的情形;

2. 关注股权转让的真实性,是不是有其他的利益安排,是不是存在利益输送或者其他的情形;

3. 关注上市公司与发行人是否存在人员重合、业务往来以及资金往来的情形,发行人的业务是否存在对上市公司的重大依赖,是否存在独立性缺陷;

4. 是否存在代持的情形,是否存在变相规避分拆上市的情形。

在这次的专题总结中,为大家分享了几个最新的案例,这些案例更加特殊也更加典型,这可以帮助我们进一步理解分拆上市这个问题。结合案例的具体情况,简要的分析如下:

一、中新赛克:上市公司将绝对控股权转让给投资机构

在现有的 IPO 审核案例中,发行人这种股权结构的变动,应该是属于第一家的。简单来说,就是上市公司本来持有发行人绝对的控股权(68%),后来因为战略调整将股权转让给了创投机构(深创投),从而深创投成为控股股东,深圳国资委成为实际控制人。

以前,小兵也分析过上市公司将持有 20% 以上股份的企业转让给无关联第三方并成功上市的案例(并且还不止一家),为什么说这个发行人是第一家呢,因为还是有一些特殊之处的。具体体现为:(1)上市公司原来是持有发行人绝对多数的股权的控股股东,而别的企业不是第二大股东就是第三大股东。(2)上市公司将控股权转让给了创投机构,创投机构成为控股股东,而别的企业一般都是把股权转让给一个自然人或者一个法人。(3)这个案例应该是第一家 IPO 企业控股股东是纯粹创投机构的情形。

不过,我们确实应该关注到中兴通讯的实际控制人和深创投的实际控制人都是深圳市国资委,那么是不是有可能在国资委的安排下进行一些股权转让从而规避分拆上市的规定呢? 不过,需要提醒的是,这样的处理具有一定的特殊性,其他的企业不一定可以参考,该案例不具有复制性。

二、恒银科技:上市公司主要控股子公司转让控制权之后独立上市

发行人原来是一家上市公司恒宝股份(002104)的控股子公司,后来上市公司将发行人的控股权全部转让给了无关联第三方,然后发行人经过发展独立上市。这个案例如果就到这里倒也还好,毕竟目前有好几个案例都是这种情形,原来是上市公司控股子公司后来转让又上市,这种情况下也不构成分拆上市或者变相分拆上市的情形。这个案例的特别之处就在于:发行人并不是在上市公司恒宝股份上市之后才设立的,而是在恒宝股份上市之前就是恒宝股份的重要子公司,为恒宝股份贡献了比较高的利润。并且,恒宝股份在 IPO 上市的时候在招股说明书里也是对发行人的相关情况作了详细描述。

从公开披露的信息来看,我们无从判断发行人在 2004 年到 2008 年之间历次股权转让合理性的解释和披露,尤其是恒宝股份将发行人控制权转让的时候,必然关注到转让的原因、定价的依据、是否履行了上市公司相关的决策程序、是否存在损害中小投资者利益的情形等。当然,隐含条件中更加关心的一个问题就是这样

的股权转让是不是真实的，是不是有其他的利益安排在里面，是不是存在利益输送或者其他的情形。

三、河南润弘制药股份有限公司（未通过）

至少从公开的披露资料来看，这家企业与恒银科技实在有太多共同之处：（1）两个企业都是原来上市公司持有最高比例股权，后来转让给无关联第三方。（2）两个企业后来的业绩发展都非常好，本案例发行人和润弘制药都是净利润过亿的企业。（3）两个企业与上市公司独立之后在业务方面没有交易，但是在人员方面都有往来，本案例发行人董事长是原来上市公司副董事长，还有一个董事和高管在原来上市公司任职，发行人一共三个内部董事有两个原来在上市公司任职。润弘制药的总经理、财务总监、董秘等重要的高管也同样都在原来上市公司那里任职过。

从基本的资料和规则来说，既然上市公司已经将50%的股权转让给无关第三方，那么这个公司跟上市公司就没有了关系。既然没有了关系，这个公司后续IPO上市也就跟上市公司没关系了，那么也就不存在是不是分拆上市的问题。既然如此，那么为何监管机构还会关注到是否存在变相分拆上市的问题，甚至这个问题会是IPO否决的核心原因呢？可能主要有以下因素：（1）上市公司转让股权给无关第三方没有履行基本的决策程序，商业合理性存在一定的疑问。（2）股转转让没有进行评估，股权转让价格也不公允，没有做出合理的解释。（3）更重要的是，本次股权转让的真实性存在疑问，是否存在上市公司控股股东和高管在发行人这里持有股份或者权益的情形。（4）最直接和重要的是，发行人的总经理、财务总监、董秘等重要的高管原来都在上市公司任职。

【具体案例分析】

一、中新赛克（002912）：控股权转让给投资公司

（一）2012年9月，第五次股权转让

2012年9月4日，中兴特种召开股东会，经全体股东一致同意并作出决议：同意股东创码科技将其持有的140万元出资占公司14%的股权以22,007,330.34元的价格转让给中兴通讯，其余股东均放弃了优先购买权。

中兴通讯在出售中兴特种前，包括深创投在内的投资人在与中兴通讯谈判时，

均提出中兴特种员工持股比例较低的问题，希望可进一步提高员工持股比例。根据协商，最终确定中兴特种员工持股比例调整至20%（包括凌东胜直接持有的2%），创码科技持有的另外14%的中兴特种股权由中兴通讯收购。本次14%股权转让的价格为15.72元/注册资本，定价依据为中兴特种2011年年末经审计的净资产15,719.52万元，对应14%的转让价款为22,007,330.34元。中兴通讯于2012年9月19日向创码科技支付了该次股权转让的价款。

（二）2012年9月，第六次股权转让

2012年9月20日，中兴特种股东会作出决议，同意创码科技将其持有的180万元出资占公司18%的股权以人民币13,899,005.09元的价格转让给凌东胜。

包括深创投在内的投资人在与中兴通讯谈判时，均希望提高员工持股比例。根据协商，最终确定中兴特种员工持股比例调整至20%（包括凌东胜直接持有的2%）。创码科技将其持有中兴特种的18%的股权转让给凌东胜，由凌东胜持有，其中7.486%的股权以股权收益权的形式已分配至部分员工（包括2名前中兴通讯员工），剩余10.514%股权尚未分配至具体员工。上述7.486%的股权，员工在认购股权收益权时已向创码科技支付了转让款，因此该等7.486%股权转让给凌东胜时未实际作价，凌东胜仅需支付10.514%股权所对应的价款。该次股权转让的定价依据：中兴特种2011年年末经审计的净资产15,719.52万元扣除2011年度分红2500万元后为13,219.52万元，对应10.514%的转让价款为13,899,005.09元，具体转让价格为7.72元/注册资本。凌东胜于2012年12月12日向创码科技支付了该次股权转让的价款。

（三）2012年10月，第七次股权转让

2012年9月21日，中兴通讯与深创投、广东红土、南京红土、昆山红土、郑州百瑞、上海融银、杭州众赢、苏州国润以及自然人张粤梅、陈章银签订《股权转让协议》，中兴通讯将其持有的中兴特种41.6%的股权以343,354,232.21元的价格转让给深创投，将其持有的中兴特种6.5%的股权以53,649,098.78元的价格转让给广东红土，将其持有的中兴特种2.5%的股权以20,634,268.76元的价格转让给南京红土，将其持有的中兴特种2.5%的股权以20,634,268.76元的价格转让给昆山红土，将其持有的中兴特种1.9%的股权以15,682,044.26元的价格转让给郑州百瑞，将其持有的中兴特种5.1%的股权以42,093,908.28元的价格转让给上海融银，将其持有的中兴特种2%的股权以16,507,415.01元的价格转让给杭州众赢，将其持有的中兴特种1.2%的股权以9,904,449.01元的价格转让给苏州国润，将

其持有的中兴特种3.3%的股权以27,237,234.8元的价格转让给张粤梅，将其持有的中兴特种1.4%的股权以11,555,190.51元的价格转让给陈章银。广东省深圳市公证处于2012年9月25日出具的(2012)深证字第119080号《公证书》予以公证。2012年9月29日，针对上述股权转让事宜，中兴特种全体股东通过了章程修正案。

2012年10月10日，中兴特种全体股东通过了股东会决议，同意中兴通讯将其持有的中兴特种的68%的股权以人民币56,125万元的价格转让给深创投、广东红土、南京红土、昆山红土、郑州百瑞、上海融银、杭州众赢、苏州国润以及自然人张粤梅、陈章银，其他股东同意放弃优先购买权。

本次股权转让后，中兴特种的股权结构如表4-5-1：

表4-5-1　中兴特种的股权结构

单位：万元

序号	股东姓名	出资方式	出资金额	占注册资本比例
1	深圳市创新投资集团有限公司	货币资金	416.00	41.60%
2	凌东胜	货币资金	200.00	20.00%

中兴通讯聚焦核心业务，而中兴特种所从事的业务不属于中兴通讯的核心业务；中兴特种作为中兴通讯非核心业务子公司，中兴通讯通过出售其股权，可以获得对外投资收益。该次股权的转让价格为77.70元/注册资本，按照中兴特种经审计的2012年年末净利润的11.1倍PE定价，系由中兴通讯与各家投资机构进行竞争性谈判确定，系市场化定价的结果。深创投等10名投资人向中兴通讯支付了该次股权转让的价款。

1.中兴通讯转让68%股权的原因

(1)中兴通讯通过出售实现业务聚焦，促进核心业务全球化拓展

中兴通讯为实现其聚焦主营业务的发展战略，于2012年相继转让了中兴特种、深圳市长飞投资有限公司和深圳中兴力维技术有限公司三家非核心业务控股子公司。通过转让子公司股权，能获得投资收益，有益于增加现金流、渡过行业寒冬，促进主营业务发展，将业务聚焦于核心业务的全球化拓展并突破重点发达国家运营商市场。

(2)为了符合市场发展和企业灵活运营，管理层谋求独立发展

中兴特种管理团队受益于在通信行业多年的从业经验，把握行业快速发展的市场机会。然而，中兴特种所从事的业务不属于中兴通讯的核心业务，与中兴通讯的战略协同度低，受母公司的关注度较低。中兴特种彼时发展亦受制于中兴通讯

可以提供的资源支持，中兴通讯的运作机制也在一定程度上制约了其业务发展。中兴通讯出售股权给相关投资方后，中兴特种运营更加灵活，亦可寻求更多的外部资源支持，打破自身发展“瓶颈”，促其更加快速的成长。

基于以上原因，中兴通讯于 2012 年将中兴特种的控股权出售给深创投等合计 10 家投资者。通过出售中兴特种股权有利于集中力量，专注主业，符合中兴通讯的战略发展需要。

2. 上述三次时间接近的股权转让价格差异的原因及转让价格的公允性

2012 年 9 月的两次股权转让属于中兴通讯在出售中兴特种股权前对其股权结构的调整，股权转让价格实际参照 2011 年年末经审计净资产进行作价；而中兴通讯出售 68% 股权系市场化定价的结果，由中兴通讯与各家投资机构进行竞争性谈判确定，前后股权转让价格存在一定的差异，该等差异具有合理性。

公司控股股东为深创投，本次发行前持有 1778. 40 万股股份，占本次发行前总股本的 35. 568%，为发行人的控股股东。公司的实际控制人为深圳市人民政府国有资产监督管理委员会。

二、恒银金融（603106）：可以借鉴的分拆上市非典型案例

（一）恒宝股份招股书对于恒宝信息的披露

1. 控股子公司恒宝信息业务收入结构转型的风险

公司控股 60% 的子公司恒宝信息成立于 2004 年 5 月，业务定位是以电信服务和集成供货与服务为主，以软件开发为辅。但在成立之初的一年半时间内，该公司电信服务处于市场培育期，收入和利润主要源于软件开发业务。2005 年该公司实现业务收入 2114. 55 万元，其中：软件开发业务收入占 63. 70%，集成供货与服务收入占 32. 25%，电信服务收入占 4. 05%。进入 2006 年，恒宝信息的业务重心向电信服务和集成供货与服务业务回归，软件开发业务明显减少，2006 年 1 ~6 月该公司实现业务收入 1226. 39 万元，其中：电信服务收入占 17. 95%，集成供货与服务收入占 54. 65%，软件开发业务收入占 27. 40%。

作为未来业务发展的重心，恒宝信息的电信服务业务目前已经取得了实质性的进展。该公司与中国联通签订《中国联通有限公司移动增值业务合作协议》《中国联通有限公司预付费充值卡委托销售协议》等，获得了开展中国联通 IVR、短信业务的资质，并成为中国联通全国电子充值销售商；主叫一次性禁显业务已在上海开通并计划向全国推广；Mail2SM 业务、网间 800 业务也已进入实质启动阶段。但总体而言，恒宝信息的电信服务业务尚处于起步阶段。由于电信服务的业务特点

是其收入主要依赖于不断开发满足通信和网络消费者潜在需求的新的服务形式，并由消费者使用该种服务的范围和频率决定收入的多少，因此该种业务模式需要通过新的服务形式创造市场需求或激发潜在市场需求，市场的前景和容量具有一定的不确定性，并受国家对电信服务业务规范管理政策的影响。同时集成供货与服务业务的毛利率水平较低，且业务量短期内可能难以实现大幅增长。因此，如果电信服务业务不能迅速成长，恒宝信息在业务收入结构转型的过程中可能面临盈利水平下降的风险。

2. 恒宝信息基本情况

恒宝信息成立于2004年5月，注册资金1600万元，其中恒宝股份出资960万元，占60%股权；自然人江斐然出资640万元，占40%股权。2005年3月，江斐然将其持有的40%股权转让给李鹏。李鹏除因本次受让持有恒宝信息股权外，与恒宝股份无其他关联关系。此次转让后至本招股意向书签署日，恒宝信息注册资本、股权比例未再发生变化。

该公司法定代表人江浩然，注册地址为北京海淀区知春路113号银网中心8层814－817室。

该公司报告期内财务情况如表4－5－2：

表4－5－2　恒宝信息技术有限公司报告期内财务情况

单位:万元

项目	2006年6月30日	2005年12月31日	2004年12月31日
资产总额	4,014.68	3,979.46	2,508.87
股东权益	3,805.17	3,518.93	2,324.20
项目	2006年1－6月	2005年度	2004年度
主营业务收入	1,226.39	2,114.55	1,455.01
主营业务利润	340.84	1,290.72	819.77
利润总额	286.24	1,194.74	724.20
净利润	286.24	1,194.74	724.20

2004年、2005年和2006年1～6月，恒宝信息的利润贡献占恒宝股份同期利润总额的比例分别为9.13%、12.51%和7.10%。

3. 恒宝信息业务发展情况

公司投资设立恒宝信息的主要目的，是充分利用公司在通信行业等领域多年积累的客户资源，进军潜力巨大的电信服务(包括电信增值服务及与电信运营商合作运营的项目）市场，因此，恒宝信息未来发展的重点是电信服务。由于企业信息化建设需求还很大，集成供货与服务业务也是恒宝信息未来发展的主要业务之一。软件开发业务作为该公司前期发展的基础业务，其重要性将随着电信服务业务的发展而逐渐降低。

4. 恒宝科技上市时的业绩和客户情况

表4-5-3　恒宝科技上市时的业绩情况

单位：元

项　目	2006年1-6月	2005年度	2004年度	2003年度
主营业务收入	130,905,251.55	172,114,550.89	155,681,754.85	87,888,078.96
主营业务利润	42,273,996.03	84,333,741.38	73,183,953.66	35,986,765.09
营业利润	22,287,733.65	49,024,459.24	42,630,260.07	3,502,618.74
利润总额	24,187,614.85	57,289,381.37	47,595,482.48	2,824,785.89
净利润	15,585,186.26	39,161,357.19	33,529,725.81	2,785,886.81

表4-5-4　恒宝科技上市时的客户情况

名称	金额（万元）	占销售收入的比例	名称	金额（万元）	占销售收入的比例
2003年			2004年		
大唐电信微电子公司	709.68	8.07%	大唐电信微电子公司	1,368.02	8.79%
江苏移动通信有限公司	597.35	6.80%	广东移动通信有限公司	1,301.37	8.36%
上海移动通信有限公司	306.32	3.49%	江苏移动通信有限公司	980.07	6.30%
广东汇和计算机网络工程公司	246.07	2.80%	上海移动通信有限公司	875.10	5.62%
浙江邮政局	242.39	2.76%	广东汇和计算机网络工程公司	266.82	1.71%
合计	2,101.81	23.91%	合计	4,791.38	30.78%
2005年			2006年1-6月		
广东移动通信有限责任公司	2,075.60	12.06%	联通兴业科贸有限公司	3,051.76	23.31%
大唐电信微电子分公司	620.00	3.60%	广东移动通信有限责任公司	650.00	4.97%
江苏移动通讯公司	613.18	3.56%	中国联通北京分公司	541.95	4.14%

续表

名称	金额（万元）	占销售收入的比例	名称	金额（万元）	占销售收入的比例
2005 年			2006 年 1 - 6 月		
福建省电信有限公司	493.11	2.86%	上海市电信公司	397.73	3.04%
上海移动通信有限责任公司	388.42	2.26%	广东省电信有限公司	329.72	2.52%
合计	4,190.30	24.35%	合计	4,971.16	37.98%

(二)发行人恒银科技的基本情况

1. 客户相对集中的风险

公司客户主要为银行,受我国银行业集中度较高的影响,公司客户也较为集中。报告期内公司来自前五大客户的收入分别为56,641.64万元、74,536.90万元和92,839.79万元,占当期营业收入的比例分别为82.59%、81.70%和79.44%。其中,来自农业银行的收入占比分别为59.00%、50.61%和48.67%。虽然随着近年来公司积极开拓市场,连续入围多个银行的招标采购,客户集中度已呈现明显下降态势,且公司注重对优质客户的服务能力,与主要客户合作关系日益密切,长期稳定的客户合作关系使公司销售具有稳定性和持续性,但相对集中的客户结构仍可能给公司经营带来一定风险。如果主要客户需求下降或转向其他厂商采购相关产品,将对公司的生产经营带来重大不利影响。

2. 发行人主营业务和利润情况

公司是国内领先的以金融自助设备为核心的智慧银行解决方案提供商。公司致力于提供传统银行向智慧银行转型升级过程中所需的现金类、非现金类、支付安全类等全方位的智能产品、技术和服务,通过"智能产品、先进技术、优质服务"相结合的运营模式,满足客户在智慧银行建设和运营过程中各类个性化需求,协助其实现营业网点的智能化转型,有效降低运营成本,改善用户体验和服务水平,拓展业务渠道,提高经营效益。2014年度、2015年度和2016年度,公司主营业务收入分别为65,999.33万元、91,168.74万元和116,814.51万元,年度复合增长率达到33.04%,营业收入稳步增长(表4-5-5)。

表4－5－5　2014～2016年公司营利情况

单位：万元

项目	2016年度	2015年度	2014年度
营业收入	116,873.20	91,227.68	68,584.74
营业利润	10,383.05	10,141.39	2,902.67
利润总额	16,655.19	16,347.38	7,235.69
净利润	14,390.75	14,133.37	6,372.46
归属于母公司股东净利润	14,390.75	14,133.37	6,372.46
扣除非经常性损益后归属于母公司股东净利润	13,090.58	12,791.20	5,110.86

3.恒银科技主要历史沿革

公司前身为恒银金融科技有限公司，成立于2004年5月12日，由恒宝股份和江斐然共同出资设立。恒银有限设立时的股权结构如表4－5－6：

表4－5－6　恒银有限设立时的股权结构

序号	股东名称	出资方式	出资额（万元）	出资比例（%）
1	恒宝股份	货币	960.00	60.00
2	江斐然	货币	640.00	40.00
合计			1,600.00	100.00

2005年3月7日，经恒银有限股东会审议通过，江斐然将其所持40%的股权转让给李鹏。2005年3月16日，江斐然与李鹏以每股出资额作价人民币1元的价格签署了股权转让协议。

2008年1月6日，经恒银有限股东会审议通过，恒宝股份、李鹏、高强以货币方式分别增资2540万元、360万元、500万元，增资完成后，恒银有限注册资本由1600万元增至5000万元。增资价格为每股出资额作价人民币1元。

2008年9月15日，经恒银有限股东会审议通过，李鹏将其所持的20%股权转让给王淑琴，高强将其所持的10%股权转让给王淑琴。2008年9月16日，李鹏、高强和王淑琴以每股出资额作价人民币1元的价格签署了股权转让协议。

2008年10月14日，恒银有限在北京市工商局完成工商变更登记手续。

2008年12月29日，经恒银有限股东会审议通过，恒宝股份将其所持的70%股权转让给恒融投资。2008年12月31日，恒宝股份与恒融投资以每股出资额作价人民币1.5元的价格签署了股权转让协议。恒宝股份作为关联交易审议通过了上述股权转让事项，并依照相关规定履行了必要的上市公司信息披露义务。

4.恒银科技主要董事和高管的简历

江浩然，男，1970年7月出生，天津大学技术经济与系统工程系工学学士、中欧国际工商学院工商管理硕士、北京邮电大学、法国雷恩商学院工商管理博士，国务院特殊津贴专家，高级经济师。1992年至1995年任国家计划委员会长期规划与产业政策司主任科员；1995年至1999年任中国联合通信有限公司总裁办主任；1999年至2004年任中国机电产品进出口商会信息中心主任；2004年3月至2008年7月任恒宝股份董事、总裁；2008年7月至2010年3月任恒宝股份副董事长；2009年6月至2017年1月任恒银通执行董事、经理；2004年至今任恒银金融董事长；2008年至今任恒融投资董事长、经理；2009年至今任渤海小贷董事。

吴龙云，男，1958年11月出生，华东工学院财务与会计学士，香港理工大学EMBA，高级会计师。1988年至1994年任电子部第十九所、五十四所审计监察处处长、总会计师；1994年至2002年任中国联合通信有限公司财务部部长、审计部总经理；2002年至2007年任中华通信系统有限公司总经理、中国联通董事，兼任北京华通时空通信技术有限公司、北京中网华通设计咨询有限公司董事长；2007年4月至12月任恒宝股份副总裁；2008年至今任恒银金融董事、总裁，恒融投资董事。

江斐然，男，1973年5月出生，1992年至1995年在天津市委党校学习。1992年至1999年任天津奥的斯电梯公司销售经理；1999年至2002年任北京昊宇通达科技有限公司总经理；2013年至2017年2月任联恒电梯执行董事；2003年至今任西奥电梯执行董事、经理；2004年至今任恒银金融董事；2014年至今任恒银物业执行董事、经理；2008年至今任恒融投资董事。

王亚君，男，1963年10月出生，中国人民大学本科。1985年至2000年任哈尔滨市计划委员会处长、专职委员；2000年至2005年任神华集团信泰柯科技发展中心副总经理；2005年至2007年任中国华源生命产业公司副总裁；2007年至2009年任恒宝股份有限公司副总裁；2009年至今任恒银金融副总裁。

赵再兴，男，1972年8月出生，北京工业大学硕士，中欧国际工商学院EMBA。1994年至2005年任Gemplus中国经理；2005年至2010年任恒宝股份有限公司副总裁；2012年至今任恒银金融副总裁。

三、河南润弘制药股份有限公司（未通过）

上市公司转让发行人股权的基本情况如表4-5-7：

表 4-5-7 上市公司转让发行人股权的基本情况

2006/9	郑州羚锐有限第二次股权转让	1,260	羚锐投资	882	70%
			北京高博	252	20%
			红惠医药	252	10%
2007/11-12	郑州羚锐有限第三次股权转让	5,000	王宏章	1,500	30%
	郑州羚锐有限第一次增资 改制设立郑州羚锐股份		羚锐制药	1,365	27.3%
			湖北德美	1,085	21.7%
			北京高博	700	14%
			红惠医药	350	7%
2008/12	郑州羚锐股份第一次股权转让	5,000	王宏章	1,500	30%
			羚锐制药	1,365	27.3%
			羚锐投资	1,085	21.7%
			北京高博	700	14%
			红惠医药	350	7%
2010/2	郑州羚锐股份第二次股份转让	5,000	中青港联	3,150	63%
	郑州羚锐股份更名为润弘制药		王宏章	1,500	30%
	实际控制人变更为王宏章、何旭夫妇		红惠医药	350	7%
2012/8	润弘制药第二次股份转让引入管理层持股	5,000	王宏章	3,340.7	66.814%
			弘神创业	750	15%
			40 名自然人	909.3	18.186%
2012/12	润弘制药第一次未分配利润转增股本	8,000	王宏章	5,345.12	66.814%
			弘神创业	1,200	15%
			40 名自然人	1,454.88	18.186%

2010 年 2 月,羚锐制药将其持有的郑州羚锐股份 27.3% 的股份转让给中青港联;羚锐投资将其持有的郑州羚锐股份 21.70% 的股份转让给中青港联;北京高博将其持有的郑州羚锐股份 14% 的股份转让给中青港联。

（一）股份转让原因

鉴于羚锐制药拟进行战略调整、优化配置资源，将主营业务集中于中药贴剂，所以决定出售所持郑州羚锐股份股权；王宏章先生作为郑州羚锐股份第一大股东，愿意取得控股权。与此同时，王宏章先生与北京高博协商，拟收购北京高博所持有郑州羚锐股份14%的股份。2010年2月1日，郑州羚锐股份召开股东大会，同意羚锐制药、羚锐投资和北京高博分别将其持有的郑州羚锐股份27.30%、21.70%和14.00%的股份全部转让予中青港联。

2010年2月1日，羚锐制药、羚锐投资与中青港联三方签订《股权转让协议》，分别将其持有的郑州羚锐股份27.30%、21.70%股份作价2457万元、1953万元，转让给中青港联，转让价格为每股1.80元。2010年2月1日，北京高博与中青港联签订《股权转让协议》，将其持有的郑州羚锐股份14%的股份作价1260万元，转让予中青港联，转让价格为每股1.80元。河南省产权交易中心对前述股权转让程序进行了鉴证，并出具了豫产交鉴（2010）29号《产权交易凭证》。

（二）股份转让价格、定价依据、价款支付情况

根据羚锐制药于2010年1月20日发布的《河南羚锐制药股份有限公司出售资产公告》（编号：临2010－004），本次股份转让以郑州羚锐股份总体价值9000万元（2009年9月30日净资产7801万元溢价1199万元）为计价依据，本次转让股份价款为4410万元，其中羚锐制药持有的股权作价2457万元、羚锐投资持有的股权作价1953万元，转让单价为1.8元/股。

北京高博转让其所持郑州羚锐股份14%的股份（持股数额700万股）转让给中青港联的价格，参考郑州羚锐股份2009年9月30日净资产，并经双方协商后确定为1.8元/股。

（三）受让股份资金来源

中青港联确认，本次股份收购资金来源于其自有资金及借款。

2010年3月1日，郑州羚锐股份召开股东大会，决议将公司名称变更为“河南润弘制药股份有限公司”。2010年5月7日，公司取得了郑州市工商行政管理局核发的《企业法人营业执照》，注册号为410100100025117。此次股份转让后公司的股权结构如表4－5－8所示：

表 4－5－8　河南润弘制药的股权结构

单位：万股

序号	股东名称	股份数量	比例
1	中青港联	3,150	63%
2	王宏章	1,500	30%
3	红惠医药	350	7%
合　　计		5,000	100%

羚锐制药、羚锐投资和北京高博均书面确认已全额收到该股份转让款，该股份转让协议已经履行完毕，与受让方不存在诉讼、仲裁，不存在第三人主张权利的情形，不存在其他潜在纠纷和法律风险。

（四）本次股份转让完成后，公司实际控制人发生变更

本次股份转让完成后，公司控股股东变更为中青港联。此时中青港联的股权结构如表 4－5－9 所示：

表 4－5－9　中青港联的股权结构

单位：万元

序号	股东名称	股份数量	比例
1	何旭	700	70%
2	吕利钢	300	30%
合　　计		1,000	100%

中青港联此时的控股股东为王宏章先生之配偶何旭女士。

本次股份转让完成后，王宏章、何旭夫妇通过直接及间接持股拥有公司 93% 的控制权，公司实际控制人变更为王宏章、何旭夫妇。截至本招股说明书签署之日，公司实际控制人三年未发生变化。

（五）羚锐制药及其控股子公司羚锐投资本次出售公司股份的内部决策程序

根据当时有效的《上海证券交易所股票上市规则》（2008 年修订）和羚锐制药当时有效的《公司章程》（2009 年修订）中规定的审批权限和披露要求，羚锐制药及其控股子公司羚锐投资出售公司合计 49% 股份的事项需经董事会审议通过并公告。

羚锐制药于2010年1月20日披露了《第四届董事会第九次会议决议公告》(编号:临2010-003),根据该公告,羚锐制药于2010年1月18日以通讯方式召开了第四届董事会第九次会议,参加表决的董事应为9名,实际参加表决的董事为9名。会议审议并一致通过了《关于转让郑州羚锐制药股份有限公司49%的股权的议案》。

羚锐制药于2010年1月20日同时披露了《出售资产公告》(编号:临2010-004),根据该公告,该次转让以郑州羚锐股份的总体价值为9000万元人民币(2009年9月30日净资产7801万元,溢价1199万元)计价,合同所涉转让的股权价款为4410万元人民币,其中羚锐制药持有的股权作价2457万元,羚锐投资持有的股权作价1953万元。

综上,羚锐制药及其控股子公司羚锐投资已就出售郑州羚锐股份部分股权的事项履行了必要的决策程序及公告义务。

第六节 股东去世对实际控制人的认定

【商业逻辑与背景分析】

IPO发行审核条件中明确规定,发行人最近36个月或者24个月(创业板,下同)内实际控制人不得发生变更,换句话说,如果实际控制人发生变更了那么就不符合发行条件,只能等符合条件之后再来申报材料。关于这个发行条件,需要明确两点:(1)36个月或24个月是法律自然月的概念,也就是从2014年7月到2016年7月是24个月,而不是完整的会计年度的概念。(2)如果实际控制人发生了变更不满足发行条件那么是不允许提交IPO申请资料的,而不是我们误解的可以先提交材料等符合条件了再审核上市。

尽管实际控制人变更是IPO的一条红线,但是实践中实际控制人的认定以及如何来判断实际控制人的变更却一直是一个有着很大自主判断权限争议的问题。就拿实际控制人认定来说,同一个企业同样的情形,实践中会出现三种实际控制人的认定结果。对于实际控制人变更问题,其实在实践中也存在一些争议,比如:(1)共同实际控制人中单一最高股东发生变化,实际控制人是否发生变更。(2)发行人因为引入众多外部投资者导致第一大股东变为投资机构的情况下实际控制人是否发生变更。(3)发行人由单一实际控制人变更为共同实际控制人是否导致实际控制人变更。(4)离婚情况下以及遗产继承情况下是否导致实际控制人变更等。

最近两年,IPO 审核过程中出现了好几家在审期间甚至是上会审核之前实际控制人去世导致股权因为继承发生变更的情况。对于这个问题,监管机构还是体现出了更大的宽容度,在充分论证发行人管理层和业务没有发生重大变化的情况下,允许发行人自我论证前面的制度设计和后续的处理措施都是有效的,可以保证上市之后经营稳定。从小兵的角度来讲,个人觉得其实上述案例如果严格执行 IPO 的规则应该是属于典型的实际控制人发生变更的情形,但是从实际情况来看,因为这个因素不允许企业 IPO 也确实不符合情理。

根据最新的 IPO 审核标准,如果 IPO 审核过程中实际控制人去世,股权后续被家庭成员继承的情况下,可以基于家族企业资产整体概念去考量,认定实际控制人没有变更,可以继续 IPO 审核且符合发行条件。关于这个标准,应该是对前面分析已经出现的成功案例的一个总结和明确,但是这样的执行标准应该还有一个前提条件,就是:实际控制人去世后的股权继承人是在公司任职并且担任重要管理职务的,如果股权继承人尚未成年或者根本就没有在公司任职,那么如何论证股权继承前后业务没有重大变化是存在疑问的。

有时候我们也需要反思一下实际控制人变更的规定是不是合理的。之所以规定实际控制人变更需要运行时间,主要是担心实际控制人变更可能会影响到发行人的生产经营和持续盈利能力,如果一个企业能够自我证明实际控制人变更不会影响采购销售体系也不会影响盈利能力,是不是在实际控制人问题上可以宽容对待呢。如果我们将实际控制人变更的规定做得更加有层次和空间一些,或许就不会在企业很好与影响发行条件之间纠结那么多了,也就不用去分析一些特殊的案例,然后再去根据案例修改规则了。或者直接一点,IPO 参照新三板的规定,不再将实际控制人变更设定为发行条件而是由发行人自我论证和说明。

【核查方法指引】

关于实际控制人变更的问题,我们在审核实践中,可以重点关注几个方面问题:(1)管理团队是否发生变化;(2)变更前后股权结构是否发生重大变化;(3)变更前后客户和供应商是否发生重大变化;(4)变更前后经营业绩是否发生重大不利变化;(5)核查实际控制人变更的合理性,是否存在刻意规避的情形等。如果上述情形可以自我论证清楚,在审核过程中还是可以得到认可的。

我们结合案例的具体情况再来分析一下这个问题,为了更明确说明这个问题,我们将盛通股份这个很久以前的案例也放在这里跟大家一起讨论:

一、盛通股份(002599)

案例基本情况:发行人的控股股东和实际控制人也是公司董事长和创始人在上会之前去世,股份主要由其配偶和两个子女继承。在实际控制人去世之前,其配偶既没有持有发行人股份也没有在公司担任职务,两个子女一个刚满18岁,一个还没有成年,对于公司生产经营的决策控制还有限。正因为上述的一些因素,尽管发行人以及保荐机构做了非常多的解释,这个企业还是因为实际控制人变更问题没有通过审核,当然在36个月之后还是火速上会并发行,也算是在人情上给了一个交代。

二、光威复材(300699)

案例基本情况:威海光复案例与盛通股份的案例还是有很多相似之处的,都是实际控制人在上会之前去世,且这个实际控制人对公司拥有绝对的控制;此外,股份也是均由其配偶和子女继承,最后也是认定为子女和配偶为实际控制人。但是,这个案例与盛通股份有着明显的不同:(1)发行人刚开始披露的实际控制人为陈光威,公司名称就是以实际控制人名字命名的,可见其对公司的影响。后来可能是为了未雨绸缪,在后续招股书更新中就提前做了安排,认定陈光威及儿子陈亮为共同实际控制人。(2)通过陈亮的简历,陈亮是1969年出生已经快五十岁了,并且很多年以前已经在发行人的控股股东以及相关公司任职同时也担任发行人董事。(3)陈光威去世后,两个儿子均放弃继承权由配偶全部继承,并及时增选配偶为董事。(4)发行人解释,尽管陈光威去世之前其配偶没有持有发行人股份,不过根据夫妻共有财产的原则,那么配偶一直是持有发行人权益的。

三、金鸿顺(603922)

案例基本情况:本来实际控制人是洪健程(65%)、洪建沧(15%)和洪伟涵(17%),前两人是兄弟关系,洪健程和洪伟涵是父子关系,这样来看发行人的股权结构还是非常集中的,也是典型的家族控制企业。洪健程去世之后,本来股权是配偶和子女继承,在配偶放弃继承权之后,股权全部由洪伟涵继承,在共同控制的情况下,至少保证了控制权的稳定。

【具体案例分析】

一、光威复材（300699）：实际控制人变更提前解决措施的借鉴

公司控股股东为光威集团，实际控制人为陈亮先生、王言卿女士，王言卿与陈亮系母子关系。

陈亮，男，1969 年出生，本科学历，经济师，中国国籍，无境外永久居留权，身份证号码 37062019690303××××。1994 年至 1995 年，任威海渔竿厂技术科长；1995 年至 1997 年，任光威集团技术科长；1997 年至 2005 年，任光威集团副总经理；2006 年至今，任光威集团董事长；2013 年至今，兼任光威集团总经理；2008 年至 2013 年，任复材有限执行董事、光威精机执行董事；2013 年至 2014 年，任复材有限董事长；2014 年至今，任公司董事；2017 年 5 月至今，任光威香港董事。

王言卿，女，1946 年出生，中国国籍，无境外永久居留权，身份证号码 37062019460702××××。1997 年至今任威海市三义塑料渔具有限公司监事；2011 年 11 月至 2016 年 7 月，任威海有道投资有限公司监事；2012 年 5 月至今，任威海菲诗渔具包装制品有限公司执行董事兼总经理、法定代表人；2017 年 5 月 25 日起任光威集团董事。

截至本招股说明书签署日，陈亮先生持有光威集团 12.18% 的股份，王言卿女士持有光威集团 67.59% 的股份，二人合计持有光威集团 79.77% 股权，陈亮先生和王言卿女士为发行人共同控制人。

2017 年 4 月 22 日，发行人原实际控制人之一陈光威因病去世。陈光威生前持有光威集团 67.59% 股权、陈亮持有光威集团 12.18% 股权，二人合计持有光威集团 79.77% 股权，陈亮和陈光威系光威复材的实际控制人。根据《婚姻法》的相关规定，陈光威生前持有的光威集团 67.59% 股权属于陈光威及其配偶王言卿共同所有的财产，故其中的一半为其配偶王言卿所有，另一半为陈光威的遗产（以下简称“股权遗产”）。

根据山东省威海市威海卫公证处于 2017 年 5 月 25 日出具的《公证书》［（2017）威威海卫证民字第 5103 号］，陈光威生前无遗嘱，亦未与他人签订遗赠扶养协议，陈光威的第一顺序法定继承人中父母、继父均先于其死亡，长子陈亮、次子陈洞均以公证方式表示自愿放弃对股权遗产的继承权，陈光威的股权遗产由其配偶王言卿一人继承。继承陈光威的股权遗产后，王言卿持有光威集团 67.59%

股权。

2017 年 5 月 25 日，光威集团股东会增选王言卿为董事；2017 年 5 月 26 日，光威集团就前述股东变更及增选董事事宜办理完毕工商变更登记手续。

发行人控股股东光威集团的本次股东变更因继承引起，发行人的实际控制权未发生变更：

1. 发行人控股股东未发生变更

光威集团本次股东变更因继承引起，且仅在光威集团层面进行，本次变更完成后，光威集团仍持有发行人 50.08% 股份，仍为发行人的控股股东，发行人控股股东未发生变更。

2. 发行人董事会和高级管理人员未发生重大变化

除因陈光威去世发行人董事由九名变更为八名、陈亮接替陈光威担任发行人董事会提名委员会委员外，发行人的董事会未发生其他变化，发行人的高级管理人员未发生变化。

3. 光威集团董事和高级管理人员未发生重大变化

除王言卿接替陈光威担任光威集团董事外，光威集团的董事会未发生其他变化，光威集团的高级管理人员未发生变化。

4. 陈光威去世对发行人的持续经营和持续盈利能力无重大不利影响

发行人实际控制人之一陈亮自 2006 年 5 月起担任光威集团董事长、法定代表人，2013 年 3 月起担任光威集团董事长、总经理、法定代表人。在发行人层面，在引入机构投资者前，复材有限未设董事会，陈亮为执行董事、法定代表人；2013 年 12 月，复材有限股东会同意成立董事会，由陈亮等九名董事组成，陈亮为董事长、法定代表人；2014 年 10 月，发行人创立大会选举陈亮等九人为董事。陈亮对光威集团及发行人的企业发展战略、经营管理等重大决策具有重要的影响力，陈亮、陈光威共同作为发行人实际控制人期间，在发行人历次董事会中均保持一致意见。陈亮作为实际控制人之一，可以保证发行人相关经营方针、决策的延续性。王言卿与陈亮为母子关系，系一致行动人，陈光威去世后，发行人的经营方针、决策、经营管理层的任免、组织机构运作及业务运营等方面均未发生重大变化，因此，陈光威去世对发行人的持续经营和持续盈利能力无重大不利影响。

5. 发行人符合规定的关于主张多人共同拥有公司控制权的条件

根据中国证监会《证券期货法律适用意见第 1 号》的规定，发行人符合关于主张多人共同拥有公司控制权的条件：

(1) 每人都直接持有公司股份和/或者间接支配公司股份的表决权。

自 2009 年 10 月至陈光威去世，陈光威、陈亮均直接持有光威集团权益，并通过光威集团间接支配发行人股份的表决权。根据《婚姻法》第 17 条的规定，夫妻对共同所有的财产,有平等的处理权。夫妻可以共同行使管理权,也可以由一方单独行使管理权。陈光威生前持有的光威集团股权系夫妻共同财产,虽然王言卿在陈光威去世前不是光威集团的登记股东,该等股权的管理权由陈光威单独行使,但由于陈光威所持股权属于夫妻共同财产,因此王言卿实际上在陈光威持股期间始终享有光威集团股权权益。

王言卿继承陈光威的股权遗产后,合计持有光威集团 67.59% 股权,陈亮持有光威集团 12.18% 股权,二人合计持有光威集团 79.77% 股权,并通过光威集团间接支配发行人股份的表决权。

(2) 发行人公司治理结构健全、运行良好,多人共同拥有公司控制权的情况不影响发行人的规范运作。

发行人按照相关法律法规及《公司章程》的规定,逐步建立健全公司法人治理结构,建立了股东大会、董事会、监事会、独立董事、董事会秘书和总经理、副总经理等健全的组织机构,制定了相关议事规则与管理制度、工作细则等,各组织机构的人员及职责明确,目前公司董事会由八名董事组成,其中有三名独立董事,并且发行人设立了董事会专门委员会,公司法人治理结构完善、各种组织机构运作顺畅、各项制度能得到有效执行。发行人公司治理结构健全、运行良好,多人共同拥有公司控制权的情况不影响发行人的规范运作。

(3) 多人共同拥有公司控制权的情况,一般应当通过公司章程、协议或者其他安排予以明确,有关章程、协议及安排必须合法有效、权利义务清晰、责任明确,该情况在最近 3 年内且在首发后的可预期期限内是稳定、有效存在的,共同拥有公司控制权的多人没有出现重大变更。

王言卿、陈亮为母子关系,均就其持有的发行人股份出具了锁定承诺,其中:王言卿承诺:“自公司本次发行并在深圳证券交易所上市之日起三十六个月内,不转让或者委托他人管理其直接或间接持有的公司本次发行前已持有的股份,也不由公司回购其直接或间接持有的公司本次发行前已发行的股份。”

陈亮承诺:“自公司本次发行并在深圳证券交易所上市之日起三十六个月内,不转让或者委托他人管理其直接或间接持有的公司本次发行前已持有的股份,也不由公司回购其直接或间接持有的公司本次发行前已发行的股份;在担任公司董事、监事或高级管理人员期间,如实并及时申报直接或间接持有公司股份及其变动情况;在上述承诺期限届满后,每年转让直接或间接持有的公司股份不超过直接或间接持有公司股份总数的 25%;离职后六个月内,不转让直接或间接持有的公司股份;在公司股票上市之日起六个月内申报离职的,自申报离职之日起十八个月内不转让直接持有的公司的股份;在公司股票上市之日起第七个月至第十二个月之间申报离职的,自申报离职之日起十二个月内不转让直接持有的公司股份;若申报离职，则自离职信息申报之日起六个月内，增持的公司股份也将按上述承诺予以锁定。”

综上所述，王言卿与陈亮系母子关系，陈亮、王言卿通过光威集团能有效控制发行人，且均已经做出承诺，采取股份锁定等有利于公司控制权稳定的措施；光威集团本次因继承引起的股东变更并未导致持有、实际支配发行人股份表决权比例最高的人发生变化且变化前后的股东不属于同一实际控制人；发行人实际控制人为多人的情况符合《证券期货法律适用意见第 1 号》关于多人共同拥有公司控制权的条件，因此，发行人最近两年内实际控制人未发生变更。

二、金鸿顺（603922）：我国台湾地区“继承法”以及后续处理的借鉴

公司董事长、实际控制人之一洪健程于 2016 年 12 月 6 日在台湾病故。由于事发突然，洪健程生前未对其财产继承作出遗嘱。洪健程生前持有金鹤集团 100% 的股权，金鹤集团是在 BVI 登记注册的公司，持有公司 64.72% 的股份。

（一）洪健程之子洪伟涵享有金鹤集团 100% 股权的继承权

根据我国台湾地区“涉外民事法律适用法”，我国台湾地区居民死亡时，不论其财产种类和所在地，均适用我国台湾地区“民法”中继承的相关规定。根据我国台湾地区“民法”关于法定继承的规定以及“海廉陆（法）公认字第 1050026074 号”台北地方法院所属民间公证人出具的第“603003 - 603008 号公证书”及其所附户籍誊本，洪健程的遗产由其配偶洪李纯玉和之子洪伟涵继承。2017 年 3 月 21 日，洪李纯玉出具《声明书》，声明放弃金鹤集团相关股权的继承权，洪健程持有的金鹤集团 100% 股权全部由洪伟涵继承。

该《声明书》已经台北地方法院所属民间公证人郑艾仑事务所于 2017 年 3 月 21 日出具的“一〇六年度北院民认艾字案号 000525”公证。因此，洪健程之子洪伟涵享有金鹤集团 100% 股权的继承权。

（二）金鹤集团的股东变更为洪伟涵不存在法律障碍

因金鹤集团原股东洪健程未订立遗嘱，BVI 注册代理人变更金鹤集团股东登记需要取得 BVI 法院对“遗产管理人”签发的“遗产管理证书授予函”（Grant ofletter of Administration）和“遗产管理人”签署的股权变更文件。BVI 注册代理人收到上述文件后将会更新存档在注册办事处的名册。股权登记变更完成后，新股东再

通过决议指派该公司的新董事。新董事名册需于董事变更生效日起30天内，由注册代理人归档至注册办事处。

截至本招股说明书签署之日，金鹤集团的股权变更登记事项正处于洪伟涵向BVI法院申请“遗产管理证书授予函”的过程中。根据Maples and Calder律师事务所于2017年6月9日出具的法律意见书，鉴于以往BVI法院对该类案件的审理情况，预计洪伟涵取得“遗产管理证书授予函”的时间自申请之日起需6个月以上。

金鹤集团股东变更为洪伟涵的要点在于：（1）BVI法院向洪伟涵签发关于金鹤集团的“遗产管理证书授予函”；（2）洪伟涵将金鹤集团的股权分配给其本人。

1. 洪伟涵获得“遗产管理证书授予函”不存在实质性法律障碍

HUNTE & CO. LAW CHAMBERS于2017年5月22日出具的法律意见书确认：依据BVI法律，被继承人的未亡配偶优先于所有其他人员拥有就逝者遗产申请“遗产管理证书授予函”的权利，但未亡配偶可以放弃申请该权利。一旦未亡配偶放弃该权利，被继承人的子女即成为下一顺位的申请人（在本案例中即指逝者洪健程的唯一子女洪伟涵）。鉴于洪李纯玉已出具向BVI高等法院提交的经公证的《〈遗产管理证书〉弃权书》，因此洪伟涵是唯一可就金鹤集团股权申请“遗产管理证书授予函”的权利人。

截至本招股说明书签署之日，洪李纯玉和洪伟涵已出具BVI法律所要求的申请“遗产管理证书授予函”必备文件，因此洪伟涵申请“遗产管理证书授予函”不存在实质性法律障碍。

2. 洪伟涵将金鹤集团股权分配至其本人名下不存在法律障碍

HUNTE & CO. LAW CHAMBERS于2017年5月22日出具的法律意见书确认：一旦签发“遗产管理证书授予函”，金鹤集团的股权立即赋权给遗产管理人洪伟涵，他有责任将它们分配给相关权利人。鉴于洪李纯玉愿意不再分享遗产财产，洪伟涵可将全部资产（包括金鹤集团的股份）分配予其本人。鉴于洪李纯玉已公证放弃金鹤集团股权的继承权，洪伟涵取得“遗产管理证书授予函”后，将金鹤集团100%股权分配给其本人不存在法律障碍。

（三）洪健程去世对本次发行的影响

洪健程病故并未导致公司实际控制人变更，亦未导致公司主营业务变更和经营管理团队发生重大变化，不构公司本次发行的实质性障碍，具体原因如下：

1. 洪健程去世未对公司控制权产生实质影响

洪健程、洪建沧和洪伟涵于2015年12月31日共同签署了《一致行动协议》（以下简称“原《一致行动协议》”），约定：“洪健程、洪建沧和洪伟涵就发行人股东大会拟议议案持有不同意见时，应当按少数服从多数（按人数计算）原则形成各方的统一意见并一致行使表决权；如各方就拟议议案意见各不相同，无法按照少数服从多数原则形成统一意见，则各方应当一致对拟议议案投弃权票；洪健程、洪建沧作为发行人董事，如果双方进行充分协商后，对发行人董事会会议议案无法达成一致意见，则双方在董事会上对该议案共同投弃权票。”

公司原实际控制人中，洪健程与洪建沧系兄弟关系，洪健程与洪伟涵系父子关系。洪健程病故后其原持有的公司股份均由洪伟涵继承，系家庭成员财产的自然传承过程；按照原《一致行动协议》确定的决策机制，洪健程虽然病故，但三位一致行动人的多数票数仍保持不变，因此洪健程病故对原一致行动安排不存在实质性影响。

洪伟涵通过继承洪健程持有的金鹤集团100%股权，与洪建沧合计间接持有发行人96.00%的股份。洪建沧和洪伟涵于2017年3月22日重新签署了《一致行动协议》（以下简称“新《一致行动协议》”）。根据新《一致行动协议》的约定，洪建沧与洪伟涵承诺在股东大会和董事会表决时仍继续保持一致行动，双方将就股东大会、董事会任何议案进行充分协商并形成一致意见，并按照该一致意见行使表决权，如无法达成一致意见，则应对该议案共同投弃权票。

洪健程病故后公司实际控制权人持有的公司股权比例未发生变化，公司控制权保持稳定。

2. 洪建沧担任公司董事长和总经理、洪伟涵担任公司副董事长，两人多年来已专职参与公司的决策或经营管理工作，两人共同控制不会影响公司经营管理的稳定

发行人实际控制人洪建沧、洪伟涵系叔侄关系。二人长期参与公司经营决策，担任高层管理职务，对生产经营具有重要影响。洪建沧于2003年9月起历任金鸿顺机械、原股份公司、金鸿顺有限副董事长，2015年8月起任公司董事，兼任子公司鸿洋机械董事长，长期参与公司的经营管理。洪伟涵于2013年6月起任金鸿顺有限董事长助理、董事，2015年8月起任公司董事长助理，兼任子公司重庆伟汉执行董事，期间协助其父洪健程、其叔洪建沧参与公司的经营决策。2016年12月31日公司召开的第一届董事会第十次会议，选举洪建沧担任董事长、总经理，洪伟涵担任副董事长。

上述二人在公司经营过程中长期配合，在公司重大事项上的表决结果均一致，未发生经营决策的矛盾，且均具备良好的履职能力，能够保持实际控制人对公司生产经营的影响力。基于年龄、任职经验等因素的考量，经二人协商一致由洪建沧担任发行人董事长、总经理，洪伟涵担任公司副董事长，有利于实际控制人对于发行人的控制和管理，有利于发行人稳定经营发展。

3. 发行人经营管理团队稳定

发行人经营管理团队非常稳定，各业务部门负责人长期在公司任职，具体情况如表4－6－1：

表4－6－1　各部门负责人任职情况

部门	部门负责人	董监高、核心技术人员职务	入职时间
总经理室	赵秋	副总经理	2015年6月
财务部	周海飞	财务总监	2001年3月
人力资源部	丁绍标	监事	2003年6月
采购部	冯波	监事	2001年3月
业务部	郭荣崇	—	2007年10月
质保部	羊松旗	—	2002年8月
生产技术部	金国柱	—	2001年9月
制造部、生产管理部	陈水平	核心技术人员	2000年1月
产品技术部	姚志刚	核心技术人员	2000年8月
模具事业部	苏添入	核心技术人员	2010年4月
证券部	邹一飞	董事会秘书	2001年6月

注：上述入职时间包括在子公司鸿洋机械及吉顺交通（2011年被金鸿顺机械收购）的任职时间。

洪健程病故没有对发行人的组织架构产生较大影响，截至目前，上述各业务部门负责人均保持稳定。

4. 发行人生产经营稳定，主营业务未发生变更

公司主营业务为汽车车身和底盘冲压零部件及其相关模具的开发、生产与销售，设立至今未发生变更。

（1）专业化分工创造了良好的发展前景

我国汽车零部件市场的需求主要受国内整车配套需求影响；此外，随着国内汽车保有量的增加，我国整车售后市场需求对于零部件行业的影响也日益明显。近年来，伴随着我国整车销售的稳定增长，整车厂商需要生产更多车型、加快车型更新换代频率来满足消费者多样化、个性化的需求，为了在整车市场上更富有竞争力，整车厂商越来越多地将业务集中于具有创新性和革命性的车型设计与开发。整车制造商与汽车零部件供应商的剥离提高了彼此的专业化分工程度，也为零部件生产厂商的发展创造了良好的发展前景。

(2)客户合作关系稳定

汽车零部件行业准入门槛较高,整车制造商和跨国汽车零部件供应商甄选下级供应商是一个严格而又漫长的过程。新企业要进入整车制造商的一级供应商序列,除获得第三方认证外,还需通过整车制造商严格的合格供应商审核,审核内容主要涵盖供应商质量控制能力、生产组织能力、企业管理能力、市场应变能力及信息技术能力等。而正是因为这一过程的复杂性,整车制造商和跨国汽车零部件供应商一旦确定其下级供应商,便形成了相互依赖、长期合作、共同发展的战略格局。

经过在汽车零部件行业多年的深耕细作,公司已积累了上汽大众、上汽通用、上海汽车、广汽菲克、东南汽车以及东风裕隆等国内知名整车制造商及本特勒、博世、大陆汽车、卡斯马等著名跨国汽车零部件供应商客户。公司与上述主要客户签署的销售合同均为长期战略合作协议,双方不约定合同终止期限,或合同到期后在双方无异议情况下,合同期限自动延续。发行人与主要客户的合作关系稳定。

(3)销售模式成熟

从具体零部件项目的承接而言,行业内已形成成熟的招投标模式。公司是上汽大众的A级供应商及本特勒、大陆汽车、博世、卡斯马、东南汽车、东风裕隆等客户的长期合作供应商,对应产品的新项目竞标过程公司大多会被邀请参与。公司由业务部具体负责销售业务,包括新客户、新项目的承接和议价、量产产品的订单承接及销售服务等。长期积累的品牌口碑、先进的模具设计与制造技术、优秀的自主研发能力和相应的工装设计开发能力、稳定的产品质量和良好的服务是公司业务稳定发展的持续动力和不竭源泉,业务开拓不存在对某个人过于依赖的情形。

(4)销售具有可持续性

①现有量产项目情况。整车制造商一旦确定某款汽车零部件的供应商,通常会采用"一品一点"的供货模式。汽车零部件产品批量生产后,产品就进入了相对的稳定期,生命周期跟随汽车的生命周期及市场供求变化而变化。在相关车型生命周期内,汽车零部件销售具有可持续性。

公司目前与主要客户合作的主要车型及预计生命周期情况如表4-6-2:

表4-6-2 与主要客户合作的主要车型及预计生命周期情况

序号	客户名称	目前合作的主要车型	预计生命周期
1	上汽大众	途观	2010年3月-2018年12月
		新POLO	2010年12月-2019年6月
		新朗逸	2012年5月-2019年5月
		YETI	2013年11月-2017年12月
		新帕萨特	2011年3月-2018年12月

续表

序号	客户名称	目前合作的主要车型	预计生命周期
1	上汽大众	新速派	2015 年 8 月 – 2020 年 12 月
		桑塔纳、桑塔纳 NF、桑塔纳出租车	2016 年 1 月 – 2020 年 12 月
		昕锐	2013 年 6 月 – 2020 年 12 月
		途安 NF	2015 年 12 月 – 2020 年 12 月
2	东南汽车	DX3	2016 年 11 月 – 2021 年 10 月
		DX7	2015 年 10 月 – 2020 年 9 月
		菱智	2012 年 9 月 – 2020 年 9 月
		菱仕	2013 年 4 月 – 2020 年 4 月
3	本特勒	新福克斯	2012 年 4 月 – 2020 年 4 月
		新速腾	2011 年 10 月 – 2018 年 10 月
		新马 3	2012 年 4 月 – 2020 年 4 月
		翼虎	2012 年 4 月 – 2020 年 4 月
		翼搏	2013 年 3 月 – 2018 年 3 月
		长安铃木启悦	2016 年 12 月 – 2022 年 12 月
		PQ46 平台（迈腾，昊锐，新帕萨特）	2009 年 8 月 – 2018 年 8 月
		捷豹 XF	2016 年 5 月 – 2023 年 5 月
4	威迩德	新帕萨特	2011 年 3 月 – 2018 年 12 月
		新速派	2015 年 8 月 – 2020 年 12 月
5	博世	长安逸动/BYD F6/广汽传祺 GA3/BYD 思锐/长安铃木 YEA 三厢/长安 CS75	2012 年 5 月 – 2020 年 5 月
		逍客/奇骏/雷诺	2014 年 3 月 – 2018 年 3 月
		五菱 CN200	2014 年 8 月 – 2020 年 8 月
6	同舟	桑塔纳 NF	2012 年 11 月 – 2020 年 12 月
		途观	2010 年 3 月 – 2019 年 3 月
		途安 NF	2015 年 12 月 – 2020 年 12 月
7	上海汽车制动	荣威 550	2015 年 5 月 – 2020 年 5 月
		福睿斯	2014 年 11 月 – 2020 年 11 月
		长城 H7	2016 年 3 月 – 2023 年 3 月
		广汽传祺	2016 年 12 月 – 2022 年 12 月

续表

序号	客户名称	目前合作的主要车型	预计生命周期
8	大陆汽车	马自达6	2013年6月－2019年6月
		沃尔沃XC90、S90、V90	2016年1月－2020年1月
		长城哈佛H3	2016年8月－2020年8月
		CX－5	2016年1月－2021年1月
9	广汽菲克	JEEP自由光	2015年11月－2020年11月
		指南者	2016年11月－2021年11月
		菲翔、致悦	2016年1月－2018年1月
10	卡斯马	翼虎	2012年4月－2020年4月
		翼搏	2013年3月－2017年12月
11	东风裕隆	优6	2015年1月－2019年1月
		纳智捷大七	2013年7月－2017年12月
		锐3	2015年1月－2020年1月
12	佛吉亚	别克新君威、君越、迈锐宝	2011年1月－2018年1月

②新项目的承接与储备情况。根据行业惯例，零部件生产企业承接新项目为客户开发模具后，模具对应的汽车零部件一般由其生产。公司报告期内加强业务开拓，持续加强模具开发投入，为后续零部件销售收入提供了有效保障。

报告期内公司新项目承接及相关模具开发情况如表4－6－3：

表4－6－3 报告期内公司新项目承接及相关模具开发情况

数量（单位：副）	2016年度	2015年度	2014年度
期初在制模具项目	28	27	17
本期新承接项目	68	38	30
本期实现PPAP项目	16	37	20
其中：确认销售	14	35	19
结转模摊	2	2	1
期末在制模具项目	80	28	27
期初在制模具	3,650.68	4,916.53	3,552.39
本期投入	5,734.69	5,945.30	5,342.53

续表

金额(单位:万元)	2016 年度	2015 年度	2014 年度
本期实现 PPAP	3,843.93	7,211.16	3,978.39
其中:结转销售	1,841.28	4,991.02	3,822.24
结转模摊	2,002.64	2,220.14	156.14
期末在制模具	5,541.44	3,650.68	4,916.53

截至 2016 年 12 月末,公司在制模具项目共有 80 项,主要配套车型包括上汽大众全新朗逸、斯柯达科迪亚克、上海汽车全新荣威 W5、上汽通用雪佛兰探界者、广汽菲克新 JEEP 和广汽传祺 GS3 等,大部分将在 2017 年实现 PPAP,为以后年度零部件销售收入提供了有效保障。

综上所述,公司收入具有可持续性。公司 2017 年 1 ~5 月实现销售收入 4.04 亿元,上年同期实现销售收入 3.86 亿元。公司客户一般提前 3 个月下采购计划,截至 2017 年 5 月末,公司根据客户订单预测 2017 年 6 ~9 月的发货金额约为 3.10 亿元,2016 年 6 ~9 月的发货金额为 2.47 亿元。

(四)洪健程去世前后的股权结构

1. 洪健程去世前公司股权架构

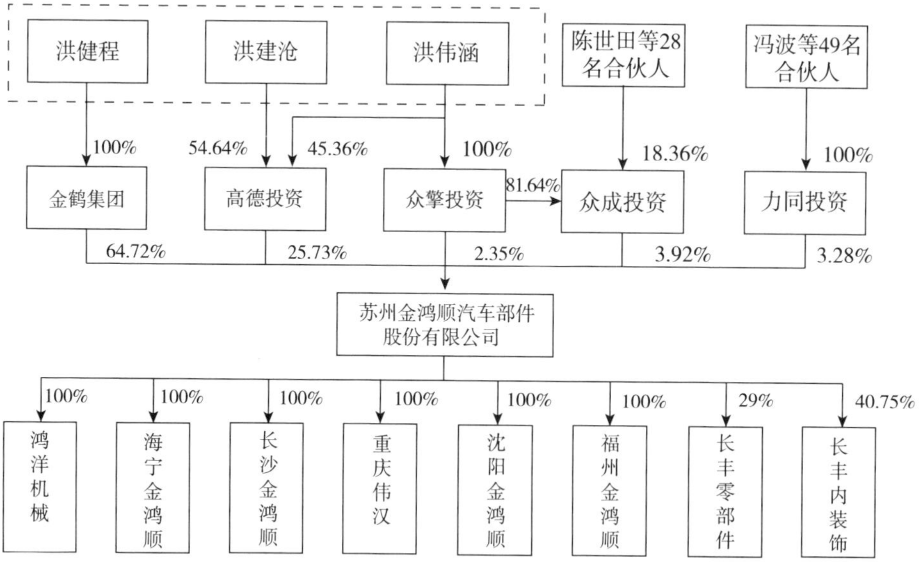

图 4-6-1　洪健程去世前公司股权架构

2. 洪健程去世后公司股权架构

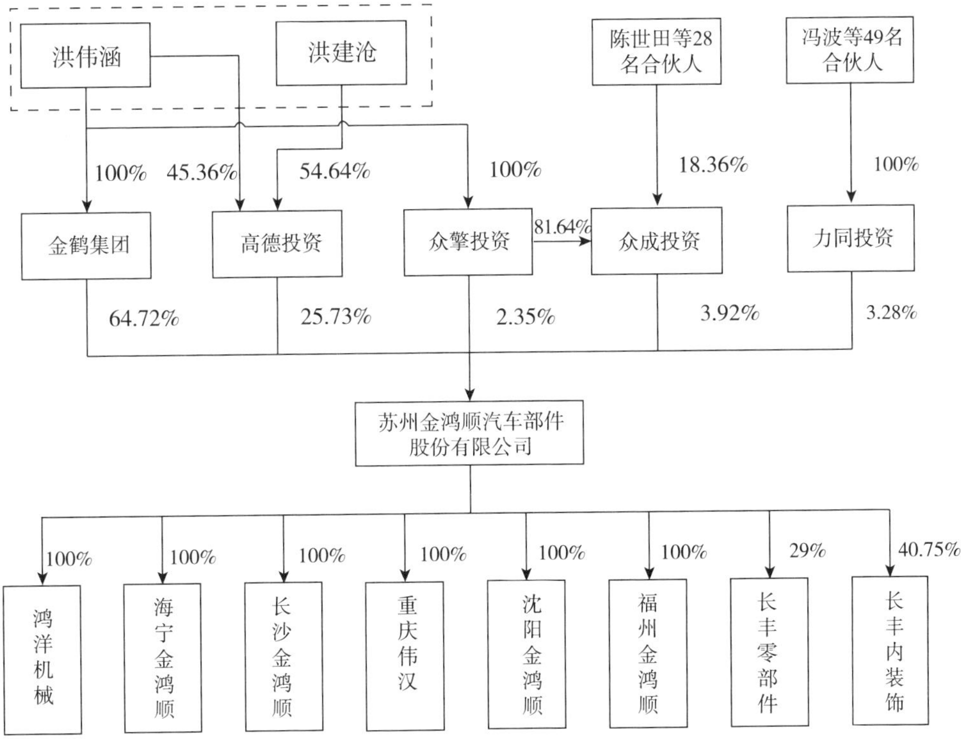

图 4-6-2　洪健程去世后公司股权架构

第七节　通过股权转让清理关联方

【商业逻辑与背景分析】

在 IPO 的审核过程中，发行人对于可能引起同业竞争或关联交易的关联方的处理基本上就三种方式：纳入上市主体内、注销关联方、将关联方转让给无关第三方。从实践的情况来看，如果是关联方生产经营规模很小且注销不会影响发行人的生产经营，那么注销关联方就是最常见也是最便捷的处理方式。如果关联方生产经营规模比较大，且纳入上市主体可以更加丰富发行人的业务模式和产品，那么可以选择纳入上市主体。值得注意的是，不论业绩规模大还是小，实践中都可以选择将关联方转让，但是基本上没有采取这种方式解决问题。

为什么在实践中一般都不会建议采取转让给第三方的方式来处理关联方呢？主要有两个方面的原因：(1)在 IPO 准备阶段对于关联方的处置时间会有比较急迫的要求，在这种情况下要找到合理的受让方是比较困难的，就算是找到了可能也会在价格等方面不合理。(2)如果是通过这种方式解决关联方问题，那么需要在很多方面来论证关联方转让的合理性和真实性问题。从目前 IPO 审核案例中涉及股权转让清理关联方的案例来看，基本上只要涉及这个问题都会被引起重点关注。正是因为这种将关联方处置给无关联第三方的方式很容易被重点关注并质疑，并且就算是真实转让有时候都需要费很大力气才能说得清楚，因此这种方式在实践中并不常见。

多一事不如少一事，是我们在做 IPO 项目的时候坚守的第一个信条。

【核查方法指引】

关于关联方的转让，合理性和真实性是两个相辅相成相互验证的两个核心点。更重要的是要关注转让的合理性，只有合理了才能论证真实性，如果看起来就是不合理的，那么真实性也就无从谈起了。关于合理性，至少要从以下方面来说明：

1. 受让方的基本情况以及受让股权的原因。我们要关注到受让股权方的从业经历、目前的企业经营情况、后续对于受让股权企业的运作计划等，至少应该说明受让方真的有意愿和必要受让关联方，并且也有能力和资源后续运营好这个企业。在实践中，我们竟然发现一个科技公司的股权受让方为农民或者纺织工人，这样的股权转让可能就会存在很大的疑问。

2. 股权转让的价格确定依据以及价款支付情况。在商业合作中，一个企业不论资产状况还是经营现状只要是在一个正常的商业交易中都应该有一个公允的价值。如果企业的转让价格偏低或者尽管价格公允但是价款不能及时支付都需要重点关注股权转让的真实性。

3. 关联方转让是否存在刻意规避相关情形的问题。比如，会关注到关联方报告期内是否存在违法违规行为、是否存在环保义务或者其他社会责任，发行人通过股权转让来规避这些义务和责任。

4. 关联方转让之后的经营情况。在实践中，我们也曾看到发行人将关联方处置给看似是无关联第三方也就是代持，然后关联方处置之后也不再经营，等上市之后发行人再来处理。关联方受让之后在客户和供应商、资金往来以及经营业绩方面是否存在重大变化也需要重点关注。

5. 关联方转让之后与发行人是否还存在业务往来或者其他往来。转让之后如果还与发行人存在业务往来或者资金往来，那么就需要重点核查转让的真实性了。

【具体案例分析】

一、广东骏亚(603386)：控股股东将关联方转让给无关联第三方

关联方万基隆电子为公司同行业公司，控股股东已于2015年将其全部股权转让给无关联第三方；关联方万骏电子从事产品组装生产等工作，已于2015年办理完毕工商注销登记手续；骏亚电路为叶晓彬之姐夫宗庆勇控制的企业，从事线路板贸易业务，未进行生产，为公司业务的下游，目前已撤销注册及解散。

深圳市新精艺模型有限公司被吊销营业执照后，未再开展生产经营活动，与发行人不存在同业竞争或关联交易。

报告期内，除与发行人发生经常性关联交易的关联方共6家(即骏亚企业、万基隆电子、万骏电子、骏亚电路、金盛鸿科技与河源耀联)存在上下游业务关系外，发行人与其他关联方不存在上下游关系。

2014年下半年以来，公司未再与骏亚企业发生销售产品的关联交易；2015年起，公司与万基隆电子、万骏电子不再发生经常性关联交易；骏亚企业将原万基隆电子部分客户转移至龙南骏亚，客户对龙南骏亚完成供应商认证前，骏亚电子通过万基隆电子向客户销售，但该类关联交易已于2016年2月停止；万骏电子已于2015年12月办理完成工商注销登记手续；2016年4月起，发行人已经终止与骏亚电路的关联交易；2015年3~9月，公司向金盛鸿科技采购音视频连接线，2015年10月开始，公司停止向金盛鸿科技采购；截至本招股说明书签署日，公司与河源耀联发生的外发钻孔交易已经终止。

综上，截至本招股说明书签署日，发行人与上述关联方经常性关联交易均已终止。该等关联交易对发行人的独立性不构成重大影响。

(一)万基隆电子的历史沿革(略)

(二)万基隆电子的主营业务

转让前，万基隆电子的主营业务为线路板大批量板的生产与销售。自2015年发行人控股股东将其持有万基隆电子57.17%的股权全部转让给深圳市鑫茂隆电路有限公司后，万基隆电子的主营业务变更为线路板小批量板的生产与销售。

（三）万基隆电子的财务状况和经营状况

2015 年 9 月 1 日，骏亚企业将其持有万基隆电子 57.17% 的全部转让给无关联第三方，本次股权转让后骏亚企业不再持有万基隆电子的股权。

股权转让之前，万基隆电子经大华会计师事务所（特殊普通合伙）审计的收入、利润总额和净利润情况如表 4－7－1：

表 4－7－1　万基隆电子收入、利润总额和净利润情况

金额单位：万元

项目	2015 年 1～8 月/2015 年 8 月 31 日	2014 年/2014 年 12 月 31 日
营业收入	11,083.06	18,174.17
利润总额	－762.05	1,017.57
净利润	－764.64	867.60
总资产	8,064.68	11,603.29
负债合计	6,915.13	9,687.16
所有者权益	1,149.55	1,916.13

2014 年，万基隆电子实现的净利润为 867.60 万元。2015 年 1～8 月，万基隆电子经营发生亏损，主要是由于其解散员工产生解约补偿金 883.68 万元、处置固定资产产生清理损失 175.58 万元。

（四）万基隆电子合规情况

1. 行政处罚情况

报告期内，万基隆电子存在被环保部门处罚的情形，具体如下：

（1）2015 年 9 月 25 日，深圳市龙岗区环境保护和水务局作出深龙环水罚（2015）0112 号，《行政处罚决定书》以万基隆电子超标排污为由，对万基隆电子处以人民币 3 万元的罚款。

（2）2015 年 10 月 13 日，深圳市龙岗区环境保护和水务局出具深龙环水监（2015）076 号《深圳万基隆电子科技有限公司环境守法情况说明》，2015 年 6 月因超标排污受到的人民币 3 万元行政处罚已经得到履行，近 3 年内无其他环境违法行为的处罚记录。

（3）2015 年 12 月 22 日，深圳市龙岗区环境保护和水务局作出深龙环水监（2015）076－1 号《关于深圳万基隆电子科技有限公司环保守法情况的补充说明》，根据环保部《环境行政处罚办法》的有关规定，较大数额罚款（指法人或其他组织人民币 50,000 元以上罚款）的案件属重大行政处罚案件。该局对万基隆电子“罚款 3 万元”，不属于较大数额罚款，不属于重大行政处罚案件。

除上述行政处罚情况外，万基隆电子不存在重大违法违规行为。

2. 行政处罚未影响万基隆电子后续正常生产经营

根据万基隆电子提供的 4403072013000067 号《广东省污染物排放许可证》及深环批〔2005〕10447 号《深圳市环境保护局建设项目环境影响审查批复》，同意万基隆电子生产单面线路板、双面线路板、多层线路板，万基隆电子已取得必要的环境保护主管部门的批复及排污许可。

根据深圳市鑫茂隆电路有限公司、万基隆电子出具的声明，万基隆电子受到深圳市龙岗区环境保护和水务局的人民币 3 万元行政处罚已缴纳完毕，深圳市鑫茂隆电路有限公司与万基隆电子原股东骏亚企业、万基隆实业之间不存在因此行政处罚而对股权转让事项产生纠纷的情形。

自发行人控股股东骏亚企业及关联方万基隆实业将万基隆电子全部股权转让给深圳市鑫茂隆电路有限公司至今，万基隆电子正常经营，其工商经营状态显示为“存续”，不存在经营异常信息，万基隆电子受到的行政处罚未影响股权转让后公司的正常经营。

综上，万基隆电子受到的环保行政处罚未影响其后续正常生产经营，深圳市鑫茂隆电路有限公司与万基隆电子原股东骏亚企业、万基隆实业之间不存在因此行政处罚而对股权转让事项产生纠纷的情形。

（五）未将万基隆电子纳入骏亚电子合并范围的合理性

1. 万基隆电子环评批复的排水量规模较小，不符合骏亚电子从事大规模线路板领域的长期发展规划。

2. 骏亚电子计划大力发展江西基地，合并万基隆电子的必要性不高。

3. 万基隆电子相关资源是支持江西基地前期迅速发展的关键因素。

4. 深圳地区 PCB 企业运营成本较高，大批量板制造优势较低。

深圳地区的 PCB 企业运营成本相对较高。注册地址位于深圳的上市公司及经营规模相对较大的拟上市公司，主要从事中小批量板或定位高端的批量板的生产，举例说明如表 4－7－2：

表 4-7-2　相关从事中小批量板或高端批量板生产的公司

公司名称	产品
崇达技术	小批量板
景旺电子	中高端批量板,产品下游领域包括汽车及工控等,单价较高
兴森科技	样板、小批量板
明阳电路	小批量板
深南电路	从事高中端印刷电路板的设计、研发及制作,其销售均价高于 2,000 元/平方米

由于规模对大批量板 PCB 生产企业十分重要,是其实现盈利的基础。受限于环评及运营成本,深圳地区的大批量板生产企业,扩产或搬迁首选均为深圳外的地区。深圳同行业上市公司和拟上市公司厂房扩展情况如表 4-7-3:

表 4-7-3　深圳同行业上市公司和拟上市公司厂房扩展情况

公司名称	注册地工厂	新建工厂
崇达技术	深圳市沙井	辽宁大连、广东江门
景旺电子	深圳市宝安区	广东龙川、江西吉安
兴森科技	深圳目前无生产	广东广州、江苏宜兴等
明阳电路	深圳市沙井	江西九江
深南电路	深圳市南山区	江苏无锡、江苏南通

同行业上市公司为了扩大规模、提升综合实力及竞争力,均在深圳以外设立新的工厂。骏亚电子为了扩大生产规模,在江西龙南设立新的厂房相比收购深圳万基隆更加符合行业的发展趋势,更加契合公司的战略规划与发展利益。

(六)深圳鑫茂隆收购万基隆电子的原因

1. 深圳鑫茂隆从事小批量线路板制造领域,具有积累多年的小批量线路板市场资源以及管理系统。在相同的批复产能下,深圳鑫茂隆可以实现更高的收入规模及更好的盈利水平。

PCB 同行业公司中,明阳电路(在会审核企业)、崇达技术(股票代码:002815)主要从事小批量板的生产与销售,其销售单价情况如表 4-7-4:

表 4-7-4 三家公司销售单价情况

单位:元/平方米

项目	2016 年	2015 年	2014 年
明阳电路	1,289.22	1,270.45	1,280.59
崇达技术	1,452.93	1,524.45	1,573.81
骏亚电子	421.85	448.27	543.23

注:崇达技术上市后未披露其产品单价,上表中 2016 年数据为其 2016 年 1-3 月数据;主要从事样板生产的上市公司兴森科技未披露其产品单价。

2. 深圳鑫茂隆未取得环保部门批复的废水处理指标,原有条件严重限制了其进一步发展。

3. 万基隆电子的环保批复、厂房面积等条件与深圳鑫茂隆的发展需求基本吻合。

(七)公司转让万基隆电子不存在关联交易非关联化的情形

1. 本次股权转让具有商业合理性。

2. 根据骏亚企业与深圳市鑫茂隆电路有限公司签订的《股权转让协议书》、股权转让款的支付凭证,深圳市鑫茂隆电路有限公司已于 2015 年 9 月将股权转让款人民币 5,716,666 元支付给骏亚企业,并于 2015 年 9 月 1 日办理完毕万基隆电子本次股权变更登记手续,万基隆电子本次股权转让真实、有效,亦不存在委托持股、信托持股的安排。

3. 深圳市鑫茂隆电路有限公司与发行人、发行人控股股东、实际控制人、董事、监事、高级管理人员人不存在关联关系或其他利害关系,其与发行人之间不存在关联交易非关联化的情形。

4. 发行人与深圳市鑫茂隆电路有限公司未发生除转让万基隆电子股权外的其他交易事项。根据大华审字〔2017〕001472 号《审计报告》,除已披露的发行人与万基隆电子的交易事项外,自 2015 年发行人控股股东将其持有万基隆电子 57.17% 的股权全部转让给深圳市鑫茂隆电路有限公司后,发行人与万基隆电子未发生交易事项。

5. 骏亚企业将万基隆电子原有客户全部转移至骏亚电子或龙南骏亚。除将污水处理设施和电力设备及厨房设施留予转让后的万基隆电子使用外,其他设备均已进行处置,人员全部遣散。根据其财务资料,截至 2015 年 8 月 31 日,万基隆电子合计支付员工解约补偿金 883.68 万元。公司子公司龙南骏亚于 2015 年上半年投产,收购了万基隆电子一部分固定资产,重新招聘了万基隆电子约 240 名员工。

深圳鑫茂隆对万基隆电子厂房进行全部重新装修并投入全新设备。

6. 股权受让方及转让后的万基隆电子产品结构与发行人存在差异。

综上，骏亚企业转让万基隆电子股权具有合理的商业目的，公司与深圳鑫茂隆不存在关联关系或其他利益关系，本次股权转让不存在关联交易非关联化的情形。

经核查，保荐机构认为：由于在深圳市较难取得新建线路板项目的环保批复，深圳鑫茂隆计划在深圳扩大生产经营规模，因此收购万基隆电子100%股权。经综合考虑万基隆电子转移的资产状况、环评批复生产规模及厂房面积，双方协商确定本次股权转让价格为1000万元。本次股权转让具有合理的商业背景，不存在关联交易非关联化的情形。

（八）万基隆电子股权受让方的基本情况

深圳市鑫茂隆电路有限公司的基本情况如表4-7-5：

表4-7-5　鑫茂隆电路有限公司的基本情况

企业名称	深圳市鑫茂隆电路有限公司
住所	深圳市龙岗区横岗街道保安居委简龙经发工业区2号
法定代表人姓名	肖良飞
认缴注册资本总额	100万元
企业类型	有限责任公司
经营范围	一般经营项目：线路板的研发和销售；电子产品信息咨询；国内贸易，货物及技术进出口。（法律、行政法规、国务院决定规定在登记前须经批准的项目除外）；许可经营项目；线路板的生产。
成立时间	2007年6月25日
经营期限	永续经营
股权结构	肖良飞、王勇、帅巅分别持股42%、33%、25%

深圳市鑫茂隆电路有限公司主营业务为线路板中小批量板的生产与销售。2016年度，深圳市鑫茂隆电路有限公司主营业务收入为5476.92万元，利润总额为103.62万元。

深圳市鑫茂隆电路有限公司与发行人、发行人控股股东、实际控制人、董事、监事、高级管理人员人不存在关联关系。

(九)万基隆电子股权转让定价依据

万基隆电子 100% 股权转让对价 1000 万元,主要为双方协商确定,该类交易无公开市场价格,交易均以双方协商确定。

骏亚企业、万基隆实业将合计持有万基隆电子 100% 股权以人民币 1000 万元整转让给深圳鑫茂隆,受让后的万基隆电子并不承接原万基隆电子的业务、债权债务、人员及绝大部分资产,转移的具有价值的资产主要包括两部分:

1. 万基隆电子拥有合法的经环保部门批复的废水处理量

深圳鑫茂隆现有环评批复无工业废水排放指标,且深圳地区难以取得新的 PCB 生产环评批复,万基隆电子废水排放指标对深圳鑫茂隆具有显著价值。

2. 原万基隆电子污水处理设施、电力设备及厨房设施等

根据协议约定,原万基隆电子污水处理设施、电力设备及厨房设施等归深圳鑫茂隆所有。根据万基隆电子账面记录,该部分资产 2015 年 8 月底时账面净值约为 174.31 万元。

经访谈骏亚企业实际控制人叶晓彬及深圳鑫茂隆实际控制人肖良飞,双方协商确认交易价格时,经综合考虑环评批复规模及厂房面积、转移资产状况,最终协商确定本次股权转让价格为 1000 万元。

(十)报告期万基隆电子自产和采购发行人产品后销售情况

报告期内,万基隆电子的收入由自产和采购发行人产品后销售两部分构成,具体情况如表 4-7-6:

表 4-7-6　报告期内万基隆电子的收入构成

项目	2016 年	2015 年	2014 年
自产收入	4,503.68	8,242.35	15,242.33
采购发行人产品后销售	453.14	6,771.61	2,931.84
营业收入合计	4,956.82	15,013.96	18,174.17

注:上表中"采购发行人产品后销售"为万基隆电子当期向发行人采购的 PCB 金额,未考虑期初及期末结存存货。

2015 年,万基隆电子自产收入呈下降趋势,主要为股东计划转让万基隆电子全部股权,万基隆电子逐步减少生产,降低了自产收入。

万基隆电子将承接最终客户订单原价外发给骏亚电子,并未从交易中赚取差价。

综上所述,报告期万基隆电子的收入、利润变化情况与实际的业务情况相符,不存在异常情况。

(十一)2014 年至 2016 年万基隆电子主要客户销售情况

2014 年的其他客户主要包括四川迪佳通电子有限公司、比亚迪汽车工业有限公司、四川九州电子科技股份有限公司等。

2015 年的其他客户主要包括四川迪佳通电子有限公司、杭州智源电子有限公司等。

2016 年万基隆电子的主要客户包括视源电子,收入为 453.14 万元。同时,根据深圳鑫茂隆、转让后万基隆电子出具的声明,转让后万基隆电子 2016 年的主要客户还包括安比贸易(深圳)有限公司、CIPSACIRCUITS, S. A、HITEKTECHNOLOGY(HK)CO. ,LIMITED、Mega Circuit. ,INC、CLP GMBH 等。

(十二)万基隆电子原员工前往龙南骏亚工作的基本情况

从万基隆电子转至龙南骏亚 243 人,其中管理人员和技术人员合计 134 人,普通员工 109 人。134 名管理人员和技术人员中,主管以上中高层管理人员共 41 人,基层管理组长共 49 人,工程师、技术员等技术骨干共 44 人。

员工愿意去龙南骏亚工作的原因主要有:

1. 该部分员工绝大部分属于非广东籍的外来务工人员,仅湖南籍就有 98 人,非广东籍共 225 人,对于前往江西省龙南工作,员工并不抵触。

2. 发行人于 2014 年下半年开始动员万基隆电子管理人员、技术人员到龙南骏亚工作,对愿意前往龙南骏亚工作的人员给予原万基隆电子同样职务,提升部分能力突出的人员职级,略微增加人员薪酬。

(十三)万基隆电子原有订单转移给公司的过程

2015 年,与万基隆电子存在交易的客户共计 16 家,其中包括广州视源电子科技股份有限公司、深圳创维数字技术有限公司等主要客户在内的 9 家客户转移至发行人,上述 9 家客户占万基隆电子 2015 年销售收入的比重约为 97%,仅少量尚未批量下单的客户未转移。

2014 年下半年,骏亚企业计划对外转让万基隆电子全部股权时,开始有计划地向骏亚电子及龙南骏亚转移客户,于 2014 年年底、2015 年年初开始进行导入相关客户的工作,并陆续于 2015 年完成相关客户导入骏亚电子、龙南骏亚的工作。

上述 9 家转移至发行人的客户中,包括四川迪佳通电子有限公司等 3 家客户转移至骏亚电子,广州视源电子科技股份有限公司、深圳创维数字技术有限公司等6家客户转移至龙南骏亚。

龙南骏亚导入该类客户的流程与其他客户基本一致,具体为前期接触和商务谈判、试制样品、完成供应商认证、批量生产等过程,各个客户转移过程及对应时间点情况如表4-7-7:

表4-7-7　各客户转移过程及对应时间点

序号	客户名称	试制样品	完成供应商认证	批量生产
1	广州视源电子科技股份有限公司	2015年5月	2015年10月完成客户认证,2016年1月完成全部型号认证	2015年11月逐步开始
2	深圳创维数字技术股份有限公司	2015年5月	2015年5月	2015年6月
3	深圳市金锐显数码科技有限公司	2015年5月	2015年6月	2015年7月
4	四川九州电子科技股份有限公司	2015年8月	2015年10月	2016年1月
5	杭州智源电子有限公司	2015年5月	2015年5月	2015年6月
6	广州华欣电子科技有限公司	2015年5月	2015年6月	2015年7月

注:由于有前期合作的基础,导入时间总体较短。

当客户完成对龙南骏亚的供应商认证后,客户才能直接下订单给龙南骏亚。在万基隆电子逐步停止生产,而万基隆电子的原有客户尚未完成对龙南骏亚的供应商认证期间,客户无法直接对龙南骏亚下单,因此将订单发给万基隆电子,万基隆电子将订单按原价外发至龙南骏亚。

二、珠海元盛电子科技股份有限公司(未通过):实际控制人转让关联方

富元电子系发行人实际控制人之一张宣东曾控制的企业,股权结构为张宣东持60%、艾赋醍持25%、杨梅持15%,主营业务属于PCB贴装以及组装等代加工业务。2017年7月,张宣东将所持富元电子60%股权转让给第三方,并辞去富元电子职务。

珠海富元电子科技有限公司系由张宣东、杨梅、艾赋醍(上海)商贸有限公司、

元盛电子于2014年4月8日共同出资1000万元设立的有限责任公司。其中张宣东出资450万元,杨梅出资150万元,艾赋醍出资200万元,元盛电子出资200万元。注册地址为珠海市横琴新区宝华路6号105室－309。

富元电子主要从事广告LED模组的生产、销售,与元盛电子主营业务无关联。元盛电子参股富元电子主要目的系拓展公司盈利点。经过一年多的运营,富元电子经营业绩低于预期,且规模较小,另外,富元电子实际控制人张宣东系元盛电子董事和实际控制人之一,为避免利益冲突,元盛电子决定退出,并将其股权出售。

2016年2月3日,大华会计师事务所(特殊普通合伙)珠海分所出具了大华审字〔2016〕030298号《审计报告》,经审计截至2015年12月31日富元电子净资产为841.89万元。元盛电子拥有富元电子20%股权对应的所有者权益为168.38万元。2016年2月4日,广东中广信资产评估有限公司出具了中广信评报字〔2016〕第110号《评估报告书》,经评估截至2015年12月31日富元电子评估值为843.70万元,元盛电子拥有的富元电子20%股权对应的评估价值则为168.74万元。

2016年3月25日,元盛电子分别与张宣东、艾赋醍签订了《关于珠海富元电子科技有限公司股权转让协议》,张宣东、艾赋醍分别以126.55万元、42.18万元受让元盛电子持有的富元电子15%、5%的股权。同日,富元电子召开股东会,一致同意元盛电子将上述股权分别转让给张宣东、艾赋醍。

2016年5月19日,富元电子在珠海市横琴新区工商行政管理局办理了股权变更工商登记。本次转让完成后,元盛电子不再持有富元电子股权。

综上,发行人转让富元电子股权定价公允,不存在损害发行人利益的情形。

2016年度以及2017年1～3月,富元电子的主要财务数据如表4－7－8:

表4－7－8　富元电子主要财务数据

单位:万元

项目	2017年3月末/2017年1－3月	2016年末/2016年度
总资产	981.58	947.88
净资产	876.32	877.62
营业收入	136.39	458.68
净利润	－1.29	33.11

注:2016年度数据已经珠海正德合伙会计师事务所(普通合伙)审计;2017年1－3月数据未经审计。

第八节　股权纠纷诉讼

【商业逻辑与背景分析】

有人的地方就有江湖，在IPO这样一个资本涌动财富大幅增值的旋涡里，关于人的任何因素都会被无限放大。在IPO的过程中，跟人的问题都是最难解决的，因为人是有思想有诉求的，当然也是有私心的甚至是可以被人利用的。IPO项目过程中，跟人有关系的需要处理的事情还是比较常见的，比如社保和公积金问题、比如工作待遇问题、比如安全事故的处理等问题。当然，这里最常见的、也是一般影响比较大的就是股权的纠纷。

很多人尤其是企业家会有一种错觉，觉得企业既不是国有企业也不是集体企业，那么，我的股权就是我的个人资产，我想给谁就可以给谁，我想怎么处理就怎么处理。也就是因为这样的一种错误思想，导致在IPO审核实践中经常会出现一些需要去重点解释的股权转让的行为，同时也就存在一些纠纷和诉讼的情形发生。股权转让的价格一定要合理，不然就可能存在利益输送的情形，同样股权转让在形式上也要完备，不然同样会存在纠纷和争议。

关于股权纠纷的情形，在实践中主要有这样一些层次和类型，具体为：

1. 完全就是没有任何证据的纠纷，其目的就是敲一笔竹杠，这种情况下只要当时的相关程序合规、文件齐备、股权转让真实合理，那么一般不会有什么问题。

2. 典型的光脚的不怕穿鞋的情形，这种情况常见在历史沿革比较复杂且股权问题历史比较久远的发行人。那时公司规范意识不强，工商管理制度也不完善，这种情况下关于股权的事实真相已经很难有人论证，说白了就是纠纷双方谁都没有充足的证据来支持自己的主张，但是一个是白丁一个是IPO的发行人，很多情况下发行人就算有很大概率赢得纠纷也会选择息事宁人。

3. 确实存在一些问题的股权纠纷。比如，股权转让协议的签字存在代签的情形，存在股份代持的情形，或者存在一些其他的利益安排。说白了，就是股权转让最后假的成了真的或者真的成了假的的情况。

4. 集体资产量化或者股东人数较多需要进行确权的情况下，可能满足70%的IPO审核标准但是存在确权不充分的情形，那么这些小的股东如果存在纠纷也需要重点关注。

【核查方法指引】

关于股权转让的问题，目标就是保证股权清晰稳定，保证不存在股份代持，不存在纠纷或潜在纠纷。从核查的要点上，一个是转让的价格，另一个是价款的支付，具体需要注意以下事项：

1. 股权相关文件的签字一定要本人签字，务必为了省事而找人代签。

2. 股权转让的价款支付一定要明确，最好保留相关银行转账凭证，务必现金支付或者存在通过第三方支付或收取的情形。

3. 轻易不要进行口头约定，一些利益的约定一定要通过协议进行明确。

4. 明确熟悉工商管理等规则制度，不要约定的相关条件违反相关法律法规导致失效。

5. 在相关用词方面一定要明确具体，不要出现模糊的词汇以免引起误解，造成不必要的纠纷。

6. 在进行股权的相关操作上，必要的时候可以录音录像保留完整的证据，同时可以对相关的文件进行公证以保证效力。

【具体案例分析】

一、英派斯（002899）：IPO 过程中如何正确解决股权纠纷的问题

（一）股权转让的基本事实

1. 第一次股权转让

2011 年以来，随着英派斯有限主要投资人、时任董事长朱瑜明先生年龄增长，且公司原总经理张爱国女士于 2010 年因病去世，朱瑜明先生开始寻求通过股权转让的方式逐步退出公司实际经营。

2011 年 12 月 18 日，英派斯有限董事会作出决议：同意台湾有瑞将其持有的 55.55% 股权（对应注册资本 555.50 万美元）以 6500 万元人民币的价格转让给海南江恒。2011 年 12 月 20 日，双方签署股权转让协议。

2011 年 12 月 21 日，即墨市商务局下发《关于对青岛英派斯健康科技有限公司股权转让的批复》（商资审字〔2011〕404 号），批准英派斯有限本次股权转让事项。

2011 年 12 月 21 日，青岛市人民政府为英派斯有限换发了《外商投资企业批准

证书》(商外资青府字〔2003〕0259 号)。

2011 年 12 月 29 日,即墨市工商行政管理局为英派斯有限换发了《企业法人营业执照》(注册号:370282400006743)。

2. 第二次股权转让

2015 年 6 月 1 日,英派斯有限董事会作出决议:同意台湾有瑞将持有的3.82%股权(对应注册资本 42.44 万美元)作价 1 元转让给青岛青英。其他股东分别出具声明,放弃本次转让股权的优先受让权。同日,台湾有瑞与青岛青英签署股权转让协议。

2015 年 6 月 8 日,即墨市商务局下发《关于对青岛英派斯健康科技有限公司股权变更的批复》(青商资审字〔2015〕776 号),批准英派斯有限本次股权转让事项。

2015 年 6 月 8 日,青岛市人民政府为英派斯有限换发了《外商投资企业批准证书》(商外资青府字〔2003〕0259 号)。

青岛青英系由公司部分现任管理人员,英派斯健发及英派斯健管离任管理人员以及公司原总经理张爱国女士亲属共同设立的持股平台。根据台湾有瑞的说明与承诺,上述平台的设立目的主要是尊重张爱国女士遗愿,并表达朱瑜明先生对于张爱国女士及青岛青英合伙人在其创设公司及公司后续发展过程中所作贡献的感谢。

基于朱瑜明先生真实、自愿之意思表示,台湾有瑞以象征性价格将持有的3.82%股权(对应注册资本42.44 万美元)转让给青岛青英。台湾有瑞于2016 年6月出具承诺:对公司目前的股权结构无异议,并承诺以目前持有公司的股份为限承担责任,以避免公司因本次股权转让而受到可能的损害。

(二)诉讼和纠纷的具体情况

起诉人苏光朋于 2016 年 8 月向即墨市人民法院提起诉讼,请求法院判令:

1. 一审诉讼的情况

2016 年 9 月 2 日,公司收到苏光朋代理律师北京市盈科律师事务所出具的律师函,认为:(1)苏光朋为公司股东,持有公司 3.83% 股权及相关权益;(2)台湾有瑞与海南江恒之间的股权转让侵犯了苏光朋的股东权利及相关权益,相关董事会决议无效;(3)公司剥夺了苏光朋的知情权。

2016 年 9 月 28 日,公司收到即墨市人民法院关于苏光朋诉发行人、台湾有瑞、海南江恒股权转让纠纷一案的通知,苏光朋在起诉书中向即墨市人民法院提起诉讼,被告 1 为台湾有瑞实业股份有限公司、被告 2 为海南江恒实业投资有限公司、被告 3 为青岛英派斯健康科技股份有限公司。诉讼请求为请求法院判令：被告 1 与被告 2 于 2011 年 12 月 20 日签订的《股权转让协议》及相应股权转让无效；将股权恢复至被告股权转让前的状态；三被告承担本案诉讼费。

由于被告 1 为境外主体，即墨市人民法院不具有涉外案件管辖权，本案被移送至青岛市中级人民法院审理。

2017 年 3 月 7 日，本案开庭审理，原告苏光朋当庭提交变更后的诉状，诉讼请求为：(1)原告拥有被告 3 青岛英派斯健康科技股份有限公司 3.83% 股权；(2)被告 1 与被告 2 于 2011 年 12 月 20 日签订的《股权转让协议》及相应股权转让行为无效；(3)将股权变更至原告或原告指定的第三方公司名下(经法庭当庭询问，原告苏光朋确定为变更至原告名下)；(4)三被告承担本案诉讼费。

2017 年 5 月 9 日，青岛市中级人民法院对上述案件出具了一审判决[(2017)鲁 02 民初 352 号民事判决书]：驳回原告苏光朋的诉讼请求。青岛市中级人民法院认为：(1)原告无权实际享有青岛英派斯公司的股权，亦无权请求将上述股权过户至其名下或其指定的第三人名下；(2)有瑞实业与海南江恒之间的股权转让协议合法有效，该股权转让经相关审批机关批准，并在工商行政管理机关办理了股权变更登记手续，股权转让符合法律规定业已履行完毕。

2. 二审诉讼的情况

2017 年 6 月 15 日，原告苏光朋向山东省高级人民法院提出上诉，上诉请求为："1. 撤销山东省青岛市中级人民法院(2017)鲁 02 民初 352 号民事判决书；2. 确认上诉人拥有青岛英派斯健康科技股份有限公司 3.83% 股权，将股权变更至上诉人或上诉人指定的第三方公司名下；3. 被上述人有瑞公司与海南江恒公司股权转让行为无效；4. 一、二审诉讼费用由被上诉人承担"。截至本招股说明书签署日，山东省高级人民法院尚未对该案进行宣判。

上述案件法院已作出一审判决驳回原告诉讼请求且为股东层面的诉讼，对公司经营业绩不会构成重大不利影响。

保荐机构认为：鉴于青岛市中级人民法院已对于苏光朋案件作出一审判决，因此，公司目前股权结构清晰，上述权益变动情况不会对本次发行构成重大不利影响。

二、佛燃股份(002911):小股东提起的股东代表诉讼

(一)《天然气分销售合同》纠纷合同涉及纠纷事项的全部权利、义务、责任条款

1. 纠纷主要事项说明

2006 年 2 月 14 日,顺德燃气与高压管网公司签订《天然气分销售合同》(合同编号:FSLNG - ZY - 02 - 003),约定高压管网公司向顺德燃气公司供应 1 万吨/年(稳产年)的大鹏一期气,合同期限为 25 年;且约定当佛山市获得新气源后本合同终止,双方就新气源另行签署新的分销售合同。

高压管网公司与顺德燃气于 2013 年 9 月就购买西气东输二线气(佛山市新增气源)签署了天然气购销合同,2013 年 12 月 31 日高压管网公司书面通知顺德燃气将按照合同约定终止该一万吨大鹏气合同,高压管网公司认为《天然气分销售合同》的终止条件"佛山市获得新气源后,本合同终止"已成就,并于 2014 年 1 月 1 日停止向顺德燃气供应广东大鹏一期合同气。

因《天然气分销售合同》中约定的高压管网公司向顺德燃气供应的广东大鹏一期合同气成本低于其他天然气气源成本,南华投资作为顺德燃气小股东认为高压管网公司应依据该协议自协议生效之日起至 2031 年期间向顺德燃气供应广东大鹏一期合同气,并认为合同条款中"当佛山市获得新气源后,本合同终止,双方就新气源另行签署新的分销售合同"的终止条件不成立,高压管网公司擅自停止供气属于违约行为,损害了顺德燃气的利益。南华投资同时认为自 2014 年 1 月 1 日起至 2015 年 12 月 31 日,因高压管网公司擅自停气造成顺德燃气损失 39,022,461 元,预计 2016 年 1 月 1 日至 2031 年 12 月 31 日的剩余合同期限内顺德燃气损失 98,406,900元,合计损失 137,429,361 元,并就高压管网公司继续履行《天然气分销售合同》或赔偿该金额多次提起诉讼。

2. 纠纷事项涉及的全部权利、义务、责任条款(略)

(二)南华投资的基本情况

佛山市顺德区南华投资有限公司成立于 2004 年 11 月 30 日,注册资本为 2000 万元,住所为佛山市顺德区大良鉴海北路 110 号、112 号、114 号,法定代表人为何炳坤,公司类型为有限责任公司。经营范围为对工业,国内商业,房地产业,社会服务业进行投资。实际控制人为何炳坤。

截至本核查意见出具日，南华投资的股权结构如表4-8-1：

表4-8-1 南华投资的股权结构

单位：万元

序号	股东	出资额	股权比例
1	何炳坤	1,473.44	73.67%
2	潘　琦	268.26	13.41%
3	李　骏	116.94	5.85%
4	黄擎津	73.84	3.69%
5	关国柱	31.26	1.56%
6	黄兆来	23.30	1.17%
7	陆晓东	12.96	0.65%
合计		2,000.00	100.00%

（三）诉讼进展

2015年10月26日，南华投资向佛山市中级人民法院起诉高压管网公司，并将顺德燃气作为第三人。南华投资认为，被告高压管网公司单方面停止《天然气分销售合同》（合同编号：FSLNG-ZY-02-003）项下的供气义务，系根据发行人的指示，侵害了顺德燃气的利益，南华投资委派在顺德燃气的董事提出维护顺德燃气的合法权益的要求被发行人委派在顺德燃气的董事反对而未获通过。

南华投资已分别要求顺德燃气及其董事会、监事会采取措施维护顺德燃气利益，但顺德燃气及其董事会、监事会未采取任何行动，故提起股东代表诉讼，要求：第一，判决高压管网公司继续履行《天然气分销售合同》（合同编号：FSLNG-ZY-02-003）；第二，判决高压管网公司按照《天然气分销售合同》（合同编号：FSLNG-ZY-02-003）约定的一期气价格向顺德燃气补充供应高压管网公司单方终止履行合同而停供的气量（自2014年1月1日之日起至实际恢复履行之日按照每年54万吉焦计算，暂计至2015年9月30日为94.5万吉焦）。高压管网公司对此提出管辖权异议。

2016年1月8日，佛山市中级人民法院作出《民事裁定书》[（2015）佛中法民二初字第253-1号]，认为南华投资的相关诉讼行为应受《天然气分销售合同》中仲裁条款的约束，裁定：驳回南华投资的起诉。

南华投资不服上述裁定，向广东省高级人民法院提起上诉，要求依法撤销佛山市中级人民法院作出的(2015)佛中法民二初字第253－1号《民事裁定书》,并要求裁定佛山市中级人民法院对该案具有管辖权,由佛山市中级人民法院继续审理该案。

2016年4月18日,广东省高级人民法院作出《民事裁定书》[(2016)粤民终468号],认为南华投资主张的事项应提交仲裁,裁定:驳回南华投资的上诉,维持原裁定。

2016年7月4日,南华投资(以下简称"原告")向佛山市中级人民法院起诉发行人(以下简称"被告"),认为:《天然气分销售合同》(合同编号:FSLNG－ZY－02－003)已成立生效,顺德燃气与高压管网公司应依法履行;高压管网公司擅自停止供气的行为属于根本性违约,严重损害顺德燃气利益;发行人作为顺德燃气的控股股东,利用关联关系损害顺德燃气的利益,应立即停止侵害顺德燃气利益,对顺德燃气承担赔偿责任,并承担本案的诉讼费用;南华投资作为顺德燃气股东已提请顺德燃气监事会对发行人提起诉讼,但监事会未在法定期限内提起诉讼,现南华投资代表顺德燃气对发行人提起代表诉讼,请求判令发行人立即停止损害第三人顺德燃气的利益;请求判令发行人作出股东大会决议,同意第三人顺德燃气对高压管网公司提起仲裁;请求判令发行人赔偿第三人顺德燃气经济损失137,429,361元;请求判令发行人承担本案的诉讼费用。

2016年10月16日,南华投资向佛山市中级人民法院申请增加诉讼请求,请求判令发行人在顺德燃气向高压管网公司提起仲裁事宜进行表决时,指令其派驻的董事同意顺德燃气启动仲裁程序。

2017年1月26日,广东省佛山市中级人民法院作出《民事判决书》[(2016)粤06民初163号],判决:驳回南华投资的全部诉讼请求。佛山市中级人民法院认为:(1)被告作为顺德燃气的法人股东,对《天然气分销售合同》终止的合法合约性显然应有自己的判断,仅依据被告既为顺德燃气的股东也是高网公司的股东这一事实,无法作出顺德燃气不同意提起仲裁的行为系侵害顺德燃气利益的认定。(2)被告作为顺德燃气的法人股东,其派出董事在顺德燃气对案件所述事项进行讨论和审议的董事会中具有根据自己的判断独立发表意见、行使表决的权利,这是公司法赋予股东参与公司治理的基本权利,也是顺德燃气章程赋予董事的权利。原告主张被告存在《公司法》第28条第1款关于股东滥用权利损害公司利益的行为,该主张缺乏事实及法律依据。(3)原告在本案中并未提供充分、确凿的证据证实被告存在损害顺德燃气利益的行为,且本案现有证据无法表明顺德燃气确实产生损失,故原告要求被告赔偿损失的诉讼请求不成立,该院依法不予支持。(4)原告要求法院判令被告在顺德燃气的董事会及股东会中作出同意顺德燃气向高网公司提起仲裁的意思表示,该诉讼系对公司股东独立判断、独立行使表决权的干预,于法无据，该院不予支持。

2017 年 2 月 17 日，就南华投资与发行人、顺德燃气的损害公司利益责任纠纷一案，南华投资不服佛山市中级人民法院（以下简称“原审法院”）作出的（2016）粤 06 民初 163 号判决（以下简称“原审判决”），向广东省高级人民法院上诉，要求：（1）请求广东省高级人民法院依法撤销原审判决并改判支持南华投资的全部诉讼请求：①改判发行人立即停止损害第三人顺德燃气的利益；②改判发行人在第三人顺德燃气的股东会决议和董事会决议中同意第三人顺德燃气对高压管网公司提起仲裁；③改判发行人赔偿第三人顺德燃气经济损失人民币 137,429,361 元。（2）请求广东省高级人民法院判令由发行人承担本案一审、二审的诉讼费用。

截至本招股说明书签署日，广东省高级人民法院尚未对该案作出判决。

2017 年 5 月 19 日，南华投资向广东省佛山市顺德区人民法院起诉顺德燃气和发行人。南华投资请求法院确定顺德燃气第三届董事会第二十三次会议决议无效，并请求法院判令被告承担本案的诉讼费用。南华投资认为 2015 年 5 月 21 日南华投资通过其派出董事在顺德燃气第三届董事会第二十三次会议上提出了《关于要求佛山市高压管网有限该公司即时恢复供应一万吨一期大鹏气并补足之前停供量的议案》，遭到了发行人派出董事的反对从而导致顺德燃气作出不同意对高压管网公司采取法律手段解决纠纷的董事会决议。南华投资认为发行人作为顺德燃气的控股股东，出于袒护其子公司高压管网公司免其承担法律责任的故意，滥用控股股东地位，并利用其关联关系，导致顺德燃气董事会作出不同意对高压管网公司采取法律手段解决纠纷的第三届董事会第二十三次会议决议，该董事会决议应属于无效决议。

截至本招股说明书签署日，公司尚未收到广东省佛山市顺德区人民法院对该案判决的结果。

（四）对公司生产经营及财务结果的具体影响

2017 年 3 月 3 日，发行人代理律师北京市金杜（广州）律师事务所出具《备忘录》，认为：

“从南华投资的起诉状、举证及其在本案一审开庭时的陈述来看，本案的争议焦点主要包括两大方面：其一是佛燃集团是否构成侵权，如构成侵权、南华投资是否有权要求佛燃集团按照南华投资的要求做出股东会决议或在第三人顺德燃气的股东会及董事会会议中按照南华投资的要求进行表决；其二是第三人顺德燃气是否确实遭受损失，如有损失，则损失与佛燃集团之间是否存在因果关系、佛燃集团是否应承担相应的侵权赔偿责任。”

“佛山中院在一审判决中已经对上述争议事项进行了充分论证，尤其是针对南华投资请求判令佛燃集团赔偿顺德燃气经济损失的诉讼请求，佛山中院经审理后确认了认定顺德燃气是否遭受经济损失必须以佛山仲裁委员会就《天然气分销售合同》的终止纠纷做出生效裁决为前提。南华投资经佛山中院提示而拒绝向佛山仲裁委员会申请仲裁，而是在无仲裁裁决确认高压管网终止供气构成违约的情况下直接请求法院判令佛燃集团向顺德燃气支付经济赔偿，南华投资的举证既不足以证明侵权损害结果已经实际发生，也不足以证明其诉称的损害结果与佛燃集团之间存在因果关系，在法定的侵权责任构成要件不成立的情况下，我们认为广东高院针对该项诉讼请求作出相反判决的可能性较低。

至于南华投资请求判令佛燃集团做出股东会决议及/或在顺德燃气的股东会、董事会会议中按照南华投资的要求进行表决的诉讼请求，我们认为，佛燃集团及佛燃集团派驻至顺德燃气的董事均是独立的法律主体，其独立行使表决权的法定权利不应受到包括南华投资在内的任何第三方的干涉。即使南华投资认为顺德燃气应当申请仲裁而佛燃集团对此不予同意，南华投资也应依法以顺德燃气股东的身份代表向佛山仲裁委员会申请仲裁，其诉诸法院并请求判令佛燃集团按照其要求做出决议或行使表决权利缺少充分的法律依据。鉴于此，如果南华投资在二审过程中无法提供进一步证据或提出法律依据，则我们倾向于认为广东高院针对该项诉讼请求作出相反判决的可能性较低。”

同时，根据基于对案情分析和纠纷事项的判断，发行人预计其于该等诉讼中败诉的可能性较低。

以下对公司生产经营及财务结果具体影响的分析，在最不利发行人的假设条件下做出，即假设广东省高级人民法院在二审中判定高压管网公司在《天然气分销合同》中违约并侵害了顺德燃气的利益。公司因二审败诉、后续仲裁失利而产生的两种不利情况如下：

1. 赔偿可能性一：高压管网公司向顺德燃气按原告诉求全额赔付

若发行人于本案中终审败诉，南华投资向佛山仲裁委员会提起仲裁，佛山仲裁委员会裁决高压管网公司或发行人（若赔偿人为发行人，则发行人将向控股子公司高压管网公司就对赔偿部分进行追偿）按南华投资的损失主张全额赔付，即高压管网公司赔偿控股子公司顺德燃气13,742.94万元。该种情形下该项纠纷诉讼可能形成的不利结果对发行人2016年的财务成果影响分析具体如表4－8－2：

表4－8－2　诉讼不利结果对发行人财务成果影响分析

单位：万元

事项	赔偿可能性一
败诉最不利结果的赔偿费用（A）	13,742.94
败诉预计诉讼费用（B）	145.79
败诉赔偿费用合计（C＝A＋B）	13,888.73
败诉影响归属于母公司净利润的金额（D）	2,299.97
发行人2016年归属于母公司的净利润（E）	33,714.42
影响金额占归属于母公司净利润的比例（D/E）	6.82%

注：D＝C＊0.75＊（40.00%－17.92%）；40%系顺德燃气少数股东持有其权益的比例；17.92%系高压管网公司少数股东持有其权益的比例。

2.赔偿可能性二：高压管网公司向顺德燃气按原告诉求赔偿已发生损失，后续年度高压管网公司继续执行《天然气分销合同》

若发行人于本案中终审败诉，南华投资向佛山仲裁委员会提起仲裁，佛山仲裁委员会裁决高压管网公司或发行人（若赔偿人为发行人，则发行人将向控股子公司高压管网公司就对赔偿部分进行追偿）赔偿顺德燃气已发生损失4886.32万元（假设2017年6月底仲裁生效，赔偿期间为2014年1月1日至2017年6月30日期间），后续由高压管网公司继续执行《天然气分销合同》。若高压管网公司继续执行《天然气分销合同》，以市场价格购买天然气后向顺德燃气以合同价格销售，高压管网公司将在2017年7月1日至2031年12月31日期间每年承担因价格差异而新增的运营成本，进而影响公司未来2017年至2031年期间归属于母公司的净利润。

该种情形下该项纠纷诉讼可能形成的不利结果对发行人2016年的财务成果影响分析具体如表4－8－3：

表4－8－3　诉讼不利结果对发行人财务成果影响分析

单位：万元

事　项	赔偿可能性二
败诉当期最不利结果的赔偿费用（2014年－2017年上半年）（A）	4,886.32
败诉当期承担的诉讼费用（B）	145.79
败诉当期最不利结果的赔偿费用合计（C＝A＋B）	5,032.10
影响母公司净利润的金额（D）	833.32

续表

事　　项	赔偿可能性二
发行人2016年归属于母公司的净利润(E)	33,714.42
影响金额占归属于母公司净利润的比例(D/E)	2.47%
后续13.5年内每年新增运营成本(F)	656.05
后续13.5年内每年的新增成本影响归属于母公司净利润的金额(G)	108.64

注:D=C*0.75*(40.00%-17.92%);G=F*0.75*(40.00%-17.92%);40%系顺德燃气少数股东持有其权益的比例;17.92%系高压管网公司少数股东持有其权益的比例。

赔偿可能性一的赔偿费用预计占发行人2016年归属于母公司净利润的比例为6.82%;赔偿可能性二高压管网公司赔偿顺德燃气已发生损失后,预计未来一次性影响金额预计占发行人2016年归属于母公司净利润的比例为2.47%。同时,公司在高压管网公司一次性赔偿顺德燃气已发生损失后至2031年12月31日继续执行《天然气分销合同》期间,每年受该纠纷事项影响归属于母公司净利润的金额预计为108.64万元。综上,上述赔偿可能性产生的赔偿费用对公司的财务成果影响较小。

该案代理律师意见及公司分析判断,公司于该诉讼事项中败诉的可能性较低。该诉讼赔偿事宜不影响公司或高压管网公司正常生产经营和持续经营。

三、雪龙集团股份有限公司(未通过):股权转让的合理性

2007年1月20日,经雪龙有限董事会审议通过:林玮宣将其持有的雪龙有限25%股权转让给香港绿源;贺财霖、贺群艳分别将其持有的雪龙有限5%、10%的股权转让给贺频艳。同日,林玮宣与香港绿源签订《股权转让协议》,约定林玮宣将其所持雪龙有限25%股权作价131.60万美元转让给香港绿源,并由香港绿源以货币缴足林玮宣未实际缴付的25.90万美元出资额;贺财霖、贺群艳分别与贺频艳签订《股权转让协议》,约定贺财霖将其所持雪龙有限5%股权作价31.50万美元转让给贺频艳;贺群艳将其所持雪龙有限10%股权作价63.00万美元转让给贺频艳。本次股权转让的定价依据为原出资额。

2007年1月29日,宁波经济技术开发区管理委员会出具《关于宁波雪龙集团有限公司股权变更的批复》(宁开政项〔2007〕33号),对上述股权转让予以批准。

2007年1月29日,雪龙有限取得换发后的《台港澳侨投资企业批准证书》(商外资资甬字〔2002〕0015号)。

2007年2月12日,宁波东海会计师事务所有限公司出具《验资报告》(宁东会

验字〔2007〕1004 号）：经审验，截至 2007 年 2 月 9 日止，公司收到香港绿源缴纳的注册资本 25.90 万美元，以货币方式出资。本次增资完成后，公司认缴注册资本 630.00 万美元，实缴注册资本 630.00 万美元。

2007 年 3 月 30 日，雪龙有限就该等事项办理了相应的工商登记变更手续并取得了《企业法人营业执照》（注册号：企合浙甬总字第 005933 号）。本次变更完成后，雪龙有限的出资情况具体如表 4－8－4：

表 4－8－4　雪龙有限的出资情况

序号	股东名称	出资额（万美元）	出资比例（%）
1	贺财霖	157.50	25.00
2	香港绿源	157.50	25.00
3	贺频艳	157.50	25.00
4	贺群艳	157.50	25.00
合计		630.00	100.00

本案例发行人，本来就是一个很普通的外商投资者转让股权的问题，但是因为存在非常明显的不符合基本常识和商业逻辑的问题，因而被重点质疑是否存在股份代持后者信托计划等情形。不符合常识的两个核心就是价格和价款支付。关于价格，在上市之前（甚至是在 2017 年）的股权转让价格竟然是原始出资额作为定价依据，简直是不可思议。关于价款支付，境外自然人转让股权，香港绿源的转让款资金来源竟然是境外自然人的借款，说白了就是香港绿源受让 25% 的股权竟然没有花一分钱。这两个问题结合起来小兵认为简直没有一点解释的余地，可以基本上认定就是股份代持的情形，只是发行人找到了一个境外自然人投资 25% 来满足外商投资企业的性质，从而可以享受税收优惠。

第九节　经营资质问题

【商业逻辑与背景分析】

关于经营资质，从商业逻辑的角度来说，一点都不难理解，我们很多行业的企业都有对口的监管部门，监管部门对企业的监管既有事前管理也有事后管理，事前管理主要就是通过发布相关准入资格证书的方式来实施。某些行业的企业，在经营相应的业务之前，必须取得主管部门颁布的证书才可以正式生产经营，不然就是违规经营，存在重大的风险，也不符合基本的IPO审核标准。

关于经营资质在IPO实践中的情形简单总结起来不过就是两种：一种是没有资质经营，说白了就是没有资格之前就已经开始经营了；另一种就是超越资质经营，就是本来发的A业务的经营资质，结果你干了AA的业务。当然，可能还有一种情况，就是尽管有资质但是跟发行人现有的业务没有直接关系，有点"浑水摸鱼"的意思，这种情况本质上也属于无资质经营的情形。

其实，经营资质的问题在IPO的不同阶段都会遇到。现在基本可以达成共识的就是：如果发行人的生产经营资质存在问题，那么就是发行人的经营合规性存在问题，也就是发行人在报告期内的经营业绩也是存在重大风险的，因而是不符合发行条件的。从这个角度来说，一般情况下IPO不允许发行人在报告期内存在经营资质的瑕疵问题。如果报告期内存在经营资质瑕疵问题，除非经营资质的对口主管部门出具证明意见明确说明没有问题，在理论上是可以解决这个问题的，但是实践中这个证明文件几乎没有可能拿到。道理很简单，监管部门不可能自己承认自己监管有问题，并且还要出一个书面文件证明自己的监管有问题。

很多项目会遇到经营资质的问题，这些项目绝大部分都没有走到最后，或者有些项目因为资质问题就直接时间换空间都放到了报告期外，这也就是现有的公开的IPO审核案例关注到经营资质问题的案例并不是很多的原因。案例不多，不代表这个问题不重要，而是因为这个问题很重要，实践中一般都不敢带着这样的硬伤去申报IPO。其实，类似这样的问题还有一些，如股份纠纷的问题、实际控制人问题、特殊股东背景问题等，这些问题在公开的IPO案例中同样很少遇到，但是不代表不重要，反而是很重要。

关于经营资质的问题，还有一种特殊的情况，就是监管部门对于行业经营资质统一的升级和严格控制。尽管这样的政策对同一个行业的企业影响是一致的，但是企业对于这样的政策反应速度和抗风险能力是完全不同的，这种情况下也可能对企业的经营模式、经营业绩以及未来的盈利能力产生重大不利影响。

【核查方法指引】

关于经营资质的问题，核查思路主要有以下几个方面：

1. 核查企业所处行业的监管政策、监管规则以及监管部门，了解发行人生产经营是否需要提前申请资质。

2. 发行人取得资质的时间、等级、性质、是否有效期内，资质的相关情况与发行人的生产经营是否吻合，从而判断是否存在无资质或者跨越资质经营的问题。

3. 对发行人业务人员以及相关客户访谈，确认是否存在无资质经营或者超越资质经营的情形。

4. 发行人如果存在资质瑕疵的情形，需要判断瑕疵产生的原因、时间以及对发行人的影响，瑕疵是否已经彻底消除，是否影响发行人报告期经营的合规性，是否影响 IPO 发行条件。

5. 对发行人监管部门相关人员进行访谈，确认发行人相关资质取得以及生产经营是否合法合规，是否存在被处罚的风险。

结合案例的具体情况，对一些具体存在的问题做简要分析。

一、浙江叁益科技股份有限公司（未通过）：因为资质放开净利润下降 75%

发行人产品主要有防护设备和防化设备两大类，现在各个地区应该都是还有人防工程的，发行人的产品就主要用在各个地区的人防工程上。发行人的人防门基本上全部是在浙江省内销售，防化设备则是全国销售。

发行人主要还是依靠资质的管理在市场上实现了相对的一种垄断，尤其是在浙江省地区，发行人依靠当地的市场以及长期合作的关系（2001 年就成立）不仅业绩稳定并且还实现了非常高的毛利率（60% 的毛利率）。2015 年，监管机构放开了防化设备的生产资质的审批，具备资质的企业由 6 家增加至 34 家，原来可能是六家企业共同分享整个市场的蛋糕，大家都没有什么竞争意识也相安无事，突然之间多了 30 家企业来分享这个蛋糕，显然对原有的市场竞争格局会有颠覆性的影响。

发行人作为市场的老牌企业，理应对这样的重大变革有着充足的准备，在面对竞争的时候也有着市场先行优势，不过从业绩的结果来看，显然结果并不是那么理想。发行人 2016 年的收入下降了刚好 50%，而净利润直接从 2 亿多元下降至不足 5000 万元，下降幅度达到 75%。尽管发行人一直很努力在保证业绩的稳定，并且 2016 年还及时开发了新的警报产品，毛利率高达 75%，但是显然 2017 年业绩也只能维持 2016 年的水平，很难回到 2015 年的水平。

如果给发行人充足的时间，发行人是否还可以恢复原状甚至绝地反击呢？至少从目前的状况来看我们不能得到明确结论。发行人在手订单不足，产品销售单价大幅下降，存货周转率逐年降低，这些重要的特征和指标都预示着发行人未来面对的市场会更加残酷。市场环境已经变了，那么，发行人要实现曾经的业绩规模很难了，甚至是否能保持 2017 年的水平都不确定，因而发行人属于 IPO 典型的未来持续盈利能力不确定的情形。

二、北京巅峰智业旅游文化创意股份有限公司(未通过):超越资质经营

对于本案例来说,超越资质或无资质经营问题仍旧是一个没法破解的难题。尽管发行人通过很大的努力取得了相关项目甲方的一个证明文件,甲方确认在签署合同和执行项目的时候知晓发行人不具备相关的资质,也承诺不会进行处罚,但是监管机构还是更加看重资质主管部门的意见,也就是说,解铃还须系铃人。这个资质是北京市规划委员会颁发的并且规定了业务范围,那么就需要找到这个部门确认是否合规,就算是不出具公文性质的证明,至少应该有一个访谈的明确意见。很多项目也都尝试通过资质主管部门访谈或者出具证明的方式来解决超越资质或无资质经营的合规性问题,但是效果一般都不是很好。

最后,监管机构也对发行人的生产经营合法合规性问题作了一个总结,认为:结合应该招投标而没有招投标的因素以及超越资质签署合同实施项目的因素,发行人的生产经营合法合规性是存在重大风险的。

三、赣州腾远钴业新材料股份有限公司(未通过):关于资质的经典困局

发行人成立于2004年,产品已经都不属于危险化学品,因而也就不需要办理生产证和登记证。直到2015年国家安监局修改了危险化学品目录,发行人产品成为危险化学品,就需要办证了,并且需要在2015年5月1日前办好证书。实践中,这么重要的资格证书办理下来显然是需要时间的,安监局给了企业差不多两个月的时间,显然很多企业都满足不了及时办证的要求。换句话说,新老政策的过渡期只有两个月显然是不现实的。证书办不下来,发行人2015年5月1日之后就成为无证经营,直到2017年3月取得临时证书。这个无证经营的区间几乎就是发行人IPO的报告期,确实影响比较严重也比较容易引起关注。可是对于企业尤其是化工企业来说,无论如何生产也不可能停止,因为停产造成的损失是根本无法弥补的。

事实如此,发行人只能是闭着眼去解释并解决这个问题,解释的思路还是非常值得我们借鉴,具体来说如下:

首先,发行人解释无证经营是客观原因导致的,并非是发行人自己的原因,这个理由是站得住脚的。一来安监局过渡期短是事实,当地的安监局也承认还没有想好怎么来办理相关证书的具体工作。二来发行人也找到了一些当地的行业规

划，说明只有在化工集中园区的才需要办证，不在园区的暂时不用办证，发行人是在2017年3月才被划到集中园区的，这时候需要办证发行人也办了证书。

其次，发行人还是取得了省级安监局的证明文件，确认发行人无证经营行为确实不妥，不过确实也有客观因素，并且承诺不会追加处罚。

最后，实际控制人承诺，发行人尽管无证经营，但是确实一直也没有发生过问题并且是事出有因，如果以后有什么责任全部承担。

具体到本案例的情况，尽管发行人有些解释确实有点牵强，不过整个思路还是可以接受的。毕竟整个问题还是给出了一个教科书般的解决思路：监管部门确实有责任，发行人不是主观故意不去办理证书，省级主管部门出具了证明文件，发行人历史上从来没有违规行为和安全事故，实际控制人承诺。

【具体案例分析】

一、浙江叁益科技股份有限公司（未通过）：因为资质放开业绩下滑75%

（一）业绩波动的风险

2015年，一批人防设备企业逐步通过防化设备（过滤吸收器）生产资质审批，具备防化设备（过滤吸收器）生产资质的企业由原来的6家增加至34家。2016年以后，原仅有几家企业具备防化设备（过滤吸收器）生产资质的局面被打破，市场份额不再集中，行业竞争更加充分，由此导致公司2016年过滤吸收器产品的销量及售价同比均有较大幅度下降；此外，随着防化设备准入企业的大幅增加，原单一的国家外部检测机构检测力量出现不足，在一定程度上也制约了公司过滤吸收器产品的生产及销售，从而导致公司2016年经营业绩较2015年有较大幅度下降。

为满足市场需求，主管部门国家人防办已于2017年4月完善外部检测制度，将人防工程防化设备质量监管纳入国家质检体系联合监管，另行择优选聘了三家国家级的市场化检测机构，检测力量充分增加，可有效消除外部检测力量不足对行业发展的制约。同时，经过两年多的市场充分竞争，防化设备产品的竞争格局已趋于稳定，在市场竞争中，公司充分发挥自身优势，已具备了较强的综合竞争力，并积极开发新产品以应对竞争局面的变化，但仍无法排除未来市场竞争环境发生较大变化对公司业绩造成不利影响的风险。

(二)发行人主要经营模式

防护设备(人防门)产品主要在浙江省内销售,以直销为主,直接面向终端客户;防化设备、警报设备产品的销售总体采用直销和经销相结合的方式,其中在浙江省内两种销售模式并存,在浙江省外以经销模式为主。

1. 直销模式

公司的直销客户主要为房地产开发商、建筑承包商和政府及企事业单位等。在直销模式下,公司直接与客户进行洽谈、签订协议,并直接将产品销售给客户。

2. 经销模式

(1)经销流程及相关内部控制制度

公司通过与经销商签订《经销商协议》确立商务合作关系,并根据符合市场行情的批发价向经销商销售相关产品,经销商协议实行"一年一签",为框架协议。公司的经销模式总体属于"订单式销售",除个别较大规模的经销商根据当地市场需求对常规产品进行少量备货外,其他经销商基本不备库存。一般情况下,经销商根据其下游客户的实际需求量每次向公司下订单确认具体产品的数量和型号,销售部门收到订单后,通知生产部门组织生产,发货前由销售部门核实经销商的信用政策,并经财务部复核款项支付情况后,由仓储物流部安排发货。报告期内,除个别规模较大、长期合作的经销商外,公司主要采取款到发货的结算模式。

(2)经销商的确定、布局及存续情况

公司在进行经销商布局时,主要根据各地人防办政策、各地经济发展程度、地理位置等多方面因素进行综合考虑。总体原则是一个省级区域布局一家经销商,对经济发达省份或人防重点省份,布局一至两家经销商,对当地人防办有不同政策要求或市场需求特别旺盛的省份,再增加经销商的布局。公司选取经销商时主要考量以下因素:在当地是否拥有一定的社会资源、是否有较强的市场开拓能力及销售渠道、是否具备一定的资金实力、商业信用是否良好。公司与符合上述要求的企业进行商务谈判,并择优确定经销商。报告期内,与公司合作过的经销商共32家,均具备一定的规模,其中注册资本超过1000万元的有10家。公司与各经销商建立了相对稳定的合作关系,合作年限超过3年以上的有31家。2015年、2016年和2017年,与公司签订经销商协议的经销商分别为22家、31家和27家。

报告期内,发行人产品销售单价变动情况如表4-9-1:

表 4-9-1　发行人产品销售单价变动情况

单位:万元/樘、台

产品名称	2017 年	2016 年	2015 年
防护设备系列产品	0.59	0.66	0.66
防化设备系列产品	0.94	1.37	1.97
警报设备	6.24	7.05	—

报告期内,发行人产品销售毛利率情况如表 4-9-2:

表 4-9-2　发行人产品销售毛利率情况

类别	2017 年	2016 年	2015 年
主营业务毛利率	46.73%	46.30%	59.55%
其中:防化设备	52.06%	50.01%	62.18%
防护设备	38.36%	38.74%	43.10%
警报设备	74.54%	76.89%	—

报告期内,发行人毛利率与同行业可比公司对比情况如表 4-9-3:

表 4-9-3　发行人毛利率与同行业可比公司对比情况

公司名称	2017 年		2016 年		2015 年	
	收入(万元)	毛利率	收入(万元)	毛利率	收入(万元)	毛利率
国泰人防(835395)	1,962.26	20.64%	7,477.35	53.34%	6,622.96	49.12%
科志股份(870804)	1,878.06	18.18%	3,406.91	21.10%	10,069.57	46.24%
上海众幸(835849)	2,193.46	43.36%	2,612.34	46.32%	1,986.96	45.48%

注:数据来自公开披露信息。同行业可比公众公司尚未披露 2017 年年报,其 2017 年的收入金额为披露的 2017 年半年报数据 *2,毛利率为披露的 2017 年半年报数据。

二、北京巅峰智业旅游文化创意股份有限公司(未通过):超越资质经营的尝试失败

2015 年 8 月 18 日,本公司控股股东、实际控制人束盈出具承诺函,承诺若因公司及其子公司超越资质从事相关设计业务受到主管机关行政处罚或与合同相对方因相关设计合同的履行产生任何诉讼、仲裁、索赔或其他任何法律纠纷,束盈将承

担由此产生的所有经济损失、费用及承担任何相应的法律责任。

本公司与内蒙古呼和浩特市赛罕区建设局于2011年2月签署《内蒙古小黑河景观方案、扩初、施工图设计服务合同》,与呼和浩特市园林管理局于2011年3月签署《内蒙古敕勒川公园景观方案、扩初、施工图设计服务合同》,以及与呼和浩特市回民区住房和城乡建设局于2011年6月签署《呼市成吉思汗大街(扎达盖河至乌素图沟)景观工程方案、扩初、施工图设计服务合同》。上述三项景观工程项目各单项工程总投资额均超过2000万元。

截至2015年12月,《呼市成吉思汗大街(扎达盖河至乌素图沟)景观工程方案、扩初、施工图设计服务合同》《内蒙古敕勒川公园景观方案、扩初、施工图设计服务合同》《内蒙古小黑河景观方案、扩初、施工图设计服务合同》已执行完毕,《呼市成吉思汗大街(扎达盖河至乌素图沟)景观工程方案、扩初、施工图设计服务合同》和《内蒙古小黑河景观方案、扩初、施工图设计服务合同》尚有部分应收账款未收回。

本公司拥有风景园林工程设计专项乙级资质。根据原中华人民共和国建设部《工程设计资质标准》(建市〔2007〕86号)附件6－5《风景园林工程设计专项资质标准》,拥有风景园林工程设计专项乙级资质的主体可承担业务范围为中型以下规模风景园林工程项目和投资额在2000万元以下的大型风景园林工程项目的设计。公司上述3项景观工程项目超出风景园林工程设计专项乙级资质可承接的业务范围。呼和浩特市园林管理局、呼和浩特市回民区住房和城乡建设局、呼和浩特市赛罕区住房和城乡建设局认可公司规划设计能力,选择公司承接上述3项景观工程项目的设计工作。

2014年6月,呼和浩特市园林管理局、呼和浩特市回民区住房和城乡建设局、呼和浩特市赛罕区住房和城乡建设局分别出具《证明》,证明自2011年1月1日至今,发行人在承做上述项目过程中,未发生重大违法违规行为,也未发生因违反相关法律法规而受到处罚的情形。

2015年7月16日,内蒙古呼和浩特市赛罕区住房和城乡建设局出具《证明》,证明其在与发行人签署《内蒙古小黑河景观方案、扩初、施工图设计服务合同》时知晓发行人拥有风景园林工程设计专项乙级资质的情况,因资质问题与发行人不存在可预见的法律纠纷,也不会因资质问题对发行人进行行政处罚。

2015年7月17日,内蒙古呼和浩特市回民区住房和城乡建设局出具《证明》,证明其在与发行人签署《呼市成吉思汗大街(扎达盖河至乌素图沟)景观工程方案、扩初、施工图设计服务合同》时知晓发行人拥有风景园林工程设计专项乙级资质的情况,因资质问题与发行人不存在可预见的法律纠纷,也不会因资质问题对发行人进行行政处罚。

2015 年 7 月 16 日，内蒙古呼和浩特市园林管理局出具《证明》，证明其在与发行人签署《内蒙古敕勒川公园景观方案、扩初、施工图设计服务合同》时知晓发行人拥有风景园林工程设计专项乙级资质的情况，因资质问题与发行人不存在可预见的法律纠纷。

2015 年 7 月 27 日，内蒙古呼和浩特市城乡建设委员会出具《证明》："目前，接园林局提供的情况，该合同中约定的所有工作内容已履行完成，且该项目在该合同履行中未产生任何法律纠纷。"

保荐机构认为：针对与内蒙古呼和浩特市赛罕区住房和城乡建设局等 3 家单位签署的设计服务合同，内蒙古呼和浩特市赛罕区住房和城乡建设局等 3 家单位已知悉发行人资质情况，当地建设主管部门已出具《证明》，上述合同执行情况良好，不存在潜在法律纠纷，未来不会受到行政处罚，对本次发行上市不构成实质性障碍。

发行人律师认为：根据相关法律法规的规定、控股股东出具的承诺，并经本所律师核查上述设计合同的履行情况，且鉴于发行人已取得合同相对方政府机关出具的证明确认该等机关知悉发行人履行上述合同的相关资质情况，并认可发行人的规划设计能力，在出具前述证明之时不存在行政处罚，发行人超越资质从事相关设计业务应该不会受到政府主管机关的行政处罚，发行人与合同相对方不存在法律争议或纠纷，发行人超越资质从事相关设计业务的行为对本次发行上市不构成重大实质性障碍。

三、赣州腾远钴业新材料股份有限公司(未通过)：资质问题的现实困局

(一)发行人办理危险化学品登记和危险化学品安全生产许可证的情况

发行人成立于 2004 年 3 月，主要从事钴、铜产品的研发、生产与销售，产品主要包括硫酸钴、氯化钴、四氧化三钴和电积铜。根据当时适用的《危险化学品名录》(2002 年版)(原国家安全生产监督管理局公告 2003 年第 1 号)，前述产品均不属于危险化学品。

2015 年 2 月 27 日，国家安全生产监督管理总局等部门修订了原《危险化学品名录》(2002 年版)，公布《危险化学品目录》(2015 年版)并于 2015 年 5 月 1 日起正式施行。根据该目录，发行人生产和销售的硫酸钴和氯化钴产品自 2015 年 5 月 1 日起被列为危险化学品。

2017 年 3 月 29 日，江西省化学品登记局向发行人颁发证号为 360710107 的《危险化学品生产单位临时登记证》，有效期为 3 个月。

2017 年 4 月 5 日，国家安全生产监督管理总局化学品登记中心向发行人颁发证书编号为 360710123 的《危险化学品登记证》，有效期至 2020 年 4 月 4 日。

2017 年 5 月 15 日，江西省安监局向发行人颁发编号为（赣）WH 安许证字〔2017〕0939 号的《安全生产许可证》，有效期至 2020 年 5 月 24 日。

发行人在取得安全生产许可证和危险化学品生产单位登记证之前从事销售危险化学品的销售情况如表 4－9－4：

表 4－9－4　发行人取得资质前从事销售危险化学品的销售情况

单位：万元

区间	收入金额	所属期间收入总额	占比
2015 年 5－12 月	34，280.93	56，429.86	60.75%
2016 年	50，545.17	62，241.50	81.21%
2017 年 1 月－5 月 15 日（自产）	36，567.30	83，089.41	44.45%
2017 年 1 月－5 月 15 日（受托加工）	369.00		
合计	121，762.40	201.760.77	—

（二）发行人未及时办理危险化学品登记和危险化学品安全生产许可证的原因

2015 年 4 月 30 日前，氯化钴和硫酸钴未被列入危险化学品目录，根据《危险化学品安全管理条例》《危险化学品登记管理办法》《危险化学品生产企业安全生产许可证实施办法》相关法律法规的规定，发行人生产氯化钴和硫酸钴无须办理危险化学品登记和危险化学品安全生产许可证。

2015 年 2 月 27 日，国家安全生产监督管理总局等部门修订了原《危险化学品名录》（2002 年版），公布新的《危险化学品目录》（2015 年版）。根据新目录，自 2015 年 5 月 1 日起，氯化钴和硫酸钴被新列入危险化学品目录，发行人生产、储存和销售氯化钴和硫酸钴产品应当办理危险化学品登记并取得危险化学品安全生产许可证。在新目录颁布后，对于原未列入名录而本次新增的危险化学品的已建在产企业的新老划断和过渡期安排等具体事宜，国务院相关部委和江西省地方政府并未作出具体的细则规定。

在发行人投资建厂至新目录颁布前的多年时间里，发行人生产销售氯化钴和硫酸钴产品符合有关法律法规的规定，在新目录正式实施后的一段时期内，发行人未能办理危险化学品登记和危险化学品安全生产许可证，不符合有关法律法规的规定，但存在不可归咎于发行人的客观原因。江西省安监局于 2017 年 3 月 29 日出具的《证明》也证明了这一事实。其中，地方政府对于发行人所在区域的规划调整问题就是重要的外部因素：

1. 根据国务院《危险化学品安全管理条例》（2011 年修订）的规定，地方人民政府组织编制城乡规划，应当根据本地区的实际情况，按照确保安全的原则，规划适当区域专门用于危险化学品的生产、储存。根据国务院安全生产委员会发布的《关于进一步加强危险化学品安全生产工作的指导意见》（安委办〔2008〕26 号）和江西省人民政府办公厅发布的《关于切实加强危险化学品安全生产工作的意见》（赣府厅发〔2010〕3 号）的规定，并经走访发行人所在地的安全生产监督管理部门查证确认，办理危险化学品登记和危险化学品安全生产许可证的前提条件包括，生产危险化学品的区域要位于县级以上地方人民政府确定的化工集中区域或化工园区。

2. 根据江西省化学工业设计院编制并经赣县人民政府同意的《赣县化工产业集中区安全发展规划（2011 年～2020 年）》，在新的危险化学品目录颁布时，发行人厂区所在地尚未划入化工产业集中区。经向赣州市赣县区安全生产监督管理局和赣州高新技术产业园区管理委员会查证确认，红金工业园中包括发行人在内的多家生产原未列入目录，而本次新增为危险化学品的企业均是在新目录实施前已建设投产多年，由于涉及已建、在产企业的新老划断和过渡期安排等一系列问题，为了维护社会稳定和保障企业权益，地方政府和安全生产监督管理等部门根据当地的实际情况，采取调整辖区内化工产业集中区规划的方式，解决企业的危险化学品生产许可问题，而并未要求企业即行转产、停产、搬迁或关闭。调整化工产业集中区规划的工作需要履行相关行政流程，涉及多个部门。在此项工作完成前，企业无法启动办理危险化学品登记和危险化学品安全生产许可证的流程。

3. 2016 年 12 月，江西省化学工业设计院编制完成《赣县区（赣州高新区）化工产业集中区安全发展规划（2016 年～2025 年）》。2017 年 3 月 13 日，赣州市赣县区人民政府正式同意该规划。根据该规划，发行人厂区所在地调整为化工产业集中区。在化工产业集中区规划调整完成后，发行人即于当月 29 日取得危险化学品生产单位临时登记证，于次月 5 日取得危险化学品登记证，于 5 月 15 日取得危险化学品安全生产许可证，完成了危险化学品生产、储存和销售所需的全部登记和许可手续。

根据《赣州腾远钴业新材料股份有限公司 6500t/a 钴系列产品技术改造项目安全设施设计专篇》《关于赣州腾远钴业新材料股份有限公司 6500t/a 钴系列产品技术改造项目安全设施设计审查的批复》《赣州腾远钴业新材料股份有限公司 6500t/a 钴系列产品技术改造项目安全验收评价报告》，发行人安全生产设施符合国家现行安全生产法律法规、标准和规范要求，其钴系列产品生产安全状况属可接受风险范围，满足危险化学品生产企业安全生产要求。

（三）发行人未及时办理危险化学品安全生产许可证不属于重大违法违规行为

《危险化学品安全管理条例》规定，“未依法取得危险化学品安全生产许可证从事危险化学品生产，或者未依法取得工业产品生产许可证从事危险化学品及其包装物、容器生产的，分别依照《安全生产许可证条例》、《中华人民共和国工业产品生产许可证管理条例》的规定处罚。”《安全生产许可证条例》规定，“违反本条例规定，未取得安全生产许可证擅自进行生产的，责令停止生产，没收违法所得，并处10万元以上50万元以下的罚款；造成重大事故或者其他严重后果，构成犯罪的，依法追究刑事责任。”《危险化学品生产企业安全生产许可证实施办法》规定，“企业有下列情形之一的，责令停止生产危险化学品，没收违法所得，并处10万元以上50万元以下的罚款；构成犯罪的，依法追究刑事责任：（一）未取得安全生产许可证，擅自进行危险化学品生产的；（二）接受转让的安全生产许可证的；（三）冒用或者使用伪造的安全生产许可证的。”《安全生产许可证条例》规定，“本条例规定的行政处罚，由安全生产许可证颁发管理机关决定。”《危险化学品生产企业安全生产许可证实施办法》规定，“省、自治区、直辖市安全生产监督管理部门（以下简称省级安全生产监督管理部门）负责本行政区域内中央企业及其直接控股涉及危险化学品生产的企业（总部）以外的企业安全生产许可证的颁发管理。”根据上述规定，江西省安监局系发行人安全生产许可证的颁发管理机关，具有行政处罚权的决定权。

2017年3月29日，江西省安监局出具《证明》：“自腾远钴业设立以来，腾远钴业一直遵守安全生产方面的法律法规，从未发生安全生产事故。腾远钴业未取得危险化学品安全生产许可及办理危险化学品登记而生产硫酸钴和氯化钴的行为虽有不妥，但该产品的生产在新的危险化学品目录颁布前已有数年生产历史，且从未发生过事故，也未侵害第三人利益、社会公众利益及国家利益。公司未及时取得危化品生产许可证存在客观原因。据此，我局特此证明：一、腾远钴业于2015年5月1日《危险化学品目录（2015年版）》实施之前建设，腾远钴业生产硫酸钴和氯化钴的行为不属于重大违法违规行为，我局亦不会对该等行为作出任何处罚……”因此，发行人未及时办理危险化学品安全生产许可证不属于重大违法违规行为。

（四）实际控制人的承诺

2017年9月14日，发行人实际控制人罗洁、谢福标、吴阳红分别出具《承诺》：

“本人作为赣州腾远钴业新材料股份有限公司之实际控制人，就腾远钴业自《危险化学品目录》(2015 年版)实施之日至取得危险化学品安全生产许可证之日期间生产并销售氯化钴、硫酸钴事宜作出如下承诺：如腾远钴业因前述事宜须承担违约责任或受到有关主管部门的处罚，由此而导致腾远钴业需承担的任何经济损失，均由本人无条件承担。”

综上所述，在 2015 年 5 月 1 日《危险化学品目录》(2015 年版)正式实施后，发行人在办理危险化学品登记和危险化学品安全生产许可证前从事氯化钴和硫酸钴的生产活动，不符合《危险化学品安全管理条例》《危险化学品登记管理办法》《危险化学品生产企业安全生产许可证实施办法》等相关法律法规的规定。

在新目录颁布前，发行人合法地建设、投产氯化钴和硫酸钴产品，已有十多年的历史。在新目录实施后的一段时期内，发行人未能及时取得危险化学品登记和危险化学品安全生产许可证，存在客观原因，发行人没有恶意违反国家强制性规定的主观故意，也未因此侵害第三人利益或实质损害社会公众利益和国家利益。江西省安监局已出具证明确认上述事实，同时认定发行人生产硫酸钴和氯化钴不属于重大违法违规行为，亦不会对发行人作出任何行政处罚。发行人现已依法办理了危险化学品登记，并取得了危险化学品安全生产许可证。发行人此前未能办理危险化学品登记和危险化学品安全生产许可证，不属于重大违法违规行为，不存在行政处罚风险，不构成本次发行上市的实质性障碍，发行人本次发行上市符合《首发管理办法》的相关规定。

(五)危险化学品安全生产许可证及办理危险化学品登记的办理进度

发行人已于 2017 年 4 月 5 日取得了国家安全生产监督管理总局化学品登记中心颁发的《危险化学品登记证》，并于 2017 年 5 月 15 日取得了江西省安监局颁发的《安全生产许可证》。

根据发行人现持有的证书编号为 360710123 的《危险化学品登记证》和编号为(赣)WH 安许证字〔2017〕0939 号的《安全生产许可证》，发行人取得的《危险化学品登记证》有效期至 2020 年 4 月 4 日、《安全生产许可证》有效期至 2020 年 5 月 24 日，获得生产许可的危险化学品包括氯化钴和硫酸钴。

因此，发行人已依法办理了危险化学品登记并取得了危险化学品安全生产许可证。

(六)报告期内安全生产事故情况

发行人报告期内不存在安全生产事故。2017 年 7 月，赣州市赣县区安全生产监督管理局出具证明,确认报告期内发行人未发生安全生产事故。

第十节　原单位离职创业

【商业逻辑与背景分析】

某些人员从原单位离职然后独立创业,后来企业发展很好并独立 IPO 的故事,在 A 股市场尽管不是很多,倒也并不是那么罕见。其中发生了很多原东家不惜一切代价四处追杀的狗血江湖,也有原东家和新企业相亲相爱的美好姻缘。

小兵的案例分析不讲故事,只说技术问题。这种原单位离职独立创业的情形,在 IPO 审核过程中可能主要有以下几种情况:(1)原单位核心人员离职,甚至是带走了自己研发的成果创业。(2)原单位一帮核心人员离职,组团进行创业。(3)创业的新企业的生产经营的产品跟原单位并没有本质的关系。(4)新企业生产经营的产品跟原单位几乎就是一模一样,甚至连客户和供应商都高度重合。

从审核实践的角度来看,实践中更多的是原单位的核心人员(如核心研发人员、销售人员、采购人员等)独立出来创业,并且后来做的产品或多或少还是跟原单位存在关联。或许也有其他类型的独立创业,因为没有成功没有走到 IPO 这一步,我们也就不了解了。

【核查方法指引】

关于独立创业这种情况,核查关注的问题自然也是非常直接和典型,简单总结起来主要就是:(1)是否存在竞业禁止是最基本的契约规范。(2)是否存在知识产权方面的纠纷或者争议。(3)是否存在供应商和客户重合的情形,是否存在商业混同的情形。(4)是否存在股权方面的争议或纠纷。(5)是否存在共同使用部分资源或者分摊成本费用的情形。(6)是否存在利益输送的情形。

我们结合案例的具体情况,对这个问题做进一步的分析,具体如下:

一、北京时代凌宇科技股份有限公司(未通过)

发行人属于旧主体的某些人员离职出来创业的情形,但是又有几点典型的不同，具体体现在：(1)新主体董事会绝大部分成员、监事会全部成员以及高管的绝大部分均来自于旧主体。(2)旧主体依旧存在且是一家国有企业。(3)新主体和旧主体还进行联合招投标的商业活动，业务上存在非常密切的合作关系。(4)离职的某些员工目前还持有旧主体的股权。(5)新旧主体之间还存在资金往来等多种交易的情形。

显然，发行人作为新主体与旧主体之间是很难有明确的界限的，从某种意义上来讲，发行人更像是这些离职人员在旧主体之外设立的"后花园"或者"小金库"，这样的企业不论是从商业逻辑还是 IPO 审核标准，想要通过审核都还是很困难的。

二、海容冷链(603187)

发行人 6 名董事、3 名监事以及高管和核心技术人员，基本上来自于上市公司澳柯玛股份有限公司或者澳柯玛集团，并且发行人目前的经营业务与澳柯玛本身基本上还是一致的。

说实话，从某种程度上来讲，这样的一种如此高密度的重合，对发行人未来的持续经营是不是一种非常不稳定的因素，对于已经上市的澳柯玛股份公司的利益是不是也是一种损害，尽管目前没有关注到，但是还是会有这样的疑问。从这个角度来讲，独立创业就要一刀两断，不能跟原单位有任何的资金、人员和业务上的往来，这是这个问题的最底线也是红线，也是影响这个问题能够 IPO 审核得到认可最本质的核心。

【具体案例分析】

一、海容冷链(603187)

(一)董事会(独立董事除外)

邵伟先生：1970 年 12 月出生，男，中国国籍，无境外居留权，大专学历。1992 年至 1993 年就职于黄岛区资源公司，任业务员；1993 年至 1999 年就职于青岛澳柯玛集团销售公司，任区域销售经理；1999 年至 2005 年 12 月，就职于青岛澳柯玛股份有限公司，历任副总经理、董事、总经理(2002 年 1 月至 2005 年 12 月兼任青岛澳柯玛商务公司总经理)；2006 年至 2007 年就职于青岛京雪花电器有限公司，任总经理；2007 年至 2012 年就职于海容有限，任董事长、总经理；现任海容冷链董事长兼总经理。

赵定勇先生:1974 年 4 月出生,男,中国国籍,无境外居留权,本科学历,工程师。1996 年至 1997 年就职于青岛澳柯玛集团销售公司,任业务经理;1997 年至 2004 年,就职于青岛澳柯玛电器公司(1998 年更名为青岛澳柯玛股份有限公司),历任计划员、计划处长、设备处长、品管部经理、生产副总经理;2004 年至 2005 年就职于上海南鑫集团,任常务副总经理;2005 年至 2006 年就职于江苏剑桥涂装工程有限公司,任总经理;2006 年至 2012 年就职于海容有限,任董事、常务副总经理;现任海容冷链董事、常务副总经理、董事会秘书。

马洪奎先生:1973 年 3 月出生,男,中国国籍,无境外居留权,本科学历,工程师。1998 年至 2006 年,就职于青岛澳柯玛电器公司(1998 年更名为青岛澳柯玛股份有限公司),历任技术中心副经理、品管部副经理、OEM 业务中心主任;2006 年至 2012 年就职于海容有限,任董事、副总经理;现任海容冷链董事、副总经理,兼任金汇容工贸执行董事。

王存江先生:1973 年 9 月出生,男,中国国籍,无境外居留权,中专学历。1995 年至 2005 年,就职于青岛澳柯玛电器公司(1998 年更名为青岛澳柯玛股份有限公司),任销售部经理;2005 年至 2006 年就职于青岛京雪花电器有限公司销售部,任经理;2006 年至 2012 年就职于海容有限,任董事、采购总监;现任海容冷链董事、采购总监。

王彦荣先生:1968 年 9 月出生,男,中国国籍,无境外居留权,大专学历。1991 年至 1995 年,就职于太原钢铁公司大关山矿,任会计员;1995 年至 2006 年就职于青岛澳柯玛电器公司(1998 年更名为青岛澳柯玛股份有限公司),任财务部处长;2006 年 10 月至 12 月,就职于慈溪龙声电器有限公司,任副总经理;2007 年至 2012 年就职于海容有限,任监事、董事、财务总监;现任海容冷链董事、财务总监。

赵琦先生:1969 年 6 月出生,男,中国国籍,无境外居留权,大专学历,助理经济师。1991 年至 1997 年,就职于甘肃省汽车工业总公司,历任批发部业务员、部门经理;1997 年至 2004 年就职于青岛澳柯玛电器公司(1998 年更名为青岛澳柯玛股份有限公司),任青岛澳柯玛商务有限公司内蒙古、宁夏、辽宁中心执行经理;2004 年至 2005 年就职于澳柯玛国际电工有限公司,任销售公司总经理;2005 年至 2008 年就职于青岛京雪花电器有限公司副总经理;2008 年至 2012 年就职于海容有限,任副总经理;现任海容冷链董事、副总经理。

(二)监事会

袁鹏先生:1980 年 1 月出生,男,中国国籍,无境外居留权,本科学历,助理工程师。2002 年至 2006 年就职于青岛澳柯玛股份有限公司,任设备管理员;2006 年至

2010 年 2 月，就职海容有限，任生产部经理；2010 年 3 月至 9 月，就职于柯马（上海）汽车设备有限公司青岛分公司，任维修经理；2010 年 10 月至 2011 年就职于海容有限，任生产部经理；2011 年至 2016 年 4 月就职于金汇容工贸，任总经理；现任海容冷链监事会主席、总经办主任。

于钦远先生：1974 年 2 月出生，男，中国国籍，无境外居留权，本科学历、助理会计师。1995 年至 2007 年就职于青岛澳柯玛电器公司（1998 年更名为青岛澳柯玛股份有限公司），任销售财务主管；2008 年至 2012 年就职于海容有限，任财务经理；现任海容冷链监事、审计部经理，兼任子公司金汇容工贸监事。

金焰平先生：1972 年 4 月出生，男，中国国籍，无境外居留权，大专学历。1995 年至 2006 年就职于青岛澳柯玛电器公司（1998 年更名为青岛澳柯玛股份有限公司），任计调处调度员；2006 年至 2007 年就职于青岛京雪花电器有限公司，任质管员；2007 年至 2012 年就职于海容有限，任采购经理；现任海容冷链监事、采购经理。

（三）高管

杨鹏先生：1978 年 3 月出生，男，中国国籍，无境外居留权，本科学历，助理经济师。2000 年至 2005 年，就职于青岛澳柯玛集团空调器厂，历任业务主管、外贸部经理；2005 年至 2006 年 4 月就职于青岛澳柯玛进出口有限公司，任业务三部经理；2006 年 5 月至 9 月，就职于上海冷博机电有限公司，任外贸部经理；2006 年 9 月至 11 月，就职于浙江华美电器制造有限公司，任外贸部经理；2006 年 11 月至 2008 年 6 月，就职于宁波东夏电器有限公司，任外贸部经理；2008 年至 2012 年就职于海容有限，任副总经理；现任海容冷链副总经理。

（四）核心技术人员

刘界平先生：1973 年 7 月出生，男，中国国籍，无境外居留权，本科学历，高级工程师。1996 年至 2006 年就职于青岛澳柯玛电器公司（1998 年更名为青岛澳柯玛股份有限公司），任技术中心科员；2007 年至 2012 年就职于海容有限，任设计一室主任；现任海容冷链设计一室主任。

高龙先生：1977 年 5 月出生，男，中国国籍，无境外居留权，本科学历，高级工程师。2000 年至 2006 年就职于青岛澳柯玛股份有限公司，任技术研发部工程师；2007 年至 2012 年就职于海容有限，任设计二室主任；现任海容冷链设计二室主任。

殷善民先生：1977 年 4 月出生，男，中国国籍，无境外居留权，本科学历，工程师。2000 年至 2006 年就职于青岛澳柯玛股份有限公司，任技术部冰柜设计室主任；2007 年至 2012 年就职于海容有限，任设计三室主任；现任海容冷链设计三室主任。

宋鲜霞女士:1980 年 10 月出生,女,中国国籍,无境外居留权,本科学历,工程师。2002 年至 2006 年就职于青岛澳柯玛股份有限公司,任技术中心研发工程师;2006 年至 2007 年就职于 TCL 家用电器(惠州)有限公司,任研发工程师;2007 年至 2010 年就职于青岛沃特勒饮水设备有限公司,任研发工程师;2010 年至 2012 年就职于海容有限,任研发工程师;现任海容冷链研发工程师。

胡修振先生:1978 年 11 月出生,男,中国国籍,无境外居留权,本科学历,工程师。2000 年至 2004 年就职于青岛澳柯玛商用机械厂,任技术部技术工程师;2004 年至 2006 年就职于青岛澳柯玛商用电器有限公司,任技术部主管;2006 年至 2008 年就职于青岛爱立特电器有限公司,任技术部技术工程师;2008 年至 2013 年就职于爱普塔(青岛)商用设施有限公司,任技术部实验室主管;2013 年至今任海容冷链研发工程师。

经核查,保荐机构、发行人律师认为,发行人董事、监事、高级管理人员及核心技术人员中的邵伟、赵定勇、马洪奎、王存江、王彦荣、赵琦、袁鹏、于钦远、金焰平、杨鹏、刘界平、高龙、殷善民、宋鲜霞及胡修振曾在青岛澳柯玛任职,未与青岛澳柯玛签署过竞业竞争方面的协议,但与青岛澳柯玛签署的《保密协议》约定过竞业限制等内容,截至本招股说明书签署日,上述人员竞业限制义务已解除,亦不存在违反该等协议的情形,且与青岛澳柯玛之间不存在任何潜在或者现实的法律纠纷;发行人董事、监事、高级管理人员中的邵伟、王存江、赵琦、金焰平曾在青岛京雪花电器有限公司任职,上述人员与在青岛京雪花电器有限公司未签订过竞业竞争等方面的协议,与青岛京雪花电器有限公司之间不存在任何潜在或者现实的法律纠纷。

二、北京时代凌宇科技股份有限公司(未通过)

(一)董事会成员

黄孝斌,男,1972 年 10 月 28 日出生,博士研究生,教授级高级工程师,中国国籍,无境外永久居留权。1997 年 3 月至 1998 年 5 月,就职于中国冶金设备总公司,历任技术员、项目经理等职务;1998 年 6 月至 2007 年 7 月,就职于北京佰能电气技术有限公司,历任经理、副总经理等职务;2007 年 8 月至 2013 年 11 月,就职于凌宇有限,历任总裁、副董事长、董事长等职务;2013 年 11 月至今,就职于时代凌宇,任职董事长、总裁。

魏剑平,男,1969 年 1 月出生,博士研究生,教授级高级工程师,中国国籍,无境外永久居留权。1989 年 7 月至 1993 年 9 月,就职于太原钢铁公司,任职电气工程师;1993 年 10 月至 2000 年 4 月,就读于北京科技大学;2000 年 5 月至 2007 年 7 月,就职于北京佰能电气技术有限公司,历任高级工程师、部门经理;2007 年 8 月至 2013 年 11 月,就职于凌宇有限,任职副总裁、董事;2013 年 11 月至今,就职于时代凌宇,任职公司董事、副总裁。

乔稼夫,男,1963 年 7 月出生,本科学历,中国国籍,无境外永久居留权。1985 年 9 月至 1994 年 9 月,就职于广州远洋公司,担任报务主任;1994 年 10 月至 2001 年 12 月,自主创业;2002 年 1 月至 2007 年 8 月,就职于北京佰能电气技术有限公司,担任部门经理;2007 年 8 月至 2013 年 11 月,就职于凌宇有限,历任监事、副总裁、董事;2013 年 11 月至今,就职于时代凌宇,任职董事、副总裁。

(二)监事会

张晓燕,女,1977 年 8 月出生,硕士研究生学历,中国国籍,无境外永久居留权。2003 年 4 月至 2012 年 11 月,就职于北京佰能电气技术有限公司,任职部门经理;2012 年 12 月至 2013 年 11 月,就职于凌宇有限,任职商务部部长、监事;2013 年 11 月至今,就职于时代凌宇,任职监事会主席、商务部部长。

樊勇,男,1977 年 5 月出生,博士研究生学历,中国国籍,无境外永久居留权。1999 年 9 月至 2000 年 7 月,就职于包头钢铁(集团)有限公司,任职助理工程师;2000 年 9 月至 2003 年 7 月,就读于包头钢铁学院;2003 年 9 月至 2007 年 3 月,就读于北京科技大学;2007 年 4 月至 2007 年 12 月,就职于北京佰能电气技术有限公司,任职研发经理;2008 年 1 月至 2013 年 11 月,就职于凌宇有限,任职研发中心负责人;2013 年 11 月至 2014 年 12 月,就职于时代凌宇,任职公司监事、研发中心负责人;2014 年 12 月至今,就职于时代凌宇,任职公司监事、研发中心负责人、事业部总经理。

李珂,男,1981 年 9 月出生,硕士研究生学历,中国国籍,无境外永久居留权。2005 年 8 月至 2007 年 8 月,就职于北京佰能电气技术有限公司,任职市场经理;2007 年 8 月至 2013 年 11 月,就职于凌宇有限,历任销售经理、事业部总经理助理、监事;2013 年 11 月至 2014 年 12 月,就职于时代凌宇,任职监事、事业部副总经理;2014 年 12 月至今就职于时代凌宇,任职监事、事业部总经理。

(三)高管

黄飞,男,1976 年 12 月出生,硕士研究生学历,中国国籍,无境外永久居留权。2001 年 10 月至 2007 年 8 月,就职于北京佰能电气技术有限公司,任职副部长;2007 年 8 月至 2013 年 11 月,就职于凌宇有限,历任事业部副总经理、事业部总经理等职务;2013 年 11 月至 2014 年 12 月,就职于时代凌宇,任职事业部总经理、公司副总裁;2014 年 12 月至今,就职于时代凌宇,任职公司副总裁。

司博章,男,1978 年 7 月出生,硕士研究生学历,中国国籍,无境外永久居留权。1999 年 7 月至 2002 年 7 月,就职于中建一局(集团)公司北京分公司,任职机电工程经理;2002 年 8 月至 2007 年 7 月,就职于北京佰能电气技术有限公司,任职事业部副部长;2007 年 8 月至 2013 年 11 月,就职于凌宇有限,历任事业部副总经理、事业部总经理;2013 年 11 月至 2014 年 12 月,就职于时代凌宇,任职事业部总经理、公司副总裁;2014 年 12 月至今,就职于时代凌宇,任职公司副总裁。

(四)对外投资情况

表 4 - 10 - 1　对外投资情况

序号	姓名	公司职务	投资企业	投资金额(万元)	持股比例
1	黄孝斌	董事长、总裁	凌宇之光	344.3910	36.12%
2	魏剑平	董事、副总裁	凌宇之光	25.0415	2.63%
			佰能电气	20.0000	0.79%
3	乔稼夫	董事、副总裁	凌宇之光	44.0385	4.62%
			佰能电气	18.0000	0.71%
4	王艳丽	董事	凌宇之光	15.7000	1.65%
5	李　珂	监事	凌宇之光	48.0420	5.04%
6	司博章	副总裁	佰能电气	6.0000	0.24%
7	王国金	副总裁、董事会秘书	凌宇之光	33.8492	3.55%
8	赵鹏东	财务总监	凌宇之光	20.7240	2.17%

(五)佰能电气是国有企业

截至本招股说明书签署之日,佰能电气的股权结构情况如表 4 - 10 - 2:

表 4 - 10 - 2　佰能电气的股权结构

序号	股东名称	出资额(万元)	出资比例
1	中钢设备有限公司	700.0000	27.78%
2	北京金隅集团有限责任公司	520.0000	20.63%

（六）发行人与佰能电气联合招标情况

表 4-10-3　发行人与佰能电气联合招标情况

序号	项目名称	合同签订主体		合同金额（万元）	合同签订日期	合同内容	项目状态	毛利率
		甲方	乙方					
1	广西柳州汽车城柳东大厦弱电系统工程	柳州东城投资开发有限公司	佰能电气、时代凌宇	3,028.58	2013-10-11	1. 综合布线系统； 2. 计算机网络系统； 3. 综合安防系统； 4. 卫星及有线电视系统； 5. VOD 视频点播系统； 6. 通信网络控制系统等	2014 年验收	39.95%
2	明斯克北京饭店弱电工程	北京住总集团有限责任公司	时代凌宇	1,540.00	2013-1-30	消防报警联动系统、通信网络系统、计算机网络系统、综合布线系统、有线电视系统、公共广播系统、多媒体会议系统、信息引导及发布系统、楼宇自控系统、安全防范系统、火灾监控系统、各弱电系统的机房工程。	2014 年验收	45.40%
3	柳州公共资源交易中心智能化系统工程	柳州东城投资开发有限公司	佰能电气、时代凌宇	1,171.29	2013-9-28	多媒体会议系统、电子评标系统、综合布线系统、安保监控系统、信息发布系统、门禁系统、公共广播系统、LED 大屏及液晶拼接系统、计算机网络系统、办公设备、机房工程及综合桥架管路等弱电子系统	2014 年验收	42.01%

续表

序号	项目名称	合同签订主体		合同金额（万元）	合同签订日期	合同内容	项目状态	毛利率
		甲方	乙方					
4	广西柳州汽车城柳东大厦附楼弱电系统工程	柳州东城投资开发有限公司	佰能电气、时代凌宇	488.71	2014－3－30	1. 楼宇自控系统； 2. 计算机网络系统； 3. 综合布线系统； 4. 安全防范系统； 5. 有线、卫星电视系统； 6. 多媒体数字会议系统等	2015年验收	46.92%
合　计				6,228.58	—			

注：柳州东城投资开发有限公司于2017年3月9日名称变更为广西柳州市东城投资开发集团有限公司。

（七）与佰能电气的交易情况

报告期内，发行人与佰能电气之间的直接交易仅为房屋租赁及租赁期间发生的水电费、取暖费、物业管理费，交易明细如表4－10－4：

表4－10－4　与佰能电气交易情况

单位：万元

交易内容	2017年1－6月	2016年	2015年	2014年
房屋租金、水电费、取暖费、物业管理费	0.00	129.46	161.53	164.50

（八）与佰能电气的资金往来情况

报告期内，发行人与佰能电气的资金往来情况如表4－10－5：

表4－10－5　发行人与佰能电气的资金往来情况

单位：万元

年度	项目	期初余额	本年借方	本年贷方	期末余额
2014	应收账款	2,397.90	0.00	528.70	1,869.20
	其他应收款	0.00	164.50	164.50	0.00
2015	应收账款	1,869.20	0.00	1,098.04	771.16
	其他应收款	0.00	161.53	161.53	0.00
2016	应收账款	771.16	0.00	771.16	0.00
	其他应收款	0.00	129.46	129.46	0.00

第五章　持续盈利能力分析

【商业逻辑与背景分析】

IPO 审核标准不论怎么变化,持续盈利能力一直都是非常重要且明确的企业发行上市的条件。以前,持续盈利能力是判断企业能否 IPO 的最重要的判断标准(没有之一),很多企业也会以不具备持续盈利能力的原因而没有上市成功。后来,很多人质疑监管机构作为证券监管机构对于企业在未来是否具备持续盈利能力没有专业的技能来判断,企业是否能够长期挣钱应该由专业投资者和市场来判断。现在,我们的 IPO 审核政策以及理念一直在强调要淡化对于持续盈利能力的判断,目前对发行人的审核意见基本上也不会直接对企业是否具备持续盈利能力做出定性的判断。尽管如此,如果我们持续关注 IPO 审核,还是会关注到监管机构会从不同的角度和维度来分析发行人存在的问题,其中最关注的一个核心还是企业的持续盈利能力问题。

从这个角度来说,不论我们的 IPO 审核政策如何变化,对于企业盈利能力的判断是不会有本质改变的。其实,这个逻辑也并不难理解。任何一个企业创立的目的都是挣钱,企业可能因为各种因素和考量暂时不去挣钱或者短期内都不去盈利,但是企业的终极目标一定是盈利并且是挣大钱。在任何情况和环境中,没有一个老板创立企业是纯粹为了赔钱的。IPO 制度的设立是为了筛选最优质的企业上市,与广大投资者一起分享企业发展的收益,如果一个企业都不挣钱以后也不想挣钱,或者这个企业尽管现在挣钱但是以后是不是能够持续挣钱存在很大的风险,这样的企业就是不应该上市的。IPO 是为了筛选最优秀的企业与投资者分享成果,而不是为质地很差的企业急需找投资者输血不然就活不下去。

《首次公开发行股票并上市管理办法》第 30 条对影响发行人持续盈利能力的

因素进行了简单的罗列（创业板有类似规定），主要有以下几个方面：(1)发行人的经营模式、产品或服务的品种结构已经或者将发生重大变化，并对发行人的持续盈利能力构成重大不利影响；(2)发行人的行业地位或发行人所处行业的经营环境已经或者将发生重大变化，并对发行人的持续盈利能力构成重大不利影响；(3)发行人最近1个会计年度的营业收入或净利润对关联方或者存在重大不确定性的客户存在重大依赖；(4)发行人最近1个会计年度的净利润主要来自合并财务报表范围以外的投资收益；(5)发行人在用的商标、专利、专有技术以及特许经营权等重要资产或技术的取得或者使用存在重大不利变化的风险；(6)其他可能对发行人持续盈利能力构成重大不利影响的情形。

企业生产经营所面临的外部环境和内在因素都是非常复杂且瞬息万变的，任何因素的细微调整都有可能对发行人的持续盈利产生重大影响，所以我们有必要对第30条的规定根据审核实践的相关思路进行进一步的梳理和剖析。进一步深入理解持续盈利能力问题，可以帮助我们更好地把握IPO项目审核的风险和效率。从另一个角度来说，我们一直关注的关于资产完整性、业务独立性以及同业竞争关联交易问题，最终考虑的还是这些瑕疵可能对发行人持续盈利能力的影响。毫不夸张地说，我们IPO审核关注的问题有80%以上是跟企业的持续盈利能力相关的。

最后，我们还需要说明一点，我们关注持续盈利能力自然会关注企业的业绩规模，要重点关注业绩规模，但是不能过度迷信业绩规模。还是那句话，净利润5000万元的不一定不能上市，反之净利润过亿元的也不一定就能上市。那么到底哪些情况下发行人的净利润规模很大也不一定能够IPO成功呢？小兵简要总结可能有以下几种情况：(1)发行人所处行业非常传统，没有充足的技术含量或者明确的发展目标，基本上属于夕阳行业。(2)发行人的行业和业务没有明确的法律界定，处于合规的边缘，存在一些潜在的合规性问题。(3)发行人所处行业的竞争对手都是业绩规模超大的企业，发行人尽管净利润过亿元但是在行业竞争中并没有明显的竞争力和话语权。(4)发行人过亿元的净利润是有水分的、经不起核查的，发行人的业绩经过一些严格的调整会大幅缩水。(5)发行人过亿元的净利润主要是赚取了行业红利或者其他一些偶然性政策的影响（如资源类企业、化工行业等）。

【核查方法指引】

关于持续盈利能力问题的思考和核查，我们可以从不同的角度来细化一下，可能会有利于我们对这个问题的判断。判断发行人是否具备持续盈利能力，是对企业未来发展状态的一个判断，但是判断未来是必须要有现在的基础作为重要的支撑的，现在的基础我们可以简单视同就是发行人报告期内的收入和净利润。不考虑特殊因素的情况下，一个报告期最后一年净利润 8000 万元的企业，显然是要比一个只有 3000 万元的企业在未来更容易跨越净利润 1 亿元的大关。因此，在对发行人未来盈利能力做出判断之前，我们还是要首先关注发行人报告期内的业绩是否稳定、经营模式是否发生变更等因素，比如：报告内业绩是否大幅波动、业绩是否大幅下滑、业绩是否持续下降、销售模式是否发生重大变化等。

至于对发行人未来的判断，因为是一种预判，那么自然需要考量更多的因素和标准，我们考虑因素越多越丰富，判断可能也就更加准确，犯错误的机会也就自然会少一些。小兵这里也是对未来影响发行人持续盈利能力的因素做了简单的细化和分析，算是对《首次公开发行股票并上市管理办法》第 30 条的一个解读吧。具体来说，对发行人持续盈利能力有影响的因素主要包含这样几个层次：

（一）政策监管环境

关注所处行业受国家政策限制或国际贸易条件影响。往大了说，如金融危机、贸易壁垒、中美关系等；往小了说，如一剧两星、两票制、淘汰落后产能等国家出台的产业调整政策。

（二）行业趋势变化

1. 关注行业是否符合发展趋势，是否出现周期性衰退、产能过剩、市场容量骤减、增长停滞等重大不利情形；

2. 关注是否存在行业准入门槛低、竞争者大幅增加、竞争格局发生变化等情形；

3. 关注上下游供求关系是否发生重大变化导致原材料采购价格或产品售价出现重大不利变化；

4. 关注市场规律或消费者习惯是否发生重大变化，如智能手机的爆发、移动媒体的发展、人工智能对某些行业的影响等；

5. 关注发行人的行业地位是否发生变化，由于工艺过时或产品落后等原因导致市场占有率持续下降（市场占比、销售价格、销售毛利率、合同条款等）。

（三）生产经营模式

1. 关注商业模式是否简单清晰，是否能够明确界定企业的盈利来源、盈利水平以及盈利能力的保证措施；

2. 关注经营模式发生变化（直销和经销、零售和批发、境外和境内、大客户和小客户）对发行人的影响；

3. 关注产品结构发生变化(产品种类更新、新增业务、其他业务收入、产品销售价格变化等)对发行人的影响;

4. 关注生产经营是否存在重大缺陷,如没有资质或者超越资质运营的问题、合同取得存在一些违规行为或者灰色地带的问题,甚至涉及一些违规或者犯罪的情形等;

5. 关注产品销售区域是否存在重大限制,异地扩张能力有限等情形;

6. 关注重大影响的商标、专利、专有技术以及特许经营权等重要资产或技术是否存在重大纠纷或诉讼;

7. 关注是否对客户或供应商存在重大依赖,是否存在潜在同业竞争和重大关联交易的情形;

8. 关注是否对一些新增客户或者异常订单存在重大依赖或者存在合理性疑问。

(四)其他一些因素

1. 重要客户本身发生重大不利变化(如合并、破产等);

2. 典型不符合商业逻辑的一些订单和合作;

3. 多项业务数据和财务指标呈现恶化趋势,短期内没有好转迹象;

4. 是不是项目型公司,如某个影视公司拍了一个电影拿到全国票房冠军;

5. 企业老板是否还控制其他公司并经营其他产业,是否全身心投入企业的经营。

【具体案例分析】

重要说明:出于篇幅的考虑,这部分案例我们将重点摘抄几个相对比较典型的案例与大家分享,这并不能覆盖关于持续盈利能力影响因素的全部内容。此外,我们选取的案例应该都是 IPO 审核没有通过的案例,这样更能够帮助我们来理解这个问题。

一、常州恐龙园股份有限公司:竞争对手经营策略的变化影响重大

2016 年发行人营业收入和净利润大幅下滑。

在招股说明书中,关于发行人收入和净利润大幅下滑的原因也没有作出更多

有价值的解释，当然，这可能与行业的发展趋势已经很明朗有关系。对于发行人来说，迪士尼开园导致发行人业绩大幅下降只是一个因素，其他竞争对手在全国全面发力主题游乐园的大环境对发行人来说才是最致命的。发行人地处常州市，尽管目前交通发达，但是对于客流量的吸引还是没有一线城市那么明显。以前发行人还可以依靠独特的优势吸引客流，后续这种优势会越来越不明显。此外，因为是国有企业，学生暑期活动对于发行人业绩可能也会有很大的影响，不然也不会在风险因素中提到学生活动地点的轮动对发行人业绩影响也很大。

二、北京中视电传传媒股份有限公司：对客户和供应商存在重大依赖，不具备独立市场竞争能力

报告期内，发行人主要供应商为央视和央影，向二者的采购占比合计分别为 89.40%、90.85%和 97.46%。发行人与央视和央影签署的采购合同均为一年期合同。

本案例发行人的业务是广告媒介代理和客户代理，说得直白一点就是广告二道贩子，发行人并不拍摄广告或者宣传广告，主要就是从电视台采购了广告的渠道资源，然后分包或者分销出去。关于这个行业，小兵以前也分析过一些特点，说得简单一些就是：(1)独立性很难保证，很有可能是依附于某一个广电集团甚至是某一个频道。(2)财务规范性很差，这个行业也有很多不是很明确的规则，很多定价和成本不透明或者说成是商业机密，那么导致核查也很困难。(3)一些行业的规则在实践中已经成为普遍的惯例，但是如果公开披露可能会存在一些风险。尽管这个行业也有一些上市公司，但是有些企业确实在市场化方面做出了足够的努力，有些企业还是在财务核查要求没有如此严苛的时候上市，这两年这个行业 IPO 成功的企业确实没有看到。发行人从行业和经营的具体情况来看，确实也是违反了上述的相关原则，成为一个传媒行业典型的反面教材。

关于导致发行人 IPO 审核没有通过的原因，那么简要总结主要有以下几个方面：

1. 发行人向央视和央视影音采购的占比均高于 90% 以上，并且报告期内持续增加，最后一年直接到了 98%。

2. 发行人毛利率持续下降，说明了发行人的行业竞争力在持续下降或者竞争更加充分。

3. 发行人报告期内实现的返利金额与业务规模并不对应，也没有明显的逻辑关系，那么这种情况下是不是存在通过返利调节业绩的情形值得关注。

三、润弘制药股份有限公司：药品被列入监控目录导致销售存在不确定性

发行人主导产品长春西汀注射液被列入安徽省、青海省、苏州市等省市的“重点药品监控目录”中，医疗机构在制订采购计划、医生处方审核时，对公布的重点药品从严管控、防止滥用，上述事项对发行人长春西汀注射液业务产品的销售、经营业绩和持续盈利能力是否构成重大不利影响。

2015 年 2 月，国务院办公厅发布的《关于完善公立医院药品集中采购工作的指导意见》，提出“要建立处方点评和医师约谈制度，重点跟踪监控辅助用药、医院超常使用的药品”。2015 年 10 月 27 日，国家卫计委等五部门联合发布《关于控制公立医院医疗费用不合理增长的若干意见》（国卫体改发〔2015〕89 号），将控制公立医院医疗费用不合理增长作为深化医改的重要目标和任务，提出“建立对辅助用药、医院超常使用的药品和高值医用耗材等的跟踪监控制度，明确需要重点监控的药品品规数，建立健全以基本药物为重点的临床用药综合评价体系”。产品一旦被纳入“辅助用药”类别，其使用将受到严格的限制，对该产品的销量将产生较大影响。

截至本招股说明书签署之日，在已明确品种目录的省份或地区，公司还没有品种被列入辅助用药。“辅助用药”跟踪监控制度对列入辅助用药目录药品的医药生产和销售企业均存在一定程度的影响。未来，若发行人的主要产品被列入各省区“辅助用药”跟踪监控目录，将导致相应品种销售收入下降，将会对公司未来经营造成不利影响。

四、四川里伍铜业：第一大客户异地搬迁暂停采购

发行人第一大客户四川康西铜业有限责任公司（以下简称康西铜业）拟异地搬迁重建并暂停冶炼。发行人至少有以下因素导致其持续盈利能力存在重大的不确定性：（1）发行人所处下游行业黄铜的交易价格持续下跌，同时发行人的铜矿资源也存在开采的不确定性。（2）发行人前两大客户康西铜业和云南铜业占发行人全部收入的 80% 左右，而这两个客户都存在一些问题。康西铜业要搬迁暂停冶炼，那么对发行人的采购会有重大影响（50% 的销售占比）。康西铜业和云南铜业本来是发行人的关联方，后来经过技术处理（主要就是高管辞职）不再是关联方，但是真实性以及合理性存在一些疑问（30% 销售占比）。

(一)关于公司销售客户较为集中的分析

从公司成立以来,康西铜业和云南铜业(云南冶炼厂)一直是公司的前两大客户。2012 年度、2013 年度、2014 年度及 2015 年上半年公司向康西铜业、云南铜业销售占营业收入总额的比例分别为 78.71%、76.78%、78.41% 和 89.10%。

公司向康西铜业和云南铜业销售的产品主要为铜精矿,康西铜业和云南铜业从公司购入铜精矿全部用于铜冶炼生产,不对外转销,是公司产品的最终客户。

公司销售客户集中度较高与采掘行业尤其是有色工业采掘行业特点相关,从行业特点分析,采掘企业集中销售可以降低营运成本,同时在国内优质原矿存在一定供不应求情形的背景下,采掘企业也较为容易地根据需要快速调整销售对象,不存在对客户的重大依赖,因此,集中对大型冶炼企业销售是整个采掘行业的普遍情况。

经过多年整合,国内铜、镍等有色金属的冶炼能力已经集中到少数大型有色金属企业集团中。为了保证公司利益,规范管理,公司没有选择向中间经销商和小型冶炼企业销售的策略,而侧重于与管理规范,实力雄厚的大型企业合作。

(二)不存在重大客户依赖的分析

鉴于国内优质铜精矿仍保持一定紧缺的现实情况,公司在选择销售对象的时候有较大的主动性,可以根据自己的实际情况选择最合适的销售对象。考虑到支持边远不发达少数民族地区经济发展、运输距离、销售管理的一致性、高效性等因素,在商业条件基本相当的情况下,公司多年来一直将康西铜业作为主要的销售对象,为支持凉山彝族自治州的经济发展作出了自己的贡献,销售给云南铜业也是因为云南铜业是距公司较近的大型冶炼企业。虽然公司目前的销售较为集中,但是公司不存在重大客户的依赖:(1)客户集中度较高与行业特点有关。(2)受铜矿资源限制,国内铜精矿供应持续紧缺,国内各大冶炼企业铜精矿自给率较低,铜冶炼原料对外依存度很高。(3)由于下游行业产能不断扩张,冶炼企业普遍存在由于原料供应不足而导致的产能不能完全释放的情况,国内铜精矿卖方市场的特性仍然比较明显。(4)报告期内,公司一直是康西铜业的主要供应商。在我国铜精矿整体紧缺的环境没有根本改观的情况下,公司与康西铜业的合作关系不会发生重大变化。(5)考虑到政治、经济等多种因素,在没有重大突发因素的情况下,公司不会对目前的销售客户结构进行大的调整。

五、浙江科维节能技术股份有限公司：很多项目客户已经违约并且诉讼

根据招股说明书披露，截至 2016 年年末，发行人有 36 个项目处于违约状态（包括诉讼已判决、已调整，但暂未执行完毕的项目），涉及项目应收账款账面余额为 1860.87 万元，涉及固定资产账面原值为 622.23 万元。根据申报材料，发行人将上述违约项目分为客观违约和主观违约，主观违约客户中有三家尚有应收账款净值 730.43 万元。发行人报告期客户涉及国有企业客户共计 52 家，共涉及节能技改项目 251 个，其中 139 个项目履行了招投标程序，其他 112 个项目未履行招投标程序。

客户问题最终说明的也是发行人的持续盈利能力问题，主要包括以下几个方面：

1. 发行人已经有很多客户和项目存在违约的情形，违约的后果可能就是不仅项目无法继续完成，甚至是账款的回收都会存在问题。

2. 发行人也因为违约的项目提起了诉讼，尽管有些诉讼已经判决或者调解，但是还有一些客户继续不履行回款义务，收回货款难度进一步增加。

3. 发行人不仅存在合同违约的情形，还存在本来是分期分享收益现在调整为一次性分享收益的情形，这种情况说白了就是太着急确认收入，也是这类企业比较常见的一种突击确认收入的方式。这种方式尽管从规则上不一定违规，不过从商业逻辑上来讲却非常不合理，类似于“以前是卖鸡蛋，现在是直接把老母鸡卖掉了。”

4. 尽然很多项目因为各种原因可能回款存在很大的不确定性，那么发行人的坏账计提是不是谨慎，是不是还能够根据一般的会计判断来确定坏账计提比例呢，这也是一个值得关注的问题。

六、福建永德吉灯业股份有限公司：第一大客户被竞争对手收购

对于以 ODM 和 OEM 作为主要经营模式的企业来说，最典型的一个特征就是存在重大客户依赖的问题。发行人主要依赖一个重要的客户，更核心的原因是这个客户还被同行业进行了收购，那么发生这样的因素之后问题就比较明显了。我们前面提到，OEM 企业依赖大客户没有问题，但是我们要充分论证合作的稳定性和持续性，如果大客户被同行业收购了，以后就没有自主决定权了，那么合作确实

存在重大不确定性。

报告期内,公司对主要客户的销售收入占比相对较高。2014 年、2015 年、2016 年,公司前五名客户的销售收入合计分别为 26,567.37 万元、25,549.39 万元、31,579.24万元,占主营业务收入的比重分别为 85.90%、83.87%、72.83%。

2014 年度、2015 年度、2016 年度,公司节能灯前五大客户销售收入占公司节能灯业务收入比例分别为 85.97%、88.04%、90.51%,其中第一大客户朗德万斯(欧司朗)销售收入占比分别为 61.19%、70.84%、73.93%。

前五名客户的销售收入占比较高但呈逐年下降趋势。公司存在客户集中度较高的风险。尽管公司与包括朗德万斯(欧司朗)在内的主要客户保持了长期稳定的合作关系,但如果公司主要客户的经营状况发生明显恶化或者与公司的业务关系发生重大变化,导致其对公司产品需求大幅下降,将对公司经营业绩产生不利影响。

七、蚌埠市双环电子集团股份有限公司:其他业务收入占比大幅提高

发行人报告期内净利润分别为 2698.44 万元、2312.14 万元、2864.10 万元,发行人实现技术服务收入分别为 661.61 万元、377.92 万元、1202.21 万元,毛利率分别为 85.21%、100%、98.41%,售后服务费分别为 561.96 万元、619.03 万元、670.15 万元,2016 年发行人收入增长主要来源于技术服务收入,2016 年技术服务收入较 2015 年增长 800 多万元。发行人 2016 年度技术服务收入的毛利为 1183.10万元,毛利率为 98.41%;其他产品收入的毛利为 513.21 万元,毛利率为 52.13%。

这又是属于 IPO 否决案例中的典型案例:主营业务盈利能力已经在下降,只能通过其他业务收入勉强维持盈利水平,如果没有其他业务收入的贡献,那么发行人的业绩将出现大幅下滑的情形。具体到本案,报告期内发行人技术服务收入大幅增加,2016 年比 2015 年增加 800 多万元,且毛利率高达 98%,说白了这些收入扣完税基本上就全部是利润。此外,售后服务费用也一直处于比较高的金额。

从审核实践的角度以及大量否决的 IPO 案例来看,像本案例发行人最后一年技术服务收入或者售后服务收入大幅增加的情形,通过解释获得认可的概率几乎为零。监管机构基本上可以认定,发行人可能通过这样的业务结构来调节利润,可能存在发行人被冤枉的情形,不过这种服务或者技术服务收入,发行人要自证清白也是非常艰难,甚至是不可能完成的任务。

公司主营业务收入的构成情况如表 5-1:

表 5－1　公司主营业务收入的构成情况

项目	2016 年			2015 年度			2014 年度		
	金额（万元）	比例（%）	毛利率（%）	金额（万元）	比例（%）	毛利率（%）	金额（万元）	比例（%）	毛利率（%）
配套消音降噪装备	15,560.28	92.83	47.67	13,350.96	97.25	54.34	13,858.17	95.44	48.72
技术服务	1,202.21	7.17	98.41	377.92	2.75	100.00	661.61	4.56	85.25
合　计	16,762.49	100.00	51.13	13,728.88	100.00	55.60	14,519.78	100.00	50.38

八、北京品恩科技股份有限公司：最近一年对第一大客户的销售大幅增加

报告期内发行人软件产品、解决方案、技术开发三项主要收入各年度差异大、分布无规律，2016 年度经营性现金流为负。2016 年度来自于第一大客户中国电子科技集团公司某科研单位下属某单位/公司签订的合同共有 63 个，合同金额为 2166.95 万元，截至 2017 年 4 月 30 日，双方再次签订 53 个合同，合同金额合计 15,312.60万元。报告期内各期主营业务收入构成情况如表 5－2：

表 5－2　报告期内各期主营业务收入构成情况

单位：万元

收入类别	2016 年度		2015 年度		2014 年度	
	金额	占比	金额	占比	金额	占比
软件产品	123.93	0.58%	1,842.05	15.19%	4,466.44	77.56%
解决方案	20,923.86	97.12%	6,651.49	54.85%	675.62	11.73%
技术开发	369.89	1.72%	2,885.64	23.80%	71.82	1.25%
运维服务	39.31	0.18%	507.92	4.19%	94.34	1.64%
硬件销售	87.84	0.41%	239.94	1.98%	450.25	7.82%
合计	21,544.83	100%	12,127.04	100%	5,758.47	100%

九、西藏新博美商业管理连锁股份有限公司：核心业务指标大幅下降且不能改变

发行人所处的行业是一个竞争激烈的行业，但是竞争激烈的行业并不是对谁都不利，这种行业对有话语权的企业有利，而对于没有话语权的企业几乎就没有了一点机会。发行人作为行业竞争力比较低的企业，就会存在这样的风险，具体表现在发行人出租率和出租单价报告期内都在下降。这两个指标对于发行人的业务来说，应该是最核心的指标，一个是证明发行人挣钱的广度，另一个是说明发行人挣钱的深度。

此外，发行人持续盈利能力的判断是对未来一个事项的判断，那么需要对发行人所处行业已经生产经营的相关因素进行关注，对未来发展趋势也需要去重点关注。具体到本案例，就是关注到建材大卖场也是商业地产运营的主要两个核心指标，一个是出租率；另一个是出租平均单价，发行人这两个指标报告期内持续处于下滑的趋势，这也导致了对发行人未来持续盈利的重大怀疑。尽管发行人一直在强调原有的店一些指标的下降有着特殊的原因，新开的店指标会有很大的改善，但是这样的效果至少现在还没有完全体现出来。

报告期各期末，发行人各卖场合计经营面积、主营业务收入和收费单价情况如表5－3：

表5－3 发行人各卖场合计经营面积、主营业务收入和收费单价情况

合计	2016年	2015年	2014年
期末经营面积（万平方米）	31.77	25.71	22.88
期末已出租面积（万平方米）	26.22	22.21	21.24
期末出租率	82.53%	86.39%	92.83%
月度加权平均已出租面积（万平方米）	23.52	22.04	21.01
主营业务收入（万元）	11,987.86	12,730.69	13,108.35
平均单价（元/平方米＊月）	42.48	48.14	52.00

注：
1.期末出租率＝期末已出租面积÷期末经营面积（可供出租面积）；
2.月度加权平均已出租面积＝（1月末已出租面积＋……＋12月末已出租面积）÷12；
3.平均单位＝主营业务收入÷月度加权平均已出租面积÷12。

(一)新卖场的开业与培育影响了整体出租率和单价

报告期内,发行人积极推进扩张战略,利用业务可复制性强的优势,持续有新卖场开业,经营面积持续增加。由于发行人定位于大城市周边和中小城市的装饰建材家居卖场的运营管理服务,新卖场布局之初对当地市场的需求和消费习惯均需要一定发掘和培育期,故新卖场开业前期面临出租率较低、优惠招商形成的单价较低等情况。此外,报告期内新开卖场所处区域较原有卖场区域平均消费水平和租金水平也较低,也形成了新卖场收费单价较低。

报告期内部分新卖场开业是发行人整体出租率和平均单价出现下降的原因之一。未来,随着新卖场的培育成熟,出租率和单价进入正常状态,发行人持续盈利能力将得到增强,新旧卖场情况见表5－4。

表5－4　新旧卖场增减情况

报告期内新开卖场		报告期内关闭卖场	
名称	开业时间	名称	关闭时间
金堂店	2015年3月	太升店	2014年9月
邛崃店	2016年2月		
峨眉山店	2016年12月		
乐至店	2016年11月		

报告期内发行人新开业卖场的出租率和单价与整体水平对比如表5－5：

表5－5　新卖场出租率和单价与整体水平对比

	2016年度		2015年度		2014年度	
	出租率	单价	出租率	单价	出租率	单价
金堂店	98.86%	11.31	99.03%	10.59	—	—
邛崃店	67.28%	14.54	—	—	—	—
峨眉山店	90.06%	7.32	—	—	—	—
乐至店	93.32%	10.36	—	—	—	—
整体平均	82.53%	42.48	86.39%	48.14	92.83%	52.00

(二)部分原有卖场报告期内出现了出租率和单价的下降

报告期内,发行人南门店和双流店出现了出租率和单价的下降,由于收入占比较高,使得整体出租率、单价和收入出现了下降,见表5-6。

表5-6 报告期各期出租率与单价

	2016年度		2015年度		2014年度	
	出租率	单价	出租率	单价	出租率	单价
南门店	71.98%	81.92	85.50%	105.47	93.84%	109.76
双流店	72.77%	23.18	59.77%	27.25	92.12%	35.93
整体平均	82.53%	42.48	86.39%	48.14	92.83%	52.00

十、上海锦和商业股份有限公司:会计处理不够审慎直接影响财务数据

(一)财务费用低的问题

发行人报告期内财务费用分别为:6,844,806.80元、10,125,877.20元、9,189,042.92元和6,179,704.28元。报告期内,发行人的财务费用率与同行业可比情况如表5-7:

表5-7 发行人的财务费用率与同行业可比情况

公司名称	2017年1-6月	2016年度	2015年度	2014年度
圣博华康:				
管理费用率	17.14%	18.94%	18.24%	24.12%
销售费用率	4.11%	5.66%	5.13%	7.63%
财务费用率	9.89%	8.64%	9.98%	2.22%
期间费用率	31.14%	33.24%	33.35%	33.97%
锦和商业:				
管理费用率	6.46%	8.63%	7.09%	7.75%
销售费用率	3.86%	2.75%	2.27%	2.21%
财务费用率	2.35%	1.91%	1.95%	1.57%
期间费用率	12.67%	13.29%	11.31%	11.53%

（二）短期偿债压力较高风险

报告期内，公司流动比率、速动比率较低，且呈逐步下降趋势。2014 年年末至 2017 年 6 月末，公司的流动比率分别为 0.25、0.26、0.21 和 0.20，速动比率分别为 0.13、0.13、0.15 和 0.13。公司短期偿债能力指标较低的主要原因为公司资产构成以非流动资产为主，负债构成以流动负债为主，该财务结构特点与公司的经营模式相关。

（三）租金收入高于租金成本的比例

报告期内，公司承租运营的项目租金收入高于租金成本的比例情况如表5－8：

表 5－8　公司承租运营的项目租金收入高于租金成本的比例情况

序号	项目	2017 年 1－6 月	2016 年度	2015 年度	2014 年度
1	越界创意园	245.36%	244.36%	230.73%	219.27%
2	越界・永嘉庭	124.70%	117.78%	125.41%	111.72%
3	越界・苏河汇	161.96%	167.12%	147.91%	145.55%
4	越界・智造局Ⅱ	528.39%	489.27%	411.73%	386.40%
5	越界・500 视觉园	208.17%	210.53%	195.71%	187.19%
6	越界・X2 创意空间	456.02%	447.96%	439.64%	412.46%
7	越界・智造局Ⅰ	383.55%	371.79%	377.21%	351.68%
8	航天大厦	12.34%	14.96%	14.00%	－3.83%
9	越界・X2 创意街区	119.83%	115.23%	114.45%	104.00%
10	大宁财智中心	－11.30%	3.04%	11.30%	2.92%
11	越界・乐平方	141.69%	157.76%	135.04%	72.28%
12	越界・智汇园	98.48%	68.55%	56.17%	－0.43%
13	越界・菁英汇	13.24%	53.10%	89.08%	－4.50%
14	南翔智地园三期	98.03%	46.24%	89.12%	－20.56%
15	越界・锦绣工坊	2.94%	25.01%	16.74%	－71.09%
16	越界・智慧谷	117.42%	125.27%	7.02%	—
17	锦和大厦	－53.49%	－88.44%	－87.52%	—

续表

序号	项目	2017 年 1 -6 月	2016 年度	2015 年度	2014 年度
18	紫安大厦	101.48%	93.22%	—	—
19	越界·世博园	-55.94%	—	—	—
20	越界·田林坊	-31.65%	—	—	—
21	越界·X2 创意空间二期	-29.67%	—	—	—
承租运营项目总体水平		81.82%	105.76%	137.63%	138.12%

(四)长期待摊费用

截至 2017 年 6 月末,公司的长期待摊费用原值为 102,499.41 万元,净值为 76,959.02 万元,主要为经营租入物业初始改造成本以及项目运营过程中的专项、局部改造成本,在不超过租赁期的预计受益年限内平均摊销。公司长期待摊费用具体情况如表 5 -9:

表 5 -9 公司长期待摊费用具体情况

单位:万元

序号	项目	内容	2017 年 6 月 30 日原值	摊销期(月)
1	越界创意园 1 期工程	初始改造	7,492.11	234
2	越界创意园 2 期工程	初始改造	3,565.29	221
3	越界创意园 3 期工程	运营改造	1,822.94	183
4	越界创意园专项改造	运营改造	250.00	185
5	越界创意园专项改造 2	运营改造	212.17	164
6	越界创意园专项改造 3	运营改造	548.80	157
7	越界创意园局部改造	运营改造	109.34	36
8	航天大厦改造(北楼内部工程)	初始改造	1,141.89	144
9	航天大厦改造(南楼内部工程)	初始改造	1,009.79	172
10	航天大厦改造(南北楼外帷装饰)	初始改造	1,321.80	169
11	航天大厦专项改造	运营改造	48.05	163

续表

序号	项目	内容	2017 年 6 月 30 日原值	摊销期(月)
12	越界·菁英汇改造工程	初始改造	1,809.63	152
13	越界·菁英汇家具	初始改造	362.82	35
14	越界·苏河汇改造补偿	初始改造	400.00	139
15	越界·苏河汇改造工程	初始改造	1,292.14	139
16	越界·苏河汇局部改造	运营改造	23.91	36
17	越界·智造局Ⅱ改造工程	初始改造	1,808.97	177
18	越界·智造局Ⅱ专项改造	运营改造	1,049.47	110
19	越界·智造局Ⅱ局部改造	运营改造	115.55	36
20	越界·永嘉庭改造工程	初始改造	2,531.58	170
21	越界·500 视觉园改造工程	初始改造	1,192.90	174
22	越界·X2 创意空间专项改造	运营改造	205.80	193
23	越界·X2 创意空间局部改造	运营改造	46.57	36
24	越界·智造局Ⅰ改造工程	初始改造	4,189.50	272
25	越界·智造局Ⅰ专项改造	运营改造	535.61	227
26	越界·智造局Ⅰ局部改造	运营改造	14.69	36
27	越界·X2 创意街区初始改造	初始改造	1,618.75	167
28	越界·X2 创意街区局部改造	运营改造	295.24	36
29	越界·乐平方初始改造工程	初始改造	5,703.96	235
30	大宁财智中心装修工程	初始改造	2,565.84	183
31	越界·智汇园初始改造工程(一期)	初始改造	5,418.66	186
32	南翔智地园三期 11 号楼改造工程	初始改造	4,816.70	230
33	南翔智地园三期 2A 号楼改造工程	初始改造	862.69	120
34	南翔智地园三期 1 号楼改造工程	初始改造	1,669.87	222
35	越界·锦绣工坊项目改造工程	初始改造	1,781.46	108
36	锦和大厦租赁补偿款	租赁补偿	1,030.36	240
37	越界·智慧谷初始改造工程	初始改造	1,465.89	171

续表

序号	项目	内容	2017 年 6 月 30 日原值	摊销期(月)
38	越界 · 智汇园初始改造工程(二期)	初始改造	889.15	157
39	南翔智地园三期 2C 号楼初始改造	初始改造	914.02	221
40	南翔智地园三期 4 号楼初始改造	初始改造	176.71	219
41	南翔智地园三期 2 号楼初始改造	初始改造	1,056.77	224
42	南翔智地园三期 3、13、14 号楼初始改造	初始改造	361.73	216
43	南翔智地园三期 2 号楼专项改造	运营改造	620.89	60
44	锦和大厦项目初始改造工程	初始改造	1,581.94	233
45	紫安大厦初始改造工程	初始改造	3,397.30	157
46	原总部办公楼装修(文新报业大厦 30 楼)(注)	办公楼装修	140.09	36
47	总部办公楼改造(X2 创意空间)	办公楼装修	210.24	60
48	南翔智地园三期 5 号、5A 号楼初始改造	初始改造	4,490.49	215
49	南翔智地园三期 7 号楼局部改造	运营改造	56.42	36
50	越界 · 田林坊初始改造工程 4 幢	初始改造	242.17	120
51	越界 · 田林坊初始改造工程 5 幢、18 幢南楼、A 幢	初始改造	2,062.01	119
52	越界 · 田林坊初始改造工程(除 4、5、18、A 幢外其余楼幢)	初始改造	1,976.50	118
53	越界 · X2 创意空间二期初始改造	初始改造	965.33	240
54	越界 · 世博园初始改造工程 B3 – 1	初始改造	2,243.04	242
55	越界 · 世博园初始改造工程 B3 – 2、B3 – 3、B4 – 2	初始改造	12,818.78	238
56	越界 · 世博园初始改造工程 B4 – 1、B4 – 3	初始改造	5,060.35	240
57	越界 · 世博园租赁补偿款	租赁补偿	2,904.76	240
合计			102,499.41	

注:原总部办公楼装修(文新报业大厦 30 楼)对应原值为 140.09 万元,摊销期为 36 个月,该长期待摊费用已于该合同租赁到期时摊销完毕。

图书在版编目(CIP)数据

IPO 财务核查解决之道. 2, 内部控制与案例指引 / 投行小兵著. -- 北京 : 法律出版社, 2019(2019.6 重印)
ISBN 978 - 7 - 5197 - 3297 - 4

Ⅰ. ①I… Ⅱ. ①投… Ⅲ. ①上市公司 - 财务管理 - 案例 - 中国 Ⅳ. ①F279.246

中国版本图书馆 CIP 数据核字(2019)第 054940 号

IPO 财务核查解决之道 2:内部控制与案例指引
IPO CAIWU HECHA JIEJUE ZHIDAO 2:
NEIBU KONGZHI YU ANLI ZHIYIN

投行小兵 著

责任编辑 慕雪丹
装帧设计 马 帅

出版 法律出版社
总发行 中国法律图书有限公司
经销 新华书店
印刷 中煤(北京)印务有限公司
责任印制 胡晓雅

编辑统筹 法商出版分社
开本 710 毫米×1000 毫米 1/16
印张 37.5
字数 692 千
版本 2019 年 5 月第 1 版
印次 2019 年 6 月第 2 次印刷

法律出版社/北京市丰台区莲花池西里 7 号(100073)
网址/www.lawpress.com.cn
投稿邮箱/info@lawpress.com.cn
举报维权邮箱/jbwq@lawpress.com.cn
销售热线/010 - 83938336
咨询电话/010 - 63939796

中国法律图书有限公司/北京市丰台区莲花池西里 7 号(100073)
全国各地中法图分、子公司销售电话:
统一销售客服/400 - 660 - 6393
第一法律书店/010 - 83938334/8335　西安分公司/029 - 85330678　重庆分公司/023 - 67453036
上海分公司/021 - 62071010/1636　深圳分公司/0755 - 83072995

书号:ISBN 978 - 7 - 5197 - 3297 - 4　**定价:**139.00 元
(如有缺页或倒装,中国法律图书有限公司负责退换)

资本裂变　转版分层　IPO 转战新三板　新三板实战全方位操作指南

新三板实战操作之道

投行小兵　著

定价:118 元　出版时间:2017 年 3 月

新三板自 2013 年年底扩容之日起已经接近三年的时间,整个资本市场的监管进入了一个全新的周期,这个周期的主题就是控制风险、保持稳定。与之相对应,一切与这个原则相悖的做法都要从紧从慢。在新的监管环境下,新三板的行业规则在悄然改变,本书为投行小兵全对新三板的全新思考,全方位、多角度深入剖析企业资本裂变、转板分层、IPO 转战新三板等实务热点、疑难点,特别重视操作细节的提示,力求为企业提供全方位操作指南,对实务工作者具有较强的借鉴参考价值。

新规解读,方案设计,实务指引,案例剖析

上市公司并购重组解决之道

申林平　主编

定价:99 元　出版时间:2016 年 3 月

由广发证券、中信证券、招商证券、安信证券、国信证券、华泰联合证券等具有丰富并购重组实务经验的财务顾问提出指导意见,并经过多次讨论和修改,使得本书在内容、角度、专业上都具有独特性和权威指导性。全面介绍上市公司并购重组新政,以法律法规为基础进行实务案例剖析,是对上市公司并购重组案例的一次全面梳理和研究,对上市公司并购重组涉及的法律法规、规章及规范性文件进行分类列举,内容充实具体,实用性强。

近 300 个实操案例分析　企业上市全流程指引　最新法律法规解读

企业上市案例剖析与操作指引

苏　生　著

定价:128 元　出版时间:2017 年 1 月

本书从实务概要入手,整合梳理基本流程和规定、尽职调查、辅导、申报与审核、首发条件等知识要点,再进一步细分主体资格、规范运行、财务与会计、募集资金运用等方面内容,全方位准确聚焦法律问题,指引企业上市实务操作。

企业管理经营创业人员必备　168 个法律风险防范要点 全流程控制实操指南

完美的风险防范——企业常见法律风险识别与控制

陈宏义　主编

定价:78 元　出版时间:2017 年 2 月

将企业从设立到终止,在设立形态的选择、企业内部治理、合同管理、投融资、劳动用工、知识产权、刑事犯罪等方面,对企业常见的法律风险进行了全方位分析。以简明的实操案例,结合最新的法律法规以及当下司法领域认可的审判理念,对企业运营中出现的法律问题有针对性地提出解决措施,对潜在的法律风险全方位地给予防范建议。意使民营企业的发展更趋合理与规范,避免成为短线企业。

段子　干货　视听

饶胖说新三板：董秘·资本实务二十讲

饶　钢　洪卫青　著

定价：68 元　出版时间：2017 年 8 月

叶檀高度评价，新三板五大专业平台鼎力推荐，董秘、投资者、企业玩转新三板资本市场的必读指南。

70 个典型案例，50 多个图表，最实用的企业并购全流程指引

企业并购解决之道：70 个实务要点深度释解

田宝法　著

定价：98 元　出版时间：2015 年 9 月

本书作者从丰富的实操经验出发，深入剖析了企业并购的各个核心环节，全面展示了企业并购的实操要点。本书案例详实，生动而又不乏深度的以指导实务操作为主旨，作者精心挑选了 70 个典型案例，并将一些经典案例贯穿在了企业并购实务操作的全过程中进行讲解，同时还运用了 50 多个图表，全方位呈现出了企业并购实务操作的要点所在。

企业成功进行资本运作税法实务操作的必备工具书

企业并购重组税法实务：原理、案例及疑难问题剖析

雷霆　著

定价：88 元　出版时间：2015 年 8 月

本书构建并完整地介绍了企业并购重组的税法原理和税收规则的框架体系；对企业并购重组的定义、交易架构、交易流程以及交易实质进行了详细的理解和剖析；对企业重组的所得税处理以及涉及的其他税种以公式、图表等方式进行了总结，并且有大量的案例分析；对立法和实务中的疑难问题进行了专门的归集、整理和分析，对立法改进和实务操作具有借鉴和指导意义。

私募基金划归证监会监管后面世的 PE 实务类书籍　一部中国 PE 行业法律百科全书

私募股权基金筹备、运营与管理：法律实务与操作细节

刘乃进　著

定价：68 元　出版时间：2015 年 5 月

本书按照 PE 的生命周期，对 PE 的基本特征、筹备、设立、运营、退出等进行了全面、细致的阐释，同时对 PE 实务中的一些重要问题进行了深入剖析。实务操作资料选取翔实，可以说是中国 PE 行业性文件的阶段性成果集大成者。

全景展现中国投行的真实生存状态　如实披露一线投行人士的心路历程

投行十年:我在投行的日子

投行小兵　著

定价:49 元　出版时间:2015 年 1 月

本书作者作为一名多年投行工作的亲历者和实践者,以局内人的身份,记录中国投行人士的心路历程和真实的工作、生活状态,书中不乏投行工作的经典案例与操作,对有志于进入投行工作的读者而言,可以在入行前更真实地了解到行业状态;对于投行业内人士也是很有价值的借鉴。

公司上市过程中的故事流传　上市公司运行中的警示经典

上市那些事——与公司上市和上市公司有关

投行小兵　著

定价:49 元　出版时间:2013 年 1 月

在资本市场这个"江湖"中,总是有一些广为流传的上市故事,或令人瞠目结舌,或匪夷所思。即使已经无法考证其真正来源,但却在市场的口口相传中越来越经典,越来越具有警示意义。本书即讲述了资本江湖中非常精彩的上市故事,语言诙谐幽默,相信可为广大资本市场从业者带来启示。

典型案例剖析　审核重点关注　权威上市指导

企业上市解决之道 3:案例提炼与审核关注

投行小兵　著

定价:108 元　出版时间:2013 年 6 月

本书是投行小兵企业上市解决之道系列的完美收官力作,与《企业上市解决之道》和《企业上市解决之道 2:案例延伸与对策分析》属于同一系列,但是与前两本书内容没有任何重合之处。本书是对前两本书进一步的延伸,从主体资格(出资、股权、改制问题)、特殊经营模式、财务会计和规范运行等几个方面,并根据目前中国证监会的最新政策,对于相关典型案例做了进一步的提炼和深入剖析,重点分析了审核部门关注重点及解决相关问题的思路和对策。

典型案例剖析　权威上市指导　解决思路延伸

企业上市解决之道 2:案例延伸与对策分析

投行小兵　著

定价:99 元　出版时间:2012 年 1 月

本书是作者再一次的全面洗涤和超越,再一次的深入思考和升华。案例更加丰富也更加有层次,评析更加深入也更加周全,思路更加明晰也更加具有指导意义,法规更加简练也更加有针对性。通过剖析企业或成功上市或被否决的原因,梳理了企业在上市过程中遇到的常见问题,为解决企业上市遇到的及审核部门关注的相关问题提供思路和对策。

典型案例剖析　权威上市指导

企业上市解决之道

投行小兵　著

定价:68 元　出版时间:2011 年 5 月

本书精心挑选极具代表性的百余家企业上市真实案例,剖析这些企业或成功上市或被否决的原因,梳理企业上市过程中遇到的常见问题,揭示产生问题的根源、审核部门关注的重点及解决相关问题的思路和对策。案例具体生动、论述浅显易懂,专业人士处理企业上市难题的借鉴宝典,非专业人士了解企业上市相关问题的实用指南。

剖析典型案例　梳理疑难问题　提供解决对策

走向资本市场:企业上市尽职调查与疑难问题剖析

张国峰　著

定价:128 元　出版时间:2013 年 10 月

本书剖析了 2006 年我国新股发行制度改革以来,成功上市企业与被否决企业的真实案例,梳理了拟上市企业在上市过程中遇到的各种常见问题,并提供了解决问题的对策!

企业投资并购重组全流程节税指南

资本之税:企业投资并购重组节税实务(第二版)

张远堂　著

定价:59 元　出版时间:2015 年 6 月

在市场经济的环境下,公司的投资、并购和重组时有发生,律师或法律顾问在这个过程中承担着设计模式、路径和方法的重要职责,首先必须保证企业投资、并购、重组行为合法、可行、有利,但同时也应当考虑企业行为的成本,其中就包括税收成本。税收成本是企业发展必须考虑的一个重要因素,本书紧贴现代企业的发展实际,梳理了国家现行税法和税收政策中有关企业投资、并购、重组的规定,并结合大量企业节税操作真实案例,具有很强的实务操作性和可读性。

公司并购全流程指引:决策策划、实务操作、流程控制

公司资本行动:并购策划与流程指引

张远堂　著

定价:78 元　出版时间:2012 年 9 月

本书力图于解决企业并购的决策策划、实务操作和流程控制中的重点、难点问题。从如何制订公司发展战略和如何选择目标市场开始,按照企业并购的业务程序,逐步进入企业并购的交易流程,就交易流程中的重点、难点问题,分别提出各类并购的风险和应对策略,书中援引真实案例,并且配有疑难问题讨论,着力于帮着读者提高企业并购实务操作能力,解决公司资本运作中的实际问题。